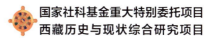
国家社科基金重大特别委托项目
西藏历史与现状综合研究项目

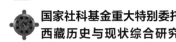中国社会科学院创新工程学术出版资助项目

国家社科基金重大特别委托项目
西藏历史与现状综合研究项目

西藏历代的边事边政与边吏

张 云 著

社会科学文献出版社
SOCIAL SCIENCES ACADEMIC PRESS (CHINA)

总　序

郝时远

　　中国的西藏自治区，是青藏高原的主体部分，是一个自然地理、人文社会极具特色的地区。雪域高原、藏传佛教彰显了这种特色的基本格调。西藏地区平均海拔 4000 米，是人类生活距离太阳最近的地方；藏传佛教集中体现了西藏地域文化的历史特点，宗教典籍中所包含的历史、语言、天文、数理、哲学、医学、建筑、绘画、工艺等知识体系之丰富，超过了任何其他宗教的知识积累，对社会生活的渗透和影响十分广泛。因此，具有国际性的藏学研究离不开西藏地区的历史和现实，中国理所当然是藏学研究的故乡。

　　藏学研究的历史通常被推溯到 17 世纪西方传教士对西藏地区的记载，其实这是一种误解。事实上，从公元 7 世纪藏文的创制，并以藏文追溯世代口传的历史、翻译佛教典籍、记载社会生活的现实，就是藏学研究的开端。同一时代汉文典籍有关吐蕃的历史、政治、经济、文化、社会生活及其与中原王朝互动关系的记录，就是中国藏学研究的本土基础。现代学术研究体系中的藏学，如同汉学、东方学、蒙古学等国际性的学问一样，曾深受西学理论和方法的影响。但是，西学对中国的研究也只能建立在中国历史资料和学术资源基础之上，因为这些历史资料、学术资源中所蕴含的不仅是史实，而且包括了古代记录者、撰著者所依据的资料、分析、解读和观念。因此，中国现代藏学研究的发展，不仅需要参考、借鉴和吸收西学的成就，而且必须立足本土的传统，光大中国藏学研究的中国特色。

作为一门学问，藏学是一个综合性的学术研究领域，"西藏历史与现状综合研究项目"即是立足藏学研究综合性特点的国家社会科学基金重大特别委托项目。自2009年"西藏历史与现状综合研究项目"启动以来，中国社会科学院建立了项目领导小组，组成了专家委员会，制定了《"西藏历史与现状综合研究项目"管理办法》，采取发布年度课题指南和委托的方式，面向全国进行招标申报。几年来，根据年度发布的项目指南，通过专家初审、专家委员会评审的工作机制，逐年批准了一百多项课题，约占申报量的十分之一。这些项目的成果形式主要为学术专著、档案整理、文献翻译、研究报告、学术论文等类型。

承担这些课题的主持人，既包括长期从事藏学研究的知名学者，也包括致力于从事这方面研究的后生晚辈，他们的学科背景十分多样，包括历史学、政治学、经济学、民族学、人类学、宗教学、社会学、法学、语言学、生态学、心理学、医学、教育学、农学、地理学和国际关系研究等诸多学科，分布于全国23个省、自治区、直辖市的各类科学研究机构、高等院校。专家委员会在坚持以选题、论证等质量入选原则的基础上，对西藏自治区、青海、四川、甘肃、云南这些藏族聚居地区的学者和研究机构，给予了一定程度的支持。这些地区的科学研究机构、高等院校大都具有藏学研究的实体、团队，是研究西藏历史与现实的重要力量。

"西藏历史与现状综合研究项目"具有时空跨度大、内容覆盖广的特点。在历史研究方面，以断代、区域、专题为主，其中包括一些历史档案的整理，突出了古代西藏与中原地区的政治、经济和文化交流关系；在宗教研究方面，以藏传佛教的政教合一制度及其影响、寺规戒律与寺庙管理、僧人行止和社会责任为重点，突出了藏传佛教与构建和谐社会的关系；在现实研究方面，则涉及政治、经济、文化、社会和生态环境等诸多领域，突出了跨越式发展和长治久安的主题。

在平均海拔 4000 米的雪域高原，实现现代化的发展，是中国改革开放以来推进经济社会发展的重大难题之一，也是没有国际经验可资借鉴的中国实践，其开创性自不待言。同时，以西藏自治区现代化为主题的经济社会发展，不仅面对地理、气候、环境、经济基础、文化特点、社会结构等特殊性，而且面对境外达赖集团和西方一些所谓"援藏"势力制造的"西藏问题"。因此，这一项目的实施也必然包括针对这方面的研究选题。

所谓"西藏问题"是近代大英帝国侵略中国、图谋将西藏地区纳入其殖民统治而制造的一个历史伪案，流毒甚广。虽然在一个世纪之后，英国官方承认以往对中国西藏的政策是"时代错误"，但是西方国家纵容十四世达赖喇嘛四处游说这种"时代错误"的国际环境并未改变。作为"时代错误"的核心内容，即英国殖民势力图谋独占西藏地区，伪造了一个具有"现代国家"特征的"香格里拉"神话，使旧西藏的"人间天堂"印象在西方社会大行其道，并且作为历史参照物来指责 1959 年西藏地区的民主改革、诋毁新西藏日新月异的现实发展。以致从 17 世纪到 20 世纪上半叶，众多西方人（包括英国人）对旧西藏黑暗、愚昧、肮脏、落后、残酷的大量实地记录，在今天的西方社会舆论中变成讳莫如深的话题，进而造成广泛的"集体失忆"现象。

这种外部环境，始终是十四世达赖喇嘛及其集团势力炒作"西藏问题"和分裂中国的动力。自 20 世纪 80 年代末以来，随着苏联国家裂变的进程，达赖集团在西方势力的支持下展开了持续不断、无孔不入的分裂活动。达赖喇嘛以其政教合一的身份，一方面在国际社会中扮演"非暴力"的"和平使者"，另一方面则挑起中国西藏等地区的社会骚乱、街头暴力等分裂活动。2008年，达赖集团针对中国举办奥运会而组织的大规模破坏活动，在境外形成了抢夺奥运火炬、冲击中国大使馆的恶劣暴行，在境内制造了打、砸、烧、杀的严重罪行，其目的就是要使所谓"西藏问题"弄假成真。而一些西方国家对此视而不见，则大都出于"乐观其成"的"西化""分化"中国的战略意图。其根本原因在于，中国的经济社会发展蒸蒸日上，西藏自治区的现代化进程不断加快，正在彰显中国特色社会主义制度的优越性，而西方世界不能接受中国特色社会主义取得成功，达赖喇嘛不能接受西藏地区彻底铲除政教合一封建农奴制度残存的历史影响。

在美国等西方国家的政治和社会舆论中，有关中国的议题不少，其中所谓"西藏问题"是重点之一。一些西方首脑和政要时不时以会见达赖喇嘛等方式，来表达他们对"西藏问题"的关注，显示其捍卫"人权"的高尚道义。其实，当"西藏问题"成为这些国家政党竞争、舆论炒作的工具性议题后，通过会见达赖喇嘛来向中国施加压力，已经成为西方政治作茧自缚的梦魇。实践证明，只要在事实上固守"时代错误"，所谓"西藏问题"的国际化只能导致搬石砸脚的后果。对中国而言，内因是变化的依据，外因是变化的条件这一哲学原理没有改变，推进"中国特色、西藏特点"现代化建设的时间表是由中国确定的，中国具备抵御任何外部势力破坏国家统一、民族团结、社会稳定的能力。从这个意义上说，本项目的实施不仅关注了国际事务中的涉藏斗争问题，而且尤其重视西藏经济社会跨越式发展和长治久安的议题。

在"西藏历史与现状综合研究项目"的实施进程中，贯彻中央第五次西藏工作座谈会的精神，落实国家和西藏自治区"十二五"规划的发展要求，是课题立项的重要指向。"中国特色、西藏特点"的发展战略，无论在理论上还是在实践中，都是一个现在进行时的过程。如何把西藏地区建设成为中国"重要的国家安全屏障、重要的生态安全屏障、重要的战略资源储备基地、重要的高原特色农产品基地、重要的中华民族特色文化保护地、重要的世界旅游目的地"，不仅需要脚踏实地地践行发展，而且需要科学研究的智力支持。在这方面，本项目设立了一系列相关的研究课题，诸如西藏跨越式发展目标评估，西藏民生改善的目标与政策，西藏基本公共服务及其管理能力，西藏特色经济发展与发展潜力，西藏交通运输业的发展与国内外贸易，西藏小城镇建设与发展，西藏人口较少民族及其跨越式发展等研究方向，分解出诸多的专题性研究课题。

注重和鼓励调查研究，是实施"西藏历史与现状综合研究项目"的基本原则。对西藏等地区经济社会发展的研究，涉面甚广，特别是涉及农村、牧区、城镇社区的研究，都需要开展深入的实地调查，课题指南强调实证、课题设计要求具体，也成为这类课题立项的基本条件。在这方面，我们设计了回访性的调查研究项目，即在20世纪五六十年代开展的藏区调查基础上，进行经济社会发展变迁的回访性调查，以展现半个多世纪以来这些微观社区的变化。这些现实性的课题，广泛地关注了经济社会的各个领域，其中包括人口、妇女、教育、就业、医疗、社会保障等民生改善问题，宗教信仰、语言文字、传统技艺、风俗习惯等文化传承问题，基础设施、资源开发、农牧业、旅游业、城镇化等经济发展问题，自然保护、退耕还林、退牧还草、生态移民等生态保护问题，等等。我们期望这些陆续付梓的成果，能够从不同侧面反映西藏等地区经济社会发展的面貌，反映藏族人民生活水平不断提高的现实，体现科学研究服务于实践需求的智力支持。

如前所述，藏学研究是中国学术领域的重要组成部分，也是中华民族伟大复兴在学术事业方面的重要支点之一。"西藏历史与现状综合研究项目"的实施涉及的学科众多，它虽然以西藏等藏族聚居地区为主要研究对象，但是从学科视野方面进一步扩展了藏学研究的空间，也扩大了从事藏学研究的学术力量。但是，这一项目的实施及其推出的学术成果，只是当代中国藏学研究发展的一个加油站，它在一定程度上反映了中国藏学研究综合发展的态势，进一步加强了藏学研究服务于"中国特色、西藏特点"

的发展要求。但是，我们也必须看到，在全面建成小康社会和全面深化改革的进程中，西藏实现跨越式发展和长治久安，无论是理论预期还是实际过程，都面对着诸多具有长期性、复杂性、艰巨性特点的现实问题，其中包括来自国际层面和境外达赖集团的干扰。继续深化这些问题的研究，可谓任重道远。

在"西藏历史与现状综合研究项目"进入结项和出版阶段之际，我代表"西藏历史与现状综合研究项目"专家委员会，对全国哲学社会科学规划办公室、中国社会科学院及其项目领导小组几年来给予的关心、支持和指导致以崇高的敬意！对"西藏历史与现状综合研究项目"办公室在组织实施、协调联络、监督检查、鉴定验收等方面付出的努力表示衷心的感谢！同时，承担"西藏历史与现状综合研究项目"成果出版事务的社会科学文献出版社，在课题鉴定环节即介入了这项工作，为这套研究成果的出版付出了令人感佩的努力，向他们表示诚挚的谢意！

2013 年 12 月北京

目 录

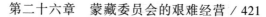

绪　言

西藏自治区地处中国的西南边疆，与缅甸、印度、不丹、尼泊尔等国及克什米尔地区接壤，边境线长4000多公里，战略地位十分重要。西藏地域辽阔，面积122万平方公里，约占全国陆地面积的1/8，自然和人文资源极为丰富。西藏现有人口312万人（2014年），其中藏族和其他少数民族人口占91.50%，是中国各民族自治地方中唯一一个冠名民族人口占绝对多数的省区。西藏地区占人口主体的民族——藏族历史悠久、有自己的语言和丰富的典籍文献，大多数百姓信奉藏传佛教，民族文化地域特色显著，风俗习惯宗教气氛浓郁。除藏族外，西藏自治区还居住有门巴族、珞巴族、汉族、回族、蒙古族等民族和夏尔巴人、僜人等，各具特点，相互辉映，异彩纷呈。青藏高原是中国著名的长江、黄河、澜沧江、雅鲁藏布江等大江大河，以及印度河的发源地，被称作"亚洲水塔"，是世界气候的重要调节器之一。青藏高原也是地球的"第三极"，其崛起和演变蕴含着许多地质演进的秘密，受到国际科学界的广泛关注。西藏高寒缺氧、珍稀动植物资源丰富，自然生态又十分脆弱，环境保护牵动亿万人的神经。近代以来，由于帝国主义入侵出现了"西藏独立"逆流，又相继得到西方反华势力的持续操纵利用，分裂活动历经百年有余而阴魂不散，不可小视。西藏问题事关中国的国家统一、主权和领土完整，事关中国的民族团结、和平崛起和中华民族的伟大复兴，中国政府历来高度重视，全国人民十分关心。当前，西藏又处在一个重要的历史节点上，正不断从封闭走向开放、从传统社会走向现代，经济转轨、社会转型，面临着前所未有的大好形势与机遇，同时也存在着重重困难和挑战，发展和稳定的任务十分繁

1

重。处理和应对西藏地方可能出现的各种复杂局面和问题，既要从实际出发，把握大局，不断创新理论，又要凝聚心智，群策群力，大胆开拓实践，努力实现长治久安与跨越式发展的宏伟目标。

历史是一面镜子，鉴往可以知来。西藏地方由于自然地理、历史文化和宗教民族等因素的影响，具有一定的特殊性和复杂性，自唐朝起，中原王朝唐朝就十分重视对吐蕃军事和习惯特点的分析，并采取各项应对之策。元以来的历代中央政府对西藏地方从俗从宜，采取了不同于内地的管理理念和特殊的行政管理体制与制度，取得了较好的效果。本书针对西藏地方发生的重大事件、中原王朝或中央政府为应对这些事件所采取的政策措施，以及在执行这些措施中涌现出的一些具有代表性的官吏，进行分析研究，重视汉藏多种资料的运用，多角度观察问题，重视中原王朝或中央政权与西藏地方的互动，以期认识特点，把握本质，探讨规律，期望对当代西藏的经济社会发展和边疆地区治理提供有益的借鉴。本书没有系统地罗列西藏地方所有的边事，没有全面介绍历代中央涉藏边政，也没有完整评述所有治藏有业绩的边吏，而是试图以重大事件为线索，以重要政策方略为核心，以个别边吏为案例进行分析探索，不求面面俱到，但求有所心得。因此之故，本书中难免存在顾此失彼或者挂一漏万，甚至错谬失误之处，尚请专家读者不吝指正。

第一章 唐蕃联姻（公元 630～710 年）

一 吐蕃王朝建立与发展

（一）吐蕃名义及早期发展

吐蕃，是汉文史书对唐朝时期居住在青藏高原地区的藏族先民的一种称呼。关于"吐蕃"的含义和词源，学术界一直以来都存在不同说法，有说是来自汉文"大蕃"；有说来自藏文"上部吐蕃"即"多博"（stod bod）；还有说是来自突厥语"土博特"（tübät 或 tüböt）等。不仅如此，关于吐蕃的民族构成和王族来源，学术界也存在不同看法，其中除吐蕃来自印度的说法没有根据，是佛教史家的附会可以置而不论外，影响比较大的还有"西藏本土说""古羌说""鲜卑说"。综合各种文献和考古资料，西藏王族来自本土的说法更为有据。[①] 而吐蕃的民族成分则比较复杂，其中居住在今西藏前后藏地区的古代部落是核心成分，而汉文史书中所记载的古代羌人则是其重要组成部分，此外还包括来自青藏高原以外地区的其他民族和部落，诸如鲜卑族的吐谷浑人，乃至印欧人种的雅利安人和后来进入青藏高原地区的月氏人等。

按照《敦煌本吐蕃历史文书》记载，传说中吐蕃的第一代赞普是聂赤赞普，他自天空来到人间，被本教徒拥戴为雅隆地区之主，成为悉补野部

---

① 恰白·次旦平措：《聂尺赞普本人是蕃人——悉补野世系起源考略》，敏学译，《西藏研究》1987 年第 1 期。

落的第一个王。此后递相沿袭，到松赞干布之前已经有 32 代。① 在传说的
"上丁二王" 时期，他们改造自然的能力大为增强，可以烧木为炭，熬皮
为胶，掌握了冶炼技术，并开采矿石，提取银、铜和铁，制作铁器工具。
灌溉农业获得发展，人工饲养牲畜的水平也有所提高。与此同时，也扩大
了对外交往，为了安葬止贡赞普的需要，特地从位于今西藏阿里地区的象
雄和勃律等地，请来擅长丧葬仪轨的巫师②，这很可能是吐蕃接受外来宗
教文化影响的侧面反映。

在第二十五位赞普拉托托日年赞在位时期，佛教通过中亚地区初次
与悉补野部落王室发生联系，由于没有文字和缺乏了解，由僧人罗森错
（lo sen mtsho）携带来的佛教经典和六字真言等，只能作为圣物供奉起
来。③ 直到松赞干布时期，佛教才正式进入吐蕃，开始影响统治者的精神
生活。

悉补野部落活动的地方主要在今西藏山南的琼结和乃东一带，这里是
藏族古代文明的发祥地和摇篮之一。藏民族的母亲河雅鲁藏布江从这里穿
过，形成一个相对开阔的肥沃谷地，为悉补野部落的生存和发展提供了良
好的条件。通过他们世代经营，为自身的强盛，以及向外扩张奠定了扎实
的基础。

（二）吐蕃王朝建立前西藏高原的政治局势

西藏早期文明的兴起具有多元特征，就政治文明来说，也是这样。当
山南地区的悉补野部落利用地处河谷的优良自然条件不断获得发展的时
候，在其西北部地区，也就是遥远的阿里和拉达克等地区，象雄文明早已
步入辉煌时期。以原始民间信仰和外来宗教影响相结合而产生的雍仲本教
为核心的象雄文明，是与周边地区长期交往，并吸收周边地区文明成就的
产物。按照晚期藏史追忆，他们很早就建立了王权。在早期历史上，其于
西藏地区高原文明发展中所发挥的作用，不在雅隆悉补野部落之下。而在

---

① 王尧、陈践：《敦煌本吐蕃历史文书》（增订本），民族出版社，1992，第 173～175 页；
黄布凡、马德：《敦煌藏文吐蕃史文献译注》，甘肃教育出版社，2000，第 136～138 页。

② 萨迦·索南坚赞：《王统世系明鉴》，民族出版社，1981，刘立千汉译本，西藏人民出版
社，1994，第 35 页；陈庆英、仁庆扎西汉译本，辽宁人民出版社，1986，第 46～47 页。

③ 札巴孟兰洛卓：《奈巴教法史》，王尧、陈践译，《中国藏学》1990 年第 1 期。

雅隆悉补野部落遥远的北部和东北部，则是同样十分强大的苏毗部落，它是高原游牧文明的典型代表。这样，在西藏地区没有统一之前，就存在着一个三足鼎立的局面。

除了这三大政治势力之外，在西藏高原地区还分布着很多大大小小的政治势力，紧邻雅隆悉补野部北边，在肥沃的拉萨河河谷地区，是森波（zing po）部落；在雅隆悉补野部西边，也就是后藏地区，则是颇有实力的藏博（rtsang bod）政权；在工布地区有地方小王，在达布（dgas po）地区有达布王，等等，他们割据一方，宛如闪闪繁星。

从表面来看，雅隆悉补野、象雄和苏毗都有可能完成西藏高原地区的统一大业，"叩问九鼎"。但是，仔细一分析便可以发现，只有雅隆悉补野部最具担当此任的实力。首先，在这三大势力中，雅隆悉补野部生存的自然地理环境最优越，这里是西藏原始农业的发祥地，自然气候优良，草地丰美，宜农宜牧，为其强盛提供了有力的经济保障。而这一点恰恰是自然环境相对恶劣的象雄和地处西藏北方高寒旷野地区的苏毗人所无法比拟的，当然，后两部单一的游牧经济也存在先天具有的缺陷。其次，雅隆悉补野部落的文化积淀也十分丰富，而且呈现出逐步上升的趋势。它在宗教文化上虽然不及象雄繁荣，但是却具有清新和蒸蒸日上的气象。再次，雅隆悉补野部的政治文明建设成就显著，自传说中的聂赤赞普起，一直沿袭不替，尽管存在内部矛盾，但均通过自身努力顺利解决。特别是布德贡杰以后，出现政治和宗教相互依附、相互支持的局面，由此产生了所谓本教在 27 代中一直发挥着"护持国政"作用的说法，从而保持了王权统治的稳定。因此可以想见，苏毗松散的游牧部落联盟性质无法与其比拟，即使笼罩在宗教氛围之中的象雄王权统治，也难以企及。最后，雅隆悉补野部统治者所具有的开拓和开放意识，使他们更具备王者的气概。于是，统一号角就首先在山南地区吹响了。

（三）雅隆悉补野部落的统一战争

雅隆悉补野部发动的统一高原的战争从松赞干布的祖父达布聂西和父亲囊日论赞时期就开始了。达布聂西（stag bu snya gzigs），又名"达日年塞"（stag ri gnyan gzig），《新唐书》称作"讵素若"，系达布聂西赞普"Stag bu snya gzigs"之音译。他的宫殿就在"秦瓦达孜"（mkhar pying ba stag rtse）。根据藏文史书记载，达日年塞先天失明，后来从吐谷浑延请医生（一说是苏毗或者象雄医生），据说，复明后他首先看到了奔跑在山上的盘羊，故名"达日年塞"。在他当政时，雅隆悉补野部的社会经济有了巨大的发展，特别是对外贸易获得长足进步，出现了升、斗、秤等计量工具，畜牧业也有了新的发展，杂交出犏牛和骡子。① 有了雄厚的经济基础，达日年塞就开始发动统一各部的战争。

达布聂西首要的攻击目标就是占据富庶之地的森波部落。当时正值森波部内部出现纷争，森波王达甲吾（zing po rje stag skya bo）居住在年噶尔堡（nyen kar），而另一位森波王赤邦松（zing po rje khri pang sum）居住在都尔瓦之宇那（sdur ba vi yu sna）地方。史书记载，达甲吾亲小人、远君子，滥施刑狱于忠贞直谏之士，随意更改传统，导致属下离心离德。老臣年·则松那布（mnyan vdsi zung nag po）劝谏遭到讥讽，并被驱逐。心怀不满的年·则松背达甲吾而归依森波王赤邦松，接着击杀达甲吾，达甲吾的属地"四部叶若布"（yel rab sde bzhi）和"三部垅牙"（klum ya gsum）均归赤邦松管辖。为了表彰年吉松的功绩，赤邦松将"吾瓦堡寨"之一部，连同"三部垅牙"划归其管辖。可是，赤邦松也非贤明之君，年·则松的妻子羞辱奴户娘·南木多日楚珠古（myang nam to re khru gru），娘氏诉之于赤邦松，遭到训斥。又有属下之官员韦·雪多日楚古（dbavs bshos to re khru gu）和辛·赤热准贡（khri bzher vdron kong）相互格斗，前者被杀。事后，韦·雪多日楚古之弟旁多热义策请求赤邦松主持公正，同样被拒绝。韦氏、娘氏遂心怀贰志，暗地里投奔雅鲁藏布江南岸的悉补野部落之主达布聂西，相互盟誓，发愿灭亡赤邦松。正当一切准备就绪时，悉补野王达布聂西去世。② 他的儿子伦赞（slon mtshan）即位，继续他未竟的统一事业。

伦赞和弟弟伦果尔（slon kol）同赤邦松的反对派娘·增古（myang tseng sku）、韦·义策（dbavs dbyi tshab）、韦·梅囊（dbavs myes snang）、韦·布策（dbavs pu tshab）、农·准布（mnon vdon po）、蔡邦·那森

---

① 萨迦·索南坚赞：《王统世系明鉴》，民族出版社，1981，刘立千汉译本，西藏人民出版社，1994，第 37 页；陈庆英、仁庆扎西汉译本，辽宁人民出版社，1986，第 49 页。

② 王尧、陈践：《敦煌本吐蕃历史文书》（增订本），民族出版社，1992，第 161 页；黄布凡、马德：《敦煌藏文吐蕃史文献译注》，甘肃教育出版社，2000，第 179 页。

（tshes pong nag seng）六人盟誓，共诛森波杰，同拥悉补野。接着，他们进行了周密的分工，由伦果尔和母后东尊（stong tsun）守护本部，伦赞亲率精兵万人向北挺进，娘·增古和农·准布在达巴夏如山（stag pa sharu la）设哨守望，韦·义策和蔡邦·那森则做先导，部队在面向河滩的旷野摆开阵势，遂攻克宇那（yu sna）城，消灭了古止森波杰（dgu gri zing po rjie），莽波杰松布（mang po rje sum bu）逃亡到突厥（dru gu）地区。于是，帕地永瓦那（pha gi yung ba sna）以下，工地哲那（rkong bre snar）以上，均为赞普之辖土。赤伦赞遂下令将艾波（ngas po）改名为澎域（vphan yul）。艾波地区的臣民和韦·义策等人给赤伦赞上尊号，以其"政比天高，盔比山坚"，乃上尊号为"囊日伦赞"（gnam ri slon mtshan，意为"天山赞普"）。①

初战告捷的悉补野部赞普囊日伦赞，为了赢得更大的成功，采取了分封制：将年·则松的都尔瓦城堡和 1500 奴户赏赐给娘·增古；以萨该辛（za gad gshen）之地并从墨竹（mal tro）地方划出 1500 奴户赏赐给韦·义策；赏给农·准布以及其兄弟等 1500 奴户；从温地的门堡（von kyi smon mkhar）拨出 300 奴户赏赐给蔡邦·那森。娘氏、韦氏、农氏和蔡邦氏四个家族因为尽忠效力，功劳最大，所以获得赏赐最多，并成为赞普倚重的近侍大臣。

囊日伦赞善于用人赢得了各部贵族的归心，大臣琼布崩色（khyung po spung sad，又名苏则，zu tse）斩杀了藏博（rtsang bod）酋长玛尔蒙（mar mun），将藏博两万奴户献于赞普，对赞普忠心耿耿，囊日伦赞就直接把这两万户奴隶赏赐给苏则掌管。当一位名叫蒙·温布（mong sngon po）的属下对赞普起了二心时，还是这位苏则揭露其阴谋，免除了一场灾难，并得以诛杀叛臣。苏则还曾经为消灭森波杰而与赞普结盟，可以说有大功于赞普王室。但是，囊日伦赞信任他的忠诚，却并不完全听任他的主张。后来出现了属邦达布（dags po）叛乱，群臣商议平定策略和将军人选，有位名叫森哥米钦（seng go myi chen）的人自告奋勇，请缨出征，苏则以其只是无名之辈，反对其担当重任，而赞普却大胆起用新人，米钦不负厚望，击

---

① 王尧、陈践：《敦煌本吐蕃历史文书》（增订本），民族出版社，1992，第 162 页；黄布凡、马德：《敦煌藏文吐蕃史文献译注》，甘肃教育出版社，2000，第 193 页。

败叛军，抚平达布全境。后来苏则也发生了一些变化，有一种居功自傲的迹象，囊日伦赞任命娘·尚囊（myang zhang snang）为伦布（blon po），赐予小银字告身，以牵制苏则滥用权力。正在统一事业取得顺利进展时，囊日伦赞被人下毒致死，年幼的松赞干布担负起完成统一的伟大使命。①

（四）松赞干布建立吐蕃王朝

松赞干布是吐蕃王朝的建立者和藏族历史上最伟大的人物之一。藏文史书中关于松赞干布的出生年存在不同的说法，学术界目前依然没有定论，比较流行的说法是，松赞干布出生于公元 617 年。② 松赞干布受任于危难之际，其时，父王被毒死，父系臣民生怨，母系臣民叛乱，曾经通过联姻而保持良好关系的象雄（zhang zhung），以及苏毗（sum pa）、聂尼（nyag ni）、达布（dgas po）、工布（rkong po）、娘布（myang po）等纷纷叛离。当他年龄稍长，便开始着手恢复先辈的基业。他先斩杀了下毒陷害父亲的仇人，随即重新征服所有反叛部落。接着，派出心腹重臣娘·莽布杰尚囊说服苏毗，使其归附属下。最后，他"御驾亲征"，领兵北上，对归附唐朝的吐谷浑造成很大的威胁。

当松赞干布对外策略接连获得成功之时，其内部的矛盾又逐渐升级。原来只是居功自傲的苏则，此时开始在赞普和首席大臣娘·莽布杰尚囊之间挑拨是非，导致娘·莽布杰尚囊为臣下所杀。此时，老年的苏则变得异常狂妄，开始产生谋杀赞普的念头。他邀请松赞干布来到他家乡小住，赞普意识到其中必有蹊跷，便先派遣大臣噶尔·东赞域宋前往观察。噶尔发现了苏则的阴谋，借机逃回赞普身边，加以揭发。苏则畏罪自杀，其子担心遭到灭族厄运，随即携带父亲首级前来自首，请求宽大处理，松赞干布许之。娘氏、苏则等一批有功于王室的贵族纷纷叛乱或者遭到严厉处罚，也让一些身在显赫位置的贵族感到心中不安，韦·义策就是其中的一个。在他老年时，他请赞普授其子孙掌管财政的官职，其家族保证忠实于赞普家族，永不反叛，而赞普则保护其子孙不遭族诛之灾，双方通过盟誓方式

---

① 王尧、陈践：《敦煌本吐蕃历史文书》（增订本），民族出版社，1992，第 165 页；黄布凡、马德：《敦煌藏文吐蕃史文献译注》，甘肃教育出版社，2000，第 208～210 页。

② 王忠：《松赞干布传》，上海人民出版社，1961，第 12 页。

加以确认。

松赞干布恢复了先祖奠定的基业之后，就开始扩大这个基业，逐步实现统一青藏高原地区的宏伟理想。而他接下来的目标就是吞并象雄。象雄即汉文史书中记载的"羊同"。按照汉文史籍的记载，有大小羊同之分，"大羊同东接吐蕃，西接小羊同，北至于阗，东西千余里，胜兵八九万"。[①]小羊同在吐蕃的西边靠南，而大羊同则在其西北部，首府"琼隆银宫"（khyung lung dngul mkhar），也就是今天西藏阿里地区札达县的曲龙地方。松赞干布对象雄采取了两面手法：一方面与其联姻结好，将他的妹妹嫁给象雄王李弥夏做妃子。另一方面在军事上不断做好准备。根据史书记载，赞普的妹妹赛玛噶（sad mar kar）出嫁象雄前，李弥夏已有王妃，或者是出于感情上的关系，或者是出于对吐蕃的顾虑，该王并不宠幸吐蕃公主。而失欢的吐蕃公主也我行我素，独自前往玛旁雍错湖游乐，既不料理家务，也不与象雄王同居生儿育女。如此举动很让赞普担心，他立即派遣芒琼（rmang cung）前往说服，芒琼向公主说明了来意，公主以歌词作答，临别赠送一包有 30 颗的松耳石。赞普理解其妹意在暗示自己：如果敢于攻打李弥夏就佩带此松耳石，如否，则像女人一样披上牦牛尾巴。经过君臣商议，决定出兵攻灭象雄。带兵出征的则是吐蕃大相噶尔·东赞域宋，这时的他，经过清除叛臣苏则之后，已经成为赞普倚为心腹的首席大臣。征服象雄后，吐蕃的统一大业基本完成。

如果说征服苏毗是迈向与唐朝内地发生交往的重要一步的话，那么征服象雄则是吐蕃进入西域和中亚地区，走向世界的关键环节。象雄灭亡后，松赞干布对西藏高原地区的统一事业就基本完成了，同时也意味着吐蕃王朝的建立。

吐蕃王朝的建立，改变了我国青藏高原地区和西南边疆地区的局势和历史发展命运，结束了青藏高原地区长期各自为政，互相分立的部落邦国时代，而进入一个全新的发展阶段，同时对藏族的形成与发展开辟了新的前景。

（五）吐蕃的政治制度与宗教文化建设

在军事征服过程中，吐蕃的军事组织和制度逐渐形成，在完成统一大

---

① 杜佑：《通典》卷一九〇 "边防" 六。

业后，松赞干布十分重视各项制度的建设。敦煌藏文文书对松赞干布的事业有一段较为简要的概述，文称："吐蕃以前无文字，此赞普时始出现。吐蕃之典章大法，大臣宰相的品位等级，大小官吏之权势，善行之奖赏，恶行之惩治，农牧计量之皮张与'朵尔噶'（dor ka），均衡物资之升、合、两等，吐蕃一切纯善法制典章，都出自赤松赞赞普时代。万民感恩不尽，共上其尊号为松赞干布。"①

松赞干布的业绩归纳起来主要包括以下几个方面。

第一，创立文字。松赞干布建立吐蕃王朝后，即派遣吞弥·桑布扎等青年学子前往印度学习文字学，以为文字创制之准备。吞弥不负重托，学成归里，经过潜心研究，创制了现行统一的藏文字母体系。② 而松赞干布则主动带头学习和推广文字的使用。藏文的创制使西藏历史发展进入一个崭新的阶段。它对吐蕃政权的巩固、政令的畅通、对外交往、藏民族的形成、民族素质的提高、文明的积累都起到关键性的推动作用。

第二，制定法律制度。按照藏文史书的一般说法，松赞干布时，曾依照佛教"十善律"制定了"六大法"或"七大法"，即禁杀生，杀人者赔偿命价；禁偷盗，偷盗者加倍或数十倍赔偿；禁淫亵，奸淫者或死或受肉刑；禁说谎，必须对神灵发誓；禁饮酒；禁反上；等等。或者再加上"不盗掘坟墓"，成为"七大法"。

第三，建立军政管理和职官制度。吐蕃的军政体制和职官制度的建立有一个相对漫长的过程，但是，松赞干布和赤松德赞时期无疑是其中的两个关键时期。根据记载，松赞干布时，把辖区划分为"五茹（即五翼）六十一东岱（千人部）"，即伍茹（dbu ru）、约茹（g·yo ru）、叶茹（g·yas ru）、茹拉（ru lag）、苏毗茹（sum pavi ru）和象雄茹（zhang zhung ru）。每个茹分两部，十个东岱（stong sde），合计60东岱，再加上由汉人组成的"通颊"（mthong khyab）汉户东岱，共61东岱。由于军事战争的需要，又把全体部落百姓区分为"桂"（rgod，武士）和"庸"（g·yong，

---

① 王尧、陈践：《敦煌本吐蕃历史文书》（增订本），民族出版社，1992；黄布凡、马德：《敦煌藏文吐蕃史文献译注》，甘肃教育出版社，2000，第244页。

② 王尧、陈践：《敦煌本吐蕃历史文书》（增订本），民族出版社，1992；黄布凡、马德：《敦煌藏文吐蕃史文献译注》，甘肃教育出版社，2000，第244页；韦·赛囊：《〈韦协〉译注》，巴擦·巴桑旺堆译，西藏人民出版社，2012，第2页。

豪奴）的划分，前者打仗，后者做仆从。①

吐蕃的官员按照出身的不同，划分为"尚"（zhang）和"论"（blon），前者系舅氏或亲族，而后者则出自宦族，他们联合把持着朝廷大权。在赞普王权之下，可以分为三大系统九位高级要员，即"九大论"，汉藏文史书有类似的记载。《新唐书》称："其官有大相曰论茝（blon chen），副相曰论茝扈莽（blon chen vog ma），各一人，亦号大论、小论；都护一人，曰悉编掣逋（spyan chen po）；又有内大相曰曩论掣逋（nang blon chen po），亦曰论莽热（blon mang bzher），副相曰曩论觅零逋（nang blon），小相曰曩论充（nang blon chung），各一人；又有整事大相曰喻寒波掣逋（yo gal vchos pa chen po），副整事曰喻寒觅零逋（yo gal vchos pa vbring po），小整事曰喻寒波充（yo gal vhos pa chung）；皆任国事，总号曰尚论掣逋突瞿（zhang blon chen po dgu）。"② 这些制度是后世才完善的，但是松赞干布时期做了重要的奠基。

第四，盟誓制度。为了规范赞普与有功大臣及其家族之间的关系，他们经常采取盟誓的方式，内容一般是臣下起誓支持和拥戴王室，不二心不叛逆。赞普则保护臣下及其后世子孙的生命安全和财产不受剥夺。《旧唐书》记：赞普"与其臣下一年一小盟，刑羊、狗、猕猴，先折其足而杀之，继裂其肠而屠之。领巫者告与天地山川日月星辰之神云：'若心迁变，怀奸反复，神明鉴之，同于羊狗。'三年一大盟，夜于坛（墠）之上，与众陈设肴馔，杀犬马牛驴以为牲，咒曰：'尔等咸须同心戮力，共保我家，维天神地祇，共知尔志。有负此盟，使尔身体屠裂，同于此牲。'"③ 时人信之不疑。

第五，佛教的正式传入和利用。松赞干布与尼泊尔和唐朝王室联姻，在迎娶尼妃赤尊公主（khri btsun）和汉妃文成公主的同时，也把两地的佛教引入吐蕃。两位公主前来吐蕃时都携带有释迦牟尼佛像和佛经，并由此建立了吐蕃与唐朝内地和尼泊尔之间的佛教文化联系。佛教开始逐渐影响到吐蕃上层贵族的精神生活和行为。但是，松赞干布时期的佛教活动是十

---

① 巴卧·祖拉陈瓦：《贤者喜宴》藏文本，民族出版社，1986，第 185～188 页。
② 《新唐书》卷二一六"吐蕃"上。
③ 《旧唐书》卷一九六"吐蕃传"。

分有限的，远不是后代藏文史书所说的那么繁盛。①

第六，规范伦理道德准则。提倡社会美德是规范人们行为的一种方式。据说，当时也有所谓"十六条"，即敬信三宝，求修正法与文字，报父母恩，尊重有德，尊贵敬老，重义亲友，利济乡邻，直言谨慎，追踪上流，饮食有节、财货安分，酬报有恩，秤斗无欺，慎戒嫉妒，温语寡言，忍修大度，不听妇言。这些未免掺杂有后世附会的东西，但是吐蕃王朝建立后，在颁布法律的同时，出台一些道德准则与要求也是符合社会需要的。

此外，松赞干布开阔的胸怀，开放的政策也值得称道。他不断学习借鉴四邻思想文化、技术与制度，对于吐蕃文化的建立与发展具有关键性的作用。

（六）吐蕃王朝早期对外扩张

吐蕃王朝建立以后，松赞干布即把目光放在了青藏高原周围地区，开始向外扩张。吐蕃向外扩张既有历代统治者掠夺财富、扩张领土的一般性因素，也有经济上和制度上的特殊因素。从经济上看，以游牧业经济为主要生产方式的吐蕃，渴望参与当时繁荣的丝绸之路贸易，从外界获得自身奇缺的农产品和其他手工业产品，以满足内部需求。从政治制度上看，通过战争征服和盟誓形成的吐蕃王朝，事实上是一个部落军事联盟性质十分鲜明的军事集团，各个部落和政治实体利益的实现并未找到合适的渠道，为了掩盖和转移矛盾，同时也为了获得更大的财富来满足各部贵族的欲望，就必须不断地向外扩张。因此，吐蕃王朝自建立之日起，便注定要把军事扩张摆在重要位置，以维护这个松散联合体的存在和发展。当松赞干布将羊同、苏毗、吐谷浑和党项等各部纳入治下，基本完成青藏高原地区统一大业之后，随即开始向外扩张，把矛头指向青藏高原周边地区各个部落和政权。向南如攻略泥婆罗（尼泊尔），诛杀其王毗湿奴·笈多（yu sna ku ti, Vishnu Gupta），立那陵提婆（na ri ba ba）为王。向北部和东北部，则把党项、白兰、吐谷浑和西山八国羌部作为主要征服目标。

党项在贞观初年已经归附唐朝，接受唐朝所赐李姓并职贡不绝。"其

---

① 韦·赛囊：《〈韦协〉译注》，巴擦·巴桑旺堆译，西藏人民出版社，2012，第3页。

后吐蕃强盛，拓跋氏渐为所逼，遂请内附，始移其部落于庆州（今甘肃庆阳），置静边等州以处之。其故地陷于吐蕃，其处者为其役属，吐蕃谓之'弥药'。"① 白兰、吐谷浑等部皆遭遇类似的命运。

二　唐蕃联姻与甥舅关系的确立

（一）松州之役

吐蕃的军事扩张是军事贪欲的需要，也与其渴望与周边地区，特别是与作为当时世界文明中心之一的唐朝之间加强经济和文化联系的需要。汉文史籍记载，"贞观八年，其赞普弃宗弄赞始遣使朝贡。……太宗遣行人冯德遐往抚慰之。见德遐，大悦。闻突厥及吐谷浑皆尚公主，乃遣使随德遐入朝，多赏金宝，奉表求婚，太宗未之许"。② 吐蕃使者将唐朝没有许婚的原因归咎于吐谷浑王的离间。松赞干布 "遂与羊同连，发兵以击吐谷浑。吐谷浑不能支，遁于青海之上，以避其锋。其国人畜并为吐蕃所掠"③。松赞干布命令吐蕃军乘胜进攻党项和白兰诸羌，后率兵 20 余万人进驻松州（今四川松潘境内）西境，对唐朝边境施加压力。与此同时，松赞干布派遣使者带着金帛再次求亲，并且放言，如果唐朝不许婚事，吐蕃即入略唐边。面对吐蕃的军事压力，松州都督韩威派遣一部分骑兵试图突袭吐蕃军营，反而被打败，使唐朝的松州地方陷入吐蕃控制之下。

唐太宗获知松州失守的消息，觉得事情比预料的严重，遂封吏部尚书侯君集为当迷道行营大总管，右领军大将军执失思力为白兰道行军总管，左武卫将军牛进达为阔水道行军总管，右领军将军刘兰为洮河道行军总管，率领步兵骑兵 5 万人前往迎击吐蕃。唐朝军队吸取了前次轻敌落败的教训，牛进达率军首先从松州夜袭吐蕃军营，斩首千余级。松赞干布面对唐朝大兵围攻和遭受突袭，产生畏惧之心，引兵退却。

战场上的交锋暂时告一段落，战后，松赞干布不失时机，立即派遣使

---

① 《旧唐书》卷一九八西戎 "党项羌"。
② 《旧唐书》卷一九六 "吐蕃传"。
③ 《旧唐书》卷一九六 "吐蕃传"。

者前往唐朝，一方面为入侵唐朝松州而表示谢罪，另一方面再次向唐朝请婚。唐太宗答应了吐蕃使者的请求。

（二）请婚与迎亲

松赞干布特别派出了以大相禄东赞（藏文作"噶尔东赞域宋"mgar stong btsan yul srung）为首的求亲使团，来到唐朝首都长安，觐见太宗皇帝，并献上黄金五千两，其他方物珍玩数百件，作为聘礼。这次长安求亲活动，在后世藏文史书被演绎为脍炙人口的"五难婚使"的故事。①

贞观十五年（公元641年），唐太宗以宗室女文成公主许嫁松赞干布，命令礼部尚书、江夏郡王道宗主持婚事，并持节送公主前往吐蕃。松赞干布率兵来到柏海（青海扎陵湖），亲自在黄河源头迎接公主一行。见道宗，恭敬地行子婿之礼。十分感叹大唐服饰礼仪之美，举止之间流露出羡慕和自卑的感觉。

唐朝为什么开始拒绝吐蕃的请婚，却在经过松州之战以后又同意吐蕃的请求呢？一种意见认为是唐朝迫于吐蕃的军事压力，另一种意见认为是唐朝出于对吐蕃的友好。事实上，两种因素都存在，但是又并非如此简单。说唐太宗迫于吐蕃压力，不如说唐朝意识到吐蕃这个正在崛起的军事和政治势力的存在和潜在的发展能力，正值鼎盛时期的唐朝，当然不会因为与吐蕃如此小小的一次交锋之失利，便屈服于吐蕃的压力而送公主给吐蕃赞普，更何况是在大兵征讨吐蕃，并扭转战局之后。这是显而易见的。从汉藏史书有关双方联姻过程的记载和传说来看，也是如此。联姻无疑是唐太宗的一个策略，一方面认识到吐蕃的军事存在和不断发展的前景，重视这一军政实体。另一方面，他正忙于对北方的强敌突厥用兵，并准备再度出兵高丽，因此，在对吐蕃军事进攻给予回击并迫使其退却的情况下，吐蕃请婚求和，应该是保持双方和好、西部边地稳定的机会，所以，唐太宗接受了吐蕃的和平呼唤并满足其求婚要求，从而对唐蕃关系的发展产生深刻的影响。

---

① 萨迦·索南坚赞：《王统世系明鉴》（又作《西藏王统记》），民族出版社，1981，刘立千汉译本，西藏人民出版社，1994，第62~64页；陈庆英、仁庆扎西汉译本，辽宁人民出版社，1986，第81~83页。

（三）文成公主在吐蕃

文成公主到达吐蕃都城逻些（拉萨）后，无比喜悦的松赞干布对其身边近臣说："我父祖未有通婚上国者，今我得尚大唐公主，为幸实多。当为筑一城，以夸示后代。"[1] 于是开始大兴土木，兴建大昭和小昭两宫。根据藏文史书的说法，文成公主亲自主持了大昭宫堪舆，对建造该项宏伟工程立下功劳。小昭宫无疑也包含着文成公主的心血，并在汉族工匠的参与下完成，作为文成公主的安身之所。

为了迎合公主的喜好，松赞干布不惜改变吐蕃的风俗习惯。史书记载，文成公主开始不喜欢吐蕃人赭面，松赞干布就下令全国暂时停止赭面。他自己也开始仿照唐朝的装束习惯，脱下毡裘，穿上丝绸衣服，沐浴华风。同时，派遣贵族子弟前往唐朝首都长安（今陕西西安），入国子学，学习诗书。又请唐朝派专门人才，负责其上表和往来文书。

文成公主进藏后，唐蕃双方关系进入一个蜜月时期，唐朝和吐蕃任何一方有大事，对方必遣使祝贺问聘。唐太宗伐辽东归来，松赞干布派禄东赞奉表祝贺，送上高七尺、内可实酒三斛的金鹅一只，作为礼物。贞观二十二年（公元 648 年），唐朝右长史王玄策使往西域，为中天竺所掠，吐蕃发精兵与王玄策共击天竺，大败之，擒其王阿罗那顺以归。

自文成公主出嫁吐蕃赞普之后，唐朝对吐蕃的关系格外重视。唐高宗即位（公元 650 年），即授松赞干布驸马都尉，封西海郡王，并赏赐丝绸锦缎二千段。松赞干布收到赠物和封号后，也致书宰相长孙无忌等："天子初即位，若臣下有不忠之心者，当勒兵赴国除讨。"同时献上金银珠宝 15 种，供于太宗灵位前。高宗嘉之，进封松赞干布为宾王，再赐给杂彩 3000 段。吐蕃使者趁机请高宗赐以造酒、碾、硙、纸、墨之匠，唐高宗欣然答应。[2] 从上面吐蕃致书内容来看，一方面表现出对唐朝王室的忠心，同时也显露出悖慢之心。但总的来说，双方的关系依旧十分融洽。

永徽元年（公元 650 年），松赞干布去世，高宗为之举哀，并遣右武候将军鲜于匡济持节赍玺书吊祭。松赞干布在位时，他的儿子贡日贡赞早

---

① 《旧唐书》卷一九六"吐蕃传"。
② 《旧唐书》卷一九六"吐蕃传"。

亡，其孙芒伦芒赞幼年即位，国事皆委于大相禄东赞。从而开始了禄东赞父子专权的一个新时代，唐蕃关系也进入曲折发展阶段，唐蕃之间发生了绵延不断的战争。

但是，即使在这种战争状态下，吐蕃一直不间断地派遣使者向唐朝提出和亲请求。唐高宗调露元年（公元 679 年），"吐蕃文成公主遣大臣论塞调旁来告丧，并请和亲。帝不许之"。只派遣使者参加了赞普的葬礼。① 其实，这次吐蕃提出的和亲公主就是武则天的女儿太平公主。当时，太原王武士彠妃子去世，武则天请以太平公主为女官荐福。正在这时吐蕃请尚太平公主，武则天自然不忍心其亲生女儿远嫁，便为其立太平观，以公主为观主来拒绝吐蕃的请求。②

（四）唐蕃二次联姻

在双方长期而频繁的发生军事冲突之后，吐蕃不断派遣使者前来长安，寻求和好之路。唐高宗永隆元年（公元 680 年），文成公主去世，唐朝派遣使者前往吊唁祭祀。当时，吐蕃和唐朝一直处在战争状态，文成公主的去世意味着强烈希望和唐朝保持经济文化联系的吐蕃，失去了一条最为重要的联系途径。因此，吐蕃再次向唐朝请婚，以维系双方的甥舅关系。

武则天长安二年（公元 702 年），吐蕃赞普率兵万人入侵唐朝悉州，都督陈大慈领军对抗，四战皆胜。战场失败后，赞普遂派遣论吐弥等入朝请和。次年（公元 703 年），吐蕃又遣使献马千匹、金两千以求婚，武则天许之。然而，此时吐蕃南境属国泥婆罗国等发动叛乱，赞普卒于军中，联姻之事因此被搁置下来。③ 经过赞普王室内部争夺之后，7 岁的弃隶蹜赞被立为赞普，吐蕃使者来告丧，并求盟。唐中宗神龙三年（公元 707 年）赞普祖母派使者悉董热（《旧唐书》作"悉熏热"）求婚，唐朝留下了这位使者。同年四月，下诏以雍王守礼女册封为长女、为金城公主出降吐蕃赞普。景龙二年（公元 708 年），当时的和蕃使、左骁卫大将军杨矩主张

---

① 《册府元龟》卷九七九"外臣部"和亲二。
② 《资治通鉴》卷二〇二。
③ 《旧唐书》卷一九六"吐蕃传"。

继续扣押吐蕃使者，并假称其已死亡，主要是担心这位迎亲使者既懂得汉语，又颇知唐朝宫中内情，放还吐蕃，对唐朝不利。唐中宗认为应该以诚信来对待边疆民族，没有采纳杨矩的建议，礼送悉董热归吐蕃。同年，中宗下诏册封金城公主为其长女。景龙三年（公元 709 年）十一月，吐蕃遣其大臣尚赞吐来迎亲。中宗宴请使者于苑内球场，命驸马都尉杨慎交与吐蕃使者打马球，中宗率侍臣观看。景龙四年（公元 710 年）正月颁布制诏，并亲自前往始平县（今陕西兴平县）为金城公主送别。中宗在百顷泊侧设立帐殿，引王公宰相及吐蕃使者入宴。宴会即将结束，他命吐蕃使者来到座前，说明公主年幼，割慈远嫁之用心。并命从臣赋诗饯别，为表示仁慈之心，下令赦免始平县死罪以下所有囚犯，百姓给复一年，改始平县名为金城县，又改其地凤池乡为怅别里。①

　　金城公主到吐蕃后，吐蕃为其别筑一城以居之。金城公主在吐蕃的活动，藏汉文史书多有记载。综其大者有以下几端：第一，在唐蕃政治关系中发挥了重要的桥梁纽带作用。其时，吐蕃的扩张活动不断高涨，唐蕃关系日趋紧张，时常兵戎相见。《全唐文》收录有张九龄代中宗皇帝起草的"敕金城公主书"三份；同时也收录有金城公主的"谢恩赐锦帛器物表"（开元四年八月）、"乞许赞普请和表"（开元五年三月）和"请置府表"（开元二十一年七月）三份。② 其中金城公主前两封信函中撮合唐蕃和好的意图尤为明显。公主的这种政治角色是其他人所无法扮演或者替代的。金城公主一直为唐蕃和好而努力，这既是吐蕃赞普的要求，也是金城公主的本愿，客观上发挥了重要的作用。第二，在唐蕃文化交往中，特别是唐朝文化影响吐蕃方面起到关键性的作用。金城公主进藏时就带去大量的医学、佛教和科技书籍。后来，吐蕃使者入唐奏称："公主请《毛诗》、《礼记》、《左传》、《文选》各一部。"尽管当时朝臣对此还有争论，正字于休烈就持反对意见，但是中宗依然采纳另一派的意见，命秘书省写与之。无疑金城公主的名义具有一定的效力。第三，在吐蕃佛教的发展中，金城公主立下了不可磨灭的功绩。她到吐蕃后，立即把姑姑文成公主带到吐蕃、在吐蕃毁佛期间被埋在地下的佛像找回来，重新供奉在大昭寺内，同时在

---

① 《旧唐书》卷一九六"吐蕃传"。

② 《全唐文》卷一〇〇。

吐蕃创立了谒佛之供和吐蕃人死后按照佛教习惯来祭祀的"七七之供"。第四，吐蕃巧借为金城公主作"汤沐地"之名，贿赂当时唐朝的鄯州都督杨矩，将河西九曲之地送给吐蕃，"吐蕃既得九曲，其地肥良，堪顿兵畜牧，又与唐境接近，自是复叛，始率兵入寇"。第五，尽管藏文史书中有关金城公主是吐蕃名王赤松德赞生母的说法并不可靠，但是却也从侧面反映出金城公主在吐蕃王室和吐蕃百姓心目中的崇高地位。

三 对唐蕃联姻的几点分析

唐朝和吐蕃两度联姻，建立了特殊的舅甥亲缘关系，对于这种关系如何看待呢？我们试分析如下。

（一）唐蕃联姻与汉代和亲之异同分析

中国历史上内地封建统治者和边疆民族政权之间通过政治联姻或者"和亲"建立起一种特殊的关系，这种关系的建立并不是唐朝才开始有的，汉朝初年，汉高祖刘邦就采纳朝臣刘敬的建议，对当时北方地区强大的匈奴政权采取"和亲政策"。尽管后世史家对这一政策的评价存在较大的分歧，但是没有人会否定它在争取安定环境，缓和汉与匈奴之间的矛盾方面发挥的积极作用。

唐蕃联姻和汉代的和亲有共同点也有不同点。其共同点是：其一，都是政治联姻，有着类似的目的和手段；其二，联姻或者和亲的对象类似，都是中国古代边疆地区的民族政权的统治者；其三，和亲或者联姻都在一定程度上密切了双方的关系，加强了两地人民之间的友谊，同时在一定程度上缓和了双方的紧张关系，起到安定边疆地区的作用。

两者也有一些不同点：第一，和亲的背景和前提存在差异，汉代和亲是在匈奴不断对汉朝施加压力，刚刚建立的汉朝难以应付的情况下采取的权宜之计，目的是求得一个安静的发展生产和稳定局势的环境；而唐蕃和亲则是在双方基本平等的条件下出现的，既不存在唐朝对吐蕃的军事压力，也不存在吐蕃对唐朝的胁迫。尽管曾经发生过松州之役。第二，和亲的主动提出者一方不同，汉代的和亲是中原王朝政权汉王朝主动提出来的，而且是消极性的和防御性的策略。而唐蕃联姻则是由吐蕃一方提出的，其目的是为了发展和唐朝的关系，加强经济文化交流，并为自身发展获得更大机遇。第三，和亲双方的关系状况和地位不同，汉代和匈奴和亲是有附加条件的，汉朝必须向匈奴交纳一定的"贡赋"，因此双方的关系事实上是不平等的，也因为这个缘故，在后来强大时，汉武帝要用兵匈奴，除了解除匈奴南下之患之外，也有为先祖报仇雪恨的用意。唐朝和吐蕃双方不存在这种情况，尽管吐蕃有求于唐朝者甚多，但是却并不是依附于唐朝，或者向唐朝纳贡称臣，当然唐朝也不对吐蕃有任何依附关系。唐朝与吐蕃的和亲更能体现友好相处，增进联系的精神。

（二）吐蕃主动联姻的动因

从唐朝和吐蕃联姻的事实来看，吐蕃总是主动、积极的一方，文成公主出嫁是在吐蕃反复求亲之后实现的。文成公主去世后，吐蕃一直派遣使者向唐朝求亲，再续姻缘，即使是在战争和敌对状态下也复如是。相比之下，唐朝则较为消极。吐蕃为什么会对联姻有如此浓厚的兴趣？其动因又如何呢？我们不妨作几点分析。第一，从政治上来看，吐蕃王朝新建立，而以军事征服为手段建立起来的吐蕃王朝，事实上是一个松散的各个部落邦国的大联盟，内部存在着很大的离心力量，都对赞普王权构成威胁。作为一个卓越的领袖，松赞干布自然知道如何利用和加强同外部的联系，特别是和强大的唐王朝之间的关系，来提高自己的声望，以实现巩固政权的目的，而和皇室联姻则是最有效的手段之一。通过联姻来扩大自己的影响，赢得外部认可，无疑是一个一举多得的策略。第二，从经济上来说，吐蕃的经济从根本上来说是比较单一的游牧经济，具有脆弱性，为了增强经济实力，稳定新的王朝的根基，就必须和作为创造了伟大的农业文明成就的中原地区发生联系，从而实现经济上的互补，以增强其经济实力，最终达到维护王朝稳定与发展的目的。第三，新建立的吐蕃王朝在文化上所处的弱势地位，是一个无法回避的客观现实，这和政治上的迅猛发展不相适应，同时也与维护统治的需要存在差距。松赞干布时，借鉴印度梵文字母体系创制了藏文，但是它的技术文明和制度文明依然处在相对落后的状态。要在文化上取得巨大发展和进步，就必须吸收周边地区的文明成果，而作为当时世界文明中心之一的唐朝首都长安及唐朝灿烂的文化，则是吐蕃最为向往和值得借鉴的文明成就，吐蕃对唐朝制度文明的大量吸收，即是充分证明。第四，与唐朝通过联姻建立起亲缘关系，可以使吐蕃直接参与由唐朝构建的巨大的经济和文化圈中，从而对吐蕃的政治、经济结构和社会组织结构等施加积极影响，使之走上新的发展道路。政治上加强赞普王权，经济上参与繁荣的丝绸之路国际贸易获得实惠，文化上与周边先进文明交相辉映，以期实现社会的全面繁荣。

对于唐朝来说，和吐蕃联姻最初主要是满足吐蕃统治者的强烈要求，并实现西部、西南部边疆地区的稳定，同时也包含着用唐朝文明化导吐蕃，规范双方关系的作用。唐朝也希望崇尚武力的吐蕃人，能够逐渐接受唐朝儒家文化的影响，放弃军事扩张的方针。

（三）甥舅关系分析与定位

唐朝和吐蕃联姻后，在唐朝和吐蕃之间建立起一种新型的关系，这个就是"甥舅关系"。这种关系原本是中国传统的、通过血缘联系的人们之间的亲戚关系的延伸，对于中原统治者来说，这是长期以来在处理与边疆民族的关系时所采取的一种政策，即和亲政策。它的主旨就是希望通过血缘关系建立一种或疏或密的政治隶属关系。

在初期，吐蕃出于获得利益的需要默认了这种关系，也就是承认了唐朝对吐蕃的经济、文化，从而也是政治上的优势地位。吐蕃不断地派遣使者到唐朝首都长安，请求科技人员和技术、经典文献等，也派贵族子弟前往长安国子学学习先进知识与文化。但是，随着吐蕃经济的发展，特别是军事上不断走向强盛，他们开始不满这种现状，并提出了改变关系状态的要求。

唐玄宗开元年间，"吐蕃自恃兵强，每通表疏，求敌国礼，言词悖慢"。玄宗也无可奈何。建中二年（公元781年），唐朝使者常鲁与崔汉衡前往吐蕃，至列馆，赞普令止之，先命取国信敕，既而谓汉衡曰："来敕云：'所贡献物，并领讫；今赐外甥少信物，至领取。'我大蕃与唐舅甥国耳，何得以臣礼见处？……"乃邀崔汉衡遣使奏定。常鲁返回长安奏于皇帝，朝廷为改敕书，"以'贡献'为'进'，以'赐'为'寄'，以'领取'为'领之'"，并且告诉吐蕃赞普，导致这一误会的原因是前任宰相杨炎没有遵循过去的惯例。①

---

① 《旧唐书》卷一九六"吐蕃传"。

这其实是唐朝承认吐蕃已经强大起来的这一客观现实的产物。经过长期的征战，唐朝认识到原先的一些观念需要调整，吐蕃不是唐朝的属国，双方的关系不是宗藩关系，而是甥舅关系。这种甥舅关系的内容显然前后有变化，在早期吐蕃一直以"子婿"自称，其内涵吐蕃赞普清楚，唐朝自然也十分明白。也就是说，事实上存在着政治上的不平等，唐朝具有优势地位。但是，在中国历史上不同时期，都存在着中原政权和边疆地区民族政权分治的情况，他们相互争雄，强者为主。因此，总是会出现势力消长的情况。当吐蕃强大，而唐朝极盛而衰时，吐蕃自然会提出调整双方关系的问题。此后唐蕃的关系无疑是相互对等的关系，而不是父子关系。

（四）唐蕃联姻对双方关系的影响

　　应该说，唐蕃联姻对双方的关系产生了深刻的影响，它是多方面和全方位的。第一，吐蕃和唐朝联姻，加强了西南边疆地区和内地之间的联系，为消除民族和地区间的壁垒奠定了良好的基础。第二，联姻增进了青藏高原地区和内地之间的经济交流，促进了西南边疆地区的开发与进步，也逐渐改变了西南边疆地区的政治格局。第三，联姻为双方的文化交流开辟了广阔的前景，以汉族文化为核心的繁荣的唐文化源源不断地进入青藏高原地区，为吐蕃文化在短短的二百年间产生质的飞跃给予了巨大的助力。吐蕃一方面邀请唐朝识文之人典其表疏，另一方面又派贵族子弟至长安入国子学学习技术与文化。金城公主出嫁吐蕃后，唐中宗下诏：谓"吐蕃王及可汗子孙，欲习学经业，宜附国子学读"。① 为吐蕃培养了不少优秀人才。第四，随着唐蕃联姻，人员往来更加频繁，宗教信仰和风俗习惯的相互影响和作用逐渐增加，为吐蕃与唐朝之间文化心理认同奠定了重要的基础，对后来吐蕃纳入元朝中央政府直接的行政管辖之下做了必要的准备。第五，唐蕃联姻在增进了解、促进吐蕃经济社会发展的同时，也刺激了吐蕃上层贵族统治者掠夺唐朝财富、攻占唐朝领土的欲望，吐蕃不断对唐朝发动旨在掠夺财富的战争，也与此有一定的关系。

---

① 《唐会要》卷三六。

第二章　青海、河陇边衅
(公元 635～733 年)

一　唐蕃争夺吐谷浑

（一）吐谷浑降唐

吐谷浑原来是从辽东鲜卑慕容部分离出来的一支，最初西迁到内蒙古阴山。西晋永嘉末年（公元 313 年）南下，经过陇山，来到今甘肃临夏西北部地区。不久又向南向西发展，占据了今甘南、川西北和青海等地，统治原居此地的氐、羌等各族。叶延时期（公元 329～351 年），建立政权，并以其祖父吐谷浑为国号和部族名。最强盛时，东起甘南、川西北，西抵今新疆和田、若羌、且末；南至青海南部，北隔祁连山与河西走廊相接，东北通秦岭。① 后期以青海湖西的伏俟城为首府。隋朝大业五年（公元 609年）吐谷浑为隋炀帝所灭，隋朝在今青海吐谷浑故地设立西海、河源、鄯善和且末四郡，实施直接行政管辖。隋朝末年中原动乱，吐谷浑又逐渐出现恢复迹象，并控制中西交通要道，不断寇扰唐朝边境地区。

唐太宗贞观八年（公元 634 年）十二月开始，唐朝在结束了对内地广大地区的统一战争后，对吐谷浑大规模用兵。八年十一月，吐谷浑入略唐朝辖下的凉州，并扣留驿传官员赵德楷，唐朝前后遣使 10 余次，仍不放还，太宗大怒，十二月下令出兵，特进李靖为西海道行军大总管，侯君集为积石道行军大总管，任城郡王道宗为鄯善道行军总管，胶东郡公道彦为赤水道行军

---

① 《梁书》卷五四"诸夷传"河南，中华书局，1992。

总管，凉州都督李大亮为且末道行军总管，利州刺史高甑生为盐泽道行军总管，西击吐谷浑。① 贞观九年（公元 635 年）元月，在吐谷浑煽动下，原归唐朝的党项部落叛归吐谷浑；三月，洮州羌部杀刺史孔长秀，归附吐谷浑。李靖在鄯州召集诸将商讨出兵之策，并采纳侯君集的建议，唐朝大军兵分南北两路夹击吐谷浑：北路由李靖亲自率领，李大亮、薛万均、薛万彻、契苾何力等随之出征。南路由侯君集、道宗等率领。北路军由库山（今青海日月山一带）出曼头山，逾赤水（恰卜恰河），历河源、且末，穷其西境。南路军出库山，过罗真谷（大非川东）、汉哭山（在乌海，即喀拉海之东），转战星宿川（星宿海），至柏海（鄂陵湖、札陵湖）。大败吐谷浑。唐朝封慕容顺为西平郡王，不久被杀，吐谷浑内部出现动乱。十二月，太宗命侯君集再次出兵吐谷浑平定叛乱。吐谷浑成为唐朝属国。②

贞观十年（公元 636 年）三月，吐谷浑主燕王诺曷钵请颁唐历，奉唐年号，并遣子弟入侍。唐朝正式册封诺曷钵为河源郡王、吐谷浑可汗，为唐守边。十二月，诺曷钵亲自到长安觐见太宗皇帝，并请婚，朝廷许之。十一年（公元 637 年）十一月，吐谷浑献牛羊 1.3 万头。十二年（公元 638 年）十二月，诺曷钵再次亲往长安迎娶公主，宗室女弘化公主出嫁。十三年（公元 639 年）二月，唐太宗遣左骁卫将军、淮阳王道明送公主至吐谷浑③，双方的关系进入一个崭新的发展时期。

（二）吐蕃初犯吐谷浑

唐朝对吐谷浑用兵时期，也正好是吐蕃王朝建立，松赞干布不断向外扩张时期，在地理上位于唐蕃之间的吐谷浑、白兰羌等部，就首先成为争夺的目标。吐谷浑归附唐朝自然不是吐蕃希望看到的局面，他们势必要以各种理由改变这种现状，清除阻碍其向东北部扩展的这几股政治势力。

贞观八年（公元 634 年），松赞干布遣使者向唐朝朝贡，唐太宗遣行人冯德遐前往吐蕃回访，松赞干布见到唐朝使者很高兴。听说突厥、吐谷浑都与唐朝结亲，娶公主为妻，便遣使随冯德遐入朝，多赍金银财宝，奉

① 欧阳修、宋祁等撰《新唐书》卷二"太宗纪"，中华书局，1975。
② （后晋）刘昫等撰《旧唐书》卷三"太宗纪"下，中华书局，1975。
③ （后晋）刘昫等撰《旧唐书》卷三"太宗纪"下，中华书局，1975。

表求婚，唐太宗没有答应吐蕃的要求。吐蕃使者回去禀告赞普松赞干布，声言唐朝开始厚待他们，并许嫁公主。当时正值吐谷浑使者入朝，有相离间，唐朝因此对吐蕃使者怠慢，而且撕毁前议，不嫁公主给赞普。

　　究竟是吐蕃使者的一种搪塞之词或嫁祸于人的个人作为呢？还是事实确实如此，学术界有不同看法。从两《唐书·吐蕃传》记载来看，似乎是吐蕃使者的搪塞之词和对吐谷浑的诬陷。《旧唐书》说得委婉点，谓：吐蕃求亲，太宗未之许。"使者既返，言于弄赞曰"云云。《新唐书·吐蕃传》则十分直接地称："使者还，妄语曰：……"云云。这种说法也是有道理的，首先，唐朝对吐蕃的了解还不十分深入，当然不会在吐蕃使者第二次前来，第一次求婚时许嫁公主。其次，当时吐蕃窥视吐谷浑之心应该昭然若揭，唐朝对其支持吐谷浑内部反对势力，参与吐谷浑君臣之间的权力争夺应该也有耳闻。所以，太宗拒绝其请婚也在情理之中，是不必听由吐谷浑使者劝言，才出现由许婚到反悔如此之大的变化。至于吐谷浑是否会在其中起某种作用，我们认为也有可能，吐谷浑主更明晰吐蕃扩展的用心，但是他们的离间肯定不是决定性的因素。

　　不管缘由如何，松赞干布都以此为借口，把武力征服的矛头指向了吐谷浑。《旧唐书·吐蕃传》记载："弄赞（松赞干布）遂与羊同连，发兵以击吐谷浑。吐谷浑不能支，遁于青海之上，以避其锋，其国人畜并为吐蕃所掠。"[1] 事实上，吐蕃占有吐谷浑之心已非一日，因为它是吐蕃东北向扩张所必须越过的第一个障碍。

　　在击败吐谷浑后，吐蕃趁机进攻与吐谷浑临界的党项和白兰。党项和白兰都是古代羌部，党项主要活动在西平（今西宁）、赤水（青海共和）、大积石山、临洮（甘肃岷县）、宕昌（甘肃宕昌）、邓州（四川南坪）和松州（今四川松潘）等地区。唐朝初年，招抚党项各部，党项内附，唐朝拜其拓跋部首领赤辞为西戎州都督，并赐姓李氏。白兰是汉代白狼羌、卑滴和先零后裔。其活动地域比较广泛，一般认为从今青海果洛、玉树到四川阿坝的汶川，都有白兰部落活动，其中西部主要集中在青海柴达木盆地，特别是都兰、巴隆一带地区。东部则主要集中在理县和汶川等地。《新唐书·党项传》记载："又有白兰羌，吐蕃谓之丁零。左属党项，右与

---

　　[1] 《旧唐书》卷一九六"吐蕃传"。

多弥接。胜兵万人，勇战斗，善作兵，俗与党项同。武德六年（公元 623年），使者入朝。明年（公元 624 年），以其地为维（治四川汶川西北）、恭（治四川理县西北）二州。"也是唐朝编户齐民。吐蕃攻破党项和白兰后，20 万大军就来到松州西境，对唐朝造成巨大的军事压力。

（三）唐朝对吐蕃和吐谷浑的政策

吐蕃在松州进攻唐朝守军，先胜后败。在求亲成功，唐蕃联姻后，吐蕃也撤出驻扎在吐谷浑的军队，双方关系重归于好。藏文史书记载，文成公主前往吐蕃途中，经过吐谷浑，在那里受到了"诺曷钵、母后和大尚论"等人的欢迎，文成公主还在该地居留，并建造宫殿。[①]

但是，吐蕃的军事介入，使吐谷浑的发展出现新的变数。最为突出的是，在以吐谷浑可汗为代表的亲唐朝势力之外，也出现了以丞相宣王为首的亲吐蕃势力。根据两《唐书·吐谷浑传》记载，贞观十五年（公元 641年），势力业已坐大的宣王，开始专擅国政，甚至暗中征兵，企图以祭山神为名，准备袭击弘化公主，挟持诺曷钵投奔吐蕃。获知宣王阴谋，诺曷钵大惊失色，立即率轻骑随弘化公主逃往鄯州城（今青海西宁），他的属下威信王在这里以兵迎接护卫。意识到局势危机，鄯州刺史杜凤举和威信王联合起来，出兵击败宣王所部，果毅都尉席君买率领 120 人的精锐骑兵队伍，突袭吐谷浑之丞相宣王，杀其兄弟 3 人，有力地打击了亲吐蕃势力。获得禀报，唐太宗命吏部尚书唐俭持节前往安抚慰问。唐太宗去世后，在昭陵墓前立属国首领刻石图像，诺曷钵像也在其中。

唐高宗时期，对吐蕃和吐谷浑采取了大体上一视同仁的政策。高宗即位后，在封授松赞干布为驸马都尉的同时，也以诺曷钵尚公主，拜其为驸马都尉。随后，吐谷浑和吐蕃之间发生了多次武装冲突，双方都曾经派遣使者至长安，请求唐朝出兵援助，但是唐高宗均没有答应他们的要求。这种坐视不管的策略无疑是错误的，它本可以让尚处在萌芽状态的双方军事冲突得以化解，或者消除逐渐升级的战争隐患。问题的关键在于，面对吐蕃的军事实力远远大于吐谷浑的客观现实，这种看似公平的策略或者说是

---

① 托马斯（F. W. Thomas）：《新疆的吐蕃文书》（*Tibetan Literary Texts and Documents Concerning Chinese Turkestan* II 1951.）。

坐视不管的态度，事实上助长了吐蕃的气焰，使他们决意要攻占吐谷浑，消灭这支和自己做对的力量。于是，吐蕃在危及吐谷浑存在的时候，也就威胁到唐朝西部、西南部边疆地区的稳定。

（四）白兰之战及吐蕃吞并吐谷浑

既然吞并吐谷浑是既定之策，那么何时及以何种理由与方式发动进攻，只是一个时间和具体战略问题。而在解决吐谷浑之前，中间还有一个白兰部落。这个白兰应该是活动在今青海柴达木盆地地区一带的白兰部落，吐谷浑是其北部邻邦。高宗显庆元年（公元656年），吐蕃大相禄东赞率兵12万北攻白兰，苦战3日。吐蕃军初战失败，后来扭转局面，获得胜利，杀白兰千余人，屯军其境，大肆掠夺。白兰的军队大多为吐蕃所收编，作为吐蕃军事扩张的工具。

接着，吐蕃以不满唐朝没有帮助出兵攻打吐谷浑为由，出兵强攻吐谷浑。关于吐蕃入犯吐谷浑，藏文史书也有记载，《敦煌本吐蕃历史文书》P. T. 1288号文书就记，羊年（高宗显庆四年，公元659年）"大论东赞前往吐谷浑（va zha，阿豺）。达延莽布支于乌海之东如（stong ru），与唐朝苏定方交战。达延战死，以八万之众败于一千。是为一年"。① 《资治通鉴》卷二〇〇"唐高宗显庆五年"（公元660年）条记，"八月，吐蕃禄东赞遣子起政将军击吐谷浑，以吐谷浑内附故也"。② 这里的"起政"应该是禄东赞的次子"钦陵"（khri vbring）。

面对吐蕃对吐谷浑的武装掠夺，唐朝也采取了一定的措施，并产生了某种效果，如苏定方出征并获胜应是其证。但是，唐朝在吐蕃与吐谷浑相互争执之初期所采取的错误的不介入政策，导致吐蕃与吐谷浑关系的进一步紧张，以及吐蕃对吐谷浑的大肆进攻。而当吐蕃入据吐谷浑辖土后，唐朝的军事支持力度明显不够，这也许与唐朝对吐蕃的最终用心估计不足有

---

① 《敦煌本吐蕃历史文书》P. T. 1288号文书，巴考（J. Bacot）、杜散（Ch. Toussant）、托马斯（F. W. Thomas）：《敦煌历史文书》（*Documents de Touen - Huang Relatifs a Histoire dur Tibet*, Paris, 1940）；王尧、陈践：《敦煌本吐蕃历史文书》（增订本），民族出版社，1992，第146页；黄布凡、马德：《敦煌藏文吐蕃史文献译注》，甘肃教育出版社，2000，第40页。

② 《资治通鉴》卷二〇〇"唐高宗显庆五年"（公元660年）条。

关。从《敦煌本吐蕃历史文书》来看，吐蕃大论禄东赞从唐高宗显庆四年
到乾封元年（公元 659～666 年）每年都前往吐谷浑督战，于此可见其对
吐谷浑志在必得的决心。① 其中在龙朔二年（公元 662 年）还在象雄征收
赋税以为进攻吐谷浑之战争准备。由于吐蕃在吐谷浑的用心经营，使吐谷
浑内部的亲吐蕃势力也逐渐强大起来。

唐高宗龙朔三年（公元 663 年），吐谷浑内部亲吐蕃的大臣素和贵逃
奔吐蕃，尽言吐谷浑内部虚实。胸有成竹的吐蕃大论禄东赞率大军进攻吐
谷浑。吐蕃军队自然很顺利地推进到吐谷浑境内，并在黄河边上击溃了吐
谷浑的主力部队。诺曷钵无力应对，只好走为上策，与唐朝弘化公主一起
随带数千骑投奔凉州（今甘肃武威）。此时，唐高宗皇帝回过神来，意识
到问题的严重，不得不改变策略。据《新唐书·吐蕃传》记载，高宗立即
诏凉州都督郑仁泰为青海道行军大总管，率将军独孤卿云等屯守凉州、鄯
州，左武候大将军苏定方为安集大使，为诸军节度，"以定其乱"。但是，
就在这一年的十一月，郑仁泰病卒军中。而唐高宗依然怀抱着侥幸心理，
出兵的目的也只是试图抑制一下吐蕃的霸气，使其归还吐谷浑故土，双方
重归于好，这自然是唐朝高层决策者的一厢情愿。苏定方遵照唐高宗的旨
意，采取了"平两国怨""以安集吐谷浑"的消极退缩方针，注定要导致
在处理吐谷浑问题上的全面失败。就这样，自西晋永嘉之乱在群羌之中建
立政权、立国 350 年的吐谷浑被吐蕃灭亡了。

占领了吐谷浑后，大论禄东赞亲自驻兵青海之地，并在高宗麟德二年
（公元 665 年）派遣使者论仲琮入朝，一方面论列吐谷浑的"罪状"，另一
方面又提出和吐谷浑和好，并求赤水之地牧马。其目的自然是希望唐朝承
认吐蕃占领吐谷浑的事实，遭到唐朝的拒绝。唐高宗遣使者左卫郎将刘文
祥前往吐蕃，斥责其吞并吐谷浑的行径。

吐谷浑灭亡后，唐朝的广阔土地直接暴露在吐蕃面前，吐蕃的北向军
事扩展活动，对唐朝在西域、河西和陇右地区的安全造成巨大的威胁，同
时也直接影响到唐朝与西方保持经济联系的经济大动脉——丝绸之路的畅
通。因此，使唐朝在西部地区的经营面临重大的挑战。

---

① 王尧、陈践：《敦煌本吐蕃历史文书》（增订本），民族出版社，1992，第 146 页；黄布
凡、马德：《敦煌藏文吐蕃史文献译注》，甘肃教育出版社，2000，第 40 页。

二　唐朝恢复吐谷浑的策略与大非川之战

（一）唐朝在恢复吐谷浑策略上的分歧

唐朝切实感到了吐谷浑灭亡所带来的严重后果，为了试图扭转被动局面，唐高宗决定通过武力来迫使吐蕃退还所占领土，帮助吐谷浑恢复故国。但是，一涉及实质性的出兵问题就出现了分歧。

唐高宗乾封元年（公元 666 年）五月，唐朝封河源王慕容诺曷钵为青海王。总章（公元 668～670 年）中，朝议确定将失去故国的吐谷浑迁徙到凉州南近山安置。当时，人们普遍担心吐蕃以旧怨再次攻击吐谷浑。于是，唐高宗就召集左相姜恪、右相阎立本、左卫大将军契苾何力、司戎少常伯崔余庆、左卫将军郭待封、司元少常伯许圉等商议先发兵出击吐蕃事宜。阎立本反对出兵，理由是去年以来天旱少雨，粮价高涨，老百姓忍饥挨饿者甚多，现在如果远兴师旅，更增忧劳，不适宜大动干戈、出兵吐蕃。契苾何力认为：吐蕃在遥远的西部地区，路途遥远，与诸羌相接，担心唐朝大军未到，吐蕃已经鼠窜西逃，山路险阻，追逐不易，军粮即使有保障，但是也不能深入穷追。估计等到明年开春以后，吐蕃必然要来侵逼吐谷浑，真如此，朝廷先不要派兵援助，给吐蕃造成一种假象，以为唐朝已经无力与其对抗，产生骄矜心理，无所顾忌，那时朝廷再大兵出击，一举歼灭吐蕃军队。宰相姜恪反对将军契苾何力的方案。他认为，吐谷浑投奔朝廷日久，吐蕃乘胜侵逼，自然难以抵御，倘若见死不救，则会出现边境有忧患，无处控告的情况，这样既有损圣上的恩德，又影响国威。他主张应该对吐谷浑采取抚恤的措施，使吐谷浑先保存下来，然后再图谋大举。[①] 可以说，消极的气氛成了这次会商的主色调。三位大臣形成了三种意见：即以阎立本为代表的反战派；以契苾何力为代表的放下不管，以待来年吐蕃再次入犯再战派；以姜恪为代表的抚恤派。于是，在如此重大的问题上，居然没有一位大臣主张决一死战，会议终因意见分歧被搁置下来。

---

① 《册府元龟》卷九九一"外臣部"备御四。

在唐朝最高统治者内部商讨决策出现纷争，无法定夺时刻，吐蕃却在不断地扩大战争的规模，给唐朝的西部边疆地区施加日益增大的压力。咸亨元年（公元670年）吐蕃入残羁縻18州，率于阗夺取龟兹拔换城，导致唐朝控御西部边疆的安西4镇全部废弃（后详）。至此，可以说，唐朝已经没有任何退路。

（二）大非川之战及其影响

咸亨元年（公元670年）四月，唐高宗下诏，以右威卫大将军薛仁贵为逻娑道行军大总管，左卫员外大将军阿史那道真、左卫将军郭待封为副，率领10余万大军出讨吐蕃，并护送吐谷浑可汗诺曷钵还国。① 这一年八月，唐朝大军被吐蕃大将钦陵所袭，大败于大非川。

关于大非川失败的原因，史书已经有明确记载，第一，是将帅不和。唐高宗以薛仁贵为逻娑道行军大总管，以郭待封为副将，而郭待封曾经做过鄯城镇守，与薛仁贵齐列，现在做薛之部下，觉得羞耻和不甘心，每次议事都故意和薛仁贵作对。当大军行抵大非川，将要进赴乌海时，薛仁贵告诉郭待封：乌海地形险而辽远，军车行走不便，如果还带上大批武器粮食等辎重，将会失去战机。而打败吐蕃军队后，还须回转，又有个运输问题，大军经过地方多瘴疬，不适宜久留。而大非川岭上宽敞平坦，可以设立栅栏，并留下两万人作两个大的栅栏，辎重存放其中。他自己先带精锐部队加倍速度前进，趁吐蕃军队尚未调整过来，给予突然袭击，消灭敌人。于是，薛仁贵便率众先行，在积石河口遇到吐蕃军队，薛仁贵击破之，斩获甚多，收其牛羊万余头。进至乌海，等待郭待封的援军。可是，郭待封并没有按照薛仁贵的吩咐办事，而是带领全部辎重慢慢前进。还没有走到乌海，遇到吐蕃的20余万众援军，给郭待封以沉重打击，郭待封本人失败后逃往山中，但是军粮辎重全部被吐蕃截获。没有援军和军粮的薛仁贵也只好退回到大非川，而此时，吐蕃的军队增加到40余万人，前来与唐朝对战，唐朝军队大败，大多被吐蕃歼灭。第二，是双方众寡悬殊。唐朝总共有10余万人，而吐蕃军队则有40余万，这一点也极为关键。第三，吐蕃军队以逸待劳，并且在占领

---

① 《册府元龟》卷九九一"外臣部"征讨五。

吐谷浑后，有天时、地利和人和之便。① 加之吐蕃军队习于高原作战，战法灵活。相比之下，唐朝则没有明显的优势可言，失败似也在情理之中。这一点，作为逻娑道行军大总管的薛仁贵心里应该最清楚。一则看似荒诞不经的星象征兆反映了这次战事背后所存在的问题，据说，未出兵以前，薛仁贵曾经对人说："今年太岁庚午，岁星在于降娄，不应有事于西方，军行逆岁，邓艾所以死于蜀，吾知其必败也！"说明他意识到这场战斗存在的诸多问题。

薛仁贵等与钦陵约和后得以放归，郭待封和阿史那道真等都从死亡中逃脱出来。他们都被朝廷除名。接着，高宗命司戎太常伯、同东西台三品姜恪为凉州道行军大总管出讨。未久，姜恪去世，班师回朝。

大非川的失败，标志着唐朝帮助吐谷浑恢复故国梦想的破灭，吐蕃全部占领了吐谷浑的属地，吐谷浑作为一个政权就此画上了句号，同时也标志着吐蕃和唐朝激烈对抗的真正开始。

大非川之战后，吐谷浑故地和属民大多归属吐蕃统治，在可汗诺曷钵统率下的部分部众逐渐内迁。他们最先迁徙到凉州南近山中驻牧。唐高宗咸亨三年（公元 672 年），为了保护他们不受吐蕃再次袭击，唐朝发兵护送，将他们迁徙到鄯州浩门河（今青海大通河）之南。由于地方狭小和接近吐蕃，又将诺曷钵所部吐谷浑部众迁往灵州（今宁夏灵武南）的鸣沙县安住，取"欲其安而乐"之意，置安乐州，以诺曷钵为刺史。② 后来，吐谷浑部落的这一部分就在今陕西、宁夏和山西等地区散居活动。

三 唐朝与吐蕃在青海与河陇的争夺

（一）青海地区的再争夺

上元二年（公元 675 年），吐蕃遣大臣论吐弥来请和，并求与吐谷浑修好，高宗不予理会。上元三年（公元 676 年），吐蕃发兵进攻唐朝鄯(今青海西宁)、廓（青海乐都）、河（甘肃临夏）、芳（今甘肃迭部东南）

---

① 林冠群：《唐代前期唐蕃竞逐青海地区之研究》，《西藏与中原关系国际学术研讨会论文集》，1993，台北，第 1～37 页。

② 《册府元龟》卷一七〇"帝王部"来远条；《新唐书》卷四三"地理志"一威州条。

4 州，杀掠官员和马牛数以万计。高宗下诏以周王显为洮州道行军元帅，率工部尚书刘审礼等 12 总管；以相王轮为凉州道行军元帅，率左卫大将军契苾何力、鸿胪卿萧嗣业等军讨之。最终两位宗王都没有成行。而节节胜利的吐蕃，更添嚣张气焰。接着出兵进攻叠州（甘肃迭部），占领密恭、丹岭二县，又攻扶州，打败扶州守将。朝廷再选尚书左仆射刘仁轨为洮河镇守使，但是依然无所建树。①

此时，吐蕃又与西突厥连兵进攻安西，高宗下诏命令天下猛士从军出征吐蕃，并命中书令李敬玄为洮河道行军大总管、西河镇抚大使、鄯州都督，代替刘仁轨的职权。事实上，两位将领之间存在矛盾。根据史书记载，在刘仁轨镇守洮河时，每次上奏，多为李敬玄所阻抑，遂产生怨恨。刘仁轨知道李敬玄并非将帅之才，为了让其现丑，就奏称朝廷"西边镇守，非敬玄不可"。于是才有上述任命。仪凤三年（公元 678 年）九月，李敬玄率刘审礼等 18 万人，击吐蕃军于青海湖畔，朝廷军大败。当时，刘审礼领先锋军深入，为吐蕃军所击，而李敬玄按兵不救，使刘审礼没于阵，后来在吐蕃病死。李敬玄收兵，屯扎在承风岭，困阻于山沟不敢动，而吐蕃军则据守高岗，李敬玄逃跑无路。在此危难时刻，副将左领军员外郎黑齿常之趁夜黑率领敢死队 500 人冲进敌营，使吐蕃军顿时大乱，自相践踏，死者 300 余人，吐蕃大首领拔地设抛弃部下，自己逃跑。这样，才使李敬玄得以带领其部众退还鄯州，派郎将卫山使用驿传，向皇帝奏报全军覆灭的状况。唐高宗十分恼怒，没有会见使者。② 永隆元年（公元 680 年）八月，中书令检校鄯州都督李敬玄在打了败仗后，多次称病求还，高宗同意。但是回来后在中书省继续履行职责。高宗发现他没有病，大怒，贬其为衡州刺史。③ 边将的内部矛盾和贪生怕死，使唐朝和吐蕃的战场较量在战争未开始就没有胜算。

（二）守边策略

初唐以来，朝廷一直把兵力用在对高丽和百济的征讨上，对于吐蕃则

---

① 《册府元龟》卷九八六"外臣部"征讨五。
② 《册府元龟》卷四四三"将帅部"败衄条；卷三八四"将帅部"褒异条。
③ 《资治通鉴》卷二〇二。

主要采取和亲策略，以求相安无事。但是吐蕃却频繁侵扰，而唐朝多次出兵回击均以失败告终，找不到好的对策，使唐高宗十分忧心。仪凤三年（公元678年）九月召集侍臣，高宗让大家畅所欲言，出谋献策。当时与会的有给事中刘景先、皇甫文亮、杨思征，中书舍人郭正一、刘祎之和黄门侍郎来恒等。会商中比较一致的看法是：首先，不能和吐蕃和好。其次，唐朝很难通过武力在军事上形成压倒优势，彻底解除吐蕃军事骚扰之患。再次，唐朝只能采取守卫边地，抚养士卒，营田积粮的方针。应该说，这样的决策也是出于无奈，显然并非上策。最后，高宗对朝廷缺乏良将可用发出感慨。①

当时有一个人提出了真知灼见，他就是太学生、宋城的魏真宰（元忠）。他针对当时唐朝对吐蕃政策中存在的问题，提出这样几点建议：第一，要杜绝浮夸之风气，解决武士只识弓马，不知权略；文人只会作文，而不懂经纶的问题。第二，解决用人问题。现在朝廷用人一般都取将门子弟，或者曾为朝廷事而壮烈牺牲者的家人，他们可能忠心耿耿，但是未必是干略之才，赢得战争胜利。天下不乏卓越人士，重在不拘一格，选贤与能。第三，要明赏罚，所谓"礼崇则谋士竭其能，赏厚则义士轻其死，刑正则君子勖其心，罚重则小人惩其过"。如果以大非川战败之过，"早诛薛仁贵、郭待封，则自余诸将，岂敢失利于后哉！"第四，吐蕃军队勇敢，前队死尽，后对方进，而且衣甲坚厚，人马众多。兵法许敌能斗，当以智算取之。必须尽力杀敌，重振军威，方可使敌胆寒。第五，要赢得对吐蕃的军事胜利，必须解决粮食和马匹的后勤保障问题。他认为，不用太府之钱，太仓之粟，就可以办得20万众两年资粮和50万匹马，以供出兵吐蕃之用。国家已经和平发展了50余年，计算现在的户口，其数倍少于隋朝，而资材则倍多于隋朝。可以征天下税，上自王公，下至百姓，以供军用。又开天下百姓乘马之禁，马多则可解决军马之需。这一番建言，也得到了唐高宗的赞赏，他把这份建议书交给秘书省正字，命中书省作为参考。②魏元忠所论也许切中时弊，但是要解决长期积累的问题，振作士气，并非易事。接下来的对蕃用兵大失败，令唐朝的军事形势如雪上加霜。

---

① 《册府元龟》卷九九一"外臣部"备御四。
② 《册府元龟》卷九九一"外臣部"备御四。《资治通鉴》卷二〇二。

（三）良非川之战和素罗汗山之役

在吐蕃灵活机动的军事进攻面前，唐朝显得力不从心，依然要重复战败的命运。但是，也有少数将领出奇制胜，能够给吐蕃军队以有力打击者，黑齿长之、娄师德等即属此例。调露二年（公元 680 年）七月，吐蕃大将赞婆（btsan pa）及归降吐蕃的吐谷浑大臣素和贵等率众 3 万进寇河源，屯兵于良非川（即古赤水，今青海共和西南恰卜恰河）。藏文史书《敦煌本吐蕃历史文书》也记载，这一年，论钦陵召集各翼军旅，清查库氏（khu）和若桑王（ra sang rje）之财产。大约是为出兵青海做必要的物资上的准备。接着，大论赞聂（btsan snya）于札之穆尔格（sprags gyi mur gas）开会议事。① 都与这次出兵青海有关。战争初期，唐朝河西镇抚大使李敬玄统领部众与吐蕃军战于湟川，唐朝军队大败。接着，作为河源军副使的黑齿常之，率领精骑 3000，在深夜偷袭吐蕃军营帐，斩首级 3000 余，获得羊马数万头，吐蕃的主帅赞婆单骑逃跑。唐朝军在良非川之战中赢得了最后的胜利。由于战功，黑齿常之被任命为河源军经略大使，并获得 400 匹丝绸的赏赐。在战争中惨败的李敬玄则受命镇守鄯州。黑齿常之命令属部远置烽燧，开屯田 5000 余顷，做到战守有备，稍微舒缓了吐蕃对青海地区的压力。另一位有所作为的将领是娄师德。永淳元年（公元 682 年），吐蕃入寇河源军，当时担任河源军使的娄师德率兵出击，在白水涧与吐蕃战，八战八捷。被高宗授以比部员外郎、左骁卫郎将、河源军经略副使。②

唐朝和吐蕃在青海地区发生的另一次较大规模的战事是素罗汗山之战。武则天万岁通天元年（公元 696 年）三月，唐朝肃边道大总管王孝杰及副总管御史大夫、知政事娄师德和吐蕃首领论钦陵、赞婆兄弟战于素罗汗山（今甘肃临洮界），唐朝军以失败而告终。王孝杰被免职，娄师德被贬为原州员外司马，后来担任天兵军副大总管，仍充陇右诸军大使，专门掌管怀抚吐蕃归降者事宜。

关于这次激烈的战斗，《敦煌本吐蕃历史文书》也有记载，不过该书

---

① 王尧、陈践：《敦煌本吐蕃历史文书》（增订本），民族出版社，1992，第 147 页；黄布凡、马德：《敦煌藏文吐蕃史文献译注》，甘肃教育出版社，2000，第 42 页。

② 《资治通鉴》卷二〇三。

系其年代于羊年，也就是公元 695 年。"大论钦陵赴吐谷浑，于达拉甲都尔（stag la rgya dur，虎山汉人坟，即素罗汗山）与唐将王尚书（孝杰）作战，杀死很多唐人。"更为珍贵的是，在该文书中的 P. T. 1287 号中，还保留下论钦陵和王孝杰之间的战场往来对答。大意是互相贬低对方，包括对方的君主。最后谈到唐朝军队被打败，很多士兵魂断沙场，从而出现了所谓的"虎山唐人坟"和"黄河唐人坟"等。① 吐蕃得以控制广大地区，并在这里设立五部防守论，上部和南边的许多小邦国都被纳入吐蕃统治之下。可以说，这次战役，唐朝再次遭受惨重损失。唐朝西部边疆地区的军事部署和将军们的指挥作战能力，受到巨大的挑战。

这个时候的吐蕃"尽据羊同、党项及诸羌之地，东接凉、松、茂、巂等州，南邻天竺，西陷龟兹、疏勒等四镇，北抵突厥，地方万余里，诸胡之盛，莫与为比"②。也可以说，在"安史之乱"爆发以前，吐蕃通过成功的军事扩张，把它的辖区扩大到一个十分广阔的领域，成为名副其实的中亚强邦。

四 开元年间唐对吐蕃政策的调整

（一）朝臣和官僚的腐败无能

在高宗时期，唐朝始终未能扭转对吐蕃军事上的不利局面，这与辽东兴兵出征高丽，以及连续对北边的突厥用兵有密切的关系，也与唐朝上层官僚和边将缺乏斗志及献身朝廷精神有关联。我们已经看到：郭待封因为不满当年的同级将领薛仁贵被提升，而丧失原则导致大非川 10 余万唐军的惨败。也看到，刘审礼身陷重围，而作为主将的李敬玄见死不救，缺乏应有的协助精神。事实上，唐朝上层内部隐含的问题还远不止于这些。在金城公主一个年幼的弱女子出嫁吐蕃、结和边疆强邻的时候，唐中宗召侍中纪处讷，希望他持节送公主前往吐蕃，纪处讷"拜谢，既而以不练边事固

---

① 王尧、陈践：《敦煌本吐蕃历史文书》（增订本），民族出版社，1992，第 148 页；黄布凡、马德：《敦煌藏文吐蕃史文献译注》，甘肃教育出版社，2000，第 44 页。

② 《资治通鉴》卷二〇二。

辞"。中宗又找到中书侍郎赵彦昭担任使者，后者担心充外使，会失去其权宠，很不高兴。而司农卿赵履温不仅不劝说赵彦昭接受皇命，送公主远行，反而怂恿：以朝廷宰辅充当一介之使，不是很卑贱么？甚至在赵彦昭的求助下，私下里请安乐公主说情，拒绝了这项任务。中宗继续找人，左卫大将军杨矩总算给皇帝面子，接受了这项任务。可是，就是这位封疆大吏在担任鄯州都督时，接受吐蕃贿赂，将肥沃的河西九曲之地送给吐蕃，作为金城公主的"汤沐"之所，从而给吐蕃入犯唐朝边地提供了良好的条件，最后事情败露，畏罪自杀。① 看到唐朝高层官僚的如此景象，人们还能相信大唐王朝的强盛么？还会怀疑在和吐蕃交战中唐朝军队屡屡失败的原因就在自身么？

（二）吐蕃噶尔家族覆灭及其影响

武则天当政时期，虽然做过一些努力，但是没有从根本上改变在对待吐蕃问题上的诸多被动局面。但是，武则天圣历元年（公元 698 年）冬天到圣历二年（公元 699 年），在吐蕃内部发生了一次重大事件，这就是一直指挥吐蕃大军和唐朝对抗的噶尔家族的覆灭。《敦煌本吐蕃历史文书》记，狗年（公元 698 年）冬季，对噶尔家族治罪。汉文史书记载比较详细，《旧唐书·吐蕃传》记，吐蕃自论钦陵兄弟专统兵马，钦陵每居中用事，诸弟分据方面，赞婆则专在东境，与中国为邻，30 余年，常为边患。其兄弟皆有才略，诸蕃惮之。圣历二年（公元 699 年），其赞普器弩悉弄（赤都松，或都松莽布支）年渐长，乃与其大臣论岩等密图之。时钦陵在外，赞普乃佯言将猎，召兵执钦陵亲党 2000 余人杀之。发使召钦陵、赞婆等，钦陵举兵不受召，赞普自率众讨之，钦陵未战而溃，遂自杀，其亲信左右同日自杀者百余人。赞婆率所部吐谷浑部落 7000 帐及其兄子莽布支等来降，则天遣羽林飞骑郊外迎之，授赞婆辅国大将军、行右卫大将军，封归德郡王，优赐甚厚，仍然命赞婆带领其部兵在洪源谷迎击吐蕃入犯。② 《资治通鉴》卷二○六对其所受封号记载略异，为"左玉钤卫将军、酒泉郡公"。他的后代在唐朝长安定居下来。

---

① 《旧唐书》卷一九六"吐蕃传"。
② 《旧唐书》卷一九六"吐蕃传"。

论钦陵家族在吐蕃的覆灭，是吐蕃统治者内部政治斗争的产物。自噶尔东赞域宋（即禄东赞）当政以来，为赞普家族政权的稳固，吐蕃经济社会的发展，特别是军事上的扩张立下了汗马功劳，但是位高震主，权大欺上，钦陵兄弟忽视了处理君臣关系这一重大问题，同时在吐蕃上层贵族集团内部，一些失势的贵族自然不甘心看到噶尔家族长期独霸吐蕃军政要职的局面，他们和渴望恢复君权的赞普家族联合起来，最终剪除了钦陵兄弟，从而改变了吐蕃军政由一个贵族家庭主持的局面。噶尔家族的覆灭对唐朝和吐蕃关系也产生一定的影响，吐蕃大规模的军事入掠有所收敛，吐蕃上层开始一个短暂的调适期，对唐朝军事的活动在某种程度上有些减弱，但是它的政权性质和吐蕃王朝的内部结构依旧，对唐朝内地财富的掠夺自然也并未终止。

（三）唐玄宗的整饬和改革

唐玄宗即位后，试图改变自高宗以来长期执行的消极防御策略，对吐蕃采取了较为强硬的措施，主要有以下几点。

第一，御驾亲征，显示征讨吐蕃的决心，并用以振作士气。唐玄宗先后颁布《亲征吐蕃制》和《讨吐蕃制》，以示解决吐蕃侵扰边地问题的坚定决心，同时鼓舞长期以来低落的士气。前份诏书主要是调动关内兵马，试图西出陇右，目标直指吐蕃占领之下的青海湟中。在后者中，唐玄宗明确提出奖赏条件："其河西、陇右、安西、剑南等州节度将士以下，有能斩获吐蕃赞普者，封异性王，斩获大将军者，授大将军，获次以下者节级，授将军、中郎将。不限白身官资，一例酬赏。"[1]

第二，充实力量，备边严防。唐玄宗下诏《命备吐蕃制》，对防守吐蕃的各个军团做了明确部署：陇右通共团结马步 3.9 万人，临洮军团 8000人，河源军团 6000 人，安人白水军各团 1500 人，积石莫门军各团 2000人，河西道蕃汉兵团结 2.6 万人，赤水军团 1 万人，玉门豆卢军各 2000人，按照原来的防务要求严加戒备，同时抽调关内兵 1 万人，朔方健儿弓箭手 1 万人等，分别前往临洮、会州等地备战。[2] 针对河西陇右地区成

---

① 唐玄宗：《亲征吐蕃制》和《讨吐蕃制》。
② 《全唐文》卷二三。

为吐蕃主攻目标的情况，他还专门颁布《令陇右河西备边制》，号召驻守将士，严把关口，速筑城池，倍加防御。原来吐蕃得到河西九曲之地后，逾河筑城，设独山、九曲两军，并在河上造桥，经常由此入犯唐朝辖地，玄宗听姚崇、卢怀镇等之奏，毁桥拔城。① 在睿宗景云元年（公元 710 年）十二月，曾设置了河西节度、支度、营田等使，领凉、甘、肃、伊、瓜、沙、西 7 州，治凉州。玄宗开元二年（公元 714 年）十二月甲子，新置陇右节度大使，领鄯（西宁）、奉（西仁州）、河（临夏）、渭（甘肃陇西）、兰（兰州）、临（甘肃临洮）、武（甘肃武都）、洮（甘肃临潭）、岷（甘肃岷县）、郭（青海尖扎）、叠（甘肃迭部）、宕（甘肃宕昌）12 州，任命郭知运为节度大使。次年四月，以右羽林军大将军薛纳为凉州镇军大总管，赤水、健康（在祁连山）、河源及缘边州军，并受其节度。仍郭虔瓘、张知运、杜宾客相知，共为表里。郭虔瓘可持节，充朔州镇大总管，和戎及并州以北缘边州军，并受节度。仍与张知运、甄道一相知，共为犄角。开元元年（公元 713 年）十一月丁酉，以左羽林军大将军郭虔瓘兼任安西大都护、四镇经略大使，全面加强河西陇右和西域四镇的军事防卫。②

第三，利用好周边各个部落和邦国势力，对吐蕃形成包围和牵制的形势。当时吐蕃周邻的一些部落和小国纷纷前来唐朝，要求得到支持，或者请缨出征吐蕃，唐玄宗都积极加以利用，对吐蕃的内犯起到一定的牵制作用。开元八年（公元 720 年）七月，南天竺国王尸利那僧伽摩请以战象、兵马讨大食及吐蕃，仍求以名其军制，玄宗嘉之，名为怀德军。③ 天宝元年（公元 742 年）九月，护密国王子颉吉里匐遣使上表，请背吐蕃归唐，唐朝赐以铁券。箇失密（克什米尔）在唐朝的积极笼络下坚定支持唐朝。从而给吐蕃造成合围之势，牵制了吐蕃在东部和北部的扩张军事活动

吐蕃进攻瓜州城时，曾经约突厥毗伽可汗共同行动，毗伽可汗不仅没有与之为谋，还把吐蕃的秘信献给唐朝廷，玄宗嘉之，许其在西受降城为互市，唐朝每年运送缣帛数十万匹交换突厥的马匹，以备军用，同时作为监牧之种马④，从此唐朝的骑兵队伍更加壮大，而突厥又在经济上获得实

---

① 《资治通鉴》卷二一一。

② 《资治通鉴》卷二一〇、卷二一一；《册府元龟》卷一一九"帝王选将部"一。

③ 《册府元龟》卷九九五"外臣部"交侵条。

④ 《资治通鉴》卷二一三。

惠，双方形成相互支持的局面。

第四，用将奖罚分明，用兵主动出击。开元二年（公元714年）十月，薛讷破吐蕃于渭州西界武阶驿，斩首1.7万千级，获马7.9万匹；五年（公元717年）七月壬寅，陇右节度使郭知运大破吐蕃于九曲。十年（公元722年）八月在小勃律打败吐蕃。十五年（公元727年）春正月辛丑，凉州都督王君破吐蕃于青海之西。① 一系列战斗取得了胜利，扭转了高宗以来对吐蕃的消极被动局面。

自唐玄宗天宝六载（公元747年）之后，唐朝对吐蕃的战争取得了巨大的胜利，高仙芝、李嗣业等在对小勃律的用兵中获得成功，俘获勃律王和吐蕃公主的同时，也对吐蕃及其追随者予以沉重打击，"于是拂林、大食诸胡七十二国，皆归国家，款塞朝献"②。天宝八载（公元749年）六月，陇右节度使哥舒翰率河东河西灵武及突厥阿布思等兵士6.3万攻吐蕃石堡城，夺得胜利。更名为神武军，分兵镇守。接着，哥舒翰又在天宝十三载（公元725年）三月率兵攻破吐蕃洪济、大莫门等城，并收复九曲。唐朝在这里新设置洮阳郡及神策军、浇河郡、苑秀军等。③ 在四川西部和南诏地区与吐蕃的对抗中也赢得了主动，遏制了吐蕃的掠夺活动。但是，唐蕃争夺的过程依然充满了曲折和复杂，吐蕃也并没有因此放弃武力掠夺的策略。

（四）瓜州之战

开元十五年（公元727年）九月丙子，吐蕃大将悉诺罗恭禄及烛龙莽布支攻陷瓜州，执刺史田元献及河西节度使王君之父王寿，进攻玉门军。并派被俘虏的僧人前来激将，问王君尝以忠勇许国，为什么不出来一战。王君登城楼西望流泪，终于不敢出兵应战。莽布支转而进攻常乐县，县令贾师顺率众据守，吐蕃进攻10余天未能攻克，劝降不从。莽布支让县令交出城中财物，贾师顺命士兵脱去衣服，吐蕃以此知城中并无多少财宝，遂毁坏瓜州城后，撤兵。④ 王君由于早年地位寒微，遭到回鹘、契苾、思结、

① 《册府元龟》卷九八六"外臣部"征讨五。
② 《册府元龟》卷三八五"将帅部"褒异十一。
③ 《册府元龟》卷九九二"外臣部"备御五。
④ 《资治通鉴》卷二一三。

浑四部首领的轻视，后来他做了河西节度使，对这些部落首领有所抑制，这些部落首领心怀怨恨，遂试图上书朝廷说明不满缘由，而王君则通过驿传，先行诬告四部有反心，结果他们分别被流放各地。被流放的回鹘人承宗之族子瀚海司马护输，纠合党羽为承宗报仇。时值吐蕃遣使由小路至突厥，王君派精锐骑兵在肃州将这些人消灭，而他在返回的路上，行至甘州南巩笔驿时，却遭到护输伏兵的袭击，判官宋贞当时被杀，属下奋力反击，全部战死，王君最后被护输杀害。等到凉州兵前来救援时，护输逃往吐蕃。

《敦煌本吐蕃历史文书》也记载，赞普赤德祖赞时，王与大论悉诺罗恭禄计议后，"御驾亲征"，夺取唐朝土地，攻陷唐朝瓜州等城。唐朝从上部收取的众多财宝均储存于瓜州，吐蕃攻陷后全部接收，上层贵族得到唐朝的许多财宝，庶民黔首也大多获得唐朝丝绸锦缎。[①]

瓜州失利后，朝廷任命朔方节度使萧嵩为河西节度等副大使，他又奏健康军使张守珪为瓜州刺史，修复城池，设立都督府，以张守珪为都督。原来守卫常乐县有功的贾师顺升任沙州刺史。逐渐控制了河西的军事局势。开元十六年（公元 728 年）七月，吐蕃大将悉末朗犯瓜州，被都督张守珪击退。接着，河西节度使萧嵩、陇右节度使张忠亮大破吐蕃于渴波谷（在青海湖西），张忠亮继续追击，攻克位于九曲的吐蕃大莫门城。八月，吐蕃入犯唐朝甘州，萧嵩派左金吾将军杜宾客率领 4000 弓箭手出征，在甘肃张掖祁连城下打败吐蕃军。次年三月，瓜州都督张守珪、沙州刺史贾师顺出击吐蕃大同军，获得胜利。接着，朔方节度使信安王祎攻克吐蕃石堡城，这里曾经是吐蕃的重要军事基地。夺取石堡城后，玄宗十分高兴，更命石堡城为振武军。

五　赤岭定界的意义及碑文分析

（一）　唐蕃互派使者息战约和

唐玄宗时期，采取的一系列措施较为有力地遏制了吐蕃入犯唐朝的势

① 王尧、陈践：《敦煌本吐蕃历史文书》（增订本），民族出版社，1992，第 166 页；黄布凡、马德：《敦煌藏文吐蕃史文献译注》，甘肃教育出版社，2000，第 285 页。

头。在此情况下，吐蕃频繁派遣使者，要求和唐朝和好和亲。开元十八年（公元730年）五月，吐蕃派遣使者至唐朝边境送上求和亲信函。忠王的朋友皇甫惟明趁机上奏书，倡言和亲之事，唐玄宗气愤吐蕃赞普当年给自己来信言辞无理，觉得绝对不能容忍！皇甫惟明劝慰玄宗，那时赞普年幼，怎么可能写出这样的书信呢？那肯定是边将所为。而且战争连绵，日费千金，造成河西、陇右凋敝。不如派遣使者前往看望金城公主，与赞普约和，让他俯首称臣，永远消除边患，这不是治理边疆的长久之策么？玄宗慢慢转怒为喜，接受了与吐蕃约和的建议，并派皇甫惟明和内侍张元方出使吐蕃。

赞普见到来使十分高兴，拿出贞观以来唐朝皇帝写给赞普的敕书展示给皇甫惟明等看，同年十月，赞普派大臣论名悉猎与即将返回的皇甫惟明等一起，前来长安，携带他的亲笔书信。在赞普致玄宗的信函中说道："甥时尚公主，义同一家。中间张玄表等先兴兵寇钞，遂使二境交恶。甥深识尊卑，安敢失礼！正为边将交构，致获罪于舅；屡遣使者入朝，皆为边将所遏。今蒙远降使臣，来视公主，甥不胜喜荷。倘使复修旧好，死无所恨！"① 喜悦之情溢于言表。

这个时候，赞普通过金城公主请求唐朝赐给《毛诗》《春秋》《礼记》等经典文献。正字于休烈持反对意见，理由是，汉成帝时，东平王刘宇求诸子和太史公书，皇帝都没有给，何况作为唐朝之敌对势力的吐蕃。如若让吐蕃获得这些典籍，则他们得知用兵权略，更会对唐朝造成威胁。玄宗遂让中书门下商议。裴光庭等不同意上述说法，他们认为，吐蕃刚刚停止战争，和唐朝约和，来请诗书，应该予以满足。这些典籍，可以使吐蕃逐渐接受教化，最终放弃贪婪掠夺。他批评于休烈只知道书中有权略变诈之语，不知道书中也有忠、信、礼、义等。玄宗觉得言之有理，就同意吐蕃的请求，命人抄写诸种典籍给吐蕃使者，以增进双方的感情和文化联系。开元十九年（公元731年）九月，吐蕃派遣其相论尚它硉入见，朝廷命鸿胪少卿李祺前往边界地区迎接，吐蕃请于赤岭为互市，玄宗予以准许。双方经济往来也开展起来。②

① 《资治通鉴》卷二一三。

② 《资治通鉴》卷二一三。

（二）赤岭划界

在双方关系得到改善的条件下，双方划界的问题就被提到议事日程上来。开元二十一年（公元 733 年）正月，唐朝派工部尚书李嵩前往吐蕃，携带国信物 1 万匹，私觌物 2000 匹，皆杂以五彩。吐蕃也不放过给前来唐朝使者展示自己的机会，为了显示其军容严整，每有唐朝使者至吐蕃，他们都盛陈甲兵及骑马，以矜其精锐。二月丁酉，当李嵩等返回时，金城公主请在这一年的九月一日立碑于赤岭，以划分唐与吐蕃之边界，玄宗许之。金城公主之所以建议把时间确定在九月一日，是因为她考虑了李嵩返回长安以及双方准备的时间。双方约定在赤岭树立大石碑，上刻盟文。树碑之日，诏令唐朝守将瓜州都督张守珪和李行祎，吐蕃边将茫布支等一同亲临现场观看，树立以后，吐蕃遣其官员随唐朝使者分别前往剑南、河西、碛西，历告边州："两国和好，无相侵掠。"同时，也让唐朝官员随吐蕃使者到吐蕃邻接唐朝的地区，做上述宣告。开元二十二年（公元 734年）唐朝派遣将军李佺前往赤岭与吐蕃将领分立界碑。①

（三）从碑文看划界之意义

赤岭碑文保存在《册府元龟》等书中，约 500 字，开头说明大唐开元二十年（公元 732 年），岁次壬申，"舅甥修其旧好，同为一家"的主观愿望，接着追述了贞观年间文成公主、景龙二年金城公主相继出嫁吐蕃赞普，密切了双方的关系。再述及边将不谨，导致双方交恶，因此造成隔阂。赤岭定界的原则是依照原来的疆界划分，"为封守，为罗斥候，通关梁"。接下来，强调不要忘记先代皇帝"一内外之礼，等华夷之观，通朝觐之往来，成舅甥之宴好"的恩德。以及讲究信义，重视盟誓，互不侵扰，使百姓安乐的愿望。最后宣誓："言念旧好，义不忒兮。道路无壅，烽燧熄兮。指河为誓，子孙亿兮。有渝其诚，神明殛兮！"

稍微仔细分析这份碑石文字，以及上下文关系，就会发现它是由唐朝和吐蕃双方的文约不严密地组合在一起的。意思有不连贯和相互割裂的问题，而文字则明显不同。上文强调吐蕃"剽掠我牛马，蹂踏我农稼"，接

---

① 《旧唐书》卷一九六"吐蕃传"。

41

着是"汉家军领亦不得兵马相侵，我家用（也?）不掩袭尔城守，覆坠尔师徒，雍塞尔道路，湮灭尔部落"。再接着往下又是唐朝盟文的抄袭，"不以兵强而害义，不为利而弃言，则我无尔诈，尔无我虞，信也"云云。

尽管这次划界存在诸多问题，而且后来也未能很好地得到执行，但是它依然具有特殊的意义。首先，它毕竟标志着唐朝和吐蕃之间持续 20 年多的战争状态的暂时结束，并能够心平气和地坐在一起讨论和好问题。其次，双方都表示了不忘旧好，渴望和睦相处的愿望。此外，在一定程度上增加了相互了解，为加强双方的人员往来与交流提供了条件。开元二十三（公元 735 年）二月，吐蕃派使臣悉诺勃藏来贺正，贡献方物，还给宰臣赠送了银器。三月，唐朝命内侍窦元礼使吐蕃，悉诺勃藏返回，唐朝还命通事舍人杨绍贤前往赤岭宣慰。次年正月，吐蕃又遣使者贡献方物，金银器玩数百件，皆形制奇异，玄宗下令这些珍玩列于提象门外，让群臣共同观赏。① 由此可见双方关系得到改善之一般。

只可惜，这种局面持续时间太短。也就在这一年，吐蕃西击勃律，且不听劝告，唐玄宗十分恼怒，认为吐蕃背弃盟约，于是双方重新开始进入战争状态。在青海地区，出现另外一种情况。当唐蕃双方设数栅为界，互置守捉时，唐朝河西节度使、散骑常侍崔希逸告诉吐蕃边将乞立徐：两国和好，何须守捉，妨碍百姓耕种，请罢守捉，以成一家，这样不是更好么？乞立徐回答说：你本人为人忠厚，所说必是肺腑之言。但是恐怕朝廷未必能做到相互信任，万一有人存有坏心，掩我不备，到时候后悔也晚了。崔希逸还是坚持要求，于是派使者和乞立徐杀白狗为盟，各去守备，吐蕃也无所防备，畜牧遍野。崔希逸的属下孙诲欲邀其功，便上奏朝廷，声称吐蕃无备，攻之必捷。唐玄宗派内给事赵惠琮和孙诲前往视察，看到这种情景，惠琮矫诏命崔希逸出击吐蕃，崔希逸不得已而从之，大破吐蕃于青海之上。赵惠琮和孙诲得到奖赏，而崔希逸却因为失信于人而郁郁寡欢。据说，崔希逸和赵惠琮都出现幻觉，看见白狗作祟，受惊而相继去世。② 吐蕃则连续犯边，玄宗下令毁掉分界之碑。

---

① 《册府元龟》卷九七一"外臣部"朝贡四；卷九七五"外臣部"褒异二。
② 《旧唐书》卷一九六"吐蕃传"。

第三章　吐蕃争夺西域
（公元 7 世纪中期至 8 世纪中期）

　　吐蕃和唐朝之间的军事争夺十分激烈，涉及地区也相当辽阔，主要战事集中在三个地区，一个是青海地区，一个是云南四川地区，另一个就是西域地区，也就是今新疆和中亚地区。

一　争夺于阗

（一）唐朝对西域地区的经营

　　贞观十五年（公元 641 年）西突厥咄陆可汗为部下所废，遣使至唐朝，请立可汗。太宗派使者携带玺书，册立莫贺乙毗可汗之子为乙毗射匮可汗。不久又被阿史那贺鲁吞并。二十一年（公元 647 年）十二月，唐太宗遣持节昆丘道行军大总管左骁卫大将军阿史那社尔、副大总管左骁卫大将军契苾何力、金紫光禄大夫行安西都护郭孝恪、司农卿清河郡公杨弘礼、行军总管左武卫将军李海崖等出征西域，破处月，降处密，杀焉耆王，降焉支部落，获龟兹、于阗王等凯旋。① 高宗显庆二年（公元 657 年），唐朝平定西突厥阿史那贺鲁。次年设置昆陵、濛池二都督府，册封阿史那弥射为兴昔亡可汗，兼昆陵都护；阿史那步真为继往绝可汗，兼濛池都护。上元二年（公元 675 年）正月，以于阗国为毗沙都督府，分其境内为 10 州，以击吐蕃有功，任命于阗王尉迟伏阇雄为毗沙都督。逐渐在西

---

　　①　《册府元龟》卷九五八"外臣部"征讨四；卷三五八"将帅部"立功十一。

域地区建立起军政管理机构。

仪凤二年（公元 677 年），朝廷就西突厥阿史那都支和别帅李遮匐与吐蕃联合侵扰唐朝安西是否出兵征讨问题进行讨论，时任秦州镇抚右军总管的裴行俭，不赞同出兵讨伐，他认为：吐蕃不断骚扰唐朝边地，大将李敬玄、刘审礼出师，结果兵败青海，在这样的条件下，怎么可能在西域地区再制造危机呢？因此，应该智取。当时波斯国被大食灭，其王身死，王子泥涅师师作为质子滞留长安，可以派使者借送王子返回波斯册立为王、顺便路过西突厥地区之机，相机行动，可以不费力气而获得成效。唐高宗采纳了他的意见，便封裴行俭为安抚大食使，册送波斯王。裴行俭行至西州（吐鲁番），召集当地的豪杰子弟千余人跟随自己西行，并宣称要等天凉后再走，制造假象迷惑阿史那都支。待阿史那都支麻痹大意，裴行俭即召集四镇诸部酋长，称自己当年担任西州长史时十分钟爱狩猎，回到京城后一直没有忘记过去的经历，现在想重新体验一次，并问哪位愿意和他同行，结果这些部落首领子弟有近一万人表示愿意随行。裴行俭假借狩猎之名，训练队伍，并和阿史那都支等保持联系。在即将接近他们的驻地时，裴行俭邀请阿史那都支和李遮匐来见。此二人原计划在秋中拒绝唐朝使者，没想到裴行俭已经到了面前，阿史那都支便自率子侄等 500 余名骑兵来见，结果全被擒获。接着，裴行俭又用阿史那都支的令箭号召其属下各部落酋长前来请命，并迅速向碎叶城推进，生擒了占据这里的李遮匐。从而大获全胜，并在碎叶城立碑以记其功。[①] 裴行俭赢得胜利返回后，他的副将王方翼开始修筑碎叶镇城，立四面 12 门，历时 50 天。

（二）吐蕃进入西域

唐太宗贞观末年，在吐蕃王朝不断四面扩张之际，于阗连年派遣使者前往唐朝，加强与唐王朝之间的关系并希望得到唐朝的有力支持。唐蕃联姻，文成公主进藏后，唐蕃关系尚好，贞观二十一年（公元 647 年）十二月，唐太宗因为龟兹国臣服西突厥、疏远唐朝而大怒，下诏遣使持节昆丘道行军大总管坐骁卫大将军阿史那社尔等征讨龟兹，命令西域各部协助，

---

① 《册府元龟》卷三六六"将帅部"机略六；《资治通鉴》卷二〇二。

"又遣吐蕃君长，逾玄菟而北临，步摇酋渠，绝昌海而西骛"①。二十三年（公元649年）阿史那社尔执龟兹王诃利布失毕及其相那利等，献于太庙。昆丘道副大总管杨弘礼等率兵"破处月，降处密，杀焉耆王，降鄢支部支部落，获龟兹、于阗王凯还"。②唐朝可以利用吐蕃势力为安定西域诸部发挥作用，一方面说明吐蕃和唐朝在西域地区尚处在友好相处，甚至相互帮助的状态，另一方面也说明吐蕃势力已经进入西域地区。那么进入西域地区的吐蕃，既然可以在友好状态下帮助唐朝在西域地区剪除反抗势力，那么也可以在它与唐朝发生矛盾与冲突时，利用西域诸部之间的矛盾，以及西域部落与唐朝之间的矛盾来介入西域，实现军事扩张的目的。

松赞干布去世后，噶尔家族掌权，吐蕃开始新的四面扩张时期。在北部，除了进击并吞灭吐谷浑之外，更大的军事行动就是进入西域地区，与唐朝争夺对西域突厥诸部落的控制权。而于阗地区则是吐蕃进入西域的一个前沿阵地，势在必得。唐朝和吐蕃在于阗进行了长达一个多世纪的争夺。唐高宗麟德二年（公元665年）闰三月，疏勒、弓月两国共引吐蕃之兵以侵于阗。高宗诏都督崔知辩及左武卫将军曹继叔率兵救之。③上元二年（公元675年）正月，唐朝以于阗国为毗沙都督府，分其境内为10州，因为于阗王尉迟伏阇雄攻击吐蕃有功，封其为毗沙都督。此时，吐蕃虽然在这里反复较量，却还未能在于阗有更大作为，吐蕃完全控制于阗地区也是在天宝"安史之乱"爆发，唐朝大军东调以后。

（三）苏海政妄杀西突厥首领及其后果与影响

在吐蕃进入西域与唐朝开始争夺初期，苏海政妄杀西突厥首领是一个严重事件，对唐朝和吐蕃对西域突厥各部的争夺产生了巨大影响。苏海政为呬海道总管检校右武卫将军，高宗龙朔二年（公元662年）十二月，受诏讨龟兹及疏勒。敕昆陵都督阿史那弥射及濛池都督阿史那步直（真）发众以从苏海政。步真先与弥射争，部落不和，密谓海政曰："弥射谋反，请以计击之。"时海政兵才数千，悬师在弥射境内，遂集军吏而谋曰："弥

---

① 《册府元龟》卷九五八"外臣部"征讨四。
② 《册府元龟》卷四三四"将帅部"献捷；卷三五八"将帅部"立功十一。
③ 《册府元龟》卷九九五"外臣部"交侵条。

射若反，我辈无噍类，不如先事诛之。"乃伪称有敕，令大总管赍物数百万段分赐可汗及诸首领。由是弥射率其麾下随列请物，海政尽收斩之。其下鼠尼施、拔塞干两部叛走。海政与步真追讨，平之。海政军回至疏勒之南，弓月又引吐蕃之众来拒官军。海政以师老，不敢战，遂以军资赂吐蕃约和而还。其后吐蕃盛言弥射不反，为步真所诬，而海政不能审察，滥行诛戮。① 可见，在边疆地区的经营中，封疆大吏能否知人善察，明辨是非十分重要，苏海政偏听争执双方中的一面之词，给唐朝的西域经营带来巨大危害，却给正在扩展势力，并已进入西域的吐蕃带来良好的机遇。

乾封二年（公元 667 年），阿史那弥射和阿史那步真二可汗死亡后，他们的部众大多依附于进入西域的吐蕃势力。② 这对吐蕃介入西域地区事务，达到控制西域地区局势奠定了基础。苏海政的失察与鲁莽举动也破坏了唐朝对西域诸部长期贯彻执行的羁縻政策，大大降低了朝廷的信誉，给唐朝在西域诸部的统治造成极大的负面影响，也使唐朝在西域的长期经营毁于一旦。在接下来的 10 余年中，唐朝必须花费更大的心血来树立和恢复其在西域各部中的良好形象。到武则天垂拱元年（公元 685 年），唐朝利用在西域对吐蕃军事上取得胜利的大好时机，以步真子左玉钤卫将军阿史那元庆继承父亲兴昔亡可汗，重拱二年（公元 686 年），以弥射子右玉钤卫将军阿史那斛瑟罗继承父亲继往绝可汗。恢复了重用两部稳定突厥部落的政策，逐渐巩固其在西域的同盟，以应对吐蕃在西域的扩张。

二 安西 4 镇的争夺战与唐朝的对策

（一）唐蕃在安西的拉锯战

吐蕃势力进入西域中亚地区后，对唐朝设立的、控制广大地区的安西 4 镇造成很大威胁，而唐朝为了保持对这些地区的统治，以及维护中西贸易的生命线——丝绸之路的畅通，也竭尽全力，因此，双方在西域的争夺十分激烈。

---

① 《册府元龟》卷四四九"将帅部"专杀条。
② 《册府元龟》卷九六七"外臣部"继袭二。

仪凤元年（公元 676 年）吐蕃赞普芒松芒赞去世，其子器弩悉弄立，年尚冲幼。唐高宗听到这个消息，以为有机可乘，遂在仪凤四年（公元 679，改调露元年）命令吏部侍郎裴行俭为安抚使，试图出兵攻打吐蕃，但裴行俭认为，当时论钦陵当政，大臣们各司其职，不可图谋。于是，唐高宗放弃了上述打算。对于突厥阿史那都支、阿史那遮匐与吐蕃相互勾结的问题，裴行俭建议朝廷，利用当时波斯王身殁，王子泥涅师师充质在唐，可以派人护送其前往波斯册立的机会，在经过西突厥居地时，便宜行事，恢复对西域的控制。高宗任命裴行俭为安抚大食使，先擒都支，执送至碎叶城（哈萨克斯坦托克马克），再执李遮匐闻知，并于碎叶城立碑以记其功，唐朝的西域经营获得巨大成功。调露元年（公元 679 年），唐朝以碎叶、龟兹、于阗、疏勒为 4 镇。

但是，吐蕃并没有放弃在西域的扩张及与唐朝的争夺活动，而吐蕃和突厥诸部的联合或者暗中勾结，始终是唐朝在西域经营中的最大威胁之一。根据藏文史书记载，控制吐蕃军事大权的钦陵兄弟曾经多次前往突厥地方，指挥对唐朝作战。钦陵弟弟赞聂（btsan snya）分别在上元二年（公元 675 年）、上元三年，钦陵本人分别在武则天垂拱二年（公元 686 年）、垂拱三年和永昌元年（公元 689 年）前往突厥地方。① 毫无疑问，吐蕃这一时期在西域同唐朝的争夺不是一无收获，他们曾经一度对安西 4 镇的存在构成巨大威胁。武则天长寿元年（公元 692 年），武威总管王孝杰与阿史那忠节一起大破吐蕃，"克复龟兹、于阗、疏勒、碎叶等四镇"。② 吐蕃除了在南诏地区、青海地区和唐朝反复争夺之外，西域地区的武装交锋一直持续着。开元三年（公元 715 年）二月，北庭都护郭虔瓘破吐蕃及突厥默啜，以其俘来献。③ 开元十五年（公元 727 年），吐蕃与突厥小杀书，将计议同时入寇，小杀并献书，玄宗嘉其诚，印其首领梅录啜宴于紫宸殿，并厚加赏赐，仍许于朔方军西受降城互市。十六年（公元 728 年），安西副大都督赵颐贞败吐蕃于曲子城。吐蕃大论琼桑（cung bzang）和烛龙莽部支（cog ro mang po rje）分别在开元十七年（公元 729 年）、开元二十四

① 王尧、陈践：《敦煌本吐蕃历史文书》（增订本），民族出版社，1992，第 146～148 页。
② 《册府元龟》卷三五八"将帅部"功功十一。
③ 《册府元龟》卷四二"帝王部"仁慈。

年（公元736年）前往突厥地区督战。① 可见双方在西域争夺之激烈与复杂，争夺和利用突厥势力依然是西域较量的一个重要焦点。

（二）论钦陵与郭元振就"去四镇兵分十姓地"之对话

唐朝和吐蕃在西域的争夺不仅是兵戎相见，而且包含着斗智斗勇，论钦陵与郭元振就"去四镇兵分十姓地"之对话就是其中一例。

郭元振为梓州县通泉尉，武则天闻其名，召见，与语甚奇之。当时，吐蕃请和，乃授元振右武卫铠曹，出使吐蕃。吐蕃将大论钦陵派为使者请和，并请去4镇兵，分10姓之地。朝廷派郭元振详细了解吐蕃这一建议的具体情况。

武则天万岁通天二年（公元697年）九月，郭元振受命前往野狐河，在那里见到了吐蕃大论钦陵。钦陵先解释前一年吐蕃抄略甘州、凉州，原因是双方久不通使。郭元振则在陈明钦陵父亲禄东赞有雄才大略，结好唐朝，而钦陵却与朝廷为敌，属于不忠不孝，同时也为其寻找理由开脱，说明各为其主，也属事不得已，希望着眼未来。

接着双方开始直入主题。钦陵提到这样一个问题：既然唐蕃和好，就可以撤去设立在边界地区的守捉，以便百姓各守本境。具体来说，就是西域10姓突厥部落，4镇诸国，以前有时依附吐蕃，有时依附唐朝，反复无常。请唐朝撤销4镇建制，分离属国，各建侯王，使其国人自己保护自己，既不归唐朝，也不附吐蕃，使大家都得到安定。郭元振的答复是：唐朝设立10姓、4镇旨在镇静西域各部落，安定西部疆土，并保持与周边的交通往来，让吐蕃方面不必有所忧虑与担心。钦陵解释说，朝廷意旨如此，可问题往往出在边将好立功名，见利而动，很少信守诚信的，边疆反而不宁。而郭元振接着指出，西突厥10姓诸部与吐蕃种类不同，山川相异，而且早已成为唐朝的编户齐民，现在吐蕃提出要分离诸部，难道是想吞并他们么？钦陵回答说，造成唐朝边患的不是吐蕃，而是西域10姓。假如吐蕃贪恋唐朝的土地财物的话，那么青海湟中就是唐朝边地，离中原只有三四千里地，为什么吐蕃不与之争夺呢？突厥诸部悬在万里之外，在那里争夺

---

① 王尧、陈践：《敦煌本吐蕃历史文书》（增订本），民族出版社，1992，第152~153页。

岂能成为唐朝的边患！中原人深谋多计，天下诸国，几乎都被吞并，吐蕃之所以能够块然独在者，不是唐朝不想占领，而是我们兄弟小心谨慎的缘故罢了。

钦陵建议的具体内容，用他的话来说就是：在西突厥10姓之中，五咄六（陆）诸部落，地在安西，与吐蕃地方十分辽远。而俟斤部落则与吐蕃几乎邻接，中间只隔一个沙碛，骑兵10日左右就可以威胁吐蕃的腹心地区，哪怕派来弱兵庸将，都足以构成威胁，所以是吐蕃之大患。而乌海黄河地区，地多瘴疠高山，纵然有有谋之士，勇猛之将军，也不会对吐蕃造成危害。可见吐蕃并非想夺取唐朝土地。假若有心于此的话，甘州、凉州南部直到积石山地区，长近两千里，宽不到二三百里，狭窄的地方还不到百里，吐蕃若派遣军队，或者出张掖，或者出玉门，使唐朝春不能安心种田，秋天不能收获，只需五六年时间，就可以切断唐朝的右界。我们为什么要舍易就难呢？这样做就是为了防止像崔知辩那样的边将，从俟斤部落攻略吐蕃的事情发生，以保障双方安定而已。郭元振觉得此事甚大，表示须禀报朝廷才可定夺。同时告诫论钦陵，吐蕃既然要和好，派遣使者至唐朝交涉，就不能同时派兵入犯唐朝边地，否则和好无望，和好使者反被当作间谍。钦陵答应可以接受这一建议，于是命郎宗思乞若为使，随郭元振前来长安。[①]

（三）唐朝弃守与恢复安西4镇

郭元振和吐蕃使者回到长安后，上书武则天，认为应该认真对待钦陵的建议，如果直接拒绝其善意的话，必然导致边患倍增于前；如果认为4镇不可拔，驻守西域之兵不可抽的话，则应想个办法安抚吐蕃，不要使其断了和好的念头。他事实上被钦陵的话所感动并接受了钦陵的意见，认为对于唐朝来说，4镇之患远，甘州、凉州之患近。当时唐朝的外患是10姓、4镇，而内患是甘、凉、瓜、肃。他还引用钦陵原话，说明4镇与吐蕃接界，吐蕃最担心唐朝在那里对其侵扰。青海吐谷浑则密迩兰州、鄯州，北进则为唐朝祸患，后者是朝廷最关心的问题，应该权衡轻重取舍。

关于如何回答钦陵提出的问题，郭元振提出这样几点：首先，告诉钦

---

① 《通典》卷一九〇"吐蕃"；《册府元龟》卷六五五"奉使部"谋略条。

陵，朝廷设置 4 镇重要是为了扼守西域各部落之要害，分散蕃部之力量，使之不能联合起来东侵。现在划给吐蕃，吐蕃实力增强，更易于东扰唐朝边地。其次，如果吐蕃真的没有东侵的意图的话，则应该归还先前占领的吐谷浑诸部和原属唐朝的青海地方，唐朝也将突厥俟斤部落划给吐蕃。这样就可以达到两全其美的目的，既足以塞钦陵之口，又不绝了和好之路。此外，西域诸部归附唐朝已久，情义深于吐蕃，未晓厉害与实情，不可轻易分裂诸部，否则会伤及西域诸部的感情。武则天采纳了郭元振的建议。

唐朝和吐蕃在西域地区的争夺依然持续着，武则天长寿元年（公元692 年）十月，王孝杰与阿史那忠节大破吐蕃，克复龟兹、于阗、疏勒、碎叶 4 镇，是唐朝在西域军事行动的一次重大胜利。天授三年（公元 692 年）以王孝杰为武威军总管，依然担负抵御吐蕃在甘青地区的抄略任务。天宝十三载（公元 754 年）"安史之乱"爆发后，唐朝在西部地区的防御阵线收缩，吐蕃趁机占领大片原属唐朝的土地，而伊西、北庭自吐蕃陷河西、陇右，隔绝不通。伊西、北庭节度使李元忠，4 镇留后郭昕率领将士闭关拒守，多次奉表未能抵达朝廷。直到唐德宗建中二年（公元 781 年）六月，才遣使间道通过诸胡从回鹘中来。德宗很高兴，七月戊午朔，加李元忠北庭大都护，赐宁塞郡王；以郭昕为安西大都护、4 镇节度使，赐武威郡王，将士皆迁七资。①

（四）唐蕃对西域部落的争夺利用

西突厥 10 姓部落是西域地区最有影响的力量，吐蕃和唐朝争夺自开始之日起，就把同唐朝争夺这些部落势力作为重要任务之一。

唐朝将帅的错误举措，以及朝廷大臣的贪财昏聩也对西域形势产生诸多影响。如中宗在位时期，沙葛和阿史那阙啜忠节不和，屡相侵夺，忠节多次失败。当时担任金山道行军总管的郭元振上奏朝廷，希望能调忠节入朝宿卫，并移其部落至瓜州、沙州安置，也得到朝廷的同意。但是，当忠节行至播仙镇（今新疆且末县）时，唐经略右威卫将军周以悌怂恿阿史那阙啜忠节"发安西兵，并引吐蕃以击沙葛，既得报仇，又存部落"，然后贿赂宰相，不必迁徙，也不必到朝廷担任宿卫，受到约束。于是，忠节便

---

① 《资治通鉴》卷二二七。

如其言，率兵攻陷于阗坎城，获得金宝等，派人送给宰相宗楚客和纪处讷。接受了贿赂的两位宰相，居然派遣御史中丞冯嘉宾持节安抚忠节，以牛师奖为安西副都护，领甘、凉以西兵马，兼征吐蕃兵以讨沙葛。获知此情，沙葛立即发五千骑兵出安西，五千骑兵出拔换，五千骑兵出焉耆，五千骑兵出疏勒迎战。趁唐朝军队未备，突然袭击，生擒忠节，杀冯嘉宾和牛师奖，放火烧城，遂陷安西，4镇路绝。楚宗客还拟让周以悌代替郭元振，并以阿史那献为10姓可汗再次出征沙葛。沙葛致书郭元振，说明自己与朝廷并无二心，只是有仇于忠节，大军至，自己无奈才出兵回击的，希望和郭元振商量对策，应对当前局面。郭元振将此信上交朝廷。经过反复，问题才得到解决，皇帝重新恢复郭元振的职务，并赦免沙葛之罪，册封其为10姓可汗。① 于此可见，唐朝在与吐蕃争夺西域过程中暴露出来的一些问题。

而吐蕃与唐朝的争夺，也受诸多因素影响，内外牵制力增大时，其在西域的争夺势头就会有所减弱。吐蕃内部发生权力争夺，以及泥婆罗等反抗，特别是赞普南征身亡，"国中大乱嫡庶共立，将相争权，自相屠灭，兼以人畜疫疬，才力困穷，人事天时，俱未称遂，所以屈志，且共汉和，非是本心能忘情于四镇十姓也"。② 在西域的争夺中，唐朝和吐蕃双方都受到各种因素的制约。

（五）唐蕃西域争夺的方略对比分析

唐朝和吐蕃在西域的争夺中采取了一系列策略，有同也有异。从唐朝方面来看，有这样几个特点：首先，唐朝利用和巩固其与西域地区，特别是突厥各部持久的良好关系，维系唐朝在西域的统治。在政治上扶持亲唐势力，封其名号；在经济上许其与唐朝互市，保持密切往来，赢得他们的归心。其次，加强在西域地区的军政管理机构，设立安西4镇，以之为经营西域的阵地，取得了良好的效果。再次，打击勾结吐蕃的各部势力，对于勾结吐蕃的各部势力，唐朝实施分化瓦解与打击的措施，促成其离心。复次，利用吐蕃内部矛盾促成其上层的分裂。武则天时，郭元振分析了当

---

① 《册府元龟》卷三六六"将帅部"机略六。
② 《册府元龟》卷三六六"将帅部"机略六。

时吐蕃内部存在的问题，认为，吐蕃百姓已经厌倦了随军远戍，大多希望与唐朝约和。而大论钦陵欲分镇四境，统兵专制，所以不愿意回归。如果朝廷每年都发和亲使者至吐蕃，而钦陵如果不接受和平建议，那么吐蕃人就会更加怨恨钦陵，最终使其上下相互猜疑。"自是数年间，吐蕃君臣果相猜贰，遂诛大论钦陵。"这里或有夸大的成分，吐蕃赞普与论钦陵之间的矛盾主要原因自然不是因为郭元振所谓的离间计发挥了作用，而是大论钦陵家族专权给赞普权力形成的巨大威胁，以及噶尔氏长期专权引起吐蕃其他贵族不满而引发的。但是，唐朝的策略也可能会产生某种促进作用。

吐蕃方面也同样十分重视利用突厥诸部，用以对付唐朝。他们在与唐朝争夺过程中，还与向东扩张的大食帝国结成同盟，以共同对付唐朝。开元八年（公元720年）南天竺国王尸利那罗僧伽即派遣使者来到唐朝，请以战象和兵马协助唐朝讨伐大食和吐蕃等，同时为其军请授名号，玄宗给予表彰并名其军为怀德军。[1] 吐蕃与大食在利益面前有合作，也有争夺。贞元年间（公元785～805年），大食与吐蕃为劲敌，吐蕃军队大半调往西边抵御大食东扩，所以大大减少了唐朝边境上的压力。[2] 足见三方的争夺是交织着，对中亚地区的形势产生巨大影响。吐蕃在与唐朝争夺西域中，采取东西出击，两面夹攻的方式。和唐朝只能通过河西走廊与西域保持联系不同，吐蕃本部距离西域虽然辽远，但是却可以通过勃律道和青海道东西两路进入西域地区，对唐朝在西域的驻军实施东西夹攻之势。此外，吐蕃在西域的军事行动，毫无例外地影响到唐朝与西方经贸往来的丝绸之路的畅通，对唐朝经济和中外文化交流造成一定的影响。

（六）武则天时放弃4镇问题分析

唐朝与吐蕃在西域角逐的过程中，武则天一度曾采取放弃安西4镇的决策，我们试图对其缘由及在西域战略的失误稍作分析。武则天放弃西域4镇的决定是采纳了郭元振的建议，而郭元振的建议与他和吐蕃大论钦陵的对话密切相关，事实上是钦陵主张的另一种表现形式。前文已经谈到大论钦陵与郭元振的对话，郭元振觉得钦陵所言很有道理，返回朝廷后，便

---

① 《旧唐书》卷一九八"西戎·天竺"。

② 《旧唐书》卷一九八"西戎·大食"。

在神功元年（公元 697 年）上书武则天，文中直接坦陈："今钦陵欲分裂十姓，去四镇兵，此诚动静之机，不可轻举措也。"他认为，"四镇之患远，甘凉之患近，实宜深图。今国之外患者，十姓、四镇是，内患者，甘、凉、瓜、肃是也。关陇之人，久事戍守，向三十年，力用竭矣"。"如钦陵云，四镇诸部与蕃接界，惧汉侵窃，故有是请。此则吐蕃所要者。然青海吐浑，密迩兰鄯，则北为汉患，实在兹辈，斯亦国家之所要者。"他建议接受吐蕃归"还汉吐浑诸部及青海故地，即俟斤部落亦还吐蕃"。最后，武则天采纳了郭元振的这个建议。①

武则天的这一决策，对西域的局势产生诸多消极的影响。首先，它意味着唐朝在西域的经营由积极转为消极。其次，它表明唐朝承认了吐蕃对西域地区，特别是俟斤部落的管理，失去了安定西域、抵御吐蕃的一支重要力量。此外，将西突厥两部分割，直接导致突厥内部的分裂，使吐蕃在西域地区有更多的机会和条件制约唐朝。失去一支巨大牵制势力的条件下，吐蕃在危及唐朝对西域统治的同时，也危及中西丝绸之路的安全，势必危及河西、陇右地区的安全。很有意思的是，《册府元龟》编著者把郭元振的奏折放在了"谋略部"，其实真正有谋略的应该是吐蕃大论钦陵，而不是郭元振，他的主张也很难算得上是谋略。郭元振的主张在当时具有一定的舆论基础，就在郭元振上书的同一年，唐鸾台侍郎同凤阁鸾台平章事狄仁杰就"以百姓西戍疏勒四镇等极为凋敝"为题，请朝廷"捐四镇以肥中国，罢安东以实辽西，省军费于远方，并甲兵于塞上"。② 可以说和郭元振的上书相互呼应，影响到武则天对西域的决策。

三　争夺葱岭

（一）勃律的地位及其与唐朝的关系

勃律，又作"布露"或"波露罗"，藏文称作"Bru zha"，在今克什米尔地区。有大小勃律之分。"大勃律，或曰布露。直吐蕃西，与小勃律

---

① 《册府元龟》卷六五五"奉使部"谋略。
② 《册府元龟》卷九九一"外臣部"备御四。

接，西邻北天竺、乌苌。地宜郁金。役属吐蕃。"① 大勃律也就是今克什米尔西北部的巴尔蒂斯坦（Baltistan）。小勃律"去京师九千里而赢，东少南三千里距吐蕃赞普牙，东（西）八百里属乌苌，东南三百里大勃律，南五百里属箇失密，北五百里当护密之娑（婆）勒城。王居孽多城，临娑夷水。其西山颠有大城曰迦布罗"。② 可见小勃律就在今吉尔吉特（Gilgit）地区，首府则在雅辛（yasin）。原来勃律并无大小之分，勃律王就居住在大勃律，后来大勃律为吐蕃侵逼，并占据，勃律王才迁居到小勃律。

　　勃律地理位置十分重要，它是吐蕃西北进入西域和中亚地区，参与军事角逐，争夺唐朝4镇的关键通道之一，也是吐蕃参与当时中西方经济贸易的重要途径。对于唐朝来说，它同样具有十分重要的战略和经济意义。

　　为了和唐朝保持经济往来，以及获得唐朝的支持以保证独立的位置，勃律一直重视和唐朝的往来联系，连年派遣使者至长安朝贡，对此，汉文史书多有记载。如，武则天垂拱元年（公元685年）十二月，万岁通天二年（公元697年）十月，勃律国都派遣使朝贡。唐玄宗开元四年（公元716年）闰十二月，勃律国皆遣大首领来朝，并赐物30段。③ 当吐蕃的侵扰加剧时，勃律与唐朝的往来关系更趋密切。开元五年（公元717年）五月十七日，朝廷册封勃律国王苏弗舍利支离泥为勃律王。封文中谈到，勃律王"历代酋渠，执心忠肃，遥申诚款，克修职贡"。希望勃律王能够"善始令终，长奉正朔，宁人保国，庆及苗裔"。同时也在其中表达了牵制吐蕃的用意。④ 此后，勃律每遇王位承袭更替，都要派遣使者请求唐朝册封。如，开元八年（公元720年）六月，唐朝遣使册封勃律国王苏麟陁逸之为勃律国王⑤，即是此例。应该说，双方的关系十分密切。

（二）争夺大小勃律

　　勃律地位如此重要，而又与唐朝保持友好关系，这对吐蕃向西域、中亚地区扩张来说，无疑是一个巨大的阻碍，必欲除之而后快。根据《敦煌

---

① 《新唐书》卷二二一"吐蕃传"。
② 《新唐书》卷二二一"吐蕃传"。
③ 《册府元龟》卷九七一"外臣部"褒异一。
④ 《册府元龟》卷九六四"外臣部"册封二。
⑤ 《册府元龟》卷九六四"外臣部"册封二。

本吐蕃历史文书》记载，吐蕃在较早时期就征服了大勃律地区。一般认为，藏文史书中的"达布"（Dvags po）或者"塔布"就是拉达克（Ladvags）地区，而且是在松赞干布的父亲囊日论赞时期被雅隆悉补野部所征服，它接近大勃律。公元 688 年，赞蒙赤莫登（khri mo stengs）被派往达布地方掌管事务；而公元 718 年吐蕃在达布地方建立了红册。① 可以推定，吐蕃在公元 7 世纪中后期占据大勃律地区。接着，便把小勃律作为征服目标。而小勃律则紧紧依靠唐朝的支持来与吐蕃对抗。小勃律王意识到形势的危机，遂遣使至唐，玄宗以其为子，在其国设立绥远军，加强保卫。

起初，吐蕃出兵北进，常对小勃律国王说："我非谋尔国，假尔道以攻四镇。"开元十年（公元 722 年）九月，吐蕃在时机成熟的条件下撕开伪装，直接围攻小勃律，勃律王没谨忙求救于唐北庭节度使张嵩，声言：勃律是唐朝的西大门。如果失去，则以西诸国将会全部陷入吐蕃控制之下。当时，张嵩正在经营葱岭地区，就给予勃律王以肯定的回答，并对勃律王之忠于朝廷表示赞赏。没谨忙十分高兴。张嵩派遣疏勒副使张思礼率蕃汉骑兵步兵共 4000 人昼夜兼道，前往支援。没谨忙趁机出兵，与唐朝军左右夹攻，大败吐蕃军，杀其众数万，缴获大批武器和牲畜，并收复了原来丢失的九座城池。② 自张嵩此次征讨之后，吐蕃不敢西向。

唐朝和勃律的关系更加密切，勃律频繁派遣使者至长安朝贡。开元十二年（公元 724 年）二月乙巳，勃律遣大首领苏磨罗来贺正，并进阶游击将军，朝廷各赐帛 50 匹。十六年（公元 728 年）十月丁丑，勃律大首领吐毛檐没师来朝，授折冲，朝廷赐其紫袍金带。十九年（公元 731 年）四月，册小勃律国王难泥为其国王，并颁布册封书，表彰其为国藩卫，能潜应王师，对抗吐蕃，竭诚尽忠。二十一年（公元 733 年）闰三月，勃律国王没谨忙遣使大首领察卓那斯磨胜来朝，谢册立之恩。③ 二十三年（公元 735 年）四月甲午，勃律国大首领拔含伽来朝，授郎将，赐帛 50 匹。④ 唐朝对勃律的作用给予足够的重视。

---

① 王尧、陈践：《敦煌本吐蕃历史文书》（增订本），民族出版社，1992，第 148、151 页；黄布凡、马德：《敦煌藏文吐蕃史文献译注》，甘肃教育出版社，2000，第 43、49 页。

② 《册府元龟》卷三五八"将帅部"立功十一；《资治通鉴》卷二一二。

③ 《册府元龟》卷九七一"外臣部"朝贡四。

④ 《册府元龟》卷九七一"外臣部"褒异二。

开元二十四年（公元 736 年），吐蕃西击勃律，勃律遣使来告急，唐玄宗派人让吐蕃罢兵，吐蕃不接受，遂占领小勃律。《敦煌本吐蕃历史文书》也记载，公元 737 年，论结桑东察（blon skyes bzang sdong tsab）对勃律发动进攻，遂灭勃律国。公元 740 年，吐蕃还嫁公主杰娃赤没禄（Je ba khri ma lod）给勃律王。① 这一时期，勃律又被置于吐蕃治下，周围 20 余个小国，均依附吐蕃。但是就在次年，小勃律国王卒，唐朝册立其兄麻号来继承王位。唐朝也曾派兵打击在勃律的吐蕃势力，但是收效甚微。

唐玄宗天宝六年（公元 747 年），朝廷命高仙芝为行营节度使，率领万人的骑兵出征小勃律。高仙芝从安西出发，行百余日至特勒满川，分军三道，准备在七月十三日会师吐蕃连云堡城下。发现唐朝军来攻，他们立即依山据守，并投掷炮石等，抵御唐朝军队。高仙芝命令李嗣业率领长刀队沿着险路攀登而上，斩首五千级，俘虏千余人，其余守军逃散。七月三日，至坦驹岭（在今克什米尔西北境巴尔蒂斯坦之北），进抵阿弩越城（距坦驹岭 40 里），由于城险不易攻，高仙芝命人穿胡服诈为该城守卫者归降。再过三日，被迎入城。高仙芝遂轻松占据阿弩越城。他派将军席元庆率千名骑兵前行，并告诉他，大军至，勃律百姓必然逃亡山谷，可以以赏赐丝绸等为名，将其诱出，最后勃律大臣全部被抓获，并斩杀归附吐蕃的几位大臣。勃律王和吐蕃公主逃入石窟。接着，高仙芝命席元庆砍断藤桥，等到吐蕃大批援军来到时，桥断无法通过。八月，高仙芝押解着吐蕃所拥立的勃律王和吐蕃公主，经过连云堡、播蜜川等返回，并向朝廷奏捷。藏文史书也记载了唐朝在此年夺取勃律等地的事实。以此之功，高仙芝升任安西四镇节度使。次年八月，勃律国王苏失利芝三藏大德僧伽罗密多来朝，朝廷授僧伽罗密多鸿胪员外郎，放还；授苏失利芝紫袍金带留宿卫，给官宅。②

（三）恢复安西 4 镇与设立归仁军镇守小勃律的意义

唐朝在西域中亚地区设立安西 4 镇，并在小勃律设立归仁军镇，具有

---

① 王尧、陈践：《敦煌本吐蕃历史文书》（增订本），民族出版社，1992，第 153 页；黄布凡、马德：《敦煌藏文吐蕃史文献译注》，甘肃教育出版社，2000，第 53 页。

② 《册府元龟》卷九七五"外臣部"褒异二。

十分重要的意义，首先，它们比较充分地保障了西部广大边疆地区的安定和各项政策的实施，比较有力地遏制了吐蕃进入西域、与唐朝争夺突厥各个部落的气势，同时也对归属唐朝的西域突厥各部以强有力的支持和明确信号，坚定了他们臣属唐朝，安定部落的决心。其次，大大减少了吐蕃大军北上阻断中西交通的可能性，有效地保护了中西丝绸之路的畅通，为唐朝和丝路沿线地区与中亚、欧洲经济贸易的发展，以及维护唐朝的国际经济中心地位发挥了作用。再次，有力地遏制了大食帝国的东进，抑制了中亚地区伊斯兰化的迅猛趋势，在一定程度上也保护了中国西部地区文化的民族特色和中亚地区文化多样性的基本格局。最后，牵制了吐蕃在东部地区的骚扰活动，缓解了吐蕃入掠的压力，在某种程度上维护了社会生产和人民生活的稳定。

第四章　吐蕃兵临长安
(公元 755~766 年)

一　"安史之乱"与吐蕃东进

(一) "安史之乱"及其对唐蕃关系之影响

唐太宗贞观年间，大将军李靖破吐谷浑，侯君集平高昌，阿史那社尔开西域，置 4 镇，烽燧逻卒，万里相继，中西丝道，畅通无阻。为了控御西部地区，陇右鄯州为节度，河西凉州为节度，安西北庭亦置节度，关内则在灵州设立朔方节度，又有受降城、单于都护庭为之藩卫，充分保障了辽阔的西部地区的安定。

唐玄宗天宝十四载 (公元 755 年)，安禄山和史思明发动叛乱后，局势急转直下，安禄山占领洛阳，长安面临危机，朝廷以河西陇右兵和朔方之将镇兵入靖国难，称作行营。募令哥舒翰为将军，屯守潼关，大军随其内调，河陇为之一空。吐蕃趁机东进，占据大片原属唐朝管辖的地区。河陇丢失，西域孤悬。在今四川西部的剑南西川地区，自从唐高祖武德以来，开置州县，设立军防，行使有效管辖。但是在"安史之乱"爆发以后，陷入混乱状态，肃宗乾元 (公元 758~760 年) 之后，亦相继落入吐蕃控制之下。

"安史之乱"的爆发从根本上改变了业已出现的唐朝和吐蕃的对抗形势，使逐渐取得战争主动权的唐王朝完全丧失了与吐蕃争锋的能力。随着唐朝大军东调平叛，吐蕃等部趁机东进，占据唐朝原来控制的大片地区，百万汉人转归吐蕃治下，中国西部地区的政治格局和民族关系格局发生巨大的变化。"安史之乱"也使原来属于唐朝管辖的西域地区各个部落纷纷转归吐蕃或者回纥等强势军事政治势力，唐朝的西部边疆地区陷入一个空前的危机境地。"安史之乱"爆发后，中西交通的丝绸之路为之中断，经济文化往来进入低潮，也影响到唐朝的财政收入和文化交流规模。从唐朝西部地区的文化形态上看，吐蕃占领河西、陇右以后，唐朝原来统治下的大批汉人和其他民族，和随军东进的吐蕃军人和奴仆混杂居住，尽管存在新的民族压迫问题，但是也出现了吐蕃文化和汉文化的密切交流与融合时期，对唐朝和吐蕃双方的政策以及后来双方的关系，都产生了深刻的影响。

（二）吐蕃夺取河西、陇右

"安史之乱"爆发后，唐朝调兵东守，河西、陇右因此空虚。肃宗至德元年（公元 756 年）八月，回鹘可汗和吐蕃赞普都曾派遣使者，请求帮助朝廷平定叛乱，唐朝没有接受。接着吐蕃军队向唐朝辖区推进，轻松占领威戎（在石堡城北）、神威、定戎、宣威、制胜、金天、天成等军，唐朝的石堡城、百谷城、雕窠城等重要城池均在吐蕃控制之下。次年十月吐蕃占西平（西宁）。乾元元年（公元 758 年）攻下河源军。上元元年（公元 760 年）八月，吐蕃攻下哥舒翰在临洮西磨环川设置的神策军，廓州也陷落。[1]

代宗广德元年（公元 763 年）七月，吐蕃对唐朝河西、陇右地区展开大规模的攻击活动，吐蕃军队入大震关，陷落兰、廓、河、鄯、洮、岷、秦、成、渭等州，尽取河西、陇右之地。宋代史学家司马光感慨："唐自武德以来，开拓边境，连地西域，皆置都督、府、州、县。开元中，置朔方、陇右、河西、安西、北庭诸节度使以统之，岁发山东丁壮为戍卒，缯帛为军资，开屯田，供糗粮，设监牧，畜牛马，军城戍逻，万里相望。及安禄山反，边兵精锐者皆征伐入援，谓之行营，所留兵单弱，胡虏稍蚕食之；数年间，西北数十州相继沦没，自凤翔以西，邠州以北，皆为左衽矣。"[2]

关于河西陇右失守的原因，毫无疑问是因为"安史之乱"爆发，唐朝大兵内调平叛引起的，但是深层次的原因也许还不止于此。唐朝长期的开

---

① 《资治通鉴》卷二二一。
② 《资治通鉴》卷二二三。

疆拓土，边疆战事不断耗费了民力财力；在与吐蕃长期的交战中，不能有效地解除威胁，取得战争的根本性胜利，成为一个沉重的负担。而进入鼎盛以后很多社会矛盾与问题被掩盖起来，上层官僚贵族的腐败和无能逐渐显现，这些问题也反映在军队中，唐德宗时曾经担任神策军节度使的李晟就曾指出："河陇之陷也，非吐蕃能之，皆以将帅贪暴，种落携贰，人不得耕稼，展转东徙，皆自弃之耳！且土无丝絮，人苦征役，思唐之心，岂有已乎？"① 毫无疑问，安禄山、史思明的叛乱以及唐朝内重外轻的军事布局与吐蕃东进有着直接的关系，但是唐朝军事、政治、经济和吏治中存在的一些深层次的问题，也不应该被忽视，后者才是值得反省的本质性因素。

（三）长安失守与关中之战

唐代宗广德元年（公元763年）十月，吐蕃攻克泾州，俘虏泾州刺史高晖，高晖遂为吐蕃军做向导，向京师长安推进，接着劫掠奉天（陕西乾县）、武功，然后从武功渡过渭河，沿秦岭山脉往东，京师震骇。在周至，吐蕃遇到唐朝渭北行营兵马使吕日（一作月）将率领的两千精兵的有力抵抗，吐蕃军队损失数千人。吕日将终因寡不敌众，兵尽被擒。当吐蕃军即将逼近京师时，唐代宗想不出更好的对策，即任命雍王李适为关内元帅、郭子仪为关内副元帅，出镇咸阳。此时郭子仪原来的属下部曲已经四散，接到诏书，他能够指挥的只有20名骑兵。郭子仪只得强令征收百姓的牲畜以助军。等郭子仪所部到达咸阳时，吐蕃军队已经从司竹园渡过了渭水，代宗在宦官程元振等人的劝说下，向东逃命。唐朝官吏鼠窜，六军逃散。但是，代宗一行刚出苑门、渡过浐水，就发生了射生将王献忠带领的400名骑兵发动叛乱，逼迫封（丰）王珙等10王西行投降吐蕃军队。他们在开远门内遇到郭子仪，被拦住。代宗等随从到了华州（华县），由于官吏逃跑者很多，他们的生活都成了问题。恰在这时，观军容使鱼朝恩带领神策军从陕州（河南陕县）来迎接，遂前往鱼朝恩营帐，到了陕州。②

郭子仪沿长安城南的御宿川循终南山往东，他命属下王延昌立即前往

---

① 《册府元龟》卷三九七"将帅部"怀抚。
② 《旧唐书》卷一九六"吐蕃传"。

商州（商洛）集合逃亡那里的将士。过了蓝田遇到元帅都虞候臧希让、凤翔节度使高升，得到士兵近千人，辗转来到商州。在这里招抚正在抢夺朝官和百姓财物的将士，整饬队伍，严明纪律。连同武关的防兵合 4000 人。为了防止吐蕃军东进威胁代宗等的安全，郭子仪准备出兵蓝田。此时，鄜延节度使判官段秀实说服节度使白孝德引兵南进京师，并与蒲城、京畿、陕州、商州等地合势进击。

吐蕃、吐谷浑、党项等 20 余万军队在高晖的带领下进入长安城中，与吐蕃大将马重英等拥立邠王守礼的孙子，也就是金城公主的侄子广武王承弘为皇帝，立年号，署置百官，大赦天下。接着以于可封、崔璲为宰相①，吐蕃等各部将士大肆劫掠京城财物，并准备将掠夺到的仕女和有技能的人带回本土，以为奴役。

郭子仪命令大将军长孙全绪率领 200 骑兵出蓝田观察敌情，同时命宝应军使张知节将兵跟随其后。长孙全绪至韩公堆，白天则击鼓张旗，晚上则点燃火把，以疑惑吐蕃军队。前光禄卿殷仲卿聚众近千人，守卫蓝田，与长孙全绪相互照应。唐朝 200 余骑兵直渡过浐水，而城中百姓又告诉吐蕃人，郭子仪将军带领大批人马将要返回长安了。吐蕃军队恐惧，开始撤离京师。长孙全绪派射生将王甫入城，私下组织长安城中的少年，晚上在朱雀街上击鼓大呼，制造紧张气氛。吐蕃军队以为唐朝大军要至，便在长安城驻守 15 天后撤出。导引吐蕃军队的叛将高晖也感觉形势不妙，带领 300 余骑兵向东逃走，刚到潼关，就被守将李日越捉拿并处死。

吐蕃大军撤离长安后，王甫自称京兆尹，聚众 2000 余人，自己设立官署，在城中行凶作恶。郭子仪自带 30 余名骑兵，渡过浐水靠近京师，他派人传令王甫来见，并以扰乱长安之罪斩杀之。他又召鄜延节度使白孝德和邠宁节度使张蕴琦率兵至京城屯守，民心得以安定。十二月丁亥，代宗从陕州起程，甲午返回长安。郭子仪带领城中百官和军队，在浐水迎接。当天，派骆奉仙为户县筑城使，带兵在户县和中渭桥修筑城防，以备御吐蕃。代宗把吐蕃立为皇帝的广武王承弘流放到华阴地区。②

---

① 《旧唐书》卷一九六"吐蕃传"。《资治通鉴》卷二二三记"以前翰林学士于司封等相"。"司封"应该是"可封"之讹。

② 《资治通鉴》卷二二三。

吐蕃离开长安后，退至凤翔，围攻凤翔城。守卫城防的凤翔节度使孙志直坚兵抵抗。同时又得到率领精兵千余骑、自河西东赴国难的镇西节度使马璘的协助，吐蕃兵西走，居于原（甘肃固原）、会（甘肃会宁）、成（甘肃礼县）和渭等州地区。

（四）长安陷落的诸多原因

长安陷落的原因是多方面的，大致有内外两个方面：从内部来说，唐朝社会内部隐藏着许多深刻的矛盾，首先，长期的征战使生产遭到极大的破坏，戍守边地、承担各种兵役力役，以及为了满足战争的需要而增加的赋税等，使百姓有无力承担的感觉。其次，宦官当政并掌握军权，导致朝纲败坏。当时的精锐部队神策军就由鱼朝恩等人掌握，而朝廷大政则在宦官程元振的控制之下。他担任骠骑大将军、判元帅行军司马，专权自恣。当吐蕃入犯时，他没有及时奏报皇帝，吐蕃兵至时，他拒绝给郭子仪援兵，对吐蕃轻松进入长安负有不可推卸的责任。再次，在战争年代，排斥才智卓越的将领，使他们报国无门，直接影响到对吐蕃东进的抵御。朝廷在使用宦官主政掌军的同时，又把像郭子仪、李光弼这样的卓越的将领闲置起来，直到吐蕃逼近长安之后，才加以启用。郭子仪受命抵御吐蕃时，身边能调动的只有 20 人骑兵，怎么可以和吐蕃带领的 20 余万部落大军相对抗呢？当时的太常博士柳伉指出，吐蕃入关陇兵不血刃入据京师的原因有四条：吐蕃大兵进入，武士无一人力战，将帅背叛陛下；皇帝疏远功臣武将，重用宦官，群臣无一人犯颜直谏，是公卿背叛陛下；皇帝刚一出都城，城中百姓就夺府库，相互杀戮，是京师百姓背叛陛下；皇帝下诏各路兵马援助京师，四十日之间，没有一辆车马进京，是四方守将背叛陛下。[①]最后一个，也是最为重要的直接原因就是安禄山、史思明叛乱使已经脆弱的唐王朝不堪负荷，"安史之乱"的爆发与唐朝长期重兵防边有关系，而藩镇兵权过重，内部空虚的形势也导致京师防御空虚，是吐蕃大军进入很少遇到较大的阻拦的重要因素。

从外部原因来看，主要是两点：一个是吐蕃利用了"安史之乱"的时机，当唐朝竭力应对叛乱时，内部涣散，吐蕃趁机发动攻势，唐朝穷于应

---

① 《资治通鉴》卷二二三。

付，在兵力调动上也感到困难，此消彼长，局面不可同日而语。另一个是吐蕃的军队人数众多，而唐朝守卫长安的军队几乎没有任何力量能够进行有效抵抗。如此悬殊的力量对比，其结果自然不言而喻。

二　两翼夹击与对峙

（一）吐蕃发动新一轮攻势

退出长安的吐蕃军队，并没有放弃对唐朝的掠夺政策。永泰元年（公元 765 年）九月，铁勒仆骨部仆固怀恩曾经组织了一次规模巨大的对唐掠夺战争，后来仆固怀恩死去，铁勒回鹘各部在唐朝的策动下逐渐放弃劫掠唐朝的方针。而吐蕃则接连发动了新的对唐攻势，对关中地区，乃至长安城造成很大的威胁。吐蕃军先至邠州，邠宁节度使白孝德固城自守。不久，吐蕃军 10 万众进逼奉天，京师震恐。朔方兵马使浑瑊率领精骑 200 人冲入敌营，奋力拼杀。前后混战 200 回合，斩首 5000 人。接着，朝廷将河中的郭子仪召至泾阳屯守，命令淮西节度使李忠臣屯东渭桥，李光进屯云阳，马璘、郝庭玉屯便桥，节度使李抱玉屯凤翔，内侍骆奉仙、将军李日越屯周至，同华节度使周智光屯同州，召鄜坊节度使杜冕屯坊州，皇帝本人率领六军屯禁苑中。[①] 尽管如此，面对吐蕃大兵压境，唐朝内部依然出现紧张情绪，鱼朝恩请代宗括士民私马，命令城中男子都穿上军装，团结为兵，并把城门塞二开一。他甚至威胁群臣支持自己拥戴皇帝逃往河中地区。后来在刘给事的阻止下，方始罢休。

由于大雨的缘故，吐蕃等部的军队推进很慢。他们转而移兵进攻醴泉（今陕西礼泉），党项部落则西掠白水，东侵蒲津。吐蕃在醴泉虏获男女数万人而去，所过之处，焚毁房屋，践踏庄稼。在澄城北遭到唐将周智光的攻击，败逃至鄜州（今陕西富县）。

唐德宗建中年间（公元 780～783 年），唐朝曾经与吐蕃会盟和好，但是未久，吐蕃又不断入掠唐朝关中等地，常常对京城长安造成巨大威胁。贞元二年（公元 786 年）八月丙戌，吐蕃尚结赞大举入寇泾、陇、邠、宁

---

① 《资治通鉴》卷二二三。

等州，掠夺人畜，践踏禾苗庄稼，德宗下令浑瑊将兵万人，骆元光将 8000
人屯咸阳，以保护京城的安全。① 九月，吐蕃游骑进抵好畤，京师戒严，
德宗再遣左金吾将军张献甫屯咸阳，民间还流传皇帝又要离开长安以躲避
吐蕃，幸有李晟先败吐蕃尚结赞于汧阳县城。十月派遣蕃落使野诗良辅与
王佖带领步兵骑兵 5000 袭击吐蕃摧沙堡，随后遭遇吐蕃 2 万众，再次打败
之。② 解除了对京师的压力。吐蕃的扰边活动却一直持续着。

贞元四年（公元 788 年）五月，吐蕃 3 万骑兵入掠泾、邠、宁、庆、
鄜等州。此前，吐蕃常在秋冬季节入寇，等到春天病疫多发时节退出。现
在由于得到唐人役为兵丁，又以他们的妻子作为人质，派遣吐蕃将领率
领，在盛夏时节也可以对唐朝进行掠夺，唐朝的边州各城守卫，没有敢出
来迎战者，吐蕃可以肆无忌惮地虏获人畜，从容而去。③

吐蕃能够对唐朝不断发起新的进攻，并造成巨大的损害，在很大程度
与它所占领的河西陇右地区提供的经济支持和把该地区汉人役使为前锋有
关。吐蕃在河西陇右地区按照部落或者原有的组织形式进行统治，这些地
区使吐蕃不必再从本土调动更多兵员，转运更多战争物资，大大方便了对
唐朝的入略，从而给唐朝京师长安造成巨大的威胁。

（二）偏师攻剑南

"安史之乱"爆发，唐朝大军东调，西部边防为之空虚，吐蕃趁机东
犯，并入据长安。与此同时，吐蕃在川西和云南等地区也发起了猛烈的攻
击行动。占领唐朝的松（四川松潘）、维（今四川理县东北薛城）和保
（今四川理县北孟屯河中下游）三州之地，并在云山新筑二城。唐朝西川
节度使高适没有能够抵挡住吐蕃的进攻，于是剑南西川诸州相继被吐蕃军
队占领。④

唐朝在收复长安之后，广德二年（公元 764 年）九月，代宗以郭子仪
为北道邠宁、泾原、河西以东通和吐蕃使，以陈郑、泽潞节度使李抱玉为
南道通和吐蕃使，应对吐蕃的军队掠夺。剑南节度使严武也开始积极备

---

① 《资治通鉴》卷二三一。
② 《资治通鉴》卷二三二。
③ 《资治通鉴》卷二三三。
④ 《资治通鉴》卷二二三。

战，与吐蕃展开争夺，于广德二年（公元 764 年）九月己未打败吐蕃 7 万众，并攻克当狗城。十月庚午，剑南节度使严武又攻克吐蕃盐川城。①

代宗大历时期，唐朝在西南地区对吐蕃作战，取得了丰硕的成果。大历三年（公元 768 年）十二月，西川破吐蕃万余众。十年（公元 775 年）正月乙卯，西川节度使崔宁破吐蕃数万众于西山，斩首万级，虏获数千人。十一年（公元 776 年）正月辛亥，崔宁破吐蕃四节度及突厥、吐谷浑、氐、羌、群蛮等众 20 万，斩首万余级。次年十月，崔宁大破吐蕃于望汉城。十二月，崔宁破吐蕃 10 余万众，斩首 8000 级。② 这些战斗的胜利不仅遏制了吐蕃在西南地区的扩张势头，也在一定程度上减轻了吐蕃给长安构成的压力。

大历十四年（公元 779 年）的战斗，是唐朝和吐蕃在西南地区具有重要影响的一次战役。这一年十月丁酉，吐蕃与南诏合兵 10 万，三道入寇，一出茂州，一出扶州、文州，一出黎州、雅州，宣称要拿下成都作为东府。面对吐蕃大军压境，守将无人能抵御吐蕃和南诏的进攻。代宗试图再次起用节度使崔宁，此前因为担心他久在蜀中不听朝命，已将其调回长安改任他职，但被宰相杨炎制止。他建议皇帝命范阳节度使朱泚所部兵，以及由李晟等率领的神策军邠州、陇右兵出击。结果他们和山南地区兵一起，大破吐蕃、南诏联军，攻克维州、茂州城，吐蕃、南诏兵饿死冻死者八九万人。③

在军事上取得重要进展的同时，在唐德宗时期，担任西川节度使的韦皋开始筹划瓦解长期以来对西南地区构成威胁的吐蕃与南诏联盟，从根本上解决吐蕃侵扰西南地区问题。贞元四年（公元 788 年）十月，吐蕃发兵 10 万将寇西川，同时也发南诏兵。南诏暗地里归附唐朝，但是也不敢公开反叛吐蕃，于是就发兵数万屯扎在泸水之北。韦皋预料到南诏正处在犹豫之中，便写信给南诏王，大谈其背叛吐蕃、归附唐朝之真诚，让东蛮转交给吐蕃。吐蕃开始怀疑南诏，派兵 2 万驻扎在会川，以便挡住南诏通往四川的道路，南诏王怒，率兵归附唐朝。吐蕃失去了南诏的帮助，力量自然

① 《旧唐书》卷十一"代宗纪"；《册府元龟》卷九八七"外臣部"征讨六。
② 《册府元龟》卷九八七"外臣部"征讨六；《资治通鉴》卷二二五。
③ 《资治通鉴》卷二二六。

减弱了许多。入犯唐朝的吐蕃便分兵为 4 万攻两林、骠旁，3 万攻东蛮，7000 寇清溪关，5000 寇铜山。韦皋派遣黎州刺史韦晋等与东蛮连兵抵抗，在清溪关外打败吐蕃军。十一月，吐蕃再次派 2 万人进攻清溪关，1 万进攻东蛮。韦皋命令韦晋镇守要冲城，巂州刺史刘朝彩出关连战，最后大破吐蕃。① 次年，冬十月，韦皋派其将曹有道率兵与东蛮、两林蛮及吐蕃青海、腊城二节度战于巂州（四川西昌）台登谷，大败之，斩杀数千人，投崖或者投河溺死者不可胜数，吐蕃的骁勇将军、大兵马使乞藏遮遮也被杀，不几年即收复整个巂州。韦皋积极对南诏进行拉拢，并打击其内部的亲吐蕃势力，并在军事上扩大战果，逐步收复被吐蕃占领的州县。

贞元九年（公元 793 年）五月，经过韦皋不懈努力，云南王（即南诏王）异牟寻派来三批使者，一出戎州（南安县），一出黔州，一出安南，各携生金丹砂前往韦皋处，表示坚似金，赤心如丹砂。书信带到成都，韦皋遣使者将这些表示归附唐朝的书信转报朝廷。七月，原来被吐蕃役属的剑南、西川诸羌部，也率众内附唐朝，韦皋将他们安置在维、保、霸诸州，给予耕牛和粮食种子，其首领皆拜官并厚加赏赐。② 让他们安居乐业。

贞元十年（公元 794 年），春正月，剑南、西山羌、蛮 2 万余户归附唐朝，朝廷加韦皋押近界羌、蛮及西山八国使。唐朝使者崔时佐前往南诏首府苴咩城（今云南大理），南诏王异牟寻担心被吐蕃知道，让崔时佐换南诏服装进殿。崔时佐觉得不可以，自己是大唐使者，岂能如此不顾身份！南诏王只好在晚上迎接崔时佐。南诏清平官（宰相）郑回向崔时佐说明南诏王接待唐朝使者紧张的原因是与惧怕吐蕃来使有关。崔时佐便劝异牟寻斩杀吐蕃使者，放弃吐蕃所授封号。异牟寻接受，乃刻金契进献，率其子寻梦凑等与崔时佐在点苍山神祠会盟。此时，吐蕃正因为与回鹘在北庭争战失败而征兵于南诏，异牟寻答应出兵 5000 前行，自己则亲率数万人跟随其后，在神川袭击吐蕃，夺取铁桥等 16 城，虏获其 5 王，降其众 10 余万人。③ 六月，异牟寻派遣其弟凑罗栋献上地图、土贡及吐蕃所给金印，

---

① 《资治通鉴》卷二三三。
② 《资治通鉴》卷二三四。
③ 《资治通鉴》卷二三四。

请复号南诏。唐朝即派祠部中郎袁滋为册封南诏使，赐银裹金印，文曰"贞元册南诏印"。南诏王北面跪拜接受封册，并出示玄宗所赐二银平脱马头盘，请出皇帝所赐《龟兹乐》老笛工和歌女，以示不忘旧恩，永远忠实唐朝。[①] 接着不断对吐蕃占领区发动攻击。

在赢得南诏归心的条件下，韦皋指挥将士在贞元十五（公元 799 年）、十六年（公元 800 年）、十七年（公元 801 年）接连和吐蕃展开激战，取得了巨大的胜利，攻克被吐蕃占据的维、保、松等州和昆明城，转战千里共夺取 7 城、5 军镇，焚毁吐蕃堡寨 150 座，斩首万级，虏获 6000 人，对吐蕃在今云南四川等地的势力给予沉重的打击。[②] 但是，后来南诏在唐朝和吐蕃之间仍有反复。

唐朝与吐蕃在争夺剑南西川中发生的"悉怛谋事件"，很值得关注。太和五年（公元 831 年）九月，维州副使悉怛谋请降，准备带领其部众来成都投诚。当时的西川节度使李德裕即派维州刺史虞藏俭将兵入据其城。他将此事上奏朝廷，唐文宗让群臣商议，大家都赞同李德裕的意见。但是牛僧儒反对，认为吐蕃刚和唐朝修好，不宜以维州一城而失信吐蕃，甚至得百维州也不值得。皇帝采纳了牛僧儒的主张，令李德裕以维州城归还吐蕃，并执悉怛谋等投奔者同时送还，吐蕃将他们全部杀害在唐蕃交界地区，情景极为残酷。[③] 牛僧儒由于和李德裕发生党争，在此事处置上存在分歧可以理解，但是唐文宗不顾群臣赞同李德裕意见的情况，听信牛僧儒未得真谛的"诚信"而酿成悲惨后果实在值得反思。此事给唐朝在西南地区的经营造成了很大的负面影响，后来唐文宗自己也后悔莫及。

（三）灵、泾之战

吐蕃和唐朝在关中西部地区的军事争夺，一直十分激烈，而且时时对唐朝京师构成巨大威胁。永泰元年（公元 765 年）九月，铁勒仆固部首领仆固怀恩南寇，河西节度使杨志烈发士兵 5000，让监军柏文达带领前往攻打灵武，使仆固怀恩有后顾之忧，以解京师之围。柏文达将兵击摧沙堡

---

① 《资治通鉴》卷二三五。
② 《资治通鉴》卷二三五、卷二三六。
③ 《旧唐书》卷一七四"李德裕传"。

（在原州西北）、灵武县，连连获胜。仆固怀恩得知后方遭到袭击，立即从永寿（今陕西永寿县）返回，命令诸羌、吐谷浑等部2000骑兵夜袭柏文达，大破之，士卒死者近乎一半，柏文达带着余众逃往凉州。杨志烈因为不体恤将士，后来在吐蕃包围凉州时，士卒不为所用，他被迫逃亡甘州，在那里被沙陀所杀。①

后来吐蕃回鹘联合围攻泾州，郭子仪带数名骑士说服回鹘亲唐背蕃，解除了吐蕃对泾州，乃至京师的威胁。大历二年（公元767年）九月，吐蕃数万众围灵州，游骑至潘原、宜禄。代宗诏郭子仪自河中率领甲士3万镇守泾阳，京师戒严，不久郭子仪移镇奉天。十月，朔方节度使路嗣恭在灵州城下打败吐蕃军，斩首2000级。次年（公元768年）八月壬戌，吐蕃10万众进攻灵武，丁卯，吐蕃尚赞摩率2万众攻邠州。唐朝京师再度戒严；邠宁节度使马璘击退吐蕃入犯军。九月壬申，郭子仪将兵5万屯奉天以防备吐蕃军。壬午，朔方节度使白元光击败吐蕃，接着又大破吐蕃2万众于灵武。凤翔节度使李抱玉属将李晟率千人，出大震关，至临洮，摧毁吐蕃定秦堡，焚毁其积聚的粮草，迫使吐蕃撤去灵州之围，京师也解除戒严。② 十一月，元载和郭子仪等商议之后在军事部署上做了调整：邠宁节度使马璘移镇泾州，而郭子仪以朔方兵镇邠州。十二月马璘担任泾原节度使，而以邠、宁、庆三州隶朔方。

从历史记载来看，吐蕃几乎每年都要对灵州等地发动攻击。大历八年（公元773年）十月是一次较大规模的争夺战。该月，吐蕃10万众进略泾州、邠州，郭子仪派朔方兵马使浑瑊将步兵骑兵合5000人阻拦。庚申，双方在宜禄（陕西长武）交战，属下不听指挥，结果唐朝军大败，士卒大多战死，百姓被掠者达千余人。甲子，马璘与吐蕃战于盐仓再败。

在灵、泾地区与吐蕃的争夺中，原州也是一个十分重要的位置。大历八年（公元773年），曾经担任过西州刺史并熟悉河西陇右山川形势的元载，曾经上书朝廷：针对灵、泾一带防御吐蕃的形势提出了自己的看法，他认为：把四镇、北庭的治所放在泾州，没有险要可守，"陇山高峻，南连秦岭，北抵大河。今国家西境尽潘原，而吐蕃戍摧沙堡（今宁夏固原西

---

① 《资治通鉴》卷二二三。
② 《资治通鉴》卷二二四。

北），原州居其中间，当陇山之口，其西皆监牧故地，草肥水美，平凉在其东，独耕一县，可给军食，故垒尚存，吐蕃弃而不居。每岁盛夏，吐蕃畜牧青海，去塞甚远，若乘间筑之，二旬可毕。移京西军戍原州，移郭子仪军戍泾州，为之根本，分兵守石门、木峡，渐开陇右，进达安西，据吐蕃腹心，则朝廷可高枕矣"。① 结果被汴梁节度使田神功作为"书生语"而加以否定。

德宗建中元年（公元780年）杨炎当政，重提城原州之议，但是由于郭子仪去职后由李怀光接替其职务，而郭子仪属下其他宿将不服遭到杀戮，引起上层矛盾，而泾州将士对于频繁调动其驻防地区也十分不满，所以杨炎的计划无法得到实施，不仅几位节度使不受诏书，而且还发生了北庭留后刘文喜勾结吐蕃军，拥泾州发动叛乱的事件。② 德宗命朱泚等围攻刘文喜于泾州，久攻不下。后来，韦伦使吐蕃，吐蕃和唐朝和好，便不再出兵帮助刘文喜反唐，泾州城中抵抗难以坚持，部将杀刘文喜，事平。

大历十三年（公元778年）二月己亥，吐蕃遣其大将马重英率领 4 万兵马入犯灵州，夺取填汉、御史、尚书 3 渠水口以弊屯田。四月再入灵州，为朔方留后常谦光所击败。七月至八月辛未，马重英 2 万军先后进攻盐州、庆州、银州和麟州，这些以掠夺财物和仕女的军事行动，均被郭子仪属将李怀光所击退。

对于灵、泾等地区来说，盐州（治今陕西定边）是另一个十分重要的地区。吐蕃占领盐州后，塞外没有保障，吐蕃兵经常阻绝灵武，侵扰鄜坊。贞元九年（公元793年）二月辛酉，诏发兵 3.5 万在盐州筑城。同时命令泾原、山南、剑南各发兵深入吐蕃以分其势，20 天筑好盐州城，命盐州节度使杜彦光戍守，朔方都虞候杨朝晟戍守木波堡，从此，灵、夏、河西获得安宁。③

（四）唐蕃对峙

吐蕃利用唐朝内乱，利用被征服的各部落的军队持续不断地向唐朝发

① 《资治通鉴》卷二二四。
② 《资治通鉴》卷二二六。
③ 《资治通鉴》卷二三四。

动攻击，使唐朝长期处在被动挨打的状态。就吐蕃方面来说，有许多因素值得关注，首先，吐蕃的军队一直保持着较强的战斗力，不像唐朝那样内部有多重复杂的矛盾和纠葛。其次，吐蕃善于抓住时机，利用唐朝的各种矛盾，并善于笼络被征服各部落，使他们听从指挥，同心参与掠夺唐朝的战斗，因此兵广将勇。再次，吐蕃的战法灵活，他们重利轻义，以掠夺财富为目的，不羞遁走，让唐朝防不胜防，又无法给其以毁灭性打击。加上唐朝的内部忧患，"安史之乱"后，事实上吐蕃一直处在积极主动的位置，不仅占据了唐朝青海地区，而且也控制了河西陇右广大地区，把双方的边界推进到唐朝的腹心地区，从而更容易对唐朝的京师和整个社会造成巨大的威胁。

唐朝和吐蕃的军事对峙与双方友好往来相伴随、相交错，一直持续近两百年时间。就双方对峙的状况来看，大致可以划分为前后两个时期：即以"安史之乱"为分界，前期唐蕃主要在青海的赤岭（青海日月山）、甘肃河州与岷州、西域的大小勃律和四川松州一线对峙；而后期则在河西、陇右和宁夏贺兰山、川西的茂州、雅州和嶲州和南诏一线，西域地区除少数地区仍由唐朝将士戍守之外，南疆大部分地区已经纳入吐蕃治下。"安史之乱"爆发后，唐朝调兵东向平叛，吐蕃乘虚而入，迅速占领唐朝大片辖土是这一格局变化的关键因素。我们从唐蕃双方几次会盟划界的情形，就可以看到这一史实。从赤岭划界到清水会盟，具体体现了吐蕃疆域的扩张和唐朝在西部地区的收缩这一此消彼长的过程。在"安史之乱"以后的近百年之间，吐蕃和唐朝在陕西、甘肃和宁夏、四川西部和云南等地区之间形成对峙局面，战场上互有胜负，却未能从根本上改变这一格局。只是在吐蕃王朝走向衰落和瓦解之后，吐蕃又丧失了原先占据的唐朝辖土，双方对峙的局面也随之终结。

（五）唐朝利用吐蕃军队平定内乱

唐朝初年，太宗皇帝十分重视关中地区的安全保卫，当时"列置府兵，分隶禁卫，大凡诸府八百余所，而在关中者殆五百焉。举天下不敌关中，则居重驭轻之意明矣"。① 后来由于边地接连用兵和社会升平，逐渐形

---

① 《资治通鉴》卷二二八"陆贽语"。

成"外重内轻"的局面，守边节度使手握重兵，掌握生杀大权，在抵御包括吐蕃在内的边疆地区民族和部落的入犯的同时，也成为威胁朝廷的力量，安禄山和史思明叛乱即是典型的例证。而"安史之乱"平定后，这一局面依然存在，李正己、李宝臣、梁崇义、田悦、李希烈、朱滔、李纳、李惟岳等莫不如此。唐德宗建中年间，唐朝和吐蕃举行清水会盟，使紧张的双方关系得以缓和。此时又爆发了凤翔节度使朱泚、剑南西川兵马使张朏等的叛乱。在这样的背景下，唐朝便求助于刚刚和好的吐蕃的帮助。

事实上，在藩镇之间以及藩镇叛变唐朝廷的武装斗争中利用吐蕃军队，已经是很普遍的事情。而唐朝廷利用吐蕃军队来平息叛乱，尽管一直采取谨慎态度，但是也时常被作为一种手段。德宗建中四年（公元 783 年）十月，陇右营田判官韦皋就曾经遣使求助于吐蕃以对付朱泚属将牛云光等部兵。

兴元元年（公元 784 年）正月，吐蕃尚结赞请出兵帮助唐朝收复被叛将占领的京城，唐朝即予接受，并派秘书监崔汉衡使吐蕃，催促吐蕃发兵。吐蕃方面对发兵提出一些要求，按照尚结赞的说法是："蕃法发兵，以主兵大臣为信；今制书无（李）怀光署名，故不敢进。"其实就是希望唐朝能够答应出兵的条件。而唐朝内部对借助吐蕃兵平定叛乱也有不同意见。掌兵大臣李怀光就持反对意见，他提出了三点理由：其一，如果攻克京城，吐蕃军队必然大肆劫掠，没人能够阻止。其二，此前德宗皇帝已经发布诏书悬赏，如果谁能攻克京城即赏赐百缣，吐蕃发兵 5 万，假使攻克的话，要求按照敕书求赏，500 万缣从哪里出？其三，吐蕃军队虽然可以前来援助，但是必然不会担当前锋，而是勒兵自固，观察形势，"胜则从而分功，败则从而图变"，诡计多端，不可信任。于是，李怀光不肯签署敕书，而尚结赞自然也不肯出兵。①

但是，吐蕃军队还是参与了平定叛乱的战斗。这一年四月，浑瑊诸军出斜谷（今陕西眉县南），崔汉衡劝吐蕃出兵助之，尚结赞担心邠州的军队没有出发，会袭击自己的后军。为了解除吐蕃的担心，崔汉衡命其将曹子达将兵 3000 前往与浑瑊军会合。吐蕃于是派遣论莽罗依将兵 2 万紧随其后。朱泚遣其将韩旻进攻武功，浑瑊军失利，收兵于武功西边的西原。在

---

① 《资治通鉴》卷二三〇。

那里遇到了曹子达和吐蕃兵，他们联合起来在武亭川打败了韩旻所部，斩首万级。接着，浑瑊带兵屯扎奉天（陕西乾县），与李晟东西相应，对长安形成威逼之势。①

吐蕃参与唐朝平乱出于利益而非大义的真相很快就被验证。五月，吐蕃在打败韩旻后，就大肆掠夺而去。当败亡之际的朱泚派遣属部田希鉴带着大批黄金丝绸来贿赂时，吐蕃也接受了他们的礼物。这让朝廷方面十分担忧，尚结赞此前还多次派遣使者和浑瑊相约共同攻克长安的日期，在收受了贿赂后，便以吐蕃军中出现疫情为理由，引兵而去。德宗担心李晟、浑瑊的兵太少，正寄希望于吐蕃的援助来收复京师，却听到吐蕃兵马撤离的消息，极为忧虑。

兴元元年（公元784年）七月，当朱泚之乱被平息后，吐蕃来要求唐朝履行承诺，唐朝内部对此又出现分歧。原来，德宗发吐蕃兵讨伐朱泚时，曾经许诺成功后以伊西、北庭之地割让给吐蕃。德宗准备召回两镇节度使郭昕、李元忠，按照原来答应的条件满足吐蕃的要求。李泌提出反对意见，他认为：“安西、北庭，人性骁悍，控制西域五十七国及十姓突厥，又分吐蕃之势，使不能并东侵，奈何拱手与之！且两镇之人，势孤地远，尽忠竭力，为国家固守近二十年，诚可哀怜。一旦弃之以与戎氏，彼其心必深怨中国，它日从吐蕃入寇，如报私仇矣。况日者吐蕃观望不进，阴持两端，大掠武功，受赂而去，何功之有！”群臣都赞同这个意见，德宗于是决定不割让土地给吐蕃。② 此后，吐蕃则以此为借口多次进入唐朝辖区，大肆进行劫掠活动。

三　唐朝的应对之策

（一）唐与回纥（回鹘）对吐蕃联合阵线形成之分析

在吐蕃和唐朝的武装争夺中，青藏高原周边的各个民族和部落几乎都参与进来。苏毗、羊同等成为吐蕃军的重要组成部分，发挥特殊作用自不

---

① 《资治通鉴》卷二三〇。
② 《资治通鉴》卷二三一。

待言，其他诸如党项、吐谷浑等各部，也充当了吐蕃的马前卒，为吐蕃掳掠唐朝财富和仕女冲锋陷阵。加之唐朝内部危机和叛乱不断，迫使唐朝寻求别的途径来应对吐蕃无休无止的武装骚扰和掠夺，联合回纥以对付吐蕃就是其一。

永泰元年（公元 765 年）九月，叛臣仆固怀恩引诱回鹘、吐蕃、吐谷浑、党项、奴剌数十万进攻唐朝，令吐蕃大将尚结悉赞摩、马重英等自北道趋奉天（乾县）；党项帅任敷、郑庭、郝德等自东道趋同州（今陕西大荔）；吐谷浑、奴剌之众自西道趋周至，回鹘继吐蕃之后，仆固怀恩自己率领朔方兵又在吐蕃军之后，大略京畿而去。十月至邠州与回鹘相遇，又准备入寇。唐河中节度郭子仪随带数名骑兵前往回鹘驻守的泾州，见到其大首领合胡禄都督药葛罗，指出吐蕃与唐朝本是甥舅之国，尚且忘恩负义，是不足以为信。希望回鹘能倒戈一击，攻击吐蕃。而现在吐蕃羊马遍地，绵延数百里，可谓天赐良机。如能这样，既获得利益，也可以和唐朝重归于好，岂不两全其美。当时正值仆固怀恩暴死灵州鸣沙堡，群龙无首，回鹘与吐蕃为了争夺首领位置而发生了矛盾，立即同意郭子仪的建议，双方饮酒盟誓。郭子仪赠给吐蕃彩绢 3000 匹，酋长分赐部下。吐蕃知之，立即逃亡，回鹘首领药葛罗率众追击，郭子仪令也白元光派兵协同作战，遂大败吐蕃于甘肃灵台县之西原，杀吐蕃兵以万计，获其羊马数十万，营救出被吐蕃劫掠的唐朝仕女 4000 人，接着又在泾州东打败吐蕃军。[①] 唐朝将吐蕃与回鹘这两个强大部落之间的军事同盟瓦解以后，频繁威胁唐朝京畿地区的西部地区各族各部联合体就很难形成大的反唐武装活动。

大历三年（公元 768 年）七月，回纥可敦卒，唐朝派右散骑常侍萧昕为吊祭使，前往回鹘部落以加强联络，并解释唐朝和回鹘在绢马贸易中存在的问题。

唐朝时期，吐蕃和回纥都和唐朝通过和亲建立密切的关系，保持政治、经济和文化往来，同时也都反复利用唐朝出现的各种问题，不断进入内地大肆劫掠仕女财富，甚至相互勾结入掠唐朝。唐德宗即位后，对吐蕃采取了以德怀之的政策，但是对回纥却因为先父陕州之难而怀恨在心，坚持联合吐蕃攻打回纥的策略。马燧、张延赏等大臣也依顺德宗的旨意，坚

---

① 《资治通鉴》卷二二三；《册府元龟》卷九七三"外臣部"助国讨伐。

持拒绝回纥的和亲请求，而同吐蕃和好。德宗皇帝甚至对主张联合回鹘、制约吐蕃的大臣李晟说："朕以百姓之故，与吐蕃和亲决矣。大臣既与吐蕃有怨，不可复之凤翔，宜留朝廷，朝夕辅朕；自择一人可代凤翔者。"这样恰恰中了吐蕃大相尚结赞想利用反间计除掉对吐蕃最有威胁的李晟、马燧和浑瑊三人的计谋。唐朝宰相李泌多次向德宗提出联合回鹘、大食、南诏共同对付吐蕃的建议，都被德宗拒绝。回纥使者求亲，同样遭到拒绝。贞元三年（公元787年）八月，边将上报缺少马匹。李泌趁机再次对德宗提出这个问题："臣愿陛下北和回纥，南通云南，西结大食、天竺，如此，则吐蕃自困，马亦易致矣。"德宗的回答是，其他三者都没有问题，只有回纥不可以。李泌前后15次与德宗论事提到与回纥约和事，都被拒绝，最后甚至以死相谏。在为回纥开脱罪责的同时，也指出吐蕃"陷河、陇数千里之地，又引兵入京城，使先帝蒙尘与陕，此乃必报之仇……"李晟提出了回纥与唐朝约和的五个条件：称臣，为陛下子，每次使者来朝不过二百人，印马（给马盖印章）不过千匹，不得携唐朝人及胡商出塞。接着，回纥使者遣使上表称儿、臣，并答应上述五项条件。德宗十分高兴，遣回纥使者合阙将军归，许以咸安公主嫁回纥可汗，并归其马价绢5万匹。不满唐朝和回纥约和结亲的吐蕃，进攻唐朝华亭和连云堡，驱掠二城之民数千人，以及邠、泾人畜上万而去，安置在弹筝峡西，给泾州百姓的生产生活带来巨大的困难。[①] 可见，联合回纥以对抗吐蕃的策略的出台曾经遇到过巨大的阻力，而首先就是德宗皇帝本人。

贞元四年（公元788年）九月，回纥骨咄禄可汗得到唐朝许婚，十分高兴，立即派遣其妹妹骨咄禄公主及大臣妻并国相等千余人来迎接公主，宣称："昔为兄弟，今为子婿，半子也。若吐蕃为患，子当为父除之！"并当众辱骂吐蕃使者，以表示断绝和吐蕃的关系。十月戊子，回纥可汗来长安，上表请将"回纥"改为"回鹘"，德宗答应。[②] 双方关系进入一个蜜月时期，从而大大牵制了吐蕃对唐朝的军事掠夺活动。

贞元六年（公元790年）冬，吐蕃率领葛逻禄白眼（一作服）突厥之众来攻北庭，回鹘大相颉于迦斯率兵援助，多次失败，吐蕃围攻猛烈，北

---

① 《资治通鉴》卷二三三。
② 《资治通鉴》卷二三三。

庭人因为对回鹘的统治不满，所以举城投降吐蕃，沙陀部也降吐蕃。大约为时不久，回鹘又在这里打败了吐蕃的军队。

德宗贞元七年（公元 791 年）八月，吐蕃攻灵州，为回鹘所败。九月，回鹘派遣使者送来灵州所获吐蕃俘虏，并向唐朝报告在北庭（今新疆吉木萨尔）打败葛逻禄和突厥联军的喜讯。十二月甲午，回鹘遣杀支将军献得吐蕃大首领尚结心。①获得唐朝廷的赞许与奖掖。

元和三年（公元 808 年），回鹘进攻河西吐蕃，夺取甘州（今甘肃张掖），吐蕃担心同在这里的沙陀人和回鹘联合背叛自己，准备将沙陀迁徙于河外，沙陀酋长朱邪尽忠十分恐惧，便率领部众投奔唐朝，吐蕃击之，双方反目。唐穆宗长庆元年（公元 821 年）五月癸亥，唐朝以皇帝妹妹太和长公主嫁回鹘可汗，吐蕃听说回鹘和唐朝结亲，便在六月辛未出兵进攻唐青塞堡，被盐州刺史李文悦击退。回鹘则准备以 1 万骑兵出北庭，1 万骑兵出安西，对抗吐蕃，迎娶公主。②

唐朝联合回鹘对抗吐蕃的政策无疑取得了一定的成效，在此之前，回鹘在利益的驱动下，经常与吐蕃联合起来入掠唐朝，使唐朝应对维艰。而实施此项措施后，回鹘对唐朝的寇扰大为减轻，转而走上配合唐朝反击吐蕃之路，减轻了唐朝在西部和西北部的威胁，为唐朝恢复边疆地区的行政管理和秩序，产生了积极的影响。

（二）以"防秋"为主的"诚合固守"防御措施

吐蕃对唐朝的掠夺形式多样，除了财宝之外，还有妇女和有技艺的工匠。同时，在战争状态下也不择手段地破坏唐朝的农业生产，这对以农为本的唐朝来说具有很大杀伤力。吐蕃大论钦陵就曾说过，吐蕃可以通过春天践踏唐朝庄稼，秋天破坏唐朝收成的方式，动摇唐朝的经济基础。事实上，这些措施在吐蕃对唐作战中都得以利用。史书中有关吐蕃军队践踏禾稼而去的记载反映了这一事实的客观存在，而防止吐蕃破坏庄稼也成为唐朝军队的一项重要任务。

史书记载，哥舒翰天宝六年（公元 747 年）为河源军使。先是，吐蕃

---

① 《册府元龟》卷九九二"外臣部"交侵。
② 《资治通鉴》卷二四一。

每至麦熟时，即率众至积石军获取之，共呼为"吐蕃麦庄"。前后无敢拒之者。至是，哥舒翰使王难得、杨景晖等潜引兵至积石军设伏以待之。吐蕃以 5000 骑兵至，哥舒翰于城中率骁勇驰击之，杀之略尽。余或铤走，伏兵邀击，匹马不还。① 算是阻止吐蕃破坏或者掠夺庄稼局面的成功典型。

"安史之乱"后，唐朝青海、河西陇右和西域南部地区皆在吐蕃的控制之下，吐蕃兵马截获与吐蕃接壤地区的庄稼更加频繁，为了保护农民的秋收成果，唐朝在西北边地驻守重兵守备，称作"防秋"，这些军队大多来自河南江淮军镇，定期更换。

对此，史书中有明确记载，大历六年（公元 771 年）八月丁卯，淮西节度使李忠臣将兵 2000 屯奉天防秋。八年（公元 773 年）永平节度使令狐彰去世，他生前"岁遣兵三千诣京西防秋"。同年八月己未，吐蕃 6 万骑寇灵武，践秋稼而去。辛未，幽州节度使朱泚遣弟朱滔将 5000 精骑诣泾州防秋。大历九年（公元 774 年）六月，卢龙节度使朱泚遣弟朱滔入朝，且请自将 5000 精骑防秋。九月甲辰，命郭子仪、李抱玉、马璘、朱泚分统诸道之兵防秋。② 保护农业收成显然已经成为重要军事责任之一。

贞元九年（公元 793 年）五月，陆贽上书论时政，对防秋提出批评和改革意见，他认为应该罢除诸道将士"防秋"之制度，命令本道只供应衣服粮食，招募戍卒愿留及蕃汉子弟以给之。同时，多开屯田，国家收获，吐蕃兵至则人自为战，播种或者收获季节则各家自己务农。③

（三）"坚壁固守"应对吐蕃劫掠策略

吐蕃退出长安后，依然占据着唐朝西部的大片地区，并经常深入唐朝境内抄略仕女财物。面对倏忽来去的吐蕃骑兵，唐朝常常显得束手无策。武则天神功元年（公元 697 年），唐鸾台侍郎同凤阁鸾台平章事狄仁杰在提出罢除四镇的建言中，提出了应对吐蕃等入略的措施，他认为，"当今所要者，莫若领边城警守备，远斥候，聚军实，蓄威武。以逸待劳，则战士力倍；以住御客，则我得其便；坚壁清野，则寇无所得。自然贼深入必

① 《册府元龟》卷三六六"将帅部"机略六。
② 《资治通鉴》卷二二五。
③ 《资治通鉴》卷二三四。

有颠制之虑，浅入必无虏获之益。如此数年，可使二虏（指吐蕃、突厥）不击而服矣"。①

　　吐蕃和唐朝的战争在很长一个时期都是以掠夺财富为目的的，为此也采取了一些破坏唐朝农田水利设施，乃至践踏禾苗、抢先收获唐朝百姓的成熟庄稼等方式，在经济上给唐朝以巨大破坏。吐蕃占领河西陇右后，开始在这些地区建立行政机构，任命官员，实施统治，对唐策略有所变化，但是劫夺人畜财产的方式却始终保持着。在无法深入吐蕃本土，给其造成沉重打击，以消除吐蕃骚扰的情况下，唐朝采取"坚壁固守"的策略不失为一种应对之策。

---

　　① 《册府元龟》卷九九一"外臣部"备御四。

第五章　唐蕃会盟

一　会盟的作用和唐蕃会盟制度的产生

（一）会盟制度的形成

在处理同外部的关系中，吐蕃十分重视会盟的作用。吐蕃王朝成立以前，雅隆悉补野部多采取会盟方式来协调与周邻部落之间的关系，同时也用来约束首领和臣下之间的关系。吐蕃王朝建立以后，会盟被推而广之，在继续用以调节赞普和大臣，或者某些利益集团关系的同时，也成为处理同周边各族各部之间关系的重要手段。

会盟制度的产生在吐蕃王朝以前，而在吐蕃王朝建立以后逐渐得到完善和发展。《敦煌本吐蕃历史文书》中比较详尽地记载了松赞干布的祖辈与臣下和周边各部落邦国首领通过盟誓来建立军事和政治联合体的事实。① 汉文史书对此有明确记载，《旧唐书》记：赞普"与其臣下一年一小盟，刑羊、狗、猕猴，先折其足而杀之，继裂其肠而屠之。领巫者告与天地山川日月星辰之神云：'若心迁变，怀奸反复，神明鉴之，同于羊狗。'三年一大盟，夜于坛（墠）之上，与众陈设肴馔，杀犬马牛驴以为牲，咒曰：'尔等咸须同心戮力，共保我家，维天神地祇，共知尔志。有负此盟，使尔身体屠裂，同于此牲。'"② 这种一年一小盟，三年一大盟的制度是在吐

① 王尧、陈践：《敦煌本吐蕃历史文书》（增订本），民族出版社，1992；黄布凡、马德：《敦煌藏文吐蕃史文献译注》，甘肃教育出版社，2000。
② 《旧唐书》卷一九六"吐蕃传"。

蕃王朝建立以后产生的。它的主要目的是约定赞普和大臣之间的关系，维护上层统治阶层的利益，特别是赞普家族的最高利益。因此之故，违背盟誓者就会遭到严厉的惩罚。从藏文史书反映的情况来看也确实如此，当数十年专权的噶尔家族对赞普完全构成威胁时，赞普"发使召钦陵、赞婆等，钦陵举兵不受召，赞普自帅众讨之，钦陵未战而溃，遂自杀，其亲信左右同日自杀者百余人"。① 如果从实力来看，掌握军政大权数十年的噶尔家族要造反无疑会给赞普家族构成巨大的威胁，为什么钦陵未战而溃，最后只能自杀呢？原因也许是多方面的，但是毫无疑问，赞普与臣下之间的盟誓约束是其中十分重要的一个。

在中原地区，盟誓也是十分流行的一种的契约方式，具有更为悠久的历史。唐朝时期，为吐蕃、南诏等政权乐于采用的会盟方式，也被用来处理吐蕃与唐朝，吐蕃与南诏，以及吐蕃与南诏之间关系，起到协议和条约的作用，并产生了一定的影响。

（二）唐蕃之间的 9 次会盟

唐朝和吐蕃之间的会盟次数最多，影响也最大。根据汉文史书记载，唐蕃之间前后有 9 次会盟。

唐中宗神龙二年（公元 706 年）双方第一次会盟，并相约以黄河为界划分双方的边界。金城公主出嫁吐蕃赞普后，吐蕃请以九曲为公主汤沐地，于是吐蕃趁机过河筑城，设置独山、九曲两军，离积石只有 300 里，又在黄河上造桥，对唐朝甘青守军构成巨大的威胁。第二次会盟在开元二年（公元 714 年），这次会盟事实是对前次会盟成果的落实，也就是划分双方的辖区界限。五月，吐蕃宰相坌达延致书唐朝宰相，希望曾经到过安西的唐朝大夫解琬尽快前往河源与吐蕃大臣商议划界问题。唐玄宗便命左散骑常侍解琬使于河源。唐朝宰臣魏知古、姚崇、卢怀慎等也致书坌达延，希望吐蕃方面不要见利忘义，破亲负约，解决好边界问题，使"两国和好，百姓安宁，永绝边衅"。解琬带着神龙二年（公元 706 年）吐蕃誓文，前往河源与坌达延确定双方边界。六月，吐蕃派遣其使者宰相尚钦藏和御史名悉猎来献盟书。八月，吐蕃大将坌达延、乞力徐等率领 10 万大军

① 《旧唐书》卷一九六"吐蕃传"。

入略唐朝临洮军，进攻兰州、渭州之渭源县，并掠群牧而去，玄宗大怒，命人拆毁界碑，下令出征吐蕃。十月，薛讷破吐蕃于渭州西界武阶驿，斩首1.7万级，获马7.9万匹，羊牛4万头。① 第三次会盟在唐玄宗开元二十一年（公元733年），双方约定以赤岭（青海日月山）为界。该年二月，吐蕃通过金城公主上书，请以这一年九月一日双方在赤岭树碑，确定蕃汉两界。唐朝诏张守珪、李行祎与吐蕃使者莽布支共同监督树碑事宜。接着，吐蕃遣其使臣随唐朝使者分别至剑南、河西和碛西历告边将，"两国和好，无相侵掠"。同样，唐朝使者也随吐蕃使者如上作为。第四次会盟在唐肃宗至德元年（公元756年），地点是长安鸿胪寺。这一年建寅月甲辰，吐蕃遣使来请和，肃宗命宰相郭子仪、萧华、裴遵庆等于中书省设宴，准备前往光宅寺盟誓时，吐蕃使者说明，按照吐蕃的习惯不在佛寺盟誓，而是取三牲血饮之。唐朝方面接受吐蕃的建议，次日双方在鸿胪寺饮血为誓。② 第五次会盟在唐代宗永泰元年（公元765年）三月，吐蕃遣使请和，代宗诏宰相元载、杜鸿渐与之盟于长安兴唐寺。同年九月吐蕃大将尚结息、赞磨、尚息东赞及马重英等率10万众抄掠奉天、醴泉等县，劫掠居民数以万计。这次盟誓又失去意义。第六次会盟在唐代宗大历二年（公元767年），这年四月，唐朝宰臣及内侍鱼朝恩与吐蕃使者再次盟誓于长安兴唐寺。第七次在唐德宗建中四年（公元783年），唐朝宰相与吐蕃大臣尚结赞盟于清水，会于延平门。第八次会盟在德宗贞元三年（公元787年），双方盟于甘肃平凉，此次会盟地点前后数次更改，起初唐鸿胪卿崔瀚和吐蕃使者尚结赞约定五月二十四日在清水会盟，吐蕃答应归还唐朝盐、夏两州，尚结赞建议改在原州之土梨树，双方约定在五月十五日会盟；唐左神策将马有麟认为土梨树地形复杂，担心吐蕃有埋伏，建议改在平凉川。最后由唐朝侍中浑瑊与吐蕃尚结赞在平凉盟誓。然而此次会盟依然被吐蕃所劫，唐朝损失惨重，唐朝会盟使、兵部尚书崔汉衡及大臣、官员、将领60余人成了吐蕃的俘虏，四五百名将士战死，数千人被驱掠至吐蕃地方。第九次会盟在唐穆宗长庆二年（公元822年），先后盟于长安和拉萨，影响甚大，树立在拉萨的碑石，至今犹存。

---

① 《册府元龟》卷九八一"外臣部"盟誓；卷九八五"外臣部"征讨五。

② 《旧唐书》卷一九六"吐蕃传"。

　　唐朝和吐蕃的会盟的地点大致有三个，一个是唐朝京城长安，一个是吐蕃首府拉萨，一个是唐朝和吐蕃的交界地区。双方的大多数会盟都有宰相和边防最高将领参加。在这一时期，吐蕃军事上一直处于进攻状态，而唐朝则处于消极应对局面，特别是"安史之乱"爆发后，唐朝大军内调平叛，吐蕃趁机内进，双方的会盟主要包含两个方面的内容，一方面是停战言和，另一方面是划分双方的边界辖区，而唐朝的边界在历次会盟中又处在不断收缩的状态，从河源会盟，到赤岭划界，到清水（甘肃清水）会盟，大片辖区纳入吐蕃管辖之下。直到吐蕃王朝瓦解后，唐朝才逐步收复河陇和西域大片的辖土。

二　清水会盟

（一）韦伦出使吐蕃和双方会盟的背景

　　代宗之世，吐蕃数次遣使求和，而寇盗不息。代宗悉留其使者，前后八辈，有至老死不得归者；俘获其人，皆配江、岭。上欲德怀之，大历十四年（公元779年）八月乙巳，以随州司马韦伦为太常少卿，使于吐蕃，悉集其俘500人，各赐袭衣而遣之。[①] 为缓解双方紧张关系，增进友谊破除了一块坚冰。

　　吐蕃方面开始听到韦伦归还其俘虏，还不相信，等到俘虏进入吐蕃境内，他们都返回各自部落以后，感觉到新即位的德宗皇帝的仁慈英明。赞普赤松德赞十分高兴，清扫道路以迎接唐朝使者韦伦的到来。在韦伦返回时，赞普派使者随韦伦前往唐朝，并带上礼品。到达长安后，德宗也以礼相待。并准备放回剑南俘虏的所有吐蕃士兵，当时蜀中将士上书反对归还。德宗认为，对于吐蕃等部"犯塞则击之，服则归之。击以示威，归示以信"。他坚持归还了剑南地区所有的吐蕃俘虏。德宗建中元年（公元780年）五月戊辰，任命韦伦为太常卿，乙酉再次派遣韦伦出使吐蕃。韦伦请德宗皇帝本人撰写与吐蕃之间的盟誓文书，杨炎认为不合适，建议请郭子仪等撰写盟文，让德宗签名，被采纳。这一年十一月，韦伦到达拉萨，赤

---

　　① 《资治通鉴》卷二二六。

松德赞见到韦伦更加高兴。十二月辛卯，韦伦返回，吐蕃派遣其相论钦明思等入贡。①

韦伦出使吐蕃是在双方持续混战之后，都渴望出现和平景象的条件下出现的，而它的直接推动者则是唐德宗。唐德宗即位后采取"以德怀人"的政策，试图调整边疆的政策，特别是对吐蕃的政策，从而为唐蕃会盟创造了良好的气氛。而唐德宗本人对唐朝边疆的另一个政权回纥则怀有个人偏见，所以他改善和吐蕃的关系也有联合吐蕃遏制回纥的意图，这一点也对唐蕃关系升温具有促进作用。

（二）清水会盟与划界

唐德宗建中初年韦伦出使吐蕃后，双方使者往还不断，唐朝又次第归还吐蕃俘虏，三年（公元782年）四月，吐蕃也归还了先前俘获的唐朝将士及僧尼等800余人，作为回应，双方关系升温。建中二年（公元781年）三月，唐朝派遣殿中少监崔汉衡使吐蕃，十二月到拉萨。吐蕃赞普对敕书中称吐蕃至唐为"贡献"，赠赞普礼物为"赐"等完全对待臣下的称谓用语提出了意见，认为唐朝和吐蕃是舅甥国关系，而不是臣属关系。十二月，常鲁与崔汉衡等从吐蕃返回，吐蕃使者论悉诺罗等也与之同行，次年九月到了长安。唐朝使者反映了赞普所提出的问题。唐朝就此向吐蕃使者做了解释，宣称这是以前宰相杨炎没遵循旧章造成的，表示可以改正。与此同时，吐蕃还提出了划分双方边界的问题。其原则性要求是"云州之西，请以贺兰山为界，其盟约，请依景龙二年敕书云：'唐使到彼，外甥先与盟誓；蕃使到此，阿舅亦亲与盟'"。②

建中三年（公元782年）九月，唐朝和蕃使、殿中少监兼御史中丞崔汉衡与蕃使区颊赞商量会盟日期。当时，在吐蕃内部就是和是战问题也存在分歧，吐蕃大相尚结悉因为曾在剑南被唐朝军队打败，所以反对约和。而次相尚结赞则主张约和划界。赞普支持约和派，遂以尚结赞代替尚结悉担任大相，原来双方确定十月十日在交界地区商讨相关事宜。唐朝以崔汉衡为鸿胪卿，以都官员外郎樊泽兼御史中丞，充任入蕃计会使。当他们到

---

① 《册府元龟》卷九八〇"外臣部"通好。
② 《旧唐书》卷一九六"吐蕃传"；《资治通鉴》卷二二七。

达约会地点后，商量未决，延误了原来约定的期限，所以又命令樊泽再次面会尚结赞，重新确定会期，并派遣使者告诉陇右节度使张镒与之共同参加盟誓。樊泽在故原州（宁夏固原）遇到尚结赞，双方约定来年正月十五日在清水会盟。

建中四年（公元 783 年）正月，张镒遵旨与尚结赞盟于清水。根据约定，双方各以 2000 人赴坛所，一半人允许手持兵器，列于坛外 200 步，另一半为散从者，分立坛下。唐朝的官员包括陇右节度使张镒与宾佐齐映、齐抗，以及会盟官崔汉衡、樊泽、常鲁、于顿等 7 人，他们都穿着朝服以示郑重。吐蕃方面除了大相尚结赞之外，还有论悉颊赞、论臧热、论利驼、论力徐等 7 人。他们升坛，杀牲为盟。

盟誓活动的核心是相约和好和划定界限，这次双方确定的界限是：泾州西至弹筝峡西口，陇州西至清水县，凤州西至同谷县，暨剑南西山大渡河东，为汉界。蕃国守镇在兰、渭、原、会，西至临洮，东至成州，抵剑南西界磨些诸蛮，大渡水西南，为蕃界。其兵马镇守之处，州县现有居人，彼此两边，现属汉诸蛮，以今所分，现住处依前为定。其黄河以北，从故新泉军，直北至大碛，直南至贺兰山骆驼岭为界，中间悉为闲田。

对于盟文没有记载的情形，也做了原则性规定，即蕃有兵马处蕃守，汉有兵马处汉守，并依现守，不得侵越。其先未有兵马处，不得新置，并筑城堡耕种。

盟文宣读完后，尚结赞请张镒在坛之西南角搭设的佛帐中焚香发誓。然后再登坛饮酒，双方各用自己的礼物作为酬献之礼，盟誓活动结束。

同年四月，德宗命宰相、尚书等与吐蕃盟于丰邑里，吐蕃使者区颊赞以清水会盟没有确定疆界而无法进行。于是德宗命崔汉衡前往吐蕃，请赞普来决定这一大事。六月，答蕃判官、监察御史于顿与吐蕃使者论没藏从青海回来禀报，疆界已经确定，请区颊赞返回长安。七月甲申，唐朝派遣礼部尚书李揆为入蕃会盟使。壬辰，命宰相李忠臣、卢杞、关播，右仆射崔宁，工部尚书乔琳，御史大夫于顿，太府卿张献恭，司农卿段秀实，少府监王翃，左金吾卫大将军浑瑊等与吐蕃宰相区颊赞等会盟于京城之西，礼仪如清水会盟。①

———————————

① 《旧唐书》卷一九六"吐蕃传"。

在清水盟文中，最核心的内容是划分双方的界限，吐蕃的东部边界到达灵州（宁夏灵武）、原州（甘肃固原）、清水（甘肃清水）、松州（四川松潘）、茂州（四川茂汶）、维州（四川？）、嶲州（四川西昌）等地，是吐蕃控制范围最大的一个时期。这次划界和此前诸次划界相比大致确定了双方的管辖区域，但是交界地区的纷争一直存在，会盟无法解决一些根本性的问题，以实现消弭战争的目标。

三　长庆会盟

（一）长庆会盟的背景

唐蕃长庆会盟同样是在长期的战争之后出现的，在激烈的战争中，双方人员伤亡十分惨重，生产遭受严重破坏，厌战情绪不断显露出来，渴望和平成为唐朝和吐蕃两地人民共同的愿望。从唐朝和吐蕃双方事实上形成的一种特殊关系来看，也出现了新的问题："安史之乱"爆发以后，唐朝由盛转衰，割据一方的藩镇势力连续出现反叛朝廷的暴力活动，加剧了唐朝的危机，社会经济日趋走上崩溃的边缘。而随着唐朝的衰落，以掠夺唐朝物质财富，或者通过与唐朝贸易来强化自身经济实力的吐蕃，也就失去了一个赖以发展的重要条件。

唐玄宗时期的中兴之势，很快就被"安史之乱"的渔阳鼙鼓所淹没，在这次武装动乱的剧烈冲击之下，唐朝内部的诸多矛盾纷纷显露出来，民不聊生，军阀叛乱，逐渐动摇了唐王朝赖以强大的基础。尽管在与吐蕃的争夺中获得了一连串的胜利，但是无法从根本上扭转消极被动的防御局面。与此同时，吐蕃王朝也踏上了衰落的途程，最根本的原因也与长期的对唐战争和内部矛盾有关。绝大多数百姓举部参与了以掠夺财富为目的的战争，使农牧业生产受到严重影响，频繁的战争征发，也加重了农牧民的负担。吐蕃赞普和贵族之间的矛盾、佛教和苯教之间的矛盾，以及贵族之间的矛盾不断加深，吐蕃对唐朝的掠夺，随着其自身力量减弱和唐朝经济的衰退而变得艰难。于是，两个同样走向衰落的王朝，在内外形势的制约下，再次共同选择了妥协的措施。唐朝和吐蕃之间最后一次也是最有实际效益的一次会盟就产生了。

（二）长安盟誓和拉萨盟誓

穆宗长庆元年（公元 821 年）六月，吐蕃因为唐朝改变对待回鹘的态度，并与回鹘和亲，遂派兵入犯唐境，被唐将击退。面对唐朝和回鹘结盟，吐蕃也十分担忧。九月，吐蕃遣使者至长安请盟，穆宗许可。朝廷命大理卿兼御史大夫刘元鼎为西蕃会盟使，以兵部郎中兼御史中丞刘师老为副使，尚舍奉御兼监察御史李武、京兆府奉先县丞兼监察御史李公度为判官。十月十日，与吐蕃会盟使论讷罗盟于京师西郊。唐朝方面参加会盟的还有宰相崔植、杜元颖、王播及尚书右仆射、御史中丞、六曹尚书、中执法、太常、司农卿、京兆尹、右金吾大将军等，足见声势浩大。嗣后在长安西郊立碑以记其事。

在长安盟誓活动结束后，唐朝会盟使刘元鼎等与吐蕃论讷罗共同前往吐蕃拉萨举行会盟仪式。朝廷提醒刘元鼎到吐蕃后，也要求吐蕃宰相以下官员都在盟文后各自署上名字。刘元鼎经过长途跋涉，于长庆二年（公元 822 年）四月二十四日到达拉萨，五月六日完成会盟活动。双方同样在吐蕃首府拉萨树立会盟碑，以记其事。① 这块石碑至今犹在，真实地记录了这次会盟的详细情况，实为研究这段历史十分珍贵的文献资料。

（三）长庆会盟碑文分析及会盟的意义

唐蕃长庆会盟是唐朝和吐蕃之间的最后一次会盟，和清水会盟有所区别的是：长庆会盟的主要内容不是划分界限，而是相约世代和好。

碑文的第一部分对立碑的宗旨做了明确的交代："大唐文武孝德皇帝与大蕃圣神赞普舅甥二主商议社稷如一，结立大和盟约，永无沦替，神人俱以证知，世世代代使其称赞，是以盟文节目题之于碑也。"接着，对唐德宗与赤祖德赞舅甥二主"睿哲鸿被，晓今永之屯，享矜悯之情，恩覆无内外，商议叶同，务令万姓安泰，所思如一，成久远大喜，再续慈亲之情，重申邻好之义，为此大好矣"。说明立碑是为了继续前好，永葆和平。

第二部分是和约的核心部分，它强调唐朝、吐蕃双方要"彼此不为寇敌，不举兵革，不相侵谋封境或有猜阻，捉生问事讫，给以衣粮放归。今

---

① 《旧唐书》卷一九六"吐蕃传"。

社稷如一，为此大和，然舅甥相好之义，善谊每须通传，彼此驿骑一往一来，悉遵曩昔旧路，并于将军谷交马，其绥戎栅已东，大唐祗应；清水县已西，大蕃供应。须合舅甥亲近之礼，使其两界烟尘不扬，罔闻寇盗之名，复无惊恐之患，封人撤备，乡土俱安，如斯乐业之恩，垂于万代，称美之声，遍于日月所照矣。蕃于蕃国受安，汉亦汉国受乐，兹乃合其大业耳"。即约定互不侵扰，互不猜疑，各于本界招待对方来使，让边界变为安宁的土地。

最后一部分是誓言，双方约定："依此盟誓，永久不得移易，然三宝及诸日月星辰，请为知证如此盟约，各自契陈刑牲为盟，设此大约。倘不依此誓，蕃汉君臣任何一方先为祸也，仍须雠报及为阴谋者，不在破盟之限，蕃汉君臣并稽告立誓，周细为文，二君之验证以官印，登坛之臣，亲署姓名，如斯誓文藏于玉府焉。"在这里，除了按照宗教仪式乞求神灵做证之外，更主要的还是双方君臣共同签署印信，作为信物凭证。同时，我们也看到，吐蕃和唐朝盟誓的方式既采用佛教仪轨，也沿袭苯教仪轨。这一点和清水会盟只杀牲盟誓略有分别。

藏文盟文和汉文盟文主要内容基本相同，但是也有一些差别。藏文盟文显然是由吐蕃方面提供的，其中大肆宣扬了吐蕃赞普的伟业和吐蕃王朝的显赫。宣称，吐蕃赤祖德赞普时"南若门巴天竺，西若大食，北若突厥、拔悉蜜等，虽可争胜于疆场，然对圣神赞普之强盛威势及公正法令，莫不畏服俯首，彼此欢忭而听差遣也"。同时也赞美唐朝地域广阔，不同于蛮陌诸国，"教善德深，典籍丰闳，足以与吐蕃相颉颃"。接着历述唐贞观年间和景龙年间与吐蕃两次联姻，文成公主、金城公主先后出嫁，双方舅甥恩情之重。"中间彼此边将开衅，弃却姻好，代以兵争，虽已如此，但值国内政情孔急之时，仍发援军相助（讨贼），彼此虽有怨隙，问聘之礼，从未间断，且有延续也。"父王赤德松赞"深沉谋广，教兴政举"。"与唐主圣神文武皇帝结大和盟约，旧恨消泯，更续新好。此后，赞普甥一代，唐主舅又传三叶。嫌怨碍难未生，欢好诚忱不绝，亲爱使者，通传书翰，珍宝美货，馈遗频频，然未结大和盟约也。"今赞普赤祖德赞，为杜绝双方兵戎相见，和唐朝结为永好，"乃与唐主文武孝德皇帝舅甥和叶社稷如一统，情谊绵长，结此千秋万世福乐大和盟约于唐之京师西隅兴唐寺前"。对双方联姻和会盟的情形做了更加详尽的叙述，可以补充汉文盟文的不足。

对于此次会盟立碑的时间、地点、主持仪式的官员等情况，藏文盟文同样做了比汉文盟文更详细的交代。藏文盟文说明初盟于唐朝京师长安西郊兴唐寺之外，还记明，其"时大蕃彝泰（skyid stag）七年，大唐长庆元年，即阴铁牛（辛丑）冬十月十日，双方登坛，唐廷主盟；又盟于吐蕃逻些东哲堆园（shar phyogs sbra stod tshal），时大蕃彝泰八年，大唐长庆二年，即阳水虎年（壬寅）夏五月六日也。双方登坛，吐蕃主盟；其立石镌碑于此，为大蕃彝泰九年，大唐长庆三年，即阴水兔年（癸卯）春二月十四日事也。树碑之日，观察使为唐之御史中丞杜载与赞善大夫高□□等参与告成之礼。同一盟文之碑亦树于唐之京师云"①。如此详细的记述，在吐蕃时期的藏文史书中，几乎是很难看到的，它对于研究本次会盟的相关史事极为重要。

汉文盟文也有藏文盟文中所缺少的部分，这就是对双方约定的内容做了更明确的交代。藏汉文碑文相互补充，是研究本次会盟活动十分重要的途径。

通过这款碑文，我们可以清晰地看到，经过长期友好交往和战场争锋之后，唐朝和吐蕃都意识到安定和友好相处的珍贵，双方决心化干戈为玉帛，要重续唐初以来结下的舅甥之好，使两地百姓普皆安宁，使社稷如一的局面长期保持下去。这才是这次会盟及该碑文最实质的内涵。

四　唐蕃会盟反映的一些问题

（一）吐蕃的进攻和唐朝的退守政策

在唐朝与吐蕃的相互关系中，战争和会盟像孪生兄弟一直伴随着，而就双方所采取政策的基本大势而言，吐蕃对唐朝基本上采取了以进攻为主的策略。这取决于多种因素：首先，与吐蕃发动对唐朝战争的目的有关，即吐蕃发动战争主要是为了掠夺唐朝的财富，包括物质财富和智力财富。其次，与吐蕃的军事盟友追求物质利益的愿望有关。吐蕃发动对唐朝的战

---

① 　王尧编著《吐蕃金石录》，文物出版社，1982。

争，基本上不是单一的行动，而是组织了大批的其他部落和势力，他们与吐蕃存在矛盾和不一致的地方，但是在掠夺唐朝财富方面则是相同的，不能满足他们追求财富的欲望，就无法维系这个庞大而松散的军事联盟。此外，与吐蕃对唐朝的作战方式有关。吐蕃军队出发往往不带辎重粮草，或者不带充足的军需，而是通过在战争中房获来满足军需，不掠夺就是死路一条。此外，吐蕃军队战法灵活，不羞遁走，很少采取占城固守的策略，而是在进攻中求生存。

唐朝则不然，首先，唐朝管辖的地区主要以定居农业为主，当战争来临时，农民不能搬走房屋和牲畜，也无法收获尚未成熟的庄稼，因此，唐朝必须固守土地，采取防守的策略势出于必然。其次，唐朝主动出击的事例不是没有，但是当唐朝大军深入时，吐蕃骑兵早已逃之夭夭，往往无所收获，使唐朝无法与吐蕃的主力部队正面交战，更无法并达到消灭吐蕃有生力量的目的。此外，由于自然地理和气候的因素，唐朝军队不习惯高原作战，进入青藏高原地区后，繁重的后勤运输任务总是困扰着唐朝大军，而且是吐蕃骑兵最容易袭击和得手的薄弱环节。事实上，吐蕃军队也遇到不习惯在内地作战的问题，所以他们往往采取速战速决的策略，更为重要的是充分利用被吐蕃役使下的各部落各族的军队，特别是原属唐朝辖区，新被吐蕃占领下的汉人军队，从而大大加强了对唐朝主动进攻的频率和力度。

（二）吐蕃的主动请盟与多次毁盟原因

唐朝和吐蕃之间的多次会盟都被随后的毁盟所破坏，很有意思的是，其中很多情形是：首先请盟的是吐蕃一方，而最先毁盟的也是吐蕃一方。吐蕃人为什么要如此呢？我们可以从这样几个方面来加以分析。

首先，吐蕃请盟的原因比较明确，希望与唐朝保持经济上和文化上的联系，以推动其社会稳定和发展。唐朝和吐蕃之间没有良好的关系就不可能有正常的经济贸易和文化交流，保持这种关系，对吐蕃的意义远远大于对唐朝的意义，因此，吐蕃总是以更积极的态度来对待会盟问题。其次，吐蕃提出会盟往往有这样几个背景，即或者是吐蕃军事上获得巨大优势，通过会盟来确认新获得的利益和保持这种军事上的优势。唐朝为了息事安民，尽管多次拒绝，最后往往都接受了吐蕃的建议。或者在军事上严重失利的情况下为了稳住脚跟，得到喘息机会而提出会盟要求。这两种情况下提出的会盟，都是暂时的需要，为时不久吐蕃都会发动新的掠夺战争以打破会盟和好的局面。此外，吐蕃和唐朝的会盟也与其内部政治局势的需要，以及和中亚、南亚等周边地区的局势变化有关系，当那些地区局势紧张时，吐蕃更愿意选择和唐朝会盟和好，避免四面受敌。

吐蕃反复毁坏盟约的原因则要复杂一些。首先，从吐蕃王朝政权的性质来看，它是一个建立在军事掠夺基础上的军事帝国，为了巩固其政权，为了维系吐蕃王朝辖下利益不尽一致的各个部落之间的团结，以及满足他们不断膨胀的物质需求，向外扩张，特别是从富裕的唐朝治下掠夺财富，具有一定的必然性。和唐朝和好获得交流是需要，打破和平局面，从唐朝劫掠财富和有技能的人员和妇女，也是需要，它促使了吐蕃在会盟的同时，也就筹划着毁盟，开始新的武装攫取活动。其次，盟誓内容具有含糊性和不确定性，而且缺乏监督，双方都有解释权，而且肯定会存在差异，对于具有掠夺性质的吐蕃政权来说，如果信守誓言，无异于自取灭亡。此外，吐蕃毁盟也与当时双方缺乏互相诚信有关。吐蕃不守盟誓，唐朝不守约定的事例也时有发生，导致会盟不仅不能成为消弭战争的良药，反而成为设陷掠夺的一种手段。

在唐朝和吐蕃的双方交往中，双方边将都有贪邀功名，不信守和约的举动，严重地影响到议和会盟的约束力。武则天时期，崔知辩从五俟斤路出击吐蕃，驱略吐蕃牛羊盖以万计。[①] 唐玄宗开元二十五年（公元737年），唐朝与吐蕃树栅为界，各置守捉使。唐散骑常侍崔希逸和河西节度使镇守凉州，对吐蕃守将乞力徐说："两国和好，何须守捉，妨人耕种。请皆罢之，以成一家，岂不善也？"乞力徐回答说："常侍忠厚，必是诚言。但恐朝廷未必皆相信任，万一有人交搆，掩吾无备，后悔无益也。"崔希逸再三请求，派人与乞力徐杀白狗为誓，各去守备。于是吐蕃的牲畜遍野放牧。崔希逸的属下孙诲入朝奏事，欲邀功，遂提出趁吐蕃无备掩击蕃部的建议。玄宗派内给事赵惠琮与孙诲前往观察事宜，赵惠琮至凉州，遂矫诏命崔希逸掩击吐蕃，崔希逸不得已而从之，大破吐蕃于青海之上，杀获其众，乞力徐轻身逃逸。据说后来赵惠琮和崔希逸都以"见白狗为祟，

---

① 《通典》卷一九〇"吐蕃"。

相次而死"①。是唐朝边将不守盟约的例证。

吐蕃方面也是如此。平凉会盟就是吐蕃方面所采取的假借会盟之名对唐朝的一次报复行动。建中四年（公元783年）十月至十一月，唐幽州卢龙节度、太尉、中书令朱泚利用泾原兵变，称帝建元，围攻奉天（今陕西乾县）。唐京畿渭北节度使浑瑊等率军坚守奉天，在危急关头，唐朝请吐蕃出兵协助平叛，并答应将安西、北庭割让给吐蕃作为条件。兴元元年（公元784年）四月，吐蕃首领论莽罗合军破朱泚属下韩旻等于武功，接着大败朱泚于咸阳。"吐蕃以师追北不甚力，因大掠武功而归"②。朱泚之乱平，吐蕃派人来唐朝要求履行约定。唐朝觉得将安西、北庭让给吐蕃将会促成突厥和吐蕃的再度联合，并对京师构成威胁，加之不满吐蕃怀抱观望态度，没有认真履行协议，还大掠武功的行为，便反悔前约，拒绝了吐蕃的要求。吐蕃提出会盟时，就设想着对此事件进行报复，当双方商定会盟事宜时，吐蕃大论尚结赞还许诺归还唐朝盐州和夏州，实际上却是试图借会盟之名，劫掠对吐蕃具有很大威胁的唐朝三位将军：浑瑊、李晟和马燧。贞元三年（公元787年）尚结赞平凉劫盟成功后，历数唐朝负约之责，并不满浑瑊作为，对被捉的崔汉衡等说："武功之捷，皆我之力，许以泾州、灵州相报，皆食其言，负我深矣。举国所愤，本劫是盟，在擒瑊也。吾遣以金饰桎梏待瑊，将献赞普。既以失之，虚致君等耳，当遣君等三人归也。"③ 反映出吐蕃此次会盟出发点就存在很大问题，也说明双方缺乏足够的互信。

（三）唐蕃关系及唐朝对吐蕃政策的反思

唐朝和吐蕃之间的关系是在一个特定的历史时期出现的。唐朝时期是中国历史发展的一个鼎盛时期，物质文明、精神文明和封建制度文明都发展到一个全新的历史阶段。中外文化交流更加繁荣和密切，中国的国际地位空前提高。中国境内各个兄弟民族自身的发展，及其与中原地区的文化交流空前紧密。而在青藏高原地区，新崛起的吐蕃王朝则彻底改变了中国

---

①《旧唐书》卷一九六"吐蕃传"。

②《新唐书》卷一三九"李泌传"。

③《旧唐书》卷一九六"吐蕃传"。

西南边疆地区的政治局势，使长期处在封闭和相对后进发展状态的青藏高原各族，在短时期内实现了和发达的中原文明接轨的愿望，同时把西南地区和中原地区的经济文化交流的规模提升到一个新的水平，还改写了中国民族历史的发展趋势，形成西南地区迅猛发展，进而影响西南、北方和内地的新格局。和匈奴的崛起改变北方地区各个民族历史命运一样，吐蕃王朝的建立也改变了西南地区各民族发展的历史命运，加速了中华民族多元一体化发展的历史进程。

唐朝和吐蕃的关系，是这一时期中国境内两个分治政权的关系，唐朝在行政上并没有管理吐蕃，从军事实力上看，也很难将吐蕃纳入其行政管辖之下。但是，唐朝和吐蕃通过政治联姻却建立起一种特殊的政治关系，在这种关系中，吐蕃事实上处在不平等的位置。随着吐蕃军事扩张的增强，唐朝逐渐认识到，试图把通过联姻建立起来的舅甥关系等同于君臣关系的愿望并非总能奏效，如果说在鼎盛时期尚能保持那种状态的话，那么在内乱不已，自身空虚的情况下，就必须放弃这种不切实际的幻想，承认吐蕃是一个与自己并存的政治和军事对手，保持平等的往来关系。我们可以看到唐朝和吐蕃关系变化的脉络，也看到唐朝逐渐摈弃了对吐蕃忽视乃至歧视的思想，在吐蕃和唐朝间民族心理隔阂是逐渐被打破和缩小的，当双方进行长庆会盟时，唐蕃双方在新的基础上达成了友好和睦的愿望。在这次盟文中，看不到唐朝的霸气，也看不到吐蕃的怨气，反而表达出社稷如一，叶和一家的美好愿望。因此，我们看到唐朝和吐蕃之间，有嘘寒问暖、使者不断于道的密切往来场面，也有剑拔弩张、互为仇雠的争斗景象，唐朝和吐蕃交往的两百多年历史充满了曲折，并非只是公主下嫁，舅甥情深的甜蜜历史。但是，毫无疑问，唐朝和吐蕃之间的关系一直在发展，吐蕃和内地汉族和其他兄弟民族的关系也在不断加强，最后进入一个新的友好相处、亲如一家的发展状态。这才是双方长期交往的最大成果。

唐朝对吐蕃的政策有许多成功的地方，也存在许多不足与问题。就唐朝方面而言，东西同时用兵，忽视青海地区特殊战略位置，边将不和导致许多重大的和关键性的战役失败，以至影响到整个的军事形势，诸如仪凤二年（公元 677 年）李敬玄、刘审礼不和导致青海惨败；咸亨元年（公元670 年）薛仁贵、郭待封不和导致大非川大败；等等，都是这样。但是，从唐蕃关系发展和唐朝对吐蕃政策的历史演进来看，我们也可以发现一个令人感兴趣的问题，那就是中华多元一体的形成和发展进程十分曲折复杂，唐朝和吐蕃之间的战争和对峙时间，要比和好相处的时间要长。但是，通过包括战争在内的多种交往的结果是，吐蕃和唐朝之间的认同却在不断加强，和亲无疑增进了唐蕃关系朝着健康和睦的方向发展，战争则必然伤害双方人民的感情。但是如果说客观上战争也有调整民族关系，打破民族之间的心理和文化壁垒的作用的话，我们把它用在唐蕃关系上，也是合适的。还有，唐蕃关系的发展历程很曲折，前途却充满光明。

第六章　唐朝对吐蕃的应对与决策

唐朝采取科举制度选拔人才，在边疆有事、面临困难的情况下，往往面向社会广纳贤才、征询对策。那些博学深思的文人学士纷纷献策，各展才智韬略，谋夫猛将挺身出力，建功立业，为应对边疆危机，特别是为处理好与吐蕃的关系，化解来自吐蕃的军事压力发挥自身的作用，许多优秀人才得以脱颖而出，为保持西部、西南部边地安宁提出真知灼见，在实践中发挥出积极作用。与此同时，从这些探讨和应对中，也暴露出唐朝在处理吐蕃军事进攻和不断骚扰问题时存在着诸多问题。

一　和亲政策

唐朝采取与周边兄弟民族统治者和亲的政策，为化干戈为玉帛，缓和紧张关系，开展更紧密的政治经济和文化交流，增进了解和友谊，并对自身发展营造良好的外部环境起到了重要的作用。唐蕃和亲，文成公主和金城公主的先后进藏就是成功的范例，双方由此而确立的新型关系，为青藏高原地区的发展和社会进步产生了深刻而长远的影响，同时也为西藏地方纳入元朝中央王朝的行政管辖之下奠定了基础，是中国各民族友好交往史上的重要一页，也是各民族共同缔造中国，形成中华民族共同文化过程中的重要一步。

（一）不论是在双方战争时期，还是和好时期，唐朝方面都充分肯定了"和亲"所发挥的缓解冲突、增进经济文化交流的作用

唐玄宗撰写的《亲征吐蕃制》称："爰自昔年，慕我朝化，申以婚姻之好，结为甥舅之国。岁时往复，信使相望。缯绣以益其饶，衣冠以增其宠。"① 中宗撰写的《金城公主出降吐蕃制》，内有"太宗文武圣皇帝德侔覆载，情深亿兆，思偃兵甲，遂通姻好，数十年间，一方清净。自文成公主往嫁其国，因多变革。我之边隅，亟兴师旅，彼之蕃落，颇闻彫弊。顷者赞普及祖母可敦酋长等，屡披诚款，积有岁时，思托旧亲，请崇姻好。鑫在公主，朕之少女，长自宫闱，言适远方，岂不锺念。但朕为人父母，志恤黎元。若允诚祈，更敦和好，则边土宁晏，兵役休息。遂割深慈，为国大计，受筑外馆，聿膺嘉礼。彼吐蕃赞普即以今月二十七日进发，朕亲自送于郊外"。②

（二）吐蕃对双方的和亲政策也持积极肯定态度

《旧唐书》记述了松赞干布在获得唐朝许嫁公主时的兴奋喜悦心情，自称"我祖父未有通婚上国者，今我得尚大唐公主，为幸实多。当为公主筑一城，一夸示后代"③。晚期的藏文史书则用较大的篇幅记述，甚至演绎文成公主进藏的故事，既有大臣噶尔以智慧通过唐朝皇室测试的"五难婚使"的故事，文成公主经过日月山、倒淌河的传说，也有拉萨城官民百姓猜测文成公主从哪个方向入城的热闹景象，更有文成公主带去植物种子，安设水磨，教民纺织的种种故事。④ 文成公主是化干戈为玉帛，给西藏带来诸多物质和精神文明的使者，也是传递两地人民友谊的使者的象征。和亲不能消弭双方的战争，却大大缓解了双方的武装对抗，特别是为两地搭建起一条沟通交流的有效平台，公主更成为这种联系的纽带。

二 选猛士武力征讨

吐蕃王朝是以军事扩张而建立起来的政权，由于自然环境和经济生产生活方式的因素，以及凝聚内部各势力的需要，对外征服掠夺是其主要的方针政策，富庶和较为发达的唐朝成为吐蕃主要的掳掠对象，唐蕃战争也

---

① 《全唐文》卷二一。
② 《全唐文》卷十六。
③ 《旧唐书》卷一九六"吐蕃传"。
④ 萨迦·索南坚赞：《王统世系明鉴》，陈庆英、仁庆扎西译，辽宁人民出版社，1985，第78~105页。

成为双方关系十分突出的内容之一。应对吐蕃的军事攻势和不间断的劫掠，采取军事手段加以解决一直是唐朝对吐蕃政策的重要议题。在唐朝皇帝诏敕中就保留了不少这一类的文献，特别是唐高宗和唐玄宗时期，更出现了一个又一个高潮。唐高宗"令举猛士敕"中有"蕞尔吐蕃，僻居遐裔，吐浑是其邻国，遂乃夺其土宇"。"不思惠爱，更起回邪，敢纵狂惑，专为寇盗。或改团镇戍，或驱抄羊马，烽燧频举，烟尘不息，候隙乘间，倏来忽往，比止令镇遏，未能即事剪除。莫怀宽大之恩，遂长包藏之计，祸盈恶稔，当自覆灭。今欲分命将帅，穷其巢穴，克清荒服，必寄英奇。但秦雍之部，俗称劲勇，汾晋之壤，人擅骁雄。宜令关内河东诸州，广求猛士。在京者令中书门下于庙堂选试，外州委使人与州县相知拣练。有膂力雄果弓马灼然者，咸宜甄采，即以猛士为名。"①敕书中讲到吐蕃恃强凌弱、飘忽不定的劫掠方式，以及朝廷面向号称劲勇骁雄的陕西、山西，广征身强力壮、会骑马善弓弩的猛士，应召参军，出征御敌。

唐玄宗时期，唐蕃双方战争规模进一步扩大，《全唐文》中保存有唐玄宗两件相关敕书，"亲征吐蕃制"提到了用兵的具体方案和带兵将领的职责。"其差取后军四万人，诸色蕃兵二万人，京兆府兵一万人，飞骑二万人，量追三百里内兵留当下人充，万骑五万一千人，幽陇兵各二千人，岐州兵五千人，并集本州待进止。其马四万匹，取三百里内诸厩及府马充。所追兵马及押官委本州精简赴集。卫尉卿兼检校左金吾大将军王毛仲为左一军总管，右金吾将军康海源为副。左武卫大将军李昌为右一军总管，左武卫将军马卫为副。左羽林大将军赵成恩为左二军总管，右领军将军秦义礼为副。右羽林将军杨敬述为左三军总管，右领军将军鲜于庭诲为副。左羽林将军马崇为右三军总管，右监门将军执失善光为副。所司准式。俾其长驱陇坻，深入湟中，授以方略，扫清氛祲。其缘顿支供，务从省约。"②目标是解决占据今青海地区的吐蕃军事力量。

唐玄宗的"命备吐蕃制"，同样是应对吐蕃从青海地区发起的武装进攻。"陇右通共团结马步三万九千人，临洮军团八千人，河源军团六千人，安人、白水军各团一千五百人，积石、莫门军各团二千人，河西道蕃汉兵

---

① 《全唐文》卷一四。
② 《全唐文》卷二一。

团结二万六千人，赤水军团一万人，玉门、豆卢军各二千人，并依旧统领，以候不虞。更于关内征骁兵一万人，以六月下旬集临洮，十月无事放散。朔方取健儿弩手一万人，六月下旬集会州下，十月无事，便赴本道，候贼所向。贼于河西下，即令陇右兵取阆川，过朔方，合兵取新泉，与赤水军合势邀袭，令河源、积石、莫门兵取背掩扑。贼于河源下，朔方兵从乳漫渡河，并临洮军兵马河源军合势邀袭，赤水军取背掩扑。贼于凤林关下，朔方兵赴临洮，与鄯州兵合势邀袭，河源、积石兵取背掩扑。所要甲兵，遂便支候，公私营种，且耕且战，各宜训勖，以副朕怀。"① 这里还提到作战方案和后期补给对策。

三 寻御蕃良策

面对吐蕃的军事压力，唐朝君臣在研讨对策时，既考虑到全局性的战与和的问题，也考虑到如何战的问题，既考虑到战争本身的问题，也考虑到战场之外的问题，可以说有宏观决策，也有微观具体对策。吐蕃方面的战和无常，战场上的灵活方式让唐朝君臣疲于应付，颇感棘手。高宗闻审礼等惨败，召侍臣问绥御之策，中书舍人郭正一曰："吐蕃作梗，年岁已深，命将兴师，相继不绝。空劳士马，虚费粮储，近讨则徒损兵威，深入则未穷巢穴，望少发兵募，且遣备边，明烽堠，勿令侵抄。使国用丰足，人心叶同，宽之数年，可一举而灭。"给事中刘齐贤、皇甫文亮等皆言严守之便。② 也就是说，面对吐蕃不羞遁走的用兵作战方式，唐朝缺乏以强大军事优势解决问题的能力，严守边地成为主流的观点。

《新唐书》作者记载了唐高宗时应对吐蕃的一场对策研讨，"帝既儒仁无远略，见诸将数败，乃博咨近臣，求所以御之之术。帝曰：'朕未始擐甲履军，往者灭高丽、百济，比岁用师，中国骚然，朕至今悔之。今吐蕃内侵，盍为我谋？'中书舍人刘祎之等具对，须家给人足可击也。或言贼险黠不可与和，或言营田严守便。惟中书侍郎薛元超谓：'纵敌生患，不如料兵击之。'帝顾黄门侍郎来恒曰：'自李勣亡，遂无善将。'恒即言：

'向洮河兵足以制敌，但诸将不用命，故无功。'帝殊不悟，因罢议"①。从这里可以看出，有前车之鉴，高宗本人对战争是消极态度，群臣的意见各种各样，有认为应该先富民再用兵，有主张必须武力解决的，有主张屯田守边的，也有抱怨缺乏良将的，结果是没有形成一致共识和决定。仪凤四年（公元 679 年），赞普死，子器弩悉弄立，钦陵复擅政，使大臣来告丧，帝遣使者往会葬。明年，赞婆、素和贵率兵 3 万攻河源，屯良非川，敬玄与战湟川，败绩。左武卫将军黑齿常之以精骑 3000 夜捣其营，赞婆惧，引去。遂擢常之为河源军经略大使。乃严烽逻，开屯田，虏谋稍折。②

唐朝君臣曾经多次就吐蕃在西域地区的攻势与应对，以及安西 4 镇的弃置；唐朝与吐蕃在南诏的争夺，以及如何处置藏东川西众多部落的归附问题；吐蕃在青海、河西陇右的劫掠与骚扰问题，以及双方的会盟、划界等问题进行充分研讨。在重大战役如薛仁贵、郭待封大非川战役（公元670 年）、素罗汗山战役（公元 696 年）等大败之后，唐朝也曾就战役本身所反映出来的问题，以及唐朝的军事制度，边政方略，用人制度等进行反思，征询谋士文臣的建议。体现出唐朝解决边事的一套制度，汇集了当时知识和精英阶层的智慧与经验。

针对解决吐蕃问题而言，所获得的对策建议也不尽相同。以公元 8 世纪中后期而言，魏元忠（公元？～707 年）认为，当时最大的问题：一是用人不当，"当今朝廷用人，类取将门子弟"，"夫建功者，言其所济，不言其所起；言其所能，不言其所藉"。"故阴阳不和，擢士为相；蛮夷不龚，拔卒为将，即更张之义也。"二是赏罚不明。认为唐高宗过于仁慈而失去原则，大非川战败，"向使早诛薛仁贵、郭待封，则自余诸将，岂敢失利于后哉？"③ 杜佑（公元735～812 年）则反对边将邀功，认为"边备未实，诚宜择良将，诫之完葺，使保诚信，绝其求取，用示怀柔。来则惩御，去则谨备"。不必兴师，即可革其奸谋。④ 陆贽（公元 754～805 年）分析认为，"今四夷之最强盛为中国之甚患者，莫大于吐蕃。举国胜兵之徒，才当中国十数大郡而已，其于内虞外备，亦与中国不殊。所能寇边，数则盖

① 《新唐书》卷二一六 "吐蕃传"。
② 《新唐书》卷二一六 "吐蕃传"。
③ 《旧唐书》卷九三 "魏元忠传"。
④ 《旧唐书》卷一四七 "杜佑传"。

寡，且又器非犀利，甲不坚完，识迷韬钤，艺乏矫敏。动则中国畏其众而不敢抗，静则中国惮其强而不敢侵，厥理何哉？良以中国之节制多门，蕃丑之统帅专一故也"①。也就是说，军令不统一是唐朝失败的关键因素。沈亚之（公元781～832年）则认为，吐蕃"其众蚁聚，多包山川沮陆之利，其兵材虽一不能当唐人，然其策甚远，力战不患死，所守必险，所取必地。而唐人军中，以为材不能，皆易之。……闻其始下凉时（州）城，围兵厚百里，伺其城既窘，乃令能通唐言者告曰：'吾所欲城耳。城中无少长，即能东，吾亦谨兵，无令有伤去者。'城中争号曰：'能解围即东。'其后取他城，尽如凉城之事"。相比之下，唐朝驻守岐山、陇山的军队，大多在砍伐树木或者从事其他非军事营生，"其余兵当守烽击柝，昼夜捕候者，则皆困于饥寒，衣食或经时不帐，顾其心怨，望幸非常，尚能当戎耶？"② 即吐蕃的谋略高出一筹。

唐朝当时存在的问题既在军事上，也在其他方面。如大非川战役中的将帅不和。"（郭）待封尝为鄯城镇守，耻在（薛）仁贵之下，多违节度。"③ 导致唐军大非川惨败。还有大臣缺乏担当。唐中宗景龙四年（公元710年），金城公主出降吐蕃，本来唐中宗命赵彦昭担任使者护送公主到吐蕃，赵彦昭则害怕因此失宠，很不高兴。司农卿赵履温还火上浇油地对他说："公国之宰辅，而为一介之使，不亦鄙乎？"还给他出主意，私下贿赂安乐公主给皇帝做工作，最后唐中宗便改派左骁卫大将军杨矩前往。④ 更有甚者，唐文宗大和五年（公元831年）九月，吐蕃维州守将悉怛谋请以城降，负责剑南西川军事的李德裕予以接纳，而因为党争和个人恩怨之故，牛僧孺"言新与吐蕃结盟，不宜败约"，导致归附被送还后为吐蕃所杀。⑤

唐代宗李豫（公元726～779年）时期发生了吐蕃大军攻入长安，并占领15日的事件。史书记载，原来唐代宗喜欢"祠祀，未甚重佛"，而宰相元载、杜鸿渐、王缙等则"喜饭僧徒"。在诸位大臣的影响下，代宗开

---

① 陆贽：《论抵御吐蕃策》，《旧唐书》卷一三九"陆贽传"。

② 沈亚之：《西边患对》，《全唐文》卷七三七。

③ 《旧唐书》卷八三"薛仁贵传"。

④ 《旧唐书》卷九二"赵彦昭传"。

⑤ 《旧唐书》卷一七二"牛僧孺传"；《旧唐书》卷一七四"李德裕传"。

始信佛而且奉之过当。"尝令僧百余人于宫中陈设佛像，经行念诵，谓之内道场。……每西蕃入寇，必令群僧讲诵《仁王经》，以攘虏寇。苟幸其退，则横加锡赐。胡僧不空，官至卿监，封国公，通籍禁中，势移公卿，争权擅威，日相凌夺。"代宗认为，国家的平安长久都是由业报所致，虽然有小的灾难没有关系。因此，安禄山、史思明叛乱，他们的儿子遭遇灾祸；仆固怀恩背叛唐朝而身亡；吐蕃攻入长安，不用攻击就自动撤退。这些被认为都是非人事所能左右的明证。"帝信之愈甚"①。吐蕃占据长安固然与"安史之乱"爆发有很大的关系，但是，唐代宗过度佞佛，靡费资财，荒于政务也是重要原因。

四　采取反间计

唐蕃双方在相互对立、战火连绵的岁月，都使用了兵家常用的反间计。根据汉文史书记载，吐蕃就曾在唐将李怀光（公元 729～785 年）的反叛中起到煽风点火的作用。史书记载："初，崔汉衡使吐蕃求助兵，尚结赞曰：'吾法，进军以本兵大臣为信。今制书不署怀光，未敢前。'帝乃命翰林学士陆贽诣怀光议事，怀光陈三不可，且言：'吐蕃舍人马重英陷长安，赞普责其不焚爇，今其来，必肆宿志，一不可。彼云引兵五万，既用其人，则同汉士，傥邀我厚赏，何以致之？二不可。虏人虽来，义不先用，勒兵自固，以观成败，王师胜则分功，败则图变，狡诈多端，不可信，三不可。'卒不肯署。"②为后来扩大误解进而发动反叛埋下隐患。

唐朝同样使用反间计给吐蕃制造内讧。武则天时期，唐将郭元振（公元 656～713 年）曾建议："臣揣吐蕃百姓倦徭戍久矣，咸愿早和。其大将论钦陵欲分四镇境，统兵专制，故不欲归款。若国家每岁发和亲使，而钦陵常不从命，则彼蕃之人怨钦陵日深，望国恩日甚，设欲广举丑徒，固亦难矣。斯亦离间之渐，必可使其上下俱怀情阻。"被武则天采纳，圣历二年（公元 699 年）四月，吐蕃发生内乱。大论钦陵被赞普器弩悉弄所杀，其弟赞婆无路可走，遂率部降唐。武则天闻讯后，诏令郭元振与河源军大

---

① 《旧唐书》卷一一八"王缙传"。
② 《旧唐书》卷一二一；《新唐书》卷一四九"叛臣传"。

使夫蒙令卿率骑兵迎接，封赞婆为特进、归德王。① 钦陵家族遭到赞普势力打压有多方面原因，功高震主是主因，郭元振的策略或许也起到一定的推动作用。唐玄宗开元十五年（公元 727 年），会悉诺逻已渡大逻恭禄及烛龙莽布支攻陷瓜州城，尽取城中军资非川，辎重及疲兵尚在青海之侧。其年九月，吐蕃大将悉诺及仓粮，仍毁其城而去。又进攻玉门军及常乐县，县令贾师顺婴城固守，凡 80 日，贼遂引退。俄而王君㚟为回纥余党所杀，乃命兵部尚书萧嵩为河西节度使，以建康军使、左金吾将军张守珪为瓜州刺史，修筑州城，招辑百姓，令其复业。十一月，改瓜州为都督府，以守珪为都督。悉诺逻威名甚盛，萧嵩纵反间于吐蕃，云悉诺逻与唐通谋，吐蕃赞普召而诛之，于是吐蕃势力少衰。②

五　联合回纥等以牵制吐蕃

吐蕃举兵入掠唐朝，大多胁裹或者鼓动青藏高原地区各个部落参加，甚至也包括西域、西南地区的各个部落邦国，掠夺唐朝财富以共同分享是出兵的动力，也是连接这些不同力量利益纽带。针对这一情况，唐朝也采取了相应的策略，拆散这些军事同盟，特别是其中的骨干势力，回纥就是典型代表。唐玄宗开元十五年（公元 727 年）闰九月，突厥毗伽可汗遣其大臣梅录啜来朝，献名马 30 匹。时吐蕃与毗伽书，私约与毗伽同时入寇，毗伽并献其书。玄宗嘉其诚，宴梅录啜于紫宸殿，厚予赏赐。且许于朔方军西受降城为互市之所，每年赍缣帛数 10 万匹以易戎马，由是国马益壮。③ 即用经济手段达到了瓦解吐蕃回纥联盟，密切唐朝与回纥关系的目的。唐代宗广德二年（公元 764 年）十月，仆固怀恩招引吐蕃、回纥、党项数 10 万部众南下，京师惶恐。郭子仪以其在回纥中的崇高威望，亲自说服回纥背吐蕃而归唐朝。史料记载，郭子仪说回纥曰："吐蕃本吾舅甥之国，无负而至，是无亲也。若倒戈乘之，如拾地芥耳。其羊马满野，长数百里，是谓天赐，不可失也。今能逐戎以利举，与我继好而凯旋，不亦善乎！"会怀恩暴死于鸣沙，群虏

---

① 《旧唐书》卷九七"郭元振传"；《新唐书》卷一二二"郭元振传"；《全唐文》卷二〇五。

② 《资治通鉴》卷二一三；《旧唐书》卷一九六"吐蕃传"。

③ 《旧唐书》卷一九四上"突厥"上毗伽可汗。

无所统摄，遂许诺，乃遣首领石野那等入朝。子仪遣朔方兵马使白元光与回纥会军。吐蕃知其谋，是夜奔退。回纥与元光追之，子仪大军继其后，大破吐蕃 10 余万于灵武台西原，斩首 5 万，生擒万人，收其所掠仕女 4000 人，获牛羊驼马，300 里内不绝。[①] 连横合纵的策略发挥了切实的效果。

六　儒学经典与思想的传播

唐朝不仅通过文成公主把佛教传入吐蕃，通过金城公主进一步推进唐朝与吐蕃持续不断的宗教文化交流，同时也有儒家经典和思想文化传入青藏高原地区，影响到吐蕃人的政治社会生活，以及观念文化。

（一）吐蕃贵族子弟入学国子监

唐朝设国子监以接纳唐朝各兄弟民族首领子弟和邻邦王公子弟学习儒家经典和唐朝制度文化。唐太宗贞观五年（公元 631 年）在西京长安（今陕西西安）设立国子监。贞观十四年（公元 640 年）"二月丁丑，上幸国子监，观释奠，命祭酒孔颖达讲《孝经》，赐祭酒以下至诸生高第帛有差。是时上大征天下名儒为学官，数幸国子监，使之讲论，学生能明一大经已上皆得补官。增筑学舍千二百间，增学生满三千二百六十员，自屯营飞骑，亦给博士，使授以经，有能通经者，听得贡举。于是四方学者云集京师，乃至高丽、百济、新罗、高昌、吐蕃诸酋长亦遣子弟请入国学，升讲筵者至八千余人"[②]。唐中宗"准蕃人读书国子学敕"，再度明确"吐蕃王及可汗子孙欲习学经业，宜附国子学读书"[③]。通过这种方式为吐蕃培养了许多优秀人才，如吐蕃名相禄东赞（噶尔·东赞域宋）、仲琮等。"万岁通天二年，四夷多遣子入侍。"其论钦陵等，"皆因充侍子，遂得遍观中国兵威礼乐"[④]。"仲琮为吐蕃大臣，咸亨三年，吐蕃遣仲琮来朝。先是，仲琮年少时，尝充质入朝，诣太学生例读书，颇晓文字。"[⑤]

---

① 《旧唐书》卷一二〇"郭子仪传"。

② 《资治通鉴》卷一九五；志磐：《佛祖统纪》卷五二。

③ 《唐会要》卷三六。

④ 《册府元龟》卷五四四"谏诤部"直谏。

⑤ 《册府元龟》卷九六二"外臣部"才智。

（二）蕃客国子监观礼教

唐朝重视用儒家礼教来熏陶感化各少数民族首领，以增进共识和基于儒家理念的文化认同。唐玄宗曾经颁布"令蕃客国子监亲礼教敕"，强调"庠序爰作，皆分泽于神灵，车书是同，乃范围于天下。近戎狄纳款，日归夕朝，慕我华风，熟先儒礼。由是执于干羽，常不讨而来宾，事于俎豆，庶几知而往学，彼蓬麻之目直，在桑葚之怀音，则仁岂远哉，习相近也。自今以后，蕃客入朝，并引向国子监，令观礼教"①。这符合唐朝以德柔远、以教化人的传统理念。

（三）儒家经典之争

尽管文成公主、金城公主入蕃时均带去大批儒家经典，但是在唐蕃对抗的条件下，如何看待为吐蕃培养贵族子弟，以及是否合适将儒家经典不断输入吐蕃，唐朝上层存在不同看法。唐中宗时，吐蕃使奏云："（金城）公主请《毛诗》、《礼记》、《左传》、《文选》各一部。"皇帝制令秘书省写与之。但是，正字于休烈上疏提出反对意见，理由是：吐蕃是贼寇，而经籍者，国之典也。"吐蕃之性，剽悍果决，敏情持锐，善学不回。若达于书，必能知战。深于《诗》，则知武夫有师干之试；深于《礼》，则知月令有兴废之兵；深于《传》，则知用师多诡诈之计；深于《文》，则知往来有书檄之制。何异借寇兵而资盗粮也！"认为求书大概不会是金城公主本人的意思，肯定是那些逃到吐蕃的中原文人的主意，如果不得已要送，就把其中的《春秋》去掉。吐蕃"贵货易土，正可锡之锦绮，厚以玉帛，何必率从其求，以资其智！"②大臣裴光庭有不同见解，他认为，"所请书随事给与，庶使渐陶声教，混一车书，文轨大同，斯可致也。休烈虽见情伪变诈于是乎生，而不知忠信节义于是乎在"③。争论之后，主张通过儒家思想感化吐蕃的一方成为主流，且得到皇帝的认可。

敦煌发现的文书中出现了不少汉文经典，特别是儒家经典，《敦煌本

---

① 《全唐文》卷三四。
② 《旧唐书》卷一九六"吐蕃传"。
③ 裴光庭：《金城公主请赐书籍议》，见《全唐文》卷二九九。

吐蕃历史文书》中出现了吸收司马迁《史记》"毛遂自荐"的故事，而敦煌古藏文写卷《兄弟礼仪问答》在反映吐蕃社会风俗礼仪的同时，还可以看到中原儒家文化影响的诸多痕迹。① 唐朝对吐蕃在儒家文化教育方面的开放和开明政策，既有助于唐蕃之间的了解和友好关系的确立，也有助于中原与青藏高原、汉族和藏族文化的深入交流，为奠定共同文化基础发挥了促进作用。

七 怀之以德

唐玄宗时期是唐蕃双方战事频繁时期，他仍采取了许多措施，试图通过怀之以德，缓和双方关系，同时表现出浓厚的人情。唐朝宰相杨国忠（公元？~756年）曾上"破吐蕃献俘表"，称在西南大败吐蕃，准备以男女200人进献，唐玄宗没有接受，并下诏"夫王者之义，子育为先，每行干纪之诛，尝轸在予之念，吐蕃遗孽，频有负恩，其君则然，其人何罪？且全其生理，遂彼物情，其所献口，并宜释放，递还本国，以直报怨，于是乎在"②。不主张将吐蕃俘虏作为礼物接纳，而是全部放还。唐玄宗"收瘗吐蕃战没人诏"内称："乞力徐等，天迷神怒，背义忘恩。悯其下人，制在凶帅。积骸暴露，润草涂原，言念于兹，岂忘恻隐。其吐蕃战死人等，宜令所在州县，速与瘗埋，俾有申于吊拯，庶无隔于华裔。"③ 出于人道掩埋战亡吐蕃将士尸骨。

由于唐蕃长期战争不断，相继来到唐朝的使者都被留了下来，发送到江南地区。唐德宗即位后，欲以德绥怀之，"遣太常少卿韦伦持节归其俘五百，厚给衣褚，切敕边吏护亭障，无辄侵虏地。吐蕃始闻未信，使者入境，乃皆感畏"④。唐朝的措施获得回报，唐德宗建中三年（公元782年）"四月，（吐蕃赞普）放先没蕃将士僧尼等八百人归还，报归蕃俘也"⑤。

---

① 王尧、陈践：《敦煌古藏文〈礼仪问答写卷〉译注》，载《藏族研究文集》（二），中央民族学院藏族研究所，1984。

② 《全唐文》卷三四六。

③ 《全唐文》卷二六。

④ 《旧唐书》卷一九六"吐蕃传"。

⑤ 《旧唐书》卷一九六"吐蕃传"。

唐宪宗（李纯，公元778～820年）"放还吐蕃使者制"中提到，吐蕃使者相继至唐不久，吐蕃挑起战事，当时朝臣中有不少人主张杀来使以断绝对吐蕃联系，宪宗称"朕深为德化未被，岂虑夷俗之不宾？其国失信，其使何罪？释其维絷以遂性，示之宏覆以忘怀，予衷苟孚，庶使感知。其蕃使论矩立藏等，并后般来使，并宜放归本国，仍委凤翔节度使以此意晓谕"①。而且还给其衣服粮食，一直送到唐蕃边界。②

八　与吐蕃的接触交涉

唐蕃之间的交涉主要是围绕划界、会盟等关键环节而展开的，同时也有大量具体事务的沟通交涉。从唐朝君臣对吐蕃的评价来看，共识是吐蕃贪婪、无信。而吐蕃对唐朝抱怨较多的则是无信。唐玄宗开元六年或七年（公元718年或719年）吐蕃赞普上表内称："西头张元表打外甥百姓，又李知古亦将兵打外甥百姓，既缘如此违誓失信，所以，吐蕃遂发兵马。"③开元十八年（公元730年）赞普再度上表称"外甥是先皇帝宿亲，又蒙降金城公主，遂和同为一家，天下百姓，普皆安乐。中间为张元表、李知古等，东西两处先动兵马，侵抄吐蕃边将，所以互相征讨，迄至今日，遂成衅隙"④。提到的也是唐朝边将不守信。所以，唐蕃双方缺乏互信是约定屡遭破坏的关键，但更实质的内容是，吐蕃地区与内地的经济互补性很强，或者是依赖性较高，缺乏畅通的贸易或者不能满足吐蕃统治者的欲望时，以掠夺财富为主要目的的战争也就不可避免了。

武则天证圣元年（公元695年），吐蕃寇洮州，令师德与夏官尚书王孝杰讨之，与吐蕃大将论钦陵、赞婆战于素罗汗山，官军败绩，师德贬授原州员外司马，王孝杰被免官。⑤此次战前王孝杰与论钦陵的对话，特别

① 《旧唐书》卷一九六"吐蕃传"；《全唐文》卷五八。
② 《全唐文》卷六二，宪宗李纯"放四蕃归国敕"。
③ 弃隶（足宿）赞：《请修好表》，《全唐文》卷九九。
④ 弃隶（足宿）赞：《请约和好书》，《全唐文》卷九九。
⑤ 《旧唐书》卷九三"王孝杰传"称，王孝杰曾参加大非川之战，被吐蕃擒获，据称"吐蕃赞普见孝杰，垂泣曰'貌类吾父。'厚加敬礼，由是免死"。长寿元年（公元692年），"为武威军总管，与左武卫大将军阿史那忠节率众以讨吐蕃，乃克龟兹、于阗、疏勒、碎叶四镇而还"。

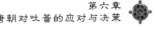

是论钦陵犀利的言辞保留在古藏文《敦煌本吐蕃历史文书》之中。[①] 武则天万岁通天元年（公元 696 年）九月，噶尔·钦陵遣使为赞普请求和亲。武则天遂令郭元振出使吐蕃，便宜行事。双方有一次会晤与交锋。钦陵对郭元振提出：罢安西 4 镇唐兵，分 10 姓突厥之地。郭元振质问道："四镇、十姓与吐蕃种类本殊，今请罢唐兵，岂非有兼并之志乎？"钦陵回答说："吐蕃苟贪土地，欲为边患，则东侵甘、凉，岂肯规利于万里之外乎？"[②]

郭元振分析"今钦陵欲分裂十姓，去四镇兵，此诚动静之机，不可轻举措也。今若直塞其善意，恐边患之起，必甚于前，若以镇不可拔，兵不可抽，则宜为计以缓之，藉事以诱之，使彼和望未绝，则其恶意亦不得顿生"。考虑到"今国之外患者，十姓、四镇是也；内患者，甘、凉、瓜、肃是也"。"今宜报钦陵云：'国家非吝四镇，本置此以扼蕃国之要，分蕃国之力，使不得并兵东侵。今委之于蕃，力强易为东扰。必实无东侵意，则还汉吐浑诸部及青海故地，即俟斤部落亦还吐蕃。'如此，则足塞钦陵之口，而事未全绝也。如钦陵小有乖，则曲在彼矣。又西边诸国，款附岁久，论其情义，岂可与吐蕃同日而言。今未知其利害，未审其情实，遥有分裂，亦恐伤彼诸国之意，非制驭之长算也。'"[③] 双方晤谈既是斗智斗勇，也是沟通交流，起到了多重作用。

九　唐蕃争夺中变的因素

（一）唐蕃地位之争

唐德宗建中二年（公元 781 年）十二月，入蕃使判官常鲁与吐蕃使论悉诺罗等至自蕃中。初，鲁与其使崔汉衡至列馆，赞普令止之，先命取国信敕。既而使谓汉衡曰："来敕云：'所贡献物，并领讫；今赐外甥少信物，至领取。'我大蕃与唐舅甥国耳，何得以臣礼见处？又所欲定界，云州之西，请以贺兰山为界。其盟约，请依景龙二年敕书云：'唐使到彼，

---

① 王尧、陈践：《敦煌本吐蕃历史文书》（增订本），民族出版社，1992，第 171 ~ 172 页；黄布凡、马德：《敦煌藏文吐蕃史文献译注》，甘肃教育出版社，2000，第 268 ~ 272 页。

② 《资治通鉴》卷二〇五。

③ 《旧唐书》卷九七"郭元振传"。

外甥先与盟誓；蕃使到此，阿舅亦亲与盟。'"乃邀汉衡遣使奏定。鲁使还奏焉，为改敕书，以"贡献"为"进"，以"赐"为"寄"，以"领取"为"领之"。且谓曰："前相杨炎不循故事，致此误尔。"其定界盟，并从之。①《新唐书》作者明确指出，此举系"以前宰相杨炎不通故事为解"②。

（二）吐蕃破坏性骚扰与唐朝的"防秋"

《旧唐书》记，"先是，吐蕃每至麦熟时，即率部众至积石军获取之，共呼为'吐蕃麦庄'，前后无敢拒之者。至是，（哥舒）翰（公元？~757年）使王难得杨景晖等潜引兵至积石军，设伏以待。吐蕃以五千骑至，翰于城中率骁勇驰击，杀之略尽，余挺走，伏兵邀击，匹马不还"③。但是这一问题并未真正解决，史料记载，唐代宗永泰八年（公元773年）"吐蕃六万骑寇灵武，蹂践我禾稼而去"。唐德宗贞元二年（公元786年）八月，"吐蕃寇泾、陇、邠、宁数道，掠人畜，取禾稼，西境骚然"。三年（公元787年）八月，"贼遣羌、浑之众，衣汉戎服，伪称邢君牙之众，奄至吴山及宝鸡北界，焚烧庐舍，驱掠人畜，断吴山神之首，百姓丁壮者驱之以归，羸老者咸杀之，或断手凿目，弃之而去"。九月"是月，吐蕃大掠汧阳、吴山、华亭等界人庶男女万余口，悉送至安化峡西，将分隶羌、浑等"。围陇州后"贼并焚庐舍，毁城堡壁，虏（掳）士众十三四，收丁壮弃老而去"。"吐蕃驱掠连云堡之众及邠、泾编户逃窜山谷者，并牛畜万计，悉其众送至弹筝峡。自是泾、陇、邠等贼之所至，俘掠殆尽。"贞元四年（公元788年）五月3万余骑犯塞，分入泾、邠、宁、庆、麟等州，焚彭原县廨舍，所至焚庐舍，人畜没者约二三万，计凡二旬方退。④吐蕃军队进入陇东、陕西之后一直采取焚烧毁坏房屋，践踏庄稼，抓驱掠丁壮、牲畜，杀羸弱的政策，对唐朝京师及以西地区造成极大的破坏。

（三）吐蕃军事进攻方式之改变

唐德宗贞元四年（公元788年）前后，吐蕃进攻唐朝的军队人员结构

---

① 《旧唐书》卷一九六"吐蕃传"。
② 《新唐书》卷二一六"吐蕃传"。
③ 《旧唐书》卷一〇四。
④ 《旧唐书》卷一九六"吐蕃传"。

发生了一些变化。"先是，吐蕃入寇，恒以秋冬，及春则多遇疾疫而退。是来也，方盛暑而无患。盖华人陷者，厚其资产，质其妻子，为戎虏所将而侵轶焉。"也就是说，原来担心疾病流行的缘故，只有秋冬季节才发动进攻，现在将抓来的唐朝汉人作为春季进攻的主力，而将他们的妻子财产作为抵押，迫使他们出兵效命。[①]

十　倾听吐蕃方面的说法

吐蕃遣大臣仲琮入朝。仲琮少游太学，颇知书。帝召见问曰："赞普孰与其祖贤?"对曰："勇果善断不逮也，然勤以治国，下无敢欺，令主也。且吐蕃居寒露之野，物产寡薄，乌海之阴，盛夏积雪，暑毻冬裘。随水草以牧，寒则城处，施庐帐。器用不当中国万分一。但上下一力，议事自下，因人所利而行，是能久而强也。"帝曰："吐谷浑与吐蕃本甥舅国，素和贵叛其主，吐蕃任之，夺其土地。薛仁贵等往定慕容氏，又伏击之，而寇我凉州，何邪?"仲琮顿首曰："臣奉命来献，它非所闻。"[②] 既说出了他对双方差异的认识，也显示出其过人的智慧。这种看法与前引陆贽的分析有相同之处。唐德宗修正唐蕃之间的关系定位，采取新的礼仪平等对待吐蕃，也是接受了吐蕃方面意见的结果，说明双方的沟通在加深认识，调整策略方面也起到一定的作用。

十一　唐朝对吐蕃的偏见与认识误区

（一）歧视

唐蕃建立和亲关系之后，在唐朝方面就意味着吐蕃是附属之邦，因此一直以属臣礼仪待之，直到唐德宗时期吐蕃提出礼仪和地位问题，唐朝才予以纠正。吐蕃方面也明白这种关系的内涵，早期对唐朝的经济、文化依赖过多不便解决，直到军事上可以和唐朝竞力争雄时才切实加以解决。这

---

① 《旧唐书》卷一九六"吐蕃传"。
② 《新唐书》卷二一六"吐蕃传"。

就意味着早期的唐蕃关系中唐朝处于优势地位，因此在唐朝也存在某种程度上的歧视问题。贞观十五年（公元641年），文成公主入蕃，松赞干布（弄赞）率其部兵次柏海，亲迎于河源。见道宗，执子婿之礼甚恭。既而叹大国服饰礼仪之美，俯仰有愧沮之色。及与公主归国，谓所亲曰："我父祖未有通婚上国者，今我得尚大唐公主，为幸实多。当为公主筑一城，以夸示后代。遂筑城邑，立栋宇以居处焉。公主恶其人赭面，弄赞令国中权且罢之，自亦释毡裘，袭纨绮，渐慕华风。"① 晚期的藏文史书《王统世系明鉴》在追述前代故事时提到，当文成公主到达吐蕃后，"这时大臣噶尔也衔恨唐朝皇帝偏心歧视，公主的鄙薄吐蕃"。采取了怠慢的方式，以至于她和仆从的饮食起居都受到一定程度的影响，甚至以要返回唐朝相要挟。面对文成公主对吐蕃冷遇的抱怨，吐蕃大臣做了辩解，噶尔东赞更直言，谈到自己前往长安迎亲的过程中，"汉地的人都蔑视我们，除了女店主一人之外，没有一个同情我们的人，尤其是唐朝皇帝偏心，欺侮我们。就是公主你也是那么不喜欢蕃地使臣"② 。它虽然是以故事形式出现的，结合汉文资料的记载，可以看到唐朝初年对吐蕃确实存在某些歧视，这种情况通过唐蕃长期和不断加强的交流而逐渐趋向消除，到晚期出现叶和一家、社稷如一的局面。

（二）失信

唐穆宗长庆年间，刘元鼎往来吐蕃参与会盟，路经河州，见到吐蕃都元帅、尚书令尚绮心儿云："回纥，小国也。我以丙申年逾碛讨逐，去其城郭二日程，计到即破灭矣，会我闻本国有丧而还。回纥之弱如此，而唐国待之厚于我，何哉？"元鼎云："回纥于国家有救难之勋，而又不曾侵夺分寸土地，岂得不厚乎！"③《新唐书》的记载略有差异，文谓："元鼎还，房元帅尚塔藏馆客大夏川，集东方节度诸将百余，置盟策台上，遍晓之……尚塔藏语元鼎曰：'回鹘小国，我尝讨之，距城三日危破，会国有丧乃还，非我敌也。唐何所畏，乃厚之？'元鼎曰：'回鹘有功，且如约，

① 《旧唐书》卷一九六"吐蕃传"。
② 萨迦·索南坚赞：《王统世系明鉴》，陈庆英、仁庆扎西译，辽宁人民出版社，1985，第103～105页。
③ 《旧唐书》卷一九六"吐蕃传"。

未始妄以兵取尺寸地，是以厚之。'塔藏默然。"① 吐蕃方面的首领由尚绮心儿变成了尚塔藏。讲的主要是吐蕃不守信。

但是，唐朝方面也存在失信背约的情况。唐玄宗开元二十四年（公元736年），吐蕃西击勃律，勃律遣使来告急。玄宗派人到吐蕃令其罢兵。吐蕃不受诏，并攻破勃律国，唐玄宗震怒。当时散骑常侍崔希逸为河西节度使，镇守凉州。吐蕃与唐朝树栅为界，置守捉使。崔希逸对吐蕃将领乞力徐说："两国和好，何须守捉，妨人耕种。请皆罢之，以成一家岂不善也？"乞力徐回答说："常侍（崔希逸）忠厚，必是诚言。但恐朝廷未必皆相信任。万一有人交构，掩吾不备，后悔无益也。"崔希逸坚持请求，遂派使者与乞力徐杀白狗为盟，双方都撤去守备。于是吐蕃畜牧遍野。不久崔希逸的随从孙诲入朝奏事，并想自邀其功，因奏称"吐蕃无备，若发兵掩之，必克捷"。唐玄宗派内给事赵惠琮与孙诲前往观察事宜。赵惠琮等至凉州，遂假传圣旨命令崔希逸偷袭吐蕃，崔希逸不得已而从之，大破吐蕃于青海之上，杀获甚众，乞力徐轻身逃逸。赵惠琮、孙诲均获得厚赏，吐蕃从此再度断绝朝贡。崔希逸以失信而闷闷不乐，在军不得志。"俄迁为河南尹，行至京师，与赵惠琮俱见白狗为祟，相次而死。孙诲亦以罪被戮。"② 这里既讲到唐朝的失信，也提到失信者最后遭到的所谓报应。

另一件发生在唐德宗贞元三年（公元787年）。当时唐朝以浑瑊为会盟使，崔汉衡为副使，与吐蕃会盟于平凉，吐蕃背约劫盟，崔汉衡（公元？~795年）被掳掠，"至故原州，结赞坐于帐中，召与相见，数让国家，因怒浑瑊曰：'武功之捷，皆我之力，许以泾州、灵州相报，皆食其言。负我深矣，举国所忿。本劫是盟，在擒瑊也。吾遣以金饰桎梏待瑊，将献赞普'"③。尚结赞所说的，是指唐德宗兴元元年（公元784年）四月"浑瑊与吐蕃论莽罗率众大破朱泚将韩旻、张廷芝、宋归朝等于武功之武亭川，斩首万余级"④ 一事，唐朝没有兑现将泾州、灵州作为回报划给吐蕃而失信。

---

① 《新唐书》卷二一六"吐蕃传"。
② 《旧唐书》卷一九六"吐蕃传"。
③ 《旧唐书》卷一九六"吐蕃传"。
④ 《旧唐书》卷一九六"吐蕃传"。

第七章　宋朝西藏本部的分裂割据

吐蕃王朝瓦解后，青藏高原地区重新陷入四分五裂的状态，但是由于吐蕃王朝的政治、经济和宗教文化等方面的影响，青藏高原地区已经不可能重新回到从前的状态，而是步入一个新的发展阶段，在沉寂和分裂割据中孕育着变革，其中最大的变革就是佛教的巨大发展、藏传佛教各教派的形成，以及地方势力的不断崛起。

一　政治势力分裂割据

汉文史书记载，"唐末瓜沙之地复为所隔，然而国亦自衰弱的族种分散，大者数千家，小者百十家，无复统一矣"[①]。藏文史书也记载，"吐蕃本土历经彼此火并内讧，日趋支离破碎，于是境内各处每每分割为二，诸如大政权与小政权，众多部与微弱部。金枝与玉叶，食肉者与食糌粑者，各自为政，不相统属"[②]。

吐蕃王朝瓦解后，青藏高原地区出现的长期分裂割据局面是由多重因素促成的。首先，吐蕃上层贵族的激烈内讧和混战，导致了统治体系的瓦解；其次，是宗教冲突，主要是佛教与西藏地方传统苯教势力的冲突，也包括政教两种势力之间的利益冲突，破坏了维系王朝统一的思想

---

① 《宋史》卷四九二"吐蕃传"。
② 巴俄·祖拉陈瓦：《智者喜宴》藏文本，民族出版社，1986，第431页；巴卧·祖拉陈瓦：《贤者喜宴——吐蕃史译注》，黄颢、周润年译注，中央民族大学出版社，2010，第291页。

基础；再次，吐蕃各地的奴隶和百姓起义造反，杀贵族、掘坟墓、反抗压迫剥削运动，瓦解了吐蕃王朝的社会基础。最后，是受吐蕃王朝征服和奴役，并驱使出征的青藏高原各个部落的起义，动摇了吐蕃军事扩张和在新征服地区统治的控制基础。由于吐蕃王朝是建立在军事征服的基础上，并以军事扩张为重要巩固手段的，在吐蕃境内存在形态多样的地理环境，各不相同的生产、生活方式的民族部落，不同发展阶段和不同管理体制的邦国组织，在失去共同的利益凝聚目标之后，很难重新组织起来，建立新的统一政权。同时，由于吐蕃王朝的长期扩张，几乎耗尽了王朝赖以存在的物质和社会人力资源，而与唐朝的长期战争，以及对唐朝的军事掠夺，大大破坏了唐朝不断发展的社会和物质基础，加之唐朝内部的藩镇叛乱、内讧和整个王朝由盛而衰局面的出现，吐蕃对唐朝的战争已很难掠夺到早期那样丰厚的财富，而战争也完全破坏了唐蕃双方正常的贸易交流渠道，于是，由相互依赖到一损俱损，同样影响到吐蕃王朝的发展命运，而且进一步影响到支撑吐蕃地区再度出现统一政权的物质条件。因此，吐蕃地区必定要经历一个漫长的分裂割据和各种力量和资源积累的过程，由于有不间断的各个势力间相互冲突相伴随，普通百姓所经历的必然是一个痛苦的过程，地方社会也必定要经过一次艰难的转型。

二　家族组织的兴起

（一）赞普家族的四散分布

1. 云丹世系

达磨赞普的长子云丹（yum brtan）之子赤德衮年（khri lde mgon mnyen）有二子赤德日巴衮（khri lde rig pa mgon）和尼玛衮（nyi ma mgon）。尼玛衮有二子尼沃（nyi vod）和贝吉衮（dpal gyi mgon），"其后裔在隆雪（klung shod）、彭域（phan yul）、多康（mdo khams）"。赤德日巴衮也有二子德波（lde po）和多吉帕（rdo rhe vbar），德波的后代为甫巴坚人（bug pa can）和唐拉扎人（thang lha brag）。多吉帕的孙子益西坚赞（ye shes rgyal mtshan）及重孙赤巴（khri pa），他们还在桑耶款待过从安多

学法前来桑耶传播的鲁梅（klu mes）。① 藏史中对云丹后裔的记载存在分歧，《布顿佛教史》记载，"云丹之子为赤德衮波（khri lde mgon po），赤德衮波生子衮年（mgon gnyen）。衮年生二子，即日巴衮波（rig pa mgon po）和尼沃巴衮（nyi vod dpal mgon）。日巴衮波之子为赤德波（khri lde po），赤德波之子为沃波（vod po），沃波生有三子，即阿扎热（a tsa ra）、衮波赞（mgon po btsan）和衮波则（mgon po brtsegs）；尼沃巴衮之子为衮觉（mgon spyod），衮觉之子为查那·益西坚赞（tsha nal ye shes rgyal mtshan）"②。

云丹的后裔这里提到的，分布在隆雪、彭域（今西藏林周县境）和多康等地区，也有人活动在今西藏山南扎囊桑耶寺一带。

2. 斡松世系

达磨赞普的幼子斡松（vod bsrungs）39 岁时在雅隆旁塘（yar lung vphang thang）去世，安葬在珠结（vphrul rgyal）王陵的后面，名叫结乌拉丹（skyevu lha rten）。此后，赞普家族不再修建陵墓。斡松的儿子贝考赞（dpal mgor btsan）有二子，赤扎西孜巴贝（khri bkra shis brtsegs pa dpal）和赤吉德尼玛衮（khri skyid lde nyi ma mgon）。尼玛衮到了阿里，在普兰（spu rangs，布让）修建尼松宫堡（nyi bzungs），他有三个儿子，长子贝德日巴衮（dpal lde rig pa mgon）据芒域（mang yul），次子扎西德本（bkra shis lde spun）据普兰，幼子德祖衮（lde gtsug mgon）据象雄。被称为上部"三衮"。也有史料称，长子贝德日巴滚据玛域（mar yul）。③

贝考赞之子赤扎西孜巴贝有三子：贝德（dpal lde）、沃德（vod lde）、吉德（skyid lde），被称为下部"三德"。贝德的儿子恩波（sngon po）抵达葱波（tshon po），其后裔为贡塘人（gung thang ba）、鲁杰人（klu

---

① 释迦仁钦德：《雅隆觉卧教法史》（《雅隆史》）藏文本，西藏人民出版社，1988，第 68 页；释迦仁钦德：《雅隆尊者教法史》，汤池安译，西藏人民出版社，1989，第 43 页。

② 布顿·仁钦竹：《布顿佛教史》藏文本，中国藏学出版社，1988，第 192 页；布顿·仁钦珠：《布顿佛教史》，蒲文成译，甘肃民族出版社，2007，第 122 页。

③ 释迦仁钦德：《雅隆觉卧教法史》（《雅隆史》）藏文本，西藏人民出版社，1988，第 68 ~ 69 页；释迦仁钦德：《雅隆尊者教法史》，汤池安译，西藏人民出版社，1989，第 44 ~ 45 页。这里记载与《布顿佛教史》的记载基本一致，布顿·仁钦竹：《布顿佛教史》藏文本，中国藏学出版社，1988，第 192 页；布顿·仁钦珠：《布顿佛教史》，蒲文成译，甘肃民族出版社，2007，第 122 页。

rgyal）、吉人（spyi pa）、拉孜人（lha rtse ba）、拉隆宰果人（gla lung rtsad skor）等，均分布在拉堆（la stod）以下。吉德迁徙到达纳（rta nag），有六子，其中五子北去，后为卓之宰普（vbrovi rtsad po）、叶如如拉之宰普（gyas ru ru lag gi rtsad），与梅巴人（mus pa）、切巴人（vjad pa）分布与年堆（nyang stod）。沃德有帕瓦德色（pha ba lde se）、赤德（khri lde）、赤琼（khri chung）、聂德（nyag ldevo）四子。其中帕瓦德色与赤琼到了卫地（dbus）。帕瓦德色又携鹿银瓢返回藏地（gtsang）。其后裔分布在努域谷（snubs yul rong）、雅德（gyag sde）、年堆达蔡（nyang stod stag tshal）。赤德后裔为东方宗喀王京俄顿钦（tsong khavi rgyal po spyan mngav don chen）等多麦（mdo smad）之王嗣。聂德之后分布在叶如（gyas ru）。①

从上述记载来看，逃往阿里的王室后裔，不仅成为阿里三围的人主，而且也散居到贡塘、拉孜等，又有人返回卫藏地区，甚至前往东方宗喀，即今青海河湟地区担任首领。有学者认为，"沃德的次子赤德到了多麦地方，由此传出多麦王系，称'唃厮啰部落'，此部与宋朝建立了友好的互市关系"②。这与汉文史书的记载大致吻合，汉文史料记："唃厮啰（公元997～1065年）者，绪出赞普之后，本名欺南陵温钱通。钱通犹赞普也，羌语讹为钱通。生高昌磨榆国……"③高昌似为象雄的 rgod tshang（桂仓），而磨榆则是 mang yul（芒域）的音译。

3. 雅泽世系

赤德（khri lde）→巴德（vbar lde）→扎西德（bkra shis lde）→帕德（bha lde）→纳噶德（na ga lde）父子相传，纳噶德瓦的儿子赞秋德（btsan phyug lde）抵达雅泽（ya rtse）。之后传承为：赞秋德→扎西德（bkra shis lde）→扎赞德（drag btsan lde）→扎巴德（grags pa lde）→阿索德（a sog lde）。据称，阿索德将阿育王献给印度金刚座的42座村庄，以每年给索博人（sog po）白银12升为代价，从大食人手中买得，并献给

---

① 释迦仁钦德：《雅隆觉卧教法史》（《雅隆史》）藏文本，西藏人民出版社，1988，第72～73页；释迦仁钦德：《雅隆尊者教法史》，汤池安译，西藏人民出版社，1989，第46～47页。
② 东噶·洛桑赤列注释《红史》第257条，见蔡巴·贡噶多吉《红史》，民族出版社，1981，第334～335页。
③ 《宋史》卷四九二"吐蕃传"。

了金刚座。他有两个儿子，长子则达麦（dzi tar dmal）曾造纯银喜金刚九尊；弟阿南麦（a nan dmal）则造金写本《甘珠尔》。阿南麦之子热桑噶麦（sam gha dmal）曾经占据印度大片疆土，为拉萨释迦牟尼尊者像献金顶。[①]后断绝。

4. 雅隆世系

贝考赞之孙（沃德之子）赤琼（khri chung）居雅隆，据有秦瓦达孜宫堡（sku mkhar vphying ba stag rtse）。他的儿子沃吉巴（vod skyid vbar）有尚杰查赤德巴（zhang rje tsha khri lde vbar）和藏瓦查（gtsang ba tsha）六兄弟（拉坚 lha can、玉坚 gyu can、达热 dar ra、伦布 lhun po、沃赞 vod btsan、贡赞 gung btsan），共七个儿子。尚杰查赤德巴有六子，有宇妥（gyu thog）后裔纳莫人（sna mo）、秦阿人（vching nga ba）、顿卡人（don mkhar ba）、塘科人（thang vkhor ba）等。后裔有达霞人（stag shags pa）和扎纳人（gra sna ba）等。达热、伦布、沃赞等的后裔是昌珠人（khra vbrug pa）、秦人（bying pa）、恰尔人（byar pa）、曲弥噶波人（chu mig gog po）、白朗人（pa rnams）等。玉坚被迎接到恰萨（bya sa）地方，他的孙子恰萨拉钦（bya sa lha chen）修建了恰萨寺（bya sa），还侍奉帕木竹巴（phag mo gru pa）等贤者。其后代还建立有吉浦寺（spyil bu），并担任住持。供养过止贡京俄仁钦（spyan mngav rin po che）、萨迦班智达等高僧。据有恰萨、托恩（do sngo）、雅达（yar mdav）等地，政权的核心在邦孜（vbangs brtsigs）。冲波人（khrom po ba）也是其后裔。到释迦扎西（shvakya bkra shis）时候修建宁玛宫（pho brang rning ma），他的长子出家为吉浦寺住持，次子扎巴仁钦（grags pa rin chen）作为上师杰瓦仁钦（rgyal rin po che）的近侍弟子，后跟随卓衮·却吉杰布（vgro mgon chos kyi rgyal po）前往内地，拜谒薛禅皇帝（se chen rgyal po，元世祖忽必烈），获得统治所属地区的圣旨。建有扎卡（brag kha）等宫殿，造《般若八千颂》等金汁书写佛经；创立向法会布施的规定。以佛法护持政权40年。扎巴仁钦有四个儿子，长子出家，名拉吉浦瓦·洛卓沃（lha spyil bu ba

---

① 释迦仁钦德：《雅隆觉卧教法史》（《雅隆史》）藏文本，西藏人民出版社，1988，第71～72页；释迦仁钦德：《雅隆尊者教法史》，汤池安译，西藏人民出版社，1989，第45～46页。

blo gros vod），护持吉浦寺；三子拉尊·崔臣桑布（lha btsun tshul khrims bzang po）在帕木竹巴寺出家；幼子早夭。次子释迦贡布（shvakya mgon po）于父亲 53 岁的羊年（1307 年）继承王权，崇奉佛教，供养扎巴加赞（grags pa rgyal mtshan）等贤者，在祖先之雍布拉岗宫（yum bu bla sgang）内建造佛堂，53 岁去世。①

斡松的后代，相继分散青藏高原许多地方，"拉堆、藏堆、宗喀、安多、雅隆觉卧等处之王，乃是真正藏王血统"②。王族祖居的秦瓦达孜，王陵所在的顿卡地方等，仍是赞普后裔活动的区域。

（二）其他新旧贵族

吐蕃王朝瓦解，吐蕃发生奴隶反抗活动，许多贵族在战乱中被杀，或者在战乱中没落下去。同时也有许多贵族参与了武装暴动，得以壮大势力并继续保存下来，摇身一变成为农奴主，采取新的方式进行统治。还有在混乱中新兴起的贵族势力，他们依靠学法和佛学上的成就晋身，或者通过从事贸易和其他生产致富，获得贵族身份。吐蕃奴隶大起义发生后，许多贵族联合起来保护并扩大自己的势力。依靠仲巴拉孜赞巴（grom pa lha rtse btsan pavi mkhar）城堡，没庐氏（vbro）与觉若（cog ro）两家族担任了玛恰（ma phyar），随后在藏堆（gtsang stod yul）地区形成了一支王官（rje dpon）；依靠昌噶切赞赞巴城堡（vbrang mkhar bye btsan pavi mkhar），娘氏（myang）和囊氏（snang）担任了玛恰，随后在如仓秀聂（ru mtshang gzhu snye）地区形成了一支王官（rje dmon tshan gcig）；依靠萨和同巴赞巴城堡（zwa dang dom pa btsan pavi mkhar），卓氏（sgro）和玛氏（rma）担任了玛恰，随后在彭域萨康（vphan yul za khang）形成了一支王官；依靠纳莫雅孜（sna po yar rtse）和玛孜（mar rtse），琛氏（mchims）和尼雅氏（gnyags）担任玛恰，随后在上雅隆地区（yar lungs stod）形成一支王官；依靠恰仓贡囊赞巴城堡（bya tshang gung snang btsan pavi mkhar），尼瓦

---

① 释迦仁钦德：《雅隆觉卧教法史》（《雅隆史》）藏文本，西藏人民出版社，1988，第 73～78 页；释迦仁钦德：《雅隆尊者教法史》，汤池安译，西藏人民出版社，1989，第 47～49 页。

② 萨迦·索南坚赞：《王统世系明鉴》藏文本，民族出版社，1981；陈庆英，仁庆扎西译本，辽宁人民出版社，1985，第 201 页。

(snyi ba)、许布（shud pu）担任玛恰，随后在达木洛扎（gtam shl lho brag）形成一支王官；依靠普桂觉噶赞巴城堡（phu gud co mkhar btsan pavi mkhar），库氏（khu）和尼雅氏（gnyags）两者担任了玛恰，随后在却阔坚（vchos）形成了一支王官。这样，九王官和王族（rje dpon rje tshan rnam par dgu），加上却阔坚（chos vkhor rken）地区的一个小王（rje lhu），合计有 10 位王官和王族。① 这些贵族并没有随着王朝的瓦解而失去自身的身份，同样利用奴隶起义拥兵自保，成为新的农奴主阶层。

玛尔巴译师当年为了学法花费了不少钱财，他在佛学上卓有成就后不断向其弟子敛取钱财，这个已是当时的社会风气，许多大师都为学法花费长期积累的大量钱财。萨迦寺和该派的建立者昆·贡却杰布（1034 - 1102, vkhon dkon mchog rgyal po）就曾经"将他从家乡运来贩卖的十七匹马驮的货物连同马匹、带来作草料钱的一串珠宝全部奉献给卓弥译师，请求传授教法"②。后来为了修建萨迦寺，他向土地的主人象雄古热瓦（zhang zhung gu ra ba）和僧众教民请求购买土地，大家都愿意无偿贡献出来供他修建寺院，他的回答是："若不付地价，恐怕今后会有纠纷。"最后还是以一匹白骡马、一套女装、一串珠宝、一副盔甲等作为地价，"成为门卓（mon vbrog）以下、泊卓（bal vbrog）以上地方的地主"③。说明当时商业意识强烈，以及买卖土地活动的频繁，从而引起社会阶层变动的频繁。为了保护自己的庄园和财产不受侵害，他们往往都建有堡垒。例如夏鲁万户的祖先，"在年楚河上游北部草地的杰噶（rgyal ka）、南部草甸沃噶（vod ka）、年楚河下游北部的巴察噶莫且（spa tshab ka mo che）、南部的那噶钦（ka chen）等山下，各开垦能下一万克种籽的农田，并在这四个地方各立一根天柱。为保障这四个地方的安全，又修建了两座驻兵防守的土城，在上游的叫甲仲杰喀（rgya grong lce mkhar），在下游的叫白朗杰噶

---

① 巴卧·祖拉陈瓦：《贤者喜宴——吐蕃史译注》，黄颢、周润年译注，中央民族大学出版社，2010，第 291～292 页。

② 达仓宗巴·班觉桑布：《汉藏史集》藏文本，四川民族出版社，1985，第 313～314 页；达仓宗巴·班觉桑布：《汉藏史集》，陈庆英译，西藏人民出版社，1986，第 197 页。

③ 达仓宗巴·班觉桑布：《汉藏史集》藏文本，四川民族出版社，1985，第 314～315 页；达仓宗巴·班觉桑布：《汉藏史集》，陈庆英译，西藏人民出版社，1986，第 197 页。

(spa gnam lce mkhar)"①。新旧贵族在经济实力的不断增强中有了稳固的社会地位，与此同时，也在修建寺院、弘扬佛法上竭力有所作为，赢得精神上的控制权，从而在政教两个方面主宰地方事务。

三 佛教在上下两路获得复兴

（一）下路弘传

《王统世系明鉴》记载，由于当时风霜荒灾，人畜多病，有些大臣认为是信仰佛教的结果，而赞普达磨（赤乌东木赞）就决定毁灭佛教，而且先从大昭寺开始。将大昭寺、桑耶寺等寺门堵塞，其余小神殿全部拆毁，一切佛教经典或者抛入水中，或者焚烧于火中，或被埋到地下，僧人则被迫扛起猎枪狩猎为生。在曲卧日山一个小庙中修行的约格琼（gyo dge vbyung）、藏饶赛（gtsang rab gsal）、玛释迦牟尼（dmar shvakya mu ne）三人，获得赞普灭法的消息，立刻"将律藏经典（vdul bavi pu sti）驮在三头骡子的背上，向北走，逃往康地（khams），住在丹底雪（dan tig shel gyi brag phug，今青海化隆县的丹斗寺）地方的岩洞中，后来又有噶俄却扎巴（ka vod mchog grags pa）与绒顿僧格坚赞（rong ston seng ge rgyal mtshan）二人携带《对法藏》（mngon pa）与《俱舍论》（mdzod kyi pu sti）等很多经典逃往康地，住在森琼朗宗（san chung gnam dzong）的岩洞中②。拉隆贝吉多杰也携带《对法集论》《毗奈耶具光经》和《百一羯摩三部经文》前往康区。③

在《布顿佛教史》中，这三位僧人的籍贯被保留了下来，他们分别是结（vjed）之杰（gyel）村人藏饶赛、博东瓦（bo dong ba）约格琼、堆龙

① 达仓宗巴·班觉桑布：《汉藏史集》藏文本，四川民族出版社，1985，第368页；达仓宗巴·班觉桑布：《汉藏史集》，陈庆英译，西藏人民出版社，1986，第230页。
② 萨迦·索南坚赞：《王统世系明鉴》藏文本，民族出版社，1981，第235~236页；陈庆英、仁庆扎西汉译本，辽宁人民出版社，1985，第190~191页。个别地方根据藏文原文做了修改，如"向北方"而不是"西北方"等。
③ 布顿·仁钦竹：《布顿佛教史》藏文本，中国藏学出版社，1988，第192页；布顿·仁钦珠：《布顿佛教史》，蒲文成译，甘肃民族出版社，2007，第122页。

巴（stod lung pa）玛释迦牟尼。① 他们逃亡的路线与上书记载也有差异，即他们先逃亡阿里上部（mngav ris stod），然后经过葛逻禄（gar log）到达霍尔（hor yul）地区，因为语言不通，无法传教，又辗转到了多麦南部（mdo smad lho ngo）的毗若盐池（be ro tshwa mtsho）以下的黄河谷地多杰扎岩（rma lung rdo rje brag）地方，在阿琼南宗丹底水晶的丹底水晶寺（a chung gnam dzong tan tig shel）静修。②

他们在这里遇到的第一个信仰佛法的弟子名叫牟苏塞瓦（mu gzu gsal vbab），藏饶赛等将所带律藏经典交给他诵读，牟苏塞瓦更坚定要出家修法的意念。遂由藏饶赛为亲教师、约格琼为轨范师，为其传授了沙弥戒，以两位师傅之名得法名格瓦饶赛（dge ba rab gsal），后因其心智广大，得名"贡巴饶赛"（dgongs pa rab gsal）。当需要授比丘戒时，因不够五位上师之数，遂前往隆塘（klong thang）寻找杀死了达磨赞普逃往那里的拉隆贝吉多杰（dpal gyi rdo rje）。但拉隆贝吉多杰认为自己杀死赞普而不能担任授戒比丘。于是，他们找到了两位汉人和尚葛旺（ke bang）和姬班（gyi ban），仍由藏饶赛为亲教师，约格琼为轨范师，玛释迦牟尼为屏教师，加上两位汉人和尚，为贡巴饶赛授了近圆比丘戒。③

贡巴饶赛受比丘戒五年后，前藏的拉巴兰巴·鲁梅（klag pa lam pa klu mes tshul khrims shes rab）、程·益西云丹（vbring ye shes yun tan）、热西·崔臣迥乃（rag shi tshul khrims vbyung gnas）、巴·崔臣洛追（sba tshul khrims blo gros）、松巴·益西洛（sum pa ye shes blo）五人，后藏的古尔摩热卡瓦（vgur mo rab kha ba）、洛敦多杰旺秋（lo son rdo rje dbang phyug）、夏果俄冲尊·喜饶僧格（shab sgo lngavi tshong btsun shes rab seng ge）、阿里巴·沃加兄弟二人（mngav ris pa vo brgyad spun gnyis）、博东瓦·邬巴代噶（bo dong ba vu pa de dkar）五人，共计10人来到安多，请求藏饶赛授戒。藏饶赛以年迈相辞，让他们请喇钦·贡巴饶赛（bla chen）求戒。最后，由喇钦·贡巴饶赛担任亲教师，藏饶赛和约格琼分别担任摩羯师和屏

① 布顿·仁钦竹：《布顿佛教史》藏文本，中国藏学出版社，1988，第193页；布顿·仁钦珠：《布顿佛教史》，蒲文成译，甘肃民族出版社，2007，第122页。

② 布顿·仁钦竹：《布顿佛教史》藏文本，中国藏学出版社，1988，第193页；布顿·仁钦珠：《布顿佛教史》，蒲文成译，甘肃民族出版社，2007，第122～123页。

③ 布顿·仁钦竹：《布顿佛教史》藏文本，中国藏学出版社，1988，第193～194页。

教师，与玛释迦牟尼和汉人和尚一起为卫藏 10 人授予具足戒。根据喇钦·贡巴饶赛的观察和安排，"洛敦（多杰旺秋）能力大，应当护持教法；鲁梅（崔臣喜饶）戒行严谨，当作亲教师；冲比丘（喜饶僧格）心智锐利，当作授法导师；程（益西云丹）知人善任，当管理寺庙住地"①。为他们未来的传法事业做了精心的筹划和安排。

但是，从给贡巴饶赛授戒有两位汉人和尚担任授戒比丘，以及为卫藏 10 人授戒有以为汉人和尚参加来看，在佛教的下路弘传以及再度弘扬中，有着中原汉人僧人的作用，可以说藏汉佛教界的合作推动了佛教下路弘传的开展。

卫藏 10 人受戒后纷纷返回本地。鲁梅·崔臣喜饶没有立刻回去，而是随仲·益西坚赞（grum ye shes rgyal tshan）继续学习律藏经典。第二年返回，由于拉萨佛教寺庙遭到严重破坏，他就前往桑耶，后来到了噶曲（ka chu），以此为弘法基地；巴·崔臣洛追兄弟分别以乌察（dbu tshal）和乌则（dbu rtse）为弘法基地；热西·崔臣迥乃兄弟以格结（dge rgyas）为弘法基地；程·益西云丹以桑康（zangs khang）为弘法基地，前藏地区的五位比丘商议，应该各自修建寺庙。于是，鲁梅修建拉莫恰杜寺（la mo chag devu），由此传出四个传法系统；崔臣迥乃建立索那塘钦寺（sol nga thang chen），由此发展成塘钦学派；由尚那南（zhang sna nam）多杰旺秋建立热察寺（ra tshag），由此发展出尚（zhang）宗学派；由俄·降曲迥乃（rngog byang chub vbyung gnas）建立叶巴瓦让寺（yer pa ba rang），并建立下部拉切巴寺（la mched pa）、塞（gzad）地方的定瓦寺（lding ba）、曲水的那卧寺（chu shul gyi na bo）、布代洛贡寺（spu sde lho gong）、约塘寺（yol thang）、拉索寺（lab so）、扎玛塘寺（gral ma thang）、卡热索吉寺（kha rag so gcig）等。后来，在后藏地方建立许地（gzhu）的衮噶热瓦寺（kun dgav ra ba）、察弥寺（tsha mig）；在吉雪（skyid shod）地区，由俄师（rngog）和松巴·益西洛追建玉卓康玛寺（gyu sgro khang dmar）等，从这里发展出俄措学派（rngog tsho）。兰·益西喜饶（glan ye shes shes rab）住持加萨岗寺（rgyal gsar sgang）和勒达拉康寺（glag mdar lha khang）、察琼

① 布顿·仁钦竹：《布顿佛教史》藏文本，中国藏学出版社，1988，第 194 页；布顿·仁钦珠：《布顿佛教史》，蒲文成译，甘肃民族出版社，2007，第 133 页。

寺（mtshal chung）三寺，由此发展出兰（glan）学派。松巴·益西洛追在卓萨塘（vbro sa thang）建立梅汝寺（dme ru）；热西上师建立热西昌沃佛堂（rag shi vphang vod lhang khang）；巴·崔臣洛追建立蚌库寺（spungs vkhur），住持过兰巴吉布寺（lan pa spyil bu），发展出巴学派。热西上师住持噶蔡寺（ka tshal）和夏寺（zha），发展出热措（rag tsho）学派。程·益西云丹建恩兰吉莫寺（ngan lam spyi mo），又住持过噶琼寺（dkar chung）、聂塘扎那寺（snye thang brag sna）等，发展出程（vbring）学派。①

后藏的洛敦·多杰旺秋建立坚贡寺（rgyan gong），其弟子有24人，他们大多又建立寺院，发展成新的宗教流派。而他们的弟子再度建寺授徒，再建寺，从而使佛教事业发扬光大。"卫藏十弟子返回后，前藏的松巴·益西洛和后藏的阿里巴·沃加二昆仲没有发展出派系，出名弟子有六人。"② 通过下路弘传，使卫藏地区的寺院数目空前增加，出家为僧也成为一种社会的风尚，有力地推动了佛教在西藏地区的迅猛发展。

（二）上路弘传

达磨赞普被杀后，他的儿子斡松（vod bsungs）即位，63 岁去世，其子贝考赞（dpal vkhor btsan）13 岁即位，31 岁去世。有二子扎西则巴贝（bkra shis brtsegs pa dpal）和赤吉德尼玛衮（khri skyid lde nyi ma mgon）。扎西则巴贝执掌国政，生有三子：长子贝德（dpal lde）、次子沃德（vod lde）和幼子吉德（skyid lde）。赤吉德尼玛衮被放逐到阿里，他于布让（pu rangs，今西藏普兰）的古格（sku mkhar）建尼松（nyi gzungs，持日）城堡，掌握政权。赤吉德尼玛衮也生有三个儿子：长子贝吉德日巴衮（dpal gyi lde rig pa mgon）占据芒域（mang yul），次子扎西德衮（bkra shis lde mgon）占据布让，幼子德祖衮（lde gtsug mgon）占据象雄（zhang zhung）。德祖衮有二子，即柯热（khor re）和松额（srong nge）。③

---

① 布顿·仁钦竹：《布顿佛教史》藏文本，中国藏学出版社，1988，第 195～196 页；布顿·仁钦珠：《布顿佛教史》，蒲文成译，甘肃民族出版社，2007，第 123～124 页。

② 布顿·仁钦竹：《布顿佛教史》藏文本，中国藏学出版社，1988，第 196 页；布顿·仁钦珠：《布顿佛教史》，蒲文成译，甘肃民族出版社，2007，第 124～127 页。

③ 布顿·仁钦竹：《布顿佛教史》藏文本，中国藏学出版社，1988，第 193 页；布顿·仁钦珠：《布顿佛教史》，蒲文成译，甘肃民族出版社，2007，第 122 页。

在佛教通过下部（安多）重新燃起，传播到卫藏的同时，也在上部阿里地区得到复兴弘扬。赞普柯热将国政交给自己的弟弟松额后，自己出家为僧，取法名益西沃（ye shes vod，智光），他虽然通晓显宗法相乘，但对某些修密法者以淫乐为解脱的做法颇为怀疑。于是，他便派遣仁钦桑布（rin chen bzang po，宝贤）等21位青年去印度学习佛法。只有仁钦桑布和勒贝喜绕（legs pavi shes rab）2人学成归来，其余大多丧命异域。仁钦桑布博通显密，请来班智达夏达噶热瓦玛（pandita shrathahva ka ra wa rma）、白玛噶热古巴达（padma ka ra gupta）、普陀室利罕底（butha shriv shvanti）、普陀波罗（buthaha pva la）、噶玛古巴达（ka ma gupta）等师傅，共同翻译法相乘和密乘四续部经典，特别是译出了瑜伽和密集方面的许多密典，从而确立了清净的密乘。并且请来班智达达玛波罗（pandita dharma pva la）和扎杂波罗（pradzanyva pva la），向象雄瓦·加瓦喜饶（zhang zhung ba rgyal ba shes rab）传授律仪，后来象雄瓦到泥婆罗向持律师哲达噶（pre ta ka）学习律经，他与弟子们一起传承了律仪。①

天喇嘛益西沃在象雄地方修建了托顶寺（mtho lding），供养了许多译师和班智达。他的弟弟松额之滋拉德亦请来班智达苏跋其达（su pahva shi ta）。拉德的二子降曲沃（byang chub vod，菩提光）让那措·楚臣加瓦（nag mtsho tshul khrims rgyal ba）等5人带着黄金，以贾译师尊珠僧格（btsun vgrus seng ge）为首领，前往印度迎请最富学识的班智达来传法，阿底峡就这样来到阿里。阿底峡与仁钦桑布切磋佛法，共同翻译经卷，特别是对各部瑜伽译本依据衮噶宁波（kun dgav snying po，遍喜藏）的释本进行校正，使密教的灌顶、经教及讲修诀窍等得到弘传。阿底峡还来到前藏，向库、俄、仲（khu rngog vbrom）3位传授了许多佛法教诫，特别是向仲敦巴（vbrom ston pa）传授了噶当派教法，使之得到发扬光大。②

仁钦桑布翻译了许多佛教经典，他的弟子小译师扎觉喜饶（grags vbyor shes rab）翻译了胜乐、金刚亥母、因明学等典籍；天喇嘛益西沃也翻译了《胜乐论》和寂护的《量论》等著作。泥婆罗译师噶曲桑（vgar

---

① 布顿·仁钦竹：《布顿佛教史》藏文本，中国藏学出版社，1988，第200~201页；布顿·仁钦珠：《布顿佛教史》，蒲文成译，甘肃民族出版社，2007，第128页。

② 布顿·仁钦竹：《布顿佛教史》藏文本，中国藏学出版社，1988，第201~202页；布顿·仁钦珠：《布顿佛教史》，蒲文成译，甘肃民族出版社，2007，第128~129页。

chos bzang）翻译了《译事六法》等书籍；泥婆罗班智达弥底（smri ti）来藏学会藏语后，也翻译了《四座》《文殊明智法门》和《圣观佛密义》等多部密教经典。领主沃德（vod lde）迎请苏纳雅室利（su nya shrvi）来藏，其子则德（rtse lde）请来迦湿弥罗的杂那室利（dznyva na shrvi），以琼波·却尊（khyung po chos brtson）为译师，共同译出了《金刚顶经》《修续论》《量决定论》等；旃陀罗罗睺罗应邀来藏，与译师定埃增桑布（ting nge vdzin bzang po）一起译出了《集量论》等；巴察·尼玛扎（pa tshab nyi ma grags）在迦湿弥罗学经 23 年，请来班智达迦那迦瓦玛（ka na ka warma）翻译、讲授中观学经籍，培养出知名的四位弟子；卓弥·释迦益西（vbrog mi shvakya ye shes）曾邀请班智达噶雅达热（ga ya dha ra），以 500 两黄金作供养，译出了《喜金刚帐三布扎》、四部《热里密法》等母续修法秘诀；桂·库巴拉孜（vgos khug pa lhas btses）三赴印度，跟随 72 位班智达学习，译出了《密集圣系法类》《金刚空行法》《四座》《摩诃摩雅密法》《喜金刚三续》等；吉觉·达维沃色（gyi co zla bavi vod zer）翻译了《时论经》《颅骨佛经》《金刚甘露法》《胜乐经》等；洛扎（lho brag）地方的马尔巴·却吉洛追（mar pa chos kyi blo gros）曾三赴印度，依止上师那若巴（na ro）、麦智巴（me tri）、希瓦桑布（zhi ba bzang po）、潘廷巴（pham mthing pa）等，求学密集、胜乐、喜金刚、摩诃玛雅、四座等许多密法，其修法弟子甚多，法裔兴旺；桑噶·帕巴喜饶（zangs dkar vphags pa shes rab）依止迦湿弥罗的贡巴瓦（dgon pa ba）、底杂提婆（te dza de ba）、婆罗赫达巴杂（pa ra hi ta bha dra）等班智达，翻译了《瑜伽法类》《顶髻经》《金刚手善趣法门》《多闻天王》《入行论大疏》《胜乐法类》等；年·达玛扎（gnyan dar ma drags）居住印度 12 年，依止班智达玛底（ma ti）学法，请来班智达布尼雅室利（pu nye shri），译出了《入行论广释》《度母经》《护法供轨》等；瓦热·妥巴噶（ba re thos pa dgav，闻喜）、麻班·曲拔（rma ban chos vbar）、楚译师（mtshur）等人，在印度依止恰那多杰（phag na rdo rje），译出了《大手印成就法》《密要法类》《道情三歌》《道情歌集》，以及麦智巴所传的《胜乐法门》等；在迦湿弥罗大班智达（释迦室利跋扎）座前，萨迦班智达受了近圆比丘戒，与泥婆罗的森噶室利（sen gha shriv）一起学习声明学，向释迦室利跋扎和达那室罗（tva na shriv）学习《释量论》，并将此翻译成藏文，成为大智者，等等。①

阿底峡传法教导之功是十分巨大的。"阿底峡尊者行至阿里上部，是应整顿佛教的启请，遂将一切显密要义，归摄成为修行的次第，造《菩提道灯论》，依于此门，大兴佛法。估计在阿里大约住了三年，聂塘住了九年，卫藏及其他地方共住五年，在这期间为有缘者讲授显密经论教授，罄尽无余，对于佛制败坏者，重新建树，略存轨范者，培植广大，染有邪执之垢者，为之涤除，遂使释迦教宝，远离垢污。"② 上路弘传的有许多特点：首先是在赞普后裔的资助下，派遣大批年轻的学者前往印度、尼泊尔、克什米尔（迦湿弥罗）等地几年十多年，甚至数十年的刻苦学经，形成浓厚的社会风气；其次是求学求经若渴，不惜重金邀请印度、尼泊尔和克什米尔三地的大学者前来西藏讲经传法，培养佛教人才；再次是大规模的翻译佛经，这些经典有些是由精通梵文的西藏僧人独立翻译的，也有是由学会藏文的外来高僧翻译的，还有西藏与来自印度、尼泊尔和克什米尔高僧合作翻译的，大批经典被译为藏文是此时期的突出的成就。

卫藏 10 人和他们的弟子在前后藏各地建立了许多僧团和寺庙，成为西藏佛教的主流，遗留至今的康玛县的艾旺寺和江浦寺（萨玛达寺）、夏鲁坚贡寺、扎囊寺的宗教艺术，反映了汉地和河西陇右地区的艺术对西藏的影响，成为西藏佛教艺术中的精品。下路弘传主要学习律经，讲求授徒持戒传法，并大规模修建寺院，建立众多的传法流派。而上路弘传则是通过多重途经将印度、尼泊尔和克什米尔的密教经典、密法翻译、介绍到西藏地方，掀起了中外学者在西藏学习密法、翻译密教经典的热潮，上下两路弘传，相互补充，为佛教在西藏的巨大发展，以及藏传佛教几个大的教派的形成打下坚实的基础。

四　藏传佛教各教派的形成

噶当派（Bkav gdams pa）。噶当派的奠基人是印度高僧阿底峡。1045

---

① 布顿·仁钦竹：《布顿佛教史》藏文本，中国藏学出版社，1988，第 202 ~ 206 页；布顿·仁钦珠：《布顿佛教史》，蒲文成译，甘肃民族出版社，2007，第 129 ~ 132 页。

② 宗喀巴：《菩提道次第广论》，法尊译，台湾密乘出版社，1981，第 7 页。

年西藏拉萨堆龙德庆地方人仲敦巴（vbrom ston pa，1005－1064年）前往阿里迎请阿底峡到前藏地区传法，此后，一直作为上首弟子随侍左右，直到1054年阿底峡在聂塘地方去世。1055年，仲敦巴在聂塘主持悼念阿底峡的仪式，并且在那里建立了一座寺院安葬阿底峡灵塔。1056年仲敦巴应邀到热振地方传教，并建立热振寺，噶当派以此为根本寺院逐渐发展起来。噶，藏语指佛语，当，指教授。噶当，意为将佛的一切语言和三藏教义，都摄在该派始祖阿底峡所传的"三士道"次第教授之中，并据以修行。噶当派以显宗的修习为主，主张修习次第应先学显宗，后学密宗，强调密宗只能传授给经过考验的少数人。噶当派所传的密法，以属于四部怛特罗中的第三部即瑜伽部的《真实摄经》为主。仲敦巴的弟子博多瓦（仁钦赛，1031～1105），传出教典派；而他的另一位弟子京俄瓦（楚臣巴，1038～1103）则传出教授派。

宁玛派（rnying ma pa）。宁玛意为"古"或"旧"，宁玛派即古派或旧宗派。自称其教理是从公元8世纪时传下来的，在诸派中历史悠久，而且它的一些教义教规是以吐蕃时代的旧秘咒为主，其中吸收了西藏本土原有宗教苯教的一些内容。将莲花生视为祖师，但是实际上是在公元11世纪时由"大素尔"索尔波且·释迦迥乃（1002～1062）、"小素尔"索尔穷·喜饶扎巴（1014～1074）、卓浦巴（释迦僧格，1074～1134）"三素尔"建立邬巴隆寺等寺庙并有较大规模的活动时才形成的。一类专靠念经念咒在社会上活动，一类是师徒或者父子传授旧密或者"掘藏文献"。教法有所谓九乘三部：九乘即声闻、独觉、菩萨等显教三乘，事续、行续、瑜伽续等外密三乘，摩诃瑜伽（大瑜伽）、阿鲁瑜伽（随类瑜伽）、阿底瑜伽（大圆满法）等内无上三乘。宁玛派最为注重修习心部的大圆满法，主张人心本自清净，三身圆满。

萨迦派（sa skya pa）。1073年昆·贡却杰布在后藏仲曲河谷边的波布日山脚一块灰白色土地上建立寺院，因此得名萨迦（sa skya，灰白土）。又因该教派寺院围墙涂有象征文殊、观音和金刚手菩萨的红、白、黑三色花条，俗称花教。萨迦派采用昆（《元史》作款氏）家族世代相传的传承方法，有颇为知名的萨迦五祖：初祖贡噶宁波（1102？～1158年）、二祖索南孜摩（1142～1182年）、三祖扎巴坚赞（1147～1216年）、四祖萨迦班智达·贡噶坚赞（1182～1251年）、五祖八思巴·洛追坚赞（1235～

1280 年）。该派宗教首领在元朝受封国师、帝师，获授权管理西藏地方 13 万户事务。萨迦派在显教方面注重经论的翻译及辩经。显宗方面有两个传承，一个倡导唯识见，传授法相学；一个主张诸法性空，传教中观应成学说。密教方面有萨迦十三金法，"道果法"是最独特的教法。"道果"法认为，修习佛法有三个层次，第一个层次是舍去"非福"（"恶业"）；第二层次是断灭"我执"；第三层次便是除去"一切见"。

噶举派（bkav brgyud pa）。是由山南洛扎的玛尔巴（mar pa，1012 - 1197 年）译师开创，经米拉日巴（Mi la ras pa，1040 - 1123 年）瑜伽师的继承，最后至达波拉杰（1079 ~ 1153 年）大师时，才正式建立并成为一大名副其实的宗派。噶举派的教法有两大系统：一是直接从玛尔巴并经米拉日巴传承下来的达波噶举；二是由琼波南觉（公元 978 ~ 1127 年）开创的香巴噶举。1121 年米拉日巴的弟子塔波拉杰建塔波寺，琼波南觉建香巴寺，标志着教派的正式形成。1147 年塔波拉杰的弟子都松钦巴建昌都噶玛寺，1187 年建楚布寺，发展出噶玛噶举派；1185 年帕木竹巴（1110 ~ 1170 年）建丹萨替寺，发展出帕竹噶举派；1160 年达玛旺秋建拔绒寺，发展出拔绒噶举派；1175 年尚蔡巴建蔡巴寺，发展出蔡巴噶举派。是为塔波噶举的四大支。帕竹噶举派又进一步衍生发展，形成八小支：1179 年帕木竹巴的弟子止贡巴仁钦贝建止贡寺，发展出止贡噶举派；1180 年达隆塘巴扎西贝建达隆寺，发展出达隆噶举派；林热白玛多吉传出主巴噶举派；格丹意希僧格（其弟子建雅桑寺）传出雅桑噶举派；杰擦和衰丹兄弟建绰浦寺，发展出绰浦噶举派；1181 年楚臣僧格建修赛寺，发展出修赛噶举派；意希孜巴建叶巴寺，发展出叶巴噶举派；喜饶僧格传出玛仓噶举派。噶举派奉月称派中观见，重视"大印"传承，又各有特色。① 该派噶玛噶举创立了藏传佛教特有的活佛转世系统，并被其他教派所借鉴。

从藏传佛教教派形成期开始，由于师承关系的共性特征，以及对上师

---

① 达垅·阿旺南杰《达垅教法史》记："噶举派的特殊教法，如玛尔巴的续释，米拉日巴的艰苦和教授，塔布拉杰的体性抉择，都松钦巴的风心无别，向蔡巴的究竟胜道，拔绒巴的塞婆和塞朗（大印修法的二种名称），帕木竹巴的密咒，达垅塘巴的 39 种传记，止贡巴的三律仪一要，主巴·藏巴甲热的缘起和平等味，桂译师的信敬和厌世心等，各有殊胜之点。虽然每一派系都具备一切教授，但各派系也各有着重发扬的别法，然就其整体而言，俱是噶举派之教义。"

的过分依赖，藏传佛教发生一个重要的变化，即从吐蕃王朝时期佛教强调对佛祖的崇拜演变为强调对本派祖师以及上师的崇拜，强调师传，强调视师为佛。另一个变化就是随着仲敦巴、玛尔巴、米拉日巴、萨钦贡噶宁波等西藏地方祖师的出现，佛教的本土化进一步加强了，具有了更多的地方特色。此外，这一期西藏佛教在不断从印度获取真传的同时，也加强了与内地其他地区的联系和交流，藏传佛教不仅与青海、甘肃河西陇右地区汉传佛教保持紧密联系，也与西夏等地的佛教发生了密切的接触，一些西藏的高僧还被西夏王朝封为帝师、国师。建立在河湟地区的吐蕃政权唃厮啰政权也信奉藏传佛教，并与西夏王朝、内地宋朝和辽朝保持着多方面的联系。①

五　政教势力的兴起

云丹的第六世孙意希坚赞在山南地区的桑耶一带，形成一个地方势力，自成一方的领主（即农奴主），并兼著名的桑耶寺主。意希坚赞也就成为西藏佛教复兴活动中的代表人物之一。公元996年，仁钦桑布在阿里布让地方建成托林寺，这期间达磨赞普后代的另一支斡松的第五世孙拉德做了阿里古格的小王，即把他辖区布让（普兰）一带的协尔东等三地作为"谿卡"（即庄园），封给托林寺主仁钦桑布做"却谿"（即寺庙庄园），还拨出一定的税收供他使用，西藏地方由此开始有了寺属庄园。②噶举派祖师玛尔巴曾是山南地区的一个自耕农民，他家有耕地、有牧场，本人经商兼营农牧业生产，又常去尼泊尔、印度等地买卖黄金和土特产品。作为法师译师，他又要向他学习佛法的人献上全部财产，还要替他做各种劳役。③而米拉日巴的母亲为了筹集米拉日巴去学咒术的费用，则将娘家送给的一块名叫"支见丹琼"的土地卖出了一半，用以买回松耳石、白马、染草、皮革等贵重物品给米拉日巴做学费④，等等，都反映出西藏地方社会生产

---

①　陈庆英：《西藏历史》，五洲传播出版社，2004。

②　王森：《西藏佛教发展史略》，中国社会科学出版社，1987，第31页。

③　查同杰布：《玛尔巴译师传》，张天锁、申新泰、文国根、张家秀译，西藏人民出版社，1989，第44~47页。

④　乳毕坚金：《米拉日巴的一生》，王沂暖译，商务印书馆，1955，第22页。

关系所发生的较大变化。

　　西藏各地旧的贵族和新兴的封建势力逐渐成为一支社会力量，他们又与迅速兴起的教派势力结合起来，形成维护自身利益，又相互兼并的政教势力。除了阿里地区的三个小王之外，在后藏地区有萨迦的昆氏家族兼掌政教两权；在前藏蔡（tshal）地方有噶氏家族（mgar）和蔡巴噶举派相结合的一个地方势力；雅隆地区有赞普后裔雅隆觉卧的地方势力；在帕木竹地方，朗氏家族是把持着帕木竹巴噶举派的僧俗结合的地方势力；在拉萨河上支流索绒河（gzo rong chu）有止贡噶举和觉若（cog ro）家族相结合的一个地方势力①，还有上述各个教派，特别是噶举派各支派自身形成的由寺院贵族控制的地方势力等，都程度不同地影响到地方的局势稳定和经济社会发展，甚至如藏文史书所展示的那样，赞普的后裔都皈依止贡噶举派、萨迦派和止贡噶举派等，以求佛学事业进步，精神获得解脱。② 蒙元经营西藏时，正是以这些大小不等的地方势力为基础建立起万户千户的管理体制和制度。

---

①　王森：《西藏佛教发展史略》，中国社会科学出版社，1987，第 208～209 页。

②　释迦仁钦德：《雅隆觉卧教法史》（《雅隆史》）藏文本，西藏人民出版社，1988，第 73～78 页；释迦仁钦德：《雅隆尊者教法史》，汤池安译，西藏人民出版社，1989，第 47～48 页。

第八章　经略河湟

一　青唐吐蕃历史简述

（一）青唐吐蕃的来历

唐武宗会昌二年（公元 842 年），吐蕃王朝末位赞普达磨（藏史称"吾东赞"，后弘期史书作"朗达玛"）被杀，立国 200 余年的吐蕃王朝陷入了内部混乱之中。在朝廷内部，显赫贵族分成两派：没庐氏（vbro）及其所属势力支持达磨赞普的王妃蔡绷氏所生遗腹子斡松（vod srong）为主，而韦氏（dbavs）及其所属势力反对斡松即位，形成政治和军事上的对立。双方在卫（dbus）地发生激烈的武装冲突，甘肃、青海等地军阀，也分别聚集在没庐氏和韦氏的麾下，展开争战。各地的奴隶纷纷掀起反抗活动，瓦解了吐蕃王朝赖以存在的基础。藏汉文史书都记载了原属吐蕃辖下地区部落分散的局面。当时在甘、肃、瓜、沙、河、渭、岷、廓、叠、宕之间，皆有吐蕃部落分布，在吐蕃本土大乱的情况下，陷入群龙无首的状态。

王子斡松的后裔四散逃亡，贝科赞（dpal khor btsan）前往阿里，他在唐昭宗乾宁二年（公元 895 年）被义军所杀。其后裔有唃厮啰（公元 997 ~ 1065 年），被河州僧人何郎业贤带至河州（今甘肃临夏）地区，不久又随河州地方大首领耸昌厮均转至移公城（今甘肃夏河县），利用当地吐蕃百姓众多，而且信仰佛教的现状，试图建立割据政权。河湟地区大首领宗哥李立遵、邈川首领温逋奇得知河州人耸昌厮均控制着吐蕃赞普的后代，并欲借此以自重。他们联合起来，通过武力将唃厮啰劫持到廓州（今青海尖扎北），"立文法"，并尊其为"赞普"。邻近部落相继归附，势力逐渐强大，为了获得更大的发展空间，李立遵又将王城迁移到经济较为发达的宗哥城（今青海平安县），自立为论逋（大论，或者相），建立青唐政权。[①] "唃厮啰"就是藏文"rgyal sras"的音译，意思是"佛子"或者"王子"。既显示与佛教的关系，又标志他是赞普后裔。

青唐吐蕃政权，利用当时周边各地政权之间的矛盾，特别是宋、夏、辽三足鼎立的局面，在偏居一隅的河湟地区逐渐发展起来。在内，通过与当地各大豪族联合以巩固政权基础；在外，游离于宋、夏、辽之间，寻求生存空间。同时，积极利用地处中西丝绸之路的便利条件，参与经济贸易，充实自己的经济基础。遂能立足河湟，影响西部地区的形势。在早期，唃厮啰基本上是地方豪族实现自己野心的工具，李立遵将自己的女儿许嫁给唃厮啰，并在青唐吐蕃的崛起中扮演了极为重要的角色。但是，当他个人威信和实力增强时，他的欲望也极度膨胀。大中祥符九年（1016年）三月，李立遵便遣使向宋朝请封"赞普"尊号，遭到拒绝后，他便与宋朝交恶，鼓动宋朝辖下秦、渭等州的吐蕃人叛宋。甚至也对唃厮啰本人造成极大的伤害。[②] 唃厮啰转而依靠邈川（今青海乐都）首领温逋奇，但后者同样是个欲壑难填的人物，后来居然要设计捕杀唃厮啰本人。唃厮啰再度返回青唐，并逐渐巩固了自己的地位。

青唐政权的鼎盛时期，出现在唃厮啰摆脱李立遵和温逋奇的控制，进入中年以后。唃厮啰在经济上重视农牧业的发展，重视利用丝绸之路开展商业贸易，在军事上积极参与宋朝对西夏的战争，接受宋朝册封和赏赐，得到宋朝政治和经济上的有力支持，一方面积极抵御西夏对青唐的掠夺，另一方面也支持宋朝利用吐蕃牵制和削弱西夏的活动。特别是景祐二年（1035年）抵御西夏的"宗哥河战役"取得重大胜利以后，逐渐使自己成为左右地方局势的一股势力。与此同时，唃厮啰及其子董毡也积极扩大与周边各个政权交往，为自身的存在拓展更广阔的空间。他们在与宋朝联合对抗西夏的同时，也与西夏、辽、甘州回鹘等相互联姻，加强政治和经济文化交往，也就是所谓"等距外交"。

---

① 《宋史》卷四九二"吐蕃传"。
② 《宋史》卷二五八"曹玮传"。

唃厮啰十分重视其继承者的培养，其三子董毡（1032～1083 年）备受器重。董毡少时随母亲乔氏居住历精城，"方董毡少时，择酋长子年与董毡相若者与之游，衣服饮食如一，以此能附其众"①。也就是为其在部落上层贵族中培植亲信党羽。宋仁宗康定元年（1040 年），当董毡九岁时，唃厮啰即派人前往宋朝，为其请得会州刺史的职位。此后，董毡随父出征，逐渐成为一个出色的领袖人物。宋英宗治平二年（1065 年），唃厮啰去世，董毡即位，继续了乃父的政策，但是在"熙河之役"发生后，董毡开始转变策略，联合西夏对抗宋朝，一直持续了 10 余年。直到宋神宗熙宁十年（1077 年），董毡身感和宋朝作对会影响青唐吐蕃发展的命运，遂开始改变态度，主动和宋朝联络，并"遣使谢罪"②，与宋朝重归于好，这当然也是宋朝所期望的局面。双方结好后，再次对西夏形成新的东西夹攻之势，从而改变了西北地区的政治和军事格局。宋朝重新开启了经过青海道与西域地区的贸易往来活动，而青唐吐蕃不仅参与其中获得利益，更直接和宋朝开展紧密的商业往来，从而促进了其经济的持续发展。

　　董毡晚年把王位传给了养子阿里骨（1040～1096 年），阿里骨继续董毡亲密宋朝的政策，派遣使者朝贡，宋神宗称"得录董戬（董毡）、鄂特凌古（阿里骨）蕃字，观其情辞忠智兼尽，顾中国食禄士大夫存心公家者不过如此。细绎再三，嘉美无已"③。由于阿里骨非董毡血统，其内部反对者不在少数，他对宋朝朝贡有获得认可和借以自重的用途，宋朝也十分谨慎，权管勾熙河兰会路经略司公使赵济派属下高升前往查访，并会晤阿里骨及贵族，知悉阿里骨确得众心，具有控制能力后，方始照旧例赐其衣带、丝茶，接受其朝贡。同时宋哲宗也告诫阿里骨："卿继世之初，人情未一，固当推广恩信，惠养一方。今闻卿自主管以来，颇峻刑杀，部族之众，谅不遑宁？虽出传闻，未忘忧惕。卿宜以继承为重，以仁厚为先，无恃荣宠，务安种落，副朝廷所以封立之意，思前人所以付与之心。"④ 足见宋朝对阿里骨关切之情状。但是，随着阿里骨地位的巩固，同时也为了转

① 《宋史》卷四九二"吐蕃传"。

② 《宋会要辑稿》"兵"九之一。

③ 《续资治通鉴长编》卷三四一"元丰六年十二月癸酉"条。

④ 《宋大诏令集》卷二三九《诫约西蕃邈川首领河西军节度使阿里骨诏》（元祐元年六月壬寅）。

移内部矛盾，他开始着手恢复青唐吐蕃早期的地盘，并试图从宋朝治下夺取熙河等六州。元祐二年（1087年），阿里骨和西夏国相梁乙逋相约在今甘肃定西一带对宋作战，获胜后以熙、河、岷三州归青唐吐蕃，兰州、定西归西夏。① 阿里骨命大将鬼章先行夺取洮州，再与西夏军联合围攻定西城。西夏国母梁后及国相梁乙逋发大兵屯于会州和天都山一带，与青唐吐蕃相照应。阿里骨则发河北兵10万，确定在这一年七月十七日由讲朱城过飞桥围河州，又发廓州兵5万余人与西夏兵会师熙州城东的王家坪。② 然而为时未久，吐蕃和西夏的联军便被宋朝大将游师雄所部打败，宋朝军事相继收复了六通宗城、讲朱城，最后在洮州大败鬼章军，取得决定性的胜利。除了战略战术运用得当之外，包括吐蕃在内的这一地区"熟户"部落对宋朝的支持，以及西夏军队没有如约极力帮助吐蕃，也是影响这次战役结果的重要因素之一。战后，阿里骨认识到和宋朝和好对其自身的存在和发展具有至关重要的意义，于是便在元祐三年（1088年）派使者携带黄金、犀角等进贡，上表谢罪，并请求释放鬼章。双方关系再度和好，青唐吐蕃又与西夏对立。

绍圣三年（1096年）阿里骨去世，其子瞎征即位。瞎征性嗜杀，部落离心，青唐吐蕃更加走向衰落。宋将王瞻向哲宗献"取青唐，断西夏右臂"之策，元符二年（1099年）王瞻所部宋军攻入湟水流域，并在这一年七月夺取邈川，八月迫使宗哥城大首领舍钦角以城投降。③ 史载，"朝廷命王瞻招纳，瞎征遂削发为僧，出降。而溪巴温之子陇拶乘间入青唐，称王子"④。九月，王瞻所部宋军占领安儿城，吐蕃大首领心牟钦毡派人通款，宋军得入青唐城，陇拶与其契丹、西夏和回鹘公主及诸大首领一起出降。十一月，陇拶等在王瞻副将王仲达、高升等所部千骑护送下，前往内地朝拜宋徽宗。十二月到达京师开封，朝廷封陇拶为河西节度使知鄯州，充西蕃都护，封武威郡公，并赐其姓名赵怀德。崇宁三年（1104年）十月，宋将王厚趁青唐吐蕃内乱入据河南（今青海黄南藏族自治州河南蒙古族自治县），陇拶率河南大首领出降。四年（1105年）二月再至京师朝贡，受

---

① 《续资治通鉴长编》卷四○○元祐二年五月癸丑。
② 《续资治通鉴长编》卷四○四元祐二年八月戊戌。
③ 《宋会要辑稿》"兵"九之一；《续资治通鉴长编》卷五一四元符二年八月己卯。
④ 《东都事略》卷三五○"王瞻传"。

封为感德军节度使、安化郡王。大观二年（1108 年）正月改封为顺义王、昭化军节度使、河南蕃部总领①，青唐吐蕃大部分地区归入宋朝治下。

（二）青唐吐蕃的活动范围

汉文史书记载，青唐吐蕃的首府宗哥（今青海平安县）城：东至永宁寨 915 里，东北至西凉府 500 百里，西北至甘州 500 百里，东至兰州 300 里，南至河州 415 里，又东至宽谷 550 里，又西南至青海 400 里，又东至新渭州 1890 里。② 也就是今天的青海西宁市。"青唐城，城枕湟水之南，广二十里。旁开八门，中有隔城，以门通之，为东西二城。伪主居西城。门设谯楼二重。谯楼后设中门，门后设仪门。门之东，契丹公主所居也；西，回纥公主所居也。过仪门北二百余步为大殿九楹，柱绘黄龙，基高八九尺。……西城无虑数千家，东城惟限羌人及羌人之子孙、夏国降羌，于阗、回纥往来商贩之人数百家居之。……城中之屋，佛舍居半。唯国主殿及佛舍以瓦，余虽主之官寨，亦以土覆之。"③ 这里概要地介绍了青唐城的布局和建筑特点。

青唐吐蕃强盛时候，除首府青唐城（今青海西宁市）之外，还有湟州邈川（青海乐都）、宗哥（今青海平安县）、林金城（今湟中多巴）、廓州（今青海尖扎北）、熙州（今甘肃临洮）、河州（今甘肃临夏西南）、洮州（今甘肃临潭）、岷州（今甘肃岷县）、叠州（今甘肃迭部）、宕州（今甘肃岩昌县）和积石军（今青海循化县）等地。大致东南至秦州西部的三都谷，北接祁连山，南至今果洛藏族自治州界，西逾青海湖。主要分布在湟水流域、洮水流域地区及相邻地区。后来宋朝在这些地方设立鄯、湟、廓、熙、河、洮、岷、叠、宕等州和积石军等。④

《梦溪笔谈》记载"唃厮啰立，立尊与邈川首领温逋（奇）相之，有汉陇西、南安、金城（兰州）三郡之地，东西二千余里。宗哥、邈川，即所谓三河间也"⑤。也是就说，今甘肃临洮、陇西、兰州等地区也曾在青唐

---

① 《宋史》卷四九二"吐蕃传"；《宋会要辑稿》"蕃夷"六之三六；《皇宋十朝纲要》卷一六。
② 《续资治通鉴长编》卷八五大中祥符八年十二月丁亥记事。
③ 李远：《青唐录》，见陶宗仪《说郛》卷三五。
④ 《宋史》卷四九二"吐蕃传"；《宋史》卷三二八"王韶传"；《宋史》卷八七"地理三·陕西"。
⑤ 《梦溪笔谈》卷二五"杂志"二。

吐蕃的治下。

青唐吐蕃辖区范围的大小前后有变化，但是青海东部和甘肃南部地区，特别是青唐、邈川、宗哥、廓州、熙州、河州、洮州、岷州等地，长期在青唐吐蕃管理之下。

（三）青唐吐蕃的政治与制度

青唐吐蕃吸收吐蕃王朝时期的一些旧有制度，如作为"国主"的赞普，即是从吐蕃时代借用的。为了维护赞普的尊严和人身安全，臣下向赞普奏事，要严格遵守相关制度。根据宋人出使所见到的情况，"去坐丈余，以碧琉璃砖环之，羌呼'禁围'。凡首领'白事'，立琉璃砖外，犯者杀之"[1]。早年的唃厮啰是在李立遵、温逋奇等人的拥戴和支持下成为"赞普"的，这些大豪酋的利益和需要才是他能否继续担任赞普的根本因素，李立遵自请宋朝封授"赞普"名号，以及温逋奇险些将自己劫杀的经历告诉他，没有赞普的威严和安全，也就没有这个政权的稳定。恢复和继承吐蕃时代的制度，更与他解决所面临的实际问题有关系。

在赞普之下，设立有"国主议事厅"或者"国主亲属议事厅"。这种制度事实上是吐蕃"尚"和"论"参政议政制度的体现。在唃厮啰建政初期，这些拥戴他称王的贵族通过政治婚姻这条纽带，把自己的利益和赞普拴在一起，在通过母亲和舅舅这种血缘关系施加个人影响之外，也通过参政议政来维护自己的权益。与此同时，一些有军功的贵族和部落首领，在维护青唐政权的斗争中扮演了重要的角色，他们也通过这一制度参与管理，保护自己的利益。在后者中，占据主体的是众多的、势力较大部落的首领。

在青唐吐蕃中推行的上述议事制度，从根本上来说，是和当时吐蕃的部落组织制度有关的。拥戴唃厮啰的李立遵和温逋奇都是甘青地方的吐蕃部落首领，他们依靠其较大的政治和军事势力，以及在地方的社会影响辅佐唃厮啰建立政权，同时也维护和巩固自己的利益。当时，在青唐吐蕃具有影响的势力都是一些较大部落的首领，诸如宗哥族的李立遵、邈川吐蕃温逋奇、青唐族首领俞龙珂、洮州乔家族，以及宠谷族、叶公族、齐暖族

---

① 《宋史》卷三一七"冯京传"。

首领等，都对青唐吐蕃的政治生活产生深刻的影响。

在部落内部则采取盟会制度和习惯法。《宋史·吐蕃传》记载，"信咒诅，或以决事，讼有疑，使诅之。讼者上辞牒，籍之以帛，事重则以锦，亦有鞭笞扭诸狱具"。具体裁决的办法是"每有公事，量大小，以锦裹其讼牒，物多者为有理"①。保持了吐蕃传统的民间诉讼和刑事裁决习惯。

（四）青唐吐蕃的文化

青唐吐蕃人使用藏文藏语，宋朝称吐蕃人使用"蕃书"或"旁行书"。《资治通鉴长编》卷三六三记载，宋朝在青唐地区用兵后，"董毡惧，因作旁行书谕之，遂遣使入贡"。在甘肃甘州（张掖）发现的宋孝宗淳熙三年（西夏乾祐七年，1176 年）的黑水桥建桥碑，系汉藏文字合璧，说明活动在这一带的吐蕃人使用藏文藏语。②由于在该政权的统治区域，除了吐蕃人之外，还聚居或杂居着汉族、党项等各族，因此，语言的使用也存在多样性的特点，而汉文作为重要交流工作发挥作用是不言而喻的。许多吐蕃首领通晓汉文，甚至十分重视其子弟学习和使用汉文汉字。

信奉佛教并保留原始信仰。《宋史·吐蕃传》："其国大抵吐蕃遗俗也。""贵虎豹皮，用缘饰衣裘。妇人衣锦，服绯紫青绿。尊释氏。不知医药，疾病召巫觋视之，焚柴声鼓，谓之'逐鬼'。信咒诅，或以决事，讼有疑，使诅之。人善啖生物，无蔬茹醯酱，独知用盐为滋味，而嗜酒及茶。居板屋，富姓以毡为幕，多并水为秋千戏。"③原始的民间信仰依然在部落中广泛流行，喜欢生吃食物，嗜好饮酒与茶，以毡帐为穹隆，保持了游牧民族传统的生活习俗。孔仲平记载，吐蕃人"自称曰倘，谓僧曰尊，最重佛法。居者皆板屋，以瓦屋处佛。人好颂经，不甚斗争"④。说明在青唐吐蕃那里佛教已经是支配人们精神世界的主导力量。

值得注意的是，西藏佛教的后弘期是通过两路弘传实现的，其中的下

---

① 王辟之：《渑水燕谈录》卷二"名臣"。
② 王尧：《西夏黑水桥藏文碑考补》，见王尧《西藏文史考信集》，中国藏学出版社，1994，第 100～117 页。
③ 《宋史》卷四九二"吐蕃传"。
④ 孔仲平：《谈苑》卷一。

路弘传就发源于青唐吐蕃政权的统治地区，而促成这一复兴的就是贡巴饶赛。来自西藏的"卫藏十人"跟随贡巴饶赛的再传弟子仲·意希坚赞受戒，并把佛教从河湟地区带到卫藏使之得到发扬光大。可见青唐佛教对藏传佛教的形成曾有过巨大的贡献。而在青唐吐蕃治下，包括河西地区，佛教在吐蕃人居住地区业已获得长足的发展。《宋史·吐蕃传》记载，"凉州郭外数十里尚有汉民陷没者耕作，余皆吐蕃。其州帅稍失民情，则众人啸聚。城内有七级浮屠，其帅急登之，众曰：'尔若迫我，我即自焚于此矣。'众惜浮图，乃盟而舍之"。可见吐蕃人信佛之盛。事实上，宋朝对青唐吐蕃信奉佛教所给予的有力支持，在某种程度上推动了青唐吐蕃佛教事业的发展。宋朝统治者认为，"戎羯之人崇尚释教，亦中国之利"①。嘉祐二年（1057 年）宋仁宗赐给瞎毡金箔、药物等。元丰七年（1084 年），鬼章送马 13 匹入宋朝界，欲换取写经纸张，宋朝免费赐给所需，还马 7 匹。② 宋朝统治者认为青唐吐蕃信仰佛教是好事，佛教的遁世思想和平和精神，有益于西部地区的安宁与双方关系的开展，因此，对其采取了支持的态度。

青唐吐蕃的历法也采取十二生肖纪年。宝元三年（1040 年）宋朝使者刘涣出使青唐，唃厮啰延坐劳问，称"阿舅天子安否？倒旧事则数十二辰属，曰兔年如此，马年如此"③。这既是吐蕃时代历法的延续，也与汉族历法的影响密切关联。

二 宋朝经营河湟

（一）宋朝对青唐吐蕃的怀柔和羁縻

吐蕃在河湟地区崛起以后，很快与周边诸政权发生了密切的联系，特别是和宋朝之间发生了频繁的接触。宋朝对青唐吐蕃所采取的，也是历代统治者对边疆民族惯用的两手：一方面是怀之以德、施之以仁的怀

---

① 《续资治通鉴长编》卷七二大中祥符二年十一月。
② 《续资治通鉴长编》卷三四四元丰七年三月。
③ 《宋史》卷四九二"吐蕃传"。

柔政策，或者羁縻政策，另一方面则是临之以兵、示之以威的威慑政策。

宋朝初年，河西陇右地区散居着大小不等的吐蕃、党项等部落，宋朝把沿边泾原、秦凤两路的吐蕃、党项等边疆民族，以是否归顺宋朝统属为标准划分为"熟户"和"生户"，"内属者谓之熟户，余谓之生户"①。按照宋朝将军曹玮的建议，"蕃戎之情不可专行恩惠，宜先加掩杀使知畏惧，然后招抚，则悠久之利也"②。宋朝统治者接受了这一主张，而此时，唃厮啰刚刚建立政权未久，大相李立遵也试图把宋朝管辖下的秦渭等州的吐蕃、党项人纳入自己的统治范围，直接进兵秦渭，从而也给宋朝对唃厮啰政权用兵提供了口实。大中祥符七年（1014 年），宋朝宣布招抚青唐吐蕃部落首领的措施，"管百帐以上大首领补本族军主，次补指挥使，次补副指挥使，百帐以下并补本族指挥使"③。以瓦解吐蕃统治的基础。九年（1016 年）李立遵鼓动秦州的唃厮啰的舅舅赏样丹和熟户郭厮敦离王族"立文法"，谋叛宋朝。曹玮侦知其谋，以重金收买郭厮敦，并面见郭厮敦解宝带赠予，结为莫逆。鼓动郭厮敦趁机除掉赏样丹，并上奏朝廷，以献地有功，封郭厮敦"顺州刺史"。④

唃厮啰上层内部的矛盾也是一个严重的问题。而且他们对宋朝采取两面手法，一面武力进扰，一面又试图得到宋朝政治上的认可和经济上的贸易许可。李立遵甚至曾经向宋朝提出封授自己为"赞普"的请求。曹玮等上书朝廷，建言拒之，同时又"授立尊保顺军节度使，赐袭衣、金带、器乐、鞍马、铠甲等"⑤。没有得到满足的吐蕃权臣李立遵再次派人到宋朝管下的"熟户"部落中煽动叛宋情绪。大中祥符九年（1016 年）九月，李立遵在做了比较充分的准备之后，联合马波叱腊鱼角蝉等族大首领，率马衔山（甘肃榆中县境）、兰州、龛谷（甘肃榆中县境）、毡毛山（青海乐都县境）、洮州、河州等部族，3 万余人进攻宋朝秦渭地区，秦州守将曹玮精心备战，充分发挥熟户部落熟悉地形山川等有利条件，以逸待劳，在三

① 《宋史》卷四九二"吐蕃传"。

② 《续资治通鉴长编》卷八五大中祥符八年八月乙未。

③ 《续资治通鉴长编》卷八二大中祥符七年四月甲戌。

④ 《续资治通鉴长编》卷八五大中祥符九年三月。

⑤ 《宋史》卷四九二"吐蕃传"。

都谷大败李立遵所部，"逐北二十余里，斩首千余级，生擒七人，获牛、马、杂畜、器仗、衣服三万三千计"①。经过反复的争夺，遭到惨败的唃厮啰向宋朝贡马请和，宋朝接受并给其马价，双方逐渐建立了密切的政治和经贸往来关系，宋朝许其"岁一入贡"。

在西夏建立政权并向河西走廊等地扩张以后，在进攻宋朝辖区遭到失败的青唐吐蕃逐渐意识到来自西夏的威胁，特别是宗哥河战役的生死搏斗，增添了他们与西夏对垒的决心和信心，遂之改变对外政策，不断改善与宋朝的关系，走上协助宋朝对抗西夏的道路。为了鼓励唃厮啰部牵制西夏在西部地区的势力，宋朝也极尽拉拢之能事，景祐二年（1035年）十二月，宋朝授唃厮啰"保顺军观察留后"，月赐大彩30匹，角茶30斤，三茶100斤，由秦州负责供给。景祐五年（1038年）十月，唃厮啰取得宗哥河战役胜利后，宋朝再加其"保顺军节度使"，岁给丝绢千匹，角茶千斤，散茶1500斤。②

宝元二年（1039年）新建立的西夏国和宋朝开始更激烈的武装交锋。在宋朝将领连遭败绩之后，宋朝首先想到唃厮啰部牵制西夏的作用，朝臣不约而同地建言募人使河湟，或者出使回鹘、契丹等部，联合应对西夏的猛烈攻势。次年八月，屯田员外郎刘涣应募前往河湟，历经艰难困苦来到唃厮啰帐前，受到热情款待。唃厮啰表示要誓死捍边，并献上誓书和西州地图，以表达坚定决心。于是双方约定共同对付西夏的武力征服活动，宋朝也加封唃厮啰"保顺河西等军节度使"。此后很长一段时间，河湟吐蕃和宋朝保持着良好的合作关系，使者往还不断，唃厮啰也屡受宋朝封赏，接受大批丝绸和茶叶的馈赠。唃厮啰的继承者延续了这种关系，吐蕃部落暴发瘟疫，宋朝则送去治疗的药物。唃厮啰去世后，他的前妻李氏和后妻乔氏均欲拥戴其子继承王位，从而导致内部分裂，甚至出现纷争，为该政权的衰退埋下祸根，同时也促使宋朝改变对唃厮啰政权一贯的措施，试图在青唐吐蕃不能自保，又担心西夏介入的情况下主动出击，控制青唐吐蕃。

---

① 《续资治通鉴长编》卷一〇八，卷五七之二。
② 《续资治通鉴长编》卷一二二宝元元年十二月乙酉；《乐全集》卷二二"秦州奏唃厮啰事"

（二）王韶《平戎策》与《和戎六事》

宋神宗在位时期，启用王安石等一批改革派人物推行变法，试图改变日渐衰微局面，重振先祖基业，达到富国强兵的目的。当时有一位屡试不中的书生王韶，客游陕西，访采边事，上京言《平戎策》，对经略西夏和西北诸部提出独到的建议：

> 西夏可取。欲取西夏，当先复河湟，则夏人有腹背受敌之忧。夏人比年攻青唐不能克，万一克之，必并兵南向，大掠秦、渭之间，牧马兰、会，断古渭境，尽服南山生羌，西筑武胜，遣兵时掠洮、河，则陇、蜀诸郡当尽惊扰，瞎征兄弟其能自保乎邪？今唃氏子孙，唯董毡粗能自立，瞎征、欺巴温之徒，文法所及，各不过一二百里，其势岂能与西人抗哉！武威之南，至于洮、河、兰、鄯，皆故汉郡县，所谓湟中、浩门、大小榆谷、枹罕，土地肥美，适宜五种者在焉。幸今诸羌瓜分，莫相统一，此正可并合而兼抚之时也。唃氏敢不归？唃氏归则河西李氏在吾股掌中矣。[①]

王韶《平戎策》的出发点是解决长期困扰宋朝西部和西北部边疆安宁的西夏政权的侵扰问题，也就是所谓"断西夏右臂"，但是手段却是通过兼并唃厮啰所建立的青唐政权来实现的。它意味着宋朝对河湟吐蕃政策的重大转变。

在提出《平戎策》之后，王韶接着又上书皇帝提出《和戎六事》[②]，内容包括：其一，鉴于秦、渭、河、陇等地区吐蕃部落分散，互不统一的情况，朝廷选择熟悉吐蕃事务，心胸豁达，干练明敏的官员，如汉代之护羌校尉之类，朝夕出入其间，体察民苦，平息冤滥，使其归心朝廷。其二，鉴于唃厮啰后裔三分祖业，互不隶属，难成宋朝抗夏辅弼的状况，建议派两名文武兼备的官员前往河州联络木征，授予官爵，并于之同住，使

---

① 《宋史》卷三二八"王韶传"。
② 《宋史》卷三二八"王韶传"；（宋）《国朝诸臣奏议》，（宋）赵汝愚编，北京大学中古史中心点校（合校），上海古籍出版社，1999。

其"习用汉法，渐同汉俗"，以期吐蕃各部不被西夏利用，威胁宋朝西部边疆安全。其三，借鉴郿延路、环庆路等组织番兵为宋朝守边抗夏的成功做法，朝廷派兼通文武的官员至泾原、秦凤两路，教导番兵，"固其部族，合其心力"，如此，不费宫中粮食可以得10余万番兵用为心腹。将他们分为十部，"每部置都巡检一人，以番官有材能识略、为众所服者统之，而以汉官一员都大提举以总之"。其四，招募汉人弓箭手到沿边番部闲田散处耕种，使蕃汉杂居，利用汉人弓箭手控制蕃部，河湟各地得以安宁。同时，广泛开垦从古渭州到洮、河、兰、鄯之间等州，恢复和发展农业生产，以为战备之资。

王韶的《和戎六事》可以被理解为对《平戎策》的补充，也就是解决青唐吐蕃被宋朝控制之后可能出现的问题，以及这些部落的管理和后续安全保障问题。

王韶的建议被当时锐意改革的宋神宗接受了，并在宋神宗熙宁元年（1068年）二月被任命为管干秦凤经略司机宜文字，派往秦州。次年，改任提举蕃部集兼营田市易。王韶积极施展自己的本领，先从招抚各部归附入手，经营西北诸部。熙宁二年（1069年），他把在蕃部中势力最大的俞龙珂作为首选目标，源渭羌和西夏都想控制该部落，宋朝边将也想出兵征服，而王韶则带领随从数名骑兵直接来到俞龙珂的大帐前，说服其归附。俞龙珂经过反复思考答应了归宋，于是其所属吐蕃12万口内附宋朝。俞龙珂本人仰慕宋朝忠直耿介之臣包拯的美名，请朝廷赐其姓包，名包顺。①由于在朝廷得到改革派领袖王安石的支持，王韶的经略活动进展得比较顺利，仕途也颇为亨通，熙宁四年（1071年）被提升为太子中允秘阁校理集兼管勾秦凤路缘边安抚司兼营田市易。不久又任命为新置的、管理与蕃部贸易与边地营田的洮河安抚司安抚使。王韶上奏朝廷，封授归附的俞龙珂等朝命官职，赢得了诸蕃的归心，使河西出现商旅云集的繁荣景象。五月，宋朝以古渭寨为通远军，以王韶为知军，掌其事。王韶号称拓地1200百里，招抚蕃众30余万口。这些成果有力地支持了他在这一带地区进一步采取更大的行动。

---

① 《宋史》卷三二八"王韶传"。

（三）"熙河之役"

王韶积极进取的经略方针，必然要导致武装抵抗的发生，熙河之役就是在这样的背景下出现的。

熙州，是今甘肃；河州是今甘肃临夏。地处中西交通的要道，也是西夏南进的主要目标之一。宋朝在这里的经略活动，自然引起了包括西夏在内的各方的关注，特别是唃厮啰后裔瞎毡诸子和青唐大豪酋俞龙珂兄弟瞎药等吐蕃部落首领的不安。熙宁五年（1072年）二月，感到局势危机的木征除了严密注视宋朝军队的动向之外，还派人到秦州状告王韶，称王韶曾与吐蕃有约："不得取渭源城一带地和青唐盐井，今乃潜以官职诱我人，谋夺我地，我力不能校，即往投董氊，结连蕃部来巡边。"① 但是，当时主持朝政的宰相王安石并没有理会木征的申诉，转而直接把矛头指向对木征的招抚上面。他认为，只有使木征归附，才会使洮河一带的吐蕃部落诚心归附宋朝廷，因此决意要降伏木征。他提出的办法是，领边将暗地里厚抚木征属下将领，使其成为孤家寡人，继而可以图谋董氊和西夏。

对于朝廷的上述做法，事实上也有不同意见。冯京就对王安石的提法表示异议，他认为木征并无过失，不该如此吞并。但是宋神宗认为，木征让宋朝使者坐在堂下，而且言辞不恭就是罪过，王安石也非常赞同。

熙宁五年（1072年）五月，王韶率领大军在渭源堡筑城。接着利用蕃部大首领蒙罗觉抢劫西域"班擦"和不肯内附为由，发兵讨伐吐蕃。攻克后，修筑乞神平堡。王韶又破抹耳、水巴族，翻越牛竹岭、趋末邦山，大败吐蕃部众。命令部将景思立、王存率泾原兵出竹牛岭南路佯攻，王韶本人则亲率大军由东谷偷袭武胜，吐蕃大豪酋瞎药等弃城逃跑，部酋曲撒四王阿珂投降，木征则从巩令城摆逃，其弟结吴延征及大首领李楞占纳芝等20余人相继投降。战后，宋朝改武胜为镇洮军，以高遵裕知军使。十月，宋朝再改镇洮军为熙州，以镇洮为节度军额，分熙、河、洮、岷州、通远军为一路，置马步军都总管经略安抚使，命王绍为熙河路都总管经略安抚使兼知熙州，高遵裕知通远军兼权熙河路总管。

夺取武胜后，如何采取下一步行动，宋朝内部再次出现分歧。王安石

---

① 《续资治通鉴长编》卷二三〇熙宁五年二月癸亥。

等主张利用这一大好时机降伏木征，完成对青唐吐蕃的最后经略，从而为对付西夏奠定基础。而吴充等则主张允许木征返还武胜，使其自领其部，永为外臣，而不必浪费财力，将其列为郡县，也就是推行羁縻策略。当然，最后的决定权在皇帝本人，宋神宗依旧采纳了王安石等改革派的意见。熙宁六年（1073 年），王韶率景思立等攻打香子城、珂若城，目标直指河州。双方展开激烈的拉锯式争夺战。宋军先得后失河州，决意要拿下河州的宋朝统治者，在嘉奖前线将士的同时，也下令改珂若城为定羌城，香子城为宁河寨，康乐城为康乐寨，刘家川堡为当川堡，并隶河州。八月，王韶再度夺取河州，接着攻克宕州、岷州、叠州、洮州等，据守这些州县的许多吐蕃部落首领相继归降。①

北宋末年，青唐吐蕃首领小陇拶（溪赊罗撒）和聂农族大首领多罗巴投奔西夏，崇宁四年（1105 年）四月，夏主乾顺接纳他们，并派数万兵马围攻宋朝宣威城，帮助他们"复国"。宋将高永年带兵前往解围，出西宁州 30 里，结果丧命。宋徽宗不得不在大观二年（1108 年）命令童贯率大兵进讨河湟吐蕃部落，童贯派遣冯瓘、辛叔献出征洮州；命刘法、张诚、王亨自循化城，焦用城、陈迪等自廓州，分别挺进溪哥城，又令陇右都护刘仲武侧应。同时，让归宋的顺义郡王赵怀德前去劝青唐吐蕃王子藏征扑哥投降。在大军压境和软硬兼施的情况下，藏征扑哥接受投降条件，刘仲武为此立下卓越功勋。宋军进驻溪哥城，并改其地为积石军。在击溃西夏军队的进攻后，政和六年（1116 年）六月，宋朝改古骨龙新筑城堡（在今青海乐都县北大通县界）为震武城，七月更名为震武军，"至是，唃厮啰之地悉为郡县"②。青唐吐蕃最终纳入宋朝的直接行政管辖之下，作为一个地方政权至此宣告终结。

金灭北宋以后，青唐吐蕃故地转归金朝治下。金太宗天会八年（1130年），派右副元帅宗辅经略陕西、甘肃、青海等地。次年，巩、洮、河、乐、西宁、兰、廓、积石等州相继归降金朝。后来在金朝的支持下，青唐吐蕃部落首领结什角在大定五年（1165 年）依附金朝统治者，并在青唐故地建立一个新的地方政权，"其地北接洮州、积石军。其南陇逋族，南限

---

① 《宋史》卷三二八"王韶传"。
② 《皇宋十朝纲要》卷十七政和六年七月壬辰。

大山，八百余里不通人行。东南与叠州羌接。其西丙离族，西与卢甘羌接。其北庞拜族，与西夏容鲁族接。地高寒，无丝五谷，惟产青稞，与野菜酥酪食之。其疆境共八千里，合四万余户。其居随水畜牧，迁徙不常"①。1227年，蒙古大军进入河湟，攻占积石、临洮、西宁诸州，河湟地区转归大蒙古国统治之下，开始进入一个新的历史时期。

（四）经营河湟与宋朝对吐蕃、西夏的政策

宋朝发动熙河之役，最终目的是为了断西夏右臂，防止西夏西进联合吐蕃扩大势力，威胁宋朝西部边疆地区的安全。宋朝当权者的如意算盘是，兼并青唐吐蕃，不仅开拓了宋朝在西部地区的辖土，而且消除了一个可能经常会被西夏利用的武装力量，转而使之为宋捍边，同时在西部给西夏造成包围之势。同时此举也与保护汉唐以来中原地区与西域及西方之间贸易的丝绸之路有关。

宋朝初年，往来丝绸之路的商旅多走灵州路，后来西夏崛起，逐渐控制河西、陇右，对于往来这里的客商"夏国将吏率十中取一，择其上品，商人苦之。后以物美恶杂贮毛连中，然所征亦不贷"。于是，很多商人便经过"青海路"，或者"河南道"往来西域中亚与中原之间。青海道或者河南道，是沿祁连山南麓穿越柴达木盆地，至新疆若羌（诺羌），再分天山南麓和喀喇昆仑山北麓南、北两道，西行，南道出于阗和葱岭，或者出高昌沿天山西行。居住在甘州地区的回鹘部，因为西夏的介入不得不改变"朝贡"路线，原来他们经过凉州（今甘肃武威）到青海东部的邈川（今青海）或者宗哥，然后前往宋朝。宋大中祥符元年（1008年）西夏入据甘州后，回鹘使者和西域商旅被迫改道，从甘州南下，越过祁连山进入青唐，再前往宋朝。因此，控遏青海道的青唐吐蕃地位凸显。青唐吐蕃意识到这种位置的重要，很好地加以利用，他们友善地接待往来此地的客商，给他们提供吃住方便，允许他们建筑货栈屋宇，"于阗、回纥往来贾贩之人数百家居之"②，"厮啰居鄯州，西有临谷城通青海，高昌诸国商人皆趋鄯州贸易，以故富强"。青唐城俨然一个沟通中西方和西域与中原地区贸

---

① 《金史》卷九一"移剌成传附结什角"。

② 李远：《青唐录》，见陶宗仪《说郛》卷三五。

易的重要中转站和吐蕃人、西域人和中亚人云集的地区性贸易中心，其自身也成为最大的受益者。宋朝吞并青唐，也有在西夏控遏河西走廊的条件下，试图保持中西商业贸易之路畅通的用意。

青唐吐蕃由于处在部落分散状态，各个部落首领因为利益上的需要存在分歧，其在宋朝和夏的对立中，也表现出巨大的差异。即使是在青唐吐蕃和宋朝基本上友好相处的嘉祐八年（1063 年）二月，也出现吐蕃首领禹藏花麻以西使城及兰州一带土地献给西夏，并被西夏主凉祚妻以宗室女，封为驸马的事例。在宋朝对分立的青唐吐蕃用兵以后，业已分裂的青唐吐蕃部落的立场更加分化，尽管宋朝获得了大片土地，但是却失去了青唐吐蕃诸多部落首领的归心，他们中的很多人转而归附西夏，和宋朝开战。西夏也抓住有利时机，积极拉拢青唐吐蕃领袖董毡，熙宁五年（1072 年）西夏主秉常将其妹妹许嫁董毡，双方结为姻亲。熙宁七年（1074 年）二月董毡派大将鬼章进入河州，协助木征对抗宋军，并在踏白城杀死宋将景思立、李元凯等。木征归降后，局势稍微安定下来。但是由于宋朝和西夏之间的对抗一直存在，介于两者之间，寻求自身利益最大化的青唐吐蕃部落，也一直处在复杂多变的状态，接受宋朝册封与赏赐，与宋朝保持密切的经济、政治和文化往来没有停止，对宋朝的抄略也几乎没有停止。这与宋朝自身的强大与否，以及宋夏战争的状况都存在着密切的联系。

宋朝在对青唐吐蕃是采取传统的羁縻策略，还是武力征服政策问题上，一直存在着纷争。从当时西北地区政局来看，势力较大的即是西夏和青唐吐蕃，而在这两个地方政权之中，真正能够对宋朝构成威胁的是西夏。西夏和宋朝也有和有战，但是它一直是宋朝无法消除的心腹大患，而青唐吐蕃能够发展起来，除了自身的因素之外，宋朝和西夏的争夺也为他们提供了发展空间。青唐吐蕃一方面采取了依违宋、夏两大势力之间、谋求发展之路的策略，另一方面则更多地倾向宋朝，希望能在和宋朝的交往中加强其赖以发展的经济基础。从青唐吐蕃自身对外政策来看，与西夏联合抗宋则经济利益受损，而与宋朝联合抗夏则自保得存。同时，他们和宋朝也有矛盾和斗争，三方交互之间有利益一致，也有矛盾冲突的局面一直存在着。在这样的背景下，宋朝对青唐吐蕃采取什么样的政策，具有重要意义。应该说，宋朝为其对青唐吐蕃的高压政策付出了沉重的代价，也给青唐吐蕃政权管辖下的百姓生命和财产带来巨大的损害。因此，这种政策在当时就受到主张对青唐吐蕃采取羁縻政策的官员的批评，冯澥就曾指出：自崇宁用兵河湟以来，"三州岁用以亿万计，仰之于官也，而帑藏已空，取之于民也，而膏血已竭，有司束手莫知为计。塞下无十日之积，战士饥馁，人有菜色"。朝廷应该"采前世羁縻之义，擢其酋豪，授以旄钺，第其首领等级命官"，使其"稽颡听命，输诚效顺，长为汉守，有得地之名，无费财之患"①。可谓两全其美。但是，他的建议不仅没有得到采纳，反而因此丢掉乌纱帽。最后，宋朝通过武力消除了青唐吐蕃的存在，其所付出的巨大代价，以及由此而引发的对羁縻政策的认识，依然值得认真检讨。

---

① 《上徽宗论湟廓西宁三州》，见《宋会要辑稿》"职官"六八之一二；《国朝诸臣奏议》卷一四一"边防门·青唐"。

第九章 凉州会谈

一 阔端经营西藏

（一）阔端坐镇凉州与经营西藏

宋宁宗开禧二年（1206年），成吉思汗建立蒙古汗国，在巩固对漠北地区的统治后，蒙古统治者不断扩大征服目标，日趋衰落的西夏政权和散居在甘肃、青海等地区的吐蕃和党项等部落也没有逃出他们的视线。宋理宗宝庆三年（1227年），成吉思汗率领蒙古大军渡过黄河，进攻积石州，破临洮府、洮、河、西宁等州，将分散的势力相继纳入治下。成吉思汗去世后，他的儿子窝阔台即位，继续父亲未竟的统一事业。他的儿子阔端受命经略甘青等，端平二年（1235年）攻秦（甘肃天水）、巩（甘肃陇西），招抚金朝金昌府总帅汪世显。端平三年（1236年），阔端率领汪世显等出大散关，命大将按竺迩进攻甘肃会宁、定西、兰州，相继招抚吐蕃首领勘陀孟迦等10族，接着金熙州（甘肃临洮）节度使赵阿哥昌父子归降，阔端的西北经营取得了一系列胜利。① 嘉熙元年（1237年），阔端坐镇凉州（今甘肃武威），着手经营西藏。

宋理宗嘉熙三年（1239年），阔端派遣大将多答率兵万人，穿过柴达木盆地、唐古拉山，来到拉萨西北的止贡地方，在这里遇到了止贡寺和杰拉康僧人的武装抵抗。据说，多答（dor ta）屠杀了500名进行抵抗的僧

---

① 《元史》卷二"太宗"；《元史》卷一二一"按竺迩"。

人，这一举动使整个西藏地区受到巨大的冲击。① 止贡寺属于止贡噶举派，而杰拉康寺则属于噶当派。由于后一教派以不参与政治为训诫，所以只算是该寺庙僧众个体行为。而止贡寺却不同，它属于在当时西藏地方具有重大政治和宗教影响的止贡派的一个组成部分，因此，这次冲突具有相当深刻的影响。

（二）西藏地方归降多答

多答的远征军自然没有因为止贡寺和杰拉康僧人的抵抗而止步。他们继续向西藏的纵深位置挺进。他们遇到的主要抵抗者依然是在拉萨地区具有巨大影响的噶举派政教势力。为此，多答逮捕了止贡派的行政首领贡巴（sgom pa）释迦仁钦（shakya rin chen），蒙古军准备处死这位不予合作的地方首领，当时止贡派京俄（spyan ngo）扎巴迥乃（grags pa byungs gnai）在前往拉顿塘（la don thang）途中获得这一消息，他以接受蒙古统治作为交换条件，促成这位蒙古统帅手下留人，赦免了止贡贡巴。按照许诺，京俄把西藏装有木门的所有人家的户口名册献给多答，表示接受蒙古法律统治。多答的军队捣毁了东方工布、东西洛扎、洛若、加波、门地门贝卓、洛门（lho mon）和尼婆罗以内诸多的堡塞，使分散的西藏地区各个势力听命于蒙古的统治。② 可以看到，长期处于政治上四分五裂、宗教上各自为宗状态的西藏地方，面对蒙古大军几乎没有什么抵抗能力，这在客观上有利于大蒙古国的武装经营。

多答这次武装行动，主要目的是为了对教派林立、领主割据的西藏地方施以威严，迫使其归附大蒙古国，接受统治。同时也有了解西藏地方内部政教现状，以便制定未来统治策略的目的。多答同样出色地完成了这一任务，根据他了解的情况，"在边野的藏区，僧伽团体以噶当派为最大，善顾情面以达垅法王为智，荣誉德望以止贡京俄为尊，通晓佛法以萨迦班

① 大司徒·绛曲坚赞：《朗氏宗谱》（或作《朗氏世系史》），西藏人民出版社，1989，第109页；赞拉·阿旺、余万治译，陈庆英校《朗氏家族史》，西藏人民出版社，1989，第74页。
② 大司徒·绛曲坚赞：《朗氏宗谱》（或作《朗氏世系史》），西藏人民出版社，1989，第109页；赞拉·阿旺、余万治译，陈庆英校《朗氏家族史》，西藏人民出版社，1989，第74页。

智达为精"①。这成为阔端选择萨迦班智达作为其在西藏合作者的重
要依据。

二 阔端和萨班凉州会谈

(一) 阔端的邀请书

在军事征服取得初步成果的条件下,阔端根据多答了解到的情况,做
出了选择萨迦政教首领作为合作伙伴的决定。究其原因,噶当派不热衷于
参与政治,且属于噶当派的杰拉康寺院曾与多答军队的武装对抗,并有许
多僧人被杀,不存在合作的可能。而止贡噶举派存在类似的情况,也可以
被排除掉。达垅派的宗教势力和政治势力都比较有限,也难以担当重任。
把宗教和政治势力结合起来,并在后藏地区具有重大影响的萨迦派无疑是
最理想的选择。

做出这一重大决定后,阔端向萨迦班智达发出了带有最后通牒性质的
邀请函:"我为报答父母及天地之恩,需要一位能指示道路取舍之上师,
在选择时选中了你,故望不辞道路艰难前来此处,你若是以年迈为借口
(推辞),那么以前释迦牟尼为众生所做出的施舍牺牲又有多少?(相比之
下)你岂不是违反了你学法时的誓愿?你难道不惧怕我依照边地的法规,
派遣大军前来追究会给无数众生带来损害吗?故此,你若为了佛教及众生
着想,请赶快前来,我将使你管领西方之僧众。"② 在这封信的末尾开列的
是所赠礼品名单。阔端的信函有三个主要内容:其一,他欲选择一位供应
上师,最终确定的人选是萨迦班智达,希望他不要推辞。其二,如果萨班
拒绝邀请的话,蒙古大军必然会重新进入西藏地方,广大百姓必将遭受战
祸的灾难。其三,萨班遵命前来,将被委任为西藏宗教领袖,管领西藏僧
众。阔端给萨班的信,可以说是恩威兼施,态度明确,没有给萨迦派领袖
回旋的余地。

---

① 第五世达赖喇嘛:《西藏王统记》,民族出版社,1981,第 90 页;郭和卿汉译本,民族出
版社,1983,第 88 ~ 89 页。

② 阿旺·贡噶索南:《萨迦世系史》,民族出版社,1986,第 118 ~ 119 页;陈庆英、高禾
福、周润年汉译本,西藏人民出版社,1989,第 80 ~ 81 页。

（二）凉州商谈的条件

接到阔端的邀请函，萨迦班智达感到问题的重大，他对其内部宗教和行政事务做了安排，任命释迦桑布为萨迦"细干巴"（gzhi gan pa），负责行政事务，并让除了负责宗教事务的伍由巴·索南僧格和夏尔巴·意希迥乃之外的所有萨迦派高僧大德接受他的管束，听命他的指挥。事实上，是以释迦桑布为核心，组成了包括伍由巴·索南僧格和夏尔巴·意希迥乃在内的三人领导集体，全面代理萨迦集团内部政教一切事务。①

安排好其内部事宜，萨班带上年尚冲幼的两个侄子八思巴（10 岁）和恰那多吉（6 岁）启程北行。在途经拉萨时，由萨班和苏浦巴为八思巴剃度授沙弥戒，还在拉萨西郊的觉莫隆寺听该寺堪布喜饶僧格讲授沙弥戒律。② 他们的旅途长达两年之久，除了萨班年迈，他的两位侄子年幼不便速行，以及战乱年代交通条件艰难的客观因素之外，还有一个重要因素就是，萨班一路要广泛会晤名僧大德，听取各方面的意见以便圆满地解决这个重大问题。经过近两年的艰苦跋涉，萨班伯侄在淳祐六年（贵由元年，1246 年）八月到达凉州，而此刻阔端王子前往和林参加推举贵由为大汗的忽里台大会。他们只好在凉州居住下来，等待阔端的归来。

淳祐七年（贵由二年，1247 年），返回凉州的阔端与萨班举行了具有历史意义的会谈。双方决定西藏地方归附蒙古汗国的条件，以及保障这项事业顺利进展的原则。会谈内容以《萨迦班智达致蕃人书》的方式予以公布。

会谈之后，萨班伯侄留在凉州，据说，他还为阔端王子治好了长期困扰的疾病。萨班作为阔端的供应上师，事实上也扮演着阔端处理西藏政教事务最高顾问的角色。阔端为萨班在凉州城外修建府邸和东部幻化寺（武威城东白塔寺），还兴修了南部灌顶寺（金塔寺）、西山莲花寺、北部海藏寺等，广兴萨迦派教法，供其安禅。而八思巴则跟随伯父学习佛法。阔端命八思巴的弟弟恰那多吉着蒙古服，学蒙古语，并以公主墨卡顿（me vgav

---

① 达仓宗巴·班觉桑布：《汉藏史集》，四川民族出版社，1985，第 357 页；陈庆英汉译本，西藏人民出版社，1986，第 357 页。

② 阿旺·贡噶索南：《萨迦世系史》，民族出版社，1986，第 150 页；陈庆英、高禾福、周润年汉译本，西藏人民出版社，1989，第 106 页。

vdun）许嫁。希望他们成为未来大蒙古国在西藏地方推行政教策略的有用人才。

三　萨班致蕃人书的内容及相关问题之分析

萨班致蕃人书的主要内容有这样几项：其一，他开宗明义，说明此行是为了利益佛法及众生，特别是利益讲藏语的众生的利益。其二，阔端对萨班伯侄的归附表示由衷地赞赏，阔端信奉佛教，通过他们两人以"世间法"和"出世间法"共同护持，可以使佛教得以弘扬。其三，蒙古军队人多势强，已经征服了广大地区，对新征服地区，如畏兀、汉地、西夏、阻卜等，归命者，许其官仍原职，财富自有；抗拒者尽行剿灭。其四，现在吐蕃地方许多人存在侥幸心理，以为蒙古军会因为道远不来，或者吐蕃军或许可以在交战中获胜等，这些都非明智之举，蒙古人对归降吐蕃首领贡献甚少已有不悦，如不改变，必然招致武装报复，而希望与蒙古军交战获胜，则全系痴心妄想。其五，大家或者以为蒙古人本部的差役乌拉等会比其他被征服部落的更轻，这种看法也是错误的，其他部落反而轻于蒙古人自身。其六，是会谈的核心内容和最终成果（下详）。其七，他要求各地领袖要善待往来西藏与蒙古朝廷之间的金字使者，否则他们的不满之言会直接带来蒙古军的武装打击。其八，他再次表明自己关心西藏利益的心迹，如果西藏各地领袖想获得礼遇，就带上上好礼品随萨迦人一同前往凉州归附。最后，他还开列了一个蒙古人所喜欢的物品的名单，申明阔端对自己非常友善，等等。①

以上诸点，主要是萨班苦口婆心劝慰西藏地方的政教领袖，认清形势尽快归附蒙古的言辞，目的是使地方避免战乱，通过和平方式解决问题，使西藏百姓获得安宁。而在这封信中所披露的会谈要点，也就是我们上文谈到的第六项，也涉及四个要点：西藏地方归附大蒙古国；归附后的西藏各地首领，由萨迦金字使者，银字使者召请至凉州，被委任为各地的管民官（达鲁花赤），即官仍原职；为举荐各地官员，由萨迦等将各该处官员姓名、百姓数目、贡品数量缮写三份，一份呈阔端，一份存萨迦，一份由

---

① 阿旺·贡噶索南：《萨迦世系史》，民族出版社，1986，第135～140页；陈庆英、高禾福、周润年汉译本，西藏人民出版社，1989，第91～94页。

各该官员自己收执；绘制一张地图，表明归附者与未归者，在蒙古军发动攻击时不使归附者受到牵连；各地官员未经萨迦金字使者的同意，不得擅做主张。这些条件既表明原则性立场，即西藏地方必须归附大蒙古国，并接受其统治，又规定了实现这种统治的最初步骤。

值得注意的是，萨班在书函中所涉及的内容，从表面来看只是萨迦派和大蒙古国王子阔端之间谈判的一项成果，似乎既没有经过西藏地方各政教势力的商讨与认可，也没有听取这些地方领袖们的意见或建议。实际上并非如此，如我们上文所言，在多答第一次武装入藏时，作为西藏强势集团的止贡派领袖即代表西藏地方，献出户口，表示接受大蒙古国统治的立场。而萨班在历时两年的北上旅途中，十分重要的一个内容就是征求西藏地方各个主要政教势力的意见，并由此形成和蒙古人谈判的依据和基本原则。

另一个需要注意的问题是，在萨迦派高僧大德所撰著的史书中，他们往往会为萨班北行凉州找出一些宗教上的借口，或者伪造一些前世的宗教预言，让他作为一个履行者，借以消除在当时西藏地方可能存在的对萨迦派的指责，将其塑造成为一个为佛教弘扬建立卓越功绩的宗教伟人。这种企图在当时也许无可厚非，在今天看来，它显然部分地曲解了萨班北行的真正原因，将主要是政治目的置换为宗教目的，同时也降低此举伟大的政治意义，应该予以明辨。

由于朝廷的支持，萨迦派政教势力无疑是元朝西藏地方历史中最显赫的一支，他们也担负起历史的使命，在维护西藏地方的稳定和发展方面做出了特殊的贡献，该教派自身也获得了空前的发展和壮大。帕木竹巴万户长绛曲坚赞针对止贡贡巴所说的"现在萨迦人所做的一切事情，我们止贡人早已做了"回应道："那时（止贡）的喇嘛是京俄大师，贡巴是释迦仁钦，你们喇嘛和长官连拇指大小的印章都没有，亦未出任过皇帝的帝师，在拉堆岗噶（la stod sgang）地区南面十八沟以北的此地盘内，五年发展，八年安定，两年衰落，总共仅有十五年，而萨迦派担任皇帝的师长，主宰赡部洲业已一百余年，皇帝的敕令传到哪里，萨迦派的势力就达到那里，被皇帝封拜惯例直至海滨的村庄和寺庙，受用不尽。您可不要在他人面前说这类话。那时虽说您权势大，但大概也只是我所管辖的那么大。"[1] 这里

----

① 《朗氏世系史》藏文本，第307页；汉译本，第210~211页。

生动和具体地反映出在元朝支持下萨迦派政教势力的权力，特别是管理全
国佛教事务的权力，以及在西藏地方的重要位置，同时也反映出绛曲坚赞
对此的客观认识。

四　西藏地方归附蒙元的历史意义

西藏归附蒙元统治具有划时代的历史意义，作为这一历史事件当事人
的阔端和萨班也为推动这一历史进程做出了卓越的贡献。宋理宗淳祐二年
（1242 年），大蒙古国乃马真皇后称制，"阔端开府西凉，承制得专封
拜"①。他通过文武并用的方式成功地解决了西藏归属蒙元行政管辖的问
题，可以说，凉州会谈是一次具有历史意义的重大事件。通过阔端和萨班
凉州会谈，促成西藏地方纳入蒙元统治之下的原则得以确定，这是西藏地
方第一次正式纳入中央王朝行政管辖的开端，为西藏地方历史发展和西藏
与祖国内地关系的进一步密切奠定了良好的基础。

元朝时期，元中央政府在西藏地方建立行政管理体制和制度，括户、置
驿、征兵、征税采取了一系列方针和政策，加强了在西藏地方的统治，同时
也大大增强了元朝中央及内地与西藏地方的政治、经济、宗教和文化上的联
系，为西藏的经济发展和社会进步起到巨大的推动作用。在西藏地方，除了
受命管理西藏地方事务的萨迦派政教势力之外，其他各个教派势力也纷纷密
切其与朝廷的关系，为自身的发展创造有利条件。而各个万户行政势力则直
接接受朝廷设立在中央的总制院或后来的宣政院的管辖，以及朝廷任命的萨
迦地方长官（"乌斯藏本钦"或"萨迦本钦"）的约束，接受元朝法律，维
护朝廷和萨迦派地方首领的权威，和内地保持着十分密切的政治联系。蒙元
时期，以萨迦派政教势力为代表的西藏地方，也为开发和建设西南边疆做出
了可贵的贡献。作为元朝国师的八思巴，还在元朝创立蒙古新字（即八思巴
字）中立下不可磨灭的功绩；在管理全国佛教事务方面也扮演了极为特殊的
角色。此外，八思巴积极支持元朝的大一统，并为大一统进行理论上的创新
发挥了积极作用。西藏地方纳入中央政府的行政管辖之下，结束了西藏地方
政权分治的历史，使中华民族多元一体的历史进程进入一个新的发展阶段。

---

① 《元史》卷二"太宗"。

第十章　元朝西藏建制

一　忽必烈皇帝的西藏政策

蒙元时期，为了更好地在西藏地方实施行政管辖，采取了一系列重要的措施。从窝阔台时期阔端对西藏的经营开始，中经蒙哥汗在西藏地方进行括户，设立最初的万户，推行分封制，到忽必烈时期逐渐形成一套成熟的管理体制与制度，蒙元治理西藏的政策和管理体制走过了一个不断完善的发展历程。

（一）国师（帝师）统领

蒙元时期，依照西藏地方教派林立的客观实际，蒙古统治者十分重视利用宗教来管理地方行政。由于萨迦派在蒙元时期西藏地方归附中央王朝行政管辖的历史进程中扮演了特殊角色，并发挥了关键性作用，因此，他们很自然地在蒙元管理西藏的行政体制中占据核心位置。1260年，忽必烈即位以后，即尊八思巴为国师，"授以玉印，任中原法主，统天下教门"①。把萨迦派领袖在西藏地方和全国宗教事务中的特殊地位确定下来。"至元初（1264年），立总制院而领之于国师。"② 总制院负责处理全国佛教事务，并具体管理吐蕃地方行政事务，是一个特设的机构，足见忽必烈皇帝对萨迦派领袖的礼重。

---

① 王磐：《八思巴行状》，《佛祖历代通载》卷二一。
② 《元史》卷八七"百官"三。

《元史》称，"元起朔方，固已崇尚佛教。及得西域，世祖以其地广而险远，民犷而好斗，思有以因其俗而柔其人，乃郡县吐番之地，设官分职而领之于帝师。乃立宣政院，其为使位居第二者，必以僧为之，出帝师所辟举，帅臣以下，亦必僧俗并用，而军民通摄。于是帝师之命与诏敕并行于西土。百年之间，朝廷所以敬礼而尊信之者，无所不用其至"①。元朝在制定西藏行政管理制度时，把宗教因素纳入其中，在中央管理机构宣政院中，采取僧俗并用、军民通摄的方针，给僧人以巨大的参政权力，同时明确俗世行政官员居第一，而僧人任职者居第二，让僧人在西藏和其他藏区的重大决策中发挥重要的作用，又避免僧主决断一切的局面出现。作为元朝皇帝封授的国师或帝师，则在元朝对西藏和其他的决策、官员的任用、制度建设、宗教文化的发展等方面具有最突出的位置，同时也发挥积极的和建设性的作用，首任国师八思巴还做出了卓越的贡献。

在八思巴之后，逐渐形成了国师和帝师制度，国师和帝师职位又多为萨迦派昆氏家族（《元史》作"款氏"，vkhon）及该派弟子把持。这是按照阔端和萨班凉州会谈议定的条件而形成的一项制度，阔端答应由萨迦派首领担任西藏地方宗教领袖，由萨迦派特别是昆氏家族的代表来担任国师和帝师，是保障弘扬萨迦派教法的有力举措。国师、帝师在蒙元政治体制中的作用，前后有一些细微的变化，但是在统领释教，参与决策西藏事务中的基本职责却没有大的分别，这对于元朝涉藏政策与制度反映西藏民意，体现西藏特点发挥了积极有效的作用。

（二）诸王出镇

忽必烈即位以后不久的至元六年（1269 年），就将自己的儿子西平王奥鲁赤派往西藏边缘地区，负责吐蕃军事征讨和维护稳定。但是也有史书认为，奥鲁赤是西藏地方之主。拉施特所著《史集》就说，忽必烈"第七子奥鲁赤，为朵儿别真哈敦所生。合罕把吐蕃地区赐给了他"②。

事实上，西平王主要是出镇地方。藏文史书记载，"薛禅皇帝次妃

---

① 《元史》卷二○二"释老传"。
② 拉施特：《史集》，余大钧、周建奇汉译本，商务印书馆，1985，第二卷，第285页。

所生之子奥鲁赤，受命管辖西土之事，驻于汉藏交界处，亦曾前来乌思藏（西藏），多次镇压反叛"①。西平王封授的时间，史无明载，但是《元史》记，至元六年（1269 年）十月庚子"赐诸王奥鲁赤赤驼钮金镀银印"。此大约也是西平王受封的时间。他率领所部军队平息了在吐蕃朵甘思（mdo khams）和朵思麻（mdo smad）等地区发生的武装叛乱。在奥鲁赤之后，他的儿子八的麻的加、孙子贡哥班等相继继承西平王位。

在奥鲁赤获得"西平王"封号之后，元朝还封授奥鲁赤的儿子铁木而不花为镇西武靖王。《元史》记载，成宗大德元年（1297 年）三月丁丑，封诸王铁木而不花为镇西武靖王，赐驼钮印。② 负责保护西藏地方的安全事宜。《史集》称，奥鲁赤去世后，吐蕃地方被授予他的儿子铁木而不花。③ 可以理解为，铁木而不花继承了父亲镇守吐蕃、维护西藏和其他藏区安全的责任。藏文史书《汉藏史集》对铁木而不花在西藏地方的活动有简要的记载，文称，"奥鲁赤之子铁木而不花，也曾服侍萨迦大寺，做了许多利益教法的事情"④。其后，镇西武靖王的位子由其儿子搠思班继承，同一部藏文史书记述，"铁木而不花次妃所生之子搠思班，受封为（镇西武）靖王，前来乌思藏，在江孜的山脚下击溃西蒙古的军队，并将止贡派贡巴处以死刑"⑤。即平息了西藏地方止贡派政教势力勾结察合台后王海都和窝阔台后王笃哇的叛乱活动。诸王出镇对稳定西藏地方局势，实施各项管理措施发挥了十分重要的作用。

（三）白兰王之封

蒙古统治者和西藏地方萨迦派昆氏家族联姻，自阔端时开始。阔端王子就曾令萨班的侄子恰那多吉着蒙古服，学蒙古语，并将公主墨卡敦嫁给恰那多吉。按照阔端和萨班的愿望，他们希望把八思巴培养成萨班的接班人和萨迦派的宗教领袖，而恰那多吉则是他们计划中未来西藏地方的行政

---

① 《汉藏史集》藏文本，第 266 页，汉译本，第 161 页。
② 《元史》卷一〇八"诸王表"。
③ 拉施特：《史集》，余大钧、周建奇汉译本，商务印书馆，1985，第二卷，第 285 页。
④ 《汉藏史集》藏文本，第 266 页；汉译本，第 161 页。
⑤ 《汉藏史集》藏文本，第 266～267 页；汉译本，第 161～162 页。

管理者。在蒙哥汗时期，曾经对西藏地方的管理体制进行了较大的调整，威胁到萨迦派政教势力在西藏地方的领袖地位。而在忽必烈即位后，又进行了改革，重新恢复了阔端时期所采取的措施，除了任命八思巴为国师之外，也封授恰那多吉为白兰王，赐金印并许其开府设置左右衙署，《汉藏史集》称其管领整个吐蕃地方，而且说他是全吐蕃和萨迦派之中最早受封王爵者。① 到泰定帝三年（1326 年）五月乙卯，朝廷"以帝师兄锁南藏卜领西番三道宣慰司事，尚公主，赐王爵"②。从这里也可以看到白兰王之设与蒙元统治者对西藏地方政治体制的设想，即让白兰王来负责管理西藏地方的行政事宜。但是随着形势的发展，这个方案在外形不变的情况下却做了实质性的修改，也就是元朝依旧利用萨迦派政教势力来管理西藏地方政教事务，但是却通过设立在朝廷的总制院和后来的宣政院直辖下的三路宣慰司来管理吐蕃地方事务。于是，白兰王之设，随着恰那多吉的早逝只余下空名，它并未实际履行管理吐蕃地方的职责，在西藏地方真正发挥作用的体制是宣政院领导的三路宣慰司之一的乌思藏纳里速古鲁孙都元帅府，以及下辖的万户千户系统。

二　八思巴西藏之行与管理体制的形成

（一）初返西藏与建立行政体制

八思巴兄弟离开萨迦随伯父前往凉州之后，一直在凉州、中都和内地其他地方活动。忽必烈称大汗以后，八思巴担任国师，成为忽必烈皇帝的全国佛教和西藏事务首席顾问。中统五年（1264 年）七月，忽必烈与弟弟阿里不哥的汗位之争有了明确结果，阿里不哥失败归降。全国大局已定，忽必烈改元至元。这个时候，他也试图进一步完善在边疆地区的统治，一方面是适应西藏地方安定和发展的需要，另一方面也是西域地区的不安定势力渗透到西藏，危及整个西部边疆的稳定。至元二年（1265 年），忽必烈派八思巴和恰那多吉兄弟返回阔别 21 年的故乡，目的就是完善西藏地方

---

① 《汉藏史集》藏文本，第 330～331 页；汉译本，第 206 页。
② 《元史》卷三"泰定帝"二。

的行政管理体制。为了保障作为国师的八思巴前往西藏地方旅途畅通和西藏与内地之间往来的便利，忽必烈还专门派人于至元元年（1264 年）在安多到萨迦之间设立驿站，并和内地的驿站系统连接起来（下详），并发挥了巨大的军事作用。

八思巴兄弟此行的目的，根据后来的史实来看，就是为了在蒙哥时期建立万户千户制度的基础上，新设或者调整万户千户，最后完善西藏地方的行政管理体制。诸如，将原来属于帕木竹巴万户管下的雅桑千户划分为独立的万户，就是其中之一。① 也就是说，在照顾当时西藏地方各个势力现状的前提下，也做了局部的调整，宗旨是分割并抑制强势势力，以维护萨迦政教地方政权首领地位巩固。

按照藏文史书的说法，为了安排劳役、兵役和差赋等，他们把各个万户百姓区分为"拉德"（lha sde）和"米德"（mi sde）两部分。前者是寺属百姓，一般不承担朝廷的赋税差役，后者则是普通百姓，要承担各项赋税与差役，两者的比例据说是每个万户拉德六千，米德四千。这个数字自然有理想化的成分，因为根据元朝括户所得数字来看，并非如此划一。

（二）乌思藏 13 万户的完成

蒙元在西藏地方建立千户万户制度始于蒙哥汗在位时的宋理宗淳祐十二年（元宪宗二年，1252 年），它的初步完成则是在忽必烈在位时期的至元五年（1268 年），而且是由八思巴兄弟赴藏负责完成的。尽管元朝西藏（乌思藏）地方的"十三万户"并不是在至元五年（1268 年）年最终确定下来的，因为后来还新出现了一些万户，但是把这一年作为西藏地方行政体制的最后确立时间，却也是合适的，毕竟"乌思藏十三万户"的体制和主体内容确定下来了。

八思巴在西藏地方建立行政体制的原则就是蒙古统治者所推行的万户千户制度，在原有万户的基础上，形成了"十三万户"。按照《汉藏史集》等书的说法，13 万户包括阿里（纳里速 mngav ris）、拉堆洛（南拉堆，la stod lho）、拉堆绛（北拉堆，la stod byang）、曲弥（出密，chu mig）、夏鲁（沙鲁，zha lu）、绛卓（byang vbrog）、羊卓（俺卜罗，yar vbrog）、止

---

① 《朗氏宗谱》藏文本，第 115 ～ 116 页；汉译本，第 79 ～ 80 页。

贡（必里公，vbri gung）、蔡巴（搽里八，tshal pa）、帕木竹巴（伯木古鲁，phag mo gru pa）、雅桑（牙里不藏思八，gyar bzang pa）、嘉玛（加麻瓦，rgya ma ba）、嘉玉（札由瓦，bya yul ba）。① 关于这些万户的构成，藏文史书有不同记载，还有待进一步确定，但是大致情况并无差别。从这些万户的分布来看，这些万户主要分布在前后藏地区，今天西藏的昌都等地区虽然同在宣政院管辖之下，但是属于另一个宣慰司，即吐蕃等路宣慰使司都元帅府管辖。当时的萨迦政教势力所管辖的地方大致相当于今西藏自治区，但是要比今天的范围要小一些。而其他藏族居住地区则分别属于吐蕃等处宣慰司和吐蕃等路宣慰司管辖。

（三）设置 13 近侍

八思巴在从西藏返回大都之前，仿照蒙古王公的帐殿制度，设立由 13 名官员组成自己的"拉章"，包括负责饮食的"索本"（gsol dpon），负责寝食和服饰的"森本"，负责佛教法器与祭神活动的"却本"（mchod dpon），负责接见官员与招待事宜的"皆本"（mjal dpon），负责文书档案管理的"仲译"（drung dpon），管理财务的"佐本"（mdzod dpon），管理厨房事务的"塔本"（thab dpon），管理引见的"真本"（vdren dpon），管理安排座位的"丹本"（gdan dpon），管理驮畜和搬迁事宜的"迦本"（skya dpon），管理骑乘马匹的"达本"（rta dpon），管理犏牛和奶牛的"作本"（mdzo dpon），管理狗的"其本"（khyi dpon）。②

八思巴的这种做法，在当时的西藏佛教界也有不同议论，噶当派高僧迥丹热智就曾赋诗讥讽八思巴把寺院变成衙门，僧主成为官员的做法。八思巴也针锋相对予以回击，称其不明大理，不识时务。③ 可见就僧人参政问题，还是仁者见仁智者见智，难以划一。

八思巴在返回西藏期间，除了繁忙的行政和宗教事务之外，他还完成了一项重要工作，就是遵照忽必烈皇帝的命令，创制蒙古新字。在返回朝廷后，他向忽必烈献上了他历时数年创制的蒙古国书，即八思巴字。这件

---

① 《汉藏史集》藏文本，第 278 页，汉译本，第 170 页；张云：《元代吐蕃地方行政体制研究》，中国社会科学出版社，1998，第 137～169 页。
② 《萨迦世系史》藏文本，第 174～175 页；汉译本，第 123 页。
③ 《萨迦世系史》藏文本，第 174～175 页；汉译本，第 123 页。

事首先涉及蒙元王朝的尊严，同时也直接关系到统一多民族政权政令的畅通，如忽必烈在诏书所说，"考诸辽、金，以及遐方诸国，例各有字，今文治寝兴，而字书有阙，于一代制度，实为未备。故特命国师八思巴创为蒙古新字，译写一切文字，期于顺言达事而已"①。因此，当八思巴献上新字时，异常高兴的忽必烈下令升号八思巴为"大宝法王"，并更赐玉印。八思巴字成为蒙古官方文件的法定用字，虽然没有代替其他文字，成为国书，但是却也保留下大量的历史文献，对当时的文化建设，为此后研究元朝历史文化都具有极为重要的意义。

元朝在西藏地方建立行政体制与制度，推行统一货币与法律，括户置驿，实施有效管理，使各项制度和文化逐渐在西藏地方得到贯彻，元朝的服饰文化也在西藏地方得以传播。《五世达赖喇嘛自传》说，"自薛禅皇帝将藏地三区赐给八思巴大师起，藏地便兴起戴五种'周'或官帽，使用内地刑律及以十三种官位为代表之重大制度。大员须穿戴外罩官服、官帽、饰品。尤其至天命王帕木竹巴、国公大元帝师圣谕高位之世家强巴、冲格萨尔王之婿江卡孜巴、王族仁钦蚌巴等有来历之地方首领时期，玉镶大金嘎乌、右耳饰、耳饰下摆、长耳饰、琥珀、珊瑚、外罩官服、黄绒小帽等精妙饰品十分流行"②。可见蒙古文化直接影响到西藏上至贵族、下至百姓各阶层的日常文化生活。

（四）兴建萨迦南寺

元世祖至元四年（1267年），八思巴在从西藏返回大都（北京）前夕，做出了兴建萨迦大殿的决定。根据《汉藏史集》的记载，当时负责这一工程的就是担任本钦的释迦桑布，这一年（藏历阴火兔年），朝廷派人迎请上师八思巴，当八思巴动身前往时，本钦也与之随行。在拉萨时，八思巴产生了修建萨迦大殿的念头，本钦释迦桑布领会到八思巴的旨意，将八思巴比较中意的拉萨杰日拉康大殿的形状绘制下来，带回萨迦，向当雄（达木）以上的乌思藏地方各个万户府发布命令，征调人力，修建萨迦大

---

① 《元史》卷二〇二"释老传"。
② 五世达赖喇嘛·阿旺洛桑嘉措：《五世达赖喇嘛自传》藏文本，第二部，第129页；参阅陈庆英、马连龙、马林汉译本，中国藏学出版社，1997，第750页。

殿。至元五年（1268年），萨迦大殿举行奠基仪式，并且修建了里面的围墙、殿墙和角楼。八思巴曾打算将西藏地方的政教中心迁往拉萨，后来考虑到萨迦派的势力主要在后藏等因素，放弃了这个念头。于是才决定修建萨迦大殿，也就是萨迦南寺。萨迦南寺坐落在仲曲河南面，与北寺隔河相望。它是一座城堡式的建筑，明显受了内地的建筑风格的影响，而耸立在大殿中的四根巨大木柱之一，是所谓"薛禅皇帝柱"，据说是忽必烈皇帝亲自赐予。其在南面内外围墙之间，建筑有萨迦四大拉章之一的拉康拉章，八思巴返回萨迦时就驻锡于此。①

萨迦南寺的修建历时20余年，其中在贡噶桑布时修建了萨迦大殿的主体建筑和仁钦岗拉章和拉康拉章等。在本钦阿加仑执政时，修建了大殿的围墙和八思巴、达玛巴拉等大德的舍利塔。这一浩大的工程，加上萨迦北寺的扩建工程，费时近20年。它包含着西藏地方各个万户百姓的心血和汗水，也包含着元朝廷大量的赏赐和财力上的有力支持。萨迦北寺的扩建，在原有的乌则宁玛殿、乌则萨玛殿、细脱拉章之外，新建了仁钦岗拉章和都却拉章，使其规模更加宏大，并构成完整的寺院学习、修行和僧政管理机构相结合的体系，在建筑上凸显出政教合一的色彩。

（五）真金太子随同入藏与曲密法会

至元十年（1273年），八思巴感到身体不适，经过反复请求，忽必烈皇帝同意他返回萨迦，并且派他的太子真金陪同。八思巴离开大都后，先行来到他在临洮的行宫。同年三月，在这里逗留一段时间后，即前往西藏。在这次返回西藏的旅途中，八思巴向真金太子讲授了有关佛教的一些基本观点，加上自己的体会，就形成了著名的《彰所知论》。在这部著作中，八思巴创造了一个新的佛教法统，即印度、西藏和蒙古。更为重要的是，它提出了元朝大一统的思想，并直接为元朝西藏地方纳入中央政府治下的伟大变革服务。②

由于汉文史书没有记载有关真金太子陪同八思巴前往西藏的史事，学

---

① 《汉藏史集》藏文本，第358页；汉译本，第224页。陈庆英：《元朝帝师八思巴》，中国藏学出版社，1994，第135~140页。

② 《彰所知论》，《大正藏》卷三二"论集部"；张云：《元朝西藏地方的政治一统与文化认同》，王尧主编《贤者喜宴》（3），河北教育出版社，2003，第65~74页。

术界对这史事的真伪还未定论，与之相关，真金太子为什么要前往西藏？仅仅是为了陪同八思巴吗？这一时期，元朝在吐蕃地方建立军政管理机构，似乎是一个因素。但是毕竟真金是新定的皇太子，有必要执行这个任务吗？藏文史书还记载了另一件史事，就是计划中的出兵印度。《贤者喜宴》记，薛禅皇帝打算道经吐蕃向尼婆罗和印度进兵，多次派遣金字使臣前来查看道路。上师郭仓巴（rgod tshang pa）、大成就者噶玛巴的弟子邬坚巴以广大佛法满足金字使者的愿望，并为取悦皇帝而撰写赞颂诗篇。同时上奏章陈明原因，建议皇帝不要攻打尼婆罗和印度。① 广泛听取西藏地方政教领袖的意见，决定是否出兵或许也是这次出使的重要目的之一。②

至元十四年（1277 年）正月，由真金太子代表其父亲忽必烈担任施主，在八思巴的主持下于曲密仁莫地方举行盛大法会，据记载，有 7 万僧人参加了这次盛大的法会，加上前来观看的百姓，参与这次法会者有 10 余万人，可谓规模空前。举行这次法会，元朝中央和萨迦派宗教领袖颇有用心，举行法会可以扩大佛教在当时社会中的影响，同时也有团结西藏佛教界的功能，这对于长期在内地居住与活动的八思巴来说，显得尤其必要。法会更加密切了他和西藏佛教界的联系，加强了作为国师或者帝师的八思巴，以及他的萨迦派对当时西藏地方佛教界的影响。客观上也有为元朝在西藏统治服务的作用，由皇太子作为施主即有深刻寓意。

三　管理措施的实施

忽必烈即位后，在西藏地方采取了两项重要措施：置驿与括户。导致前者的直接因素是国师八思巴和恰那多吉兄弟返藏，根本的原因则是元朝为了加强和西藏地方之间的交通联系，保证西藏和内地联系更加紧密，促成政令畅通，军事行动迅速的局面。而括户则主要是为了建立行政制度、征收赋税、摊派差役和进行有效管理。

（一）答失蛮入藏置驿

至元元年（1264 年），忽必烈派答失蛮前往西藏地方，建立驿站。关

---

① 巴卧·祖拉陈瓦：《贤者喜宴》，民族出版社，1986，下册，第 1423 页。

② 陈庆英：《雪域圣僧：帝师八思巴传》，中国藏学出版社，2002，第 164 页。

于这一史事，《汉藏史集》有比较详细的记载，文谓：忽必烈授命答失蛮，向吐蕃地方百姓宣布忽必烈皇帝对吐蕃的统治，同时从府库中拨出专项资金，"自萨迦以下，可视道路险易、村落贫富，选择适宜建立大小驿站之地，依照汉地设立驿站之例，立起驿站来。使上师八思巴前往吐蕃之时，一路顺利。另一方面，你受任宣政院之职，如能详细了解吐蕃地方之情势，对所掌之大事及众人必有利益，汝其前往！"[①] 答失蛮一行首先来到了朵思麻的丹底水晶佛殿（今青海化隆县），依次经过多堆（朵甘思）、卓多桑珠、藏，最后到达萨迦寺。他一路上所到之处，召集百姓，颁布圣旨，代表朝廷赏赐地方首领物品。"从汉藏交界之处起，直到萨迦以下，总计设立了二十七个大驿站。若分别叙述，由朵思麻站户（支应的）七大驿，在朵甘思设立了九个大站，在乌思藏地方设置了十一个大站。在乌思藏的大站中，由乌思地方（dbus，前藏）人支应的大站有索（sog，西藏索县）、夏克（zhag，在夏曲卡）、贡（rkong，在当雄）、管萨（dgon gsar）、甲瓦（gya ba）等七个；由藏（后藏）人支应的大驿站有达（stag）、春堆（tshong vdus）、达尔垅（dar lungs）、仲达（grom mdav）四个。并规定了各个万户支应驿站的办法。"[②] 桑哥平息西藏地方卸任本钦贡噶桑布之乱以后，根据应驿中存在的问题，进行改革。根据《汉藏史集》记载，改革的主要内容就是，驿站由蒙古军队驻守，而原来应驿的各万户以马头为单位，将马匹、驮畜、乳畜、肉羊、供给驿站之青稞、褐布、帐篷、坐垫、绳具、炉子、卧具、医药以及人员，统付与蒙古人。乌思地方之人不必在北部驻站，蒙古军人亦得吐蕃年年供应物资，驿站和乌拉们俱得便利。[③] 桑哥的改革大大减轻了百姓的负担，赢得了西藏地区百姓的高度赞扬，同时也保障了驿站的正常运行，显示出卓越的智慧。

（二）阿衮与弥林括户

在蒙哥当政时期的 1252 年，曾经在西藏进行一次括户，并由此建立起蒙元西藏最早的万户。至元五年（1268 年），忽必烈再次下令在西藏地方

---

① 《汉藏史集》藏文本，第 273～275 页；汉译本，第 167～168 页。
② 《汉藏史集》藏文本，第 274～276 页；汉译本，第 166～169 页；张云：《元朝中央政府治藏制度研究》，黑龙江教育出版社，2003，第 171～200 页。
③ 《汉藏史集》藏文本，第 291～293 页；汉译本，第 180～181 页。

括户。藏文史书记载，"当蒙古与萨迦结成施主和上师关系后，首次在乌思藏清查土地户口，从上部纳里速古鲁孙（阿里三围）到夏鲁万户的辖地以上，是由阿衮与弥林二人清查的，从这以下到止贡万户辖地以上，是由司徒阿什杰等清查的。清查的结果是，纳里速古鲁孙与乌思藏四如的户口共计三万六千四百五十三户。分开来说，纳里速和藏地方共有一万五千六百九十户，乌思地方共有二万七百六十三户。此外还有不属于藏地方和乌思地方的羊卓万户的十六个部分，共七百五十户。以上数字是按照萨迦本钦、三路军民万户释迦桑布登记册得来的"①。这次括户之后，接着确认了各个万户支应驿站的差役。

元朝在西藏括户是按照当初凉州会谈的约定进行的，同时也是遵循大蒙古国时期推行的一项制度——诸王分封制。蒙哥汗时期，将西藏地方的各个主要政教势力分封给以拖雷系为主的皇室家族成员作为分地，1252年的括户即是为了落实赋税差役的摊派。而1268年的括户直接目的则是为了落实驿站的支应。因此，元朝在西藏括户具有政治、经济和军事等多重含义在其中。

（三）用法律约束地方案件

元朝时期，萨迦派政教势力居于地方首领地位，但是其他各个政教势力也不时发起挑战，特别是中后期萨迦政教势力由于自身的分裂和腐败导致实力下降，驾驭能力降低，宣政院不断派遣官员前往西藏地方审理各种纠纷案件，特别是辖区范围的纷争等。西藏地方首领也特别强调遵守大皇帝和朝廷的法律。

多达入藏之后，即开始用蒙古法令治理西藏地方。西藏地方的万户区域划分、调整，以及关于任命均通过法律程序，在西藏地方形成遵守法律的惯例。例如忽必烈皇帝降旨，才使得雅桑成为一个新的万户②，帕木竹巴万户长的更替也需禀报朝廷获得批准方可履行职责，如果不能认真履行职责，则可能受到免职处分。③ 西藏地方各个万户之间有纠纷，都可以通

① 《汉藏史集》藏文本，第301页，汉译本，第187页；张云：《元朝中央政府治藏制度研究》，黑龙江教育出版社，2003，第152～170页。

② 《朗氏世系史》藏文本，第116页；汉译本，第80页。

③ 《朗氏世系史》藏文本，第116～118页；汉译本，第81～83页。

过萨迦本钦提起诉讼，由宣政院派官员前来审理，帕木竹巴万户长绛曲坚赞记述领有属民时说道："坚赞郊（rgyal mtshan skyabs）以武力占据了厥地（vphyos）和门噶尔（mon mgar）地方，雅桑占据了直茨崩（gri tshe spong）和哲木（vbras mo）地方，汤巴（thang pa 汤卜赤）占据了居塘（vju thang）地方，萨迦东院占据了赞塘拉章（btsan thang bla brang）、昌珠（khra vbrug）、桑莫（bzang mo）和拉如（lha ru）为代表的地方，格西都元帅占据了门噶尔和切玛拉康（bye ma lha khang）为代表的地方，萨迦康萨瓦（khang gsar ba）和本钦云尊（dpon chen yon btsun）等人占据了上下部沙热（za ra stod smad）、律邢（lus zhing）、衮塘（dgon thang）、衮噶热（kun dgav ra）和赛色拉康（se gseb lha khang）周围的土地，多吉衮波（rdo rje mgon po）都元帅占据了咱通帕（rtswa thom vbag）地方等，在本钦沃色僧格（vod zer seng ge）前来时，我在达木地方央求多吉衮波都元帅后才收回，我将此地交与邓萨替寺（thel pa）。"① 帕木竹巴万户与雅桑万户、蔡巴万户的争执更是旷日持久。在帕木竹巴万户势力不断强大，并与萨迦发生冲突时，也不断寻求来自朝廷和法律上的支持，绛曲坚赞还抱怨萨迦本钦旺尊（dbang btsun）夺去了自己"以薛禅皇帝的封诰为代表的众多诏书、文件和加盖印章的三箱官契"②。当他与蔡巴发生纠纷时，他首先引证薛禅皇帝的圣旨作为法律依据。他们知道蒙古法律严厉，绛曲坚赞也赞同法律严厉，并且说："假若蒙古法律不严峻，丹玛你和勒竹巴与我二人有何差别？蒙古法律严峻难道不好吗？由于蒙哥皇帝的恩泽和法令，才有你们止贡人的名号和教法，仰仗薛禅皇帝的恩泽和法令，才有萨迦派和蔡巴的权势和教法，仰仗旭烈兀的恩泽才有帕木竹巴的政权和安定。"③ 当曾经迫害自己的萨迦本钦面临危难、需要他营救时，他声明自己营救本钦是依照皇帝的法律来办事的，当有人欲置本钦加瓦桑布于死地时，他强调指出，加瓦桑布是官职一品的荣禄大夫和宣政院院使，"若废黜，若杀头，皇帝才有权"。其他人无权对他们绳之以法。尽管他们加害过绛曲坚赞本人，但是绛曲坚赞依然认为："本钦加瓦桑布和本钦旺尊敌视我、迫害我，

---

① 《朗氏世系史》藏文本，第138页；汉译本，第97~98页。
② 《朗氏世系史》藏文本，第196页；汉译本，第138页。
③ 《朗氏世系史》藏文本，第203~204页；汉译本，第142~143页。

对他俩我要抓也能抓，要杀也能杀掉，但我考虑的是皇帝的法律和萨迦派的教法，故未触及其毫发。"并指责那些逮捕一品官员的做法是错误的。①驻守西藏的军事首领，以及受命前往西藏办事的大臣，得到皇帝圣旨："要打击犯法的顽固者、反叛者，甚至可以先斩后奏。"而且将其抄件分发给像帕木竹巴万户长绛曲坚赞这样的西藏地方上层首领。② 这些事例反映了元朝在西藏地方颁布、推行法制取得了极大的成功，并在维护朝廷权威和地方稳定中持续发挥了积极作用。

---

① 《朗氏世系史》藏文本，第 255~256 页；汉译本，第 177 页。

② 《朗氏世系史》藏文本，第 256~257 页；汉译本，第 177 页。

第十一章　桑哥平息藏乱

一　桑哥受命率兵入藏平乱

（一）桑哥其人其事

关于元朝著名宰相桑哥的族属和事迹，史书记载并不明确，而学者对他的认识也存在较大差异，主要有两种说法：一种认为他是元代畏兀（今新疆维吾尔）人，一种认为他是元代吐蕃（今藏族）人。藏文史书《汉藏史集》就持后一种说法。该书称，"在有福德的薛禅皇帝之时，有大臣名桑哥者，系出于噶玛洛部落的青年。通晓蒙古、汉、畏兀、吐蕃等多种语言，初任译史。先在朵思麻汉藏交界之地拜见了上师八思巴，请求为上师效力，故上师命其为自己译史。以后，当他担任苏古尔赤之职时，因其见识广博，得上师喜爱，多次遣往皇帝驾前奏事，皇帝亦知此人之学识与功德，将他从上师处召来。他历任各级官职，俱能胜任"云云。[①] 宣称他曾因为八思巴修建佛堂而获罪，又因八思巴向皇帝说情得以释放。《汉藏史集》对桑哥事迹多有回护之辞，可见厚爱有加。

汉文史书的记载可以与藏史记载的一些事实相互印证，也可以相互补充。《元史》记，"桑哥，胆巴国师之弟子也。能通诸国言语，故尝为西蕃译史。为人狡黠豪横，好言财利事，世祖喜之。……至元中，擢为总制院使"。"桑哥又以总制院所统西蕃诸宣慰司，军民财谷，事体甚重，宜有以

崇异之，奏改为宣政院，秩从一品，用三台银印。"并自荐为院使，以开府仪同三司、尚书右丞相兼宣政使，领功德使司事。[①] 从桑哥在西藏事务所扮演的角色来看，他是一个建有卓越功绩的大臣，但是也因为贪赃弄权，以及介入朝廷内部斗争太深，最后被处死。《元史》将其列在"奸臣传"中。

（二）桑哥大军入藏平息贡噶桑布之乱

藏文史书记载，在桑哥重新担任宣政院官员时，八思巴返回萨迦地方，时任本钦的贡噶桑布做了背信弃义的事情，有人将此禀报朝廷。皇帝感到此事关涉萨迦内部的根本问题，遂任命桑哥为统帅，带领 7 万大军，再加上朵甘思、朵思麻的军队，共计 10 万，前往西藏地方震慑。军队行进至一个叫恰米仲（chabs mi grong）的地方，桑哥过去的好友、担任八思巴司茶随从的洛追桑布（blo gros bzang po）前来劳军，他建议桑哥绕道朗卓（lang vgro），桑哥采纳好友的建议，先攻占朗卓康玛土城（lang vgro khang dmar），然后炮击甲若仓城（bya rog tshang），使贡噶桑布伏法，军事任务顺利完成。[②]

元世祖命桑哥率领大军入藏，起因于本钦贡噶桑布与八思巴之间的纷争。贡噶桑布担任本钦期间（1269～1274 年），由于独断专行引起萨迦内部其他首领的不满，得知这一情况的八思巴在从临洮动身前往萨迦之初即将他免职。八思巴到达萨迦后，返回自己江孜庄园闲居的贡噶桑布，似乎并未放弃参与萨迦内部重大决定的念头，甚至还插手萨迦昆氏家族内部政教继承人的安排，并处处和八思巴作对。由于他得到萨迦教派内部分首领的支持，其对政局影响更为严重。根据帕木竹巴万户长大司徒绛曲坚赞的记载，"在喇嘛法王八思巴仁波切住持萨迦时期，本钦贡噶桑布不能容人，放肆从身语意各方面激怒喇嘛。但是，皇帝未从远方传旨斥责他，亦未听说处罚本钦。后来，太子真金获悉后启奏皇帝陛下，于是，桑哥大人（mi chen zam kha）和降仁南喀答（byang rin nam mkhav ta）率领执法军起来，皇帝颁旨著执法军攻陷加若仓（在今江孜城附近），杀死本钦贡

---

① 《元史》卷二〇五"桑哥传"。
② 《汉藏史集》藏文本，第 291 页；汉译本，第 180 页。

噶桑布"①。由桑哥带兵平息了这次叛乱。

至元十七年（1280 年），正当中年的八思巴突然去世，对当时西藏政局产生了深刻的影响。关于八思巴的死因，也存在不同的说法，一种说法认为是病死，另一种说法则认为是被贡噶桑布下毒致死。不管八思巴如何去世，他的去世对西藏地方的局势产生了巨大的影响却是毋庸置疑的。加之此前恰那多吉的儿子、萨迦地方政教继承人达玛巴拉的早年夭折，这些因素促成元朝统治者在改变西藏实行的既定政策，继续重视萨迦派领袖发挥作用的同时，也开始着手在西藏地方建立隶属于中央机构宣政院直辖下的地方行政管理机构，保证对西藏地方统治的稳定性和连续性。

二　驻军西藏与驿站供应制度改革

（一）蒙古军驻守西藏

桑哥在平息贡噶桑布的叛乱之后，采取了两项有重大意义的措施：一是在西藏地方驻扎军队；一是改革西藏的驿站支应制度。

大军主力返回内地后，桑哥在西藏留下一部分军队，保护萨迦派宗教领袖的人身安全、西藏寺庙安全并防备"西部蒙古"即中亚地区反叛元朝皇室的海都和笃哇进入西藏，后者更是其军事防御的重点。其中在蚌波岗（spom po sgang），由尼玛衮（nyi ma mgon）和达尔格（dar dge）为首，抽调精兵 160 名，担任答儿麻八剌（dharma pha la）大师之警卫。又从 7 个蒙古千户中抽调 700 人，驻防警戒西路蒙古（stod hor）的哨所。在南木官萨（gnam dgon sa），留下以乌玛尔恰克（au dmar chag）为首的蒙古军 400 人。以多台（dho thas）为首的巴拉克（sba rag）军留驻塞日绒地方。卫普尔（aus phur）的军队留驻甲孜哲古（lcags rtse bri khu）、羊卓（ya vbrog）等地方，震慑冬仁（dung reng）部落。多尔班土绵（rdor ban thu man）的军队留在当木那玛尔（vdam na mar）、朗绒（nang rong）等北部

---

① 《朗氏世系史》藏文本，第 255 页；汉译本，第 176～177 页。

草地，以保障各个寺庙的安全，这是桑哥的恩德。① 驻扎蒙古军策略，是在西藏地方内部出现动乱，西藏周边形势严峻的形势下出台的，对于安定西南边疆地区具有特殊的意义。

（二）改革驿站供应制度

关于桑哥对西藏地方驿站支应制度的改革问题，《汉藏史集》也有明确记载，"在此之前，在北部的驿站，如索（sog，今索县）、夏克（zhag 夏曲卡）、孜巴（rtsi bar）、夏颇（sha pho）、贡（rkong，今当雄贡塘）、官萨（dgon gsar）、甲瓦（gya ba）等大站，由吐蕃乌思地方各万户之站户连续驻站，十分艰苦费力，吐蕃人众不习北部气候，一再逃跑。驿站所在地之奇寒难忍，蒙古、吐蕃之过往使者沿途得不到乌拉供应，需得自行照料。按众人之请求，大臣桑哥命卫普尔、巴拉克等留驻北部之军，抽兵士补驿站缺额。并命乌思地方各万户，以马头为单位，将马匹、驮畜、乳畜、肉羊，供给驿站之青稞、褐布、帐篷、坐垫、绳具、炉子、卧具、医药以及人员，统付与蒙古人。乌思地方之人不必在北部驻站，蒙古军人亦得吐蕃年年供应物资，驿站和乌拉们俱得便利，对众人俱有利益，此亦桑哥之恩德"②。桑哥创造性地改革供应驿站制度，在当时条件下顺利地解决了乌思藏百姓不习北方严寒气候和路途转输辛劳的问题，体现了卓越的智慧。

三　平息止贡变乱

（一）止贡之变

元世祖至元二十七年（1290 年），西藏再次出现动乱，元朝被迫出兵西藏，在萨迦地方军队的配合下，击败了挑战萨迦派权威，勾结西蒙古叛军扰乱地方的止贡政教势力，焚毁其根本道场——止贡替寺院，处死僧人万余名，此即元朝西藏历史上十分有名的"止贡之变"（vbri gung gling

---

① 《汉藏史集》藏文本，第 291 ~ 292 页；汉译本，第 180 ~ 181 页。
② 《汉藏史集》藏文本，第 292 页；汉译本，第 181 页。

log)。止贡之变的发生事出有因，它是失去原先统治地位，不甘心屈居萨迦管辖之下的止贡势力，夺回地方领袖地位的一次尝试。当然，这种行为直接损害到萨迦的根本利益，因此也损害到元朝在西藏地方的管理体制，遭到朝廷和西藏地方的强烈反对，最后以失败而告终。

止贡派在蒙古入主西藏之前，是西藏地方最有影响的一股势力。蒙哥当政时期，在西藏地方推行诸王分封制，止贡即归蒙哥汗本人管辖，因此得到大力扶持。而忽必烈即位后，一度失势的萨迦派再次获得在西藏地方的领导地位。萨迦派和止贡派双方一直展开激烈的争斗，在 13 世纪 80 年代演变为武力对抗。而导火索则是止贡派杀死了萨迦派为自己扶持的座主那查扎勒瓦。[1] 更为严重的是，他们还勾结正在西部地区和元朝对抗的西北蒙古叛王。按照藏文史书记载，至元二十二年（1285 年），止贡派贡巴衮多仁钦领来了西部蒙古军 9 万人进藏，向萨迦发动进攻。同年焚毁了归依萨迦的甲域寺，该寺僧主桑杰藏顿遇害。[2] 并且扬言要夺取在西藏的首领地位。

止贡派对抗萨迦派政教势力的行动，反映出许多问题。首先，它是一个失去统治地位的政教势力和重新崛起的政教势力之间争夺领导权的斗争。其次，也是不同西藏佛教不同宗派，即势力强大的噶举派和颇具影响的萨迦派之间宗教领袖地位的争夺。再次，也是前藏贵族势力和后藏贵族势力之间的争夺，止贡派代表着前者，而萨迦派代表着后者。当止贡派以失败而告终后，前后藏地区的矛盾依然深刻地存在，影响到后来西藏地方历史的发展。此外，它还是元朝中央和反抗朝廷的察合台后王在西藏地方的角逐，其意义不限于西藏一隅。

（二）铁木而不花和搠思班率兵入藏

面对这一严重的地方局势，忽必烈皇帝采取了严厉的措施，在萨迦地方势力的配合下，派兵坚决予以镇压，平息了这场变乱。受命出兵平息叛乱的蒙古军统帅，即是出镇西藏的西平王奥鲁赤的儿子、镇西武靖王铁木

---

[1] 蔡巴·贡噶多吉：《红史》藏文本，民族出版社，1981，第 123 页；陈庆英、周润年汉译本，西藏人民出版社，1988，第 107 页。

[2] 松巴·益希班觉：《松巴佛教史》藏文本，甘肃民族出版社，1992，第 857 页；蒲文成、才让汉译本，甘肃民族出版社，1994，第 694 页。

而不花及其子搋思班。而此时担任西藏地方行政长官（萨迦本钦或者乌思藏本钦）则是阿迦仑，他是一位很有才干的地方军政领导者。藏史记载，在他担任本钦之时，"止贡派请来上部霍尔（西蒙古）的军队，向萨迦进攻。元朝皇帝忽必烈派遣了一支由铁木而不花率领的蒙古骑兵，进藏援助萨迦派，与萨迦本钦阿迦仑率领的十三万户军队配合行动，一举歼灭了上部霍尔的军队。止贡派的贡巴温布在春堆那乌玛地方被处死，上部霍尔人的王子仁钦也被俘虏，后来被正法。……当时，皇子铁木而不花和本钦阿迦仑率领的大军，先后攻占了甲尔、达、工（工布）、艾、涅、洛和工甲德乌等两洛扎三部，还袭击了门拉噶布等南部地区"①。彻底平息了这场叛乱，既打破了止贡派政教势力恢复失去地位的梦想，也挫败了察合台后王插手西藏事务的阴谋。

（三）诸王出镇对西藏稳定的作用

元朝时期，在西藏地方推行其固有的诸王出镇制度，对平定地方发挥了十分巨大的作用。元朝建立初期，忽必烈就封自己的儿子奥鲁赤为西平王，驻扎在靠近西藏地方的邻近藏区。关于西平王府所在地，目前还没有确定，有学者考证其地在青海互助县的松多地方。② 但是综合各种史事来看，这一地点很可能在河州，即今甘肃临夏地方。《元史》记载，至元十六年（1279年）"秋七月己未，以朵哥麻思之地算木多称为镇西府。敕以蒙古军二千、益都军二千、诸路军一千、新附军五千，合万人，令李庭将之"③。这里的"朵哥麻思"如果直接复原的话，则应该是"mdo khans"，后者则对译为"朵甘思"。疑汉译有衍文，其原词当为"mdo smad"，也就是汉文的"朵思麻"。这里控遏元朝内地通往西藏的驿站，可以照应到吐蕃三路出现的军事动向。

元朝负责西藏地方军事安全的主要是西平王、镇西武靖王等，同时，相关地区的诸王，在西藏和其他藏区形势紧急时相互配合，包括驻扎西安的安息王、云南的豫王和西宁的昌吉驸马等。元朝在西藏几次大的用兵，

---

① 《五世达赖喇嘛传》藏文本，第39～40页；陈庆英、马连龙、马林汉译本，第45页。
② 仁庆扎西：《西平王府今地考》，《仁庆扎西西藏学研究文集》，天津古籍出版社，1989。
③ 《元史》卷一〇"世祖"七。

以及保持驿站畅通，在很大程度上依赖诸王所部蒙古、新附和诸路军的出镇西藏边缘所施加的巨大影响。在西藏和其他藏区出现动荡时，这支军队的灵活机动，化解了诸多不安定因素，成为西藏地方萨迦领导的 13 万户军队的坚强后盾，同时也在西藏地方出现重大危机时，给朝廷调兵以较为充分的回旋余地。

蒙古国和元朝十分重视对西藏地方的治理，初期先经营青藏高原北部和东北部各部落，从外围了解有关情况，并建立以凉州为中心的经营阵地。接着坐镇凉州的阔端王子派遣由多达率领的 1 万人的队伍深入西藏地区，既在于了解政教等各方面情况，也在于对势力分散的西藏地方各个势力，特别是反抗势力给予武力震慑，以较小的代价实现目标。最终代表大蒙古国的阔端和代表西藏的萨班，通过协商会谈确定西藏地方纳入大蒙古国的条件，将西藏地方纳入行政管辖之下，萨迦派政教势力受命管理西藏地方事务。蒙哥汗时期曾经在西藏地方初步清查人户，实施诸王分封制度，由各王子分别治理西藏的主要政教势力。忽必烈时期在封授萨迦派领袖为国师，授权管理全国佛教和西藏地方事务的同时，着手加强中央集权，1264 年在朝廷设置总制院，1288 年改为宣政院；在西藏地方和其他藏区、民族部落杂居区设立三路宣慰司，采取设置驿站、清查人户、驻扎军队等一系列措施，有效实现了治理目的。除了制度建设之外，注意用吏，切实推进法制建设，恩威并重，多举并用的策略也在其中发挥了突出的作用。但是，元朝中后期过度纵容藏传佛教，特别是萨迦派首领也严重耗损了社会财富，破坏了法律秩序，增加了社会负担，在一定程度上导致了朝政的荒疏，也在西藏地方引起其他万户和实力的不满，最终导致帕木竹巴实力的反抗，并替代萨迦地方政权。但是他们遵从元朝原则却始终没有改变，侧面反映出元朝在西藏的施政基本上是成功的。

第十二章　绛曲坚赞受封

一　元末西藏政局

（一）萨迦派分为 4 拉章

　　萨迦派政教势力在西藏地方纳入蒙元统治之下的历史进程中发挥了重要的作用，因此，元朝对西藏地方的管理，在很大程度上和萨迦的施政密切相关。萨迦和其他各个政教势力的关系，以及萨迦政教势力自身存在的问题，都直接影响到元朝在西藏政令的畅通和政策的贯彻，特别是后者，很容易成为制约元朝在藏施政的大问题。元朝在西藏地方的管理由盛而衰有个过程，导致这一衰落的因素也多种多样，其中萨迦自身的因素不能忽视，而内部的矛盾和分裂则是诸多因素中最关键的一个。

　　萨迦教派和元朝时期西藏其他教派相比，其最大的优势就是政治和宗教均为昆氏一个家族所掌握，具有较大的稳定性。可惜这种局面并未持续保持下去。由于萨迦昆氏家族采取前几位儿子出家为僧，幼子娶妻生子继承法座的承袭方式，较好地解决了可能出现的世俗权力争夺的矛盾，但是却导致了男丁稀少的问题。恰那多吉去世后，为了让他年幼的儿子达玛巴拉继承宗教和家族首领位置，在八思巴等人的授意下，至元十七年（1280 年）13 岁的达玛巴拉登上萨迦法主的宝座。比他年长 6 岁的兄长达尼钦波另居一处，依然对达玛巴拉的地位构成威胁。在此情况下，有人告发他在追荐八思巴的仪式上有违规行为，于是皇帝下令，将试图挑战这一位置的达尼钦波流放到杭州附近的普陀山静修，彻底解决了萨迦昆氏家族内部的嫡庶之争。不久年少的达玛巴拉去世，没有留下后代，却导致了整个昆氏家族男系血统面临绝嗣的危险。在这种情况下，朝廷即把达尼钦波召回萨迦，令其娶妻生子。根据《萨迦世系史》的说法，他总共娶了7位妻子，生了13男2女。萨迦昆氏家族没有绝嗣的忧虑，却平添了利益与权力争夺的祸患。这些人长成后，相继都被朝廷封授职位，逐渐形成4个不同的经济和政治集团。元英宗至治二年（1322年），达尼钦波去世，诸子间的矛盾公开化，相互斗争加剧。在万般无奈的情况下，由帝师贡噶洛追坚赞主持，将这些利益群体划分为细脱、拉康、仁钦岗和都却4个拉章。① 于是他们各自为其自身利益谋划着，尽管除了帝师之外，他们都拥有国师、国公等封号，但是萨迦政教势力的影响却因此而大大减弱了。与此相反，其内部纷争却加强了，逐渐失去了控制西藏地方局势的能力。

（二）西藏地方各派之间的矛盾

元朝时期，在朝廷的大力支持下，萨迦地方政权一直保持着在西藏地方政治与宗教上的主导地位，而与此同时，西藏地方其他各万户势力对萨迦位置的挑战也一直存在着。前期主要来自止贡派政教势力，后期则主要来自帕木竹巴万户。除了萨迦派与这两支大的政教势力的争夺之外，其他各万户和萨迦之间也有矛盾和分歧，他们之间同样存在利益上的不一致与纷争。而当时矛盾的核心和焦点都集中到止贡、帕木竹巴等大的政教势力与萨迦之间争夺在西藏地方管理权上。萨迦地方政权利用其特殊地位和元朝中央政府的支持，并积极博取其他万户的支持，采取主动，来应对来自止贡、帕木竹巴这些实力强大的万户的挑战。诸如雅桑、蔡巴、南北拉堆等万户，都积极地支持萨迦所推行的各项方针，在一定程度上也维护了萨迦在西藏地方的统治地位。

但是，随着元朝走向衰退，对西藏地方的管理和支持减弱，以及萨迦地方政教势力内部分裂和自身走向腐化与没落，西藏地方的政教形势就发生了重大的改变。特别是萨迦政教集团内部分裂后，它走向衰亡的趋势就无法逆转。而与之形成鲜明对比的，则是以绛曲坚赞为代表的帕木竹巴万

---

① 《萨迦世系史》藏文本，第247页；汉译本，第180~181页。

户的励精图治、蒸蒸日上，尽管萨迦地方政府采取了许多应对办法，最后都无法抑制帕木竹巴万户的发展，并挽救其走向灭亡的命运。

二　帕木竹巴的艰难崛起

（一）绛曲坚赞其人

绛曲坚赞（byang chub rgyal mtshan，1302～1364年）是西藏历史上一位很有影响的政治家，帕木竹巴地方政权的创立者。早年学习本门教法，并接受沙弥戒律。按照当时各万户都要派子弟到萨迦担任侍从的惯例，元仁宗延祐二年（1315年）他也来到萨迦接受培训并担任侍从，为萨迦领袖服务。在此期间，受到达尼钦波和喇嘛年麦巴的关照。延祐七年（1320年）返回帕木竹巴，元英宗至治二年（1322年）担任万户长职务。面对当时帕木竹巴存在的各种问题，绛曲坚赞采取了大刀阔斧的改革。建立规章制度，严明纪律，加强府库和税收管理，同时大力发展生产，扩建官寨。① 在与其他万户的交往中也积极维护其自身的利益，夺回了原来失去的一部分庄园，使帕木竹巴万户的实力空前加强。对上，他服从元朝中央政府的管理，并尽可能避免与萨迦地方政权发生正面冲突，为后来建立帕木竹巴政权奠定了坚实的基础。此外，绛曲坚赞把其辖下的地区划分为13个庄园，采取新的管理方式，具有一定创造性。而他在原来吐蕃法律的基础上制定的"十三法"，推行适合本地情况的法律制度，在西藏地方法律制度史上也有着特殊的位置。

（二）帕木竹巴与萨迦派的矛盾

不管帕木竹巴万户长绛曲坚赞如何谨小慎微，刻意避免与萨迦之间的矛盾与冲突，随着他自身实力的坐大，直接冲击萨迦地方政权的领袖位置是无可置疑的事实。无论萨迦派，还是帕木竹巴派都很清楚这一点。

帕木竹巴与萨迦派早期矛盾的焦点主要集中在对雅桑属地纷争问题上。在帕木竹巴看来，雅桑原本是它的一部分，作为万户划分出来以后，

---

① 《朗氏宗谱》藏文本，第135～138页；汉译本，第95～98页。

一直存在着辖区的纠纷，自己必须夺回属于本万户的土地。而萨迦则完全站在雅桑的一边，支持该万户从帕木竹巴中独立出来，并维护其辖土完整。这种矛盾存在了数十年，成为当时最引人注目的一个焦点。由于萨迦派作为元朝在西藏地方扶持的政治势力，具有优越的地位，其他各个政治势力即万户都必须听命于萨迦派的调遣，因此，帕木竹巴与萨迦的矛盾，在某种意义上，也就意味着它与西藏地方大多数万户之间的矛盾。西藏其他各万户都站在萨迦的一边，支持萨迦对帕木竹巴的高压政策。

面对萨迦和帕木竹巴之间的矛盾和冲突，元朝政府也多次派大员前往了解情况，试图进行调解，多次设立法庭进行审判并做出判决，但是问题并没有得到很好地解决。问题的关键在于，帕木竹巴认为，前来西藏的朝廷官员大多只听萨迦的一面之词，并不顾及帕木竹巴的利益，甚至某些官员还可能接受了萨迦的贿赂，有意偏袒萨迦方面。他们不能接受这种损害自身根本利益的调解或判决。[①] 包括元朝国师、帝师在内的西藏地方的一些高僧大德，也先后调解他们之间的矛盾，最多也只是起到缓和作用，都无法彻底解决双方的矛盾，最后还是通过战争来解决问题。

（三）帕木竹巴与诸万户的战争

当帕木竹巴发展起来以后，摆在面前的就不只是内部的建设问题，而主要是来自外部的压力。萨迦，甚至其他万户也不能接受它的迅速强大这个现实，它和雅桑之间的领地之争会牵动全局，变得更加复杂和激烈了。

在绛曲坚赞与雅桑旷日持久的领地纠纷中，乌思藏本钦（或萨迦本钦）、蔡巴都支持雅桑、汤波且和其他万户与帕木竹巴万户之间的争夺。绛曲坚赞在谈到元泰定帝泰定二年（1325 年）向本钦诉讼与雅桑纠纷案件时说，"本钦沃色僧格传令我前往其座前，我遂前往彭域通门地方同雅桑诉讼，我诉讼虽然获胜，虽然我有理，但是却敌不过雅桑人世世代代积累起来的财富，蔡巴又做雅桑的后盾，雅桑巴将其胞弟奉献给本钦后，把（占领地）当作私有庄园来管理，百姓亦被他长期领有。自是直（gri）、茨（tshe）和赛卡（gser-kha）等地丧失于雅桑，哲木（vbras-mo）置于调解人手中掌握，萨迦委派纳木杰崩（sna-mo-rgyal-vbum）经营，住在哲木，

---

① 《朗氏宗谱》藏文本，第 153 ~ 159 页；汉译本，第 108 ~ 113 页。

我却去登门拜访主宰人。后来哲木地方丧失于调解人手中。因为雅桑人有强大的后援，故我不得不吞食沮丧的糌粑团"①。当帕竹万户的巨大发展已经影响到西藏地方政治局面的改变，特别是动摇以萨迦为中心的乌思藏地方行政管理体制时，就要突破法律这道门槛，因此，帕木竹巴总是在诉讼中失败，或者胜诉而没有人来保护他们的权益。

帕木竹巴先后与蔡巴万户争夺扎齐（gra-phyi）、琼结（vphyong-rgyas）等地，与止贡万户争夺多热（rdo-ra）、文地（von）谷顶等地。元惠宗至正十三年（1353 年）止贡、囊巴和雅桑联合起来，同帕木竹巴争夺文地、沃卡和吉雪等，没有成功。② 这时，萨迦喇嘛胆巴前来贡噶，在本钦甲瓦桑布和绛曲坚赞之间调解矛盾取得成果。在随后本钦的后藏地方遭到囊扎的骚扰时，绛曲坚赞还派兵支援本钦。但是，这只是暂时的缓和，双方根本利益上的冲突依然存在，并朝着日趋激化的方向发展。

三　元朝封授绛曲坚赞大司徒

（一）封授大司徒印信与名号

随着势力坐大，帕木竹巴对其他各万户，特别是萨迦政权的威胁引起越来越多的矛盾。现在摆在绛曲坚赞面前的问题，是如何回应别人把他的行为指责为造反的问题。他抱怨说："我未造反却捏造说我造反，（萨迦等）多次向朝廷诬奏，若朝廷来人审查真伪，我将达木、达垅以内的民户拨出来，让我制定法律使其幸福，作为我归顺皇帝的礼品。"③ 在这种背景下，绛曲坚赞虽然在军事上获得一些重大胜利，却还必须解决自己行为的合法性问题。于是，他决定派人前往朝廷，为自己请求司徒的名号和印章。元朝廷意识到西藏局势的变革，也开始重视绛曲坚赞和他的帕木竹巴万户的崛起这一客观事实，认可了他的发展，满足了他对名号和印章的请求。④ 于是，朝廷的封授使他有了合法的身份，从而避免了政治上和道义

---

① 《朗氏宗谱》藏文本，第 152 页；汉译本，第 107～108 页。

② 《朗氏宗谱》藏文本，第 227～228 页；汉译本，第 159～160 页。

③ 《朗氏宗谱》藏文本，第 203～204 页；汉译本，第 143 页。

④ 《朗氏宗谱》藏文本，第 289 页；汉译本，第 198 页。

上更大的麻烦。

与此相反，萨迦派政教势力的衰落也在加剧，让绛曲坚赞更加踌躇满志。至正十四年（1354 年）本钦甲瓦桑布被帝师的两个儿子囚禁事件，给绛曲坚赞一个展示才能并赢得萨迦地方政权和其他各万户的支持提供了一个很好的机会。绛曲坚赞在徐卓（zhu-vbrog）召集乌思藏宣慰使司的各位官员，号召蒙藏官员和各万户首领联合出兵营救本钦。会议确定，绛曲坚赞和前藏诸位首领作为中军，香巴跟随其后，勋坚（熏杰，即勋奴坚赞 gzhon nu rgyal mtshan）都元帅统领蒙古军担任右翼，古尚巴和长官帕巴（vphags-pa）所部担任左翼，帕木竹巴的军队增援左翼，营救本钦。事实上，绛曲坚赞已经是诸部联军的总管了。当大兵进抵曲弥时候，萨迦方面相继派人来谈判，绛曲坚赞要求释放本钦。这次行动之后，本钦将子嗣、财产和权势都托付给绛曲坚赞。① 这时，绛曲坚赞已经是大家公认的乌思藏地方行政首领了。

绛曲坚赞委派多吉坚赞为曲弥（chu mig，今西藏日喀则市西南）和仁蚌（rin spungs，今西藏仁布）的司库，筹划建筑仁蚌堡寨以控制后藏。至正十七年（1357 年），朝廷派来的宣政院长官亦老（yi-lavo）宣布了皇帝圣旨，封授绛曲坚赞为大司徒，并举行仪式颁布封号与印章。② 随后，绛曲坚赞把征服的矛头指向前藏地区的止贡万户；他本人则亲自前往后藏萨迦平息内讧，办理已故本钦甲瓦桑布的葬礼。当萨迦拉康拉章集团阴谋发动战乱时，他下令管制萨迦大殿。本钦旺尊率兵包围萨迦大殿，他派军前往制服敌人，逐步控制了后藏地区的局势。这时他从萨迦收缴了本钦的虎头印章，委任长官帕巴为萨迦大殿的管理者和拉康拉章的大侍者③，直接插手萨迦内部政教事务。

对于朝廷方面，他依旧恭顺有加。为了感激皇帝赐予他的封号、印章、礼品与关怀，绛曲坚赞"作为祝愿皇帝父子长寿的佛事，他的官寨在拉萨释迦牟尼佛像前隆重地奉献了酥油灯和给佛像贴金的金汁，还鼓励撒巴和士卒积聚资粮，奉献酥油供灯和贴金用的金汁"④。同时，作为地方首

① 《朗氏宗谱》藏文本，第 267～273 页；汉译本，第 184～188 页。
② 《朗氏宗谱》藏文本，第 289 页；汉译本，第 198 页。
③ 《朗氏宗谱》藏文本，第 237～321 页；汉译本，第 188～221 页。
④ 《朗氏宗谱》藏文本，第 321～322 页；汉译本，第 221 页。

领，他负责筹办帝师索罗瓦（索南洛追坚赞，bsod names blo gros rgyal mtshan）前往朝廷的各项事宜，并负责接待来藏的朝廷官员与使者。再次派人前往朝廷，请得圣谕、赏赐物品，及委任释迦坚赞为帕木竹巴万户长的圣旨。① 绛曲坚赞通过努力赢得了朝廷的信任，也稳定了西藏地方的政局，从而为帕木竹巴万户最后取代萨迦地方政权，建立和发展帕木竹巴地方政权奠定了坚实的基础。

（二）封授大司徒的意义

元朝一直采取支持萨迦派管理西藏地方的策略，不仅在政治上给萨迦派以崇高的地位，任命其行政首领担任西藏地方最高行政长官"乌思藏本钦"或"萨迦本钦"，而且在经济上也给予大力支持。在宗教上同样采取优遇萨迦派的政策，任命萨迦派宗教首领担任国师和帝师，至于封王、授予"国公"等名号者，不乏其人。因此，萨迦在西藏地方的崇高地位，首先是与朝廷的有力支持密切相关的。西藏地方其他各个政教势力挑战萨迦地位先后以失败告终，都与朝廷支持萨迦派的鲜明立场有直接关系。

元朝末年，元王朝自身的衰落是其调整在西藏地方政策的根本因素。朝纲废弛，吏治腐败，内部倾轧日趋严重。不堪压迫和贫困的农民，不断掀起反抗浪潮，使处在风雨飘摇之中的元王朝，逐渐感到控制边疆已力不从心。而萨迦派政教势力自身的分裂和衰落，也加速了地方局势的变革进程。萨迦内部矛盾重重，分裂为 4 大拉章，上层僧人贵族贪图享乐腐化，以及不能公平处理西藏地方各万户之间的纠纷与矛盾，导致逐渐发展起来的一些万户的强烈不满。

绛曲坚赞在取得了对西藏地方大局的控制之后，派人到朝廷请封，并获得钦命"大司徒"名号。其一，元朝已经面对并承认了西藏地方政治势力发生改变的现实，不再无原则地支持萨迦派在西藏的统治。其二，绛曲坚赞尽管遭受到萨迦地方势力的多次迫害和朝廷派往西藏官员的压制，但是他依然忠于朝廷，并没有立即取代萨迦，或者自立为主的姿态。其三，得到"大司徒"名号，意味着绛曲坚赞改变西藏地方的政教局面是合法的，而不再是所谓的"反叛行为"。同样，他对西藏地方的实际管理也获

---

① 《朗氏宗谱》藏文本，第 342～343 页；汉译本，第 235 页。

得朝廷的认可，是合法的。其四，萨迦的政教统治正式结束，西藏历史开始进入一个由帕木竹巴及其教派势力掌权的时代。

蒙元经营西藏在中国历史上具有划时代的意义，它首次将辽阔的西藏地方纳入中央政府的直接行政管辖之下，揭开了西藏地方历史崭新的一页，为加强中国各民族文化交流，也为中华民族多元一体格局的形成产生了深刻的影响。

第十三章 封授"八大法王"

一 建立行政区划与恢复驿站

(一) 邓愈出兵河州和许允高僧大德入藏招抚

明朝建立以后，元顺帝先北逃上都（今内蒙古正蓝旗），在明朝大兵的威逼下，一年后又逃往应昌府（内蒙古昭乌达盟克什克腾旗境内），不久病逝，其子爱猷识理达腊即位，是为北元昭宗。元朝虽然宣告灭亡，但由于北元的存在，蒙古和西藏之间业已形成的十分紧密的政治和宗教文化联系，以及王朝更迭之际可能存在的观望心理，都使西藏和蒙古关系处在未知之中。而蒙藏的重新联合势必对明朝西部地区的统一与安定造成极大的困难。因此，进兵甘青，切断蒙藏两大势力之间的联系，在明朝统治者看来，是控制西部地区局势的重要步骤之一。

有鉴于此，明太祖一方面派遣大兵继续穷追北逃的故元势力，并打击西北蒙古诸王的武装，另一方面对西北地区的藏族首领采取招抚和军事高压兼用的策略。洪武三年（1370 年）二月，明朝大将徐达在甘肃定西大破元军在西北地区的主力，使元朝在西北部地区的有生力量遭到重创。徐达副将邓愈率军积极挺进，相继占领洮州、岷州，并攻占元朝吐蕃三路宣慰使司之一的吐蕃等处宣慰使司治所河州（今甘肃临夏）①，对这个藏族地区以巨大的震动。

---

① 《明史》卷一二六"邓愈"。

在武力施压的同时，明朝也根据西藏和其他藏区教派林立、僧主主政的局面，派遣僧人前往西藏和其他藏区劝说地方首领归附新朝。僧人克新、宗泐和智光等就是其中的几位代表，他们受明太祖委派前往藏族聚居区劝说，克新受命"图其山川地形以归"，而"僧宗泐还自西域，俄力思军民元帅府、巴者万户府遣使随宗泐来朝，表贡方物"。智光更是三次出使西域，招抚西藏地方政教领袖。① 明通事舍人巩哥锁南也曾担负这一使命。通过武力打击和怀徕招抚，原来尚在观望之中的藏族首领转变态度，开始和新建立的明王朝接触。

（二）甘青及乌斯藏地方官员归附明朝

明朝的策略取得了成功。洪武三年（1370 年）六月，北元陕西行省吐蕃宣慰使何锁南普及镇西武靖王卜剌纳等，携故元所授金银牌印、敕书等至邓愈军前投降。次年正月，明朝廷任命何锁南普为河州卫指挥同知，朵儿只、汪家奴为佥事。接着，甘肃、青海一带的藏族和蒙古族首领纷纷归降明朝。洪武四年（1371 年），是西北部地区吐蕃和蒙古各部首领竞相归附之年，这一年正月癸卯，"西蕃十八族元帅包完卜、七汪肖遣侄打蛮及各族都管哈只藏卜，前军民元帅府达鲁花赤坚敦肖等来朝，诏以包完卜为十八族千户所正千户，七汪肖为副千户，坚敦肖为岷州千户所副千户，哈只藏卜等为各族都管，各赐袭衣、靴、袜"。六月戊子，"以吐蕃来降院使马梅为河州卫指挥佥事，故元宗王卜罗罕、右丞朵立只答儿为正千户，元帅克失巴卜、同知卜颜歹为副千户，同知管不失结为镇抚、百户，及其部属以下各赐袭衣、文绮有差"。八月己酉，"遣工部主事王伯彦往河州，赐山后七驿世袭土官劳哥等文绮、银碗"。十一月丁丑，"置必里千户所，属河州卫，以朵儿星吉为世袭千户"。② 这些部落首领的归附，既使甘青一带地方局势得到安定，又对西藏地方的局势产生连锁效应。同时，河州还成为明朝经营西藏地方的前沿阵地，在进一步对藏施政方面发挥特殊的作用。

---

① 《明实录》洪武三月六月癸亥；《明实录》洪武十四年十二月乙卯；邓锐龄：《明西天佛子大国师智光事迹考》，《中国藏学》1994 年第 3 期。

② 《明实录》洪武四年正月癸卯至十一月丁丑。

在元末明初的西藏地方，业已衰落的萨迦派和已经崛起的帕木竹巴派政教势力，是当时具有重要影响力的两股势力。早在洪武二年（1369 年）明太祖遣官招抚吐蕃各部首领时，萨迦派政教首领即积极响应，前来归附，并积极为朝廷举荐西藏地方官员。洪武六年（1373 年）春，摄帝师喃加巴藏卜及故国公南哥思丹八亦监藏等入朝，"上所举六十人名"。① 具有敏锐政治嗅觉和洞察力的萨迦地方势力，认清了大势，其他各教派也不甘落后，竞相归附。有了这样良好的基础，明朝在西藏和其他藏区建立行政区划与制度的条件业已具备。

（三）建立行政区划

明朝对于归附的故元官员和藏蒙部落首领，即行封授官职，设立机构加以安置，逐渐在甘青藏区和西藏地方建立起一套行政管理体制与制度。前述北元陕西行省吐蕃宣慰使何锁南普及镇西武靖王卜剌纳等归降，朝廷任命何锁南普为河州卫指挥同知，朵儿只、汪家奴为佥事。洪武六年（1373 年），摄帝师喃加巴藏卜及故国公南哥思丹八亦监藏等入朝并举荐官员 60 人，明太祖十分高兴，设立指挥使司 2：曰朵甘、曰乌斯藏；宣慰司 2；元帅府 1；招讨司 4；万户府 13；千户所 4。即以所举官员任之。同年，亲自敕封搠思公失监为俄力思军民元帅府元帅。② 帝师喃加巴藏卜及故国公南哥思丹八亦监藏均来自后藏地区，所举之人毫无疑义都是西藏地方（当时称乌斯藏）旧有的官员，而搠思公失监则是阿里（即俄力思）地区蒙古军元帅，自然是西藏地方的蒙藏军事官员，同时也有朵甘思地区的部分官员。

洪武六年（1373 年）十月甲申，河州卫上言，朵甘宣慰使赏竹监藏举首领可为指挥、宣慰、万户、千户者 22 人。诏从其请，铸造分司印以授之。洪武七年（1374 年）七月己卯，诏置西安行都指挥使司于河州，升河州卫指挥使韦正为都指挥使，总辖河州、朵甘、乌斯藏 3 卫。升朵甘、乌斯藏 2 卫为行都指挥使司，以朵甘卫指挥同知锁南兀即尔为朵甘都指挥同

---

① 《明史》卷三三一 "列传" 二一九 "西域" 三。

② 西藏社会科学院等编《西藏地方是中国不可分割的一部分》（史料选辑），西藏人民出版社，1986，第 93 ~ 94 页。

知，管招兀即尔为乌斯藏都指挥同知，并赐银印。锁南兀即尔归附后，朝廷授其朵甘卫指挥佥事，以元司徒银印来上，命晋升为指挥同知。同年十二月壬辰朔，炽盛佛宝国师喃加巴藏卜及朵甘行都指挥同知锁南兀即尔等遣使来朝，奏举土官赏竹监藏等 56 人。[①] 康区的故元官员也归属明朝，朝廷增设朵甘思宣慰司及招讨司等机构予以安置。明朝大致按照元朝藏区旧有机构和行政建制，以及藏区归附故元官员的辖区状况，分别设立河州、朵甘、乌斯藏，相当于元朝时的脱思麻（或吐蕃等处）、朵甘思（朵甘）和乌斯藏（今西藏地方），尽管并非全部，却基本包括了元朝的三路，或者三却喀。

洪武六年（1373 年），在西藏等地首领纷纷前往朝廷请授职官时，朝臣曾经提出建议，予以区别对待："来朝者，宜与官职；未来者，宜勿与。"明太祖没有采纳这种建议，他认为："我以诚心待人，彼若不诚，曲在彼矣。况此人万里来朝，若俟其再请，岂不负远人归响之心？"[②] 因此，各赐职官，并赏衣冠钞锭遣还。

同时，明朝派遣使者向朵甘、乌斯藏等处宣谕："我国家受天明命，统驭万方，思抚良善，武威不服，凡在幅员之内，咸推一视之仁。近者摄帝师喃加巴藏卜以所举乌斯藏、朵甘思地面故元国公、司徒、各宣慰司、招讨司、元帅府、万户、千户等官，自远来朝，陈请职名，以安各族。朕嘉其识达天命，慕义来庭，不劳师旅之征，俱效职方之贡，宜从所请，以绥远人。以摄帝师喃加巴藏卜为炽盛佛宝国师，给赐玉印；南哥思丹八亦监藏等为朵甘、乌斯藏武卫诸司等官，镇抚军民，皆给诰印。自今为官者，务遵朝廷之法，抚安一方；为僧者，务敦化导之诚，率民为善，以共享太平。"[③] 从这段文字可以看到，首先，这里申明朝廷武力对付不服者，怀柔归心者的策略，以及在包括西藏在内的所有地方，"咸推一视之仁"的公允政策。其次，摄帝师喃加巴藏卜等归附朝廷，请求职官名号，接受明朝行政管理，朝廷则接受其请求，不劳师旅而使西藏和其他藏区归服。再次，西藏等地的官员要遵守朝廷法律，维护地方安定；僧主则要化导百

---

① 《明太祖实录》卷九一洪武七年七月己卯。
② 《明太祖实录》卷七九洪武六年二月癸酉。
③ 《明太祖实录》卷七九。

姓向善，让大家共享太平和睦。西藏地方就这样完成了从归属元朝统治到接受明朝管辖的过渡。

随后，明朝继续完善在西藏的管理机构。洪武八年（1375年），明朝设置俄力思军民元帅府，不久设立陇答卫指挥使司。洪武十四年（1381年）十二月"僧宗泐还自西域，俄力思军民元帅府、巴者万户府遣使随宗泐来朝，表贡方物"①。洪武十八年（1385年）以班竹儿藏卜为乌斯藏都指挥使，乃更定品秩，自都指挥以下皆令世袭。接着又设立乌斯藏俺不罗卫行都指挥使司，归乌斯藏都指挥使司管辖。永乐元年（1403年），设必里千户所为卫，随后设置乌斯藏牛儿宗寨行都指挥使司。② 更加完善了在西藏地区的行政建制。

明朝依照内地行政体制，结合其他西藏地方实际，在乌斯藏都指挥使司之下设有行都司、卫、所等机构。任命各级机构的官员，其中指挥使、指挥同知、元帅、指挥佥事、招讨、巡检、万户、千户、副千户、所镇抚等重要官员，均由朝廷直接敕封，保证了明朝政令的畅通和各项措施的贯彻。

（四）恢复藏区驿站

驿站是沟通西藏、其他藏区和内地联系的重要渠道，元朝建立起来的驿站系统，在维护西藏地方稳定，促进西藏和内地经济文化往来，加强对西藏地方管理等方面，发挥了特殊的作用。元朝末期，西藏和内地一样出现大的变故和动乱，驿站及其系统被彻底破坏。明朝建立以后，在建立行政体制，任命官员的同时，也开始着手恢复驿站系统的工作。永乐五年（1407年）三月丁卯，谕帕木竹巴灌顶国师禅化王吉剌思巴监藏巴里藏卜（grags pa rgyal mtshan dpal bzang po）同护教王、赞善王、必里公瓦国师、川卜千户所、必里、朵甘、陇答三卫、川藏等族，复置驿站。朝廷谕令西藏地方帕木竹巴灌顶国师禅化王会同护教王、赞善王等西藏僧俗首领，负责恢复驿站。令洮州、河州、西宁三卫，以官军马匹给之。同时，派遣陕西行都司都指挥同知等人赴乌斯藏等处，"设立

---

① 《明太祖实录》一四〇洪武十四年十二月乙卯条。

② 《明史》卷三三一"列传"二一九"西域"三。

站赤、安抚军民"①。永乐十二年（1414 年），遣中官杨三保携敕书往谕乌斯藏及甘肃、青海、四川等地藏区大小首领，包括帕木竹巴灌顶国师禅化王、必里公瓦国师禅教王、馆觉灌顶国师护教王、灵藏国师赞善王，以及川卜、川藏、陇答、朵甘、答笼（即达隆）、匝常、剌恰、广迭、上下邛部、陇卜等处大小头目，"令所辖地方，驿站有未复归者，悉如旧设置，以通使命"。"自是道路毕通，使臣往还数万里，无虞盗贼矣！"驿站恢复后，大大方便了明朝前往西藏的官员，以及西藏和其他藏区前来"朝贡"的使者，对于加强经济文化交流，具有十分积极的推动作用。

二 封授政教领袖

（一）八大法王

明朝初年，先后派遣陕西行省员外郎许允德、河南卫镇抚韩加里麻、僧人克新、宗泐、智光②、宦官侯显、中官杨三保等前往西藏召请高僧大德前来归附。"洪武二年（1369 年），太祖定陕西，即遣官赍诏招谕，其酋长皆观望。复遣员外郎许允德招之，乃多听命。明年（1370 年）五月，吐蕃宣慰使何锁南普等以元所授金银牌印宣敕来上，会邓愈克河州，遂诣军前降。其镇西武靖王卜纳剌亦以吐蕃诸部来纳款。"③ 克新（1321～?），本姓余，鄱阳人。洪武三年（1370 年）六月，"命僧克新等三人往西域诏谕吐蕃，仍命图其所过山川地形以归"④。克新顺利完成任务，他所绘《广域疆里》一图，"纵横仅尺有余，而山川州郡彪然在列"⑤。由于来自释门的关系，他对佛教的社会作用有自己的见解，据称，他曾说："佛以神道设教，以辅国君治本，使民从化，不俟刑驱。"而且还赞美元顺帝以西天

---

① 《明太宗实录》卷四八永乐五年三月丁卯。
② 邓锐龄：《明初使藏僧人克新事迹考》《明朝初年出使西域僧人宗泐事迹补考》《明西天佛子大国师智光事迹考》，见《邓锐龄藏族史论文译文集》上册，中国藏学出版社，2004，第 111～163 页。
③ 《明史》卷三三〇"西域"二西番诸卫。
④ 《明太祖实录》卷五三洪武三年六月癸亥。
⑤ （明）宋濂：《送天渊禅师濬公还四明序》，（明）宋濂：《宋文宪公全集》卷二。

佛子为帝师，是崇其治本。① 宗泐（1318～1391年），浙江临海人。洪武十一年（1378年），宗泐应命出使西域，"涉流沙，度葱岭，遍游西天，通诚佛域"，经时5年，"往返十有四万余程"。② 洪武十五年（1382年）终于取得了《庄严宝王》《文殊》《真空名义》等经。智光（1349～1435年）曾经受命三次西使，两次到尼泊尔。第三次是在洪武三十五年（1402年），"遣僧智光赍诏谕馆觉、灵藏、乌斯藏、必力工瓦、思达藏、朵（甘）思、尼八剌等处，并以白金、彩币颁赐灌顶国师等，凡白银二千二百两，彩币百一十表里"③。他们对于招抚西藏和其他藏区的藏传佛教领袖归附明朝，发挥了积极的作用。

对于归降的西藏和其他藏区各教派僧主，明朝依据"元尊番僧为帝师，授其徒国公等秩"旧例，许"降者袭旧号"。关于这一情况，《明史》有一段简要的概括，文谓："洪武初，遣人诏谕，又令各族举旧有官职者至京，授以国师及都指挥、宣慰使、元帅、招讨等官，俾因俗以治。自是，番僧有封灌顶国师及赞善、禅化等王，大乘、大宝法王者，俱给印诰，传以为信。"④ 著名的有所谓"八大法王"。

明朝通过封授法王来强化对西藏和其他藏区的政教管理，在明成祖时期有了新的发展。明朝最早封授的法王是噶玛噶举派的大宝法王（nor chen chos kyi rgyal po）得银协巴（karma pa de bzhin gshegs pa, 1383-1415年）。《明史》记载，明成祖闻哈立麻（karma，噶玛巴）"有道术，善幻化"，永乐元年（1403年）四月遂派遣宦官侯显前往西藏，永乐四年（1406年）十二月请来哈立麻，也就是藏传佛教噶举派噶玛巴支派黑帽系第五世活佛得银协巴。得银协巴在朝廷使者的陪同下来到南京，明成祖在奉天殿亲自接见，并赏赐大量礼物。永乐五年（1407年）二月，在南京灵谷寺建普度大斋，为明成祖父亲朱元璋和母亲高皇后荐冥福。据说，当日天降雨花，吉祥万状。明成祖十分高兴，册封哈立麻"如来大宝法王西天大善自在佛"，命其"领天下释教，给印诰制如诸王"。⑤ 通过这种关系，

---

① 杨廉夫：《东维子文集》卷一〇《雪庐集序》。

② （清）自融：《南宋元明僧宝传》，"宗泐禅师"。

③ 《明太宗实录》卷一一洪武三十五年八月戊午。

④ 《明史》卷六六"兵"二卫所班军。

⑤ 《明史》卷三〇四"宦官"一侯显。

噶玛派与明朝建立起密切的关系。永乐八年（1410 年，藏历第七饶迥铁虎年）明成祖以太监侯显从西藏带回的《藏文大藏经》为底本，在南京刻印《藏文大藏经》，并分赠噶玛巴·得银协巴、宗喀巴、大慈法王等人，作为对藏传佛教的支持。永乐十一年（1414 年）二月己未，朝廷"命哈立麻寺卓思吉监藏为灌顶圆通妙济国师，簇尔卜掌寺端竹斡薛儿巴里藏卜为灌顶净慈通慧国师，俱赐诰印及彩币表里"①。此后该派一直保持着与朝廷的密切联系。

大乘法王（theg chen chos kyi rgyal po）是明朝封授给萨迦派僧主的名号。明成祖在封授噶玛噶举派之后，又听说昆泽思巴（vkhon bkra shis pa）有道术，命中官携带敕书和银币前往召请。永乐十一年（1413 年）到达京城南京，成祖接见，并封授其"大乘法王西天上善金刚普应大光明佛，领天下释教"，礼仪稍微亚于大宝法王。② 明孝宗弘治八年（1495）十月戊辰，"乌斯藏大乘法王陆竹坚参巴藏卜（blo gros rgyal mtshan dpal bzang po），遣番僧札的藏卜（grags pa dpal bzang po）等来贡"。

明朝敕封的大慈法王（byams chen chos kyi rgyal po）释迦也失（shikya ye shes），则属于新兴的格鲁派。永乐十二年（1414 年），宗喀巴的弟子释迦也失应召入朝。永乐十三年明朝封其为"灌顶弘善西天佛子大国师"。永乐十四年返回西藏。宣德九年（1434 年），明朝册封其为"大慈法王西天正觉如来自在大圆通佛"。③ 他是格鲁派中第一个受到中央政府册封的高级僧侣，也在藏传佛教传入内地的过程中发挥过重要作用。④ 明英宗正统七年（1442 年）八月辛亥，皇帝饬令河州西宁等处军民所："今以黑城子厂房地，赐大慈法王释迦也失盖造佛寺，赐名弘化，颁敕护持。本寺田地、山场、园林、财产、孳畜之类，所在官军人等，不许侵占骚扰侮慢。若非本寺原有田地山场等项，亦不许因而侵占扰害，军民敢有不遵命者，必论之以法。"⑤ 天顺四年（1460 年）五月甲午，皇帝在河州西宁镇守内外官员人等的敕书中再次强调："弘化寺颁赐金字华严经六部并仪从等物，

---

① 《明太宗实录》卷八七永乐十一年二月己未。
② 《明史》卷三三一"西域三·大乘法王"。
③ 《明史》卷三三一"西域三·大慈法王"。
④ 拉巴平措：《大慈法王释迦也失》，中国藏学出版社，2012，第 57~62 页。
⑤ 《明实录》正统七年八月辛亥。

及大慈法王等写完金字经二藏、朱墨字语录经藏，安置于内。特赐敕护持：尔河州西宁镇守内外官员并诸色人等，各宜尊崇虔敬，不许私借馆玩，轻慢亵渎，致有损坏遗失。敢有不遵，朕命治之以法。尔等其慎之毋忽。"① 明英宗时，在河州敕建弘化寺，供黄教首领"大慈法王"释迦也失安禅，并予特殊保护，河州卫也是明朝管理西藏地方的重要政治、军事和宗教据点之一。

阐化王，属于帕木竹巴噶举派。洪武五年（1372 年），河州卫向朝廷建议，召请故元灌顶国师章阳沙加监藏（vjam dbyangs shikya rgyal mtshan）来调解朵甘地方首领赏竹监藏与管兀儿之间的武装冲突，明太祖采纳这个建议，封其为灌顶国师。洪武八年（1375 年）正月，明朝在其地设立帕木竹巴万户府，任命僧人主其政事。永乐四年（1406 年），明成祖封其灌顶国师禅化王，并赏赐大批丝绸茶叶。② 明英宗正统五年（1440 年）明朝正统皇帝封帕竹第司扎巴迥乃（grags pa vbyung gnas）续任阐化王。明英宗正统十一年（1446 年）且萨桑结坚赞（che sa sangs rgyas rgyal mtshan）向明朝请求"借袭"阐化王，得到明英宗批准。明宪宗成化五年（1469 年），宪宗遣使入藏封贡噶勒巴（kun dgav legs pa）为阐化王。③ 和其他各王一样，禅化王的继承都要明朝廷的封授与认可。如有差池，相关人员就会受到惩罚。弘治十年（1497 年）十二月壬午条记载："初，乌斯藏禅化王死，其子班阿吉汪束扎巴（dpal ngag gi dbang phyug grags pa）乞袭封禅化王，上命番僧剌麻参曼答实哩（samantashri）为正使，锁南窝资尔（bsod nams vod zer）副之，同剌麻扎实坚参（bkra shis rgyal mtshan）等 18 人，共赍诰敕并赏赐彩绘衣服食茶等物往封之。行三年至其地。时新王亦已死，其子阿汪扎失巴坚参巴班藏卜（ngav dbang bra shis grags pa rgyal mtshan），即欲受封，并领所赍诰敕诸物。参曼答实哩等不得已授之，遂具谢恩方物，并其父原领礼部勘合印信图书番本，付参曼答实哩等赍回为差验。至四川，巡抚官劾其擅封之罪，逮至京坐斩。至是屡奏乞贷死。上以

---

① 《明实录》天顺四年五月甲午。
② 《明史》卷三三一"西域三·阐化王"。
③ 《明实录》正统五年四月壬午；〔日〕佐藤长：《明代西藏八大教王考》，《东洋史研究》第 22 卷第 2 期（1963），邓锐龄译文，载《西藏民族学院学报》1987 年第 4 期。

为番人不足深治,特免死,发陕西平凉充军。副使以下宥之。"① 这位使者差点因为擅自按照父死子继的原则封授其子任职而丧命,可见,明朝对西藏政教首领的封授是相当严格的。

灵藏赞善王,《明史》记,"赞善王者,灵藏僧也,其地在四川徼外,视乌斯藏为近"② 他就是后代与德格相接的林葱土司的先祖。永乐四年(1406 年),该地僧着思巴儿监藏(chos dpal rgyal mtshan)遣使入贡,朝廷封为灌顶国师。永乐五年(1407 年),晋封为赞善王,仍拥有灌顶国师名号。③ 明朝派遣使者前往藏区抚慰,智光(洪武三十五年)、杨三宝(永乐十七年)先后抵达该王居地。明仁宗洪熙元年(1425 年),着思巴儿监藏去世,其侄子喃噶监藏(nam mkhav rgyal mtshan)袭位。正统六年(1441 年)赞善王喃噶监藏以自己年老,请朝廷恩准其侄子代替。这一年四月辛卯,明英宗颁诏云:"今尔遣永隆监藏、锁南端竹前来朝贡并奏,见今年老,欲令长子班丹监措嗣封赞善王,次子巴思恭藏卜为都指挥使。"却并没有满足他的这一要求,只封班丹监措为指挥使,巴思恭藏卜为指挥佥事,掌管本部军政事务。④ 说明朝廷并非有求必应,一概满足。但是四年后,朝廷还是满足了他们的请求。正统十年(1445 年)赞善王封号由喃噶监藏侄子班丹监措(dpal ldan rgya mtsho)继承。同年六月辛亥,朝廷在封授后者的诰敕中说:"今尔叔称年老不能管事,尔班丹监措乃其亲侄,克奉梵教,恪守毗奈,多人信服,请代其职,特允其请,命正使禅师锁南藏卜(bsod nam bzang po)、副使喇嘛札什班丹(bkra shis dpal ldan)等,同指挥斡些儿藏卜(vod zer bzang po),赍敕谕诰命,封尔班丹监措为灵藏灌顶国师赞善王,代尔叔掌管印章,抚治番人。"⑤

馆觉(gon gyo)僧护教王,馆觉即西藏昌都地区贡觉地方境内。《明史》说:"护教王者,宗巴斡即南哥巴藏卜,馆觉僧也。"永乐元年(1403年)僧人智光受命出使馆觉。永乐四年(1406 年)馆觉僧遣使入贡,僧主斡即南哥巴藏卜(vod zer nam mkhav dpal bzang po)获得灌顶大国师名

① 《明实录》卷一三四。
② 《明史》卷三三一"西域三·赞善王"。
③ 《明史》卷三三一"西域三·赞善王"。
④ 《明实录》正统六年四月辛卯。
⑤ 《明实录》正统十年六月辛亥。

号。永乐五年（1407 年）二月，派遣札思巴儿监藏（grags pa rgyal mtshan）贡马，朝廷晋封斡即南哥巴藏卜护教王。①

禅教王，属止贡（必力公，vbri gung pa）噶举派。永乐元年（1403年）智光持诏入藏后，止贡国师端竹监藏（don grub rgyal mtshan）即遣使入贡。同年至京。永乐四年（1406 年）又入贡，明成祖赐其国师大班智达（板的达）。永乐十一年（1413 年）加号灌顶慈慧净戒大国师，又封其僧领真巴儿吉监藏（rin chen dbal gi rgyal mtshan）为禅教王。② 元朝时经受过多次严峻考验的止贡派也由此获得了崇高的地位。

思达藏（stag tshang）僧辅教王，智光前往西藏时，曾过其地，并代表朝廷赐予银币。永乐十一年（1413 年），明成祖封其僧南渴烈思巴（nam mkhav legs pa）为辅教王，赐诰印。景泰七年（1456 年），南渴烈思巴以年老请以其子代职，朝廷许之。封授其子喃葛坚粲巴藏卜（nam mkhav rgyal mtshan dpal bzang po）为辅教王。③

除了上述几位之外，明朝还封授西藏和其他藏区的高僧为"大智法王""大庆法王""大得法王"等名号。④ 在其下则有大国师、灌顶国师、国师、禅师、都纲喇嘛等。明朝廷对他们都予礼重。宣德元年（1426 年）三月庚子，刚即位的明宣宗就"升乌斯藏大宝、大乘、禅化、禅教、赞善五王及大国师释迦也失差来使臣阿木噶为灌顶净修弘智国师，锁南星吉为灌顶国师，俱疵二品银印"⑤。对西藏和其他藏区宗教领袖给予崇高礼遇。《明史》概括明太祖治理西藏的基本思想时载："洪武初，太祖征唐吐蕃之乱，思制御之。惟因其素尚用僧徒，化导为善，乃遣使广行诏谕。"⑥ 这一大政方针，在有明一代一直沿袭不替。

关于明朝所采取的这种分封制度，日本藏学家佐藤长有一段评价颇为中肯："最早的三大法王其势力范围各自占有东部、中部和西部西

---

① 《明史》卷三三一"西域三·护教王"。

② 《明史》卷三三一"西域三·禅教王"。

③ 《明史》卷三三一"西域三·辅教王"；又《明实录》卷记天顺元年九月辛巳："遣正使灌顶国师噶藏，副使右觉义桑加巴等赍敕诰并彩币僧俗衣帽铃杵等物，封答苍喃葛坚灿巴藏卜袭为辅教王，以其父喃葛烈思巴罗竹坚灿巴藏卜奏年老不能视事故也。"所记略异。

④ 《明史》卷三三一"西域三·大乘法王"。

⑤ 《明实录》宣德元年三月庚子。

⑥ 《明史》卷三三一"西域三·乌思藏大宝法王"。

藏。明朝一向熟知在此三大地域中最大宗派为准,其设置了三大法王,于其间的小空间配置了五名教王,当是依据当时西藏的现实、了解了全部情况后的决策。当我们知道这些教王的封爵几乎都在永乐时代授予时,对于明成祖关于西藏的政策推行得如何妥当,更加感叹不止了。"①

(二)封授三世达赖喇嘛

当宗喀巴新创立的格鲁派早期发展时期,在西藏地方,也正是绛曲坚赞所创建的帕木竹巴政权走向衰落时期,它的属臣仁蚌巴在篡夺权力的同时,也改变了帕木竹巴支持格鲁派的政策,转而与噶玛噶举派建立密切关系,压制格鲁派的发展。明宪宗成化十七年(1481年),仁蚌巴的军队控制了拉萨地区,并从明孝宗弘治十一年(1498年)起宣布禁止拉萨三大寺的僧人参加祈愿大法会。尽管明武宗正德十三年(1518年),因为帕竹政权的阿旺扎西扎巴势力增长,恢复了三大寺僧人参加这一活动的自由,但是依然没有摆脱遭受噶玛噶举派迫害的境遇。格鲁派领袖索南嘉措(1543 - 1588年,bsod nam rgya mtsho)和他的教派深切感受到,要使本派获得新的发展空间,必须依靠一个强大的外部力量的支持。而蒙古军队在青海地区的活动很快就进入了他们的视野,当同样需要支持的土默特蒙古汗王俺答汗和库图克台彻辰洪台吉邀请索南嘉措前往青海传法的使者来到拉萨时,他欣然接受了邀请。

明神宗万历六年(1578年),身为哲蚌寺住持的索南嘉措应邀前往青海湖南岸,会见蒙古土默特部首领俺达汗,俺达汗赠索南嘉措"圣识一切瓦齐尔达喇达赖喇嘛"名号,是为"达赖喇嘛"名号之始。索南嘉措也回赠俺答汗"咱克瓦尔第彻辰汗"名号。"咱克瓦尔第"是梵文"转轮王"的意思,"彻辰汗"是聪睿之王的意思,有既是人间之主又是佛教圣人的含义。索南嘉措还剃度蒙古贵族弟子多人出家,在格鲁派传入蒙古中发挥了重要作用。他还应明朝官员的邀请,来到甘州,向明朝上奏章,受到朝廷封赏。万历十一年(1583年),索南嘉措应蒙古土默特部落的邀请,参

---

① 〔日〕佐藤长:《明代西藏八大教王考》(下),邓锐龄译,《西藏民族学院学报》1988年第4期。

加了俺达汗的葬礼。路过青海，在宗喀巴诞生地的纪念塔旁修建弥勒殿，使青海黄教名刹塔尔寺初具规模。万历十四年（1586年），索南嘉措在归化城（今内蒙古呼和浩特）为俺达汗举行超荐法会，并建寺传法。万历十五年（1587年），明朝因土默特蒙古部顺义王奢力克的请求，派人到土默特封索南嘉措为"朵儿只唱"（持金刚），并召请他进京陛见。[1] 但是，索南嘉措在途经卡欧吐密地方时圆寂。万历二十年（1592年），格鲁派和蒙古土默特部王公共同认定俺达汗的一个曾孙为索南嘉措的转世，此即四世达赖喇嘛·云丹嘉措。

由于朝廷优礼西藏僧人的缘故，他们纷纷前来内地朝贡，在获得政治权益的同时，也获得了巨大的经济利益。出于政治目的的贸易策略，吸引了越来越多的僧人，促进了日趋频繁的"朝贡"活动。最后，迫使朝廷不得不采取一些限制性措施，把一年一贡改为"三年一贡"；同时也不得不裁减留居皇帝左右僧人的员额。就西藏地方顺利地在元朝末年的变乱之后转归明朝治下这一核心问题而言，虽然明朝的实力还相当有限，但其早年的治藏策略无疑是成功的。在错综复杂的形势下，通过实施恩威并用、怀柔为主的策略，赢得了西藏和其他藏区各部首领的归心，并建立起一套行政管理制度，实现了对西藏和其他藏区的统治。

明朝采取封授宗教领袖的政策与西藏地方的政教局势，以及明朝当时具体的状况有着密切的关系。从西藏地方来看，当时西藏地方最大的势力是帕木竹巴，虽然他们取代萨迦的政治地位，影响西藏地方的政教发展局势，但是却不能和当年在元朝中央政府支持下的萨迦地方政权的权威同日而语。西藏的许多地方仍然处在相互独立、各自为政的状态。宗教上亦复如此，除了处在优势地位的帕木竹巴噶举派之外，其他像萨迦派、噶玛噶举派，以及新兴的格鲁派等，都有相当大的影响力。这些教派在政治纷乱中重新发挥凝聚力的作用，引起明朝的特殊重视，因地制宜、因势利导地加以利用，对明朝实施在西藏地方的管理，具有积极作用。与此同时，这些教派也同样需要内地中央政权的认可和封授，使之具有合法身份和权威性，也可以说西藏和其他藏区内部有接受明朝政治上和宗教上册封的需

---

① 《明实录》万历十五年十月丁卯。

要。从明朝方面来看,它的行政管辖范围没有元朝那么广阔,它的军事势力也没有元朝那样巨大,逃亡到蒙古地区的北元政权依然存在,并对新建立的大明政权构成一定的威胁,采取灵活的措施达到管理西藏地区的目的,也为上策。虽然不能说明朝的"多封众建"是对元朝治理西藏政策的一个新的发展,却可以认定它是当时局势下一种积极有效的政策,并维护了在西藏的主权。

第十四章　茶马贡市

一　茶马贸易概述

（一）明朝时期内地与西藏的茶叶贸易

西藏和内地的交往联系方式多种多样，其中经济联系占据着相当重要的位置，并对增进两地人民之间的联系，推动历代中央政府治藏政策的贯彻发挥着积极有效的作用。自唐朝以来，内地和青藏高原地区之间的茶马贸易不断获得发展，成为十分重要的经济联系方式之一。

茶马贸易受到各种因素的制约，首先是政治因素，也就是皇帝和上层统治集团的态度和政策因素。明太祖时期，鼓励西藏各地首领纳马易茶，给予优惠政策，并把这一政策和在藏施政结合起来，有力地推动了茶马贸易的开展。与此同时，又根据这一政策执行中出现的问题采取一些限制措施，以防止私茶贩运，为茶马贸易有序发展创造条件。明成祖时期，放松茶马贸易的诸多限制，贸易规模增大，但是问题也出现了，茶贱马贵，茶叶运往西藏的数目大增，而换回的马匹数目不仅减少，而且多是劣等马匹。明朝不得不重新严明私茶贩运之禁。可是到明武宗在位时，由于他本人信佛并宠信藏族僧人，在茶马贸易的管制方面采取宽松的政策，甚至允许西藏地方使者在前来内地时私自带回茶叶，使茶法遭受破坏。明朝运往西藏的茶叶，除了川西茶叶之外，陕西汉中的茶叶占据重要位置。由于明朝采取配额制，使这里的茶价逐渐上升。私贩的茶商纷纷把目光转向了茶价低廉的湖南茶。朝廷不得不予以折中，以汉中茶叶为主，以湖南茶叶为辅，作为易马之茶的供应途径。

洪武年间，茶马贸易的比价是："上马给茶八十斤；中马六十斤；下马四十斤。"到明成祖永乐初年，一改先帝政策，对西藏地方的茶马互市采取更优惠和宽松的政策。史书记，永乐十三年（1415 年），进贡使者言"西番无他土产，惟以马易茶，近年禁约，生理实艰，乞仍许开中"。成祖满足了西藏使者的请求，"由是市马者多，而茶禁少弛"①。

历史上内地和西藏之间的茶马贸易通道很多，从青海、四川、云南都有通往西藏的茶马贸易之路，而且有些省份还不止一条，如从四川雅安出发，经泸定、康定、理塘、巴塘、昌都等地，到拉萨的茶马古道就不止一条。明太祖时期，和西藏地方进行茶马贸易的通道最主要的有两条：一条出河州，通过青藏道进入西藏；一条出碉门，取川藏道进入西藏。② 其他诸如，从云南到西藏的茶马古道，从四川其他地方通往西藏的茶马古道，以及围绕上述两个分蘖出的支道可以说不一而足，枝节纷繁。

（二）进贡、赏赐与民间贸易

明朝时期和西藏及其他藏区的茶马贸易方式主要有两种：一种是包含着政治内容的朝贡与赏赐贸易。另一种是民间商业性的经济贸易。这种划分只是相对而言，其实这两种贸易方式既存在密切的联系，又相互发生影响。

明朝时期，西藏地方各个政教势力在政治上对明朝中央政权有依赖性，需要得到中央政府的支持，他们接受明朝召唤，纷纷上缴故元印信，接受新朝封诰，从而确立一种臣属关系。这种关系有多种表现形式，具有政治含义的进贡行为是其中的一种。与之相对应的是朝廷对这种进贡活动的回报，即丰厚的赏赐。这种关系的实际意义不只在经济，更重在政治上，以此之故，从价值上看，明朝赏赐的物品在很多情况下是远远超过西藏地方政教首领的贡品的。在进贡和赏赐的关系中，毫无疑问也包含着经济意义，明朝以经济上的补偿来鼓励西藏地方各个政教势力政治上的归附。对于西藏地方政教势力来说，这种关系不仅使他们政治上获得坚强有

---

① 《明太宗实录》卷八七；《明史》卷三三一"西域"三。
② 《明史》卷八〇"食货四·茶法"。

力的支持，也在经济上获得现实利益，所以也诚心接受这种方式。民间贸易方式增进了双方的了解，沟通了两地人民之间的友谊。这种关系同样有助于促进政治关系的加强，推动明朝在西藏施政的进程。

二　茶马贸易与"贡市羁縻"政策

（一）茶政即边政

明朝把对西藏地方的茶政上升到治边政策的核心内容来对待，这在历史上是不多见的。明朝初年招抚西藏和其他藏区政教首领，主要是采取授予封号，委以职官，解决他们的身份和地位问题。这一过程进展顺利，获得了巨大的成功，但是明朝与元朝的不同之处在于，没有直接在西藏地方驻扎军队，派遣内地军政官员，因此在具体管理方式上，自然会有所不同。根据西藏地方教派分立的状况，明朝采取多封众建的方针，委派各地官员自行管理，官员的继承替代，经由朝廷批准和委任，同时接受朝廷节制和大明法律的约束。为了弥补政治和军事管理上存在的一些缺陷，加强内地和西藏之间的联系，茶政成为一个切入口。明朝通过茶马贸易来推行其边疆和民族政策，也是特定历史条件下的一种创新。

明朝的这一政策，与茶叶在西藏百姓生活中的位置有密切的关系。《明史》说，"番人嗜乳酪，不得茶，则困以病。故唐、宋以来，行以茶易马法，用制羌戎，而明制尤密。有官茶、有商茶，皆贮边易马。官茶间征课钞，商茶输课略如盐制"①。明人王廷相指出，"茶之为物，西戎吐蕃，古今仰给之，以其腥肉之食，非茶不消，青稞之热，非茶不解，故不能不赖于此"。② 茶叶对西藏地方和其他藏区百姓生活有如此特殊的影响，通过茶叶贸易来推行明朝对西南边疆地区，特别是西藏地区的政治策略，无疑是可行的。而且，从历史上内地和西藏之间的茶马或者绢马贸易来看，其巨大的经济意义也是不容忽视的。此外，明朝此时正在北方和西北边疆地

---

① 《明史》卷八〇"食货四·茶法"。
② 王廷相：《王氏家藏集》卷二"严茶（蜀茶）"，见《明经世文编》卷一四九，中华书局，1962，影印本。

区用兵，尤其是对付蒙古瓦剌部不断对边地进行的军事骚扰，十分需要战马以充实骑兵。通过用茶叶换取西藏的马匹，既必要又迫切。因此，茶马政策成为当时处理与西藏地方关系最核心的内容。明朝茶马政策的根本用意，用明成祖的话来说，就是"我体既尊，彼欲亦遂"①。用明朝大臣的话来说，是"国家设立三茶马司，收茶易马，虽所以供边兵军征战之用，实所以系番人归向之心"②。可见，明朝君臣在这一治边基本政策上持有完全相同的看法。

（二）设置机构与贸易场所强化管理

由于明朝把茶马贸易作为对边疆民族采取的一种政治和经济制约政策，专门设置相应机构予以管理则是势所必然的。洪武初年，在茶叶产地设立茶课司，定税额，在与西藏地方交易茶马的秦州（甘肃天水）、洮州（甘肃临潭）、河州（甘肃临夏）、雅州（四川雅安）等地设立茶马司，具体负责贸易事宜。"自碉门、黎、雅抵朵甘、乌斯藏，行茶之地五千余里。"③ 茶马司初设令、丞。洪武十五年（1382 年）改设大使一人，副使一人。这些机构的设置大大便利了茶马交易的进行，并发挥了有效的监督作用。

随着茶马贸易的开展，丰厚的利润也诱使大批不法商贩从事走私贸易，以牟取暴利。而私茶贸易的普遍，又给明朝的茶马政策带来巨大的冲击，使得"马日贵而茶日贱"，甚至破坏了明朝通过茶马贡市来控制地方政治局势的政策。洪武三十年（1397 年），明朝改设秦州茶马司于西宁。为了禁止私茶出关，明朝发都司官军于松潘、碉门、黎、雅、河州、临洮及西番关口外，巡禁私茶出关。④ 严格查验往来贸易茶叶，遏止猖獗的民间私贩活动。

在建立管理机构的同时，也采取一系列具体措施规范茶马贸易，打击私茶贩运活动。对于西藏和其他藏区以获得丰厚利润为目的的频繁贡马的

---

① 《明太宗永乐实录》卷三九永乐三年十二月乙酉。
② 梁材：《梁端肃公奏议》，见《明经世文编》卷一〇六，中华书局，1962，影印本，第955 页。
③ 《明史》卷八〇 "食货四·茶法"。
④ 《明史》卷八〇 "食货四·茶法"。

使者，明朝开始采取一些限制性措施，将原来一年一贡的定制改为三年一贡制，同时限制人数与所贡马匹数额。对于茶马贸易活动，实施了"金牌信符"制，即发给合法商人和使者金牌，控制非法商贩的贸易活动。金牌上面书有"皇帝圣旨"，左为"合当差发"，右为"不信者斩"文字。"下号金牌降诸番，上号藏内府以为契，三岁一遣官合符。"① 《明史》记，"太祖之禁私茶也，自三月至九月，月遣行人四员，巡视河州、临洮、碉门、黎、雅。半年以内，遣二十四员，往来旁午。宣德十年，乃定三月一遣"②。也就是朝廷每月派遣使者巡查几个茶马司，监督各项管理制度的执行，到明宣宗时改为三月一巡。这些严格的管理措施，保证了茶马贸易在明朝初年能够按照统治者的意愿进行，收到良好的效果。

明朝永乐年间，曾经停止使用金牌信符，试图给茶马贸易以宽松的环境，但因此也出现了诸多流弊，最大的问题就是明朝无法通过贸易获得良马，而且不法商贩以次充好，官员假公肥私，不守章法，也败坏了茶马贸易的信誉与名声，影响到它的正常进行。到明宣宗时，朝廷又恢复了金牌制。

为了遏止非法活动，明朝把贩运私茶作为重罪来处置，法律规定："私茶出境与关隘失察者，并凌迟处死。"《明史》"兵志"也载"私茶出境者罪死，虽勋戚无贷"③。朝廷在打击私茶走私方面也采取了一些果断措施，最著名的是洪武三十年（1397年），朱元璋将从事私茶贩运的驸马都尉欧阳伦处死，震动最大。但是，由于私茶逃避税收，价钱低廉，内地有人走私，西藏有客商喜欢购买。不少地方官员和军官也参与其中，牟取暴利。甚至有的将吏以私马冒充西藏的马匹，支取茶叶，非法获利。打私和贩私的较量一直持续着，直到明朝灭亡。

茶马贸易中存在的私茶贩运和官员将吏以权谋私的问题，给明朝的茶马政策带来严峻的挑战。成化年间（1465～1487年），民间私茶出界日繁，而换回的马匹却日少。所以，弘治帝采取开放商营策略，招商中茶。弘治三年（1490年）出榜招商，给茶引于产茶地方收买茶斤，运至指定的茶马

---

① 《明史》卷八〇"食货四·茶法"。
② 《明史》卷八〇"食货四·茶法"。
③ 《明史》卷九二"兵志四·马政"。

司，六分商卖，四分入官。这样，私茶贸易更盛，好马尽入民间商人之手，而茶马司所得的只是中下等马匹；有的明朝官员将吏故意压低马价，以次茶充好茶，有的用私马替代番马，换取上等茶叶，使官营茶马贸易更趋艰难。正德时宠信西藏番僧，特许西藏、青海喇嘛及其随从和商人额外携带私茶进入内地贸易，茶马贸易更趋艰难，通过这一方式治理西藏和其他藏区的政策也走上末路。①

（三）对明朝茶马政策的评述

明朝君臣对在西藏和其他藏区管理中，通过茶马贸易来体现政治管辖的意义有着基本一致的认识。明人在言洪武以来严私茶贩运之禁时说："祖宗好生之德，不嗜杀人之心。而私茶通番，辄以极刑凌迟论罪，其意所在可知矣。盖西边之藩篱，莫切于诸番，诸番之饮食，莫切于吾茶，得之则生，不得则死，故严法以禁之，易马以酬之。禁之而使彼有所畏，酬之而使彼有所慕，此所以制番人之死命，壮中国之藩篱。"② 说明上层统治者看到了小小茶叶所包含的巨大政治内涵，通过茶马贸易来实施边疆管理政策，可谓用心良苦。

明朝对西藏的茶马贸易政策，存在前后不同的变化。前期，由于招抚西藏地方各地政教首领归附明朝统治的需要，实行了极为优惠的政策，西藏地方贡马所获茶叶、丝绢等赏赐，往往超过其马值。加之，明朝初年用兵频繁，对马的需求迫切。这一政策并未引起异议。但是随着明朝在西藏地方行政机构的相继建立，各项措施的贯彻落实，以及在利益驱动下西藏地方贡使的大量增加，丰厚的回赐成为明朝一个很大的经济负担。而明朝与西北和北方蒙古等各部关系逐渐趋于缓和，对马匹的需要骤然减少。于是，明朝逐渐改变原有的政策，在与西藏和其他藏区的茶马贸易中，采取调控政策，严格管理。但是，由于吏治的腐败，明朝最高统治者的意志往往很难得到贯彻，一方面是对私茶贩运者罪当处死的严厉处罚，另一方面则是官民竞相以身试法的冒险活动，这一对矛盾终明之世始终未能很好地

---

① 《明史》卷八〇"食货四·茶法"；参阅魏明孔《西北民族贸易研究——以茶马贸易为中心》，中国藏学出版社，2003。

② 梁材：《梁端肃公奏议》，《明经世文编》卷五"议茶马事宜疏"，中华书局，1962，影印本，第955页。

加以解决。

　　明朝在西藏地方采取"多封众建、贡市羁縻"的政策，应该说是比较成功的，它保证了对西藏地方的有效管理。行政区划的建立，行政制度的推行，对各派宗教领袖封授名号，任命地方官员，以及驿站的恢复和新建等，都是明朝在西藏地方施政的重要表现。但是，我们也必须看到，所谓的"多封众建、贡市羁縻"，事实上是在特定历史条件的一种权宜之策，它和元朝在西藏地方采取的管理方式相比，无疑是后退了一步。这首先受制于明朝当时对全国政治和军事控制的能力。同时也与西藏地方教派分立、相互制约的局面有关系。

第十五章　和硕特蒙古治藏

一　和硕特蒙古入据西藏

（一）固始汗用兵西藏

在蒙元时期的统治民族蒙古经营西藏取得突破性进展，西藏纳入内地中央王朝行政管辖之下，以及藏传佛教传入蒙古地区以后，青藏高原和蒙古高原，藏民族和蒙古族就注定要发生这样或那样的密切联系。当西藏地方发生变乱时，西藏上层统治者就很自然地想到蒙古高原的蒙古人，特别是三世达赖喇嘛·索南嘉措前往蒙古传教，蒙古上层贵族信仰黄教以后，尤其如此。而蒙古贵族在蒙古高原出现纷争时，他们也往往把目光再次投向生活方式相同、信仰一致的青藏地区，和硕特蒙古入藏就是典型例证。

明朝初期，在帕木竹巴领导下的西藏地方尚处在一个相对稳定的发展状态，在帕竹地方政权走向衰微以后，新的纷乱即开始了。明神宗万历四十四年（1616 年）四世达赖喇嘛·云丹嘉措去世，第悉藏巴下令禁止达赖喇嘛转世，并没收哲蚌寺和色拉寺的土地和属民。格鲁派从青海请来蒙古土默特部的军队打败第悉藏巴的军队，在洛桑曲吉坚赞的请求下，新继任的噶玛丹迥旺波才同意寻找转世灵童。万历四十六年（1618 年），藏巴汗彭错朗杰（phun tshogs rnam rgyal）在噶玛噶举派宗教势力的支持下，占领包括乃东王宫在内的广大地区，推翻了帕木竹巴政权，建立以后藏日喀则（桑珠孜）为中心的第悉藏巴政权。明熹宗天启元年（1621 年），彭错朗杰的儿子噶玛丹迥旺波（karma bstan jong dbang po）执政，对新兴的格鲁派采取极端的迫害措施，强行禁止该派在拉萨举行传大召法会。在第悉藏巴支持下，噶玛噶举派获得了优势地位。①

深感危机的格鲁派宗教领袖开始寻找摆脱困境的出路。明毅宗崇祯七年（1634年），五世达赖喇嘛·阿旺罗桑嘉措（ngag dbang blo bzang rgya mtsho, 1617－1682年）和四世班禅·罗桑曲结（blo bzang chos rgyal 1567－1662年）经过反复商讨后，决定遣派专使前往天山南路，向驻牧在那里的蒙古和硕部首领图鲁拜琥（1582～1656年，即固始汗）求援。崇祯八年（1635年），占据青海的蒙古喀尔喀部却图汗派其子阿尔斯兰率兵入藏，支持第司藏巴和噶玛噶举派压制新兴的格鲁派。阿尔斯兰进入西藏后，受到格鲁派的影响，立场发生根本性改变，转而支持格鲁派，并派兵攻打第司藏巴。崇祯九年（1636年）初，正在寻找发展空间的固始汗接受格鲁派的邀请，率部从新疆起兵进入青海，偷袭喀尔喀部，杀却图汗于青海湖畔；崇祯十二年（1639年，藏历土兔年），固始汗自青海调动大军，进攻第悉藏巴在甘孜境内的盟友白利土司。经过近一年的战争，以武力占领了德格、甘孜、芒康、邓柯、白玉等地，消灭了白利（Be ri）土司顿月多吉（敦月多吉，Don-yod rdo rje）及其追随者。固始汗趁机从北路率兵推进到后藏地方，进攻第悉藏巴。崇祯十五年（1642年）"三月，藏地木门者皆被持教法王收于治下，色拉寺、哲蚌寺、大昭寺等处也都煨桑、张幡挂旗，大加庆贺"。接着，固始汗率兵攻入日喀则，统治西藏地方近24年的藏巴汗政权宣告结束。"初到孜地（即日喀桑珠孜），大经堂内有无数藏蒙人员列坐聚会，宣示将现存于江孜的薛禅皇帝向八思巴大师奉献的诸多所依供养佛像和以日喀桑珠孜为主的藏地十三万户全部奉献（给第五世达赖喇嘛）。"② 原来受第司藏巴支持，迫害格鲁派的噶玛巴黑帽系十世活佛却英多吉逃亡云南丽江。固始汗将桑珠孜建筑的宫殿全部拆除，木料运回拉萨，以扩建大昭寺和修建布达拉宫。让达赖喇嘛安居于前藏，他本人率兵驻后藏日喀则（后移驻拉萨）。

顺治二年（1645年），由掌握西藏地方实权的蒙古首领固始汗仿照俺

---

① 陈庆英、马连龙、马林：《五世达赖喇嘛自传》汉译本，第60～65页。

② 《五世达赖喇嘛自传》木刻版第一部，第108页；《五世达赖喇嘛传》（上），陈庆英、马连龙、马林译，中国藏学出版社，2006，第183～185页。

答汗赠索南嘉措达赖喇嘛名号之例，封赠罗桑确吉坚赞为"班禅博克多"。"班"是梵文"班智达"，意为"学者"；"禅"是藏语"钦波"，意为"大"；"博克多"则是蒙语，指有智有勇的英雄人物。固始汗令罗桑确吉坚赞主持扎什伦布寺，并划分后藏部分地区归他管辖，称为四世班禅，前三世系后世追认，宗喀巴的弟子克珠杰被追认为第一世班禅。

达赖喇嘛、固始汗以及随从人员等返回拉萨后不久，以红帽系噶玛巴和黑帽系噶玛巴为首的第悉藏巴一派势力便发动了叛乱。班禅大师面临险境，便派人前来求援，汗王（固始汗）与司库索南群培等率军经塔布地方征剿敌军，于举巴浦大败以则、苏为主的工布地区的8000人的军队。将噶尔巴（即噶玛巴）手下司茶人却英关入监牢，从其护身符内搜出一份包含噶玛巴指令的计划："将固始汗及司库索南群培处死。将班禅大师及我师徒二人带往工布地区关押。捣毁格鲁派寺院。按照铁猴年起事时的规矩，划给古热巴的宗和卡。……将日喀则、南木林、白朗三宗交付他掌管。"此文件落入固始汗王及司库索南群培之手以后，固始汗大怒，噶举派遂面临覆灭的厄运。① 固始汗下令将第悉藏巴从内邬宗附近投入河中，彻底消除了噶玛巴和第悉藏巴对格鲁派的迫害。

（二）打击康区的反抗势力

在固始汗与格鲁派联合应对藏巴汗与噶玛噶举派激烈冲突中，康区的一些正教势力站在后者一边，固始汗在控制西藏之前和之后，都在这里用兵打击反对势力，为在西藏建立稳固的政权做必要的准备。

白利土司是首先和重点打击的目标。白利土司官寨在今四川甘孜生康地方，明清之际白利土司顿月多吉强盛一时。固始汗在占领青海之后，于明毅宗崇祯十二年（1639年）率兵消灭了与藏巴汗联结、压制格鲁派的白利土司顿月多吉，控制德格、甘孜、邓柯、白玉、石渠等地。根据《五世达赖喇嘛自传》叙述，"土兔年（1639年）除夕，在举行实食法事时，白利土司给藏巴汗寄去了一封信，内称：'在神山上已插置神幡。由于甘丹颇章没能保证蒙古人不进攻康区，明年我将带兵到卫藏。那座称为觉卧仁

---

① 《五世达赖喇嘛自传》第一部，第230～231页；《五世达赖喇嘛传》（上），陈庆英、马连龙、马林译，中国藏学出版社，2006，第197～198页。

波且的铜像是招致战争的根源，应当扔到河里去。把色拉、哲蚌和甘丹三大寺破坏以后，应在其废墟上各垒筑一座灵塔。藏巴汗应当与我亲善起来，一同供养卫藏和康区的佛教徒和苯教信徒。'据说，藏巴汗通过商人扎拉坚给白利土司回信答复了。藏巴汗及其大臣无能为力，面对美妙的释迦佛像，他们再也既不做恶，也不为善。但是，这个白利土司十恶不赦，他是应进行诛灭的主要对象"①。崇祯十三年（1640年），顿月多吉的部队被蒙古固始汗所击败，他本人也成了阶下囚，最后被处死。藏族历史著作中只很简单和零散地提及顿月多吉，一般只有述及固始汗进军卫藏地区并取得胜利的背景时才偶尔提到。而固始汗的这次胜利进军不仅标志着和硕特蒙古对藏区统治的开始，也最终导致藏区纳入大清帝国的版图。也正是固始汗的这次胜利，格鲁派建立并加强了其在藏区的绝对优势地位。②

固始汗的军队在擒杀顿月多吉的同时，还积极打击在康区的噶玛噶举派及支持其的武装势力。他的蒙古军队在占领了德格、邓柯、白玉、石渠等地后，继续南下，攻占理塘、巴塘，控制了支持噶玛噶举派势力的云南丽江木氏土司，在康区实施统治，征收赋税。史称，当时"丹增法王（即固始汗）的名声传遍了多康六岗"，他以青海地方宽大，可以牧养牲畜，"喀木地方（即康区）人众粮多，遂将伊子孙分居此一处"，"令喀木地方，为伊等纳贡"。③使西藏及青海、四川和云南藏区历史开始进入一个和硕特蒙古统治时期。

二 和硕特蒙古在西藏的统治

（一）固始汗在藏施政

固始汗当政时期，采取了一系列措施来加强格鲁派在西藏宗教中的领袖位置，并巩固蒙古统治者在西藏的统治地位。他将当时保存在江孜的薛

---

① 《五世达赖喇嘛传》（上），陈庆英、马连龙、马林译，中国藏学出版社，2006，第126页。

② 彼德·史卫国：《清代白利土司顿月多吉小传》，才旺南加译，《西藏民族学院学报》（哲学社会科学版）2001年第1期。

③ 《清世宗实录》卷二〇。

禅皇帝向八思巴大师奉献的诸多所依供养佛像和以日喀桑珠孜为主的藏地
13 万户全部奉献给第五世达赖喇嘛，作为供养。同时委任索南饶丹（bsod
nam rab stan）为第司，管理行政，建立蒙古和硕特部和格鲁派联合统治的
甘丹颇章政权。鉴于四世班禅·罗桑曲结在此事变中的突出贡献，明崇祯
十六年（1643 年，藏历水羊年），固始汗赐给罗桑曲结"班禅博克多"的
尊号。① 固始汗把后藏 10 个谿卡，全部给扎什伦布寺，以作僧众的供养，
从此扎什伦布寺成为历代班禅的驻锡地。他在西藏推行宗、谿制度；统一
乌拉差役，加强封建管理制度；依照乃东首领及第悉藏巴的法律条文，新
制定出"十三条律例"；也是在崇祯十六年（1643 年），他接受林麦夏
仲·贡觉群培的建议，在拉萨红山上修建布达拉白宫，并于崇祯十八年
（1645 年，藏历第十一绕迥木鸡年）开始为布达拉宫的白宫奠基。② 固始
汗占领青海后，"分部众为两翼，子十人领之"。而击败藏巴汗，控制西藏
以后，便在达木（今西藏当雄）留驻 8 个旗蒙古军，"遣其长子达延辖其
众，号鄂齐尔汗，第六子多尔济佐之，号达赖巴图尔台吉"③。作为和硕特
部控制西藏的后方根据地。将康区所征收的赋税供给青海部众，将卫藏赋
税供养达赖、班禅，使格鲁派寺院在经济上获得坚强有力的支持。他本人
及两个儿子则长期拥兵坐镇拉萨，在拉萨以北的达木地区（今当雄）驻扎
重兵，起震慑保护作用。"当时印度之王柯辛、尼泊尔扬布城之王、阿里
之王等边界许多小邦都来贡献地方礼物。"④ 在甘丹颇章政权内，西藏地方
的高级行政官吏和世俗贵族由固始汗任命封赐，卫藏地区的行政命令，必
须经由固始汗盖印、发布，第巴副署盖印执行。固始汗所推行的各项措
施，逐渐稳定了西藏地方的政治局势，使格鲁派的地位空前得以提高，为
后来格鲁派一统西藏地方宗教意识形态奠定了基础。

（二）五世达赖喇嘛朝清

固始汗也十分关注中原地区政治大局的变化，他意识到大明王朝气数

① 牙含章编著《班禅额尔德尼传》，西藏人民出版社，1987，第 41 页。
② 《五世达赖喇嘛自传》，陈庆英等汉译本，第 232～244 页。
③ 祁韵士：《皇朝藩部要略》卷十七，第 254 页下。
④ 固始噶居巴·罗桑泽培：《蒙古佛教史》，陈庆英、乌力吉译注，天津古籍出版社，1990，
第 79 页。

已尽，而在东北地区兴起的后金逐渐显露统一天下的气概，因此他把寻求政治靠山的目光投向了东北地区。在占领青海之初，固始汗就派遣使者前往盛京（今沈阳）朝见皇太极，了解情况并与后金建立联系。在尚未完全控制西藏以前，他与五世达赖喇嘛、四世班禅等商议，确定由四世班禅出面，并争取到第悉藏巴等政教首领参加，联合派出了以伊拉古克三为首的西藏政教代表团前往盛京。崇祯十二年（1639年）十月庚寅，皇太极也积极予以回应，派遣察汉喇嘛等分别致书固始汗和达赖喇嘛，希望延请高僧，宣扬教法。[①]西藏地方甘丹颇章政权初建时期，第悉藏巴并不甘心自己的失败，他的军队和噶玛噶举派属下依然不断发动叛乱活动，塔工地区的叛乱尤其猖獗。达赖喇嘛和班禅大师与固始汗商议，任命赛钦曲结为使者，派他前去与清朝皇帝联络。崇祯十五年（1642年，藏历水马年），赛钦曲结从西藏出发，第二年抵达沈阳。清太宗皇太极率诸王、贝勒、大臣出怀远门迎接。"率众拜天，行三跪九叩之礼"，表明了后金对争取蒙藏各部的高度重视。皇太极给代表团以优厚赏赐。次年，皇太极遣使随同伊拉古克三一行赴藏，分别致函赏赐固始汗、达赖、班禅及第悉藏巴等其他政教首领，同时授命他们"不分服色红黄，随处咨访，以宏佛教，以护国祚"[②]。在厚待蒙古汗王和黄教领袖的同时，也关注其他各个教派的动向。

清世祖顺治元年（1644年），清朝定都北京后，与西藏地方的联系更加频繁。翌年，固始汗派其子多尔济达赖巴图尔台吉到北京，上书顺治帝，表示对清政府的谕旨"无不奉命"。[③]他还与五世达赖喇嘛共同遣使清朝"表贡方物"，受到清朝的赏赐。自此之后，蒙古和硕特部汗王与西藏地方宗教首领几乎年年遣使莅京，通贡不绝，清朝也厚给回赐。为了进一步加强同中央政权的政治联系，固始汗还上书清朝，说"达赖喇嘛功德甚大，请延至京师，令其讽诵经文，以资福佑"。同时他又积极鼓动劝说五世达赖喇嘛接受清朝的邀请。[④]顺治八年（1651年，藏历铁兔年），顺治皇帝专门派遣察干上师和席喇布上师前往西藏，敦请达赖喇嘛赴京。顺治九年（1652年，藏历水龙年）三月，五世达赖喇嘛见清朝统一全国大局已

---

① 《清太宗实录》卷四九。
② 《清太宗实录》卷六四。
③ 《清世祖实录》卷二二顺治二年十二月壬辰。
④ 《清世祖实录》卷二崇德八年九月戊申。

定，率领西藏的僧俗官员及随从共 3000 多人，起程前往北京。当达赖喇嘛
一行抵达青海时，顺治帝命内务府大臣协古达礼康来迎。并从府库内赏给
路途上所需食物。抵达甘肃时，皇帝又赐给达赖喇嘛金顶黄轿，达赖喇嘛
乘轿于（藏历）十二月十六日到达北京。顺治帝在北京南苑以狩猎的形
式，不拘礼节地迎接会见了他，“皇帝对我格外施恩。我献上珊瑚、琥珀、
兽皮千张等贡物。皇帝回赐物品十分丰厚”①。“赐坐，赐宴，待以殊礼。”
达赖喇嘛留京两个月期间，应邀两次进皇宫参加了顺治帝专门为之举行的
盛大国宴，还参加了一些满族亲王、蒙古汗王举行的宴会，先后进行了一
系列的佛事活动。其中为专程自大漠南北、山西五台山赶到北京的蒙古科
尔沁秉图王及汉族僧侣，为御前侍卫拉玛，为成百数千人讲经传授各种法
戒，撰写启请、发愿、赞颂及祭祀祈愿文等，所接受的礼金、各类礼品、
法器以及社会各阶层馈赠的不可胜数。清朝在北京专门修建了黄寺，供他
住宿。让他在北京及周边地区的生活过得非常充实，并感受到朝廷的崇高
礼遇。

（三）达赖喇嘛与和硕特蒙古汗王受封

在五世达赖喇嘛朝觐清顺帝后，清朝和西藏地方之间的关系迅速提
升。清朝为了加强对蒙古地区的控制，并进而将西藏纳入直接行政管辖之
下，开始对和硕特蒙古汗王和格鲁派宗教领域予以特殊的关注。就在五世
达赖喇嘛在京城活动期间，清朝上层也在酝酿着如何在西藏实施统治的问
题，而最首要的是封授西藏行政和宗教领袖的问题。

顺治十年（1653 年）初，在五世达赖喇嘛返回西藏的途中，顺治帝派
官员前往代噶（今内蒙古凉城），宣布并颁发皇帝赐给五世达赖喇嘛的金
册金印，封他为“西天大善自在佛所领天下释教普通瓦赤喇怛喇达赖喇
嘛”。这次不再是地方政教领袖之间的互赠尊号，而是由中央王朝册封地
方宗教领袖，其政治含义凸显出来。自此，清中央政府正式确认了达赖喇
嘛在蒙藏地区的宗教领袖地位，历辈达赖喇嘛经过中央政府的册封遂成为
一项制度，也只有通过皇帝的册封达赖喇嘛才具有合法地位和崇高的权

---

① 《五世达赖喇嘛自传》木刻版，第一部，197 页；陈庆英、马连龙、马林汉译本，第 328
页。

力。清政府在册封五世达赖喇嘛的同时，又派大臣和五世达赖喇嘛一起前往西藏，给固始汗赍送以汉、满、藏三体文字写成的金册金印，封固始汗为"遵行文义敏慧顾实汗"，承认他统治藏族地区的汗王的地位。① 清朝的支持对新建立的甘丹颇章政权来说，无疑具有巩固政权、安定地方的积极作用。

清朝分别封授五世达赖喇嘛和固始汗，表示了对他们的崇高礼遇，但是也显然寓含着明显的政治策略，这就是政教分治，也就是说，西藏的军事行政事务由蒙古和硕特汗王（固始汗）来负责，而西藏的宗教事务由黄教领袖（五世达赖喇嘛）来掌管。应该说，它是清朝统治者在充分了解了西藏地方政教形势乃至体制制度之后，采取的一项具有远见卓识的政治策略。

（四）拉藏汗与第悉之间的矛盾

顺治十一年（1654 年）固始汗去世，汗王家族内部诸子争位，相持不下，汗位空悬达四年之久，最后妥协解决，由达赖巴图尔主持青海各部，达延汗主持西藏政务。然而，他们缺乏其长辈的威望和才能，而五世达赖喇嘛凭倚朝廷的支持，权力及威望日益增强。顺治十五年（1658 年），固始汗任命的第巴索南饶丹去世，经过两年的协商，最终由五世达赖喇嘛任命他的亲信仲麦巴赤列嘉措出任第巴②，任命第巴的权力从蒙古汗王转移到达赖喇嘛的手中，于是出现了达赖喇嘛宗教权力向蒙古汗王行政权力渗透的迹象，或者也可以说是藏族僧俗上层贵族试图从蒙古贵族手中接管权力的努力。五世达赖喇嘛为给固始汗歌功颂德，以及确认其管理西藏地方合法性，还专门撰写了《西藏王统记》，追述西藏先王世系及历史，并将固始汗统一青藏高原的当代史纳入其中，可以说用意深刻。

清圣祖康熙元年（1662 年），德高望重的四世班禅·洛桑曲吉坚赞去世，西藏的政教权力进一步向达赖喇嘛集中，这样就出现了达赖喇嘛地位凸显的问题。但是，在军事上格鲁派仍然要依靠和硕特蒙古部的保护。康熙七年（1668 年），达延汗去世，汗位又空悬了三年，康熙十年（1671

---

① 《清世祖实录》卷七四顺治十年四月丁巳。

② 《五世达赖喇嘛自传》，陈庆英、马连龙、马林汉译本，第 443 ~ 445 页。

年）才由达赖汗继位。蒙古汗王家族内部矛盾反复出现，以及汗位继承上的连续悬空反映了其自身存在着严重的缺陷，这给以五世达赖喇嘛为代表的西藏宗教势力和藏族地方势力获得更大权力以充足的理由和空间。

五世达赖喇嘛是一个颇有心计和政治才能出众的格鲁派领袖。他很好地利用和硕特蒙古的军事实力，不仅摆脱了受藏巴汗迫害的危机局面，而且从噶玛噶举派手中夺取了西藏地方的宗教首领地位，格鲁派的地位得到极大提升。他对固始汗是心存感激的，而且在他们被清朝分别册封为政教首领后，各司其职，很好发挥了各自的作用。但是在固始汗去世后，情况发生了微妙的变化，他不断扩大自己的行政权力。针对当时服饰多样的情况，五世达赖喇嘛在水鼠年（1672 年）藏历新年规定了官员的服饰，用他自己的话来说，"有四五个以上的人聚在一起时，其中可能会有汉人、尼泊尔人、藏人、门巴人、康巴人、工布人、藏北牧民、蒙古人和阿里的各种各样的奇异服饰"。于是由第巴召集懂得服饰制度的专家，研究发现，内邬栋和拉堆降巴的服饰习俗中有制服，在日喀则和江孜的服饰中则以青色披肩代替官服。"根据这种情况，确定了三十种装饰品，让担任贝真巴（插香者）却本、恰田巴（执事）、仲尼等职务的人按规定佩戴宝饰。"[1]与此同时，五世达赖喇嘛还制定了象征僧俗官员地位高低贵贱的座次文书，把自己置于教主地位："我的法座为五层坐垫，铺设四层坐垫的是萨迦上下法座。泽当协敖没有继承法王八思巴的莲花法座，其地位稍低于上法座；属于三层半坐垫的是乃东孜、达垅拉德、红帽活佛、黑帽活佛；铺设三层坐垫的是甘丹赤巴、扎什伦布（班禅）、主巴、岗波、楚布仲巴、帕巴拉活佛、岗波的后裔京俄、康区类乌齐曲杰，止贡的后裔在世时也和达隆巴一样属于这一级，比这地位稍低一些的是第巴；……。铺设五层薄坐垫的是清朝皇帝的正副使臣、持有皇帝敕书印信的内部的众昂索。坐垫的高低适合的是喀尔喀汗王，比其稍低的是地位较低的王公和夫人。"[2] 五世达赖喇嘛不厌其烦地详细而明确的规定官员座次，一则是抬高格鲁派在各教派中的地位，并将其法规化；一则是除了明确皇帝使者的权威地位之

---

[1] 《五世达赖喇嘛传》上册，陈庆英、马连龙、马林译，中国藏学出版社，2006，第 72 ~ 73页。

[2] 《五世达赖喇嘛传》上册，陈庆英、马连龙、马林译，中国藏学出版社，2006，第 84 ~ 85页。

外，也试图在西藏地方确立宗教领袖对世俗首领的优势地位。同时，也有抬高西藏地方政教势力，抑制和硕特蒙古汗王的用意。在朝觐顺治皇帝时，五世达赖喇嘛将朝廷赏赐的大量金银珠宝，用于维修和扩建布达拉宫。这项工程历时三年，建成了被称为白宫的新增部分，五世达赖喇嘛便一直居住在西日光殿内，直到 1682 年圆寂。

五世达赖喇嘛在后期扶植仲麦巴赤列嘉措的侄子、年轻有为的桑结嘉措，希望逐渐由他掌握行政权力。康熙十五年（1676 年）五世达赖喇嘛提名当时年仅 24 岁的桑结嘉措出任第巴，因时机尚未成熟，桑结嘉措谢绝了这一任命，由达赖喇嘛的却本洛桑金巴暂时担任，相约三年后让位。康熙十八年（1679 年），达赖喇嘛再次提名，桑结嘉措正式接任第巴职务。康熙二十一年（1682 年），五世达赖喇嘛去世，桑结嘉措为保持自己的地位，稳定局势，以五世达赖喇嘛临终做出了安排和与拉达克的战争正在进行为由，同少数亲信一起决定秘不发丧，清朝屡次遣使询问"第巴皆不使与达赖喇嘛相见，伪居高楼之上以示之"。继续以五世达赖喇嘛的名义掌政。[1] 桑结嘉措看到，必须依靠清朝中央政府的支持和敕封，自己才能名正言顺地统治西藏，因此他极力设法向清朝请求敕封，康熙三十三年（1694 年），他假借五世达赖喇嘛的名义，上奏朝廷："臣已年迈，国事大半第巴主之，乞请皇上给印封之，以为光宠。"康熙帝经过反复考虑，最后封给桑结嘉措"法王"称号，同时赐给"掌瓦赤喇怛喇达赖喇嘛教弘宣佛法王布忒达阿白迪之印"。[2] 为了强化自己的行政权力并排斥和硕特汗王，桑结嘉措还与活动在新疆的准噶尔部首领噶尔丹接纳关系，利用准噶尔部和和硕特部的矛盾，牵制和硕特汗。在噶尔丹和清朝的斗争中，桑结嘉措借用五世达赖喇嘛的名义为噶尔丹说话，遭到康熙皇帝的申斥。桑结嘉措还违反格鲁派寻访达赖喇嘛的转世灵童的惯例，一手包办五世达赖喇嘛的转世灵童的寻访认定，于康熙二十四年（1685 年）秘密地选定在门域出生的仓央嘉措为五世达赖喇嘛的转世。直到康熙三十五年（1696 年）清朝在打败噶尔丹，才从准噶尔降人口中听到五世达赖喇嘛早已圆寂的消息，康熙皇帝大怒，斥责其"阳则奉宗喀巴之教，阴则与噶尔丹朋比，欺达赖喇嘛、班禅

① 《清圣祖实录》卷一七四康熙三十五年六月癸丑。

② 《清圣祖实录》卷一六一康熙三十二年十二月辛未，康熙三十三年四月丙申。

胡土克图，而坏宗喀巴之教"。"乌兰布通之役，为噶尔丹诵经，且择战
日。及噶尔丹败，又以讲和为词贻误我军，使噶尔丹得以远遁。"最后康
熙帝严厉告诫桑结嘉措"尔果改过，仍思宗喀巴之道，奏明达赖喇嘛已故
始末，尊封班禅胡土克图，使主喇嘛之教，应朕之召，遣之使来，执济隆
胡土克图以畀我，解青海博硕克图济农所娶噶尔丹之女，朕仍前待尔以优
渥之礼。不然，数者或缺其一，朕必问尔诡诈欺达赖喇嘛、班禅胡土克
图，助噶尔丹之罪，发云南、四川、陕西等处大兵，如破噶尔丹之例，或
朕亲行讨尔，或遣诸王大臣讨尔。尔向对朕使言四厄鲁特为尔护法之主，
尔其召四厄鲁特助尔，朕将观其如何助尔也。尔其速办此事，及正月星速
来奏，否则后悔无及矣。为此，特遣使臣往谕，并发伴敕礼币六端"①。面
对皇帝的严词责问，桑结嘉措才向清朝报告五世达赖喇嘛圆寂多年，其转
世已经认定的事实。在经过清朝同意后，康熙三十六年（1697 年）将他选
定的六世达赖喇嘛·仓央嘉措接到后藏浪卡子宗，由五世班禅为其剃度授
戒，随后迎接到布达拉宫坐床。

　　五世达赖喇嘛利用清朝皇帝的优礼和固始汗的支持，在拉萨扩建布达
拉宫，整顿黄教的寺院组织，使格鲁派的宗教势力迅速膨胀起来。这些活
动主要是由第巴桑结嘉措来具体落实的，在这一过程中，他的地位和权威
也逐渐树立起来。他对世俗权力的追逐要远远胜过五世达赖喇嘛，这自然
与掌握西藏地方军政大权的和硕特蒙古汗王的权力发生冲突。他为了达到
个人独占西藏政教权力的目的，不惜采取隐匿达赖喇嘛圆寂的手法，甚至
擅自选定六世达赖喇嘛，这些做法都是完全错误的，阳奉阴违地对待朝
廷，更错误地依靠反抗清朝统一的准噶尔部噶尔丹势力，给西藏地方形势
的发展带来严重的隐患。

　　康熙四十年（1701 年）达赖汗去世，拉藏汗继位，桑结嘉措和蒙古汗
王双方关系更加紧张。康熙四十二年（1703 年），双方的部下在拉萨争斗，
经三大寺高僧调解，矛盾暂时得到缓和。桑结嘉措辞去第巴之职，由他的
儿子卓萨阿旺仁钦继任，拉藏汗到当雄居住。康熙四十四年（1705 年），
第巴桑结嘉措集结各地兵力到拉萨，与拉藏汗再次爆发了武装冲突，拉藏
汗从当雄兵分三路反攻，在澎波决战，桑结嘉措兵败后被擒杀。桑结嘉措

---

① 《清实录》卷一七五康熙三十五年八月甲午。

被杀，意味着持续数十年的蒙古汗王与西藏地方上层僧俗贵族内部的争权夺利暂时告一个段落，但是也为接着发生的准噶尔部入藏为乱埋下祸根。这也对清朝经营西藏地方提出了更严峻的考验和更广阔的舞台。

三　蒙藏关系之历史分析

自13世纪40年代，大蒙古国对西藏地方用兵，以及随后西藏地方纳入蒙元统治之下以后，蒙、藏两大边疆民族就建立起十分密切的关系。元朝帝师八思巴受命为元朝统治者在西藏完善行政体制服务，为西藏的政治统一服务，并创造元朝通用的蒙古国书——八思巴字，八思巴及其后的萨迦派宗教首领被朝廷委任为国师或帝师，为皇帝和皇室家族成员传法授戒，为元王朝祈祷吉祥，以宗教为核心内容的西藏文化源源不断地传入蒙古地区。和蒙古军事与政治势力影响西藏，成为一道风景线，有效地发挥了它的社会作用。

16世纪50年代，蒙藏发生了第二次密切的合作。当时新兴的格鲁派受到噶玛噶举派和藏巴汗地方行政当局的迫害，三世达赖喇嘛·索南嘉措和格鲁派上层出于本教派自身生存和发展的需要，同时也期望扩大佛教在蒙古部落中的传播，遂在土默特蒙古汗王俺答汗和库图克台彻辰洪台吉发出邀请时，欣然接受邀请，前往青海会见与俺答汗。

明万历五年（1577年）十一月，索南嘉措从拉萨哲蚌寺动身，万历六年（1578年）五月间在青海湖边新落成的仰华寺（系俺答汗之子丙兔于1577年建成，明万历帝赐名仰华寺）与俺答汗会见。俺答汗赠送索南嘉措"圣识一切瓦齐尔达喇达赖喇嘛"的尊号。这便是达赖喇嘛称号的由来。后来把宗喀巴的弟子根敦朱巴和根敦嘉措追认为第一世、第二世达赖喇嘛。可见达赖喇嘛的名号最初是由蒙古汗王封赠的，它对格鲁派活佛系统的产生具有一定的影响。而土默特蒙古汗王俺答汗等，也由此皈依西藏佛教格鲁派，索南嘉措接着传教于蒙古地区，漠南漠北各部，卫拉特蒙古四部落王公属民相继信奉格鲁派，是为黄教在蒙古各部落广泛传播的滥觞。

万历十六年（1588年）三世达赖喇嘛·索南嘉措在蒙古圆寂，次年，俺答汗的孙子诞生，被蒙藏上层认定为转世灵童，取名叫云丹嘉措，是为第四世达赖喇嘛。达赖喇嘛这一黄教至尊首领转世到蒙古贵族家庭本身，意味着双方强烈的合作意向，同时也更有力地巩固了蒙藏上层集团的联盟。万历三十年（1602年），云丹嘉措在西藏三大寺派来迎请的专人和蒙古族军队的护送下入藏，次年到达拉萨，蒙藏上层贵族之间和两地民间的联系日趋加强。

万历四十六年（1618年），第悉藏巴地方政权正式建立，对格鲁派的迫害加剧，进而与在青海地区信奉噶玛噶举派的蒙古喀尔喀部领袖却图汗联合，企图消灭黄教；在康区甘孜的白利土司顿月多吉崇信本教，也与黄教为敌。以四世班禅和五世达赖为代表的格鲁派，遂邀请在现今新疆天山南麓驻牧的蒙古和硕特部领袖固始汗，入藏协助消灭政教敌人。这是蒙藏双方第三次较大规模地结盟。格鲁派领袖在崇祯十年（1637年）曾赠给固始汗以"持教法王"的称号。固始汗所部进藏后，消灭了藏巴汗势力，西藏历史开始进入一个和硕特蒙古统治时期。

军事上以剽悍著称的蒙古军队进入西藏后，一直成为稳定西藏地方局势的一股重要力量，元朝蒙古军多次入藏平息动乱，安定地方；固始汗率兵进藏，及分命诸子驻扎青海，也成为西藏稳定的坚强后盾。当拉达克土司僧格朗杰迫害当地格鲁派时，第五世达赖喇嘛就派遣一位名叫甘丹次旺的蒙古王族成员，从藏北的纳木错湖畔带去2500人骑兵前往萨噶，打败拉达克军，夺占了拉达克国都列城。[①] 使阿里三围重新归属西藏，西藏地方政府向该地区派驻总管、噶本等，进行管理。

与此同时，西藏地方的诸多变乱也与蒙古部联系起来，西藏地方内部的动乱势力"以其人之身还治其人之道"，也先后利用反对朝廷的蒙古军队来对抗朝廷，扰乱西藏地方，元朝时期有止贡派政教势力勾结中亚、西域地区的反元势力海都和笃哇等"上部蒙古王"入藏为乱；明朝末年则有噶玛噶举派拉拢蒙古喀尔喀部领袖却图汗镇压格鲁派的崛起；清朝初年则有第悉·桑结嘉措引导准噶尔蒙古部入藏与和硕特争夺权力，扰乱地方的事件等。后来，更发生了准噶尔部策旺阿拉布坦再度率兵入藏为乱，以及青海地区蒙古汗王罗卜藏丹津反清叛乱事件。可见，蒙藏建立密切联系以后，西藏的治乱都与蒙古贵族有着紧密的关系。

---

① 多卡夏仲·策仁旺杰：《颇罗鼐传》，汤池安译，西藏人民出版社，1988，第19～25页。

清朝早期采取的"兴黄教以安众蒙古"的措施，是针对蒙藏联盟，特别是藏传佛教影响蒙古信仰的状况而制定的，而清朝实施并确定对西藏地区的统治也是从平定蒙古上层贵族在西藏的叛乱中得以实现的。可以说，蒙藏关系是当时中国民族关系中的一个特殊环节，而中央政权对待蒙藏两族的政策，则是明清之际解决西南部和北部地区民族和边疆问题的关键所在。

第十六章　敕建噶厦政府

一　清朝早期对西藏的政策

（一）兴黄教即所以安众蒙古

清朝早年邀请西藏宗教领袖前往满洲，主要用意是针对尚未降伏的蒙古部落。顺治皇帝在如何接待五世达赖喇嘛问题上曾与大臣有段对话，充分地反映出这一点。史书记载："顺治九年九月壬申，谕诸王、贝勒、大臣、九卿、科道曰：'当太宗皇帝时，尚有喀尔喀一隅未服，以外藩蒙古惟信喇嘛之言是听，因往召达赖喇嘛。……及朕亲政后召之，达赖喇嘛即启行前来，从者三千人。……倘不往迎喇嘛，以我既召之来，又不往迎，必至中途而返，恐喀尔喀亦因之不来归顺。……'"① 可见，清朝皇帝邀请达赖喇嘛以保存经典、弘扬佛教的说法是表，而安定信仰黄教的蒙古诸部是里，至少在早期是这样。当达赖喇嘛对清朝的接待方式心有看法，并以"水土不宜"这个具体问题为借口辞归时，议政王贝勒大臣会议就提醒皇帝，如果达赖喇嘛不满而去"则外国喀尔喀、厄鲁特必叛"。② 这里谈到接待达赖喇嘛失误最严重的后果，仍然是蒙古诸部的背叛问题。可见，安定蒙古诸部是此时清朝统治者和西藏地方格鲁派宗教领袖发生联系的主要动因和根本目的。直到后来，乾隆皇帝在所著《喇嘛说》一文中，依然申明

---

① 《清世祖实录》卷六八。
② 《清世祖实录》卷七一。

"兴黄教即所以安众蒙古,所系非小"①。简要概括了这一政策的根本用意。

但是,随着这一政策的贯彻,却为解决西藏问题提供了一个良好的条件。当清朝统治者不断派遣使者前往西藏邀请达赖喇嘛和其他高僧入觐的时候,也在西藏地方宗教领袖和百姓心目中树立起一个中原新主崇奉佛教的崭新形象。于是,兴黄教不仅可以安定众蒙古,也可以招徕远人,为治理西藏地方奠定坚实的基础。

(二) 处置第巴桑结嘉措

康熙二十一年(1682年)五世达赖喇嘛圆寂后,第巴桑结嘉措隐瞒实情,假借达赖喇嘛之名为自己请求"土伯特国王"名号,并勾结西蒙古准噶尔部和清朝对抗,甚至派遣济隆胡土克图前往噶尔丹住所,为准噶尔部对抗清朝选择作战日子,并诵经祈祷。康熙三十五年(1696年),准噶尔军队在乌兰布通被打败,清朝始从战俘口中获知达赖喇嘛早已圆寂。康熙皇帝大怒,敕谕达赖喇嘛使者"天下蒙古皆尊奉达赖喇嘛,如达赖喇嘛身故,理宜报闻诸护法主,以班禅主喇嘛之教,继宗喀巴之道法"。第巴桑结嘉措可谓无法无天。此前,朝廷曾召请班禅前往内地,第巴欺骗班禅,声称准噶尔部噶尔丹要杀班禅,不让其前往内地;噶尔丹和青海博硕克图济农联姻,第巴知之并不揭发;隐瞒达赖喇嘛圆寂实情,鼓动噶尔丹对抗清军,等等,罪恶巨大。康熙皇帝给第巴桑结嘉措提出两条出路:一、如果能改过自新,仍思遵宗喀巴之道的话,则立即奏明达赖喇嘛已故始末,遵奉班禅胡土克图,使主喇嘛之教;遵照诏书,执济隆胡土克图、青海博硕克图济农所娶噶尔丹之女送往朝廷。二、如果不从,朝廷即以欺诈达赖喇嘛、班禅胡土克图,以及协助噶尔丹之罪,发云南、四川、陕西等处大兵讨伐。②第巴桑结嘉措见到朝廷派来的大臣保住,颇为谦恭,并立即派遣尼麻唐胡土克图前来呈上密函,说道:"达赖喇嘛身故已十六年,再生之小达赖喇嘛已十五岁,乞皇上暂隐之,勿闻于众。"③康熙皇帝看到第巴桑结嘉措知错认罪,便宽宥了他的罪恶。康熙皇帝认为,"自古以来好勤

① 乾隆帝:《喇嘛说》,乾隆五十七年(1792年)所立汉、满、蒙古、藏四体文碑,今存北京雍和宫。
② 《清圣祖实录》卷一七五。
③ 《清实录》卷一八一康熙三十六年三月辛未。

远略者，国家元气罔不亏损，是以朕意惟以不生事为贵"。既然第巴桑结嘉措认错，所以就既往不咎。① 康熙四十五年（1706 年），第巴桑结嘉措被蒙古汗王拉藏汗所杀，西藏地方又处在一个动乱的关头。

（三）册封班禅额尔德尼

五世达赖喇嘛朝清之后，受封"西天大善自在佛所领天下释教普通瓦赤喇怛剌达赖喇嘛"名号及金册金印。清朝同时册封西藏地方世俗统治者和硕特蒙古汗王固始汗，平衡了西藏政教二主的关系。五世达赖喇嘛圆寂后，第巴桑结嘉措为了和蒙古汗王拉藏汗斗争的需要，以及在西藏实现专权的需要，采取了欺骗朝廷的方式。他在康熙三十二年（1693 年）假借达赖喇嘛之名，上书朝廷，为自己请封。次年四月丙申，康熙皇帝赐其"掌瓦赤剌怛剌达赖喇嘛教弘宣佛法王布忒达阿白迪之印"。② 康熙皇帝在处理这个问题的过程中，也深感格鲁派领袖位置继承问题的重要，为了防止其他人，特别是达赖喇嘛身边的第巴利用这一位置反叛朝廷，发挥黄教的另一大领袖班禅的作用被提到了重要议事日程。这既是保持黄教首领位置延续性的需要，也是防止他人利用宗教干预行政，甚至造成专权的需要。此外，还有分割黄教领袖权力，使之相互制衡，更好地为服从中央、安定地方的政治需要服务。

此前，清朝在和硕特蒙古政权内部的政教两大势力之间，分别封授名号，意在防止西藏地方出现政教合一，形成地方专权的局面。通过对五世达赖喇嘛的细致观察，清朝也意识到掌握了宗教大权的五世达赖喇嘛也很专注世俗权力。清朝自然不希望看到一个强权的宗教人物独揽地方大权，第巴桑结嘉措事件发生后，直接促成清朝廷在册封达赖喇嘛之后，也册封班禅额尔德尼，以保持宗教上的稳定，同时也可以在黄教内部形成牵制力量，并分割达赖喇嘛的权力。康熙五十二年（1713 年）正月戊申，康熙皇帝敕谕理藩院："班禅胡土克图，为人安静，熟谙经典，勤修贡职，初终不倦，甚属可嘉。著照封达赖喇嘛之例，给以印册，封为班禅额尔德尼·

---

① 《清实录》卷一八〇康熙三十六年二月壬寅。

② 《清圣祖实录》卷一六三。

(Pan chen Aer Te ni)。"① 藏文《五世班禅罗桑益西传》记载，"火蛇年 (1713 年) 四月，皇上特派才仁克雅大喇嘛诺布、加日郭克等人，赍皇上圣旨前来扎什伦布，册封五世班禅·罗桑益西为班禅额尔德尼，并赐班禅金册一份、金印一颗"②。从而加强了班禅在西藏地方宗教和政治事务中的地位，维护和巩固了格鲁派的首领地位，既在于加强维护西藏地方政治稳定的力量，也在于分解权力，少其力而安定地方。

（四） 对六世达赖喇嘛处置的教训

第巴桑结嘉措认定的六世达赖喇嘛·仓央嘉措，生于门域，按其族属应为门巴族人。他在西藏文学史上，是一个不可多得的杰出诗人，但在宗教和政治上，他却是一个悲剧性的人物。

拉藏汗处死第巴桑结嘉措后，随即派人到朝廷，报告事变的经过，并奏称仓央嘉措是假达赖喇嘛，平日耽于酒色，不守清规，请予以废黜。康熙皇帝认可了拉藏汗的行动，由于担心准噶尔部策旺阿拉布坦劫夺六世达赖喇嘛到新疆为乱，便派护军统领赫寿、学士舒兰为使，到西藏封拉藏汗为"翊法恭顺汗"。同时下令 "拘假达赖喇嘛" 及桑结嘉措妻、子解京。③在哲蚌寺前的参尼林卡为其送行时，哲蚌寺僧人将其强行抢至该寺的甘丹颇章宫中。拉藏汗闻报后，立即派兵包围了哲蚌寺，寺僧们亦准备武力抵抗，双方即将发生流血冲突。仓央嘉措见此情形于心不忍，便自动走到蒙古军中，立即平息了这场一触即发的战斗。仓央嘉措在解往北京的途中，"行至西宁口外病故"，年仅 24 岁。④ 拉藏汗另找了一个生于康熙二十五年 (1686 年，藏历火虎年) 的格鲁派僧人阿旺益西嘉措认定为第六世达赖喇嘛，将其迎至布达拉宫坐床，他在位 11 年。但是，西藏僧俗群众并不承认他是达赖喇嘛的转世灵童。白噶尔增巴·益西嘉措坐床以后，拉藏汗便上奏康熙皇帝，请求皇帝承认他是达赖喇嘛，并赐金印。清朝在派人和青海蒙古诸台吉的代表进藏询问五世班禅后，于康熙四十六年 (1707 年) 批准

---

① 《清圣祖实录》卷二五三。
② 《五世班禅罗桑益西传》，见牙含章编著《班禅额尔德尼传》，西藏人民出版社，1987，第77 页。
③ 《清圣祖实录》卷二二七康熙四十五年十二月丁亥。
④ 《清圣祖实录》卷二二七康熙四十五年十二月庚戌。

阿旺益西嘉措为六世达赖喇嘛，康熙四十八年（1709 年）派人进藏册封，并赐给金印，由五世班禅主持，在布达拉宫举行坐床。皇帝依奏，赐金印一颗，印文为"敕封第六世达赖喇嘛之印"，被修改为"敕赐第六世达赖喇嘛之印"。次年，康熙皇帝同意议政大臣奏折，封"波克塔胡必尔汗"以达赖喇嘛封号，"给以册印，封为六世达赖喇嘛"①。这就是第二个"六世达赖喇嘛"。

但是，此举却遭到西藏地方僧俗的强烈反对。康熙五十六年（1717年），准噶尔攻入拉萨，询问白噶尔增巴·益西嘉措是否是真正的第五世达赖喇嘛的转世灵童。经众人宣称他不是达赖喇嘛的转世，遂将他从布达拉宫的宝座上赶下来，带到药王山庙加以管制。

由于拉萨三大寺上层喇嘛们拒绝承认拉藏汗擅自确定的达赖喇嘛，坚持仓央嘉措是真正的六世达赖，他们依据仓央嘉措"洁白的仙鹤，请把双羽借我。不到远处去飞，只到理塘就回"一诗，确认他的转生地在理塘。并在这里找到了一个名叫格桑嘉措的灵童。随后，根据康熙帝的命令将格桑嘉措送至青海西宁附近的塔尔寺居住。直到康熙五十八年（1719 年）清朝派大军进藏平定侵扰西藏的准噶尔时，才正式承认格桑嘉措为六世达赖。于是，便出现了第三位"六世达赖喇嘛"。但是，格桑嘉措是作为六世达赖喇嘛仓央嘉措的转世灵童找来的，格鲁派的僧人认为他是七世达赖，清朝却坚持格桑嘉措是六世达赖，认为格桑嘉措是接替而不是继承已被废黜的六世达赖的法位，所以不能认作七世达赖。至今保存在拉萨解放公园（龙王潭）的康熙帝《平定西藏碑》（康熙六十年，即 1721 年立），仍称格桑嘉措为达赖六世。后来，因为藏族人民始终认为格桑嘉措为七世达赖。到了乾隆四十八年（1783 年），乾隆帝封强白嘉措为八世达赖时，等于默认格桑嘉措为七世达赖，仓央嘉措为六世达赖。②

拉藏汗擅自选定的六世达赖喇嘛没有得到西藏三大寺和僧俗百姓的认可，最终失去地位。清朝政府没有认真调查研究，忽视西藏地方僧俗群众的观点，轻信拉藏汗的奏报，废黜六世达赖喇嘛仓央嘉措，并认定阿旺益西嘉措为六世达赖喇嘛的做法，最后也没有获得成功，直接影响到朝廷的

①　《清圣祖实录》卷二四一康熙四十九年三月戊寅。
②　《清高宗实录》卷一一八六乾隆八月庚午。

威信。康熙皇帝封授格桑嘉措为六世达赖喇嘛，仍然否定仓央嘉措的地位，而到乾隆皇帝时最终给予纠正，恢复了对他作为六世达赖地位的认可。这一曲折的过程表明，尊重西藏地方僧俗百姓，特别是宗教界的意见是解决好西藏宗教问题很重要的一个方面。

二　噶伦主政制

（一）驱除入西藏的准噶尔部势力

拉藏汗废立达赖喇嘛的举措引发了新的矛盾。三大寺的一些僧人和在青海的和硕特部的部分不满拉藏汗的贵族首领不愿承认益西嘉措，依据仓央嘉措的一首著名诗歌的"预言"，秘密派人到康区理塘寻访，终于找到了康熙四十七年（1708 年）出生的格桑嘉措，作为仓央嘉措的转世，并将他转移至康区北部的德格地方加以保护。清朝对此难以处理，下令将格桑嘉措送到塔尔寺居住。拉藏汗和青海蒙古首领的不和，引起康熙皇帝的担忧，于康熙四十八年（1709 年）又派遣了侍郎赫寿到西藏"协同拉藏办理西藏事务"。①

西藏的这种混乱的政治局势很快被准噶尔部的策妄阿拉布坦所利用，他先是将女儿嫁给拉藏汗的儿子，以联姻迷惑拉藏汗，然后在康熙五十六年（1717 年）以护送女儿、女婿的名义，选派精兵长途跋涉，在策凌敦多布的带领下突袭西藏。同时，还派遣一小股军队前往塔尔寺，企图劫持小灵童格桑嘉措，借以号召人心。当准噶尔军到达藏北草原时，拉藏汗才发现形势严峻，匆忙召集人马抵御。准噶尔派往塔尔寺的军队虽然被清军击溃，但是到藏北的准噶尔军仍宣称他们已经迎接到达赖喇嘛转世灵童，并将送到拉萨来，借此来离散西藏地方人心。拉藏汗仓促退守拉萨城，期待清朝派兵救援。但是，拉藏汗杀害第巴桑结嘉措，以及和西藏僧俗上层长期存在着矛盾，这些人现在转而成了准噶尔军的帮凶，拉萨城很快被准噶尔军队攻破，拉藏汗逃进布达拉宫，不久被杀②。准噶尔军首先废黜了意

---

① 《清圣祖实录》二三六康熙四十八年正月己亥。

② 《清史稿》"列传"卷三一二藩部八"西藏"。

希嘉措，并将他监禁起来，自己委派官员，向僧俗勒索财物，对不服从的寺院和地方则派兵烧杀抢劫，使曲科杰寺、敏珠林寺等著名寺院遭到严重破坏。清朝在康熙五十七年（1718 年）派西安将军额伦特率西宁、松潘、打箭炉、噶勒丹，会同青海诸台吉及土司属下赴援，至喀喇河（黑河），遭遇伏击，全军覆没。准噶尔军还引诱理塘营官喇嘛归藏，"于是巴塘、察木多、乍雅、巴尔喀木皆为所摇惑矣"。形势极其严峻，"兵自巴尔喀木归，言唐古特有瘴疠，浮肿，难久处，青海蒙古皆惮进藏，怂恿达赖奏可随地安禅，兴大兵恐扰众。王大臣惩前败，亦皆言藏地险远，不决进兵议"。康熙皇帝"以西藏屏蔽青海、川、滇，若准夷盗据，将边无宁日。且贼能冲雪缒险而至，何况我军。策凌敦多布闻我师至，自必望风远遁。俟定立法教后，或暂留守视，或久镇其地。唐古特众皆为我兵，准夷若再至，以逸待劳，何难剿灭。安藏大兵，决宜前进。"遂颁布诏书，封格桑嘉措（《清史稿》作"罗布藏噶尔桑嘉穆错"）为弘法觉众第六辈达赖喇嘛。命皇十四子允禵为抚远大将军，屯青海之木鲁乌苏治军饷，平逆将军延信出青海，定西将军噶尔弼出四川，分兵两路入藏平乱。策凌敦多布亲自带兵由中路抵抗来自青海方向的清军，分遣其宰桑以兵 3600 拦截来自四川的南路清军。平西将军噶尔弼招抚理塘、巴塘藏族军士，进至昌都（察木多），夺取地位险要的洛隆宗嘉玉桥。一路宣谕大小第巴及喇嘛，封达赖喇嘛仓库，分兵塞险，扼贼饷道。而青海清军也连连获胜，斩俘千计。清军入藏也得到西藏地方上层贵族和僧俗百姓的支持，拉藏汗的旧部康济鼐、颇罗鼐等人也在后藏起兵，占据阿里和后藏，断其退路，前藏的贵族阿尔布巴、扎尔鼐等人积极配合清军。四面楚歌的准噶尔军仓皇逃回伊犁。

平息准噶尔部再次入藏为乱，体现了康熙皇帝的英明决策、受命出征将领的出色指挥、士兵的勇敢顽强，以及西藏地方僧俗官民的大力支持与配合，准噶尔在西藏地方不得人心的作为，也是其注定失败的一个因素。

（二）噶伦主政制度的建立

准噶尔部入藏为乱被平息后，康熙六十年（1721 年）二月己未，抚远大将军允禵建言朝廷，西藏虽已平定，但是驻防仍然紧要。留守西藏的军队，包括扎萨克蒙古兵 500 名，额驸阿宝兵 500 名，察哈尔兵 500 名，云南兵 300 名，四川兵 1200 名，以公策旺诺布总统管辖。他同时向朝廷举荐在平定准部之乱中建立功绩的西藏地方官员贵族，特别是工布地方的第巴阿尔布巴首先效顺，统大兵前往进攻后藏；阿里地方第巴康济鼐，截夺准部士兵，并断其归路；还有第巴隆布鼐（隆布鼐）等。① 后来康熙皇帝降下圣旨，封第巴阿尔布巴、第巴康济鼐为贝子，第巴隆布鼐为辅国公。雍正三年（1725 年）三月清朝确定由贝子康济鼐、阿尔布巴、公隆布鼐、扎萨克头等台吉颇罗鼐、扎尔鼐等五人担任噶伦，共同办理西藏地方事务，命他们在大昭寺设立办公所。康济鼐总领办事，往来阿里和拉萨两地，既要防止准部再次侵扰，又要负责西藏的全面政务，在康济鼐前往阿里期间，由阿尔布巴代理其总领职权。雍正四年（1726 年）十二月甲申，朝廷颁给总理西藏事务的贝子康济鼐印。②

鉴于西藏地方军事虚弱的状况，为了防备准噶尔部再度侵扰，雍正皇帝派内大臣格勒克绰尔济等，将西藏兵众分编操练，以贝子康济鼐为全军统帅；达部、工部二部落兵，加上前藏地方部分军队等，由贝子阿尔布巴及台吉扎尔鼐担任将领；后藏地方兵，加上前藏地方部分军队，由公隆布鼐、台吉扎尔鼐统领。③

清朝在驱除准噶尔军以后，没有让青海蒙古首领统治西藏，而是从西藏贵族中任命几名噶伦掌政，以康济鼐为总理西藏政务的噶伦，听命于朝廷。这种体制满足了西藏上层统治者掌管地方事务的要求，几位噶伦都有实权，并且各有具体分管区域，握有兵权，互相协商，也互相牵制，却都在首席噶伦的节制之下，应该说是清朝地方管理制度上的一次创新。

但是，在建立初期，以及西藏的多事之秋，它也易于受到冲击。后来，掌政的几位噶伦之间就出现矛盾，清世宗雍正五年（1727 年），噶伦阿尔布巴、隆布鼐、扎尔鼐等人为争权夺利，煽起内讧，戕杀首席噶伦康济鼐，并派人去后藏捉拿噶伦颇罗鼐。颇罗鼐闻讯，在火速奏报朝廷的同时，于后藏起兵，联合康济鼐之兄阿里总管噶西鼐等，率后藏及

---

① 《清史稿》"列传"卷三一二藩部八"西藏"。

② 《清世宗实录》卷五一雍正四年十二月甲申。

③ 《颇罗鼐陈报阿尔布巴等杀害康济鼐奏书》，见《元以来西藏地方与中央政府关系档案史料汇编》（2），第 381～382 页。

阿里精兵数千人，抵抗阿尔布巴等，最后平息了叛乱。清朝在西藏继续推行噶伦制度，封建立功勋的颇罗鼐为贝子，并任命为首席噶伦，还任命噶西巴·纳木扎勒色布腾和策仁旺杰（次仁旺杰）两位噶伦，协助办理地方事务。[①]

从此以后，噶伦权力的大小、地位，以及以怎样的态度来办理事务，一直存在争议，清朝多次改革地方行政事务几乎都与定位他们的身份、作用有关联。噶伦次仁旺杰有自己的独到感受，他在总结自己一生经验的时候，先引证了皇帝于康熙十六年（1677年）七月六日颁布的圣旨，其中提到对他们担任噶伦的要求，"仰奉此金字诏书后，恭敬效忠大清国，侍奉达赖喇嘛及班禅，听从驻藏大臣之教诲，做事勤勤恳恳，不遗余力，于武备合宜之同时，加意练兵，使之精锐强大，奋勉防卫地方，致力驻防及刺探情形等事。不准无故荼毒百姓，大小一切事务须禀报请示达赖喇嘛及诸驻藏大臣，合理合法，开诚布公。……倘有违之，定受大清国之严法追究"。接着说："达赖喇嘛也赐我噶伦的职位，恩情大无比。我从开始当噶伦到现在已经有三十五年了。上述职务都不是用金钱买来的，也不是用欺骗手段得到的，而是上面委任的。由于我才疏学浅，缺乏胆略，在政治和宗教上没有作出什么成绩。宗教事业和百姓的工作全是按照皇帝和达赖喇嘛的旨意办事。没有半点掺假之处……"[②] "我只是勇于主持公道，为达赖喇嘛和班禅效劳，遵守皇帝的法令，兢兢业业，奉公守法，自知没有什么聪明才智，不敢管教别人。达官贵人自己要好好想想，不要成为拨弄是非的能手。若不然，那就好比拳击剑锋，头撞大山……"[③]

（三）划分藏区分界

西藏地方先后出现准噶尔部扰乱和噶伦叛乱，清朝在用兵解决的同时，也意识到在西藏和其他藏区加强管理的重要。这一时期，除了川西地区归附准噶尔给清朝军队造成巨大震动之外，在青海地方接着发生了

---

① 《清世宗实录》卷七六雍正六年十二月丁亥。

② 多喀尔·策仁旺杰（次仁旺杰）：《噶伦传》，周秋有译，常凤玄校，西藏人民出版社，1986，第57~58页。

③ 多喀尔·策仁旺杰（次仁旺杰）：《噶伦传》，周秋有译，常凤玄校，西藏人民出版社，1986，第60页。

"罗卜藏丹津之乱"，使藏边安全隐患问题更加凸显出来。康熙五十九年（1720 年）西藏叛乱平，清朝开始招抚青海蒙古与西藏间的南称巴彦等处 79 族。次年，正式派常寿为驻扎西宁办事大臣，管理各部。雍正元年（1723 年），顾实汗之孙、青海和硕特蒙古贵族首领罗卜藏丹津发动叛乱，朝廷派川陕总督年羹尧率大军从甘肃张掖出兵平乱，同时，由岳锺琪从四川带兵挺进，周瑛则截断其入藏道路。此外，在新疆地区也出兵照应，最后平息了这场叛乱，使占据青藏高原的蒙古贵族势力遭受沉重打击。①

为了解决藏区管理上的职责不清，调整行政管理区划以为安定西藏和周边藏区计，清朝开始商讨划界问题。雍正三年（1725 年），川陕总督岳锺琪奏称：打箭炉界外之理塘、巴塘、乍丫（察雅）、察木多（昌都），云南之中甸，察木多之外罗隆（洛隆）、嚓哇（察雅）、坐尔刚（左贡）、桑葛、吹宗、衮卓等部落，虽非达赖喇嘛所管地方，但罗隆宗离打箭炉甚远，若归并内地，难以遥制。应将原系内地土司所属之中甸、理塘、巴塘，再沿近之得尔格特（德格）、瓦舒霍耳地方，俱归内地，择其头目，给予土司官衔，令其管辖。其罗隆宗等部落，请赏给达赖喇嘛管理。特遣大臣前往西藏，将赏给各部落之处，晓谕达赖喇嘛知悉。雍正皇帝采纳了岳锺琪建议，三月，派遣副都统宗室鄂齐、学士班第、扎萨克大喇嘛格勒克绰尔济等前往，会同提督周瑛具体办理指授赏给达赖喇嘛地方疆界事宜。②

雍正三年（1725 年）五月，鄂齐一行抵巴塘，会堪巴塘、邦木与赏给达赖喇嘛之南墩，"中有山名宁静，拟于山顶立界碑。又喜松工山与达拉两界，山顶亦立界石"。宁静山东面的巴塘、德格属川；宁静山西面的察木多、乍丫、贡觉、江卡、南墩、桑昂属西藏。在划归西藏的地区中：乍丫、察木多两地，朝廷"赏给两处呼图克图管理，自征粮赋，并不纳于国家"，不属达赖喇嘛管理；江卡、贡觉"系蒙古人，迄今土人尚存有元代制诰，乃蒙文，与藏文异"，桑昂曲宗原归察木多呼图克图管辖，本不属拉萨的政教管理范围，清廷"以之赏藏，只于江卡设守备、把总外委各

①《清世宗实录》卷一〇至一三雍正元年八月至十一月。

②《清世宗实录》卷三八。

员率兵戍之，为进藏驿站计。藏中派官分驻江卡、贡觉、桑昂，征其粮赋"。①

雍正三年（1725 年）十二月，自西藏回抵西安参将王刚禀报："里塘、巴塘一路，番民、喇嘛闻得伊地方收入内地，无不踊跃，不胜欢欣蹈舞。至乍丫，察木多两处地方仍交大、小之呼图克图管辖，俱甚欢悦不尽。同时达赖喇嘛闻得，亦差贝子阿尔布巴迎接钦差直抵察木多，一同起身进藏。抵藏后与达赖喇嘛降旨赏赐地方，达赖喇嘛甚是恭谨，欢悦感激，其贝子康济鼐等以及阖藏噶隆人等，俱各欢悦，踊跃感激。"② 18 世纪入藏的传教士古伯察记载："达赖喇嘛的世俗权力到巴塘为止。西藏的辖地边界也于一七二六年在清朝军队平定西藏确定。在到巴塘前芒岭山顶，见到一块石牌，标志着当时在拉萨地方政府和北京中央政府决定曾在此设界。现在位于巴塘以东的地区，在世俗权力方面独立于西藏，该地区由土司治理，这些小土司必须每三年晋京一次，向皇帝纳贡。"③ 乾隆三年（1738 年）五月，章嘉呼图克图曾建议将理塘、巴塘、佳塘、中甸等处地方仍给达赖喇嘛管辖，但朝廷认为这些地方地处西藏和内地联系的交通要道，位置特殊，而且达赖喇嘛只提到日用不敷，并没有恳请土地、属民，故于打箭炉所征税银内每年给银 5000 两，省界划分不予变更。乾隆十六年（1751 年），清廷对西藏与内地所管辖的范围有较明确的划定，自打箭炉以至理塘、巴塘各处，设有土司，均系内地所辖。自巴塘属蟒里地方以西至江卡尔所属石板沟 370 余里，为西藏所辖地方，于江卡设有喋巴管理。自石板沟以西至巴贡 450 余里，系乍丫地方；自巴贡以西至恩达 380 余里，系察木多地方；又至恩达以西至嘉玉桥 220 余里，系类乌齐地方。④ 以上三处均各由呼图克图管理，俱领有理藩部颁给的印信号纸，受内地节制，以听调遣，不归西藏统辖。唯自嘉玉桥起直抵西藏，共 1960 余里，均系藏属。此次划界后，西藏和其他藏区的行政管辖范围得以明确下来，维持数百年之久。

---

① 傅嵩炑：《西康建省记》，《乍丫察木多改流记》《江卡贡觉桑昂杂瑜收回记》，成都公记印刷公司，1912。
② 《清世宗实录》卷三九。
③ 古伯察：《鞑靼西藏旅行记》，耿昇译，中国藏学出版社，1991，第 665～666 页。
④ 《清高宗实录》卷三八八乾隆十六年五月丁酉。

（四）阿尔布巴之乱及其被平息

在西藏地方上层内部，从开始就存在着矛盾与分歧，以阿尔布巴和隆布鼐、扎尔鼐，以及达赖喇嘛的父亲索诺木达尔扎为一方，另一方则是首席噶伦康济鼐和台吉颇罗鼐。前者试图利用在青海的蒙古和准噶尔部的势力为后盾，抗拒朝廷的军队。在安排了各位噶伦担任诸地将领之后，全体士兵宣誓"以贝子康济鼐为主帅，同心为大皇帝效力"，对此，"达赖喇嘛、索诺木达尔扎、贝子阿尔布巴、公隆布鼐、台吉扎尔鼐等心怀不满"①。此外，据说达赖喇嘛等对于朝廷派遣侍郎等赏赐康济鼐印信，并赏赐那塘寺（噶当派）名号，颁布敕书、拨给祀产等，却没有给黄教有所赏赐，怀恨在心。

在宗室鄂齐等前往西藏之后，也发现"首领办事之人，互相不睦，每每见于辞色"。达赖喇嘛年幼，偏向自己的父亲。首席噶伦康济鼐为人忠厚，但是却恃其功高轻视其他噶伦。而位在其下的阿尔布巴则秉性阴险，达赖喇嘛的父亲索诺木达尔扎娶隆布鼐二女为妾，他们三人联合起来，与康济鼐作对，日后必然出现冲突，请皇帝谕令众噶伦和衷办事。②

雍正五年（1727年）六月十八日，以贝子阿尔布巴、公隆布鼐、台吉扎尔鼐、达赖喇嘛近侍数人及阿尔布巴之女婿阿尔布罗卜藏为首，率兵500突至，杀害康济鼐、康的两个妻子、弟弟以及藏族蒙古族官兵80余人。以达赖喇嘛近侍8人为首，暗地里带兵500，欲加害台吉颇罗鼐等。颇罗鼐侥幸逃往后藏。他立即召集后藏的兵丁，守护准噶尔入藏关卡，率领阿里地区700名士兵组织反抗，为康济鼐报仇。同时，他上奏朝廷，陈明西藏地方局势。清朝担心在西藏的驻藏大臣马剌和僧格，以及孤军抵抗的颇罗鼐遭受阿尔布巴等人伤害，导致西藏地方的整个局势逆转。决定命令川陕总督岳锺琪派兵进藏援助，以平息叛乱。查郎阿为正帅率兵8400余由西宁出发，周瑛率领川兵千余名又甘孜出发，云南兵3000由察木多

---

① 《颇罗鼐陈报阿尔布巴等杀害康济鼐奏书》，见《元以来西藏地方与中央政府关系档案史料汇编》（2），中国藏学出版社，1994，第381～382页。
② 《清世宗实录》卷五二。

（昌都）出发，三道并进，直奔拉萨。①

但是，在清朝所派大军未到之前，叛乱被平息了，而在这次平叛过程中，噶伦颇罗鼐发挥了关键性的作用。雍正六年（1728 年）五月二十五日，颇罗鼐率兵由潘玉口至咯巴地方。他命令先遣兵千余名进攻喀木卡伦，与隆布鼐兵接战。二十六日，颇罗鼐大军继续推进，而驻藏大臣马剌、僧格即前往布达拉宫守护达赖喇嘛。二十八日，拉萨各大寺庙的僧众将阿尔布巴、隆布鼐和扎尔鼐等擒获。颇罗鼐拘禁了三位叛乱噶伦之后，前来会见两位驻藏大臣。陈明自己率领阿里和后藏 9000 余名将士，前来拉萨，剿灭叛臣，既平变乱，即准备返回后藏驻守各隘口。川陕总督岳锺琪根据驻扎在拉萨的参将颜清如的禀报，请朝廷加恩颇罗鼐及其属下将士。雍正皇帝下诏命查郎阿等从预备军费中支用 3 万两，交给颇罗鼐，令其赏赐兵丁。② 阿尔布巴的儿子衮布率兵驻扎在江达，岳锺琪命令周瑛带兵前往剿灭。

由于担心阿尔布巴等叛乱危害到达赖喇嘛的人身安全，朝廷下令移达赖喇嘛至四川泰宁安住。乱平后，又派果亲王允礼和章嘉（张家）呼图克图一起前往四川泰宁，会见达赖喇嘛，并命都统鼐格、副都统福寿等护送达赖喇嘛返回拉萨。③

三 郡王主政制及其被废除

（一）封授郡王总理西藏事务

颇罗鼐（1689～1747），是清代西藏历史上的杰出人物之一，西藏江孜地方人，本名琐南多结。和硕特部拉藏汗统治西藏时期，曾担任江孜宗本和拉藏汗秘书。康熙五十九年（1720 年）清政府派兵进藏驱除骚扰西藏地方的准噶尔部军，颇罗鼐配合阿里总管康济鼐出兵响应清军，击退准噶尔军，建立卓著功勋。清朝在西藏设立噶伦制，颇罗鼐为四噶伦之一，掌

① 《颇罗鼐陈报阿尔布巴等杀害康济鼐奏书》，见《元以来西藏地方与中央政府关系档案史料汇编》（2），第 381～382 页。
② 《清世宗实录》卷七一。
③ 《清世宗实录》卷一四五。

管财政。雍正元年（1723 年），青海蒙古和硕特部贵族罗卜藏丹津叛乱，颇罗鼐奉命率军驻于那雪（今西藏那曲境内）、玉树（今青海南部）地区抵御。五年，噶伦阿尔布巴杀首席噶伦康济鼐，颇罗鼐发后藏、阿里军讨击。六年，阿尔布巴兵败被执。由于在平息阿尔布巴等三噶伦之乱中发挥了关键性作用。根据办理西藏事务的吏部尚书查郎阿等人的报告，清朝准备沿袭这一制度，任命颇罗鼐担任首席噶伦，根据颇罗鼐的举荐，选择两人住在前藏拉萨，由颇罗鼐总管后藏事务，自后藏至冈底斯、阿里等处，均听其节制。后来，查郎阿等鉴于前后藏之间距离不远，而颇罗鼐深服众心，奏明朝廷令其权且统管前后藏事务。

雍正六年（1728 年）十二月，朝廷封颇罗鼐为贝子；雍正九年（1731 年）二月，晋封为贝勒，他的儿子一等台吉珠尔嘛特册登，也因为屡次效力疆场，被封为辅国公。十一月，由礼部铸银印一枚，交颇罗鼐掌管，作为办理西藏噶伦事务印信。乾隆四年（1739 年）十二月乙酉，清朝以颇罗鼐"遵奉谕旨，敬信黄教，振兴经典，练兵防边，甚属黾勉"，著加恩晋封郡王。[①] 颇罗鼐独理西藏地方政事的局面，由于他忠诚朝廷和出色政绩而得以确定。乾隆八年（1743 年）十月、十一月，蒙古准噶尔部首领噶尔丹策零派使者前来拉萨烧香"熬茶"，并向颇罗鼐先后提出了在拉萨修复寺庙、请颇罗鼐将其扶持黄教所采取的一些措施写成文字容他们带回蒙古、请西藏派一名喇嘛医生到准噶尔部三件事，都被颇罗鼐以未得到大皇帝恩准不敢擅自行动为由一一拒绝。[②] 朝廷对颇罗鼐忠心朝廷、办事妥帖给予高度评价。与此同时，随着颇罗鼐被朝廷封授为郡王，其权力的增大，其他噶伦权力相对缩小，许多制度形同虚设。郡王和达赖喇嘛之间也产生了矛盾，颇罗鼐及身边人怀疑达赖喇嘛的仲译仓吉（drung yig tshang sgyes）和大膳食官扎巴塔业（gsol dpon chen mo grags pa mthav yas）用蛊惑来诅咒郡王，并派次仁旺杰询问达赖喇嘛的经师赤钦诺门罕（khri chen no min han）如何处理。达赖喇嘛知道此事后，对次仁旺杰说："昨天颇罗鼐派你询问扎巴塔业的事我已听说了。关于这件事，我看是对扎巴塔业的无中生有的造谣，有意欺负无辜。这样做无疑是冲着我来的，对我看不惯

---

① 《清高宗实录》卷一〇六。
② 《清高宗实录》卷二〇八。

吧。我是规规矩矩在屋内读书，别无所谓，也没有不合适的话，如果也不行，我可以到哲蚌寺或者去山中小庙，你回去跟米王（即颇罗鼐）说说。"经过反复沟通，颇罗鼐表示，七世达赖喇嘛"您永远把弘扬西藏佛法，利乐众生放在心上，恩惠无比。此外，我就没有什么话可说了"。① 言下之意，不希望达赖喇嘛参与行政事务。

乾隆皇帝也了解到颇罗鼐与七世达赖喇嘛不和的情形，他还指示驻藏大臣傅清，"朕闻达赖喇嘛、郡王颇罗鼐伊二人素不相合，但伊二人皆系彼处大人，原不可轩轻异视"。要妥协办理，务使地方宁谧。② 乾隆皇帝还敕谕颇罗鼐，"达赖喇嘛系执掌阐扬西方佛教之人，尔系约束管理藏内人众之人，尔二人同心协力，以安地方，使土伯特向化，一应事务皆赖尔等办理。朕视尔二人俱属一体，从无畸重畸轻之见。若尔二人稍有不合，以致地方不宁，甚负朕信任期望之恩"③。据驻藏大游击荣世杰禀称，乾隆十一年（1746年）七月十八日郡王请客，发现有人偷窥，抓来询问知是达赖喇嘛之弟工格丹津（Kun dgav bstan vdzin）的家人，而指使者则是达赖喇嘛的管事苍结（即仓吉），"郡王大疑，谓从前达赖喇嘛之父谋杀台吉康济鼐，原有宿仇，此人明系达赖喇嘛指使。达赖喇嘛闻知，致信与郡王辩明并无其事。郡王不依，欲穷究根底。经钦差大人和解，但将苍结抄家，充发阿里去了。而郡王终未释然，逢人便说，至今不肯见达赖喇嘛，而达赖喇嘛亦大为不平，有如此疑忌，我这布达拉寺就难坐了"④。既见双方隔阂之深，也见西藏地方上层矛盾的复杂。

根据藏文传记资料记载，颇罗鼐还是一个敢于直谏，在朝廷在藏驻军问题上发挥过重要作用的人物。《颇罗鼐传》称："西藏总有这样一批歹徒，他们的一举一动，尽是损人害己。他们是敌是友，难以弄清。他们有一副变幻无常的嘴脸，竟然敢于违抗王法圣旨。因为有了这种坏人，放心不下，皇上的将军们商量之后，决定在拉萨驻守一万人军队。事情告诉了

---

① 多喀尔·策仁旺杰（次仁旺杰）：《噶伦传》，周秋有译，常凤玄校，西藏人民出版社，1986，第28~29页。

② 《清高宗实录》卷二八〇。

③ 《清高宗实录》卷二八〇。

④ 《庆复等奏报颇罗鼐与达赖喇嘛失和情形折》，乾隆十一年（1746年）十二月初九日，见《元以来西藏地方与中央政府关系档案史料汇编》（2），中国藏学出版社，1994，第492页。

颇罗鼐王爷。颇罗鼐王爷听了，心情沮丧，很不自在，言道：'大人容禀。大皇帝是一切众生和我们西藏百姓的怙主、救星和亲人。因此，担心西藏百姓受苦受难，给我们留下一万人军队，真是皇恩浩荡，并且，生火做饭的柴薪、马匹的草料，也都按价付钱，体恤属民，圣明之至。然而，西藏地小财少，当兵完税的人，并未分开。每家都要出兵差，实在苦不堪言。大皇帝的军队和宝库的银钱，取之不尽用之不竭。而我们这儿，财物匮乏。只要一两年，百姓就得背井离乡，好似野兽四处奔走。所以，不能留下一万人军队。'颇罗鼐王爷切切恳求，皇上的将军们又商量了很久，言道：'那么，就留下五千人军队。'颇罗鼐王爷再次恳求道：'还是太多了。西藏地方，宛如是那渠沟的水所能灌溉的一小块土地，并且各自的命运也无法掌握。昔日藏王桑结嘉措和拉藏汗发生战争，百姓受苦。以后，残暴的准噶尔部攻打拉藏汗，汗王遇害，寺庙被破坏，许多密宗经师罹难，西藏的许多贵族被杀，百姓们尝到恶趣的痛苦。最后，大皇帝出兵，把准噶尔部驱出西藏，并且迎请达赖佛爷坐床，恩德深重。然后百姓供应千军万马，已经筋疲力尽。西藏百姓一时得到的幸福，就好比布满乌云的天空，从缝隙中透出一线阳光，不料鬼迷心窍的噶伦们开始干起损人害己的勾当，卫藏发生内讧，大动干戈。长期以来，多灾多难的西藏民不聊生，百姓被奴役得如同牲畜，吃的如同野兽。因此，五千人军队也供给不起。'那时说过的话，有许多都没有记载下来。颇罗鼐王爷为着西藏的利益，据理而争。那些皇上的将军们互相望着，知道颇罗鼐王爷说的是实情，于是又商量了很久，最后只留下两千人军队。"①

由此看来，清朝决定在西藏地方驻扎两千，而不是一万人军队，颇罗鼐的敢于直谏起到一定的作用，这种互动方式对朝廷、对地方都十分重要。

（二）设置驻藏大臣

驻藏大臣制度可以说是清朝管理西藏地方最为重要的一项制度，这一制度的产生有一个历史过程。康熙四十八年（1709 年）正月，清朝

---

① 多卡夏仲·策仁旺杰：《颇罗鼐传》，汤池安译，西藏人民出版社，1988，第 349～350 页。

政府鉴于当时西藏地方内部蒙藏上层之间的矛盾，以及青海台吉与管理西藏的蒙古汗王拉藏汗关系紧张，认为"西藏事务，不便令拉藏独理。应遣官一员，前往西藏，协同拉藏办理事务"。遂确定由侍郎赫寿前往管理西藏事务。① 这是清朝较早派往西藏办理政务的官员。康熙五十六年（1717 年），准噶尔部首领策旺阿拉布坦入藏为乱。清廷派军驱逐准噶尔军出藏。清政府废除总揽大权的第巴的职位，任命四噶伦主管西藏政务。雍正五年（1727 年）正月，议政王大臣讨论了副都统宗室鄂齐关于西藏地方主事官员相互不和，建议派员协调的报告。雍正皇帝采纳大臣的建议，命令内阁学士僧格、副都统马剌前往达赖喇嘛处。② 次年，正式在西藏设"驻藏办事大臣衙门"，置正、副驻藏大臣各一，任期三年，以川、陕兵两千人分驻前、后藏，归驻藏大臣指挥。驻藏大臣的设立，是清朝管理西藏地方政治体制的一个新举措，有利于维持西藏地方社会稳定，有利于贯彻清朝中央的各项政策，也有利于加强西藏地方和内地之间的经济、政治和文化联系，在清朝治理西藏地区的实践中发挥巨大作用。

（三）珠尔默特那木扎勒之乱

颇罗鼐当政期间，为拥戴朝廷，扶持黄教，为西藏地方稳定和发展建立了卓越的功劳。他年老以后，朝廷感念他的功德，命他在二子之中选择一人将来继承他的郡王之位。颇罗鼐深深觉得自己长子软弱，而且已经出家，次子珠尔默特那木扎勒人尚强干，遂得承袭其位。"不久，皇帝命令达赖巴图鲁（tva las bva dur，即珠尔默特那木扎勒）接替了颇罗鼐郡王的职位，袭封郡王，赐给官印，办理西藏事务。"③ 珠尔默特那木扎勒上任不久，即表露出不良居心，企图削弱朝廷对西藏大政的控制。他上奏朝廷，请求撤走驻藏官兵。乾隆皇帝察觉到他的阴险用心，但是鉴于当时驻扎在西藏的官兵人数不多，也就同意了他的请求。与此同时，为了防备不测，乾隆皇帝撤换了驻藏大臣纪山，改派精明能干的傅清和拉布敦二人前往西

---

① 《清圣祖实录》卷二三六。

② 《清世宗实录》卷五二。

③ 多喀尔·策仁旺杰（次仁旺杰）：《噶伦传》，周秋有译，常凤玄校，西藏人民出版社，1986，第 30 页。

藏任职①。

珠尔默特那木扎勒的暴戾乖张在噶伦次仁旺杰的笔下得到很好的印证。他曾经作为随从跟随珠尔默特那木扎勒一段时间，他引用一位名人的话说，"残暴者一旦登上了王位，就叫人不得安宁，如此生活在欲坠的屋顶和欲崩的悬崖之下，时常提心吊胆"。"王爷（珠尔默特那木扎勒）的所作所为，如像鬼迷心窍，不能自制；暴戾恣睢，矫诳杜撰，遇事不调查，为所欲为，草菅人命，无所顾忌。……我们自己虽然好恶过失，但战战兢兢地跟随着，谁要是说明事情的真相，他马上就怒气冲冲，怀恨在心，令人恐怖。对那些把坏说成好的假话，只说他对，不说他错，以及很多阿谀奉承的话，他听了就笑逐颜开。"土龙年（1748年）底和土蛇年（1749年）、铁马年（1750年），珠尔默特那木扎勒"到藏北去打猎，对安闲自在有益无害的草食野兽大肆射猎，规模之大，犹如调动前后藏的大军一样，射杀野牛、野驴、野羊和羚羊等野兽。甚至连落在地上的大群飞禽都飞不上天，只有躲在石缝里。被他们蹂躏而致死的飞禽走兽不计其数，鲜血洒满了大地。兽皮兽肉，满山遍野，到处都是，好像阎罗王的园林一样"。在最后一次打猎时，借口次仁旺杰没有把好猎物，"王（珠尔默特那木扎勒）有意对准我射了一箭，打在马脖子上，鲜血直流。接着又射了一箭，射到佣人平措顿珠（phun tshogs don grub）身上。他是我的一个年轻的有射术的佣人。中箭之后，从马背上掉下来，夺走了他的生命。王以此感到心满意足。我这才脱离了危险"。甚至有官员抱怨其善有善报，恶有恶报的道理不管用了。②

珠尔默特那木扎勒面对朝廷的迁就，变本加厉。他残杀了自己的兄长，反而诬陷其忤逆朝廷。接着便对班第达等施加迫害，目标直指达赖喇嘛。在内行不义的同时，背叛朝廷的野心也日益暴露，最后竟然派兵阻断塘汛，使驻藏大臣孤悬绝域，束手待毙。乾隆皇帝洞悉其奸，授命在班第到藏更换拉布敦之日，与达赖喇嘛、藏中大噶隆等，明正其罪，以申国法。但是，驻藏大臣傅清、拉布敦鉴于形势紧急，在未接到圣旨之前的乾

---

① 《谕军机大臣等传知傅清此间所议处置珠尔默特那木扎勒办法等筹酌奏闻》，见《元以来西藏地方与中央政府关系档案史料汇编》（2），中国藏学出版社，1994，第504～505页。

② 多喀尔·策仁旺杰（次仁旺杰）：《噶伦传》，周秋有译，常凤玄校，西藏人民出版社，1986，第32～33页。

隆十五年（1750年）十月十三日，传令珠尔默特那木扎勒到通司岗（驻藏大臣衙门），将其处死。而傅清、拉布敦两位驻藏大臣也为其部下卓呢罗卜藏扎什所杀害。[1]

清朝严厉处理了此次西藏地方逆党叛乱事件的犯罪分子。根据后来查明的情况显示，十月十三日傅清、拉布敦将珠尔默特那木扎勒传至寓中，上楼相见时，傅清拔刀刹杀珠尔默特那木扎勒，并杀死其四五名随从。卓尼尔罗卜藏扎什闻讯，即跳下楼，往唤同党，聚众包围大臣衙门，释放枪炮。傅清派人往传班第达救护，班第达因势单力薄无法施救，奔告达赖喇嘛，随派人阻拦，逆党并不听从，还放火烧房。傅清身上三处受伤，自尽。拉布敦受伤更多，为叛军所害。主事策塔尔、参将黄远龙亦皆自尽。笔帖式齐诚自刎未死，通判常明亦受伤。阵亡千总2员、士兵49人，家属、商民77人被杀人亡。所有官库银币均被抢劫一空，卓尼尔罗卜藏扎什乘机逃跑。十四日，达赖喇嘛收聚余兵，安抚众人；公班第达擒获逆党罗卜藏扎什等13人，将他们关进大牢。驻藏副都统班第严加刑讯，逆党又交代出嫌犯14人。按照清朝法律，聚众为乱、杀害大臣、抢夺银库等，均应被处以极刑。十五日，首恶分子罗卜藏扎什，和带人放火、抢劫银库的阿喇卜坦、吹木扎特，杀死多人的车臣哈什哈，开鸟枪、用弓箭打伤大臣的达尔汉雅逊、巴特马古尔济植丕勒、妄介，俱凌迟处死。听从叛乱首恶分子杀人、运草放火，先行上楼助恶的尚卓特巴拉札卜、曾本旺扎勒、曼金得什蕭等，均斩首。随从作乱的通使扎什喇卜坦等，被处以绞刑。畏罪自杀的杯陇沙克巴、死在监狱的拉克滚布，尽管已死，仍被处以戮尸刑罚，与各个死刑重犯一起被碎骨并枭首示众。其他从犯，分别被发配他处，家产被变价收缴国库。[2] 应该说，清朝对杀害驻藏大臣、扰乱地方安定、背叛朝廷的乱党的刑罚处置，是十分坚定和严厉的。

（四）郡王主政制的废除

珠尔默特那木扎勒被诛后，乾隆皇帝即命令四川总督策楞等，前往查

---

① 《清高宗实录》卷三七七。
② 《班第奏至藏查讯起事情形并将逆犯分别正法折》，乾隆十五年（1750年）十二月二十九日，《清高宗实录》卷三七九。

办藏事，而且在抵藏之日，"会同达赖喇嘛酌设格隆二三人，以分其势，庶不致事权太重，易生事端"①。也就是说，乾隆皇帝决意要废除郡王制度。但是，其过程还存在一些障碍，根据都统班第的说法，他未到西藏之前，"（公）班第达竟行代办王事之体，受众贺，而公然与达赖喇嘛高床并坐"②。四川总督策楞等受命查办藏事，在西藏洛龙宗（今西藏洛隆县）下榻时，一方面得到班第达奏称，"我班第达原系有死无生之人，仰藉皇上天威，二大臣将珠尔默特那木扎勒诛戮，幸得生全，已出望外。又蒙恩赏给噶隆职衔，办理藏务，宽我不救护大臣之罪，隆恩高厚，天地莫比。惟有恪遵谕旨，并诸大人教训，尽心爱养百姓，恭敬达赖喇嘛，努力办事，以报答天恩"③。另一方面又让前来迎接的后藏喋巴（第巴）秉承"珠尔默特那木扎勒暴虐肆行，若不照从前将藏王另安一个，众百姓都要逃散"④。他们立刻意识到这其中有可能包含班第达想当郡王的因素。更为重要的是，达赖喇嘛或者出自本意，或者出自班第达的请托，也以"藏众不可一日无人统率"为辞，奏请立班第达为郡王。⑤

乾隆皇帝反思珠尔默特那木扎勒之受封到叛乱整个过程，觉得自己施恩过厚，也起到纵容犯罪的作用。"由今观之，办理噶隆（噶伦）之人，权势不可使之太专，是乃朕所加恩，永辑藏地亿众生灵之要道也。"傅清在关键时候曾许诺班第达，除掉珠尔默特那木扎勒之后，可以让他管理全藏事务。乾隆皇帝既然对西藏的政治体制下决心予以改革，当然不希望重蹈覆辙。他说："傅清等诛珠尔默特那木扎勒时，虽有令班第达管理藏地之

① 《策楞奏奉到不设藏王谕旨当恪遵办理折》，乾隆十六年（1751年）正月十八日，见《元以来西藏地方与中央政府关系档案史料汇编》（2），中国藏学出版社，1994，第530页。

② 《策楞奏抵藏日期及会见达赖喇嘛与班智达情形折》，乾隆十六年（1751年）二月初三日，见《元以来西藏地方与中央政府关系档案史料汇编》（2），中国藏学出版社，1994，第533页。

③ 《策楞奏抵藏日期及会见达赖喇嘛与班智达情形折》，乾隆十六年（1751年）二月初三日，见《元以来西藏地方与中央政府关系档案史料汇编》（2），中国藏学出版社，1994，第533页。

④ 《策楞奏奉到不设藏王谕旨当恪遵办理折》，乾隆十六年（1751年）正月十八日，见《元以来西藏地方与中央政府关系档案史料汇编》（2），中国藏学出版社，1994，第530页。

⑤ 《昭告珠尔默特那木扎勒罪状优恤被害大臣之故并示西藏善后方略》，乾隆十五年（1750年）十一月十六日，见《元以来西藏地方与中央政府关系档案史料汇编》（2），中国藏学出版社，1994，第524页。

语，实未奉朕谕旨。只因藏地不可一日无人统率，亦欲其即统兵相助，是以从权委办，使班第达果如所约，剪除逆党，能使二大臣无事，藏地宁静，则如二大臣所言，亦未为不可。今伊既不能救护驻藏大臣，已不为无过。第念其势孤力弱，仅保自全，尚属人之常情，事在已往，姑置勿问。岂可自居其功，承受朕封王之异恩乎？著仍以公爵办理达赖喇嘛噶隆事务。"

此前，达赖喇嘛也曾经奏请立班第达为郡王，乾隆皇帝没有采纳这个建议，他认为"若如所请，则数年之后，未能保其不滋事衅。朕意欲仿众建而分其势之意，另为筹画措置"①。现在要改变这一体制，乾隆皇帝在命令策楞等按原有方案即不设郡王办理藏事的同时，也分别在同年（1751年）正月二十七日和二十八日，分别敕谕班第达和达赖喇嘛，让他们也放弃这一念想。在给班第达的敕谕中，乾隆皇帝指出两点：一是班第达在处理此次危机中存在失职问题，即傅清和拉布敦两大臣除掉珠尔默特那木扎勒后，"其属下罗布藏札什等妄滋事端，尔班智达理应前去阻拦，彼时尔势单力薄，朕亦明鉴，故宽免尔罪，仍赏给噶伦职衔"。言下之意，不能有非分之想。一是"尔班智达尚年轻，藏地极为重要，关系兴广黄教，一人办理商上事务，难以周全"。因此，命令四川总督策楞、侍郎兆惠、那木扎勒，副都统衔班第等，与达赖喇嘛商酌，"由藏地大族内，拣选晓事安分，为番众所信服者，奏准与尔办理噶伦事务。尔惟当感激朕恩，同新设噶伦等和睦相处，恭敬达赖喇嘛，爱惜下属唐古特人众，办理事务，严防关隘，以绥靖地方。倘有难办不明之处，彼处驻有大臣，可陈情问询"②。让他打消接任郡王的念头。在给达赖喇嘛的敕谕中，乾隆皇帝指出，达赖喇嘛对藏地振兴黄教至关重要，特命策楞等凡事与你商办。"噶伦公班智达年轻，独自一人办理藏务，难以周全，故令彼等与尔僧商酌，议奏由藏地大族内，择其晓事安分、为番众所信服者数名，会同班智达办理噶伦事务，以期永无事端。"③解决了达赖喇嘛的思想问题，从而为在西

---

① 《清高宗实录》卷三七七。
② 《敕谕班智达增设噶伦之故》，见《元以来西藏地方与中央政府关系档案史料汇编》（2），中国藏学出版社，1994，第530～531页。
③ 《敕谕达赖喇嘛增设噶伦数名会同班智达办事》，乾隆十六年（1751年）正月二十八日，见《元以来西藏地方与中央政府关系档案史料汇编》（2），中国藏学出版社，1994，第531～532页。

藏地方实施行政管理体制改革奠定了基础。

　　与此同时，也为办理藏事确定了一些原则，"其所属寻常细事，仍听噶隆二人照旧承办。至具折奏事，及兵备驿递等重务，则令钦差驻藏大臣，会同噶隆二人办理。钤用钦差大臣关防，永为定制"①。乾隆皇帝明确指出郡王制度的弊端，认为"若仍照从前颇罗鼐故事议设藏王，是去一珠尔默特那木扎勒而又立一珠尔默特那木扎勒矣"②。不管班第达如何制造舆论，或者达赖喇嘛如何说情，乾隆皇帝废除郡王制的决定不可改变。

　　历史又重复演绎了故事，乾隆皇帝在处置珠尔默特那木扎勒事件后，再度想对西藏治理方式做个大的调整。根据《章嘉国师若必多吉传》记载，两位大臣傅清和拉布敦被杀，皇帝大为震怒，对章嘉国师说："珠尔默特那木扎勒的这些恶行，一则是其本人本非善类，再则是朕加恩过重，以致酿成此乱。从今以后，对于他们不可授以权柄。我想，应在拉萨建一汉式大城，设置一员管理藏民的总督和一员提督率兵一万驻扎，并委派征收税赋和审理诉讼的道官、知府、知县等官员，西藏的一切大小事务均由汉官办理。"由于担心因此对西藏佛教产生负面影响，章嘉国师则建议皇帝放弃此举。乾隆皇帝经过三思，打消了原来的念头，转而决定将西藏的政教权力交给达赖喇嘛。③ 这就直接导致了噶厦 1751 年的建立。

四　噶厦政府的建立

（一）乾隆皇帝对治藏体制的改革

　　乾隆皇帝在平息珠尔默特那木扎勒叛乱后，确定了一些原则性的东西，就是在西藏地方保留驻军，并由驻藏大臣来管理驻军、塘汛等，在打箭炉地方增加兵员，以为西藏的应援。他把这次改革作为实现西藏长治久安的重要契机，他说："夫开边黩武，朕所不为，而祖宗所有疆宇，不敢

　　① 《清高宗实录》卷三七七。

　　② 《策楞奏奉到不设藏王谕旨当恪遵办理折》，见《元以来西藏地方与中央政府关系档案史料汇编》(2)，第 530 页。

　　③ 土观·洛桑却吉尼玛：《章嘉国师若必多吉传》，陈庆英、马连龙译，民族出版社，1988，第 211～212 页。

少亏尺寸，此番办理，实事势转关一大机会，不得不详审筹画，动出万全，以为边圉久远之计，将此并谕中外知之。"① 在废除郡王主政制之后，他重新恢复了噶伦联合办事制度，并采取措施限制噶伦滥用权力，危害地方政治稳定。

乾隆十五年（1750 年）十二月戊戌，云南提督冶大雄上奏朝廷，认为之所以珠尔默特那木扎勒敢于肆逆，而傅清、拉布敦两位驻藏大臣之所以遇害，"皆因藏内无兵之故，是以一旦有事，鞭长莫及。请藏内仍照前安设重兵驻防，令提督大员弹压，三年一换，与河套、哈密一体防范"②。乾隆皇帝采纳了这位提督的建议。

经过乾隆皇帝颁布敕谕剀切教导和四川总督策楞等的耐心工作，达赖喇嘛和班第达等西藏地方政教上层对朝廷改革地方政治管理体制和制度都有了清楚的了解。乾隆十六年（1751 年）二月初一日正是藏历新年，策楞与副都统班第到布达拉宫与达赖喇嘛会见，"达赖喇嘛当即离座，恭立合掌，奏请圣安"。策楞宣示皇帝处理西藏善后谕旨，"达赖喇嘛恭听毕，以手加额，奏称：大皇帝乃天下之大父大母，胞与万物，惟我达赖喇嘛系诸儿女中受恩最重之第一人，先因珠尔默特那木扎勒暴虐乖张，心实焦闷，嗣两大臣又被逆党戕害，彼时未能救护，更为惶恐。自蒙皇上颁发三次恩谕以来，我心神已宁，如在黑暗中得天日矣"。在会见班第达时，策楞等宣布皇仁，并晓以利害得失，班第达叩首称谢，自称"我年幼无知，素未更历，总望训示，俾得遵行"③。顺利解决了两位关键人物的认识问题，特别是班第达想当郡王的错误认识问题。

（二）"十三条章程"及其分析

四川总督策楞到达西藏时，珠尔默特那木扎勒党羽已全被擒获，遵照乾隆皇帝的谕旨，由四川总督策楞、钦差大臣兆惠、那木扎勒、班第等共同审查，"照内地之例，惟诛首恶及附和为恶者，其余胁从人等，俱从宽

---

① 《清高宗实录》卷三七七。
② 《清高宗实录》卷三七九。
③ 《策楞奏抵藏日期及会见达赖喇嘛与班智达情形折》，乾隆十六年（1751 年）正月十八日，见《元以来西藏地方与中央政府关系档案史料汇编》(2)，中国藏学出版社，1994，第 532～533 页。

概无株及，所有擒获逆党之头目人等，著班第达查明，俟策楞到日酌量赏赐，以示鼓励"①。

乾隆十六年（1751年）三月乙丑，四川总督策楞等奏上"西藏善后章程"13条。主要内容有这样几点：其一，加强达赖喇嘛和驻藏大臣的权力。如噶伦办理地方重大事务及驿站紧要事件；补放第巴头目等官员；对喇嘛、贵族、仲科等官没收财产及处以极刑者；调遣兵马，防御卡隘情况等，务必呈请达赖喇嘛和驻藏大臣并加盖他们的印信，方可办理。达赖喇嘛和驻藏大臣有权参奏革除违法的噶伦、代本。各寺堪布的选择调换，差役之减免，噶伦和代本因公事使用乌拉，因公使用达赖喇嘛仓库物品，派往阿里、那曲等防范准噶尔关口的驻扎之员等，均应请示达赖喇嘛。达赖喇嘛权力得到加强，地位得到较大提升。其二，改革和完善噶伦办事制度，限制其滥用职权。西藏办事噶伦额定四人，三俗一僧；噶伦不得在私宅，而必须在噶厦公所办公；不得用私人，而要用官放之人办事；噶伦任命各地第巴，要禀报达赖喇嘛和驻藏大臣，不得擅自做主，所派第巴也须亲自前往履行职责，不得再派奴仆代行其职；颇罗鼐封王后，仿照达赖喇嘛在身边设置的卓尼、商特卓巴、增本、随本等全行革除，只在噶厦公所设立两名卓尼，兼任仲译和笔七格等职；禁止噶伦、代本等差人前往西宁、打箭炉、阿里等地时，私出牌票，摊派乌拉，遇公事，禀明达赖喇嘛方可发票；噶伦不得擅自动用达赖喇嘛仓库，公事动用，禀明达赖喇嘛。其三，均摊赋税徭役。全藏人民，向属达赖喇嘛，按地方大小，人户多寡，均定差徭。纠正颇罗鼐以来肆意侵占或私自滥赏的错误做法，查验旧档，因功劝赏者继续保留，私赏滥免者，一并撤销，加派过量者，即行减少。其四，改革军事管理体制，加强军事防务。在原来一名的基础上，在拉萨增设一名代本，原来分别负责前藏兵马卡隘和护卫达赖喇嘛安全；哈拉乌苏接壤青海，阿里克接壤准噶尔，应令达赖喇嘛选员驻扎，并咨兵部奏给号纸；将颇罗鼐擅自加给达木蒙古头目的"宰桑""台吉"等名号，酌定"现有之头目八人，均授为固山达名色，属下仍选择八人授为佐领，再选八人授为骁骑校，俱照例给以顶戴，递相管束，俱归驻藏大臣统辖。每佐领各派十名，共八十名，驻拉萨以备差遣，并护卫达赖喇嘛。其食用

---

① 《清高宗实录》卷三七七。

口粮，仍照旧例由达赖喇嘛仓上供应，一切调拨，均依驻藏大臣印信文书遵行，噶伦、代本等不得私自差遣。一切官员之革除补授，俱要驻藏大臣商明达赖喇嘛施行"①。

13 条章程中没有涉及十分重要的驿站一项，乾隆皇帝专门下旨询问，认为"藏地关系最要者，尤在台站一事，此乃往来枢纽所在，观前珠尔默特那木扎勒不令塘路递送文书，即至驿递断绝，及班第达传令递送，始复通行，皆由伊等主持，而驻藏大臣不能制其行止，操纵何以得其要领，此处最宜留心办理"。乾隆皇帝还提到第巴（喋巴）所管何事，里（理）塘、巴塘一带塘站是否也归第巴管辖等问题。策楞等据实禀报，"自打箭炉（今四川康定）以至里塘、巴塘各处，设有土司，均系内地所辖。自巴塘属蟒里地方以西至江卡尔所属石板沟三百七十余里，为西藏所辖地方，于江卡尔设有喋巴管理。自石板沟以西至巴贡四百五十余里，系乍丫（今西藏察雅县）地方；自巴贡以西至恩达三百八十余里，系察木多（今西藏昌都）地方；又自恩达以西至嘉玉桥二百二十余里，系类乌齐地方。以上三处，均各有呼图克图管理，俱领有部颁印信号纸，受内地节制，以听调遣，不为西藏统辖。惟自嘉玉桥直抵西藏，共一千九百六十余里，均系藏属。按地方之大小，各设喋巴一二名不等，管理地方、人民一切事务，即如内地州县同。内共设有台站二十五塘三汛。其台站官兵，日用所需之盐菜糌粑，以及牛羊草豆等项，俱发官价，由各该处喋巴采办应付"。策楞等人认为，"各番地之操纵权在喋巴，若喋巴之去取钦差得以主持，则一切台站等事无庸办理而得其要领矣，随定以补放喋巴头目等官，噶隆等务须秉公查察，统以达赖喇嘛并驻藏大臣印信为凭；遇有喋巴头目等官应行治罪革除，亦禀请达赖喇嘛、钦差大臣指示遵行两条，故未将台站一事专款另议"②。从这里既可以看出乾隆皇帝处理西藏事务的细密，也可以看到查办大臣策楞等发挥主观能动性的尽责，同时还可以看到川藏间驿站运

---

① 《驻藏大臣颁布善后章程十三条晓谕全藏告示》，乾隆十六年（1751 年），西藏自治区档案馆藏，原件藏文，见《元以来西藏地方与中央政府关系档案史料汇编》（2），中国藏学出版社，1994，第 551 页；《清高宗实录》卷三八五。

② 《策楞等奏复十三条章程中未提驿站一条原因折》，乾隆十六年（1751 年）四月十六日，见《元以来西藏地方与中央政府关系档案史料汇编》（2），中国藏学出版社，1994，第 548～550 页。

行管理情况，也属难得。

根据当时担任噶伦的多喀尔·次仁旺杰所撰《噶伦传》的记载，当时，色拉、哲蚌、甘丹三大寺的喇嘛执事、公、噶伦、代本、扎萨克及大小俗官在桑珠康萨举行盛大集会。"皇帝派来总督策（楞）公爷在蒙官集合一起后，宣布了办理西藏善后章程十三条，并逐条做了说明，最后说道：'上述公告都是为了西藏人民的利益的，大家有什么不同的看法？'我在会上说：'大皇帝如同文殊菩萨，唯恐达赖喇嘛的政教事业受到危害，西藏穷苦百姓遭受痛苦，如今带来了安乐，一视同仁予以保护。诸位官员为西藏人民特地来到西藏，废除所有的（珠尔默特那木扎勒时的）罪恶制度，据实情发扬良善规矩制度，宣布公告，发布命令，恩情大无比，我磕头领恩，别无他言。'"①

这一章程的核心内容，就是彻底改变颇罗鼐以来形成的郡王专权局面，巩固达赖喇嘛的特殊地位，加强驻藏大臣管理西藏事务的权力，恢复原来形成的噶伦四人联合办事制度。同时，也严格官员办事制度、平均差税徭役、强化西藏地方安全保障措施。应该说，它是一项有利于维护西藏地方稳定和发展的措施。

（三）授权达赖喇嘛建立噶厦政府

为防止准噶尔军再次侵扰和西藏统治集团的内争，雍正六年（1728年）雍正皇帝下令把七世达赖喇嘛移到四川泰宁的惠远庙居住，还命七世达赖喇嘛之父索南达结进京，封他为"辅国公"，以防止他干预藏政，这是达赖喇嘛的亲属受中央封以爵位的开始。直到雍正十三年（1735年）准噶尔部的威胁解除，雍正皇帝派副都统福寿和章嘉国师若必多吉护送达赖喇嘛返回拉萨。

废除郡王主政制度后，采取怎样的体制来管理西藏地方，清朝中央政府在确定了一些大的原则之后，其具体方式也在探索之中。毫无疑问，突出达赖喇嘛地位，增强驻藏大臣操纵地方政局的能力，分割噶伦权力，防止噶伦专权逐渐成为从清朝最高当权者到办理藏事善后的诸大臣之共识。

---

① 多喀尔·策仁旺杰（次仁旺杰）：《噶伦传》，周秋有译，常凤玄校，西藏人民出版社，1986，第36页。

根据乾隆皇帝旨意，入藏查办藏事的钦差大臣、四川总督策楞有几句简明的话语，表达此时朝廷对西藏体制的基本理念：即"达赖喇嘛得以专主，钦差有所操纵，而噶隆不致擅权"①。这里已经表明建立由达赖喇嘛主政，驻藏大臣有所掌控的管理体制，同时要防止噶隆擅权乱政。当时在西藏地方存在的一支阻力，即公班第达试图取代珠尔默特那木扎勒担任藏王。策楞到藏后进一步了解到，"班第达竟行藏王之礼，与达赖喇嘛高床并坐，即其属下僧俗咸以王礼事之，伊亦受之不疑。……见其与达赖喇嘛一同送礼，且私自占踞珠尔默特那木扎勒房屋"②。经过皇帝耐心批评教育、驻藏大臣策楞等严词纠正也得以顺利解决，这也反映了朝廷分噶伦权，是爱惜噶伦，不使堕入罪人境地的用心。

与此同时，策楞等还确立了一些具体的原则，即众立噶伦，以分其势。开始确定在公班第达之外，另立一名噶伦，后来策楞等人，建议朝廷依照旧例，设立四位噶伦。由于考虑到班第达的所作所为，驻藏大臣策楞等建议，新增加噶伦之事，"断不可出自班第达之意，使得树其党羽"。策楞又考察了旧时受珠尔默特那木扎勒排挤的两位噶伦彻凌旺扎尔、色耀特塞布腾，觉得他们"人果明白老成，并深感此番皇恩"。在私下征询达赖喇嘛意见时，他的看法是"番众内向无深知者，若论根基、办事为番众素所信服，惟现任噶隆彻凌旺扎尔一人。……但喇嘛中尚有可信之人，若得选派一人，与噶隆一同办事，于我甚属有益。惟是向无此例，未识可否，统惟大人等裁酌"。策楞通过征询各方意见、切实调查，认为七世达赖喇嘛"亟欲添一喇嘛，方可深信不能掩其耳目，但不肯出自伊口，致启番众滋怨之意"。也就是说，七世达赖喇嘛想设立一名喇嘛噶伦方便自己办事，同时又不愿自己提出得罪渴望迁升噶伦的贵族，在增补的噶伦中，他只肯定了彻凌旺扎尔一人，为自己添补一名喇嘛留下空间。策楞最后提出的建议是，除了班第达已经经皇帝谕旨任命之外，彻凌旺扎尔和色耀特塞布腾"平日既为番众信服，而又并无过犯，未便舍此另选"。另外一缺"放一喇嘛，协同办理，于佛地有益，并晓谕僧众，事属可行"。达赖喇嘛获知这

---

① 《策楞奏抵藏日期及会见达赖喇嘛与班第达情形折》，见《元以来西藏地方与中央政府关系档案史料汇编》（2），中国藏学出版社，1994，第 532~533 页。

② 《策楞等奏遵旨查看并训导班智达情形折》，见《元以来西藏地方与中央政府关系档案史料汇编》（2），中国藏学出版社，1994，第 532~534 页。

一安排十分高兴，立即推荐了自己的徒弟卓呢尔呢吗坚参（卓尼尔尼玛坚赞）担任喇嘛噶伦。鉴于现任噶伦班第达是公爵，其余两位也有扎萨克、台吉等名号，新增补的喇嘛噶伦若不加名号，则会与体制不符，由皇帝赏给扎萨克名号，以便共同办理西藏地方事务。① 于是，"三俗一僧"噶厦管理体制形成，这一改革既有助于加强达赖喇嘛的权力，驻藏大臣有所掌控，防止噶伦架空达赖喇嘛，实现了权力中心的上移，又疏通了达赖喇嘛管理政务的渠道，满足了西藏僧众参与地方政治的要求。② "凡补放大小官员，以及革除、治罪，并兵马、驿递事宜，务使归于达赖喇嘛同驻藏大臣专主而后可。"③ 真正建立"达赖喇嘛得以主持，驻藏大臣有所操纵，并多立噶隆以分其势，庶权在上而不在下"④ 的行政管理体制，保障西藏地方宁谧。

噶伦彻凌旺扎尔即多喀尔夏仲·次仁旺杰（mdo mkhar zhabs drung tshe ring dbang rgyal）在所撰《噶伦传》中比较清晰地记述了这一时期的一些重大事件，谈到了"二位已故大臣（傅清、拉布敦），死前把皇帝授予的令箭（实际上是矫诏）给了诺门罕班智达，要他当主持人"，因此之故，达赖喇嘛也授给班第达印章，让他负责办理政教两方面的事务，"他执行严法，下达了逮捕罪犯的通令，抓到所有犯人后，关押赤门家"。不仅皇帝派来安班班第大人，详细审查了案件，"根据他们的罪行在江洛金的院子（lcang lo can gyi sgo rwa）里，分别依法惩办"。新来的查办此事的总督策楞（策公爷，tsong thu tshe gung ye）、纳穆扎尔（rnam rgyal），派人让作者到钦差大臣所住的桑珠颇章（bsam vgrub pho brang），由班第宣布："你过去蒙受皇帝恩典，当了噶伦。在颇罗鼐郡王和珠尔默特那木扎勒郡王执政时期都没有干过坏事，忠诚老实。现在让你继续担任噶伦，不要违反皇帝的圣旨，要勤恳工作，世世代代都会得到皇上的关怀。"作者回答称：

① 《策楞等奏请添设喇嘛噶伦形折》，见《元以来西藏地方与中央政府关系档案史料汇编》（2），中国藏学出版社，1994，第537～538页。

② 《策楞等奏请添设喇嘛噶伦形折》，见《元以来西藏地方与中央政府关系档案史料汇编》（2），中国藏学出版社，1994，第537～538页。

③ 《策楞奏办理藏内善后章程正正在酌定折》，见《元以来西藏地方与中央政府关系档案史料汇编》（2），中国藏学出版社，1994，第539～540页。

④ 《策楞等奏遵旨查看并训导班智达情形折》，见《元以来西藏地方与中央政府关系档案史料汇编》（2），中国藏学出版社，1994，第532～536页。

"卑职乃一小人物，如地下之小虫，没有为皇帝尽过一点力却授予我噶伦之职，恩情无比之大……由于皇上的关怀和器重，才使我免遭珠尔默特那木扎勒的杀害。从今以后我定要遵从皇帝的命令，不遗余力，尽忠效劳。"①

达赖喇嘛主政是皇帝的旨意，不管他地位如何崇高，都是皇帝赐给的，对此，七世达赖喇嘛本人也十分明白，如上文所引，他曾对四川总督策楞说："大皇帝乃天下之大父大母，胞与万物，惟我达赖喇嘛系诸儿女中受恩最重之第一人……嗣两大臣又被逆党戕害，彼时未能救护，更为惶恐。"② 自称皇帝儿女，又对未能保护驻藏大臣感到有罪。达赖喇嘛与驻藏大臣在政治地位上是平等的，史料多有记载，章程也有规定。档案资料中，还保存有带兵入藏负责保护七世达赖喇嘛安全的果亲王允礼与达赖喇嘛相见礼仪的奏折，确定"王到彼之日，应令达赖喇嘛在庙之大门内迎候"，"彼此相见之礼，各给哈达，即行就座。王所坐之床，应与达赖喇嘛坐床相等，仍分左右对坐。……递茶时，王与达赖喇嘛所饮之茶一齐递送。王辞出时，达赖喇嘛出房门送至院中"③。作为臣属的果亲王地位和达赖喇嘛完全一样，七世达赖喇嘛位在亲王、大臣之列不言而喻。因此，不适当地夸大达赖喇嘛的权力和地位很容易脱离客观事实本身。

噶厦系 bkav shag 之音译 bkav 意为命令，shag 即房屋。为西藏地方官署，也是噶伦办理政务之所。噶厦的长官为噶伦（bkav blon），秉承达赖喇嘛、驻藏大臣旨意办事，驻地在拉萨大昭寺。

噶厦设有噶伦四人，三俗一僧，他们的地位是三品；清乾隆后期，噶厦管辖前藏、后藏和阿里的大部分宗、谿，以及布噜克巴（今不丹）、哲孟雄（锡金）的一部分地区；驻藏大臣直接掌管霍尔39族、达木（当雄）蒙古。后藏大多归班禅管辖，此外，还有波密土王、拉达克王、拉加里王以及察木多（昌都）、乍丫（察雅）等地呼图克图，各辖其地。民国时期，

---

① 多喀尔·策仁旺杰（次仁旺杰）：《噶伦传》，周秋有译，常凤玄校，西藏人民出版社，1986，第35～36页。

② 《策楞奏抵藏日期及会见达赖喇嘛与班第达情形折》，见《元以来西藏地方与中央政府关系档案史料汇编》（2），第532～533页。

③ 《鄂尔泰等议奏允礼与达赖喇嘛相见之礼折》，见《元以来西藏地方与中央政府关系档案史料汇编》（2），中国藏学出版社，1994，第449～450页。

十三世达赖喇嘛扩张权力，西藏地方一切重要事务改由噶厦议决后，呈达赖喇嘛或摄政核准执行。遇到战争、议和、选举摄政及达赖转世等重大问题噶厦不能决定，就由噶厦呈请达赖喇嘛或摄政召开"民众大会"，藏语称"冲都"，与会的是各机关官员代表、三大寺堪布和贵族代表。

（四）清朝处理善后事宜的方式和策略

首先，广泛调查研究，找准问题症结。策楞向乾隆皇帝汇报称，他抵达西藏后，"博采舆情，查察旧例，始知一切废弛，权移于下"。[①] 他们为了掌握真实情况，做了多层面、大范围和深入的调查工作，确认权力下移是西藏地方当时行政体制存在的主要问题，一切工作围绕解决这一关键问题展开。

其次，确定解决方案，耐心说服教育。从珠尔默特那木扎勒叛乱中吸取教训，必须废除郡王主政制度，在西藏地方建立新的行政管理体制和制度，认为永辑藏地之要旨是"嗣后必须达赖喇嘛得以主持，钦差大臣有所操纵，而噶隆不致擅权"。[②] 由于此前傅清曾经许诺剪除逆党珠尔默特那木扎勒之后，可以奏封班第达为郡王，七世达赖喇嘛也对班第达接替郡王职位事实上加以认可，班第达本人更俨然以郡王身份自认，因此改革西藏地方政治体制，推行新的管理体制，乾隆皇帝颁布多份谕旨，策楞等做了大量耐心细致地说服工作和教育工作，解决了他们思想上的问题，让他们真心接受新的安排，并在行动上拥护朝廷的决定，配合各项制度的贯彻执行。

再次，认真订立善后章程，切实扩大共识。由于珠尔默特那木扎勒暴戾恣睢，迫害七世达赖喇嘛，破坏塘汛，试图谋乱而被除掉。乾隆皇帝在四川总督策楞前往查办之时，就要求他们"会同达赖喇嘛会商，与公班智达共同商拟西藏事务章程。凡是应推诚相见，悉心查究，参酌旧例，俾地

---

① 《策楞奏办理藏内善后章程正在酌定务使大权归于达赖喇嘛同驻藏大臣专主及恳请陛见折》，乾隆十六年（1751年）二月二十一日，见《元以来西藏地方与中央政府关系档案史料汇编》（2），中国藏学出版社，1994，第539页。

② 《策楞奏办理藏内善后章程正在酌定务使大权归于达赖喇嘛同驻藏大臣专主及恳请陛见折》，乾隆十六年（1751年）二月二十一日，见《元以来西藏地方与中央政府关系档案史料汇编》（2），中国藏学出版社，1994，第539页。

方永远宁谧，敬奉达赖喇嘛，享受安乐，务使西藏一切僧俗人等知朕对伊等爱怜施恩之意"。设立喇嘛噶伦一职就是采纳达赖喇嘛意见的产物。章程订立过程中，策楞等经过调研、请示皇帝之后，"先与达赖喇嘛、公班第达商定，继复传集阖藏噶隆、代奔、喋巴、中科尔、大小头目，并各寺之堪布、擢尔吉、喇嘛人等，按条逐一共加斟酌"①。"令其各抒己见。一俟定局后，即行奏闻，并宣示全藏僧俗人等共为遵奉，仍饬镌刻碑石，以垂久远。"② 工作做得细致深入，大大增强了社会上下的共识，减少了阻力，增加了贯彻章程的可行性和实际效果。

最后，讲究方式方法，照顾地方风俗习惯。乾隆皇帝处理此次事件，坚持原则不折不扣，尊重地方风俗同样体贴入微。章程制定后，钦差大臣明白告诉西藏僧俗官员，"即今日所定章程，亦并非夺尔西藏之权，实为防范将来无知不守法度者，且无非为尔等坐享升平，共保身家性命，俾尔子孙等世世永受大皇帝之厚恩，并达赖喇嘛庇佑之意"③。按照惯例，在逆党谋乱的严重犯罪分子要被斩首示众，乾隆皇帝考虑再三，颁布谕旨认为"藏卫原属佛地，又系达赖喇嘛演教传经之所，枭示虽与内地之例相符，朕心殊觉未洽，即来往瞻谒达赖喇嘛之人见之，亦多不雅，应即将各犯首级不拘弃置何地可也"④。

清朝在西藏地方的政治改革，既有创新，也有不少是恢复被珠尔默特那木扎勒，乃至其父颇罗鼐以来破坏的旧有制度。比如远来达赖喇嘛历年进贡有贡使堪布、囊素二人，分别为正副使且由达赖喇嘛派遣，自颇罗鼐以来改为正使堪布有达赖喇嘛派遣，副使囊素由郡王派遣，以后恢复二使均由达赖喇嘛派遣，达赖喇嘛进丹书克时，噶隆等四人共进一份丹书克，

---

① 《策楞等奏拟定善后章程折》，乾隆十六年（1751 年）三月初四日，《元以来西藏地方与中央政府关系档案史料汇编》（2），中国藏学出版社，1994，第 544 页。

② 《策楞奏办理藏内善后章程正在酌定务使大权归于达赖喇嘛同驻藏大臣专主及恳请陛见折》，乾隆十六年（1751 年）二月二十一日，见《元以来西藏地方与中央政府关系档案史料汇编》（2），中国藏学出版社，1994，第 539 页。

③ 《策楞等奏拟定善后章程折》，乾隆十六年（1751 年）三月初四日，《元以来西藏地方与中央政府关系档案史料汇编》（2），中国藏学出版社，1994，第 544～545 页。

④ 《策楞等奏向达赖喇嘛等说明班第达先行处办罗布藏扎什等情形折》，乾隆十六年（1751 年）三月初四日，《元以来西藏地方与中央政府关系档案史料汇编》（2），中国藏学出版社，1994，第 543 页。

交正副使代为恭进。① 由此形成制度。对驻藏大臣衙门所在地的用途做了必要的调整。"驻藏大臣原住之冲萨康房间，未便仍令现往之大臣居住。兹据达赖喇嘛奏请，为傅清、拉布敦二臣修祠供像，应即将冲萨康作为二臣祠宇。颇罗鼐之房间甚多，应作为公衙门，令现在之大臣居住，班第达仍令其搬回原房。"也就是说，驻藏大臣原在冲萨康（冲赛康，一作都司岗，通司岗）的衙门，根据达赖喇嘛的建议改修为纪念两位被害大臣的祠堂，即双忠祠。新衙门就设在被没收的颇罗鼐家族旧居，而擅自搬迁在这里的班第达，仍回到自己的旧居，他于乾隆十六年（1751 年）二月初九日搬回原屋居住。同时恢复了旧有的兵营。"至扎什塘地方，原系驻扎官兵之所，自珠尔默特那木扎勒奏请撤兵后，渐行拆毁，今仰蒙圣恩，官兵仍旧驻扎，自应即为修理，且物料现存，起盖甚易。"② 使一切有效的制度相继得到恢复，地方局势随着《钦定藏内十三条章程》的逐步落实而得以安定。

---

① 《策楞等奏正副贡使均由达赖喇嘛分内派遣折》，乾隆十六年（1751 年）三月初四日，《元以来西藏地方与中央政府关系档案史料汇编》（2），中国藏学出版社，1994，第 540 页。

② 《策楞等奏复驻藏大臣原房改建祠宇供祠傅清等及请颁碑文折》，乾隆十六年（1751 年）三月初二日，《元以来西藏地方与中央政府关系档案史料汇编》（2），中国藏学出版社，1994，第 541 ~ 542 页。

第十七章　驻藏大臣与清朝的西藏治理

一　驻藏大臣——清朝治理西藏的缩影

驻藏大臣全称"钦命总理西藏事务大臣"。雍正五年（1727年）正月丁巳，朝廷派僧格、玛拉（又作马腊、马喇）赴藏办事，正式设立驻藏大臣。副都统宗室鄂齐以自己在西藏的观察提出了最初也是最为重要的局势分析意见。他说："臣至西藏，审视情形。首领办事之人，互相不睦，每每见于辞色。达赖喇嘛虽甚聪敏，但年纪尚幼，未免有偏向伊父索诺木达尔扎之处。康济鼐为人甚好，但恃伊勋绩，轻视众噶隆（噶伦），为众所恨。阿尔布巴赋性阴险，行事异于康济鼐；而索诺木达尔扎因娶隆布鼐二女，三人合为一党。若调唆达赖喇嘛与康济鼐不睦，必至争竞生事。再，噶隆甚多，反增繁扰，隆布鼐行止妄乱，札尔鼐庸懦无能，应将二人以噶隆原衔解任，则阿尔布巴无人协助，自然势孤，无作乱之人矣。请降训旨，晓谕达赖喇嘛、康济鼐、阿尔布巴等和衷办事。"[①] 朝廷完全采纳了鄂齐的建议，派内阁学士僧格、副都统马喇差往达赖喇嘛处，并各自赏银子千两。自此开始，至宣统三年（1911年），清朝任命的驻藏大臣计185年有83任，计57人（含再任及三任者）。帮办大臣共52任，计49人。驻藏大臣初设，设正副各一员，副职称"帮办大臣"。由帮办大臣升任办事大臣者9人。[②]

---

① 《清世宗实录》卷五二。

② 自雍正五年（1727年）至宣统三年（1911年），凡185年间，清廷派往西藏之大臣计173人次：其中办事大臣102人次（重任3次者玛拉1人，复任2次者索拜等14人，由帮办大臣擢职者18人，未到任者6人，实际到任者64人）；帮办大臣共71人次（复任者5人，未到任者15人，实际到任者51人），减去重任、复任、擢职者37人，清廷先后遣臣往藏136人，未到任22人，实际到任114人。

驻藏大臣的最初职责主要是负责统领驻藏官兵，防范准噶尔军扰乱西藏，督导郡王颇罗鼐总理西藏事务，并主持西藏的对外交涉事宜。尽管鄂齐对西藏局势分析透彻、把握准确，阿尔布巴等人的骚乱还是发生了：雍正五年（1727年）六月十八日，阿尔布巴等杀害首席噶伦康济鼐。雍正皇帝降旨，应特派大臣领兵料理藏内军机事务。十一月，命左都御史查郎阿、副都统迈禄、散秩大臣品级銮仪使周瑛等带兵前往，开始了在西藏的用兵、驻兵和军事管理活动。雍正七年（1729年）六月，在命令周瑛带兵驻藏的同时，皇帝还颁布圣谕，"其藏内事务著玛拉、僧格总理，迈禄、包进忠协理"①。驻藏大臣正副各2人，合计4人。雍正九年（1731年）二月，皇帝"念玛拉、僧格在藏年久，命青保、苗寿前往替回。但二人一时回京，新任之人不能熟悉西藏事宜，著玛拉先回，留僧格协同青保等再办事一年。玛拉、僧格各赏银一千两"②。初步形成驻藏大臣轮换制度，新旧搭配驻藏制度，以及奖励制度。雍正十一年（1733年）春，朝廷下令在"色拉寺、大昭寺之间，扎什地方，另建城垣，八月竣工。九月初四日，前藏驻防兵丁，移住扎什新城"③。这便是清军在西藏的固定驻扎地。

对于清朝在藏驻军费用，从开始雍正皇帝就主张全部由朝廷解决，不增加地方的负担。平息地方叛乱之后，一部分驻防兵丁被抽调回内地，以减少支出。雍正九年（1731年）十一月，驻藏大臣玛拉、僧格奏称："班禅额尔德尼、贝勒颇罗鼐遣人赍送官兵酥油、炒面、牛、羊、干粮等物。臣等累经发还，伊等坚不领回，是以收留分给官兵。"雍正帝谕令："玛拉、僧格可将班禅额尔德尼、颇罗鼐所送之物，核算价值，充裕给与银两。并传谕伊等：朕遣兵在藏驻扎，特为众唐古忒防守地方，使之宁谧，岂有丝毫贻累之理！今所送诸物，势必在伊属下众人摊派，未免滋扰。且我兵粮饷并不缺乏，无须帮助，此番给还银两并非外视尔等也。可传谕唐古忒咸悉朕意。"④ 雍正皇帝把道理讲得明白透彻，把具体工作做得细致周密。

清朝在西藏初次用兵后，雍正十一年（1733年）三月谕军机大臣："西藏驻扎弁兵本为保护唐古忒人等，以防准噶尔贼夷侵犯而设。迩来贼

① 《清世宗实录》卷八二。

② 《清世宗实录》卷一二二。

③ 《卫藏通志》卷一三上。

④ 《清世宗实录》卷一〇三。

夷大败，徒步奔逃，力蹙势穷，不能远涉藏地，且颇罗鼐输诚效力，唐古忒之兵亦较前气壮。今藏地无事，兵丁多集，一切米谷钱粮，虽给自内地，而唐古忒人等不免解送之劳。朕意量其足以防守藏地，留兵数百，余尽撤回。青保、玛拉、苗寿著总理藏务，应撤兵丁，详议具奏。"① 撤军的考虑，包括准噶尔对西藏的军事威胁解除，颇罗鼐率领的藏军有了一定的防御能力，减轻军需转运给西藏百姓带来的负担等。玛拉等人协商后，建议驻藏川军 2000 人只留 500，其余撤回，三年后仍拨川兵更代；云南兵1000 也留 500，三年一换。乾隆元年（1736 年），喇嘛等有建议，统辖喀喇乌苏兵扎萨克头等台吉那颜和硕齐去世，请与贝勒颇罗鼐商量，令其次子头等台吉珠密纳木扎尔（即珠尔默特那木扎勒）兼辖。也就是说把驻防那曲的掌兵大权交给了后来的叛王。虽然，珠尔默特那木扎勒叛乱是后事，但是这无疑成为治理地方军事的一个教训。

清朝封给西藏地方首领王号，只有郡王颇罗鼐父子。颇罗鼐忠心皇帝，效力朝廷，深得朝廷信赖和倚重。他在处理地方各项军政事宜中颇为得体。其时，准噶尔首领噶尔丹策零曾派人到西藏请颇罗鼐给予新刊印的藏文大藏经《甘珠尔》和《丹珠尔》，并介绍振兴黄教的经验，颇罗鼐回复说："我本土伯特地方一微小台吉，蒙大皇帝隆恩，拔至郡王，振兴黄教，成就甘珠尔、丹珠尔经，以安土伯特之人。此皆仰赖大皇帝之恩，非我力所能成就。若我如何振兴黄教之处，寄与噶尔丹策零，我自愧无能，不敢矜夸，此事亦不可行。"准噶尔人又请求颇罗鼐派好的医生（额木齐）和通经典的喇嘛前往准噶尔。颇罗鼐回答说："汝等欲请好额木齐（医生）与通经典大喇嘛，并未奏请大皇帝，既未奉大皇帝谕旨，此事我何敢专主？"② 颇罗鼐遵守法度的做法受到皇帝的嘉奖。通过驻藏大臣索拜上奏给皇帝的上述情况，虽然不能反映颇罗鼐与朝廷关系的全部，却比较真实地展现了他对朝廷的忠心和对相关制度的严格遵循。正是因为如此，他获得了朝廷的信赖，并因功获得郡王封号，还受命掌管地方军队。可惜在颇罗鼐去世后，他的儿子珠尔默特那木扎勒继任郡王名号不久就发动叛乱，郡王制度亦被废除。

---

① 《清世宗实录》卷二〇八。
② 《清世宗实录》卷二〇八。

乾隆十五年（1750 年），驻藏大臣傅清、帮办大臣拉布敦为叛酋珠尔默特那木扎勒所害，清朝再度用兵西藏。事后，策楞等根据圣旨拟定《西藏善后章程》（即 13 条），遂废王爵，设噶厦（地方政府），任命四噶伦（三俗一僧）以分权，在驻藏大臣以及达赖喇嘛统驭下协办藏务。乾隆五十八年（1793 年），清朝派军驱除廓尔喀入侵军，颁布由福康安等拟定的《藏内善后章程》（即《钦定善后章程二十九条》），在采取金瓶掣签选择活佛转世灵童的同时，特别加强了驻藏大臣的权力和地位，明确了驻藏大臣管理西藏地方军事、经济和外交等重大事宜，驻藏大臣掌握军事大权是关键内容之一。乾隆十八年（1753 年）四月驻藏大臣兆惠建议，"驻藏五百兵，同时换班不便，请分为二起。一于头年五月起程，七月抵藏；一于次年二月起程，四月抵藏"。被朝廷采纳。① 嘉庆十年（1805 年）策拔克奏，因内地军务繁忙，驻防前后藏江孜、定日、察木多（昌都）、拉里等地班满官兵应分两次更换，被朝廷采纳，确定"初次官兵于嘉庆十一年五月起程，其余一半间隔一年，至十三年五月起程"。② 保证新旧兵员有个过渡交替。到琦善担任驻藏大臣于道光二十四至二十五年（1844～1845 年）就西藏地方的管理制度，提出"嗣后商上级札什伦布一切出纳，著仍听该喇嘛自行经理，无庸驻藏大臣涉手"③。道光二十五年（1845 年），琦善等奏："西藏所属哈喇乌苏（即今西藏那曲）以外按年派员巡查卡伦，只属具文，徒滋拢累。"同年八月初六日（乙未），道光帝谕内阁："哈喇乌苏既设有营官，著即责成该营随时防范，所有按年派员巡查之处著即行停止。"④ 均被皇帝采纳，原已疏漏日多的经济和军事管理，不但没有得到纠正和加强，反而彻底放弃了，这就为以后西藏上层内部的经济问题纠纷和边防危机增加了风险。

驻藏大臣的重要任务是保护和处理与达赖喇嘛的关系，乾隆五十三年（1788 年）十月皇帝曾经谕令驻藏办事的舒廉："达赖喇嘛系主持黄教之人，藏内番众及蒙古诸部落，莫不尊崇敬奉。驻藏办事大臣，亦应稍加优礼，因谕以对达赖喇嘛不可过于崇奉，俾擅专权，亦不可微露轻忽，致失

---

① 《耆献类征初编》卷二四。
② 《清仁宗实录》卷一五一。
③ 《清代藏事奏牍》，第 434 页。
④ 《清宣宗实录》卷四二〇道光二十五年八月乙未。

众望。务须留心体察，处置得宜。"① 乾隆皇帝虽然于 1751 年在西藏地方建立噶厦，授命七世达赖喇嘛和驻藏大臣管理，但是达赖喇嘛作为西藏地方的政教领袖很大程度是名义上的，因为大多数时间他并未亲政，地方事务多由代理达赖喇嘛政教职权的摄政行使，又特别受到驻藏大臣的节制，特别是《钦定藏内善后二十九条章程》颁布后，更是如此。在这时期西藏地方上层的权力之争，并非发生在达赖喇嘛和驻藏大臣之间，而常出现在摄政与驻藏大臣之间，中晚期后尤其突出。乾隆帝对此提出批评，"但闻向来驻藏大臣不谙大体，往往因接见时瞻礼，因而过于谦逊即与所属无异"，并要求"鄂辉、和琳均系钦差大臣，除拜佛瞻礼之外，其办事原应与达赖喇嘛、班禅额尔德尼平等……应乘此时加意整饬，力矫从前积习"。② 乾隆、嘉庆、道光皇帝也曾多次反复谕旨八世、九世、十世达赖喇嘛："尔喇嘛（尔呼毕勒罕）乃黄教企望之大喇嘛，嗣后惟感激主朕恩，一应事件，遵照钦差大臣指示（或教导）办理。"达赖喇嘛与驻藏大臣发生矛盾，并在西藏地方出现对驻藏大臣的诋毁和丑化，集中出现在十三世达赖喇嘛当政和扩大个人权力时期，既与达赖喇嘛视驻藏大臣为障碍有关，也与清朝软弱的外交政策引起西藏官民不满有关，还与驻藏大臣自身的经济腐败和怯懦无能有关，在清末民初新旧更替，内地政治动荡，特别是英俄插手西藏事务的条件下，他们之间的关系则更为激烈和复杂。

嘉庆十九年（1814 年）正月丁亥，出现了一件很有意思的事情。皇帝谕令军机大臣等："本日据和世泰面奏：'本年来京递丹书克之堪布等，带有达赖喇嘛书信二封：一系寄拉旺多尔济并众蒙古王公等；一系寄噶勒丹锡呼图呼图克图等。内称，从前驻藏大臣与达赖喇嘛相见仪注，达赖喇嘛系正坐，驻藏大臣系旁坐。达赖喇嘛坐褥层数较多，驻藏大臣坐褥层数较少。近来驻藏大臣与达赖喇嘛并坐，且所铺坐褥相等，不分高下，系自丰绅驻藏之时更改旧例，后任至今相沿，恐廓尔喀等外藩部落见达赖喇嘛体制不崇，渐生藐视，别滋事端，求为转奏等情。'"收到反映意见信函的蒙古王公和噶勒丹锡呼图呼图克图均未敢上奏该事，却把这件事情告诉了主管理藩院事务的和世泰。和世泰也听有人说，当日丰绅驻藏时，达赖喇嘛

---

① 《清高宗实录》卷一三一四。

② 《清高宗实录》卷一四〇三乾隆五十七年闰四月二十四日壬辰。

年纪尚幼，诸事由第穆呼图克图掌管，因为丰绅查出弊案，第穆呼图克图
为其挟持，馈赠丰绅三千两银子以息事宁人。因此之故，丰绅自大，改与
达赖喇嘛并坐，等等。虽然都是传言，但是得到这个信息，皇帝十分重
视，他认为："国家崇奉达赖喇嘛，藉以绥辑外藩，是以体制稍优，具有
深意，驻藏大臣自应遵照定制，何得妄行更改？著瑚图礼、详保查明此
事，如实系起自丰绅任内，即传知达赖喇嘛，以前次丰绅在彼，与该喇嘛
并坐，系由伊妄自尊大，并非大皇帝之意，使丰绅尚在，必当重治其罪，
今已谕令驻藏大臣，改归旧制，该喇嘛等无庸心怀疑畏。至丰绅前此在藏
时，第穆呼图克图因何事被其胁制？其送给银三千两之处，是否确实？著
瑚图礼等据实查奏。……再达赖喇嘛年龄尚幼，未必即能谙悉事情，此次
交堪布等带京书信，系何人代出主意缮写交给？并著瑚图礼等密查奏
闻。"① 同年三月戊戌，得到瑚图礼等奏折："查明驻藏大臣与达赖喇嘛向
系并坐，丰绅在藏亦无收受喇嘛馈银。"皇帝还让章嘉呼图克图查对藏文
书信原文，经理藩院译出全文，发现信中并无争论座次和驻藏大臣丰绅受
馈赠之事。皇帝并未深究，也未让瑚图礼告知第穆呼图克图，令驻藏大臣
遵照旧章办理，"总以镇静为要"。② 从这件事也可以看到，尽管西藏地方
的下情上传，或者皇帝的圣旨下传均须经过驻藏大臣转奏，但是西藏地方
政教首领人物向皇帝反映问题的途径是不少的，包括反映驻藏大臣个人重
大问题都不成问题。同时，也可以看到这一时期不惜采取栽赃诬陷驻藏大
臣的手法，来改变驻藏大臣与达赖喇嘛政治地位平等的定制的情况都发生
了，足见地方上层局势的复杂。如果是乾隆皇帝很可能一查到底，严肃处
理，以儆效尤。但是，嘉庆皇帝采取了息事宁人的处理方式，这也注定西
藏地方上层的内斗还会持续。

二 驻藏大臣行状

　　驻藏大臣既是清朝在西藏地方行使主权的具体执行者，朝廷治藏思想
的贯彻者，以及西藏地方下情上传、西藏地方与清朝中央关系的沟通者，

---

① 《清代藏事奏牍》，第 381～382 页。
② 《清代藏事奏牍》，第 382 页。

又是一个性格各异、经历不同、优劣不齐的官员群体，是否履职尽责，不辱使命，不同时期，以及同一时期不同个体存在较大差异。

僧格、玛拉（马喇、马腊）——清朝驻藏大臣制度的拓荒者。清朝在西藏创立驻藏大臣制度后，首次受命驻藏的是僧格和玛拉。僧格是蒙古镶红旗人，雍正五年（1727 年）依据皇帝圣旨，内阁学士僧格与副都统玛拉被差往达赖喇嘛处办事。他们直接处理了阿尔布巴杀害康济鼐的重大事件和善后事宜。雍正八年（1730 年）僧格亲自带兵出防腾格哩（腾格里诺尔，即今西藏纳木错）、达木（西藏当雄），并在藏北各地设立关卡，防止准噶尔侵扰，保障西藏地方的安宁与稳定。僧格还妥善处理了布鲁克巴（不丹）内部噶毕与诺颜林亲两族的纠纷，在他们分别归附颇罗鼐和驻藏大臣之后，做好劝和工作，并促成他们赴京进贡。① 玛拉是满洲富察氏，雍正五年（1727 年）与僧格一起第一次驻藏，在处理阿尔布巴事件中，他在危机时刻前往布达拉宫，保护达赖喇嘛。雍正六年（1728 年）五月二十八日，颇罗鼐将被各寺僧众擒获的阿尔布巴、隆布鼐、札尔鼐等执送置玛拉住所，玛拉经过审讯，将他们全部正法。事件平息后，又率兵护送达赖喇嘛至理塘安住，然后回京。雍正七年（1729 年）玛拉第二次驻藏。九年（1731 年）十一月玛拉请颁给贝勒颇罗鼐印信。十二月被提升为工部尚书，兼正红旗满洲都统，十年（1732 年）由藏回京。结果在新岗位上不很称职，被降职。雍正十一年（1733 年）正月，雍正皇帝以"原任都统玛拉前曾在藏办事，熟谙彼处情形，著以副都统衔，前往西藏办事"②。成为少有的三次担任驻藏大臣的官员，并且与其他驻藏大臣一起确定了驻藏官兵员额和三年一更换等制度。

傅清、拉布敦等是一些威武英烈的杰出人物。傅清（富清，? ~1750 年），富察氏，满洲镶黄旗人，傅恒、孝贤纯皇后之弟。乾隆九年（1744 年），任驻藏副都统，提出建议，驻藏办事大臣章京、笔帖式换班成例，仿照哈密、瓜州、西宁等地做法，三年一换班，新旧相参，错综换班，并派藏兵、巴塘、理塘兵沿途护送，以期安全。乾隆十一年（1746 年）二月建议"自打箭炉（今四川康定）至藏原置塘汛，第酌冲僻远近布置，总在

① 《清世宗实录》卷一二二。
② 《清世宗实录》卷一二七。

一千兵数内"。恢复了索拜改由当地百姓负责塘汛之前的设置，以保障交通运输和往来情报传递的安全。乾隆十四年（1749 年）三月，调任陕西固原提督。十月西藏局势出现危机，乾隆皇帝认为"藏地关系甚要，彼处应办事件有二人相商较为有益，且换班先后更替，有一旧人，尤觉允当。固原提督傅清从前曾经在藏，彼处事体谅属稔知。著赏都统衔，前往与纪山公同办事，其钦差关防，著傅清收掌，不必来京，可即由彼驰驿赴藏。乾隆十五年（1750 年）十月壬午，傅清与拉布敦将珠尔默特那木扎勒诱至通司冈驻藏大臣衙门，傅清借宣召之机挥刀将其斩首。珠尔默特那木扎勒的余党罗卜藏扎什率众向傅清、拉布敦发起攻击，傅清身负重伤，自知不能幸免，便自刎而死。拉布敦也死于楼下。主事策塔尔、参将黄元龙皆自杀，通判常明受伤，从死者两位千总、49 名兵丁和 77 名商人百姓。与傅清一起诛灭珠尔默特那木扎勒的驻藏办事大臣拉布敦（？～1750 年），也是一位骁勇的豪杰，史书称他"生有力，能弯十力弓，左右射。工诗文，习外国语言"，文武双全。雍正朝他曾多次参加对准噶尔作战，屡建功勋。和傅清一样也是两度驻藏，最后英勇献身。乾隆十六年（1751 年）三月初二日，策楞等奏："驻藏大臣原住之冲萨（赛）康房间，未便仍令现往之大臣居住。兹据达赖喇嘛奏请，为傅清、拉布敦二臣修祠供像，应即将冲萨康作为二臣祠宇。"① 乾隆皇帝下令建祠纪念，西藏噶厦在两位驻藏大臣遇难修建"双忠祠"，春秋两次祭拜。乾隆五十八年（1793 年）正月大将军福康安驱逐入侵西藏的廓尔喀军后，即到拉萨拜祭"双忠祠"，并予以重修，福康安还亲撰《重修双忠祠碑记》，以满、汉、藏三种文字书写五块石碑，汉文碑石三块，镶嵌在门廊西侧墙壁下部，高 0.76 米，宽 0.96 米，周边饰有雷纹；满文碑石两块，镶嵌在东侧墙壁下部，高 0.97 米，宽 1.79 米，字迹尚清晰。② 现在驻藏大臣衙门故址修复了陈列馆，供人们参观。在北京的双忠祠，位于崇文门内石大人胡同。

　　傅清不仅是一个足智多谋的勇将，也是一个关心西藏百姓民生的良臣。乾隆十一年三月壬辰（1746 年 4 月 16 日）皇帝谕户部右侍郎傅恒："据汝兄

---

① 《策楞等奏复驻藏大臣原房改建祠宇供祠傅清等及请颁碑文折》，《元以来西藏地方与中央政府关系档案史料汇编》（2），中国藏学出版社，1994，第 541～542 页。

② 《拉萨文物志》，西藏人民出版社，1985，第 126 页。

傅清奏请'踏看藏内附近山中产煤处所'等语，此并非伊任内应办之事。盖因该处驻扎绿营人等，欲藉此希图获利开挖银矿，亦未可定。即该处柴薪价值昂贵，实有产煤山厂，亦当伊自己主见，告知彼处人等：'京师之人皆系挖煤烧用，汝等何不寻产煤处所挖取？实伊等有益之事。'其挖与否，听其自便可也，奚用具奏请旨耶！况西藏乃极边之地，非内地可比，其生计风俗，自当听其相沿旧习，毋庸代为经理。"① 从这则记载中可以看到，他们亲自踏勘西藏产煤情况，以解决百姓用柴难、柴薪贵的问题，实属难得。

和琳、松筠、和宁是乾隆时期办理藏务很有作为的驻藏大臣。和琳（1753～1796年），满洲正红旗人，钮祜禄氏，字希斋，清朝权臣和珅之弟。乾隆五十七年（1792年）二月廓尔喀第二次入侵西藏后，朝廷派将军福康安等统师进剿。同月命和琳驰驿处理藏务，督办前藏以东台站运输等事。驱除廓尔喀入侵者之后，和琳与孙士毅、惠龄等一起配合福康安，遵照乾隆皇帝圣旨制定《钦定藏内善后二十九条章程》，成为管理西藏地方的重要文献。和琳又作为驻藏大臣具体落实了该章程中所规定的相关内容。他还妥善处理金瓶掣签寻访转世灵童的落实，勾结廓尔喀入侵者的沙玛尔巴活佛寺庙财产的查抄，处理峨眉知县解送粮饷到昌都返回时在阿足塘驿、石板沟被劫掠事件，以及在西藏边境地区设立鄂博，划清与布鲁克巴、廓尔喀等的界限等。② 和琳尽管本人信奉佛教，但是见达赖喇嘛不拜，遵循驻藏大臣应有规定，受到乾隆皇帝表彰。乾隆五十九年（1794年）八月，成德来京奏称"和琳办事甚妥。且见达赖喇嘛不行叩拜，达赖喇嘛惟命是听"。乾隆帝称"如此举动甚为得体。数年以来，藏内风气日下，诸事废弛。今经和琳整顿，权归而令自易行"。③ 和琳在西藏还为百姓做了许多有益的事情，一个是改变西藏旧有习惯，救助患痘症的百姓。当时，西藏天花疠疾流行，按当地风俗，患者皆被驱之旷野岩洞或山崖下，任其冻饿，无一生还。和琳采取措施，下令为患病者在浪荡沟修造房屋茅舍，捐廉购办药品、柴草及食物，结果"治愈患者数百人"，"全活者十有其九"。和琳还劝达赖、班禅定例捐粮救助痘疹患者，辟地为穷苦百姓建造义冢公地，掩埋

---

① 《清高宗实录》卷二六一。
② 《卫藏通志》卷五；《清高宗实录》卷一四五四。
③ 《清高宗实录》卷一四五八乾隆五十九年八月丙寅。

尸首等，深得百姓爱戴。今存拉萨大昭寺前的痘症碑记录了和琳救助百姓、抗击疾病的史实，甚至后来百姓生病还将碑石视为药物，用以治病。

松筠（1752~1835年），玛拉特氏，字湘圃，蒙古正蓝旗人。乾隆五十九年（1794年）十二月抵藏接替和琳担任驻藏大臣。和珅用事，松筠不为屈，遂久留边地。在藏凡五年。"服膺宋儒，亦喜谈禅，尤施惠贫民，名满海内，要以治边功最多。"与松筠在西藏共事，担任帮办大臣的蒙古镶黄旗人和宁，同样颇著业绩。六十年（1795年）春间，松筠、和宁上奏请朝廷，豁免前后藏百姓本年应交粮石及旧欠钱粮，并捐银4万两，抚恤失业穷民，酌定章程10条，前藏东南北各属，由和宁督率办理，四月三十日办理完竣。① 他们招回逃亡失业者、散给糌粑及青稞种子，修好坍房，让百姓安居乐业，产生了积极的社会影响。松筠历乾隆、嘉庆、道光三朝共52年。历任内阁学士、内务府大臣、两江总督、两广总督、协办大学士、东阁大学士、武英殿大学士，吏、户、礼、兵、工五部尚书，三度在军机处上行走。松筠又曾出任库伦办事大臣、驻藏办事大臣、陕甘总督、伊犁将军，半生在边疆地区度过，熟稔边事边政，是难得的人才。著有《绥服纪略》《西招纪行诗》《西招图略》《古品节录》等著作，并主持纂修《新疆识略》十二卷、《西陲总统事略》十二卷。满文著作则有《百二老人语录》八卷。擅长书法。和宁也在嘉庆五年（1800年）正月被提升为驻藏大臣，七月升迁为理藩院右侍郎。著有《西藏赋》《回疆事宜》等。

文硕，光绪十一年（1885年）十一月任内阁学士、副都统，往西藏办事，接替色楞额为驻藏办事大臣。任职后即陈述筹办西藏事宜六款。当时英国侵华活动加剧，光绪十二年（1886年）六月《中英缅甸条约》第四款有"烟台条约另议专条派员入藏一事，现因中国察看情形，诸多窒碍，英国允即停止。至英国欲在藏印边界议办通商，应由中国体察情形，设法劝导，振兴商务，如果可行，再行妥议章程。倘多窒碍难行，英国亦不催问"。所以，文硕一上任就要面对给西藏官民开导允许藏印边界通商的问题。十月七日，文硕致函总理各国事务衙门："藏番以洋人性情阴鸷，行事深险，每以甘言饴饵，日久漫使流毒，屡鉴他处前车，深恐自蹈覆辙，此时若一应允，日久难保不致有伤地脉，甚且碍及佛门教法。此其处心积

---

① 《卫藏通志》卷一四。

虑隐衷也。虽属番愚偏见，顾洋人贪得无厌之心，亦实有难以揣测者。"
文硕明显是站在西藏官民的立场思考问题，同时，他也上奏朝廷派遣喇嘛、办事官员，以及驻兵进藏，开展日常事务，并预防不测事件发生。

同年秋天，西藏不断从哲孟雄（锡金）部落长及帕克里（帕里）营官获得消息，英人拟定期入藏，如有阻碍，即带兵强行进藏。藏军并在哲孟雄属热纳（日纳）地方以内隆吐山隘口建房设卡，以便抵御。英国驻华公使华尔抗议在隆吐设卡，并请朝廷制止。英人想通商，西藏地方拒绝，想撤卡，西藏官民反对。十三年（1887年）十月，"英使提出日纳岭为西藏边界，向有藏兵驻守，英人绝不犯此界。其自日纳岭至隆吐山相距数十里，英人修有大路，今藏人横建兵房于此，若不即回原界，定即驱逐，不能久待"。十二月，文硕上书醇亲王，"英藏交涉终无头绪，两面相持不下，自卫之计，英留意预筹练兵，以备万一"。就是希望做好抵御英军入侵的军事准备。西藏僧俗官民也上报隆吐山设卡理由："惟此案该英人等开端生事，欲入西藏佛地游历通商……该外洋与小的番人性情不同，教道不合，势为冰炭……小的阖藏僧俗大众，纵有男尽女绝之忧，亦不甘心以门户让人。惟当复仇抵御，永远力阻，别无所思。虽奉严旨亦不能听从英人之要挟，乞代转奏。"光绪十四年（1888年）正月文硕回京陈述隆吐设卡事。二月英军占领隆吐山，并将房屋拆毁。文硕因不遵谕旨，开导不力被朝廷革职。在离开西藏之际，他对摄政第穆呼图克图谈了自己的看法，"夫朝廷所以屡诫尔唐古忒不许轻与英争，而置边疆得失于不顾，诚以两敌相争，必须先自度力，此即兵法所谓知己知彼，百战百胜。即不知兵肇衅招尤者，并非有心示彼，又不知己，每战必败之义。尔唐古忒自来心计钝拙，昧于随机应变，是以不及英人之心思巧诈；而军火器械，又复不及其精利；纪律部伍，不及其严肃；攻守布置，不及其周密，即此数端，胜败之机，不战已决"。提醒他们不要再冒险出击，要等待朝廷解决。文硕在西藏办理的另一件事，就是与在光绪十四年（1888年）正月十五日，会同第穆呼图克图、苏哷诺门罕罗布藏敦珠，通过金瓶掣签确定九世班禅额尔德尼。文硕在晚清艰难的条件下，和西藏地方僧俗官民一起捍卫国家领土完整，不计个人成败得失，表现出良好的品质，实属难能可贵。

张荫棠（1866～1937年），广东新会双水人。张荫棠是清朝最有作为的大臣之一。首先，是在光绪三十一年至三十三年（1905～1907年）受命随唐绍仪与英国谈判修订《印藏条约》，张荫棠据理力争，迫使英方数次罢议。张荫棠经与英方代表半年争论交涉，于光绪三十四年（1908 年）四月二十日签订《中英修订藏印条约通商章程》，规定英人不得越过亚东、江孜经西藏任何地方而至噶大克的来往路线，否定了英国与西藏当局的直接交往，争回部分权益。荣赫鹏说："张荫棠氏之旨趣，殆欲坚决行使中国在藏主权，而不许地方当局自决，并欲阻碍英藏间一切交往。"其次，张荫棠受命查办藏事，以整饬吏治为核心，直击要害，包括使用驻藏大臣使用降革之员，不顾身名，贪赃枉法；"藏中文武大小官，无不以边防报销为唯一之目的"，驻藏大臣会同达赖喇嘛奏补噶伦陋规一万两千两，挑补代本、甲本各官，陋规二三千至数百不等，驻藏大臣也被达赖喇嘛丑化为"熬茶大臣"，极为轻视。特别是有泰的媚外乞怜，丧权辱国，令人发指。英军入侵拉萨，有泰前往犒劳，"约费千五六百两，借端报销四万"，"噶布伦（噶伦）因赔款赴印京，所费亦不过六七百两，报销至两万"。皇帝下诏，"有泰著即革职，发往军台效力赎罪，其余革职，分别惩罚，西藏为之震动"，让大家看到了新的希望，凝聚了人心。再次，张荫棠在西藏春都会议上的演讲，宣传"西藏百姓与中国血脉一线，如同胞兄弟一样"，消除汉藏情感隔阂；讲说"生存淘汰之理"，激发改革自强精神，增进了汉藏和官民共识。最后，张荫棠先后向朝廷提出"治藏建议十九条""传谕藏众善后问题二十四条"等治藏方略，得到清政府采纳。并把这些措施草稿交由西藏头人、噶厦和寺庙喇嘛广泛讨论，根据他们所提出的意见修改完善。内容包括革除神权政治，收回西藏治权；广设学堂，推广教育，创办汉藏文白话报；训练汉藏新军，加强武备；修好打箭炉、江孜、亚东牛车路；开设银行，振兴农工商业，开发矿产资源等。① 他曾建言清朝驻藏大臣赵尔丰，称中国应改变视西藏为"藩属"的传统观念，以"边地"视之。张荫棠是晚清让外国人正视，乃至敬畏的一位官员，英国驻华公使甚至坚决反对他参加"西姆拉会议"谈判。张荫棠著有《使藏纪事》五卷。

清朝中期以后，清朝自身衰落，内地反抗事件不断，运往西藏的军饷常常不能按时到达，驻藏官兵也不能按制度更换，长期驻守的情况日益严重，贪腐情况频发，驻藏大臣之间不和事件频发，驻藏大臣与摄政，乃至

---

① 《清德宗实录》卷五五八、卷五六五，《清东华录续录》光绪卷三二〇。

达赖喇嘛的矛盾日渐突出，对案件的处理，对局势的判断失误连连，英国势力在锡金和不丹地区的活动逐渐加剧，朝廷与西藏地方应对外来侵略出现重大分歧，驻藏大臣与西藏地方僧俗官员的纷争增多，威信不断下降。内地经过康区的往来军饷、赏赐、贸易物品频繁被劫掠，危机四伏。在这样的背景下，驻藏大臣因失职受到革职和降职等处罚的情况大大增多。

乾隆朝对驻藏大臣的处置尚属赏罚分明，被处理的官员也是罪有应得。在廓尔喀两次入侵西藏事件发生后及查办与处理善后过程中，发现了许多问题也严肃处理了一批官员，这包括驻藏办事大臣和帮办大臣纪山、庆麟、舒廉、巴忠、普福、鄂辉和保泰等。

纪山罪行严重被赐自尽。乾隆五十三年（1788年）九月，驻藏大臣庆麟被革职，还被解赴打箭炉枷号三年。舒廉因为和达赖喇嘛肆意舞弊，占人地亩，贪赃枉法的弟弟等人关系火热，又与帮办大臣互相拆台被革职。巴忠则因处理与廓尔喀纠纷不当，酿成大祸，后来畏罪自杀。藏文史书《多仁班智达传》作者还提到巴忠在拉萨学藏语的情形，文称："还在我小的时候，钦差巴忠大人遵大皇帝谕旨，曾在西藏学习藏文和藏语，因此藏话娴熟，无需通事翻译。"[1] 担任帮办大臣的普福，擅自奏请令达赖喇嘛弟兄办理达赖喇嘛琐屑事务，给其违法行为提供机会，甚于姑息养奸；第穆呼图克图让其徒弟到内地京城供职，又没有上奏皇帝，被降职使用。[2] 鄂辉因耽搁廓尔喀表章贡物，不仅被革职，还被解往前藏永远枷号。[3] 保泰（浮习浑）和雅满泰，则因为没有上奏廓尔喀启衅侵藏原因，被革职和枷号示众。[4] 前者还被发配到黑龙江军中做苦力。

嘉庆以后，王朝自身的衰落加速，朝廷对西藏事务的驾驭能力也相对降低，边政失误导致边事倍增。驻藏大臣的选择使用，特别是处罚明显增多，有些可以说是过度，频繁和严厉的处罚并没有有效地解决西藏地方不断出现的问题，以及驻藏大臣和制度自身的问题。

嘉庆及以后驻藏办事大臣和帮办大臣很大一批受到处分，诸如，英善，嘉庆十一年（1806年）四月以先前与福宁驻藏时私挪库款事未经阻止

---

① 丹津班珠尔：《多仁班智达传》，汤池安译，郑堆校，中国藏学出版社，1995，第262页。
② 《清高宗实录》卷一三五八。
③ 《卫藏通志》卷九；《耆献类征初编》卷一八九"疆臣"四一鄂辉本传。
④ 《耆献类征初编》卷二八六"将帅"二六雅满泰本传。

参劾，交部严加议处，降三级调用。① 福宁，嘉庆十一年以三品衔休致，因前在驻藏大臣任内曾借藏库银两，虽经交还，究属错误，奉旨革去顶戴。② 成林身为驻藏大臣，不知慎重，辄行违例动支，且又向喇嘛、客民借贷还款，有玷官箴，著褫职施恩，发往乌鲁木齐赎罪。③ 策拔克因西藏地方官员丹巴策楞等告其贪腐，卸任后，被发往伊犁赎罪。策拔克与成林互相攻击。文弼，嘉庆十三年（1808 年）布鲁克巴（不丹）部长喇嘛曲札恳赏赐王爵、宝石顶花翎、敕书、印信等件，文弼驳饬不准；十五年（1820 年），喇嘛曲勒接管部长事务，改请赏给诺门罕名号，又经文弼、阳春驳饬，两次驳饬均未上奏，皇帝认为文弼办事甚属乖误，革职。④ 阳春、庆惠因处理刑事案件不公，且未据实上奏，均被革职。喜明、珂实克因过被降为三品顶戴。孟保发往新疆军台效力；海朴被革职；赫特贺、满庆办事粗率，请部议；毓检罢官。景纹同治八年（1869 年）称西藏僧俗爱戴情形，代请奖励。"景纹身为驻藏大臣，办理藏务，本属分内之事。乃以俯顺番情为词，自为乞恩，向来无此体制。……实属卑鄙无耻，著交部严加议处。" 被降四级调用。⑤ 恩麟被降职，德泰被革职，等等。处置的方式可以说花样翻新，一般是革职、降职，或者降职留当地赎罪，特别严重就是处死或者赐死，还有发配到新疆等地军台效力，也还有枷号示众等。从史料反映的情况来看，嘉庆以后驻藏办事的大臣大多受到处分，有些处理十分严厉，可以说此时期的该职位已经是清朝官场一个超辛苦、高风险的职位。

古时严酷的自然环境、物质条件，特别是高原缺氧也在考验着担负重任的驻藏大臣。不少驻藏大臣丧命在工作岗位。诸如李柱、奎林、庆善等驻藏办事大臣病死在前往西藏的路上，索琳也是死在第二次赴藏办事路上；斌良到任未久去世，阿敏尔图、常在、恩庆、升泰、宝清、承继等均死在驻藏办事任上。博清额、文海、希凯等死在离任之际。史料记载，奎林"弥留之际，唯以军务未藏为忧，语不及他"⑥。敬业如此，感人至深。

① 《耆献类征初编》卷九九。

② 《清史稿》卷三四五。

③ 《耆献类征初编》卷一○四。

④ 《清仁宗实录》卷二五一。

⑤ 《清穆宗实录》卷二五一。

⑥ 《耆献类征初编》卷二九二 "将帅" 三二奎林本传。

不少在驻藏大臣先后担任两届甚至三届，或者如盛泰、兴科、鄂顺安、文康等大臣多年在藏，身体无法支持，返回内地，更有崇纲等众多大臣因病离开驻藏岗位，还有庆善、讷勤等为数众多的官员尚未到藏生病或者去世，也还有像阳春、徐锟、恩庆等多位驻藏大臣，年届七旬才离开驻藏办事大臣职位。

三 朝廷对驻藏大臣的管理

（一）惩处官员纵容地方首领的不法行为

驻藏大臣纪山因为失职导致珠尔默特那木扎勒叛乱，被乾隆皇帝处死。乾隆皇帝谕旨中说："纪山前岁驻藏，怯懦无能，事事顺从珠尔默特那木扎勒，任其恣意妄为，与之盟誓，以致逆谋益肆。此番西藏之事，纪山实为罪首，是以拿交刑部治罪，业照部议应斩监候秋后处决。……（纪山在藏）令兵丁演戏，班名自乐，特与珠尔默特那木扎勒宴会观剧，日在醉乡，并送珠尔默特那木扎勒八轿，仍派轿夫前往教演番奴抬轿，以肆其志。……伊在藏如此行为，及傅清、拉布敦至藏，乃以体制裁正，珠尔默特那木扎勒遂成嫌隙。……是傅清、拉布敦之死，皆纪山之丧心无耻，曲意逢迎，有以致也。纪山之心，盖希冀苟且度日，过此二年，得代回京。而于国家大体，藏地安危，一切置之度外。大臣如此存心尚可问乎？大臣尚可倚任乎？……纪山之父阵亡赐恤，朕所深知，纪山即犯脏私重辟，朕必原情曲宥。至关系军国重务，朕不容屈法，岂阵亡后裔遂可偷生附叛乎？纪山本应即肆市曹，仍念其先代阵亡，姑从宽赐自尽。"[①] 乾隆皇帝这里讲得十分明白，西藏地方出现珠尔默特那木扎勒叛乱事件，严厉处理叛乱逆党是必需的，但是做出驻藏大臣的纪山丧失原则，事事处处迁就珠尔默特，甚至与之盟誓，到傅清、拉布敦按规矩办事时就遇到了强烈的反抗，引发严重后果。纪山是阵亡烈士之后，乾隆皇帝设想他若是贪污犯罪，都能念其父亲功劳适当加以宽宥，但是涉及军国大事，能做的只是不

---

① 《谕内阁赐纪山自尽》，乾隆十六年（1751年）三月二十八日，《元以来西藏地方与中央政府关系档案史料汇编》（2），中国藏学出版社，1994，第547页。

将他斩首示众，或者凌迟处死，而是赐其自尽。可见，乾隆皇帝治吏严明，绝不姑息，这或许也是"康乾盛世"得以出现的诸多因素之一。

（二）贪污挪用西藏库银被查办

乾隆三十一年（1766年）十月官保第二次驻藏办事，"先是，西藏粮务通判吴元澄私挪藏库饷银，买运货物亏空银万八千余两。历任驻藏大臣俱失察，官保访知参奏。上命官保同驻藏大臣玛璃革吴元澄职，在藏地审明正法，并遵旨查失察驻藏大臣职名入奏。上嘉官保沿途留心，抵藏后即查出此事，实属急公，交部议，叙加一级"①。留保柱乾隆五十三年（1788年）三月，因误给班禅额尔德尼之父巴尔丹敦珠巴克顶戴，交部议。寻议降二级调用，上宽之。②

晚清有不少大臣或者因为制度的疏漏，或者因为秉性贪婪，出现许多贪腐事件，有秦花数百报销数万，公开出售地方职官，大肆受贿的丑闻因为张荫棠的查办为大家所熟知。但是，也有很多清廉勤政，为国分忧，为西藏百姓谋福祉的官员，如乾隆时期的和琳、松筠等，不少驻藏大臣受到处分乃至查抄之后，发现他们也属清廉官员，例如道光二十五年（1845年）二月，驻藏大臣琦善参奏孟保等滥提官物一案，皇帝将孟保、海朴、嵩禄等押解到四川审讯，并将他们家产严密查抄入官。后来驻藏大臣文庆遵旨复查后上报皇帝，"孟保讯无侵害官物情弊，惟署内另行挪用之项，未及负补，亦未名立文案"。最后皇帝也下诏"此案孟保、海朴、嵩禄等擅用官物，为数尚属无几，所有前经查抄之孟保、海朴、嵩禄等家财，均著即行赏还"。但是，孟保、嵩禄等还是被发配到新疆军台当苦差效力。③ 应该说，清朝对驻藏大臣的管理是十分严格的，特别是对贪污腐败的处罚是极为严厉的。

（三）失职渎职被革职

嘉庆十三年（1808年）内，布鲁克巴部长喇嘛曲札恳赏王爵、宝石顶花翎、敕书、印信等件，文弼予以拒绝。十五年（1810年）布鲁克巴喇嘛

---

① 《清史列传》卷二〇。
② 《耆献类征初编》卷八一。
③ 《清代藏事辑要》卷六。

曲勒接管部长职务，改请朝廷赏给诺们罕名号，又被驻藏大臣文弼和阳春驳回。但是，两次驳回请求却并非上奏朝廷。嘉庆皇帝以文弼办事甚属错谬，所以革去了他的职务。① 巴忠等办理廓尔喀事务，同样是采取了隐瞒朝廷的做法，引发了廓尔喀第二次武装入侵。

（四）怯懦畏难被革职

还有不愿前往西藏担任驻藏大臣的，乾隆十五年（1750 年）四月谕令著侍郎同宁前往更换纪山，但是乾隆皇帝发现同宁似乎不愿前往，就改派他担任凉州副都统，同宁又上奏折为自己辩解，皇帝大怒，斥责道："同宁身系宗师，今闻旨申饬，既知愧惧，理宜具奏叩请驻藏。不然，奉朕旨前往副都统任亦可。今乃奏请交部议罪，是不愿驻藏之意显然可见。著该部严行查议具奏。"同宁最后被革职。②

（五）处理人际关系缺乏是非原则

乾隆五十五年（1790 年）四月，前藏达赖喇嘛之弟商卓特巴等七人，在各商上渔利舞弊，而驻藏大臣舒廉与之关系密切。同时又与帮办大臣普福关系不合，互相攻击，朝廷派鄂辉查办，免除所有官职。后来因为照料达赖喇嘛的兄弟到京颇为妥帖，将功补过，以降职处分，没有严惩。③

当然，清朝也采取了一系列奖励措施，包括重用提拔，包括年满后给予条件较好的职位，乃至由皇帝赏给银子，以及御用小礼品。

此外，西藏地方官员对个别驻藏大臣在藏的作为颇有微词，比如盛气凌人，不尊重地方官员的；有的则不思进取，饱食终日的；甚至也还有的临走时借给皇帝送礼物的名义，在西藏寺庙花钱买走珍贵文物的情况。驻藏大臣庆麟就在从绒地返回拉萨的路上，朝佛之后花 50 两重的碎银、果子茶一箱、酥油一包，换取了一尊镀金古铜佛像，留保柱也从西藏多个寺庙将佛像带回内地。④

---

① 《清仁宗实录》卷二五一。
② 《清高宗实录》卷三六三。
③ 《清高宗实录》卷一三五五。
④ 丹津班珠尔：《多仁班智达传——噶锡世家纪实》，汤池安译，郑堆校，中国藏学出版社，1995，第 203～205 页。

四 涉藏大吏的卓著功勋

（一）涉藏事务的几位朝官

1. 年羹尧（1679～1726 年）

原籍安徽怀远，改隶汉军镶黄旗。是清朝前期涉及藏务的著名将领。特别是在平息青海蒙古罗卜藏丹津和西藏地方叛乱中，发挥了重要的作用。康熙五十六年（1717 年），准噶尔策妄阿喇布坦遣其将策凌敦多卜袭击西藏，并杀死拉藏汗。年羹尧请求亲自赶赴松潘协理军务，并派遣都统法喇率兵赴四川助剿叛军。① 康熙五十七年（1718 年），策妄阿拉布坦占领西藏，年羹尧上书请求在打箭炉至理塘加设驿站，保证了清军后勤畅通，因此受到康熙帝赏识，被任命为四川总督兼管巡抚事。康熙五十九年（1720年），康熙帝命平逆将军延信率兵自青海入西藏，授年羹尧定西将军印，自拉里会师。当时巴塘、理塘两地为云南丽江属地，云贵总督蒋陈锡平定后，请求仍隶丽江土知府木兴；年羹尧则称两地为进入西藏的重要运粮要道，应隶属于四川，康熙帝允准。同年八月，噶尔弼、延信率军先后入西藏，策凌敦多卜败走，西藏平定。康熙帝谕令年羹尧护凯旋诸军入边。②

平定罗卜藏丹津之乱。雍正元年（1723 年）六月，固始汗之孙罗卜藏丹津，发动和硕特联合叛清，亲王察罕丹津与郡王额尔德尼厄尔克托克托奈不从，遭到武装攻击。叛乱爆发后，和硕特势力所及 "在陕者东北自甘、凉、庄浪，西南至西宁、河州，以及四川之松潘、打箭炉、里塘、巴塘与云南之中甸等处沿边数千里……西番蜂起，一呼百应，俨然与官兵为敌"③。雍正元年十月，年羹尧被授予抚远大将军，率军平叛，大军攻取塔尔寺、郭隆寺等大寺院，将塔尔寺为首之活佛喇嘛正法，郭隆寺焚毁。同时，派兵防守永昌、巴塘、理塘、松潘、中甸、察木多等处边口，防止和硕特军突入内地；从川、陕、甘、内蒙古、新疆东部调取精兵 1.9 万名，

---

① 赵尔巽主编《清史稿》卷二九五。
② 赵尔巽主编《清史稿》卷二九五。
③ 故宫博物院编《文献丛编》第六辑，《年羹尧奏折·奏报抵署日期并谢蒙陛见折朱批》，北京图书馆出版社，2008。

令岳锺琪等人分领，勇猛追击，擒获罗卜藏丹津之母阿尔太喀屯及其妹夫克勒克济农藏巴吉查等人，罗布藏丹津以残部 200 余人遁入准部。

雍正二年（1724 年）五月年羹尧提出《青海善后事宜十三条》仿照蒙古扎萨克制度统编青海蒙古部落，按部属、族属分编，将青海蒙古诸部编成 29 旗，其中和硕特 20 旗、土尔扈特 4 旗、绰罗斯 2 旗、辉特 1 旗、喀尔喀 1 旗。规定"自雍正三年为始，公派诸王台吉数人，自备马驼，由口外而赴京师恭请圣安，贡其方物，仍由口外而回原处。凡西海王、贝勒等分为三班，三年一次，九年而周，周而复始，使知所以尊朝廷"。年羹尧认为，"西番人民皆我百姓，西番之地皆我田畴"，在藏族各部设土千户、百户及土巡检等听附近道厅及卫所管辖，而不再隶属蒙古部落。年羹尧建议加强康区军事驻防：打箭炉外木雅吉达地方为西川之门户，设总兵、游击以下等官兵 2000 人镇守；雅砻江中渡处设一守备，上渡、下渡各派驻一总，带兵驻防；理塘、巴塘所属吹音地方设一守备带兵驻防；理塘地当四冲，设一副将、一都司，统兵 1200 驻防；鄂罗一为诸路咽喉，设一参将，统兵 600 驻防，巴塘为形胜要害，设一游击，带兵 500 驻防；巴塘所属之宗俄，地当云南孔道，设一参将，统兵 1000 人驻防。以上驻防官兵，并令新设总兵官统辖。另外，黄胜关外 300 里有潘州旧城基，设游击一员，兵 600 驻防；潘州西去 100 里，地名阿巴，襟山带河，为紧要之区，设副将、都司各一员，兵 1500 驻防；黄河之两岸渡口系危坐、杀鹿塘两路之锁钥，设一守备、兵 300 驻防。以上驻防官兵，悉隶松潘镇总兵统辖。年羹尧查明达赖、班禅每年赴打箭炉贸易货物驼数，特准"叉木多以东不许收其鞍子钱，仍今打箭炉税差免其货税，再每岁赏给（达赖）茶叶五千斤，班禅则半之，而茶叶务令雅州荣经县择其最佳者动正项钱粮购买，运炉充赏，以明扶持黄教之意"。鉴于当时青海等地寺院潜藏盔甲，制备军器，私设武装。罗卜藏丹津反叛，"持有各寺供具粮草，引为向导"。各寺喇嘛"又率其属番，以僧人而骑马持械，显与大兵对敌"。"西宁各庙喇嘛多者二三千，少者五六百，遂成藏垢纳污之地"，因此，"请嗣后定例，寺庙之房不得过二百间，喇嘛多者二百人，少者十数人，仍每年稽察二次，令首领喇嘛出具甘结存档"等。①

---

① 《清世宗实录》卷二〇。

雍正四年（1726年）议政大臣等议复："川陕总督岳锺琪奏称巴塘系打箭炉之门户，久入川省版图，至中甸贴近滇省，久入滇省版图，附近中甸之奔杂拉、祁宗、喇普、维西等处，虽系巴塘所属之地，向归川省，而其界紧接滇省汛防，总通于阿墩子。阿墩子乃中甸之门户，请改归滇省管辖，设官防汛，与川省之理塘、打箭炉彼此犄角，足以各收臂指，控制番民矣。应如所请。"

雍正二年（1724年）十二月十一日，雍正在年羹尧的奏折上朱批："凡人臣图功易，成功难；成功易，守功难；守功易，全功难。为君者施恩易，当恩难；当恩易，保恩难；保恩易，全恩难。若倚功造过，必至返恩为仇，此从来人情常有者。尔等功臣，一赖人主防微杜渐，不令至于危地；二在尔等相时见机，不肯蹈其险辙；三须大小臣工避嫌远疑，不送尔等至于绝路。三者缺一不可，而其枢要在尔功臣自招感也。我君臣期勉之，慎之。"① 年羹尧功高震主，又不知恭谨自保，雍正三年十二月（1726年1月），以92条大罪被赐死。

年羹尧平息西藏青海叛乱，对安定西藏周边地区，特别是消除和硕特蒙古在藏恢复统治，划分西藏与周边行政区划，加强对青海蒙古和藏族部落的管理，以及加强对青海藏传佛教寺院管理等，都产生重要影响和作用。

2. 岳锺琪（1686～1754年）

四川成都人，累官拜陕甘总督，是清朝前期涉藏事务方面的重要人物。岳锺琪的业绩主要在军事方面，而且和年羹尧多有关联。首先是参与平定西藏叛乱。康熙五十八年（1719年）准噶尔策妄阿拉布坦袭扰西藏，康熙帝令十四皇子胤禵为大将军，噶尔弼为定西将军，岳锺琪担任先锋。在理塘、巴塘击溃叛乱分子3000余人。十九年（1720年），岳锺琪受噶尔弼之命进抵昌都，获悉叛军已调军扼守三巴桥，阻击清军西进。岳锺琪迅即密檄当地土司协助缉捕叛酋。雍正元年（1723年），平息罗卜藏丹津之乱，经年羹尧举荐岳锺琪率6000精兵西行，先后招抚了上寺东策卜，下寺东策卜，南川塞外郭密九等诸番部。叛乱被平息后，雍正帝授岳锺琪三等威信公，赐黄带及御制五言律诗二首，任命岳锺琪为甘肃提督兼甘肃

---

① 赵尔巽主编《清史稿》卷二九五；故宫博物院编《文献丛编》第六辑，《年羹尧奏折·奏报抵署日期并谢蒙陛见折朱批》，北京图书馆出版社，2008。

巡抚。

雍正五年（1727 年）有"成都讹言锺琪将反"传言。雍正帝批示：
"数年以来，谗锺琪者不止谤书一箧，甚且谓锺琪为岳飞后裔，欲报宋、
金之仇。锺琪懋著勋著，朕故任以要地，付之重兵，川陕军民尊君亲上，
众共闻之。今此造谣之人，不但谤大臣，并诬川陕军民以大逆。命巡抚黄
炳，提督黄廷桂严加查访。"后查明系一湖南人因私事造谣。但是，岳锺
琪还是经受到生死考验。雍正十一年（1733 年），大将军查郎阿控告岳锺
琪"骄蹇不法"，内阁大学士多人"奏拟岳锺琪斩决"折子，雍正帝经过
犹豫后改判斩监候，大难不死。

乾隆十三年（1748 年）三月，乾隆帝启用岳锺琪为总兵、四川提督。
十四年正月随经略大学士傅恒参与平定大金川土司叛乱，连续攻占康八
达、塔高等地，直趋莎罗奔勒乌围（今四川金川东）大营，叛乱酋长莎罗
曾随岳锺琪出征西藏、青海，惧而乞降。十五年（1750 年），郡王珠尔默
特那木扎勒叛乱，岳锺琪奉命出兵康定，会同总督策楞平叛。

雍正二年（1724 年）五月年羹尧奏陈善后事宜，调整西藏与周边地区
区划，建议将新抚各部派设卫所及土司千百户土巡检等官，划归川、滇以
资管理；命驻藏周瑛率师回川与驻守昌都的云南提督郝玉麟查勘地界具体
落实。十一月川陕总督岳锺琪进一步奏称：打箭炉界外之地，应将原系内
地土司所辖之中甸、巴塘、理塘，再沿近之德格、瓦述、霍尔诸地方俱归
内地，择其头目给予土司官衔，令其管理；察木多以南原不属西藏管辖地
区如罗隆宗（今西藏洛隆）、察哇岗（今西藏左贡）、坐尔刚（今西藏左
贡）、桑噶吹宗（今西藏左贡）、衮卓（今西藏左贡）等部，因距打箭炉
远，若归内地难以遥制，故赏给达赖管理，被朝廷采纳。雍正三年（1725
年），周瑛等往勘界址，以宁静山顶立界石，山东归四川，山西归西藏，
西南归云南。因西藏寺庙喇嘛众多，日用不敷，"着于打箭炉所征税银内，
每年给银五千两，俟达赖喇嘛差人赴打箭炉取茶叶之便，令将此项赏银一
并带回"。雍正九年（1731 年）西宁办事大臣达鼐奏请派员勘定界址，由
西宁、四川、西藏三方各派大员会同勘定，近西宁者归西宁管辖，近西藏
者隶西藏。通过平息叛乱，包括出现在今四川、青海等地藏区的叛乱，划
分西藏与周围省份的行政区划，驻扎军队，维护了当地的稳定，并为西藏
营造了一个较前更为稳定的周边环境。

3. 福康安（1754～1796 年）

富察氏，清满洲镶黄旗人。保和殿大学士兼军机大臣赠郡王衔傅恒子。历任云贵、四川、闽浙、两广（广西、广东）总督，武英殿大学士兼军机大臣。乾隆五十六年（1791 年）十一月，廓尔喀第二次入侵西藏，乾隆皇帝任命福康安为将军，海兰察、奎林为参赞大臣，统兵经青海入藏作战。同时任命惠龄为四川总督、奎林为成都将军，从四川进军。和琳受命负责军需运输。五十七年（1792 年）三月任命福康安为大将军，统领劲旅进剿。闰四月二十五日，福康安、海兰察率清军 6000 人，由拉子（今西藏拉孜）出发，开赴绒辖尔、聂拉木等处，五月初，福康安所部收复济咙，成德、岱森保等部收复聂拉木以南要隘木萨桥。接着，福康安率军由济咙热索桥进入廓尔喀境内，直捣廓尔喀首都阳布（今加德满都）。廓尔喀当局求和，福康安奉旨与廓尔喀议和。八月二十一日，清军撤军回国。

西藏地方僧俗官民的支持，特别是对军粮军需物资的筹备和运输，起到关键作用。八世达赖喇嘛在给福康安的书信中表示："至大军进兵廓尔喀，一应引路等，均有随军戴本、定本效力，不另行指派，恳请允准。其口粮除由达赖喇嘛内库、扎什伦布、萨迦寺及贵族、僧俗官员倾囊以供外，属民则只留年内口粮、种籽，余下尽数征收。共备齐粮九万石，正予炒磨。边境路遥，属民徭役繁多，故不能一次送往，只得陆续运送。大米向由廓尔喀输进，因聂拉木及济咙之商道阻塞，如今仅自帕里、措那及阿里等地少量输入，亦应尽量运送。"① 福康安在向朝廷的奏折谈道："现据（道员）林俊自行捐办牛五百头，为之倡率，噶布伦、戴琫、第巴、营官、头人等，均皆遵奉面谕，感激天恩，踊跃趋事。即达赖喇嘛、班禅额尔德尼以下，及各寺呼图克图、大喇嘛等，亦愿将所养牛只，助出乌拉。现在共有牛一万五千头，分派各粮台，往来输运，核计已属敷用，庶粮运一切得以通行无误。"② 有力地支持了大军，保障了军需供应。

福康安在西藏做的另一件大事就是遵照乾隆皇帝的圣旨，领衔与和

---

① 《八世达赖喇嘛为大军进藏竭力筹办口粮乌拉事致福康安咨》，乾隆五十七年（1792 年）正月二十六日，《元以来西藏地方与中央政府关系档案史料汇编》（2），中国藏学出版社，1994，第 694～695 页。

② 《福康安奏筹办乌拉等情形折》，乾隆五十七年（1792 年）正月二十六日，《元以来西藏地方与中央政府关系档案史料汇编》（2），中国藏学出版社，1994，第 716 页。

琳、孙士毅、惠龄等一起，经过充分调研，上下反复，仔细拟定，并经乾隆皇帝批准形成著名的《钦定藏内善后章程二十九条》，这一章程是清朝治理西藏的重要文献，包括驻藏大臣地位和负责西藏军事、外交和稽查商上财政，金瓶掣签等，都具有深远的影响。虽然是集体智慧的结晶，但作为领衔人的福康安，在其中发挥了突出的作用。其工作之细致，给人留下深刻印象，如乾隆五十八年（1793 年）二月二十四日，福康安等上奏称："昨臣等将定立章程翻出唐古特字，同至布达拉面见达赖喇嘛，与之逐条详细讲论，并传集各呼图克图、大喇嘛等及噶布伦以下番目……将藏内一切章程详细训示。我等现已遵旨查明藏地情形，逐条熟筹，妥议具奏。"①确保了章程的科学性、可行性，以及实施后的有效性。

4. 赵尔丰（1845～1911 年）

1907 年，曾代理四川总督。1908 年升任驻藏大臣兼任川滇边务大臣，驻扎打箭炉（今四川康定），改设康定府，加强对西康的控制。1909 年，挫败进攻巴塘的西藏叛军，并乘胜进入西藏，收复江卡、贡觉等四个部落地区，更越过丹达山向西到达江达宗。达赖喇嘛随即出走英属印度。

光绪三十一年（1905 年）春，驻藏大臣凤全被戕於巴塘，四川总督锡良奏请以四川提督马维骐、建昌道赵尔丰进讨。八月，尔丰至，杀堪布喇嘛及首恶数人祭凤全。又派兵剿倡乱之七村沟，并搜捕余匪，移师讨乡城。次年闰四月，克之，并攻克稻坝、贡噶岭，一律肃清。赵尔丰提出筹边建议，经过四川总督锡良上报朝廷。朝廷特设督办川滇边务大臣，命赵尔丰担任。"边地在川、滇、甘、藏、青海间，纵横各四五千里，土司居十之五，余地归呼图克图者十之一，清代赏藏者十之一，流为野番者十之三。"赵尔丰改巴塘、理塘地设治，以所部防军五营分驻之。三十三年（1907 年），赵尔丰护理四川总督，上奏请拨开边费银 100 万两。三十四年（1908 年），赵尔丰被任命为驻藏办事大臣，仍兼边务大臣。当时德格土司争袭，无法平息，赵尔丰奏请往办，武力加以解决。宣统元年（1909 年）四月，赵尔丰攻杂渠卡（扎曲卡）。五月战麻木。六月追叛军至卡纳，一战肃清，改土司为流官，同

---

① 乾隆五十八年（1793 年）二月二十四日，《福康安等奏藏事章程已定阖藏欢欣遵奉折》，见《元以来西藏地方与中央政府关系档案史料汇编》（3），中国藏学出版社，1994，第821 页。

时改春科、高日两土司地及灵葱土司之郎吉岭村归流。十月，赵尔丰率边军渡金沙江，逾雪山，抵察木多（昌都），送川兵行，39 族、波密、八宿均请附川边管辖。赵尔丰以他们向来恭顺，都采取宽大措施；接着，派兵进攻类伍齐（类乌齐）、硕搬多（硕般多）、洛隆宗、边坝等地拦截道路的武装，同时分兵攻占江卡、贡觉、桑昂、杂瑜等地。二年（1910 年）二月，边军直抵江达，赵尔丰奏请以江达为边藏分界。边打边改，相继设立三岩委员、贡觉委员、得荣委员等。三月，尔丰调任四川总督。四月，同发巴塘，至孔撒、麻书，设甘孜委员，檄灵葱、白利、倬倭、东科、单东、鱼科、明正、鱼通各土司缴印，改土归流。六月，尔丰至瞻对，藏官逃，收其地，设瞻对委员。旋经道坞、打箭炉，檄鱼通、卓斯各土司缴印改流。① 赵尔丰在川西地区的改土归流，可以说是雷厉风行，强势霸气，但是他的铁血手段也引起争议，史料记载，他"杀堪布喇嘛及首恶数人祭凤全"，摧毁反叛僧人的寺庙，被称作"赵屠夫""刽子手"。

　　赵尔丰平定西康地方土司叛乱之后，开始在西康采取了许多改革措施。有人评价"以言内政，改良风俗，规定支给乌拉章程，颁发百家姓氏，延医购药。以言教育，则奏派吴嘉谟为学局总办，于改流各地，遍设学校，并购印刷机至巴安印课本。以言交通，则修建关外台站，平治康川道路，敷设川藏电线，雇比利时工程师建河口钢桥。以言实业，则招募垦民，改良农业，踏勘矿藏，购置纺织机、磨面机等"②。赵尔丰既破又立，大刀阔斧，是一个极具开拓力和卓越的实干家，他给康区社会带来一股清新的气象，对于西藏地区的稳定产生了重要影响，有力支持和呼应了张荫棠在西藏地方的"新政"。而且"赵本人亦明敏廉洁，办事公正。犯法者虽近亲不稍恕，康人多信服之"③，是难得的清正廉洁的官员。他别无爱好，唯好石头，还作有《灵石记》一文，友人问他怎么会痴迷石头，他回答说："石体坚贞不以柔媚悦人，孤高介洁，君子也，吾将以为师；石性沉静，不轻随波逐流，然即之温润纯粹，良士也，吾乐与为友。"④ 至今都有借鉴意义。

① 柯劭忞等编修《清史稿》"列传"三○○"土司二·四川"。

② 《西康纪事诗本事注》，《赵尔丰经边情况及其永世》，西藏人民出版社，1988，第 21～22 页。

③ 《西康纪事诗本事注》，《赵尔丰经边情况及其永世》，西藏人民出版社，1988，第 22 页。

④ 《西康纪事诗本事注》，《赵尔丰经边情况及其永世》，西藏人民出版社，1988，第 24 页。

（二）办理地方事务的西藏官员

1. 颇罗鼐（Polhanas，1689－1747）

西藏江孜人，本名琐南多结。一生参与了许多重大事件，军事功绩颇为显著。首先，阻击和平息准噶尔骚扰西藏。1717 年，蒙古准噶尔部首领策旺阿拉布坦派其堂弟策零敦多布等人率兵 6000 袭扰西藏。"徒步绕戈壁，逾和阗南大雪山，涉险冒瘴，昼伏夜行。"颇罗鼐受拉藏汗之命英勇抵抗，但依然未能阻挡住准噶尔军的铁骑踏进拉萨。拉藏汗兵败被杀，颇罗鼐等也被关进监牢，遭受鞭打和审问。在接下来的 1718～1720 年，清朝派大军进藏驱除准噶尔势力，颇罗鼐和康济鼐一起，积极配合，在后藏地区向敌人发起进攻，他的部队"很快控制了根巴拉以上的地区。占领下的大小寨堡，全都光荣地插上穗带飘飘的旌旗"。[①]他在传记中写道："今圣文殊菩萨化身真命天子大皇帝，调动了浩浩荡荡的大军。前来剿灭万恶的准噶尔部，我们怎么不听从圣旨?"[②] 最后取得了驱准战争的胜利，也受到朝廷的嘉奖和册封。其次，参与平息青海蒙古罗卜藏丹津叛乱。1723 年，青海湖畔的和硕特蒙古首领罗卜藏丹津发动叛乱，清朝派年羹尧等率军平息，同时令西藏地方策应。颇罗鼐文武并用，顺利让藏北那雪六部归顺，使霍尔四部、上下仲巴、三穷布等 2 万余户，归顺清朝中央和达赖喇嘛。[③]英勇之举受到了钦差侍郎鄂赖与康济鼐的称赞和朝廷的奖赏。再次，平息阿尔布巴之乱。康济鼐专断引起前藏贵族阿尔布巴和隆布鼐等的不满，他们依靠七世达赖喇嘛的父亲索南达杰的支持，试图除掉康济鼐。前后藏噶伦间"互相不睦，每每见于辞色"，终于在 1727 年爆发阿尔布巴杀害康济鼐事件。跟随康济鼐的颇罗鼐也面临生命危险，他阻止后藏和阿里民军，从昂仁到江孜与阿尔布巴的军队展开激战。彻底击败前藏的军队，擒获叛乱的阿尔布巴、隆布鼐、札尔鼐三噶伦，等待大皇帝派遣的大臣和军队前来审判，最后三噶伦被依法处决，颇罗鼐受到皇帝嘉奖并被受命总理西藏地方事务。他忠实于朝廷，他向班禅额尔德尼的侍从明确表示，主宰我身家性

---

① 多卡夏仲·策仁旺杰:《颇罗鼐传》，汤池安译，西藏人民出版社，1988，第 195 页。
② 多卡夏仲·策仁旺杰:《颇罗鼐传》，汤池安译，西藏人民出版社，1988，第 195 页。
③ 多卡夏仲·策仁旺杰:《颇罗鼐传》，汤池安译，西藏人民出版社，1988，第 239 页。

命的是东方大皇帝。听命于清朝中央的约束，赢得了信任，最后被授予贝勒，乾隆四年（1739年）颇罗鼐被册封为郡王。

颇罗鼐不仅军事上有着出色的才能和卓著的战绩，而且在推动恢复和发展地方经济，推动文化事业进步等方面做出了突出的贡献。这包括改革规范赋税制度，约束官吏随意征税和摊派差役，减轻百姓1713年以前的拖欠粮食、糌粑、炒面，以及牛羊、草料、柴薪等差税等。① 要求地方官员行圣贤之道，体察民情、爱惜百姓。对宗教文化事业颇罗鼐也极为热心，1730年，颇罗鼐召集藏区能工巧匠千余人，主持刻印了大藏经《甘珠尔》108部，佛经疏注的《丹珠尔》215部②，此即有名的新纳塘版。他对不同教派采取了不分亲疏、一视同仁的政策，曾出资维修过热振寺、扎西冈寺、墨卓吉桑庙、敏珠林寺等。向大昭寺等佛像供养，将叛乱贵族的庄园分给色拉寺、甘丹寺等。③ 他还清理、审核和建立新的档案300多份，完善了档案管理工作。

颇罗鼐是清朝前期西藏地方非常有作为的一个杰出官员，他政治上维护朝廷，维护国家统一；军事上执行朝廷严防准噶尔骚扰西藏的政策，有效地保护了地方的安定；他还采取一些经济改革措施，保障民生，对稳定社会、恢复和发展生产起到促进作用；他修复寺院，建立纳塘印经院、刻印纳塘版大藏经，深得僧俗民众的赞誉。从传记资料记载来看，颇罗鼐对皇帝钦差使者和驻藏大臣的命令，也会提出自己的真实想法，使之更加符合实际，真正落实。陪伴七世达赖喇嘛到泰宁，钦差大臣说80名随从即可，颇罗鼐跪求增加到200多名；驱除准噶尔后，皇上的将军们决定留下1万人驻守拉萨，尽管皇恩浩荡，军需和柴薪等按价给付，颇罗鼐认为西藏百姓连遭战争灾害，恐怕难以负担，建议减少，几番争取留下2000名士兵。④《颇罗鼐传》称颇罗鼐既聪明又有胆略，"北京来的人和西藏百姓发生纠葛，一旦争吵起来，只看谁有道理，不看谁有权势。一切都以国法和

---

① 多卡夏仲·策仁旺杰：《颇罗鼐传》，汤池安译，西藏人民出版社，1988，第424页。

② 多卡夏仲·策仁旺杰：《颇罗鼐传》，汤池安译，西藏人民出版社，1988，第374～377页。

③ 多卡夏仲·策仁旺杰：《颇罗鼐传》，汤池安译，西藏人民出版社，1988，第361～362页，第367～368页。

④ 多卡夏仲·策仁旺杰：《颇罗鼐传》，汤池安译，西藏人民出版社，1988，第348～350页。

教规办事，绝不随声附和，更是不分亲疏。颇罗鼐王爷制定了这样的法规：大皇帝的官兵，不得欺侮和殴打西藏百姓，不得抢劫财物。如有违犯，科以鞭刑。于是天下十分太平"①。反映出西藏地方高级官员处理问题的主观能动性，以及钦差使者和驻藏大臣的开明。

2. 班第达（pandita，班智达，1720－1792年）

班第达是首席噶伦康济鼐的侄子、郡王颇罗鼐的女婿。本名衮波欧珠饶丹（mgon po dngos grub rab stan），1739年在七世达赖喇嘛面前显示了在语法、修辞和宗教等方面的功力，被授予诺颜班第达（noyan pandita）的头衔，此后即称班第达。在其兄纳木扎尔色卜腾去世后，班第达继承了辅国公的头衔，并担任噶伦。他在处理珠尔默特那木扎勒叛乱善后中扮演了重要角色。由于傅清、拉布顿处置珠尔默特那木扎勒叛乱之际，曾经私下许诺班第达，事成奏请朝廷封他为郡王。因此，年轻的班第达一度曾通过达赖喇嘛和地方一部分上层，建议朝廷设立郡王。班第达还配合钦差大臣策楞一起制定了《西藏善后章程十三条》，《多仁班智达传》记"驻藏大臣班第等内地官员与恩主公班第达会同酌订至今尊卑人等一律遵从，且扬名各方的《西藏善后章程十三条》，呈怙主佛格桑嘉措过目，上奏大皇帝，晓谕藏民僧俗大众。该章程的跋文中签署当时内地的各级官员，藏人署名的仅恩公班第达一人"②。乾隆皇帝决议改变封王权力过大的问题，何况两位驻藏大臣被杀，班第达也有未能尽责之过失，最后让他打消了这个念头，还是很好地配合朝廷的安排，实现了地方局势的稳定。③ 他还在招待前往内地朝觐乾隆皇帝并祝贺其70大寿的六世班禅，以及迎接被运回西藏的班禅法体中尽心尽力。他还和摄政等一起，领导了桑耶寺的维修工作。"时桑耶寺已经破旧不堪。大化身护法有令，谓务必培修。雪域政教之摄政第木诺们罕发无上菩提心，翻修扩建。因此，恩主公班第达带着精干的随员前往桑耶。"④ 1779年昌都芒康三岩（三暗、三艾）地区发生抢劫朝

---

① 多卡夏仲·策仁旺杰：《颇罗鼐传》，汤池安译，西藏人民出版社，1988，第351页。

② 丹津班珠尔：《多仁班智达传》，汤池安译，郑堆校，中国藏学出版社，1995，第29~30页。

③ 《策楞奏抵藏日期及会见达赖喇嘛与班智达情形折》，乾隆十六年（1751年）二月初三日，《元以来西藏地方与中央政府关系档案资料汇编》（2），中国藏学出版社，1994，第532~533页。

④ 丹津班珠尔：《多仁班智达传》，汤池安译，郑堆校，中国藏学出版社，1995，第82页。

廷赏赐给达赖喇嘛茶叶包的事件，朝廷派军前往处理，班第达受命带领300名藏兵前往，他精心组织，与清军配合平息了骚乱，处死了首恶分子，立下战功。虽然此事仅仅是达噶强巴三兄弟，特别是老大老二所为，但是抢劫的是皇帝赏赐给达赖喇嘛的礼品，影响甚大，惊动了朝廷。汉文记，"据特成额奏，三艾贼番抢达赖喇嘛茶包，并伤毙护送人等，现派得力弁兵，驰往江卡，会同西藏所派各员，务将首伙各犯拿获"①。藏文史料对此也有记述，"去年公差驮子噶本上来时，芒康地区三岩的山大王们抢劫了大皇帝赏给大怙主佛王一切智的茶包。汉藏上官具折上奏皇帝，禀明详情。消息传来，四川成都府大将军特成额和接替驻藏大臣留保住钦差的内大臣保泰钦差等大批汉、满、金川官兵，不久将抵芒康"。"康区管理和贵族所率领的察木多、乍丫、巴塘、理塘、德格的藏军，以及后藏代本降结·扎西彭错，现今担任噶伦的帕觉拉康巴·丹增朗吉、芒康葛宁·扎霞台吉和堆葛宁·米嘉台吉都愿意到我的祖父恩主噶伦公班第达的门下来效力。"事件平息后，"两位钦差向主子传谕大皇帝圣旨：班智达进剿三岩，事颇圆满，著赐红宝石顶戴和孔雀花翎"②。此外，他还刻印了藏文大藏经和其他经典。藏文史料记，"噶锡原有《甘珠尔》墨汁写本一部，再请埃巴和尼木的五十来位高明司书缮写《甘珠尔》墨汁写本两部和《丹珠尔》墨汁写本一部。另外刻印至尊宗喀巴大师和历世佛王师徒的文集。又自后藏纳塘印刷《甘珠尔》《丹珠尔》各一套。按现在人们的说法，这在康区和蒙古地区都是千金不换的。上述一部《甘珠尔》墨汁写本放置在多仁府佛堂。其余一部《甘珠尔》和《丹珠尔》墨汁写本以及历世佛王师徒和《宗喀巴文集》，至今仍是噶锡长寿安乐寺的藏经"③。可见他在宗教文化方面也有所贡献。1782年他从马上坠下受伤，请求退休，经过驻藏大臣转奏皇帝批准。他本来想请儿子替代，但是，两位驻藏大臣说道："虽欲请求子承父业，但按朝廷制度，先要由公（班第达）自己说出年老体衰，不能

---

① 《清高宗实录》卷一〇九五。

② 丹津班珠尔：《多仁班智达传》，汤池安译，郑堆校，中国藏学出版社，1995，第167～181页。该书作者丹津班珠尔，名分上是班第达之孙，实际上是班第达之子，因为班第达纳儿媳仁钦吉卓及其妹莆赤吉姆为妾，儿媳生下丹津班珠尔。故乾隆朝汉文史料，对班第达与丹津班珠尔的关系，或称父子，或称祖孙。

③ 丹津班珠尔：《多仁班智达传》，汤池安译，郑堆校，中国藏学出版社，1995，第66页。

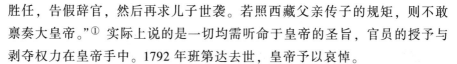

胜任，告假辞官，然后再求儿子世袭。若照西藏父亲传子的规矩，则不敢禀奏大皇帝。"① 实际上说的是一切均需听命于皇帝的圣旨，官员的授予与剥夺权力在皇帝手中。1792 年班第达去世，皇帝予以哀悼。

3. 夏扎·旺曲杰布（bshad sgra dbang phyug rgyal po，1797－1864 年）

今西藏白朗人，属西藏贵族比喜家族（sPel bzhi），早年在扎什伦布寺出家。30 岁时，在拉萨定居，并任僧官孜仲（rtse drung）。曾获夏扎家族敦珠布多尔济救助，还俗后与敦珠布多尔济的女儿结婚，改姓"夏扎"。1832 年任噶准时，陪同驻藏大臣隆文赴后藏办事。不久，进入军队担任前藏的代本。军事建有卓著功绩。参加过波沃（博窝）战争，因功获二等顶戴、孔雀顶翎。1841 年，堆噶本（sTod sgar dpon，即西藏西部总管）报告倭色尔军入侵西藏。旺曲杰布奉命率部赴藏印边境进行抵抗，参加阿里战役、达克拉喀特战斗，取得胜利。奉命掌管达坝噶尔、扎布让、日土这三个营区。1842 年春，率先头部队开赴拉达克，策动拉达克人发动叛乱。因作战有功，1842 年底经过驻藏大臣孟保奏请升为噶伦，获次年初获得道光帝批准，并或赐二等台吉。1844 年，在驻藏大臣锺方身边任职，并随锺方赴日喀则、江孜、定结防务。

1845 年，旺曲杰布受驻藏大臣琦善之命会见了到达拉萨的法国人秦噶华（Joseph Gabet）、古伯察（Rgis Evariste Huc）。1846 年 2 月底，此二人被琦善驱逐。1847 年，旺曲杰布奉命前往乍丫（Brag gyab，察雅），处理察雅大小活佛之间的武装冲突。因公道光帝批准其台吉称号沿袭一代。1848～1849 年，负责监督罗布林卡的砖石建筑工程。1850 年，接手主持修复桑耶寺工程。1852～1853 年，旺曲杰布受命赴达旺解决了边境争端，咸丰帝批准将旺曲杰布台吉称号沿袭两代。1854 年，桑耶寺修复工程完工，旺曲杰布为该寺编修了一部寺志。同年，获咸丰帝赐辅国公，并赐红宝石顶戴。这是清朝唯一一次将辅国公称号授予西藏境内达赖、班禅亲属及颇拉家族（颇罗鼐家族）以外的人。②

1855 年驻藏大臣赫特贺命旺曲杰布赴上部领导边境军事防务，并同廓

---

① 丹津班珠尔：《多仁班智达传》，汤池安译，郑堆校，中国藏学出版社，1995，第 194 页。

② 伯戴克：《1728～1959：西藏的贵族和政府》，沈卫荣、宋黎明译，邓锐龄校，中国藏学出版社，2008，第 150～177 页；伯戴克：《西藏摄政沙扎·旺曲结布》，邓锐龄译，《中国藏学》1990 年第 4 期。

尔喀和谈。谈判破裂，1855 年 4 月初，廓尔喀军队跨越边境进入西藏，相继攻占聂拉木、吉隆（sKyid grong）、宗喀（rDzong dgav）。5 月，旺曲杰布将指挥部设于协噶尔（Shel dkar）等地，后发动反攻。1856 年 3 月 24 日，双方在泰巴泰利（Thapathali）签署和约，由西藏摄政、各大寺院（哲蚌寺、色拉寺、甘丹寺、萨迦寺、扎什伦布寺、策墨林）代表、噶厦首脑、其他三位噶伦、两位低级官员盖章。他还在拉萨见证了金瓶掣签选出八世班禅额尔德尼的典礼。1858 年，旺曲杰布与摄政阿旺益西楚臣坚赞发生矛盾，被褫夺辅国公爵位，免去噶伦职务，他暂时出家为僧。

1861 年 8 月，哲蚌寺僧众因法会布施被克扣，与摄政三世热振活佛阿旺益西楚臣坚赞发生矛盾，旺曲杰布借机返回拉萨，并联合甘丹寺和哲蚌寺反对摄政。三世热振携印逃至北京，被清廷革职，客死京城。哲蚌寺及甘丹寺提名旺曲杰布担任行政首脑，最后该提名被上报驻藏大臣，经朝廷被批准担任"杰察"（rgyal tshab），赐其"诺门罕"职衔。1864 年 2 月 10 日，旺曲杰布正式任摄政。他是唯一一位由俗人担任的摄政。

旺曲杰布掌权后，处理了支持前摄政的色拉寺，派军队围剿叛乱者，杀死了 67 人。同时，还调停了新龙（瞻对）同附近地方持续多年的小规模战争，扩大了西藏噶厦在康区的管辖范围。旺曲杰布任内还开始修建环绕拉萨的城墙，将拉萨北部的扎什城兵营废弃，驻藏大臣衙门及汉人戍军的兵营被迁往拉萨西南部。1864 年 9 月 25 日（藏历八月二十五日），旺曲杰布病逝。

清朝派往西藏履行使命的驻藏大臣群体，在西藏周边省区担负稳定地方重任，同时也为西藏稳定尽职尽责的治边大员，以及西藏地方上层一些有责任感也有作为的高级官员，他们在清朝的西藏治理中具有十分重要的作用，很值得认真分析，具体研究。

第十八章 《钦定藏内善后二十九条章程》

一 廓尔喀入侵西藏

（一）沙玛尔巴勾结廓尔喀侵藏

乾隆皇帝时期，对西藏地方的治理进入一个崭新的历史时期。作为具有重要影响的《钦定藏内善后二十九条章程》的出台，是其鲜明标志。而该章程的产生却与廓尔喀入侵西藏有着密切的关系，同时也与西藏内部，特别是上层贵族内部出现的许多问题有关联。

乾隆四十五年（1780 年）是乾隆皇帝七十大寿之年，六世班禅·巴丹益希专程前来祝寿，乾隆皇帝自然十分高兴，这是五世达赖喇嘛朝清以来西藏地方宗教领袖又一次朝谒活动，既有助于密切和西藏宗教上层的联系，同时也可以对新归附的"回疆"（今新疆），特别是内外蒙古首领的归心朝廷，具有促进作用。因此，乾隆皇帝十分重视六世班禅来朝，下令在热河修建须弥福寿寺（即小扎什伦布寺）供班禅安住，并敕命沿途各省总督、巡抚用心迎送。乾隆四十五年（1780 年）七月二十一日，六世班禅到达承德，驻锡须弥福寿寺。八月初七日，举行盛大的祝寿活动。九月初二日到达北京，下榻黄寺。班禅在前往内地沿途接受了蒙藏各族信众、头人奉献的大量财宝，在居留北京期间，乾隆皇帝又赏赐了大批金银绸缎。乾隆四十六年（1781 年）十一月初二日，六世班禅在内地出水痘不幸身故，他的哥哥商卓特巴（即仲巴）呼图克图，被加以额尔德木图诺门汗名号。班禅圆寂后，其在内地所获布施，除牛马等交给扎什伦布寺外，其他财宝均归仲巴呼图克图占有。他的另一个弟弟沙玛尔巴因为属于噶玛噶举红帽派，而未得分文。极度不满的沙玛尔巴，便在乾隆四十九年（1784 年）逃往廓尔喀，告诉西藏边地虚实，并唆使廓尔喀入侵后藏，劫掠扎什伦布寺的财宝。在巴忠与廓尔喀的私自约和中，沙玛尔巴还在中间穿针引线，代写合同①，起到很坏的作用。

（二）廓尔喀第一次入侵西藏

乾隆五十四年（1789 年），廓尔喀因为西藏地方征收廓商税为由，派兵千人入侵后藏，乘虚占领济咙（吉隆）、聂拉木、宗喀三个宗，并包围协噶尔宗。八世达赖喇嘛·强白嘉措、驻藏大臣庆麟禀告乾隆皇帝，请朝廷速派入援。朝廷命令驻藏大臣雅满泰速往后藏地方驻扎，与仲巴呼图克图等商量对策应急，驻藏大臣庆麟在前藏地方注意防范，同时派遣理藩院侍郎巴忠、四川总督成德、成都将军鄂辉等，率领明正、理塘、巴塘、德格等地兵丁三四千人进藏御敌。②

在这期间，仲巴呼图克图和萨迦（萨嘉）呼图克图曾自做主张，私下同廓尔喀议和。乾隆对此错误做法予以斥责，并命巴忠到藏后明白宣示。巴忠并没有认真执行皇帝的圣旨，为了息事宁人，他也擅做主张，派噶伦丹津班珠尔前往廓军阵营议和，暗中答应廓尔喀方面提出的要求：西藏方面每年向廓方赔偿 300 锭廓元（合内地银 9600 两），并立下字据，作为廓方撤军的条件。巴忠等人居然以收复失地、凯旋班师上报朝廷。得到鄂辉关于"巴勒布人等，一闻大兵奄至，俱未敢抗拒，即先行逃归本处。业将济咙等被抢之地收复，并安置唐古忒人等"③。朝廷以为此番事件已经办理妥当，准备加恩于诸办事大臣。

乾隆五十四年（1789 年）六月辛巳，军机大臣等议复四川成都将军鄂辉等条奏收复巴勒布侵占藏地，设立兵站等事 19 条。次年九月乙酉，军机大臣会同理藩院议复鄂辉等酌议藏中各项事宜 10 条。④ 似乎一切都平安无事。

---

① 《福康安奏查明廓尔喀两次滋事事实情折》，见《元以来西藏地方与中央政府关系档案史料汇编》（2），第 708～709 页。
② 《清高宗实录》卷一三〇九。
③ 《清高宗实录》卷一三二六。
④ 《清高宗实录》卷一三三三；卷一三六二。

（三） 廓尔喀第二次入侵西藏

廓尔喀撤兵后，西藏和廓尔喀的关系似乎恢复了和好的局面，乾隆五十四年（1789 年）八月，达赖喇嘛、班禅额尔德尼因为朝廷派兵平息廓尔喀入侵西藏，特别派遣使者来京感谢皇帝隆恩，巴勒布（尼泊尔）也派使者随班禅所派使者一同进京。但是，乾隆五十六年（1791 年）七月六日，廓尔喀头人带领 70 余人来到聂拉木催促还款，西藏方面拒绝给付。廓尔喀兵立即占领聂拉木，并将西藏地方政府的噶伦、代本等官员扣为人质。此事奏报朝廷后，乾隆以为保泰已经派两千名藏兵在各个关口把守，而四川大员鄂辉、成德再度率兵入援，应无大事。但是不久朝廷就收到了西藏形势危机的消息。第一次入侵就轻松得到好处的廓尔喀此番出兵后藏地方，更是一路直下，直指扎什伦布寺，目的就是劫夺该寺的财宝。八月十六日，驻藏大臣保泰鉴于形势紧张，立即把七世班禅转移至拉萨。八月十九日，仲巴呼图克图也携带金银财宝逃离寺院。全寺人心惶惶，僧俗官员对如何应对敌人来侵没有统一意见，遂请降神的济仲喇嘛和札仓堪布喇嘛等"祷验龙单"（占卜预言），显示"不可与贼拒战"，寺内僧俗全部逃散。只余驻守日喀则的清军都司徐南鹏及其所率 80 名官兵留守。廓尔喀军在扎什伦布寺大肆抢劫，给这座古老的寺院造成巨大的灾难。[①]

廓尔喀兵在没有遇到任何抵抗的情况下，于八月二十日迅速占领了扎什伦布寺，接着围攻日喀则宗城堡，久攻不克，九月初七日撤退，驻扎在聂拉木一带。

面对敌人的猖狂入侵，负责西藏事务的驻藏大臣和维护地方安全的军政官员表现出异常的怯懦和无能。身为驻藏大臣的保泰、雅满泰两人十分紧张，他们想到的不是积极抵抗来敌，而是准备将达赖喇嘛、班禅额尔德尼移居泰宁，幸好达赖喇嘛不愿意离开，没有成行。而受命前往驱敌的四川总督鄂辉、成都将军成德，"每日只行一站，并不趱程进发"。乾隆皇帝获悉此情，大为震怒，斥责保泰、雅满泰"竟是无用之物"，丧心病狂以至于此，立即革除其职务，留在西藏赎罪。接着将畏葸不前的四川总督鄂

---

① 《福康安等奏后藏地方宁谧扎什伦布寺现在整修情形折》，见《元以来西藏地方与中央政府关系档案史料汇编》（3），第 726～729 页。

辉、成都将军成德革除原职，降为副都统衔，驻藏办事或者听候差遣。

乾隆皇帝面对廓尔喀军劫掠扎什伦布，而边将畏远无能的局面，颇为感慨，他说："朕临御五十六年，平定准部、回部、大小金川，拓地开疆，远徼悉入版图，况卫藏为我皇祖皇考之地，久隶职方，僧俗人等，胥沾醴化，百有余年，况该处为历辈达赖喇嘛、班禅额尔德尼驻锡地，蒙古番众素所崇奉，若任小丑侵凌，置之不问，则朕数十年来所奏武功，岂转于此等徼外么。"① 说明乾隆皇帝决意要通过武力解决这个问题。

二　福康安率军驱敌

（一）武力驱除入侵廓军

乾隆五十六年（1791年）十一月癸酉，乾隆皇帝任命嘉勇公福康安为将军（次年改授大将军）、超勇公海兰察为参赞大臣，率兵入藏。为了确保战争的顺利，朝廷特意抽调英勇善战的巴图鲁侍卫章京100人，及1000名索伦、达呼尔（达斡尔）兵作为骨干，组成了1.7万人的队伍。乾隆皇帝命令他们从西宁出发，限定40日内抵达拉萨。命令新任四川总督孙士毅负责入藏兵马的粮草与军需运输。

根据乾隆皇帝的旨意，清朝大军先将入侵廓军驱除出境，然后由济咙进入廓境，占领廓尔喀首都阳部（加德满都）后，才允许投降。福康安所部大军按期到达拉萨，并在这里和达赖喇嘛、班禅额尔德尼及诸位噶伦会商。驻藏大臣鄂辉受命办理西藏事务，负责前后藏之间的兵马粮草运输。乾隆五十七年（1792年）五月，福康安所部大军顺利收复聂拉木、济咙、宗喀等地，完成前期的战略目标。七月间，清朝大军深入廓尔喀境内700余里，在距离阳部20里时，廓尔喀国王拉特纳巴都尔派大头人前来投降，交出所谓的赔款和约；退还被抢劫的扎什伦布寺财宝；释放被拘禁的噶伦丹津班珠尔等。同时，将畏罪服毒自杀的沙玛尔巴的尸体，以及他的妻子

---

① 《清高宗实录》卷一三八九。

儿女家人等送交福康安将军。① 福康安命令廓王出具保证，永远不再侵犯西藏地方，同时派大头目到北京"请罪"，在满足了这些条件后，福康安才答应其投降请求，撤离廓尔喀，班师回藏。

（二）赏罚分明

对于渎职的前驻藏大臣普福、俘习浑、雅满泰及四川总督鄂辉等，均予"革职"并"枷号示众"的处分；噶伦索诺木旺札尔获知驻藏大臣庆麟被革职治罪后，也畏罪服毒自杀；勾结敌人的红帽活佛沙玛尔巴虽然已经自杀，依然被抄没寺产，并被取消转世资格，其在羊八井的寺院被赏给济咙呼图克图，寺僧改宗黄教；临阵逃脱的六世班禅之兄仲巴呼图克图本该即予正法，皇帝念系班禅之兄，宽大处理，但是要解送至京城。七世班禅因为没有能够保护好皇帝赏赐的金册，应得"重罪"，鉴于其年幼才加以赦免。被追回的扎什伦布寺财宝，福康安原打算充作军费，乾隆皇帝没有同意，命其仍然返还扎什伦布寺。对于入藏平叛，建立卓越功勋的福康安，授予武英殿大学士兼吏部尚书，另赏给一等轻车都尉衔，即令其子承袭；孙士毅授予文渊阁大学士集纳礼部尚书；海兰察晋封一等公。驻藏大臣和琳，因为"催办粮运，实心整顿"，由副都统衔兵部侍郎升任工部尚书；下属官员如负责后藏运输的道员林俊、驻守日喀则的都司徐南鹏等都受到升迁。阵亡将士的家属得到抚恤。② 乾隆皇帝严明的赏罚，在清朝治理西藏的历史上留下辉煌的一页。

（三）关心民瘼的措施

为了整肃西藏地方政教事务，乾隆皇帝又命处事谨慎的和琳前往西藏担任驻藏大臣，他们首先与达赖喇嘛、班禅额尔德尼等相互配合，从关心百姓生存和疾病出发，挽救遭到战争破坏的局势，恢复百姓的生活及赢得民心。

当时采取的重要措施之一是减免西藏百姓赋税。乾隆五十七年（1792

---

① 《福康安奏报廓尔喀乞降及追查沙玛尔巴死因等折》，见《元以来西藏地方与中央政府关系档案史料汇编》（3），第736～743页。

② 《清高宗实录》卷一四一二乾隆五十七年九月己亥。

年）十一月，福康安奏明皇上告知达赖喇嘛，酌情减免遭受廓尔喀军入侵之害的济咙、聂拉木、绒辖等地一两年的租赋，达赖喇嘛不仅痛快答应免除上述地区两年的租赋之外，还答应免除宗喀、定日、噶尔达、春堆等地一年的租赋。同时，把乾隆五十六年（1791年）以前整个西藏地方百姓所欠租赋全部免除。① 乾隆皇帝知悉此事，命令驻藏大臣松筠，"达赖喇嘛等仰体朕意，既将唐古忒等抚恤办理，自不必拨用达赖喇嘛银两，著即动用该处正项，赏给前藏银三万两，后藏银一万两"。并命松筠等悉心办理，充分表达皇帝体恤西藏百姓和达赖喇嘛、班禅额尔德尼之心。②

另一项措施就是改革旧有风俗，帮助百姓解除痘症之苦。乾隆五十七年（1792年）驻藏大臣和琳等在拉萨树立种痘碑文，文中谈到了从解除百姓疾病到观念转变，风俗改革的史事。原来西藏地方出痘被认为是不治之症，"唐古忒遇有出痘之人，视恶疮毒痛为尤甚，即逐至旷野岩洞，虽亲如父子兄弟夫妇，亦不暇顾，竟至百无一生者"。和琳见此情景深为同情，他下令在藏北浪荡沟修建平房若干间，让出痘的百姓居住，供给口粮，并命汉藏士兵负责经理调养，结果全活者十有其九，不仅救活了人命，也改变了大家对出痘的认识，他进而劝令达赖喇嘛、班禅额尔德尼捐给口粮，并作为定例，救助更多的百姓。③

三　颁布《钦定藏内善后二十九条章程》

福康安、孙士毅、惠龄、和琳等人，先后就西藏的政治、宗教、经济、军事等方面情况进行调查研究，特别是征求达赖喇嘛、班禅额尔德尼，以及西藏地方噶伦等意见，并上奏乾隆皇帝，得到具体指示。经过君臣之间多次商讨，最后形成具有重大历史和现实意义的文件《钦定藏内善后二十九条章程》，它是指导西藏地方各项大政的纲领性文件，在中央治理西藏地方历史上具有划时代的作用。兹以此为核心，结合相关史事，论其要点如下。

---

① 《卫藏通志》卷九。
② 《清高宗实录》卷一四七二。
③ 《卫藏通志》卷一四。

（一）确立金瓶掣签制度与加强活佛管理

在廓尔喀两次入侵西藏地方，以及处理驱除入侵者的过程中，乾隆皇帝意识到西藏面临着许多严重的问题，必须彻底加以解决。活佛的活动及其相关问题，尤其值得关注。六世班禅的弟弟、红帽活佛沙玛尔巴投靠敌人招引廓尔喀入掠后藏，以及仲巴呼图克图和萨迦呼图克图参与私下调解和廓尔喀之间的纠纷，使问题凸显出来。在确立达赖喇嘛在西藏地方政府中的首要地位以来，重视僧主，特别是活佛的管理事实上已经成为处理好西藏地方各种政教问题的关键因素。

乾隆皇帝在处理西藏地方善后事务中，英明地抓住了活佛问题这个核心环节，为了给改革张目，他亲自撰写了《喇嘛说》这一重要文章。在这篇文章中，乾隆皇帝开宗明义，说明承认活佛转世是一种权宜之计。但是不意竟被贵族和上层僧主所操纵，形成家族世袭，或者姻亲相继的局面，甚至闹出许多笑话，严重者还干起了违犯国法的勾当，必须大力进行改革，使之走上良性发展的道路。其改革的要点是：改变由垂仲（吹忠，护法僧）降神确定或指任的做法，通过钦颁金瓶掣签方式选择转世灵童，以杜绝活佛之间"族属姻娅，递相传袭"的局面。具体做法是，由皇帝颁发金瓶一只送往拉萨，供奉在大昭寺释迦牟尼佛像前，在达赖喇嘛和班禅额尔德尼等大活佛圆寂后，令垂仲四人认真作法降神，寻觅有根气之呼必勒罕若干名，将其姓名、出生年月，分别用满文、汉文和藏文写一签，贮于钦颁金瓶内，再由熟悉经典的喇嘛念经七日，传知各呼图克图喇嘛等，齐集佛前，驻藏大臣亲往监视。"凡达赖喇嘛、班禅额尔德尼之呼必勒罕，即仿互相为师弟之义，令其互相指定。"[①] 在《钦定藏内善后二十九条章程》中，第一条就是关于通过金瓶掣签确定转世活佛的有关规定。可见其在西藏善后事务中地位之重要。

同时，加强对活佛的管理，鉴于各大寺活佛拥有庄园、贪财好利的情况，出台措施，规定各大寺活佛人员，得由达赖喇嘛、驻藏大臣和济咙呼图克图等协商决定，并发给加盖以上三人印章的执照；达赖喇嘛所辖寺庙之活佛与喇嘛，一律详造名册，于驻藏大臣和达赖喇嘛处各存一份，以备

---

① 《卫藏通志》卷五。

检查；达赖喇嘛、班禅额尔德尼在世时，其亲属人员不准参与政事；限制西藏活佛往来西藏与蒙古之间的活动；等等。

（二）改革行政管理体制，加强驻藏大臣的地位

按照原来对西藏地方行政体制的规定，西藏地方由达赖喇嘛专制，驻藏大臣有所操纵。但是，通过廓尔喀两次侵藏可以看出，在这种体制下，西藏地方的军事和行政等大事，往往会因为达赖喇嘛的较少过问而处在无人负责的状态。驻藏大臣也碍于体制而无所作为。有鉴于此，"善后章程"规定：驻藏大臣督办藏内事务，应与达赖喇嘛、班禅额尔德尼平等，共同协商处理政事，所有噶伦以下的首脑及办事人达赖喇嘛以至活佛，皆是隶属关系，无论大小都要服从驻藏大臣。达赖喇嘛、班禅额尔德尼的收入与支出，都要经过驻藏大臣审核，春秋季各汇报一次，防止其属下官员中饱私囊。噶伦发生缺额需要替补时，从代本、孜本、强佐中选择有技能和政绩卓越者，由驻藏大臣和达赖喇嘛共同提出两名候选人名单，呈报大皇帝选择任命。驻藏大臣每年分春秋两季出巡前后藏各地和检阅军队，并处理汉官、宗本等欺压百姓案件。原来摊派乌拉皆由达赖喇嘛发给执票，弊端甚多，现在改由驻藏大臣和达赖喇嘛两人发给加盖印章的执票方为合法。廓尔喀方面的所有行文，都须以驻藏大臣为主，和达赖喇嘛协商处理，外方致达赖喇嘛信件须经驻藏大臣查看后确定是否回复、如何回复；噶伦不得私自和外方藩属通信，如收到信件须呈报驻藏大臣和达赖喇嘛审阅处理。外方及藩属派人来见，或者贡献物品，均经驻藏大臣审批查验；外方人员来藏，各边境地方宗本须登记人数，报驻藏大臣，由江孜、定日的汉官检查后，始准其前往拉萨。此外，青海王公贵族迎请西藏活佛到家念经，须由西宁大臣行文驻藏大臣，并由驻藏大臣发给通行护照，并行文西宁大臣方可成行；对犯罪者的处罚，以及罚款的项目等要报驻藏大臣审查审批。由此，驻藏大臣掌握了西藏地方军事、外交、财政审核等方面的大权，同时对地方行政、司法、宗教等和达赖喇嘛具有同等的决定权。

（三）常设藏兵、巩固国防

廓尔喀入侵事件，引发朝廷关注的另一个问题就是西藏地方忽视军

事训练，防御薄弱。乾隆五十七年（1792 年）十二月初六日，福康安、孙士毅、惠龄、和琳等人上书乾隆皇帝，在该奏折中指出，西藏百姓唯知诵经，于军旅之事并不讲求，"及廓尔喀两次滋事，藏内番兵乘间即逃，不能守御出力，固由番兵等怯懦成性，亦因平日练兵之道毫无法制，势难使之振作"①。因此，在《钦定藏内善后二十九条章程》中，有四条涉及军事改革，其要点包括成立由 3000 人组成的正规军队，在前后藏各驻 1000 名，江孜驻 500 名，定日驻扎 500 名，每 500 名设立 1 名代本，代本之下设立 12 名如本，每 1 如本管 250 名士兵，如本之下设立 24 名甲本，每 1 甲本管 125 名兵员，甲本以下设立 5 名定本，每 1 定本管辖 25 名士兵，由驻藏大臣和达赖喇嘛挑选年轻者充任，并发给执照。② 改变以前士兵不发粮饷的做法，每年每人发放粮食 2.5 石，总共 7500 石，分春秋两季发放，从前后藏田赋中支出，不足者，从被没收的沙玛尔巴等罪臣的庄园补足，同时，受征调的兵员，由达赖喇嘛发给减免差役的执照。武器装备，5/10 用火枪，3/10 用弓箭，2/10 用刀矛，弓箭、火药由政府每年派人前往工布和边坝制造，各兵丁要经常操练。此外，在与廓尔喀疆土连接的西藏济咙、聂拉木、绒夏、喀达、萨噶、昆布等地树立界碑，阻止廓商和藏人随意越界出入，驻藏大臣出巡时必须检查。强化对边界百姓的管理和宗本的考核任用。

（四）货币、赋税与差役改革

在《钦定藏内善后二十九条章程》中，改革货币政策，重新铸造纯粹汉银并印有"乾隆宝藏"字样的西藏章噶（Trangka），禁止私造掺假货币，违者治罪；济咙、聂拉木两地的大米、食盐进出口关税，除非请示驻藏大臣同意，不得私自增加；平均税收、乌拉差役等负担，严格限制免役执照，减轻普通百姓重负；只可征收当年赋税，不许提前催收明年赋税，不得将逃亡人户负担转嫁未逃亡者身上，禁止官员的违法行为；禁止提前发放活佛及喇嘛之俸银等。

---

① 《钦定廓尔喀纪略》卷四七。
② 《福康安等奏复酌定额设藏兵及训练事宜六条折》，见《元以来西藏地方与中央政府关系档案史料汇编》(3)，第 783～788 页。

此外，该章程还进一步加强了对官员的任用和管理，禁止噶伦等滥用权力，并取消只有贵族才可以担任官员的限制，普通士兵作战勇敢，能力突出也可以升任定本，乃至代本。

（五）《钦定藏内善后二十九条章程》的意义

《钦定藏内善后二十九条章程》的颁布，具有十分重大的现实意义和深刻的历史影响。它是清朝西藏历史上最重大和最成功的政治体制和制度改革之一。乾隆十六年（1751 年），乾隆皇帝授命七世达赖喇嘛建立噶厦政府以后，西藏地方世俗贵族叛乱的问题得到解决，但是，在僧主领导体制下也出现了许多新的问题，诸如僧侣贵族势力迅速膨胀，利用活佛转世来建立裙带关系，攫取权力和经济利益；达赖喇嘛不过问政事，特别是地方军事安全，使作为边疆地区的西藏出现许多安全隐患，同时也给噶伦等属下官员滥用权力、鱼肉百姓造成可乘之机。根据这些情况，善后改革把管理活佛，特别是通过金瓶掣签来认定转世灵童作为核心内容之一，有效地限制了僧俗贵族控制政教大权的活动。另一个核心内容就是提高和加强驻藏大臣的地位，确认驻藏大臣在办理西藏事务中和达赖喇嘛、班禅额尔德尼地位平等，直接控制西藏地方军事、财政和外交大权，对于其他政教事务均有决策权，从而保障了朝廷的意志和政策在西藏地方的贯彻执行，以及对地方军政局面的控制。

驱除廓尔喀入侵者，安定地方并颁布《钦定藏内善后二十九条章程》之后，乾隆皇帝眷念西藏百姓安乐而颁布圣旨，谕令西藏地方政府、贵族、寺庙必须一律支纳差赋，以减轻普通百姓负担。为了落实皇帝圣旨和钦定章程的有关精神，驻藏大臣和西藏地方政府曾于嘉庆元年（1796年）商议，调查西藏全体属民的减差情况，并作为平均承担赋税差役的依据，但是仍然有一些贵族，以持有免差的铁券文书为由，拒不支纳差赋，并以各种托词申请豁免，导致法规无法贯彻实施。遵照道光皇帝的谕旨，道光九年（1829 年），"按诸驻藏大臣前后咨文，任命噶伦夏扎瓦、近侍曲本堪布、孜本帕拉瓦、本府准涅格桑昂旺等为查办员，彻底核查各宗谿之户籍册、清册及各自封地文书，并将清册经噶厦加盖印章后，颁给卫藏所有宗谿"。以便解决百姓负担过重、赋税不均的问题。查办员对西藏卫、藏、塔工、绒等地区部分宗谿的土地差赋经过清查后，将结果报西藏噶厦政府审核，加盖印章制定清册，定名为《噶丹颇章所属卫藏塔工绒等地区铁虎年普查清册》予以颁布，这一年是道光十年，即藏历铁虎年（1830 年），故简称《铁虎清册》①，它成为噶厦政府长期税赋征纳的基本依据。

---

① 格桑卓嘎、洛桑坚赞、伊苏编译《铁虎清册》，中国藏学出版社，1991，第 1 ~ 2 页。

第十九章　达赖喇嘛与班禅额尔德尼的政教权力

清朝时期藏传佛教依然是西藏地方治理中一个极为重要的因素，只是元朝时期受到特殊礼遇的萨迦派风光不再；明朝多封众建，噶玛噶举派、萨迦派和格鲁派等均受优礼的时代业已结束，而代之以格鲁派的一枝独秀。如何扶持黄教，发挥大活佛在政治和社会生活中的作用，并管理好大活佛特别是达赖喇嘛和班禅额尔德尼这样的大活佛，是十分重要的一个命题。

一　清朝确定格鲁派两大活佛系统的行政管辖范围与政治地位

（一）达赖喇嘛、班禅额尔德尼的管辖范围

固始汗击溃藏巴汗势力，控制青藏高原并建立了和硕特蒙古与格鲁派联合政权。有史书称，当时信奉噶玛噶举派的藏巴汗掌权，对格鲁派采取迫害政策，固始汗遂由青海率兵入藏，击败藏巴汗。"水马年（1642年），西藏王侯莫不俯首称臣，遂为西藏三部之王。……王遂以西藏三区十三万户政教全权悉以供养第五世达赖喇嘛。"[①] 达赖喇嘛由此建立甘丹颇章政权。实际上，所谓的供养 3 区 13 万户并非将西藏地区全部交给五世达赖喇嘛管理，而是说这一地区推崇格鲁派教法、信仰佛教、供养僧众。从清朝

---

① 刘立千译《续藏史鉴》，华西大学华西边疆研究所出版，1945，第 75 页。

册封五世达赖喇嘛掌管宗教，册封固始汗管军事行政事务来看，他们各有管辖范围，政教有分工，这不仅是清朝对他们的安排，更是对西藏地方政教权力现状的一种认可。如果从五世达赖喇嘛本人著作的记载来看，也是如此。五世达赖喇嘛在所著《西藏王臣记》一书中称，"大法王丹增却吉杰布（固始汗）发动了百万大军出征，遂将南方边境完全收归治下。在壬午年二月二十五日，所有西藏木门人家王臣全体都降低了骄横的气焰，俯首礼拜，而恭敬归顺。于是依《时论》初年计时于三月望归日，完成统一西藏事业，称为全藏三区之王。法令所及，犹如神圣白伞大有掩蔽天界的气势。大法王他对于佛教的任何宗派，都一视同仁，虔诚敬重。但是，由于噶举派执政人们作风不良，而引起对东部工布地区用兵进剿"①。很清楚地交代了固始汗的世间（青藏地区）"转轮王"的地位。此外，从后来格鲁派地位稳固之后，桑结嘉措与拉藏汗争夺地方行政权力来看，恰恰反映出和硕特蒙古汗王在西藏地方的统治地位。因此之故，此一时期的甘丹颇章政权的性质，与乾隆十六年（1751年）七世达赖喇嘛掌管的西藏地方出现的政教合一是存在差别的，当达赖喇嘛明确具有管理地方的行政权力之后，清朝关于西藏地方的区划调整，无论是西藏与周边省份界限的变动，还是西藏地方内部达赖喇嘛、班禅额尔德尼及其他地方势力辖区的调整，才有了明确的内涵。

班禅额尔德尼的辖区是逐渐得以确定下来的。顺治二年（1645年）固始汗在赠予洛桑确吉坚赞班禅名号的同时，就把后藏数十个谿卡（庄园），全部捐给扎什伦布寺，作为僧众的供养。②康熙四十五年（1706年），拉藏汗为了在向拉萨三大寺赠送许多谿卡的同时，也将达纳仁钦则全部牧区，立普的全部农牧区，业日帕庄的全部农区赠送给扎什伦布寺。在拥立意希嘉措为六世达赖喇嘛之后，拉藏汗为感谢五世班禅对他的支持，又赠送了扎什伦布寺后藏地区的许多谿卡。③康熙五十八年（1719年），准噶尔汗策妄阿拉布坦扰乱西藏期间，杀死拉藏汗，将拉萨三大寺的金银财宝抢劫一空，但却对扎什伦布寺的财物丝毫未动。原

① 第五世达赖喇嘛：《西藏王臣记》，郭和卿译，1983，第178页。
② 牙含章编著《班禅额尔德尼传》，西藏人民出版社，1987，第41页。
③ 牙含章编著《班禅额尔德尼传》，西藏人民出版社，1987，第75～76页。

因在于五世班禅始终作为一个调解人，从中斡旋，既劝阻策凌敦多布杀戮拉藏汗，又应策凌敦多布的邀请劝说阿里噶尔本康济鼐将军队后撤为其留一条生路。因此之故，策凌敦多布也将后藏仁钦孜宗本的庄园、百姓和江孜章孜宗宗本的庄园、百姓，全部赠给班禅，班禅开始不接受，策凌敦多布说，如你坚持不受，恐怕准噶尔汗要生气，班禅才勉强接受。①

雍正五年（1727年）六月十八日，阿尔布巴、隆布鼐和札尔鼐在大昭寺将首席噶伦康济鼐杀死，颇罗鼐率兵反抗，前后藏军队之间展开激烈战斗。次年五月，颇罗鼐大军绕道藏北草原攻入拉萨。五月二十八日，拉萨三大寺的僧众擒拿了阿尔布巴、隆布鼐和札尔鼐，将他们监禁起来，听候皇上圣旨发落。九月二十六日钦差大臣查郎阿、迈禄等满汉官员在布达拉宫向五世班禅额尔德尼宣布圣旨：将扎什伦布寺以西（一说岗巴拉山以西）一直到阿里地区，全部赏赐给班禅额尔德尼管辖。班禅当场表示这是皇上大恩，但自己年老体衰，无力管理。且扎什伦布寺已有田庄百姓足够食用。查郎阿表示，皇上赏赐土地并非增加班禅个人财富，而是为了弘扬佛法，要班禅不必推辞。作为出家人的五世班禅不愿过多插手世俗事务，再度请求皇帝收回成命。查郎阿见此，也不再勉强，提出只将后藏的拉孜、昂仁、彭措林、吉隆、宗喀和阿里的全部地区划给班禅管辖，要班禅一定接受，否则皇帝会生气，大家都很难办。最后，班禅只接受了拉孜、昂仁、彭措林三个宗，其余地区仍不接受。②

扩大班禅额尔德尼的管辖范围，在朝廷主要是鉴于西藏地方多年来一直动乱不已，而采取的"少其地而众建之，既以彰刑罚之典，又使力少不能为乱，庶可宁辑边陲"③。在五世班禅那里，固然与个人不贪恋世俗权力与财富有紧密关系，但更主要的还是考虑到与达赖喇嘛及前藏地区的关系，担心加剧前后藏上层之间的矛盾。不管怎样，从此之后，西藏地方实际上存在两个地方政权，一个是以达赖喇嘛为首的西藏地方政府，一个是以班禅额尔德尼为首的后藏班禅拉章，他们均归驻藏大臣监督和

---

① 牙含章编著《班禅额尔德尼传》，西藏人民出版社，1987，第82页。
② 牙含章编著《班禅额尔德尼传》，西藏人民出版社，1987，第41页。
③ 《清高宗实录》卷二九五。

清朝中央政府领导。① 在此同时，清朝也划定了西藏与四川、云南和西宁办事大臣的管辖范围，雍正四年到九年（1726～1731年），清朝廷将金沙江以东的巴塘、理塘、打箭炉地区划归四川省管辖，将中甸地区划归云南省管辖，将南称巴彦（玉树）等处79族牧民，划出40族归西宁办事大臣管辖，另外39族归驻藏大臣直接管辖。② 目的是为了西藏地区以及周边地区的稳定。

（二）达赖喇嘛和班禅额尔德尼均为清朝属臣

1. 达赖喇嘛、班禅额尔德尼的政教权力来自皇帝的册封

五世达赖喇嘛朝觐顺治帝，当时全国局势尚未安定，清朝十分需要达赖喇嘛在稳定蒙古及经营西藏过程中发挥重要作用，因而在接见时给予了崇高的礼遇，当时情形《五世达赖喇嘛传》中有记载：（1652年十二月）"十六日，我们起程前往皇帝驾前。进入城墙后渐次行进，至隐约可见皇帝的临幸地时，众人下马。但见七政宝作前导，皇帝威严胜过转轮王，福德能比阿弥陀。从这里又前往至相距四箭之地后，我下马步行，皇帝由御座起身相迎十步，握住我的手通过通事问候。之后，皇帝在齐腰高的御座上落座，令我在距他仅一庹远，稍低于御座的座位上落座"③。身份高低差别，地位尊卑之分，一目了然。

顺治十年（1653年）三月初三日，顺治皇帝赐给五世达赖金册的册文是："朕闻兼善独善，开宗之义不同；世出世间，设教之途亦异。然而明心见性，淑世觉民，其归一也。兹尔罗布藏札卜素达赖喇嘛，襟怀贞朗，德量渊泓；定慧偕修，色空俱泯，以能宣扬释教，诲导愚蒙，因而化被西方，名驰东土。我皇考太宗文皇帝闻而欣尚，特遣使迎聘。尔早识天心，许以辰年来见。朕荷皇天眷命，抚有天下，果如期应聘而至。仪范可亲，语默有度，臻般若圆通之境，扩慈悲摄受之门，诚觉路梯航，禅林山斗，朕甚嘉焉。兹以金册印，封尔为'西天大善自在佛所领天下释教普通瓦赤喇怛喇达赖喇嘛'。应劫现身，兴隆佛化，随机说法，利济

---

① 牙含章编著《班禅额尔德尼传》，西藏人民出版社，1987，第90～91页。
② 《卫藏通志》卷一五；《清史稿》志一〇九"兵五"。
③ 五世达赖喇嘛·阿旺洛桑嘉措：《五世达赖喇嘛传》，陈庆英、马连龙、马林译，中国藏学出版社，2006，第242页。

群生，不亦休哉。"① 这和达赖喇嘛与蒙古汗王互赠尊号不同，是皇帝对地方宗教首领的颁赐，授其宗教职权，令其化导地方，利益百姓，安定一方。

在七世达赖喇嘛未掌管西藏地方政教大权之前，西藏地方的行政首领和宗教首领都是清朝的属臣。乾隆十一年（1746 年），西藏地方一些僧俗官员利用七世达赖喇嘛反对郡王颇罗鼐专权，双方发生矛盾。乾隆皇帝随即降旨："朕闻达赖喇嘛、郡王颇罗鼐伊二人素不相合。但伊二人皆系彼处大人，原不可轩轾异视。""务期地方宁谧，使颇罗鼐等不致滋事。""尔二人同心协力，以安地方。朕视尔二人，俱属一体，从无畸重畸轻之见。若尔二人稍有不合，以致地方不宁，甚负朕信任期望之恩。"② 清楚地指明达赖喇嘛和郡王，作为臣属在稳定西藏地方中各自应有的政教责任。

清朝时期的达赖喇嘛和班禅额尔德尼获得朝廷的金册、金印与封号，宗教地位空前提高了，达赖喇嘛获得朝廷受命担任管理西藏地方行政事务，班禅额尔德尼有了明确的辖区，获得相应的行政职权，使格鲁派在政教两个方面比其他教派拥有难以企及的优势地位。但是，与此同时，达赖喇嘛和班禅额尔德尼也因此进入清朝的大臣之列，要履行自己的管理职责，尽到地方官员忠于王朝、安定地方的使命。

达赖喇嘛对皇上上奏，严格遵循臣属礼仪。达赖喇嘛向皇帝要"跪地"奏书，并自称"小僧"。七世达赖喇嘛·格桑嘉措在雍正八年（1730 年）二月十七日"合掌诚敬望阙谨奏天命文殊师利大皇帝膝下：窃小僧自孩提之时，仰蒙圣祖皇帝宠眷，如父爱子，施以鸿恩册封，难以言尽。……小僧荷蒙皇恩至重，铭记在心，感激不尽。小僧谨遵谕旨，为广兴黄教，勤学经典；为大皇帝宝座坚固万万年，虔诚祈祷。再，仰承皇上如此高天厚地之恩，渴念速觐天颜谢恩，以慰赤忱，除此别无他求。伏祈皇上睿鉴，降旨训诲，如同父子，照旧体恤"③。其恭敬谦卑之情溢于

① 《元以来西藏地方与中央政府关系档案资料汇编》（2），中国藏学出版社，1994，第 234 页；五世达赖喇嘛阿旺洛桑嘉措：《五世达赖喇嘛传》，陈庆英、马连龙、马林译，中国藏学出版社，2006，第 252 页。

② 《元以来西藏地方与中央政府关系档案资料汇编》（2），中国藏学出版社，1994，第 491 页。

③ 《元以来西藏地方与中央政府关系档案资料汇编》（2），中国藏学出版社，1994，第 440 ～ 441 页。

言表，形于颜色。

在六世班禅前往朝廷入觐期间，八世达赖喇嘛和驻藏大臣接受皇帝安排，照管扎什伦布寺等一切事务。乾隆皇帝70大寿来临之际，六世班禅希望能到内地入觐，为皇帝祝寿。乾隆皇帝命驻藏大臣留保住，"兹赐达赖喇嘛珊瑚素珠等物赍往。留保住接之即给达赖喇嘛颁赏传旨，使之喜悦"。"惟念班禅额尔德尼来后，扎什伦布所属地方事务及管束各寺僧侣事务，甚属重要，不可无人管理，务须派遣头目管束之处，想必达赖喇嘛亦为稔知。著将此寄信留保住等，俟班禅额尔德尼起程，凡扎什伦布所属地方及僧侣等事务，均饬达赖喇嘛、堪布诺们罕阿旺楚臣代班禅额尔德尼妥为办理。谕令达赖喇嘛、阿旺楚臣遵行。""再，阿旺楚臣乃朝廷所派大喇嘛，与臣属无异，凡为班禅额尔德尼进京事件具奏，应与留保住等一同列名。"① 留保住奏折称："翌日，奴才等恭赍圣上降给达赖喇嘛唐古特文上谕御赐珊瑚素珠等赴布达拉，达赖喇嘛离席，立地合掌接旨，戴毕珠子，告称：小僧仰承文殊菩萨大皇帝悯爱之恩，不胜尽数，文殊菩萨大皇帝为推兴黄教，抚慰众生，特颁慈旨，恩准班禅额尔德尼入觐，不胜感戴欣喜之至。……俟班禅额尔德尼起程，谨遵旨偕同堪布额尔德尼诺们罕，妥为照料扎什伦布所属寺庙、喇嘛等及一应事务。"② 指令达赖喇嘛和驻藏大臣照管扎什伦布寺事务的权力在皇帝手上。

在六世班禅来内地朝觐之前，乾隆皇帝就十分关注他的健康问题，特别是困扰着前来内地的西藏僧人的出痘问题。在得到班禅准备前来的消息后，乾隆皇帝即"学习唐古特语，欲与班禅额尔德尼相见时彼此叙谈。又为班禅额尔德尼之起居，现已修建扎什伦布寺（即承德须弥福寿寺）"。并命驻藏大臣索琳从拉萨到日喀则给班禅额尔德尼送上一个金鼻烟壶。索琳在乾隆四十四年（1779年）五月十三日奏折里称，"传谕旨后，班禅额尔德尼立地合掌，以唐古特语告知通事，令通事跪于奴才（索琳自称）前，转奏称：我本系西地小僧，屡蒙圣上恩宠，不可胜数。……但望从速启

① 《留保住等代表八世达赖等因班禅入觐受赏谢恩折》，乾隆四十四年五月初三日，《六世班禅朝觐档案选编》，中国藏学出版社，1996，第53~54页。

② 《留保住等代表八世达赖等因班禅入觐受赏谢恩折》，乾隆四十四年五月初三日，《六世班禅朝觐档案选编》，中国藏学出版社，1996，第54页。

程，早日抵达热河，朝圣请安"①。

六世班禅额尔德尼本人也深明臣礼，对皇帝恭敬有加。他在奏折中写道："恭敬合掌跪地谨奏：天神文殊菩萨大皇帝一向慈悲怜悯小僧，尤以赴京朝觐启程以来，多次厚赐重赏，小僧永世难报。为小僧驻锡地扎什伦布寺之僧俗民众得以幸福生活，敕令由摄政额尔德尼诺们罕阿旺楚臣活佛、驻藏大臣恒（瑞）和保（泰）照管。……寺庙照常诵经，今年庄稼丰收，僧俗百姓得享年丰安居之乐。……额尔德尼诺们罕阿旺楚臣活佛和二位驻藏办事大臣之奏折抄件，亦经钦差大臣道客、将军伯、钦差刘及西宁办事大臣法等转赐小僧。"② 从这里可以看到，班禅额尔德尼向皇帝上奏，文首使用的礼节是"合掌跪奏""叩拜"，称皇帝为"天神文殊菩萨大皇帝"，自称为"小僧"，地位尊卑不言自明；班禅额尔德尼离开扎什伦布寺期间，寺内一切事务根据皇帝的安排由摄政阿旺楚臣和两位驻藏大臣负责管理；摄政和驻藏大臣管理扎什伦布寺的相关事务，要请示并上奏请朝廷，并将奏折抄件转交班禅额尔德尼，使其有充分的了解。乾隆四十五年（1780年）七月二十一日丁酉，"班禅额尔德尼自后藏来恭祝万寿，至避暑山庄，于澹泊敬诚殿丹墀跪请圣安。上于依清旷殿赐坐、慰问、赐茶"③。向皇帝行下跪礼。

达赖喇嘛和班禅额尔德尼通过驻藏大臣转奏，或者联名具奏有关事项。十三世达赖喇嘛时，提出希望不通过驻藏大臣直接向皇帝奏事，或者与驻藏大臣联名会奏的请求。理藩部于光绪三十四年（1908年）十一月初

① 《索琳奏前往扎什伦布寺颁给班禅赏物情形折》，乾隆四十四年五月十三日，《六世班禅朝觐档案选编》，中国藏学出版社，1996，第57~58页。

② 《班禅为朝觐期间扎什伦布寺事务敕令摄政和驻藏大臣管理事谢恩折》，藏历铁鼠年（乾隆四十五年）二月，《六世班禅朝觐档案选编》，中国藏学出版社，1996，第154~155页。藏文奏折"班禅为有幸瞻觐蒙赐赏物私谢恩奏疏"（乾隆四十五年，藏历铁鼠年七月二十二日），文首称"恭敬叩拜谨奏：天神文殊菩萨大皇帝对小僧向来格外宠渥优施，对此日益加深之鸿恩，小僧永世难报"。同日藏文奏折"班禅为首次朝觐进呈贡礼事奏书"，文首称"恭敬合掌跪地谨奏：为叩谢聚十方三世所有静猛神佛之一切智悲为本性之自尊语自在天授王之化身具威猛千幅金轮尽精御统天神文殊菩萨大皇帝之无量恩慈，小僧按早有之宿愿为仰觐天神文殊菩萨大皇帝天颜，今平安抵达避暑山庄"。《六世班禅朝觐档案选编》，中国藏学出版社，1996，第232~233页。

③ 《乾隆帝于避暑山庄接见班禅》，乾隆四十五年七月二十一日，《六世班禅朝觐档案选编》，中国藏学出版社，1996，第230页。

十日，具折代奏称："窃据达赖喇嘛呈称：卑达赖喇嘛再四思维，满、蒙、汉、番四项人等均重佛教，永远绥安。所有各处大小庙宇容僧栖身诵经，实蒙保赤之恩，叩恳敕封，依旧安业，永守黄教定制，实为至祷。嗣后遇有番服一切要件，恳准卑达赖喇嘛自行具奏，或与驻藏大臣会衔具奏，以固边疆，而期敦睦番汉。此禀本系依照陈例，并非新起意见，否则与整顿番服多有窒碍。卑达赖喇嘛此次来京陛见，叠蒙厚恩，惟有吁恳天恩敕准奏事恪遵黄教旧制，恳乞一并通饬各省文武知照实为恩便缘由，理合据实报明，恳请代为奏明。"① 他还在十一月十二日再次呈文理藩部提出进一步的证据，内称："五辈达赖喇嘛进京，时值顺治壬辰年（九年）十二月内陛见，至于癸巳年（十年）正月底由京回藏。行途之间，至是年五月初一日接奉敕书、金册，著该达赖喇嘛如遇有紧要大事，准其专折奏事；如有平常事件，与噶布伦等商议妥确，转呈驻藏大臣代奏。又至第六辈达赖喇嘛，时值乾隆十五年，与公爵噶布伦班第达会同具折奏明，情因有郡王俱米昂结滋生巨端，至是年十一月十八日接奉大皇帝谕旨，达赖喇嘛与公爵噶布伦班第达钦遵外，又派总督等官来至西藏，与达赖喇嘛等会同商议办理。是日，又接奉谕旨：达赖喇嘛如有具奏之事，准其奏闻。当经钦遵在案。以至第九辈，凡有大事，照前专奏。由此之后，达赖喇嘛辈辈冲龄圆寂，因此怠荒专折具奏之事。至今所有事件，甚殊多误。今因为著汉番敦睦永远和合之事，为此恳请降旨，允准施行。"②

朝廷命大臣查阅有关档案和资料，得到的结果是于史无证。光绪三十四年（1908年）十一月十八日赵尔巽复电称："承询达赖奏事陈例，川省遍查档册，并无此项成案。"③ 十一月十九日联豫复电称："藏署自遭珠尔默特事乱，乾隆十五年前案卷尽失，无从查考。至所准达赖专奏一节，遍

---

① 中国第一历史档案馆、中国藏学研究中心合编《清末十三世达赖喇嘛档案史料选编》，光绪三十四年（1908）十一月初二日"理藩部奏达赖请准自行奏事或与驻藏大臣会衔奏事折稿"，中国藏学出版社，2002，第170页。
② 中国第一历史档案馆、中国藏学研究中心合编《清末十三世达赖喇嘛档案史料选编》，光绪三十四年（1908）十一月十二日"达赖再陈允准专折奏事致理藩部呈"，中国藏学出版社，2002，第178页。
③ 中国第一历史档案馆、中国藏学研究中心合编《清末十三世达赖喇嘛档案史料选编》，光绪三十四年（1908）十一月十八日"赵尔巽查川省无达赖奏事陈例成案复理藩部电"，中国藏学出版社，2002，第181页。

查亦无明文。……查达赖喇嘛以藏事壅于上闻,多由外间专擅。殊不知自光绪十四年藏中多事以来,事无巨细,皆经历任驻藏大臣奏达圣聪,钦遵谕旨办理,并无壅遏专擅之弊。所请应无庸议。"①

如何处理,大臣们意见并不统一。时任外务部右参赞的张荫棠认为:"达赖如请单衔具奏,固不可行,若但求得与驻藏大臣会奏,似与事实尚无妨碍。何则?盖今之西藏情势异昔,拘牵旧制,似非所宜。且政教糅杂,分工甚难,实不足以示限制。又,查西藏政权,从前原操诸驻藏大臣,今则久成守府,一切事权实握于达赖之手。今值其以是请,正可因势利导,藉以收回政权。盖既与驻藏大臣会奏,则西藏重大事件,达赖必待奏准,始能施行。而凡所奏事项,驻藏大臣转得而鉴察之、限制之。况准其会衔具奏,则非会衔不得单行具奏可知,凡藏臣见为事理不合者,可以不允其会衔,彼即不能具奏。即会奏之件,其准驳之权,仍在政府,若有疑似,犹可交议,理藩部亦得而限制之。凡事须请朝旨,则主国之权,益形坚固。……今若准其会衔具奏,则向称小僧者,应改为一体称臣,则达赖已甘居臣仆之列,于外交尤觉无妨。"② 应该说,张荫棠的意见既遵循原有制度,不至于达赖喇嘛权力膨胀,又有新的变革内容,不至于达赖喇嘛的请求完全遭到拒绝,可惜朝廷并未采纳。

光绪三十四年(1908年)十月初十日,光绪皇帝奉慈禧太后懿旨颁发上谕,加封达赖喇嘛"诚顺赞化西天大善自在佛"封号。同时强调:达赖喇嘛"到藏以后,务当确遵主国之典章,奉扬中朝之信义,并化导番众,谨守法度,习为善良。所有事务依例报明驻藏大臣,随时转奏,恭候定夺,期使疆宇永保治安,僧俗悉除畛域,以无负朝廷护持黄教、绥靖边陲之至意"③。也就是说,要求十三世达赖喇嘛遵守国家的典章和法规,教育

① 中国第一历史档案馆、中国藏学研究中心合编《清末十三世达赖喇嘛档案史料选编》,光绪三十四年(1908)十一月十九日"联豫为查藏署有无准达赖专奏事复理藩部电",中国藏学出版社,2002,第182页。

② 中国第一历史档案馆、中国藏学研究中心合编《清末十三世达赖喇嘛档案史料选编》,光绪三十四年(1908)九月"张荫棠为请准达赖会衔奏事致外务部说帖",中国藏学出版社,2002,第163页。

③ 《清实录》;朝廷同时指出"班禅额尔德尼陛见应由驻藏大臣代奏,候旨遵行"。关于达赖喇嘛奏事有关程序,参见刘丽楣《清代达赖喇嘛奏事权探析》,《中国藏学》2007年第2期。

百姓守法向善；所有事务依照惯例，通过驻藏大臣上奏朝廷，努力实现边疆稳定，格鲁派教法得到护持的良好局面。

2. 作为行政首领达赖喇嘛和班禅额尔德尼有其行政级别

乾隆十六年（1751 年）噶厦建立以后，清朝命令诸噶伦在达赖喇嘛和驻藏大臣领导下，办理西藏政务。在这一年三月颁布的《酌定西藏善后章程》13 条中，清楚地规定了驻藏大臣和达赖喇嘛在办理各项事务中的权力，噶伦、戴本的任命要获得皇帝颁布的敕书，并且由驻藏大臣会同达赖喇嘛选择，任命第巴（碟巴）、官员革除治罪等都要禀明驻藏大臣和达赖喇嘛之后执行，军事、驿站等由驻藏大臣掌管，坐床堪布喇嘛选择要禀明达赖喇嘛。① 说明他们的级别的等同。到乾隆五十七年（1792 年）颁布《钦定藏内善后二十九条章程》时，进一步明确规定："驻藏大臣督办藏内事务，应与达赖喇嘛、班禅额尔德尼平等，共同协商处理政务，所有噶伦以下的首脑及办事人员以至活佛，皆是隶属关系，无论大小都得服从驻藏大臣。"② 由于驻藏大臣掌握西藏地方的军事、外交、财政等大权，因此其实际权力应在达赖喇嘛和班禅额尔德尼之上，自然也在代理达赖喇嘛政教权力的摄政之上。由此可见，达赖喇嘛、班禅额尔德尼的行政品级应该和驻藏大臣相同，都在地方大员之列。

达赖喇嘛和班禅额尔德尼作为宗教首领也有其特殊性的一面。作为宗教首领，特别是皇帝本人信奉佛教的情况下，达赖喇嘛和班禅额尔德尼与其他地方大员相比确实存在着特殊性的一面。从大政方针来看，由于蒙藏地区百姓广泛信奉藏传佛教，特别是格鲁派，清朝初年采取了大力扶持藏传佛教的政策，对格鲁派两大活佛达赖喇嘛、班禅额尔德尼优礼有加，用乾隆皇帝的话说，"盖中外黄教总司以此二人，各部蒙古一心归之，兴黄教，即所以安众蒙古。所系非小，故不可不保护之，而非若元朝之曲庇谄敬番僧也"③。它包含三层意思：一扶持格鲁派是为了安定众蒙古，政治意义巨大。二做好格鲁派的两大领袖达赖喇嘛、班禅额尔德尼的工作是此项工作的重心。三清朝重视藏传佛教与元朝有所不同，不是"曲庇谄

---

① 《清代藏事辑要》（一），西藏人民出版社，1983，第 179 ~ 183 页。

② 牙含章编著《达赖喇嘛传》，人民出版社，1984，第 66 页；《清代藏事辑要》（一），西藏人民出版社，1983，第 327 ~ 328 页。

③ 乾隆皇帝：《喇嘛说》，乾隆五十七年岁次壬子孟冬月之上瀚御笔。

敬番僧",即不是无原则地迁就纵容。重视格鲁派还与达赖喇嘛在清朝统一全国过程中发挥的巨大作用有关,"达赖喇嘛在国初导诸藩倾心归命,其功最巨"①。此外,尊崇达赖喇嘛、班禅额尔德尼还有广泛的社会作用,即"敬一人而千万悦"②,是深得信众民心的事情。清朝为了接待五世达赖喇嘛,专门在顺治九年(1652年)修建了西黄寺作为其驻锡之所。乾隆九年(1744年),将雍和宫改为喇嘛庙,特派总理事务王大臣管理本宫事务,即是皇家第一寺庙,又是连接清朝中央与蒙古、西藏地方的桥梁纽带。乾隆四十五年(1780年),六世班禅前来内地为乾隆皇帝祝贺70大寿,清朝专门仿照扎什伦布寺在承德修建须弥福寿寺,供六世班禅安禅居住。

由于皇帝本人的宠信,在宗教场所和私人场合,六世班禅额尔德尼曾受到朝廷的特殊待遇。乾隆四十五年(1780年)乾隆皇帝与六世班禅额尔德尼到须弥福寿寺礼佛,"千官班立时,班禅独先至,坐榻上。一品辅国公辈及廷甚显贵者多趋塌下,脱帽叩头,班禅皆亲手为一摩顶,则起向众人,举有荣色"③。但是,在正式会晤场合,或者在公众场合则完全要严格区分君臣位置,恪守相应礼仪。乾隆四十四年七月二十八日(1779年9月8日),班禅顺利通过诺门浑乌巴什岭。八月二十六日,乾隆帝特下谕免六世班禅跪接圣旨:"班禅额尔德尼凡接朕旨,皆跪地合掌祗领……嗣后领旨赏物,著留保住转传朕旨,搀立班禅额尔德尼即可,无需下跪。在京章嘉呼图克图等大喇嘛,朕且不令跪叩,班禅额尔德尼系西土承法大师,益加不可令其下跪。"④ 算是一种格外开恩。

可见,达赖喇嘛、班禅额尔德尼崇高的宗教地位受到了尊重,同时,作为行政身份来说,他们都是地方大员,不能享受特殊权力,或者说,宗教身份不能影响行政角色,不能超越行政法规。

① 乾隆《重修黄寺碑文》,碑存北京黄寺。
② 《承德府志》卷首,乾隆皇帝语。
③ 〔朝鲜〕朴趾源:《热河日记》,上海书店出版社,1997。
④ 寄信谕留保住传旨班禅嗣后领旨赏物无须跪接,乾隆四十四年八月二十六日。见中国第一历史档案馆、中国藏学研究中心合编《六世班禅朝觐档案选编》,中国藏学出版社,1996,第92页。

二 清廷对达赖喇嘛和班禅额尔德尼 两大活佛转世事务的管理

乾隆皇帝对达赖喇嘛和班禅额尔德尼封赏深厚，对藏传佛教也颇为优礼，但是他对僧尼有着清楚的认识，他曾说："夫一夫不耕，或受之饥，一女不织，或受之寒，多一僧道，即少一农民。乃若辈不耕而食，且食必精良，不惟不织，且衣必细美，室庐器用玩好，百物争取华靡，计二农夫三肉祖深耕，尚不足以给僧道一人，不亦悖乎?"① 因此，他一方面修建寺庙，供养僧人，另一方面又采取措施限制僧尼的无限增加，减轻社会负担。乾隆皇帝对西藏地方贵族利用佛教从事违法活动有清醒的认识，对于活佛制度自身存在种种弊端同样予以高度关注，加强对活佛特别是大活佛的管理就成为题中应有之义。

从五世达赖喇嘛开始，达赖喇嘛转世灵童的寻访、认定、坐床和册封都要经过上奏请示、驻藏大臣转奏、皇帝颁发谕旨等程序，并形成制度。

根据噶伦次仁旺杰《噶伦传》记载，乾隆二十二年（藏历阴火牛年，1757 年）七世达赖喇嘛病情加重，"我们（次仁旺杰等噶伦）到钦差驻藏大臣伍八爷（au pa ye，即伍弥泰）及班第跟前去禀报达赖喇嘛的病情，并立即上奏大皇帝"。达赖喇嘛圆寂后，"我和（噶厦）官员商量，通知上下密院和朗杰扎仓的喇嘛快来念经。报告驻藏大臣火速奏知大皇帝。……之后我们返回布达拉宫，连夜起草折子上奏大皇帝并禀报章嘉大活佛，向班禅报告达赖喇嘛殓入法界的情景"②。七世达赖喇嘛安葬后，"当时，皇帝为了不耽误寻觅达赖喇嘛的转世灵童的事，特派佛王之徒，智爱双全、弘扬佛法的大国师章嘉大活佛前来料理，于（1757 年）十二月到达拉萨"③。大国师章嘉呼图克图到拉萨后，派近侍官员到各地查访，特别是请班禅占卜，请护法神到布达拉宫占卜，并向喇嘛格西查问，初步确认灵

① 王先谦编《东华续录》乾隆朝卷一。
② 多喀尔·策仁旺杰（次仁旺杰）：《噶伦传》，周秋有译，常凤玄校，西藏人民出版社，1986，第 45～46 页。
③ 多喀尔·策仁旺杰（次仁旺杰）：《噶伦传》，周秋有译，常凤玄校，西藏人民出版社，1986，第 51 页。

童，经过多重测试、考验，特别是班禅的占卜和拉穆护法（la mo chos skyong）的决断，"将详细经过上奏文殊菩萨化身大皇帝，由皇帝作出断决，然后决定取舍"。最后，"大皇帝颁布谕旨：'达赖喇嘛胡必尔汗（呼毕勒罕）业已清楚，乃生于藏地者，定将其迎请至宫殿附近，待孩童于众人前不害羞腼腆，并能稳定之后，即行坐床。'根据皇帝谕旨，摄政王、集（福）安班（ji am ban）及诺门罕班智达等及随员到后藏来迎请达赖喇嘛"①。西藏地方摄政第穆呼图克图、公班第达和噶伦等将达赖喇嘛灵童迎请至聂当德瓦金大寺后，"遵照皇帝以往的谕旨，经摄政和我们几个噶伦商量，向驻藏大臣集（福）安班报告并上奏皇帝……（皇帝颁旨）迎请达赖喇嘛之转世灵童至布达拉宫坐床"。遵照皇帝谕旨，驻藏大臣和西藏地方僧俗各界护送达赖喇嘛灵童前往拉萨。水马年（1762年）七月十日坐床典礼在布达拉宫进行，"在达赖喇嘛和班禅来到布达拉宫以后，首先宣读大皇帝庆贺达赖喇嘛坐床的神圣颂词，然后展出皇帝特地给达赖喇嘛做的服装、三宝、银器、玻璃器、瓷器、搪瓷器、八吉祥徽、八吉祥物、七珍宝等很多都是金银做的，式样很别致。成箱的绫罗绸缎，两百个马蹄形银锭，等等，财场堆积如山"②。通过这一系列的活动，人们可以清晰地看出，达赖喇嘛转世灵童的寻访认定的每一个环节，都要通过驻藏大臣报告朝廷，都要得到皇帝的恩准。

乾隆五十六年（1791年），廓尔喀第二次入侵西藏，清朝派将军福康安等率大军彻底击退入侵者，同时开始整顿西藏地方政教各项事务，颁布《钦定藏内善后二十九条章程》，第一项内容就是采取金瓶掣签管理达赖喇嘛、班禅额尔德尼等大活佛的转世。对违法僧人，乾隆皇帝毫不手软，正如他在《喇嘛说》一文中所述，"上年廓尔喀之侵掠后藏，时仲巴呼图克图既先期逃避，而大喇嘛、济仲、札苍等，遂托占词为不可守，以致众喇嘛纷纷逃散，于是贼匪始敢肆行抢掠，因即令将为首之济仲拿至前藏，对众剥黄正法，其余札苍及仲巴呼图克图，俱拿解至京，治罪安插"。这就让那些妖言惑众，以身试法的活佛僧人明白法律

---

① 多喀尔·策仁旺杰（次仁旺杰）：《噶伦传》，周秋有译，常凤玄校，西藏人民出版社，1986，第53页。

② 多喀尔·策仁旺杰（次仁旺杰）：《噶伦传》，周秋有译，常凤玄校，西藏人民出版社，1986，第54~55页。

的严明。

乾隆五十七年（1792 年）清朝特制两金瓶，一置北京雍和宫，一置拉萨大昭寺。凡在理藩院注册的藏传佛教蒙、藏大活佛，如章嘉呼图克图、哲布尊丹巴、达赖、班禅等转世，均须金瓶掣签。乾隆皇帝为了改变僧俗大贵族操纵活佛转世的局面，特别"降旨藏中，如有大喇嘛出呼必勒罕之事，仍随其俗，令拉穆吹忠四人降神诵经，将各行指出呼必勒汗之名，书签贮于由京发去之金奔巴瓶内，对佛念经，令达赖喇嘛或班禅额尔德尼同驻藏大臣公同掣签一人，定为呼必勒罕，虽不能尽除其弊，较之从前各任私意指定者，大有间矣"。他认为："兹余制一金瓶，送往西藏，于凡转世之呼必勒罕，众所举数人，各书其名置瓶中，掣签以定，虽不能尽去其弊，较之从前一人之授意者，或略公矣。"①

西藏地方僧俗势力或者出于习惯，或者出于自身利益，总想自己决定达赖喇嘛、班禅额尔德尼转世灵童的选择。针对这一情况，嘉庆二十四年（1819 年）三月，嘉庆帝就曾谕示军机大臣等："玉麟等奏，藏中僧俗人等求定达赖喇嘛呼毕勒罕一折，甚属非是。从前各处呈报呼毕勒罕出世，每多附会，争端渐起，弊窦丛生。皇考高宗纯皇帝洞烛其情，设金奔巴瓶缄名掣定之制，睿漠深远，自当万世遵行。今里塘所报幼孩，其所述灵异，何足征信？若遽听其言，与从前指定一人者何异？玉麟等不严行驳饬，实为错误，著传旨申饬。此次里塘幼孩，即作为入瓶签制之一。俟续有报者，再得其二，方可将三人之名，一同缄封入瓶，照定制对众讽经，掣签。著将此旨明白传谕第穆呼图克图，毋许再渎。若来京求请，即查拿治罪，将此传谕知之。"②

自从采取金瓶掣签依赖，通过金瓶掣签认定的达赖喇嘛计有三世：即十世达赖喇嘛·楚臣嘉措、十一世达赖喇嘛·克珠嘉措和十二世达赖喇嘛·成烈嘉措；通过金瓶掣签认定的班禅额尔德尼也有三世：即八世班禅·丹贝嘉措、九世班禅·曲吉尼玛和十一世班禅·确吉杰布。其他各世达赖喇嘛和班禅额尔德尼虽然免于金瓶掣签，但都是报请中央政府批准，履行相关程序取得合法身份的。

---

① 乾隆皇帝：《喇嘛说》。
② 《清仁宗实录》卷三五五。

三　清朝对达赖喇嘛和班禅额尔德尼的奖励与处分

皇帝对达赖喇嘛和班禅阿尔德尼在政治，特别是宗教上的地位颇为重视，对他们的成长，包括他们的健康关怀有加。雍正八年（1730年）七世达赖喇嘛患病后，乾隆皇帝专门派遣御医到西藏为其治疗，在病后给皇帝上的感恩奏折中，达赖喇嘛称："在布达拉时曾患痰火病，至是旧病复发，自三月以来，病渐加重，体甚虚弱，神志恍惚，学习经典，力不从心。复蒙文殊师利大皇帝洞鉴，轸念小僧，钦派扎尔固齐多尔济、御医胡林正，由副都统萧格转谕小僧知悉，内心喜悦，病即稍痊。九月二十二日，扎尔固齐多尔济等至，仰承大皇帝慰问，赏给哈达，小僧捧顶头上祗领。自御医胡林正诊脉以来，病渐转愈，皆赖三宝佛及大皇帝隆恩，故有此奇效。御医胡林正给服龙眼、莲子，亦获其效。"① 提到了皇帝派来的御医的名字，提到了他所食用的药方。六世班禅在朝觐中出痘，病情危机，皇帝也派御医施救，可惜未能挽救他的生命。②

（一）对达赖喇嘛的奖励与处分

1. 对达赖喇嘛的奖励

自从乾隆十六年（1751年）清朝授命达赖喇嘛管辖西藏地方事务，设立噶厦以来，达赖喇嘛本人以及代理其政教事务的摄政，积极落实朝廷的有关章程规定，为西藏地方局势稳定、百姓生活安宁做出多方面的努力，达赖喇嘛的作为也受到朝廷的充分肯定和多次嘉奖。乾隆五十六年（1791年）清朝派福康安率大军入藏驱除廓尔喀入侵者，西藏地方八世达赖喇嘛、济咙呼图克图和诸噶伦联名致书钦差大臣福康安，表示："廓尔喀贼匪侵扰兴教圣地，惟文殊大皇帝爱怜吾等西域释教众生，业经调兵遣将，拨发粮饷，特派钦差大臣应援，以进剿佛教之敌。此系圣上眷念西域释教

---

① 《元以来西藏地方与中央政府关系档案资料汇编》（2），中国藏学出版社，1994，第441～442页。

② 《元以来西藏地方与中央政府关系档案资料汇编》（2），乾隆四十五年（1780年）十一月初二日，"御医陈世官等看得班禅病症及圆寂情形之记录"，中国藏学出版社，1994，第603页。

众生安宁，浩荡鸿恩，万世难报。……抵藏官兵所需马匹、驮畜、口粮、运送等，诚愿竭力筹措。……至大军进兵廓尔喀，一应引路等，均有随军戴本、定本效力，不另行指派，恳请允准。其口粮除由达赖喇嘛内库、扎什伦布、萨迦寺及贵族、僧俗官员倾囊以供外，属民则只留年内口粮、种籽，余下尽数征收。共备齐粮九万石，正予炒磨。"① 战后，皇帝谕令地方于办公项目之内，"每年赏给达赖喇嘛银一千两，俾得用度充裕，以示格外体恤施恩。其商上收支、出纳等项，驻藏大臣等更可核实稽查，不准噶布伦等丝毫侵冒，皆所以为达赖喇嘛及抚养众番也。倘噶布伦及达赖喇嘛之左右借端浮支之处，即著驻藏大臣随时查究办理"②。给达赖喇嘛经济上以充分保障。乾隆三十五年（1770 年）五月，乾隆为在"热河仿建布达拉宫新寺"（即普陀宗乘之庙），谕令达赖喇嘛"才识精湛，贤正善良"的西藏高僧前来出任新寺堪布及诵经师。八世达赖喇嘛与摄政即派下密院哲蚌寺郭芒扎仓格西色居、堪布桑结俄森等四名高僧前往，并教诫他们要尊奉大皇帝旨意，广持显密教法。为配合皇帝建庙，在大昭寺和布达拉宫等处举行了驱魔、禳解、酬补等法事，受到乾隆帝褒奖。③ 乾隆帝对八世达赖喇嘛在自己 60 大寿时派人祝寿，并减轻西藏百姓差徭，布施白银等做法，甚是欣慰，特赏八世达赖喇嘛金册和贵重礼物。④

2. 对达赖喇嘛的告诫与处分

（1）清初废除六世达赖喇嘛名号。

仓央嘉措诞生于康熙二十二年（1683 年，藏历水猪年）三月一日。康熙三十六年（1697 年，藏历火牛年）燃灯节之际，六世达赖喇嘛·仓央嘉措在布达拉宫的司喜平措大殿，在丹增达赖汗和第悉·桑结嘉措等藏蒙僧俗官员的拥戴下坐床。康熙皇帝派章嘉呼图克图等参加了典礼，并赏赐了大批珍宝。康熙三十九年（1700 年，藏历铁龙年），丹增达赖汗在西藏去

① 《元以来西藏地方与中央政府关系档案资料汇编》（2），《八世达赖喇嘛为大军进藏竭力筹办口粮乌拉事致福康安咨》，藏历铁猪年（1791 年），西藏自治区档案馆藏藏文档案，中国藏学出版社，1994，第 694～695 页。
② 《清高宗实录》卷一四二二。
③ 第穆呼图克图·洛桑图丹晋美嘉措：《八世达赖喇嘛传》，冯智译，中国藏学出版社，2006，第 57 页，第 60 页。
④ 第穆呼图克图·洛桑图丹晋美嘉措：《八世达赖喇嘛传》，冯智译，中国藏学出版社，2006，第 62 页。

世，其次子拉藏汗继立。和硕特蒙古内部出现分歧，第悉桑结嘉措因对五世达赖喇嘛圆寂事长期保密，朝廷不满。在西藏地方上层内部，由于第悉独断专行，长期匿丧，身穿袈裟而又公开蓄养"主母"等行为，招致哲蚌寺、色拉寺部分首脑表现出不满情绪，等等。面对错综复杂的矛盾，仓央嘉措感到失望，无心学经，行为放荡不羁。五世班禅记载，"休说他受比丘戒，就连原先受的出家戒也无法阻挡地抛弃了。最后，以我为首的众人皆请求其不要换穿俗人服装，以近事男戒而受比丘戒，再转法轮。但是，终无效应，只得将经过情形详细呈报第悉。仓央嘉措在扎什伦布寺居十七日后返回拉萨"①。他还穿起俗人衣服，在龙王潭内射箭、饮酒、唱歌，在拉萨近郊游玩，与年轻女子寻欢作乐。康熙四十四年（1705 年，藏历木鸡年）七月第悉·桑结嘉措被拉藏汗抓获，在堆龙德庆的朗孜村斩首。掌握大权的拉藏汗宣称，第悉·桑结嘉措在布达拉宫立的仓央嘉措不是五世达赖喇嘛真正的转世灵童，沉湎酒色，不守清规，请予废黜。康熙帝即派护军统领席柱、学士舒兰为使往封拉藏汗为"翊法恭顺汗"，"令拘假达赖喇嘛赴京"。②哲蚌寺僧人曾将其强行抢至该寺的甘丹颇章宫，拉藏汗派兵包围哲蚌寺，仓央嘉措不忍双方兵刃相见，自己走到蒙古军中就擒，康熙四十五年十二月庚戌（1707 年 1 月 29 日），驻扎西宁喇嘛商南多尔济报称"拉藏送来假达赖喇嘛，行至西宁口外病故"③。六世达赖喇嘛是政治斗争的牺牲品，先后被第悉·桑结嘉措和拉藏汗所利用，最后丧失年轻的生命。但是，通过这一事件可以清晰地看到朝廷掌握着处置达赖喇嘛命运的大权。

（2）清末两度废除十三世达赖喇嘛名号。

光绪三十年（1904 年）驻藏大臣有泰向北京外务部打电报称："达赖喇嘛于前月 15 日昏夜潜逃……查本年战争，该达赖实为罪魁，背旨丧师，拂谏违众，及至事机逼迫，不思挽回，乃复遁迹远飏，弃土地而不顾……乞代奏请旨，将达赖喇嘛名号，暂行褫革，以肃藩服，而谢邻封。并请旨饬令班禅额尔德尼暂来前招，主持黄教，兼办交涉事务。"④ 根

---

① 《五世班禅洛桑益西自传·明晰品行月亮》，第 209 页。

② 康熙四十五年十二月丁亥（1707 年 1 月 16 日），《清圣祖实录》，卷二二七。

③ 《清圣祖实录》，卷二二七。

④ 《清代藏事奏牍》"有泰奏稿"卷一。

据有泰的奏折，七月壬辰（8 月 26 日）皇帝谕军机大臣等"著即将达赖喇嘛名号暂行革去，并著班禅额尔德尼暂摄"①。革去达赖名号的告示贴出后，引起了西藏僧俗人民的反对。九世班禅看到西藏上下情绪如此，没有接受清朝命令，推辞不就，未来前藏。噶厦和三大寺及全体僧俗官员联名向驻藏大臣有泰上了一道公禀，要求恢复达赖喇嘛的名号，有泰于光绪三十一年七月己丑（1905 年 8 月 18 日）向光绪皇帝奏请："请开复达赖名号，以顺番情。"得到圣旨"著俟达赖喇嘛由库伦启程后，再降谕旨"。②宣统二年（1910 年）川军进藏后，十三世达赖喇嘛再度逃离西藏，由亚东英商务处代理麦克唐纳引至印度。正月辛酉（2 月 25 日），联豫上奏朝廷，褫夺其达赖喇嘛名号，"视与齐民无异"，并有驻藏大臣另行寻找转世灵童。③ 后来由民国政府再度开复。

（二）对班禅额尔德尼的奖励与告诫

1. 对班禅额尔德尼的奖励

与达赖喇嘛一样，在西藏地方重大政教活动中做出了贡献，特别是在达赖喇嘛转世灵童的选择、认定、坐床、受戒、学经等重要阶段发挥了重要作用，朝廷对班禅均给予奖励，包括物质奖励和封赠名号。例如，七世班禅额尔德尼遵照清宣宗的命令为主持十世达赖喇嘛金瓶掣签，直到顺利坐床后，皇帝颁布"诏谕班禅额尔德尼：前因达赖喇嘛未出呼毕勒罕，降旨命尔加意访寻。……尔能仰体朕意，将呼毕勒罕寻得，可嘉之至。今特问尔好，颁给诏书，并赐蟒缎二端，闪缎一端，片金缎一端，八熊缎六端，大哈达五方，小哈达十方，到时祇领"④。道光皇帝的父亲嘉庆皇帝去世，班禅聚集各寺庙喇嘛等念经祈祷，并遣堪布具表进佛尊、哈达、香枝等，又给皇帝请安，进献佛尊、哈达、念珠等。道光皇帝颁布诏书，并赐给 30 两重银茶筒 1 件，壶、盅子各 1 件，各色大缎 20 匹等礼物。⑤ 道光十

① 《清德宗实录》卷五三三。

② 《清德宗实录》卷五四七；中国第一历史档案馆、中国藏学研究中心合编《清末十三世达赖喇嘛档案史料选编》，中国藏学出版社，2002，第 100~101 页。

③ 《宣统政纪》卷三〇。

④ 《清宣宗实录》卷三二。

⑤ 《清宣宗实录》卷三〇。

八年（1838 年）更赏赐七世班禅金册一份。

2. 对班禅额尔德尼的告诫

廓尔喀第二次侵藏期间，抢夺了包括扎什伦布寺在内的后藏许多寺庙的金银财宝，还有皇帝赏赐给班禅额尔德尼的 12 页金册，清朝大军击败廓尔喀后，追还金册继续供奉在扎什伦布寺。但是，福康安等也遵照皇帝指示，"面告班禅额尔德尼谕知岁瑃堪布等，让大皇帝恩赏金册，自当奉为世宝，今尔等不能保守，本应得罪，因班禅额尔德尼年幼，仲巴又已解京治罪，是以大皇帝加恩，免其究治，仍贼匪缴出金册赏给，俾在札什伦布安奉，嗣后尔等务宜加意保护，以冀永承恩宠，勿得再有疏虞，致于谴责"①。

四　晚清格鲁派执政危机与两大活佛系统矛盾的产生

藏传佛教格鲁派有两大活佛转世系统，一个是达赖喇嘛，另一个为班禅额尔德尼。转世系统虽然不同，但达赖和班禅的宗教政治地位是平等的。达赖与班禅个人之间互为师徒，关系颇为密切。班禅方面：一世班禅为一世达赖之师；四世班禅为四世、五世达赖之师；五世班禅为六世、七世达赖之师；六世班禅为八世达赖之师；七世班禅为九世、十世、十一世达赖之师；八世班禅为十三世达赖之师。达赖方面：五世达赖为五世班禅之师；七世达赖为六世班禅之师；八世达赖为七世班禅之师；十三世达赖为九世班禅之师。长期以来达赖喇嘛、班禅额尔德尼格鲁派这两大活佛转世系统一直维持着良好的关系。但是进入清朝中后期，随着清朝国力逐渐减弱，以及相应出现的政策上的漏洞，噶厦管理体制本身出现的一些问题，掌握政权的格鲁派职能变化过程中所出现的种种危机与挑战，特别是列强侵略引发的清朝中央与西藏地方，以及西藏地方内部达赖喇嘛和班禅额尔德尼两大系统之间的矛盾等，日益凸显出来。

（一）连续四代达赖喇嘛的夭亡

九世达赖喇嘛·隆朵嘉措（1805 ~ 1815 年），第十三饶迥木牛年

---

① 《元以来西藏地方与中央政府关系档案资料汇编》（2），乾隆五十七年（1792 年）十月初七日，中国藏学出版社，1994，第 768 ~ 771 页。

（1805年）十二月初二日，生于四川省甘孜金沙江边的邓柯地方，系西康邓柯地方图丹群科寺附近土司之子，父名丹增曲窘，母名顿珠卓玛。幼年经班禅大师、摄政达察诺门罕、两位驻藏大臣、第穆活佛等大小呼图克图和噶伦查验灵童，辨认无误后，驻藏大臣当着全体喇嘛和官员的面缮写折子，从布达拉宫上奏皇帝。第十四饶迥土龙年（1808年）一月十九日，皇帝颁旨：无须于金瓶掣签，令其作为达赖喇嘛呼毕勒罕。班禅丹贝尼玛为灵童剃度，赠法名洛桑丹贝窘乃阿旺隆朵嘉措。九月二十二日在布达拉宫坐床。第十四饶迥木猪年（1815年）一月，突患食道疾病，二月十四日圆寂，年11岁。清仁宗感到意外，赏银5000两，"在灵前燃灯念佛"，并决定由第穆呼图克图"领办达赖喇嘛事务"，即出任"摄政"。[①]

十世达赖喇嘛·楚臣嘉措（1816～1837年），诞生于西康理塘地方内都那布村，父名罗桑年札，母名南嘉布赤。水马年（1822年）根据道光皇帝命令举行"金瓶掣签"被确定为转世灵童，朝廷依例封其父"公爵"名号；"噶厦"拨给很多庄田和百姓，遂成为西藏大贵族之一，即后来的"宇妥"。在聂塘寺由班禅七世丹白尼玛剃度出家，并传授了沙弥戒，取法名"楚臣嘉措"；八月八日，在布达拉宫举行了"坐床"典礼。1829年进入哲蚌寺学习经论；18岁时拜班禅七世为师，并受了比丘戒。藏历第十四绕迥之火鸡年（1837年，清道光十七年）九月一日，在布达拉宫圆寂，年仅22岁，尚未亲政。

十一世达赖喇嘛·克珠嘉措（1838～1855年）于1838年即藏历第十四饶迥的土狗年九月一日出生在康区木雅泰宁寺附近。1841年五月二十日，遵照皇帝圣旨在布达拉宫举行金瓶掣签。六月四日，班禅大师为灵童剃发，起名为阿旺格桑丹贝准美克珠嘉措贝桑布。皇帝赐给灵童诏书、长寿法衣、全套金刚铃杵、珊瑚串珠等。1842年即藏历第十四饶迥的水虎年四月十四日前往布达拉宫。十五日上午，达赖喇嘛抵达布达拉宫，举行坐床典礼当时，"达赖喇嘛到达司喜平措殿，并于坐垫上面向东方下跪，行礼受皇帝所赐礼品并聆听宣读诏书，接着与驻藏大臣等互献哈达。然后达赖喇嘛登上黄金宝座"[②]。十一世达赖年满8岁，由七世班禅授沙弥戒。清咸丰二年（1852

---

① 第穆·图丹晋美嘉措：《九世达赖喇嘛传》，王维强译，中国藏学出版社，2006。

② 《十一世达赖喇嘛传——天界乐声》，第19页。

年），十一世达赖·克珠嘉措由驻藏大臣陪同，前往色拉、哲蚌、噶丹各寺讲经说法，熬茶放布施。清咸丰五年（1855年），咸丰帝命令达赖亲政，仍由热振呼图克图掌办商上事务。克珠嘉措于是年正月十三日亲政，还不满1年，突于是年十二月十五日在布达拉宫圆寂，只活了18岁。

十二世达赖喇嘛·成烈嘉措（1856～1875年）于1856年即藏历第十四饶迥的火龙年十二月初出生于西藏山南沃卡（Vol-dgav）地方。"请驻藏大臣将此情形以及依往昔文书择定吉日进行金瓶掣签之事上奏大皇帝请求恩准。"① 1857年即藏历第十四饶迥火蛇年十月七日，三灵童被迎请到罗布林卡的格桑颇章。由驻藏大臣亲自看验……。于是由驻藏大臣向大皇帝上奏，请允许择吉日将这三个灵童的姓名牌放入金瓶中掣签。② 1858年即藏历第十四饶迥的土马年正月十三日，当热振呼图克图、驻藏大臣等人会齐后，由满文书吏等在签牌的一面分别写上各灵童的名字，经摄政和驻藏大臣核查无误，由驻藏大臣向皇帝画像唐卡磕头，将签牌放入金奔巴瓶中。此后，在场众人齐声念诵请求圣者大悲菩萨和三宝慈悲护佑的真言和祈愿偈颂三遍，然后由驻藏大臣向皇帝的画像唐卡行三跪九叩首大礼并摇动金奔巴瓶，最后从瓶中掣出一个签牌，由呼图克图和驻藏大臣等人共同查看，随即向众人宣读沃卡洛桑丹增居美的名字。当时，众人由于对三宝的敬信和抑制不住的兴奋，高声呼喊"拉嘉洛"（神胜利了！）。驻藏大臣即向沃卡灵童的父亲平措次旺说："你的儿子洛桑丹增居美经金瓶掣定为达赖喇嘛的转世，你向大皇帝磕头谢恩。"于是平措次旺向皇帝的画像唐卡磕头谢恩，并向驻藏大臣和大呼图克图献了哈达。③ 同治三年（1864年）在拉萨大昭寺以德柱活佛钦饶旺秋为师受沙弥戒。十二年（1873年）亲政。十三年（1874年）到甘丹寺参加巡回辩经，并去曲科杰寺朝礼。光绪元年（1875年）三月四日患病，延至二十日在布达拉宫日光寝殿圆寂，时年20岁。④

① 《十二世达赖喇嘛传——水晶明鉴》木刻本，第27～28页；熊文彬译，中国藏学出版社，2006，第27页。
② 《十二世达赖喇嘛传——水晶明鉴》木刻本，第32页；熊文彬译，中国藏学出版社，2006，第29页。
③ 《十二世达赖喇嘛传——水晶明鉴》木刻本，第23～34页；熊文彬译，中国藏学出版社，2006，第30～31页。。
④ 普布觉活佛洛桑楚臣·强巴嘉措：《十二世达赖喇嘛传》，熊文彬译，中国藏学出版社，2006，第228～236页。

连续四代达赖喇嘛的早逝和夭亡，是西藏地方封建农奴制衰亡的最鲜明信号，也暴露出西藏地方政治体制存在着严重的缺陷，更直接地揭示了西藏地方摄政制度与达赖喇嘛掌政制度之间的冲突，以及上层不同利益集团之间的冲突。在达赖喇嘛尚未成年即欲将其置之于死地而后快，凸显出这种矛盾和冲突的难以调和，一旦达赖喇嘛掌握政权，必然会导致另外一种后果，那就是摄政为此付出的惨重代价。

（二）西藏地方上层内争与驻藏大臣的措置失误

道光二十四年（1844 年），驻藏大臣与摄政策满呼图克图阿旺江白楚臣嘉措失和，阿旺江白楚臣嘉措被革职，七世班禅奉旨暂行兼管商上事务。七世班禅开始借口年事已高，坚持不接受这项任命。琦善劝他不能违抗"圣旨"，七世班禅才勉强接受了。七世班禅考虑到西藏民族内部的团结，不愿插手前藏政教上层内部的事务，道光二十四年（1844 年）八月六日担任摄政，八月十二日即前往布达拉宫会见了十一世达赖喇嘛，并向达赖赖喇嘛表示，本人现在年老体弱，不能胜此重任，因奉大皇帝"圣旨"，不得不勉为其难。但只能暂摄数月，请达赖喇嘛早遴人选，以便交接。道光二十五年（1845 年）三月二十六日，七世班禅奉旨将摄政大印当面交给新任摄政热振·阿齐图诺门汗，辞去摄政职务，前后还不到 8 个月。十一世达赖喇嘛本人未必在意，但是前藏地方的僧俗贵族集团肯定会有戒备之心，或者不满之意，影响到双方关系。

在十三世达赖喇嘛试图扩展权力屡次受挫，以及西藏地方面临危局临阵出逃之际，自身已衰弱的清朝政府对外国列强的压力采取妥协退让策略，对西藏地方要求扩大权力既无法强力阻止，又未能很好地协调沟通，而是采取了剥夺十三世达赖喇嘛名号的办法，同时两度命令九世班禅代理，客观上也激化了两大活佛之间已有的矛盾，影响到地方上层的团结。

（三）外国势力的介入与操控

1. 拉拢班禅额尔德尼抑制达赖喇嘛

近代以来，英国和俄国在西藏的活动，特别是英国两次武装侵略西藏，制造"西藏独立"，培植分裂势力，加剧了西藏地方危机，而英国采取又拉又打的策略，不仅进一步激化了达赖喇嘛和班禅额尔德尼两大活佛转世系统之间的矛盾，也改变了这种矛盾的性质。

乾隆三十九年（1774 年）不丹与印度孟加拉之间发生冲突，八世达赖喇嘛和不丹法王均请六世班禅额尔德尼出面调解，英国孟加拉总督哈斯汀斯立即派遣波格尔在这一年五月前往后藏扎什伦布寺，谒见六世班禅。六世班禅告诉波格尔，不丹臣属于达赖喇嘛，西藏是中国领土，要听命于北京政府。当时的摄政第穆呼图克图也派人告知波格尔"凡力所能及，拉萨摄政无不乐为，但一切须听命中国皇帝耳。不得中国同意，则毫无能为"。波格尔想在拉萨设立使馆，"班禅曾谓彼固深愿其往，而拉萨摄政反对甚烈，彼劝阻波氏勿往"。① 尽管如此，六世班禅会见波格尔的事情，已在前后藏之间，特别是达赖喇嘛和班禅两大系统之间留下阴影。

清朝末年，英国又试图拉拢九世班禅，怂恿其投靠英国，在达赖喇嘛和班禅额尔德尼两大系统之间制造矛盾，引起十三世达赖喇嘛对九世班禅的极端怨恨。在英国第二次武装入侵西藏期间，十三世达赖喇嘛离开拉萨，光绪三十一年（1905 年）九月二十四日，英国驻扎在江孜的鄂康诺大佐率领 50 余人，前来日喀则邀请九世班禅访问印度。班禅回答称"我往印度不难，但须秉陈钦宪，奏知大皇帝殊批照准，方可起程，否则难以从命"。② 后来在英国军官的胁迫下，九世班禅决定"我拟勉强一行，生死不问，若我班禅自此违背大皇帝恩德，即死在九幽地狱之中，不得超生。请烦婉禀钦宪，朝廷谅我苦心，则我班禅感德矣"。③ 清朝政府为了防止英国胁迫班禅签订条约，遂致电驻印使馆和英印总督："班禅来印赴会则可，若逼令干预藏事，即令班禅亲自画押，盖用印信，均作为废纸。"④ 英国利

① 荣赫鹏：《印度与西藏》（*Indian and Tibet*），孙熙初译名《英国侵略西藏史》，西藏社会科学院资料情报研究所编印，1983，第 13～15 页；嘉木央·久麦旺波：《六世班禅洛桑巴丹益希传》，许得存、卓永强、祁顺来译，李钟霖校，西藏人民出版社，1990，第 294页，记 1774 年藏历十月二日"印度瑜伽师布果（即波格尔）一行拜谒，敬献水晶宝瓶等，大师以印度楞札语（即兰札语）对话"。记载极为简略。

② 吴丰培辑《清代西藏史料丛刊》第二集，《班禅赴印记略》，文海出版社有限公司，1981，第 1～2 页。

③ 吴丰培辑《清代西藏史料丛刊》第二集，《班禅赴印记略》，文海出版社有限公司，1981，第 7 页。

④ 吴丰培辑《清代西藏史料丛刊》第二集，《班禅赴印记略》，文海出版社有限公司，1981，第 30 页。

用班禅此行，无疑加深了十三世达赖喇嘛和前藏僧俗上层的疑忌，也试图离间清朝中央与西藏地方之间的关系。

2. 鼓动达赖喇嘛控制班禅额尔德尼

十三世达赖喇嘛在寻求俄国支持时，俄国却在与日本的战争中失败，他在北京觐见慈禧太后和光绪皇帝，目睹了清朝走向衰落的气象，又因未满足其不通过驻藏大臣直接上奏的请求，以及不满要求其下跪的礼仪，在北京期间，他接受西方各种驻华使节的拉拢，特别是与一向为敌的英国开始接触联系。在川军入藏之际，他出逃印度，得到英印政府的接纳、庇护和支持，投靠英国人。返回西藏后，一度试图脱离民国管辖，积极开展自主化活动，与此同时，也在英国的支持下加大迫害九世班禅的力度，最后迫使九世班禅离开后藏，前往内地，也使两大活佛之间的矛盾和冲突公开化和白热化，影响到西藏地方政治局势的稳定。1915 年十三世达赖喇嘛在班禅传统管辖地区的日喀则设立基宗（类似行政专员公署）任命僧官洛桑团柱、俗官木霞两人为基总，负责管辖班禅辖区各谿卡并征收军粮、赋税和摊派乌拉差役。次年，九世班禅向十三世达赖喇嘛写信，希望能在拉萨见面谈谈，被婉拒。并且说在接下来的三年他将闭关修行，不接待任何人包括班禅。1919 年，九世班禅终于得到在拉萨与十三世达赖喇嘛见面的机会，但是很显然噶厦对九世班禅十分冷淡。返回后藏的九世班禅，在江孜见到英国驻江孜商务代表麦克唐纳，他记载了与九世班禅见面时的感受："从他的谈话当中，得知他对自己的前途毫无把握。拉萨政府极力用税务一件事压迫他，他们认为班禅欠拉萨政府的税太多了。班禅说，达赖喇嘛的大臣将对他很不利，当他最近到拉萨时候，在他同拉萨政府中间，只能得到问题的暂时解决。这时，他似乎很觉失望，我也设法安慰他。他表示他绝无力量可以供给拉萨政府所苛索的税，因为他管理的藏省（后藏），断难筹出这样大的款项。……虽然，我当时不能完全明了他所说的话，就后来的事实证明，我很洞悉在那时，他已经认为逃出西藏，最为稳妥。"[①]1923 年，十三世达赖喇嘛命令扎什伦布寺的几位官员前往拉萨，结果立即被投进监狱。九世班禅感受到危机的到来，遂于 1923 年 11 月 15 日夜，与

---

① 〔英〕麦克唐纳（David Macdonald）：《旅藏二十年》，孙梅生、黄次书译，商务印书馆，1936，第 161 页。

苏本堪布罗桑坚赞、却本堪布旺堆诺布、森本堪布甘丹绕结及随从 100 余人前往藏北羌塘，翻过唐古拉山经青海逃往内地。十三世达赖喇嘛与九世班禅额尔德尼关系彻底决裂，这也是清末民初中国走向衰落，西藏地方封建农奴制走向腐朽没落，中国边疆遭受帝国主义入侵而危机加重的一个侧面反映。

第二十章　摄政制度

　　摄政制度的产生是与清朝在西藏采取的政教合一的管理体制、1751年开始的达赖喇嘛掌政，以及格鲁派所采取的活佛转世制度密切相关的。由于历史和宗教的原因，藏传佛教格鲁派采用活佛转世的传承方式，达赖喇嘛圆寂后，转世灵童的寻访、认定、坐床、学经、受戒，直到18岁亲政，至少需20年左右的时间。清朝廷为了避免珠尔默特那木扎勒扰乱地方那样的严重事件重演，以及噶伦等人"擅权滋事"，遂从雍和宫选择，或者命令西藏地方政府从噶丹、哲蚌、色拉三大寺及新建的四大林（丹吉林、功德林、策墨林、希德林）中推选学识渊博、声望卓越的大活佛为摄政候选人，由驻藏大臣奏请清廷任命，清廷视其出身及勋绩赏给呼图克图、诺门汗、禅师等名号，颁给金册、银印，在达赖新灵童未寻获及灵童坐床后尚未达到法定执政年龄（18岁）之前，暂行代理达赖喇嘛主持西藏政教事务。有关清朝时期西藏地方的摄政制度，学术界多有论述。[①]

一　摄政的选择条件与委任程序

　　乾隆二十二年（1757年），七世达赖喇嘛圆寂，乾隆皇帝认为，西藏

[①] 牙含章编著《达赖喇嘛传》，人民出版社，1984；牙含章编著《班禅额尔德尼传》，西藏人民出版社，1987；洛桑群觉：《策墨林继任摄政王经过》，《西藏研究》1988年第2期；马林：《从礼仪之争看驻藏大臣同达赖喇嘛及西藏地方政府摄政的关系》，《青海社会科学》1989年第6期；〔意〕毕达克：《西藏摄政沙札－汪曲结布》，邓锐龄译，《中国藏学》1990年第4期；李鹏年：《西藏摄政阿旺降白楚臣被控案与裁禁商上积弊章程》，《中国藏学》1999年第4期；申新泰：《西藏摄政制度述评》，《西藏民族学院学报》2006年第6期。

不能没有为首办事之人，即派遣章嘉呼图克图前往西藏。恰在此时，驻藏大臣伍弥泰奏称，噶伦与众堪布经过商议后，拟共推熟悉经卷、深孚众望的迪穆（第穆）呼图克图"掌办喇嘛事务"。但噶伦们的奏折中只提请摄政"掌办喇嘛事务"。乾隆皇帝担心"噶隆等颇有擅办喇嘛事务之心，日久恐不免妄擅权柄，是以朕赏迪穆呼图克图诺们汗名号，俾令如达赖喇嘛在日，一体掌办喇嘛事务"。遂谕令驻藏大臣伍弥泰、萨刺善，"务宜留心，遇有一切事务，俱照达赉（赖）喇嘛在时之例，与迪穆呼图克图商办，毋令噶隆等擅权滋事"。并将此意密告第穆呼图克图。① 足见乾隆皇帝处理西藏事务考虑问题之缜密细致，用意之深远。曾担任噶伦的亲历者次仁旺杰在《噶伦传》中写道：经驻藏大臣反复奏请大皇帝之后，获得谕旨："持金刚达赖喇嘛背负佛教事业，乃众生圣贤等布施及希望之所在，非但给西藏百姓以幸福，其佛法及政治亦甚合朕之心意，特加恩赞扬。如今（达赖喇嘛）突然逝世，朕心中万分焦虑、沮丧与悲痛。悼念活动等事宜已另作安排。朕以为卫藏之事业极为重大，于达赖喇嘛之转世活佛尚未找到之前，暂由一大呼图克图负责藏务，于卫藏百姓极为有利，现委任第穆呼图克图为总头领，并赠与'持黄教吉祥诺门罕'（zhwa ser bstan pa vdzin byed dpal ldan no min han gyi cho lo）的称号。你第穆呼图克图要负起达赖喇嘛之一切事务，弘扬黄教，为西藏百姓谋幸福，符合朕于天下众生大慈大悲之意念。达赖喇嘛转世活佛未明之前，悉遵朕之谕旨办事，不得有误失。诸位噶伦均需努力尽职，按照达赖喇嘛在世时之良好制度办事，不许使它受到削弱。""根据皇帝的圣旨，于时辰遇合之吉日，我们孜雪僧俗官员拜会第穆大活佛，赠送礼品，推他为西藏摄政。"并由他担负其办理达赖喇嘛圆寂、灵塔修建和灵童寻访等一切重大政教事宜。② 摄政制度从此确立。

　　摄政制度自 1757 年建立到 1951 年终止，历时 195 年 15 位摄政，其中两人是代理摄政，即十三世达赖喇嘛 1904 年因英军第二次入侵西藏而出走外蒙古、内地，1910 年因驻藏川军逃亡印度时自行任命过两个摄政。在名义上由达赖喇嘛领导的西藏地方政治体制中，摄政占据了特殊乃至极为重要的位

① 《清高宗实录》卷五三五。
② 多喀尔·策仁旺杰（次仁旺杰）：《噶伦传》，周秋有译，常凤玄校，西藏人民出版社，1986，第 49～50 页。

置，历代达赖喇嘛亲政的时间只有65年，摄政执政的时间则长达130年。也就是说，在这195年里，有2/3的时间都是由摄政掌管西藏地方政教事务。九世达赖、十世达赖均未亲政即已夭亡；十一世达赖1855年亲政不满一年就在布达拉宫暴亡；十二世达赖1873年亲政不到两年，又于光绪元年（1875年）三月二十日在布达拉宫暴亡。在300年的政教合一西藏地方政权中，只有两位达赖喇嘛实现了真正意义的执掌地方政教大权，这就是八世达赖·强白嘉措，他从1781年至1804年亲政24年；十三世达赖喇嘛·土登嘉措从1895年到1933年亲政38年，后者更是历代达赖喇嘛中亲政时间最长的一位，但是在他两次逃出拉萨期间，曾委任第八十六任甘丹赤巴罗桑坚赞和第八十七任甘丹赤巴、三世策墨林活佛罗桑丹贝坚赞担任摄政，如果除去这一段时间，达赖喇嘛掌政时间更短。

从摄政的任免程序来看，有皇帝直接任命的，而大多则由西藏地方宗教上层推荐，一般先由噶厦召集三大寺、上下密院代表及重要僧俗官员开会，提出摄政人选，再派人到驻藏大臣衙门向驻藏大臣报告并请驻藏大臣向清朝皇帝转奏，皇帝恩准，并其出身及勋绩赏给呼图克图、诺门汗、禅师等名号，颁给金册、银印，在达赖灵童未达到法定执政年龄（18岁）之前，暂行代理达赖喇嘛主持西藏政教事务。七世班禅额尔德尼·丹贝尼玛一生经历了清高宗、清仁宗、清宣宗和清文宗4代皇帝，与37位驻藏大臣和39位帮办大臣共事，在西藏地方局势复杂时期，受驻藏大臣劝说，推荐并经朝廷批准在1844～1845年代理摄政。清朝末期在十三世达赖喇嘛因英军入侵拉萨前往内地之际，驻藏大臣有泰奏请朝廷命九世班禅代理西藏地方政教事务，九世班禅以"后藏为紧急之区，地方公事须人料理，且后藏距江孜仅二日程，英人出没靡常，尤宜严密防范，若分身前往前藏，恐有顾此失彼之虞"，没有接受。在担任摄政的四大林活佛中，包括一世、二世、三世策墨林活佛，一世、七世、八世功德林济隆活佛，六世、七世、八世丹吉林第穆活佛，以及三世、五世锡德林热振活佛，其中策墨林活佛系统出任摄政的时间最长，共计45年之久。有四位活佛来自雍和宫，即一世策墨林阿旺楚臣、七世济隆活佛、八世济隆意希洛桑丹贝衮波和十世济隆活佛阿旺丹贝坚赞，他们直接由皇帝任命为西藏地方摄政。还有包括一世策墨林、三世热振等活佛两度被任命为摄政。

在历任摄政中，还有一位是俗人，此即夏扎·旺曲杰布。1862年九月七日，皇帝命达赖喇嘛为政教之主并命卸任噶伦夏扎·旺曲杰布协助掌政，赐给诺门罕名号的诏书到达，举行盛大喜宴。"达赖喇嘛、诺门罕、各大呼图克图、公、噶伦、基巧堪布等人全都跪下，由满文仲译和堪仲宣读诏书，宣读完毕，众人全都向皇帝恭敬地行三跪九叩之礼……""在这位执政的期间，传令用达赖喇嘛的印章和噶厦的印章，没有自己专门的印。"① 摄政有其办事机构，有朝廷颁赐的大印。乾隆二十二年（1757 年）藏历第十三饶迥火牛年赐给西藏第一任摄政第穆阿旺降白德勒嘉措的印，时称"掌办商上事务"，后代沿用。在他担任摄政期间，创建了摄政的办事机构"雪嘎"，负责传达摄政的命令。"雪嘎"由四品僧官南卓负责，设有五品俗官八名，侍卫两名，联络僧官一名。各级呈报摄政公文及其批示，由南卓向噶厦下达执行。

二 摄政与达赖喇嘛的关系

（一）摄政是代理达赖喇嘛的政教职权，而不仅仅是宗教职权

初设摄政时期，乾隆皇帝采纳了三世章嘉呼图克图的意见，及时纠正了众噶伦试图将摄政权力限定在掌办喇嘛事务范围的错误做法，明确摄政是掌办达赖喇嘛的一切政教事务，从而打消了噶伦擅权的念头。但是随着摄政制度的执行，又出现了新的问题，即摄政长期专权引发的对达赖喇嘛权力地位，乃至安全的威胁，以及对驻藏大臣权力的挑战。在琦善担任驻藏大臣，特别是处理了摄政二世策墨林活佛的贪腐和专权案件之后，就对摄政的权力重新予以调整，这体现在他的《裁禁商上积弊章程二十八条》中："应请嗣后仍钦尊特旨，驻藏大臣与达赖喇嘛、班禅额尔德尼平等，其掌办之呼图克图，大臣照旧案仍用札行，不准联络交接，以庸政体。""达赖喇嘛年至十八，应请仿照八世达赖之例，由驻藏大臣具奏请旨，即行任事。其掌办之人，立予撤退，所有掌办印信，或照成案送京，或封贮商上，请旨尊行，不得仍有捺压专为掌办之人，以杜结纳。"②

---

① 《印鉴清册》，第 26 页。
② 琦善：《裁禁商上积弊章程二十八条》，《清代藏事奏牍》，第 417 ~ 430 页。

（二）摄政与达赖喇嘛利益的一致性

摄政是在达赖喇嘛圆寂到新的转世灵童选择认定一直到年满18岁亲政期间代摄达赖喇嘛政教权力，他是为落实清朝在西藏地方的各项政策服务的，也是为达赖喇嘛领导下的西藏地方政权的稳定服务的，同时也是为达赖喇嘛更好地执掌地方政教权力服务的。参与选择达赖喇嘛转世灵童，担任达赖喇嘛经师，辅导并培养达赖喇嘛执掌政教大权的能力。在达赖喇嘛的成长过程中，除了皇帝的特殊关怀之外，在西藏地方对他影响最大的便是班禅额尔德尼和摄政。由于摄政往往担任甘丹赤巴，特别是达赖喇嘛的经师，传道授业解惑并朝夕相处，既有责任和利益上的一致，也往往建立起深厚的师生情谊。十世济咙活佛就是由西藏地方酝酿提名，最后由皇帝降旨任命，著照所请，以摄政功德林通善济咙呼图克图阿旺班垫曲吉坚参（阿旺班丹曲杰坚赞）为正经师，沙布咙普尔觉罗布藏楚称坚巴勒佳木撮（普觉夏仲罗桑楚臣强巴嘉措）为副经师，当地衙门依旨遵行。①接着两经师请驻藏大臣转奏皇帝，感谢隆恩。他们卓有成效的工作对于西藏地方的稳定产生着积极的影响，对于达赖喇嘛的健康成长也是极为关键的。

（三）摄政与达赖喇嘛利益冲突

由于摄政是代摄达赖喇嘛政教职权，双方既是共生关系，又是竞争关系，前者是符合清朝设置这一制度的本意的。但是，由于从前世达赖喇嘛圆寂到后一世达赖喇嘛执政期间时间过于漫长，摄政执掌政权不再是代理而是合法掌权。摄政长期专权的结果，不仅是摄政本人对这一职位恋栈不舍，而且围绕他形成的利益集团也已固化，这就对达赖喇嘛地位和职权构成严重威胁，甚至危及达赖喇嘛的生命安全。自从乾隆十六年（1751年）清朝在西藏确立摄政制度后，只有八世达赖于四十六年（1781年）亲政，执掌西藏政教事务24年。从嘉庆九年（1804年）八世达赖圆寂到光绪二十一年（1895年）十三世达赖亲政的91年间，西藏政教大权均操于摄政之手，其中还包括若干年间摄政代理十三世达赖喇嘛职权。有多位达赖喇嘛早年夭折，或者快亲政时暴亡，或者亲政不久死亡：九世达赖只活了

---

① 《清德宗实录》卷九七，光绪五年六月乙丑（1879年8月10日）。

11 岁，十世达赖只活了 22 岁，均未亲政，十一世达赖只活了 18 岁，亲政时间不到一年，十二世达赖只活了 20 岁，亲政时间不到两年，九世达赖到十二世达赖连续四代达赖都在少年和青年时代短命暴亡。这些恶性事件容或有多种因素，但是，四代达赖喇嘛连续死亡却并非偶然，它无疑与摄政专权有密切关系。光绪十二年（1886 年），九世第穆呼图克图阿旺洛桑赤列绕杰奉光绪帝圣旨任摄政，掌办商上事务。二十一年（1895 年），十三世达赖喇嘛亲政后，阿旺洛桑赤列绕杰卸任，退居丹吉林寺。二十五年（1899 年），阿旺洛桑赤列绕杰因涉嫌与瞻对喇嘛用符咒谋害十三世达赖喇嘛，被革除呼图克图名号，并被拘捕，关在丹吉林寺。次年（1900 年）死于监禁中。噶厦没收丹吉林寺全部财产，宣布禁止第穆呼图克图系统转世。宣统二年（1910 年），清廷查明“符咒事件”纯属诬陷，遂下达“复其职权，归还一切财产”的诏令。民国二十二年（1933 年）热振活佛担任西藏摄政时，将没收的财产、庄园归还第穆拉章。显然九世第穆活佛是这场制度冲突的受害者，十三世达赖喇嘛可能与九世第穆呼图克图有过节，但他剧烈反击的主要应该是摄政制度对达赖喇嘛掌政制度的危害，也是吸取前车之鉴，出于自我保护的本能所做出的过激反应。

三　摄政与驻藏大臣的关系

清朝建立达赖喇嘛领导下的地方政府，主要是解决西藏地方郡王权力过大，掌控一方，肆虐地方，不听中央，以及世俗贵族垄断权力，影响地方稳定的问题。噶厦的僧俗官员均受达赖喇嘛和驻藏大臣节制，避免了噶伦擅权，使达赖喇嘛得以主持，驻藏大臣有所操控，确保朝廷政令畅通，地方大局稳定。

根据清朝的有关规定，驻藏大臣与达赖喇嘛、班禅额尔德尼政治地位平等，而摄政又代行达赖喇嘛政教职权，很自然地涉及摄政与驻藏大臣地位与职权的对应关系问题。加之事实上存在达赖喇嘛年幼未能执政，特别是多位达赖喇嘛早年夭折，没有机会执政，西藏地方政教权力由摄政长期代理乃至专擅等问题，摄政与驻藏大臣之间产生矛盾与纷争存在很大的现实可能性。

（一）灵童认定权之争

《钦定藏内善后二十九条章程》规定达赖喇嘛和班禅额尔德尼等大活佛的转世必须通过金瓶掣签来确认，嘉庆九年（1804 年），八世达赖喇嘛圆寂，嘉庆帝敕谕西藏地方政府寻访达赖喇嘛转世灵童。西藏噶厦"陆续据各处报来，共访得九人，已将详细报知钦差驻藏大臣转奏"。[①] 在嘉庆十三年（1808 年），以摄政济咙呼图克图（rje drung ho thog thu）为代表的西藏地方僧俗贵族经驻藏大臣奏称，他们所寻到的"丹增吹忠之子"十分灵验，他"又会说前辈话，又会念经，实在是真呼毕勒罕"[②]，因此请求"免掣金瓶"。嘉庆帝同意了西藏地方的请求。同年（1808 年）中央政府认定其为八世达赖喇嘛转世灵童，即九世达赖喇嘛隆朵嘉措（lung rtogs rgya mtsho）。随后在布达拉宫举行坐床典礼，中央批准他乘黄轿，启用前辈达赖喇嘛之印，赏银 1 万两。嘉庆二十年（藏历木猪年，1815 年），九世达赖喇嘛隆朵嘉措在布达拉宫突然圆寂。西藏地方僧俗上层又试图援引先例，借传统习惯势力的支撑，避开金瓶掣签，将达赖喇嘛灵童的认定权控制在他们手中，"一致同意请求按以前火兔年（嘉庆十二年，1807 年）认定九世达赖喇嘛之例，免予金瓶掣签，认定理塘雪周卓东地方出生的灵童为达赖喇嘛，准予迎请坐床，并应向大皇帝上奏请求尽快恩准"[③]。以摄政第穆活佛（de mo ho thog thu）为首的西藏地方僧俗上层即请驻藏大臣玉麟等代奏，要求将理塘幼童免予掣签，立为九世达赖喇嘛的转世灵童。然而，这一次却遭到了嘉庆帝的严厉驳饬，并敕谕按照章程办事，最后用金瓶掣签认定了第十世达赖喇嘛。

（二）座次之争

嘉庆十九年（1814 年），以摄政第穆呼图克图为首的西藏地方部分官员，趁清朝更换驻藏大臣之机制造了一起"驻藏大臣与摄政争座次案"。这一年正月，第穆呼图克图就座次一事派进京堪布持书信二封，一封给拉

---

① 《元以来西藏地方与中央政府关系档案史料汇编》（4），第 1737 页。
② 《元以来西藏地方与中央政府关系档案史料汇编》（4），第 1738 页。
③ 《奇异珍宝串珠》，第 35 页，转引自恰白·次旦平措等《西藏通史——松石宝串》，第 806 页。

旺多尔济（lha dbang rdo rje）并众蒙古王公，一封给噶勒丹锡呼图克图（dgav ldan ho thog thu）等三人，要求他们代为转奏。第穆活佛在信中指责驻藏大臣丰绅等擅改相见仪注，声称："从前驻藏大臣与达赖喇嘛相见仪注，达赖喇嘛系正坐，驻藏大臣系旁坐，达赖喇嘛坐褥层数较多，驻藏大臣坐褥层数较少。近来驻藏大臣与达赖喇嘛并坐，且所铺坐褥相等，不分高下，系自丰绅驻藏之时更改旧例。"① 此事经理藩院尚书和世泰转奏嘉庆帝。嘉庆帝下令调查，由于兵部尚书和宁曾任驻藏大臣多年，因此嘉庆帝命令和宁就驻藏大臣与达赖喇嘛相见仪注详悉据实复奏。嘉庆十九年（1814年）闰二月初三日，和宁遵旨复奏如下："自乾隆五十八年亲奉上谕：钦差驻藏大臣与达赖喇嘛系属平等，不必瞻礼，以宾主礼相接。钦此。奴才即于是年冬钦派驻藏办事，大学士松筠亦于五十九年冬到任，奴才等因公赴布达拉与达赖喇嘛相见时，达赖喇嘛下座迎至楼门内，彼此以哈达相授，达赖喇嘛仍上高座。至奴才等坐位，设在达赖喇嘛高座之西，俱一字平列南向。事毕，达赖喇嘛送至楼门内，其帮办藏务之瑚图克图系旁坐。查全藏事务俱听驻藏大臣督办，与达赖喇嘛、班禅额尔德尼实属平等。奴才于嘉庆六年离任时，曾将藏内一切应办事宜纂成则例，作为交待，并未闻后任更改坐次。"②

和宁的复奏，顿时令嘉庆帝疑窦全消，遂在此折中批道："此事竟系喇嘛争分多事矣。"第穆呼图克图等西藏地方部分官员制造这起座次风波，是企图通过改变相见仪注，抬高达赖喇嘛及摄政的地位，以削弱驻藏大臣的权力。嘉庆帝经过详查，敕谕驻藏大臣"持以镇静"，"无庸再向第穆呼图克图提及此事"，同时要驻藏大臣"遵奉定制"，"一切循照旧章，妥协办理"。③

无论是达赖喇嘛灵童的选择方式问题，还是达赖喇嘛与驻藏大臣的座次问题，由于涉及摄政在灵童选择中的重要地位，以及事实上存在的摄政长期掌权的问题，他们表面是为达赖喇嘛或者西藏地方上层争权力，实质上是在为自己争权力，这是显而易见的。

---

① 《元以来西藏地方与中央政府关系档案史料汇编》（5），第2217页。
② 《元以来西藏地方与中央政府关系档案史料汇编》（5），第2216页。
③ 《元以来西藏地方与中央政府关系档案史料汇编》（5），第2222页。

道光二十二年（1842 年）四月，十一世达赖喇嘛的坐床典礼在布达拉宫举行，清宣宗特派成都副都统仁蒙额和章嘉呼图克图到拉萨"看视坐床"，并赏白银 1 万两，作为坐床的费用。驻藏大臣琦善向道光皇帝参奏摄政"贪黩营私"，没收前摄政家藏白银 14.4 万余两，分别赏给前后藏各寺庙，以示优恤。又没收大米 278 石，麦、豆、青稞共 6946 石，赏给前后藏藏军官兵。琦善建议由七世班禅摄政，掌办商上事务。同治元年（1862 年）夏扎·旺曲杰布支持的哲蚌寺、甘丹寺僧众与摄政发生冲突，驻藏大臣支持前者，并上奏朝廷废黜热振摄政的职权并予以逮捕，后来被证明是一起冤案。但这些事件却反映了摄政与驻藏大臣之间的权力冲突。

四　朝廷对摄政的管理

策墨林活佛系共有三位活佛出任西藏摄政。一世策墨林出生于今甘南卓尼察多地方，乾隆二十七年（1762 年）奉召进京担任雍和宫大喇嘛和堪布 16 年，四十二年（1777 年）摄政第穆呼图克图圆寂，乾隆帝敕令喇嘛阿旺楚臣（ngang dbang tshul khrims，1721－1791 年）继任摄政。后经朝廷批准，又命其担任八世达赖喇嘛经师。四十三年（1778 年）他就任第六十一任甘丹赤巴。四十六年（1781 年），乾隆帝命八世达赖亲政，同时认为"藏中诸事务必须一晓事大喇嘛帮同达赖喇嘛办理方为有益"，仍命阿旺楚臣继续掌办商上事务，协助达赖喇嘛管理田产、办理政务，"为藏内大臣耳目，使达赖喇嘛不致擅权自恣"。四十八年（1783 年），他在拉萨大昭寺以北修建一座寺庙，感谢皇帝厚恩，并"恭祝万寿"，乾隆皇帝赐名"寿宁寺"，亲书"祥轮普渡"四字匾额，策墨林即"寿宁"藏语音译。一世策墨林任摄政 10 年。

乾隆五十六年（1791 年）三月二十七日一世策墨林圆寂，乾隆敕命八世济咙呼图克图益西罗桑丹贝贡布（blo bzang ldan pavi dgon po，1759－1811 年）"帮同达赖喇嘛办理一切"事务。乾隆五十七年（1792 年）大将军福康安、参赞公海兰察巴图鲁等捐资为济咙呼图克图开始在拉萨磨盘山南麓修建一座寺庙，嘉庆元年（1796 年）竣工，皇帝赐名"卫藏永安"，即"功德林"，为济咙呼图克图驻锡寺庙。九年（1804 年）十月，八世达赖喇嘛圆寂，受皇帝之命担任摄政。十六年（1811 年）十二月三十日摄政去世，九世达赖喇嘛时年仅9岁，据西藏地方僧俗民众的推举，嘉庆帝任命七世第穆呼图克图阿旺洛桑土丹晋美嘉措（ngang dbang blo bzang thub bstan vjigs med rgya mtsho）接任摄政。二十四年（1819年）在丹吉林寺圆寂。

二世策墨林阿旺降白楚臣嘉措（ngang dbang vjam dpal tshul khrims rgya mtsho，1792－1876），担任甘丹寺第七十三任甘丹赤巴。第穆呼图克图圆寂，经驻藏大臣玉麟、珂实克奏请，朝廷命令噶勒丹锡呼图萨玛第巴克什之呼毕勒罕阿旺降白楚臣暂行代理掌办商上事务。① 后再度奏请皇帝批准，于嘉庆二十四年（1819年）六月十九日正式获准担任摄政，后因寻访十世达赖喇嘛有功，被朝廷封为"额尔德尼诺门汗"名号。道光二年（1822年）六月，经道光皇帝批准担任十世达赖喇嘛正经师。九月获"萨玛第巴克什"名号，并获赐前世旧印和"衍宗禅师"银印。② 道光十四年（1834年）六月二十八日奉上谕："兹据查明，该达赖喇嘛正师傅萨玛第巴克什，前已得有衍宗禅师名号，著再加恩于原得衍宗禅师名号内赏加翊教二字。"③ 道光十年（1830年），遵照清朝皇帝谕示，清查土地，确定赋税，编成《铁虎清册》。十七年（1837年）兼任第七十三任甘丹赤巴。同年（1837年）十世达赖喇嘛圆寂，他参与寻访认定十一世达赖喇嘛事务。十九年（1839年）剿办"波窝乱事"，二十二年（1842年），指挥抵抗"森巴"入侵，屡次获得加封名号。④

道光二十二年（1842年），十一世达赖喇嘛坐床，朝廷派四世章嘉活佛入藏看视，颁发金册。权高位重的二世策墨林与四世章嘉、七世班禅发生了矛盾，还与新任驻藏大臣琦善形成过节。遭到班禅额尔德尼、第穆呼图克图、商上总堪布等指控，经驻藏大臣琦善转奏朝廷。二十四年（1844年）六月初七日上谕查办案件。八月初七日琦善宣布皇帝谕旨，摘取策墨林阿旺降白楚臣掌办商上印信，交班禅额尔德尼。琦善、班禅督率第穆呼图克图、济咙呼图克图、热振诺们罕及噶伦丹珍策旺（bstan vdzin tshe dbang）、策垫夺结（tshe brtan rdo rje）、诺依金彭措（nu yon can phun

---

① 《元以来西藏地方与中央政府关系档案史料汇编》（5），第 2005 页。
② 八思巴字又译作"阐明圣教额尔德尼诺门汗之印"。
③ 《清宣宗实录》卷二五三道光十四年六月壬戌。
④ 《清宣宗实录》卷三七一道光二十二年四月戊申。

tshogs）等逐一确查。罪状包括违反规章，擅取商上物品；不照旧规随护达赖喇嘛下山出行；未蒙恩常擅坐八人黄轿；收受贿赂和金银财物；霸占商属田庄和过多土地等。① 理藩院于十月初六日具折议奏认为：该摄政"不知守分，胆敢需索番属财物，侵占百姓田庐，私拆达赖喇嘛所建房间，擅用未蒙恩赏轿伞；更强据商产，隐匿逃人，钤用印信不在公所，独断独行；呈进贡物不出己货，滥支滥取，任性听断，恣意欺凌；甚至于达赖喇嘛起居不能加意照料，房内服侍无人，以致达赖喇嘛颈上带伤流血不止，尤复不知究办，轻议完结"，等等。②

道光二十五年（1845 年）四月十二日，二世策墨林阿旺降白楚臣"著发往黑龙江，交该将军严加管束，毋许外出滋事，并不准与外人交接"③。查获策墨林资产"……金银变估等项共银十四万四千余两，著该大臣勘明西藏各寺庙应行修理者，即于此项内动用兴修，所余银两分别赏给前后藏各寺庙喇嘛，以示优恤。至所称抄出米二百八十七石、麦豆青稞共六千九百四十九石，并著赏给前后藏番官兵丁，俾得均沾惠泽"。④ 据黑龙江将军棍楚克策楞奏报，阿旺降白楚臣于道光二十六年（1846 年）二月初五日被解到配所，当即被安置在木城内居住。三十年（1850 年）五月初，获准结束流放生活，次年回到原籍卓尼土司辖地，仍处于清政府的监控之下。⑤

根据琦善的奏折，道光皇帝降旨："其商上事务著照议准令班禅额尔德尼暂行兼管，第穆、济咙、热振三人并令随同学习，俟一二年后，由该大臣会同班禅额尔德尼酌保一人掌办商上事务，将此谕令知之。"七世班禅开始不愿意担任摄政，因不能违抗"圣旨"，勉强担任了 8 个月摄政。道光二十五年（1845 年）三月，七世班禅辞去摄政职务。道光皇帝命热振呼图克图阿旺益西楚臣江村担任摄政。咸丰五年（1855 年），咸丰皇帝命达赖喇嘛亲政，还不满一年，于当年十二月十五日在布达拉宫暴亡，只活了 18 岁。十一世达赖喇嘛圆寂后，咸丰皇帝又任命热振呼图克图担任

---

① 其十四条内容，均见中国第一历史馆藏录副奏折，165 - 8008 - 150。
② 《清宣宗实录》卷四一〇道光二十四年十月庚子。
③ 中国第一历史馆藏上谕档，（50）2 - 1097。
④ 中国第一历史馆藏上谕档，（50）2 - 1097。
⑤ 《朱批奏折》1496 号易堂奏折。

摄政。

夏扎·汪曲结布是西藏噶厦政府的俗官噶伦，原名比喜·汪曲结布。曾被噶厦政府派往平定波密之乱，后又受噶厦之命率兵抗击森巴（道格拉统治者古拉伯·辛格）入侵者，被提升为戴本。道光二十三年（1843年）经驻藏大臣孟保奏请，道光皇帝批准，擢升为噶伦。二十七年（1847年）又前往藏东乍丫（察雅）地区调解两活佛的纷争，因功受到皇帝奖励。咸丰四年（1854年）主持了桑耶寺维修工程，被皇帝封为辅国公，加宝石顶戴。后支持哲蚌寺、甘丹寺僧人，与热振摄政武装冲突，并得到驻藏大臣的庇护。迫使热振前往内地并死在北京。①

据《十二世达赖喇嘛传》记载：当年同治元年（1862年）藏历五月二十七日，"人天导师达赖喇嘛尽管已经身负政教两方面的重任，但是由于当时年龄幼小，需要任命一个德高望重之人予以协助。经甘丹寺、哲蚌寺和仲科尔三方商议，一致认为卸任噶伦夏扎甚合噶厦政府心意，可以担任。经过向皇帝奏请，得到批准之后，两位驻藏大臣立即要求夏扎承担办理政务之责"。②当年藏历九月七日，"因为皇帝命人天导师达赖喇嘛为政教之主及命卸任噶伦夏扎·汪曲结布协助掌政赐给诺门罕名号的诏书到达，因此在司西平措大殿举行盛大喜宴。当时，汉藏上层人物齐聚布达拉宫，十二世达赖喇嘛亦前往布达拉宫司喜平措大殿会见了驻藏大臣。达赖喇嘛、诺门罕、各大呼图克图、公、噶伦、基巧堪布等人全都跪下，满文仲译和堪仲宣读诏书，宣读完毕，众人全都向皇帝恭敬地行三跪九叩之礼"。③他任摄政之后，派兵平定康区瞻对（今新龙县）贡布朗吉（dkon po nams rgyal）叛乱，并主持修筑环绕拉萨的城墙。

同治三年（1864年）即藏历木鼠年八月二十五日，第悉诺门罕夏扎·汪曲结布因病在罗布林卡去世。噶厦以达赖喇嘛名义禀报驻藏大臣并奏请皇帝，同治四年（1865年）即藏历木牛年二月"七日，大皇帝赐给摄政卸任甘丹赤巴德珠钦饶旺秋（sde grub shes rab dbang phyug）以诺门罕名号令其协助办理政务的诏书送达，因此按例规从驻藏大臣衙门迎请诏书，在

---

① 牙含章编著《达赖喇嘛传》，第85～86页。

② 《十二世达赖喇嘛传》，第92页。

③ 《十二世达赖喇嘛传》，第95页。

太阳出山之时将诏书迎至日光寝殿，达赖喇嘛、摄政及大小呼图克图俱无比恭敬地跪听宣读皇帝诏书"[1]。1867 年（火兔年）藏历二月十三日，皇帝赐给达赖喇嘛一块题有"佛光普照"的匾额[2]和"振锡绥疆"的匾额。藏历七月十二日，大皇帝敕谕和历任摄政使用的公章银印送抵驻藏大臣衙门，由驻藏大臣将银印交到达赖喇嘛手中，再由达赖喇嘛将摄政的银印颁给摄政德柱（珠）钦饶旺秋。[3]

同治十一年（1872 年）即藏历第十五饶迥水猴年九月十八日，摄政德珠呼图克图洛桑钦饶旺秋在罗布林卡的格桑颇章去世。同治帝命令达赖亲政。光绪元年（1875 年），十二世达赖突然又在布达拉宫暴亡，只活了 20 岁，亲政不到两年。成烈嘉措圆寂后，同治帝又命功德林济咙通善呼图克图阿旺白登曲吉江措继任摄政。

光绪十二年（1886 年），摄政通善呼图克图逝世，光绪皇帝命第穆呼图克图阿旺罗桑陈来热杰担任摄政。圣旨内称"仍饬第穆呼图克图再行掌办商上事务五年"。二十年（1894 年），十三世达赖喇嘛年届 19 岁，光绪帝曾下令其亲政，但达赖喇嘛以自己年龄尚幼，同时正在学经，恐亲政以后，政教两误，推辞未就，只把历代达赖喇嘛的三颗印玺接受过来，交给噶丹掌管。二十一年（1895 年）八月八日，在布达拉宫的司西彭措大殿上，举行了隆重的十三世达赖喇嘛亲政大典。二十五年（1899 年）七月，西藏发生了"阴谋杀害达赖"的案件。有说法谓："藏政府假护法神之口，诬藏王第穆呼图克图阿旺罗桑称勒不轨，诅咒达赖，旋将第穆佛禁毙狱中，查抄阐宗寺财产。同时加罪丁结林（即丹结林）之臣僚罗布顿珠等，先后被杀，达赖于是威服全藏，莫敢有违。"[4]

光绪三十年（1904 年）六月十二日，英军迫近拉萨，十三世达赖仓皇由罗布林卡移到布达拉宫，命第八十六任甘丹赤巴罗桑坚赞出任摄政，代理掌管西藏政教事务。三十二年（1906 年），光绪皇帝"赏代理达赖喇嘛罗桑丹贝坚赞诺门罕"名号，即正式获得任命。宣统元年（1909 年）十三世达赖喇嘛回到西藏，罗桑丹贝坚赞卸任摄政。宣统二年（1910 年）二

---

① 《十二世达赖喇嘛传——水晶明鉴》，木刻版，第 217 页；熊文彬汉译本，第 125 页。
② 《十二世达赖喇嘛传》，熊文彬汉译本，第 138 页。
③ 《十二世达赖喇嘛传》，熊文彬汉译本，第 140 页。
④ 刘家驹：《西藏政教史略》，中国边疆学会，1942 年。

月，因四川军队入藏，十三世达赖喇嘛逃往印度，临行前委任三世策墨林、第八十七任甘丹赤巴阿旺罗桑丹白坚赞再度出任摄政，任至1912年十三世达赖喇嘛返回西藏。

1933年10月30日，十三世达赖喇嘛在布达拉宫圆寂，前后执政38年。三大寺代表和噶厦僧俗官员会议决定，特请五世热振呼图克图土登坚白益西丹巴坚赞（Thub den Jam pal Ye shes bstan pai Gyal tshan，1912 – 1947年）出任摄政。西藏驻京办事处将噶厦来电于1934年1月26日书面报告国民政府行政院，国民政府行政院于1月31日复电批准热振呼图克图正式出任摄政，授予其"辅国普化禅师"名号，总管西藏地方政教事务。1941年，五世热振迫于压力暂时辞去职务，并推荐自己的经师、已经70多岁的三世达扎活佛继任摄政3年。1941年，三世达扎·阿旺松绕图多活佛（ngag dbang gsung rab mthu stobs；1874 – 1951年）任摄政，1951年因亲英和从事分裂活动被免去摄政。

摄政制度是清朝管理西藏地方的重要制度之一，也是清朝时期西藏地方政治制度史中的重要内容，历代摄政为西藏地方稳定，社会发展，边疆稳固发挥过重要作用。同时，一些摄政也与达赖喇嘛、班禅额尔德尼和驻藏大臣等出现过纷争，特别是对达赖喇嘛制度产生了巨大的冲击，成为一种异己的力量。而十三世达赖喇嘛时期出现的"第穆事件"尽管可以从不同角度去分析，却仍然有达赖喇嘛对摄政制度反击的内容。不断深入研究摄政制度无疑是清代西藏地方政治制度史和宗教史研究的重要议题。

附　历代摄政名录

（1）六世第穆活佛阿旺降白德勒嘉措（ngag dbang vjam dpal bde legs rgya mtsho，1722 – 1777年）1757～1777年任摄政。

（2）一世策墨林活佛阿旺楚成（ngag dbang tshul khrims，1721 – 1791年）1777～1787年及1790～1791年任摄政。

（3）八世济咙活佛益西洛桑丹白贡布（ye shes blo bzang bstan pavi mgon po，1748 – 1810年）1787～1810年任摄政。

（4）七世第穆活佛罗桑土登晋美嘉措（blo bzang thub bstan vjigs med rgya

mtsho，1777－1819 年）1811～1819 年任摄政。

（5）二世策墨林活佛阿旺强白楚臣嘉措（ngag dbang vjam dpal tshul khrims rgya mtsho，1792－1860 年）1819～1844 年任摄政。

（6）七世班禅额尔德尼丹白尼玛（bstan pavi nyi ma，1781－1854 年）1844～1845 年任摄政。

（7）三世热振活佛阿旺益西楚臣坚赞（ngag dbang ye shes tshul khrims rgyal mtshan，1816－1863 年）1845～1855 年及 1856～1862 年任摄政。

（8）夏扎·旺曲杰布（bshad sgra dbang phyug rgyal po，1797－1864 年）1862～1864 年任摄政。

（9）一世德珠活佛罗桑钦饶旺秋（blo bzang mkhyen rab dbang phyug，? － 1872 年）1864～1873 年任摄政。

（10）十世济咙活佛阿旺班丹却吉坚赞（ngag dbang dpal ldan chos kyi rgyal mtshan，1850－1886 年）1873～1886 年任摄政。

（11）九世第穆活佛阿旺洛桑赤列饶杰（ngag dbang blo bzang vphrin las rab rgyas，1856－1900 年）1886～1895 年任摄政。

（12）赤钦罗桑坚赞（khri chen blo bzang rgyal mtshan，1881－? 年）1904～1910 年任摄政。

（13）三世策墨林活佛阿旺罗桑丹贝坚赞（blo bzang bstan pavi rgyal mtshan，1861－1919 年）1904～1909 年代理摄政，1910～1912 年任摄政。

（14）五世热振呼图克图土登降白益西坚赞（thub bstan vjam dpal ye shis rgyal mtshan，1912－1947 年）1934～1941 年任摄政。

（15）三世达扎·阿旺松绕图多活佛（ngag dbang gsung rab mthu stobs；1874－1951 年）1941～1951 年任摄政。

第二十一章　列强觊觎与艰难应对

在欧洲一些国家不断发现新大陆、拓展殖民地，掠夺资源、开辟市场之际，恰恰是清朝中晚期后中国封建王朝极盛而衰之时，双方的激烈碰撞既包括思想文化领域的交流，也包括财富的掠夺与反掠夺、疆土的侵占与捍卫之争。

一　形式多样的考察探险

西方人对中国西藏地方的兴趣由来已久，希罗多德在其《历史》中就提到了印度北部地区的蚂蚁掘金传说，其后时隐时现始终未绝，大多以传闻为主，且多神秘色彩。1245 年意大利天主教柏朗嘉宾（Jean de Plan Carpin ou Plano Cerpini，1200－1252 年）出使蒙古，在其所著《蒙古史》的报告中提到了他道听途说的波黎吐蕃的故事。文称，成吉思汗派自己一个儿子率军征讨印度，"这支蒙古军队在回师途中来到了波黎吐蕃（Burithabet），并且用武力征服了这一地区的居民。后者不但是异教徒者，而且还有一种令人难以置信或者更正确地说是令人厌恶的习俗：如果某人的父亲去世后，儿子和所有的亲属便分而食之。这就是当地人向我们证实的情况。这一民族下巴都没有须毛，不但如此，正如我们所亲眼看见的那样，他们手带一种铁的器械，如果偶尔有一两根汗毛长了出来，便用此器械拔掉。同样，这些人的长相也格外丑陋"①。1253 年，到过大蒙古国的

---

① 贝凯、韩百诗译注《柏朗嘉宾蒙古行纪》，耿昇汉译，见《柏朗嘉宾蒙古行纪　鲁布鲁克东行记》合集，中华书局，1985，第 50～51 页。

法国人鲁布鲁克（Willian de Rubruguis，1220－1293 年），在给国王的报告中也提到了西藏，"他们（唐兀，即党项）的那边是土番（吐蕃），这支民族有吃他们已死父母的风俗。他们为虔诚之故，不给他们的父母找墓穴，而把他们葬在肚子里。不过因为各族都认为这是恶行，他们已把这种做法抛弃。但他们仍然用他们父母的头盖制作精美的杯子，所以每逢用这种杯子喝酒时，他们在欢乐中不忘父母。这事是一个眼见的人告诉我们的。他们的国土内有大量黄金，有人短缺金子时，他就去挖掘，直到挖到它，但他只取走所需的数量，把余下的放回地里。因为如果他把金子收藏在箱柜中，他认为神会让他得不到地里的了"①。他还在介绍各族文字时提道："土番人的写法和我们的相同，字体也颇像我们的。"② 13 世纪后半期，马可·波罗（Marco Polo，1254－1324 年）在其游记中辟有两章专述"西藏"，说那里属于大汗（忽必烈）管辖，盛产金沙、麝香和大犬等物，"境内无纸币，而以盐为货币。衣服简陋，所衣者为兽皮及用大麻或粗毛所织之布。其人自有语言，而自称曰土番人"。百姓信仰偶像教。女子婚前性爱自由，甚至以性伴侣多者为有魅力，婚后严格遵守妇道。③ 鄂多立克（Odorico da Pordenone，1286－1331 年）则描述了西藏的天葬、妇女发辫和宗教等情况。④

西方人亲自游历西藏出现于公元 17 世纪初期，葡萄牙人德·安夺德（P. Antonio de Andrade，1580－1634 年）率先深入到西藏西部地区并留下了真实见闻。1624 年 7 月安夺德与马克斯修士到达西藏阿里古格王朝的扎布让。受到古格王夫妇的热忱欢迎，并对其建立教堂给予大力支持。1626 年 8 月复活节那天，古格王出资帮助安夺德在扎布让建立了一座基督教堂，引起信奉格鲁派的王室成员和僧人们的不满，招致拉达克军队进入并洗劫扎布让教堂。安夺德、马克斯被迫离开西藏。但他们在著作中第一次向西

---

① 柔克义译注《鲁布鲁克东行记》，何高济汉译，见《柏朗嘉宾蒙古行纪　鲁布鲁克东行记》合集，中华书局，1985，第 253 页。

② 柔克义译注《鲁布鲁克东行记》，何高济汉译，见《柏朗嘉宾蒙古行纪　鲁布鲁克东行记》合集，中华书局，1985，第 280 页。

③ 马可·波罗：《马可·波罗游记》，冯承钧汉译，上海书店出版社，1999，第 274～279页。

④ 〔亚美尼亚〕乞拉司思·刚扎克赛：《海屯记》、〔意大利〕鄂多立克：《鄂多立克东行录》、〔波斯〕火者·盖耶速丁：《沙哈鲁遣使中国记》，见《海屯行纪　鄂多立克东游录　沙哈鲁遣使中国记》合集，何高济汉译，中华书局，2002。

方世界介绍了藏传佛教的情况，诸如喇嘛们的衣、食、住、行、辩经、跳神、喇嘛治病、宗教仪式、摩顶、打鬼和教理等。① 清咸丰十一年（1661年）10 月，奥地利传教士白乃心（约翰格鲁伯）、比利士传教士吴尔铎（道维尔）到达拉萨，成为第一批到达圣城拉萨的欧洲人。白乃心向西方人比较详细地介绍了藏传佛教，以及拉萨、五世达赖喇嘛。1715 年 6 月，意大利人德西德里和葡萄牙籍神父弗雷勒抵达拉达克首府列城，受到拉达克王的召见，并在蒙古王室遗孀嘎萨尔帮助下于次年 3 月 18 日抵达拉萨，受到拉藏汗的关照。他在拉萨六年，学习藏文和写作，并用以批驳藏传佛教，宣扬基督教，甚至试图让拉藏汗皈依基督教。1717 年 1 月德西德里完成了《黎明驱散黑暗，预示旭日东升》一书，呈交拉藏汗。拉藏汗准备让他和喇嘛们展开辩论，后因蒙古准噶尔部袭杀拉藏汗而夭折。② 与他同行的卡普清西藏传教会会长奥拉济奥（Orazio）在拉萨度过了 33 年时光，将宗喀巴的《菩提道次第广论》等著作翻译为意大利文。在天主教与藏传佛教的冲突中，西藏地方首领曾经采取了比较宽容的态度，他们对奥拉济奥表示："如果你们宣传教律时，同时又称赞和允许你们的藏民教徒信奉他们那里的古老习惯，这样将会更好。"但奥拉济奥不肯做出让步，他说："因为你们的习惯有很多是迷信的，我们不可能那样做，我们永远也不会那样做。"奥拉济奥还曾经给颇罗鼐写了一封信，声言"我到西藏来，唯一的目的就是传教。现在在这里干不成了，因此请求您让传教士们离开西藏"。同时还给颇罗鼐送上一本藏文的天主教教义。颇罗鼐委婉地指出：传教士们把藏传佛教视为邪恶的，伤害了西藏人民的感情。他反问奥拉济奥："如果我们有任何人到你们的国家，用你们已经做了的办法对你们传播我们的宗教，你们会怎么想呢？你们会感到怎么样呢？我们尊重你们的宗教；你们也要尊重我们的宗教……你们到这里来是你们自愿的。我们没有叫你们来，因此，应该由你们来决定去哪里和做什么。"③ 可见，在这场宗教纷争之中，藏传佛教信徒和西藏地方统治者的表现比天主教更为宽

---

① G. M. 托斯卡诺：《魂牵雪域》，伍昆明、区易柄译，中国藏学出版社，1998，第 157 ~ 178 页。

② 德西德里所著 4 卷：第一卷批判藏传佛教灵魂轮回转世说；第二卷反对空性论；第三卷解释基督教教义；第四卷《西藏纪事》，记述了西藏各方面情况。

③ 伍昆明：《早期传教士进藏活动史》，中国藏学出版社，1992。

容，天主教的排他性、喧宾夺主的做法恐怕是其早期未能在西藏立足的重要原因之一。

早期西方的传教士，大多以传播其宗教为宗旨，在中国与西方的宗教文化交流，特别是基督教与藏传佛教的碰撞与对话中带来许多新的气息，同时对藏传佛教也带来异教的挑战。早期西方传教士大多没有殖民扩张的使命，却与那个时代西方列强对外扩张的大背景有一定关系。他们在西藏的考察、传教和游历丰富了西方有关西藏的知识，同时又刺激了他们进一步探索西藏的欲望。

随着英国控制印度，进而控制喜马拉雅南麓地区之后，进入西藏的传教士的角色逐渐发生了一些变化，其中一部分人仍然是以传教为宗旨的旅藏教徒，而另一部分则扮演了英国觊觎中国西藏的马前卒。更有一些考察者、探险家，借着冒险和学术的名义，担负着英国侵略西藏的职责，为东印度公司和后来的英印政府在西藏搜集情报、测量地形、考察交通，以及当地的资源和风俗民情，为经济掠夺和军事扩张做了必要的基础性工作。在《烟台条约》签订之前，清朝严禁外国人进藏考察游历，该条约签订之后，西藏地方依然反对外国人进藏活动。英国人瓦代尔就在他的《拉萨及其神秘》一书中写道："1892 年夏天，我在转经筒里、空心拐杖中和伪造的背篓中偷偷藏着测量仪器，将自己伪装成一个西藏香客，试图从尼泊尔方向进入拉萨，但却不幸遭到了挫败。"[1] 在清朝的允许英国人进藏考察游历和西藏地方的反对之中，使衰弱的中国雪上加霜，出现内部上下之间的严重分歧，事实上此时中国已经丧失了抵御英国入侵西藏的能力，未战已经缴械。英印总督敢于派遣荣赫鹏率兵侵略中国西藏地方，既有英国强势、英印政府前进派当权的因素，也有与英国展开争夺的俄国纵容的因素，同时也与清朝软弱的对外政策的因素，以西藏地方原始的装备和缺乏训练的队伍，根本无法有效抵御四处强取豪夺的英国入侵者。

俄国的目标也十分远大，占领中国西藏还不是它的最终，甚至不是它的主要目的，它的长远目标是占领印度、统治全中国，称霸世界。当时的

---

[1] L. Austine Waddell, *Lhasa and Its Mysteries*: *With A Record of the Expedition of 1903 – 1904*, Originally Published: New York: Dutton, 1905, p. 19.

俄国统治者认为，"必须尽力向君士坦丁堡和印度推进，谁能占有这些地方，谁就将成为世界真正的主宰"。俄国外交大臣伊兹沃利斯基直言不讳地宣称：俄国"统治集团内大多数人认为，波斯应当完全由俄国控制，我们应当力求自由进入波斯湾，修筑横贯全波斯的铁路，在波斯建立一个巩固的立足点"①。在这样的背景下，俄国也把中国的西藏地方纳入侵略的视野范围。如果能占领中国西藏地方的话，俄国可以实现多个战略目标："一可威胁英属印度，二可牵制波斯和阿富汗，在同英国争夺中亚的角逐中处于有利的态势，三可利用达赖喇嘛的藏传佛教领袖地位影响蒙古佛教徒，为其分裂我国蒙古服务。"②此外，对于幻想征服世界的沙皇俄国来说，自然也有从西南、西北到东北包围中国的意图。因为，沙皇的"脑子里有许多宏伟的计划，为俄国拿下满洲，将朝鲜合并于俄国。他还梦想拿下西藏归他管辖"③。

从1870年到1917年的近半个世纪中，沙皇俄国侵略中国西藏的策略被概括为三种方式。

第一是派遣将校级军官率军人小分队武装"考察"西藏。这些考察队的头目包括普尔热瓦尔斯基、波塔宁、佩夫佐夫、格鲁姆-格日迈格、罗博罗夫斯基和科兹洛夫等人。考察活动的组织者是俄国总参谋部和外交部等官方机构，从国库拿钱，由地理学会等出面实施，曾经派出过13支"西藏考察队"，其中普尔热瓦尔斯基就先后7次进入西藏考察。俄国考察队主要活动在藏北、藏东北，以及西藏周围的甘肃、青海、四川和新疆等地区，考察的内容包括政治情势、经济状况、军事设施、兵员配备、交通道路、山口关隘、自然风貌、地质矿藏、山川湖泊、天文气象、民族分布、宗教信仰、民情风俗、汉藏关系等，具有较强的针对性和多方面的目的。

第二是利用俄国境内的蒙古人与西藏在历史上形成的宗教联系，同西藏上层进行秘密的政治交往。巴德玛耶夫和阿旺德尔智是其中具有代表性的人物。阿旺·德尔智在西藏学经多年，获得拉然巴格西学位并成为十三世达赖喇嘛宠信的外事顾问，同时兼具俄国秘密政治使者身份，

---

① 伊兹沃利斯基在1907年2月1日大臣联席会议上的讲话，载苏联《红档》1935年第2~3期合刊，第19页。

② 王远大：《近代俄国与中国西藏》，生活·读书·新知三联书店，1993，第3页。

③ 《库罗帕特金日记》1903年2月16（29）日，载苏联《红档》1922年第2期，第31页。

1898~1913 年间, 在宗教身份的掩护下 7 次往返俄国彼得堡和中国西藏之间, 对十三世达赖喇嘛的政治决策产生了很大的影响, 甚至还在辛亥革命之后策动蒙藏地区独立, 代表西藏地方签字、搞非法的《蒙藏协定》。

第三是用列强制造出来的所谓"西藏问题"作为等价物, 与英国进行政治交易, 换取实质性的好处。1905 年俄国爆发了全国总罢工和武装起义, 并且在日俄战争中战败, 从而放弃了原来占领中国西藏、拿下印度的幻想, 转而利用"西藏问题"与英国讨价还价, 博取实在的利益, 拿中国的西藏地方与英国做交易。[①] 与此同时, 德国实力崛起并超过英法俄等国, 使德国与俄国的矛盾迅速上升, 俄、英双方都试图达成谅解以应对来自德国的压力。此外, 俄国与英国的交易都是以牺牲中国的主权为条件的, 后来俄国默许英国分裂中国西藏, 而英国则认可俄国分裂中国外蒙古。1907 年 8 月 31 日签署的《英俄协定》, 调整了两国在争夺殖民地上的矛盾。协约规定: 把伊朗分为三部分, 北部属俄国势力范围, 东南部属英国势力范围, 中部划为"缓冲区"; 俄国承认阿富汗为英国的附属国。在涉及中国部分, 协定首次在国际条约中杜撰出一个"宗主权"来, 用以否定中国在西藏的主权。1913 年在英国策划的"西姆拉会议"上, 更提出要"维持西藏在中国宗主权之下的自治", 即"西藏名义上维持其中国主权之下的自治国的时候, 实质上应处于绝对依靠 (英) 印度政府的地位", "西藏应当十分诚心诚意地完完全全从属于英国势力"[②]。更为荒唐的是, 英国还在非法的"西姆拉条约"磋商之际, 在彼得堡同俄国开辟第二个会场, 进行了 6 个月的"西姆拉条约"相关内容谈判, 而俄国为了换取英国支持其分裂中国的外蒙古并在阿富汗获得补偿, 居然同意了非法的、旨在分裂中国西藏的"西姆拉条约"。只是第一次世界大战爆发, 俄国发生十月革命, 才使这些荒唐的作为全部作废。[③] 但是, 中国边疆地区, 特别是西藏地区面临的严峻问题依然存在。

---

① 王远大:《近代俄国与中国西藏》, 生活·读书·新知三联书店, 1993, 第 4~6 页。
② 英国外交部《关于印度东北边境毗邻国家形势的备忘录》(1912 年 8 月 26 日至 9 月 2 日), 见《英国外交部档案》, 全宗第 535 号, 第 15 卷, 第 141 页。
③ 王远大:《近代俄国与中国西藏》, 生活·读书·新知三联书店, 1993, 第 7 页。

二 清廷与西藏地方的应对分歧

清朝中后期出现了政治僵化、文化专制、闭关锁国、思想停滞等情况，在进入鼎盛期之后开始走向衰落。1840 年英国武力打开中国大门，迫使清朝签订不平等的《南京条约》。在打开中国东南沿海门户之后，英国还试图从中国西南部地区内陆打开入华通道。1875 年 2 月 21 日，英国公使威妥玛的翻译马嘉理在云南腾越地区的蛮允附近与当地的少数民族发生冲突中被打死，此即"马嘉理事件"，或"滇案"。英国借机迫使中国于1876 年（光绪二年）9 月 13 日签订《烟台条约》。除赔偿、通商和英国观审涉英人案件等项之外，还另议专条："现因英国酌议，约在明年派员，由中国京师启行，前往偏历甘肃、青海一带地方，或由内地四川等处入藏，以抵印度，为探访路程之意，所有应发护照，并知会各处地方大吏暨驻藏大臣公文，届时当由总理衙门察酌情形，妥当办给。倘若所派之员不由此路行走，另由印度与西藏交界地方派员前往，俟中国接准英国大臣知会后，即行文驻藏大臣，查度情形，派员妥为照料，并由总理衙门发给护照，以免阻碍。"① 从此之后，清朝在列强逼迫下对外开启英人进入西藏的大门。但是，西藏地方则完全秉承过去的传统，坚定拒绝外国人入藏考察、游历。清朝中央与西藏地方在外人入藏问题上出现了分歧，为外国人插手留下了空隙。

针对英国人要求入藏或通商，噶厦向驻藏大臣文硕多次申明，英人所谓与藏通商，不仅为经济而来，主要是"志在地土"，"唐古特大众僧俗，以英吉利人性阴鸷，教道不同，且见其与他处部落，并闻其覆辙"，"此则边境门户攸关，更非边外通商可比，藏番不允其所请，尤为情理所必致"。② 光绪十三年（1887 年）十二月文硕上书醇王，"英藏交涉终无头绪，两面相持不下，自卫之计，应留意预筹选将练兵，以备万一"。同月十九日，西藏地方前后藏僧俗官民联名呈请隆吐山设卡事由："惟此案英

---

① 《中英烟台条约》又称为《滇案条约》《中英会议条款》，是 1876 年（光绪二年）9 月 13 日清朝与英国在烟台签订的不平等条约。

② 《文硕奏牍》第 4 卷。

人开端生事，欲入西藏佛地游历通商……该外洋与小的番人性情不同，教道不合，势为冰炭……小的阖藏僧俗大众，纵有男尽女绝之忧，亦不甘心以门户让人。惟当复仇抵御，永远力阻，别无所思。"①

清朝廷则派升泰于 1890 年 3 月 17 日前往印度加尔各答，与印度总督兰斯顿（The Marquess of Lansdowne）签订《中英会议藏印条约》。通过这个条约，哲孟雄（锡金）成为英国的保护国，一切内政外交皆听命于英人；条约划定藏哲边界，使西藏丢失了岗八宗以南的大片牧场和险要地区。西藏上层明确反对该条约。1893 年 12 月 5 日清朝廷派代表何长荣与英国代表保尔在大吉岭签订《中英会议藏印条款》，包括开放亚东为商埠，在 5 年内免纳进出口税；英人在该地享有领事裁判权；在哲孟雄游牧的藏人应照英国在哲孟雄随时立定游牧章程办理。

十三世达赖喇嘛首先对与涉外有瓜葛的人实行严厉惩治，凡查出确实与英人入侵有关的人或被处罚，或籍没、或入狱、或枭首。再是派人推倒印度人在藏印边界上竖立的界碑，对印度进口货物依旧课什一税。

1904 年 9 月 7 日，代理摄政罗桑坚赞在《拉萨条约》上盖上了达赖喇嘛的印章，其余的噶伦、三大寺代表等也被迫签了字。1906 年 4 月 27 日，中国代表唐绍仪与英国代表萨道义签订《中英续订藏印条约》，共 6 款，《拉萨条约》作为附约。条约第二款写明"英国国家允不占并藏境及不干涉西藏一切政治，中国国家亦允不准他外国干涉藏境及其一切政治"。1908 年 4 月 20 日，中英双方签订《中英修订藏印通商章程》，共 15 款。中方代表张荫棠，英方代表韦礼敦（Sir Ernest Colville Collins Wilton，1870–1952 年）代表各自政府在条约上签字，西藏大吏选派嘎布伦汪曲结布为掌权之员后，秉承张大臣训示，随同商议。

三　西藏地方上层寻求外力

1886 年，英军由锡金侵入西藏。1888 年 3 月英国又武装进攻隆吐山，中英签订《藏印条约》，中国割让哲孟雄给英国，允许英人在藏开埠贸易。1898 年英印总督寇松两次致函十三世达赖喇嘛，试图抛开清政府，与西藏

---

① 《文硕奏牍》第 4 卷。

单独谈判立约。遭达赖坚决拒绝后，寇松乃以武力相威胁。1899 年，达赖喇嘛通过外蒙古哲布尊丹巴转奏清廷，请求与清政府直接对话，并请援助军火以御外侮，遭到清政府"逐条驳斥"。1900 年，十三世达赖喇嘛两次秘遣亲俄布里亚特蒙古人德尔智赴俄国寻求支持。1903 年底，荣赫鹏率英军 3000 人再度侵藏，由亚东、帕里入江孜。1904 年 8 月攻占拉萨。十三世达赖喇嘛带少数扈从逃亡，暂驻外蒙古库伦（今乌兰巴托），再遣德尔智赴俄。

当时的英印当局试图趁 1905 年俄国与日本在中国的大连爆发战争之机，加大入侵中国西藏地方，扩大在藏权益的力度，从而取得优势地位，以"抵制"俄国人的南进企图。同时，逐渐使西藏脱离中国而进入英国控制之下，变成另一个尼泊尔。英印当局面对十三世达赖喇嘛的强硬抵抗，除了发动武装入侵给予威慑之外，也试图拉拢九世班禅，试图利用班禅在后藏的影响直接插手西藏事务，博取政治和商业利用，同时在格鲁派两大活佛之间制造矛盾。某些英印边界官员认为，江孜商务代表随时都可以访问班禅喇嘛的驻地日喀则；而这时达赖喇嘛正在流亡中，已被清政府宣布废除了称号；班禅很可能成为西藏的最高权力代表。根据这种设想，英印政府与日喀则的关系将可能比与拉萨的关系更为有用。[①] 1905 年 9 月 24 日，英印政府驻江孜商务代表鄂康诺，率领 30 名英军前往日喀则。10 月 27 日，鄂康诺前往会见九世班禅喇嘛，邀请他前往印度参加英国皇太子的朝觐大典。鄂康诺向班禅保证：在达赖喇嘛返回西藏时，他可以出面调和两大活佛之间的矛盾；并在清政府责难班禅擅自访印罪过时提供保护。鄂康诺在 1905 年 11 月 23 日给锡金政治专员怀特的信中自称：我在西藏采取的政策大致如下：抓紧目前有利的机会，巩固同扎什喇嘛（九世班禅）的友谊，如果需要，甚至他将得到我们的资助与保护；按照《拉萨条约》的条款，在日喀则辟一新的贸易口岸；并使之清楚地看到，任何其他势力在拉萨的企图，将会引起我们在后藏和南部西藏势力范围的相应扩张。[②] 九世班禅的态度是："我往印不难，但须禀陈钦宪（驻藏大臣），奏知大皇帝

---

① A. 兰姆：《英属印度与西藏》（*British India and Tibet*），伦敦，1986 年修订版，第 260、280 页。

② A. 兰姆：《英属印度与西藏》（*British India and Tibet*），伦敦，1986 年修订版，第 260 页。

朱批照准，方可起程，否则难以从命。"鄂康诺则予以胁迫："该国有信，不去不行，请细思之。"① 当时在加尔各答谈判的张荫棠于 10 月 28 日电告清朝廷："闻印政府乘达赖喇嘛未回，已遣人入藏，诱班禅喇嘛来印，借迎英储为名，实密谋废达赖图藏。此事关系极大，拟请大部电有（泰）大臣，飞速严密防范，设法阻止，以遏阴谋。"② 英印政府自然不仅是为了让班禅参与迎接英王储活动这么简单，还试图通过给予九世班禅特殊礼遇借以取代十三世达赖喇嘛身份，诱使九世班禅承认《拉萨条约》。③ 清朝廷一面电示张荫棠，九世班禅无权决定西藏地方政治大事，假如有擅行约定事件，清朝中央政府概不承认。一面致函英国驻华公使萨道义，要他通知印度政府，中国政府将拒绝承认班禅喇嘛在访印期间签订的任何协议。④ 从而堵住了漏洞。此时，英国政局发生变化，自由党代替保守党，新上任的英国印度事务大臣约翰·慕荣，认为邀请班禅访印是英印政府边境官员一个"不太高明的举动"，无法容忍。⑤ 明托爵士代替寇松担任英印总督，放弃了其在西藏的冒险政策。加之九世班禅爱国立场坚定，英印政府的做法无功而终。

　　1906 年 4 月十三世达赖喇嘛从内地起程返藏，因英方阻挠，被迫暂栖塔尔寺。此时班禅、达赖先后提出入京陛见。1908 年，十三世达赖喇嘛奉旨入京，觐见光绪帝和慈禧太后，商讨藏事，并由清廷颁给金册。十三世达赖喇嘛又于雍和宫会见英公使朱尔典，表示友好互利。1909 年 9 月取道藏北那曲返回拉萨。时值驻藏大臣联豫推行各项改革，引起动乱，清朝根据联豫请求，派川军入藏弹压。十三世达赖喇嘛致电各国驻京公使，要求清朝撤军，同时下令征调民兵阻截川军。次年 3 月初，川军进抵拉萨，与藏军发生冲突，十三世达赖喇嘛仓皇逃往印度。清廷宣布革去十三世达赖喇嘛名号。1911 年，清朝灭亡。达赖受英国指使，派达桑占东

① 《班禅赴印记略》，第 2 页，载《清代西藏史料丛刊》第一集，商务印书馆，1938。
② 吴丰培辑《张荫棠奏牍》卷一，第 3 页。载《清季筹藏奏牍》第三册，商务印书馆，1938。
③ 《张荫棠奏牍》卷一，第 8 页。
④ 《张荫棠奏牍》卷一，第 8 页；《萨道义致蓝斯顿侯爵电》（1905 年 11 月 30 日），载《英国议会文书·关于西藏的文书》帙五二四〇，伦敦，1910，第 33 页。
⑤ 《印度事务大臣致印度总督电》（1905 年 12 月 2 日），《英国议会文书》帙五二四〇，第 33 页；《英属印度与西藏》，第 261 页。

潜赴西藏组织暴动。驻藏川军以"响应革命"为名哗变，大肆抢劫拉萨市民财物，引起西藏人民的反对，被缴械送回内地。驻藏大臣因清帝退位而自动离职，西藏地方政权统治出现暂时真空状态。1912 年 6 月，十三世达赖喇嘛返回西藏。1913 年 10 月派代表伦钦夏札边觉多吉（bshad sgra dpal vbyor rdo rje）参加西姆拉会议，主张西藏"独立"，参加会议的北洋政府代表陈贻范对这一无理要求予以拒绝。从 1913 年始，十三世达赖喇嘛在西藏推行一系列"新政"，包括创办新军，设置警察局，建立邮政局，开办电厂，设立民族医药和教育机构，其中不少方面都依赖英国的支持，包括军事培训、警察局设立，以及相关技术人员培训等。十三世达赖喇嘛并非完全投靠英国，而是试图借助于英国的帮助实现西藏地方的自强，在发生了一系列事件之后，他才明白依靠英国是一条无法走通的死路。

四　内忧外患与乱象丛生

1888 年（光绪十四年）英国发动第一次入侵西藏的战争（隆吐山战役），清政府求和，英国要求清政府签订不平等条约以结束战争。清政府则派驻藏帮办大臣升泰于 1890 年 3 月 17 日前往印度的加尔各答，与印度总督兰斯敦（Lansdowne）签订《中英藏印条约》。通过这个条约，哲孟雄（锡金）成为英国的保护国，一切内政外交皆听命于英人。在英国的压力下，清政府派何长荣于 1893 年 12 月 5 日与英国代表保尔（A. W. Paul）在印度大吉岭签订《中英藏印续约》，其内容是：开放亚东为商埠，在 5 年内免纳进出口税；英人在该地享有领事裁判权；在哲孟雄游牧的藏人应照英国在哲孟雄随时立定游牧章程办理。自此，英国人最终打开西藏的大门。由于清政府同英国签订了一系列有损西藏的条约，驻藏大臣在西藏的威信不断受到考验，西藏和清政府之间也逐渐疏远。

1910 年 2 月，锺颖统帅 2000 余名川军抵藏。已回到拉萨的达赖喇嘛请尼泊尔驻藏代表出面斡旋，邀请帮办大臣温宗尧到布达拉宫面商，"达赖面允三事：一将各处阻兵番众，立即撤回。二渥贺朝廷封赏，咨请奏谢。三仍尊重联大臣，一切供应照常恢复。温宗尧欲安其心，亦允以四事：一川兵到日，自必申明纪律，维持安宁秩序，不至骚扰地方。二诸事均和平处理。三达赖固有教权，不加侵害。四决不杀害喇嘛，以昭信守"①。但是，情况并未按照温宗尧设想的发展，"川军前队抵拉萨，联豫派卫队欢迎之，卫队归途开枪，击毙巡警一名，大昭寺之济仲大喇嘛，于琉璃桥畔饮弹而亡，卫队又向布达拉宫开枪乱击，僧众亦有带伤者，一时全城震动，人心不安，达赖恐遭危险，即掣其左右，逃往印度，联豫电告政府，有旨设法追回"②。带兵将领没有很好地约束进藏士兵，而驻藏大臣联豫也没有很好地化解自己与达赖喇嘛的个人积怨，他拒绝在给达赖喇嘛的复信上签字盖章。根据《十三世达赖喇嘛传》记载，川兵进入拉萨时正值传大召法会举行，川军殴打了负责法会的彭康台吉扎西多吉、孜准嘉木样坚赞等人，并将其带入军营。川军还向大昭寺、布达拉宫开枪射击，使拉萨的秩序大乱。③ 达赖喇嘛感到形势严峻，随即委任第八十六任甘丹赤巴罗桑坚赞为摄政，代理政教事务，半夜从布达拉宫到罗布林卡，简单收拾后即仓皇出走。联豫派兵追至曲水，遭到达桑占东带领的藏兵的阻击。达赖喇嘛一行经过白地、浪卡子，在羊卓雍湖畔的桑顶寺藏匿 3 日，继续前行，经过堆纳、帕里，过当拉山抵达英国驻亚东商务委员麦克唐纳的住宅，请求英国人保护。亚东的清朝官员曾经劝请达赖喇嘛返回拉萨，但达赖喇嘛在得知清军从帕里前往亚东的消息后，继续前往印度逃亡。根据麦克唐纳的记载，"在达赖喇嘛离开亚东前，他曾经交给我一个关于他出亡的叙述状，我马上就翻译成功，送达西姆拉外交公署。兹特列举如次：'中国人在拉萨极力压迫西藏人，中国武装步兵开到那里，开枪射击民众，死伤颇多，我同六大臣不得已相率出奔。现在我到印度的意思，就是和英政府作一度磋商。自从我离开拉萨后，一路上受中国军队窘迫的地方很多，曾有二百名中国军队，在哲克萨姆渡口紧追我后，我留一小队人马作相当抵抗，结果战争发生，藏方死二人，中国死七十人。我曾派一摄政，并各大臣代理人员留居拉萨，我和我的大臣，将重要印玺一并随身带来。我曾由英政府方面得到优渥的待遇，心中非常感激，现在我正盼望你们保护，并且相信英政府同藏政府的关系如同父子的关系一样，希望你们指

---

① 朱绣：《西藏六十年大事记》，京报社，1925，第 21～22 页。

② 朱绣：《西藏六十年大事记》，京报社，1925，第 22 页。

③ 《十三世达赖喇嘛传》，见《第十三世达赖喇嘛年谱》，《西藏文史资料选辑》（十一），民族出版社，1989，第 118 页。

导，并且当我到印度时，希望能作一个详细的报告'"①。到达印度的达赖喇嘛态度就这样发生了较大的转变。

清朝政府采纳联豫的奏折，颁布文告："查该达赖反复狡诈，自外成性，实属上负国恩，下辜众望，不足为各呼图克图之领袖，阿旺罗卜藏吐布丹甲错济寨汪曲却勒郎结著即革去达赖喇嘛名号，以示惩处。嗣后无论逃往何处及是否回藏，均视与齐民无异。并著驻藏大臣迅即访寻灵异幼子数人，缮写名签，照案入于金瓶掣定，作为前代达赖喇嘛之真正呼毕勒罕，奏请施恩，俾克传经延世，以重教务。朝廷彰善瘅恶，一秉大公，凡尔藏中僧俗，皆吾赤子，自此次降谕之后，其遵守法度，共保治安，毋负朕绥靖边疆、维持黄教之至意。"② 就这样，十三世达赖喇嘛再次被褫夺了名号。

达赖喇嘛名号被革除在藏传佛教流行地区引起了较大的社会反响。"印度大吉岭一带之喇嘛开一大会，满场一致决议三条：一认中国革去达赖一事为侮辱佛教，要求复达赖之职。二要求中国撤回驻藏之兵。三要求将驻藏大臣革职。""而新疆巡抚，伊犁将军，乌里雅苏台、科布多、塔尔巴哈台、库伦、阿尔泰诸办事大臣等，联名电奏，谓蒙古人民不以朝廷举动为然，请召还已革达赖，以镇抚之，政府未准。"③ 这不免引起朝廷与地方之间产生嫌隙，影响到中央的权威。

英国驻藏的代表贝尔的记载未必完全准确，却在一定程度上反映了十三世达赖喇嘛当时的心态及变化。他说："在此阶段，西藏人说英国对西藏的最重要的两点好处是：一、英国于荣赫鹏远征后即撤离了拉萨，当时加于西藏的条约总的是适度的。二、1910 年至 1912 年达赖喇嘛在印度时受到的热情款待而未被当成敌人。"④ 前者显然是毫无根据的谎言，该条约是一个在强盗的威逼下，英国侵略者和西藏地方签订的非法条约，不仅受到中国各族人民的强烈谴责，也在国际社会，甚至在英国国内都引起很大

① 麦克唐纳著，孙梅生、黄次书译，张守义、丁云孙、刘家驹、廖文奎校《旅藏二十年》，商务印书馆，1936，第 55 页。

② 《大清宣统政纪》卷三十；朱绣：《西藏六十年大事记》，京报社，1925，第 23 页。

③ 朱绣：《西藏六十年大事记》，京报社，1925，第 23～24 页。

④ 查尔斯·贝尔著，冯其友、何盛秋、刘仁杰、尹建新、段稚荃、莫兆鹏合译，葛冠宇校《十三世达赖喇嘛传》，西藏社会科学院西藏学汉文文献编辑室编印，1985，第 115 页。

的是非，荣赫鹏也被英国的批评者称为强盗，怎么可能被西藏地方认可呢？倒是英国对达赖喇嘛此次的热情接待发挥了一定的影响。尽管如此，"达赖喇嘛认为，在目前情况下，英国人不大会帮助他为争取西藏的自由而斗争。西藏之所以得救，应当归功于中国革命的爆发，而不应该归于别的原因"。也就是辛亥革命后各省的纷纷独立。在贝尔看来，毕竟达赖喇嘛的思想转变开始了，"达赖喇嘛意识到，西藏除了英国以外，别无依靠。因此，他和噶伦们都想按照不丹根据两年前与英国缔结的条约所享有的同样条款将西藏置于英国的控制之下，就是说，将西藏的对外关系置于英国政府的控制之下，英国政府保证不干涉西藏的内政"①。对此，不能说贝尔所说的都是事实，同时也不能说他所表达的仅仅是英国人的臆测。不过从中我们可以看到此时期英国侵略西藏的明确意图，也可以部分看到十三世达赖喇嘛在做些什么样的梦。

在驻藏大臣与达赖喇嘛关系紧张关系加剧，以及西藏地方对朝廷对藏政策不满增加的背景下，清末民初的西藏政局变化、英国的拉拢利诱促成了十三世达赖喇嘛对英态度的转变，西藏地方的危机空前加剧。就在各省纷纷独立于清朝之际，也有一些边疆地区民族分裂分子蠢蠢欲动，策动分裂国家的活动。"蒙藏条约"就是例证。1913年（民国二年）1月11日（藏历水鼠年十二月四日），外蒙古分裂集团"大蒙古国"代表大喇嘛然丁（Da Lama Ravdan）、外务大臣达布利特（Nikta Biliktu）以及大臣助理曼莱·巴特尔（Manlai Baatyr），与西藏地方十三世达赖喇嘛的代表阿旺·德尔智、阿旺秋增和秘书格登坚参（Gendun Gyal mtshan）签订了"蒙藏条约"。这个条约没有任何法律地位。首先，西藏地方的签约人阿旺·德尔智是俄国布里亚特蒙古人，他的身份的合法性本身就存在问题，他没有权力代表西藏地方签约。② 而且西藏地方并未授权他签订该条约，驻扎西藏的英国人柏尔曾向西藏噶厦政府伦钦夏扎·班觉多吉当面询问真相。夏扎答

---

① 查尔斯·贝尔著，冯其友、何盛秋、刘仁杰、尹建新、段稚荃、莫兆鹏合译，葛冠宇校《十三世达赖喇嘛传》，西藏社会科学院西藏学汉文文献编辑室编印，1985，第115页。

② Smith, Warren, "Tibetan Nation", p. 186: "The validity is often questioned, mainly on grounds of the authority of Dorjiev to negotiate on behalf of Tibet... the fact that Dorjief was a Russian citizen while ethnically Tibetan somewhat compromises his role; the treaty had some advantages to Russia in that it could be interpreted as extending Russia's protectorate over Mongolia to encompass Tibet."

复说："达赖未尝授德尔智以与蒙古订立任何条约之权,遗德尔智之书,系属普通信札,谨请其努力为佛教谋利益而已。"① 无论当时的西藏政府或者是拉萨三大寺宗教首领都从未对这一条约表示认可。② 俄国政府也表示,身为布里亚特人,阿旺·德尔智是俄国的臣民,因此他无法以达赖喇嘛代表的身份参与外交事务。③ 1924 年缔结《中俄解决悬案大纲协定》时,苏联政府还明确承认外蒙古为中华民国的一部分。英国方面从自身利益出发,也反对该条约的签订。更为重要的是,由两个自称"独立"的中国少数民族地方当局趁辛亥革命爆发后国内混乱之机,缔结的所谓"条约",自然完全不具备国家间所缔条约的性质。该条约的非法性是显而易见的,但是它对当时的政治局势,特别是藏传佛教流行的蒙藏地区的发展产生了消极的影响。同时,也让这些地方的独立活动开始公开化,为外国势力插手提供了可乘之机。在外国势力,特别是英国和俄国的直接推动下,蒙藏地区出现了一个又一个影响国家统一和民族团结的新挑战。

在西藏地方上也出现了各种思想动态,根据贝尔的不完整也未必准确的记述,也可能反映出某种复杂的乱象:"达赖喇嘛亲英亲俄,但反华;班禅喇嘛亲英,但反对拉萨;达赖喇嘛的噶伦们清一色地亲英;基巧堪布既亲英又亲俄。色拉和甘丹两大寺亲英;更大的哲蚌寺主要亲华,因为这里的喇嘛大多是邻近中国边界的藏人摄于中国势力和影响;西藏农民大多数没有政治觉悟。"④ 如果贝尔所说的基本属实的话,那么这一时期以十三世达赖喇嘛为首的西藏地方上层政教势力媚外反华势力成为社会的主流,可见问题严重程度之一斑。

对于十三世达赖喇嘛过分贪恋世俗权力,甚至热衷于动用武力的做法,在当时也遇到诸多掣肘。清末民初的西藏动乱之中,十三世达赖喇嘛试图武力驱除进藏川军。据贝尔记载:"班禅喇嘛的下属,像哲蚌寺一样,与中国人暗中勾结,而丹吉林的喇嘛又对他们所受到的惩罚耿耿于怀,一心一意为中国而战。"针对达赖喇嘛下令噶伦驱除川军的做法,"年轻的锡

① 柏尔:《西藏之过去与现在》,宫廷璋译,商务印书馆。

② Bell, Charles, *Tibet Past and Present*, 1924, pp. 150f, 228f, 304f.

③ UK Foreign Office Archive:FO 371/1608.

④ 查尔斯·贝尔著,冯其友、何盛秋、刘仁杰、尹建新、段稚荃、莫兆鹏合译,葛冠宇校《十三世达赖喇嘛传》,西藏社会科学院西藏学汉文文献编辑室编印,1985,第 115 页。

金王子说：参与杀生，对一个佛教徒来说，是一种罪孽；对于一个喇嘛来说，是一种大罪；对于全体喇嘛的最高领袖来说，更是罪上加罪"。贝尔接着说，"但是，达赖喇嘛已下定决心，一意孤行"①。显然，十三世达赖喇嘛在这一时期的态度和做法是十分鲜明的，他幻想西藏走上自立之路，后来他得到英国的支持更加跃跃欲试了。

五　夹缝中求生存保主权的策略

1. 英国俄国条约中对中国在西藏"宗主权"的确认

19 世纪末期在整个中亚地区展开一系列角逐的主要是英国和俄国。他们都关注着中国西藏的财富——黄金，以及在中亚大角逐中的战略地位，特别是控制印度战略中的作用。俄国在向蒙古、新疆和西藏的渗透过程中，信仰藏传佛教与中国这些边疆地区保持密切关系的俄国蒙古人发挥了重要的作用，其中比较有代表性的一位是巴德玛耶夫，另一位就是阿旺·德尔智（多杰耶夫）。

巴德玛耶夫（1851～1919 年）是布里亚特蒙古人，毕业于彼得波大学东方语系，1875～1893 年在沙俄外交部任职。在此期间，他结识了财政大臣维特，还当上了沙皇的御医。巴德玛耶夫曾露骨地向沙俄政府指出："西藏是亚洲最高的高原，应掌握在俄国手中。控制了这个地方，肯定可以迫使英国达成谅解。"② 1893 年 2 月 25 日，巴德玛耶夫向沙皇亚历山大三世上了一封"万言书"——《关于俄国东亚政策的任务》，后人也称为"巴德玛耶夫计划"。其中狂妄地叫嚣"将西藏合并于俄国"。他认为"兰州府是通向西藏的咽喉要地"。应立刻修筑从贝加尔湖至兰州的西伯利亚铁路支线，同时利用清政府的注意力被日本拖在朝鲜、无暇西顾之际，派遣 2 万至 3 万俄国军队，组成快速部队，以迅雷不及掩耳之势夺取兰州府，然后再以兰州为前进基地，向中原地区、西藏等地伸展势力。随后，再"按预定计划，遴选西藏的显贵和重要僧侣前往俄国，请求沙皇接纳他们

---

① 查尔斯·贝尔著，冯其友、何盛秋、刘仁杰、尹建新、段稚荃、莫兆鹏合译，葛冠宇校《十三世达赖喇嘛传》，西藏社会科学院西藏学汉文文献编辑室编印，1985，第 113 页。
② 谢缅尼科夫编《沙皇制度内幕（有关藏医巴德玛耶夫的档案资料）》，1925 年列宁格勒版，第 110 页。

为臣民"①。看过巴德玛耶夫的"万言书"后，沙皇俄国的财政部部长维特激动不已，不禁提笔写道："倘若巴德玛耶夫先生预想的事情能够实现，那么俄国领土将从太平洋之滨延伸到喜马拉雅山之巅，俄国将不仅主宰亚洲事务，而且将主宰欧洲事务。"② 1893 年沙皇还出资 200 万金卢布为巴德玛耶夫设立商行，任务是"在西藏和蒙古为俄国政治势力扫清道路"。③ 他借助阿旺·德尔智的关系，从赤塔向拉萨派了 10 名布里亚特蒙古探子搜集情报，并且在后来的 1903 年荣赫鹏侵略西藏中了解局势，鼓动俄国进一步插手西藏事务。巴德玛耶夫还在 1904 年 1 月 14 日向沙皇尼古拉二世递交《关于在西藏同英国人对抗的备忘录》，提出"西藏是从印度方面打开亚洲的钥匙，谁统治西藏，他就将统治青海和四川。谁统治青海，他就将统治整个佛教世界，甚至包括俄国佛教徒在内，而谁统治四川，他就将统治全中国"④。俄国在中国西藏的扩张只是其占领中国、印度，称霸世界的一个环节。布里亚特蒙古人阿旺·德尔智是沙皇与十三世达赖喇嘛沟通的中介，也是俄国侵藏活动的具体实施者。俄国甚至都没有把中国作为主要对手，而直接与英国在中国土地上展开争夺。

同样，在英国特别是英印政府中同样存在一些侵略狂人，一直主张将西藏并入英国。英印总督寇松和荣赫鹏则是其中典型的代表，荣赫鹏在他的《荣耀之旅：回忆一生中的人和事》一书中指出："（西藏）向俄国人派出代表，并接见俄国派来的使者，这令人无法忍受。同俄国人的往来排挤了同我们的联系，这才是真正冒犯了我们的原因……对抗俄国在西藏不断增长的影响才是我此行的真正目的所在。"⑤ 中国政府和西藏地方的态度对他无关紧要。与荣赫鹏同行的英国藏学家瓦代尔也在《拉萨及其神秘》一书中写道："随着印度的利益日益受到俄国威胁，我们使团立即成行就

① 谢缅尼科夫编《沙皇制度内幕（有关藏医巴德玛耶夫的档案资料）》，1925 年列宁格勒版，第 49~72 页。

② 谢缅尼科夫编《沙皇制度内幕（有关藏医巴德玛耶夫的档案资料）》，1925 年列宁格勒版，第 80 页。

③ 波波夫：《俄国与西藏》，载苏联《新东方》1927 年第 18 期，第 104 页。

④ 谢缅尼科夫编《沙皇制度内幕（有关藏医巴德玛耶夫的档案资料）》，1925 年列宁格勒版，第 110 页；王远大：《近代俄国与中国西藏》，生活·读书·新知三联书店，1993，第 17~19 页。

⑤ Francis Younghusband, *The light of experience—a review of some men and events of my time*, London, 1927, pp. 80-81.

成当前要务了。因为，正如寇松所解释，我们再也无法忍受任何对印度边疆的敌对影响。"① 英国的档案文献显示，打到拉萨后的荣赫鹏竭力想废除十三世达赖喇嘛，"当荣赫鹏得知达赖喇嘛已很难找到，便开始着手策划废黜达赖喇嘛一事了"。对此，当时的印度事务大臣、印度总督及驻藏大臣似乎都很支持荣赫鹏。"如果能以传统的方式废黜达赖喇嘛，将会发出一个信号。"② 实际上，在荣赫鹏抵达拉萨后不久，他便下定决心要想办法废黜达赖喇嘛。③ "随后，他诱使驻藏大臣通过他本人向北京发出电报，请求废黜达赖喇嘛。8 月 24 日，北京宣布达赖喇嘛已被废黜；两天后，朝廷下达谕旨，将这位西藏统治者贬斥为平民百姓，并提出他的位置应当由扎什伦布寺负责人接管。现在，所有的宗教作用和权威都转移到'扎什喇嘛'（班禅喇嘛）身上了，而西藏事务的未来责任则由驻藏大臣承担。"④

不过他们的强盗行为，不仅遭到包括藏族在内的中国各族人民的强烈反对，甚至在英国上层和民间都受到严厉的谴责。大臣们认为荣赫鹏的行动损害了英国的国家利益，而印度事务大臣布罗德里克（Brodrick）从开始就反对荣赫鹏发动的侵略战争。相关的"寇松身败名裂，已经去世。巴尔佛政府也垮台了。布罗德里克由于在这一事件中扮演的角色而被困扰不休。麦克唐纳在毛里求斯的一个小小守备部队里担任指挥官，结束了他的政治生涯。荣赫鹏为其所真挚信任的政府所作出的巨大贡献不久也付之东流了"⑤。在荣赫鹏 1903 年的武装入侵中国西藏地方之后，尽管贪婪地迫使西藏地方签订了非法的《拉萨条约》，不管怎么努力却无法达到其预想

---

① *Lhasa and Its Mysteries*, *with a record of the expedition of 1903 – 1904*, by L. A. Waddell, London，1906，p. 56.

② 印度事务部档案（IOR）：MSS Eur E 233/39，布罗德里克致函庵士尔，1904 年 8 月 26 日，第 144 页。

③ 《西藏文档》（*Papers relating to Tibet*），见前引，第 132 页，1904 年 8 月 25 日，第 53 页；第 149 页，1904 年 9 月 8 日，第 60 ~ 61 页。印度总督询问是否有过清朝皇帝废黜达赖喇嘛的先例，或假设达赖喇嘛被班禅喇嘛取代。荣赫鹏的回复至多可以算是真假参半："……是驻藏大臣首先提议要废黜他（达赖喇嘛）。"

④ 《西藏文档》（*Papers relating to Tibet*），见前引，第 135 页，1904 年 8 月 28 日，第 54 页；阿玛尔·考尔·贾斯比尔·辛格（Amar Kaur Jasbir Singh）著，梁俊艳译《喜马拉雅三角：英属印度与西藏、锡金和不丹关系史，1765 ~ 1950 年》，待刊本。

⑤ *Bayonets to Lhasa*, *the First Full Account of the British Invasion of Tibet in 1904*, by Peter Fleming, Rupert Hart – Davis, Soho Square London，1961，pp. 278 – 279，p. 294；向红茄、胡岩译《刺刀指向拉萨》，第 267 ~ 268 页，第 283 页。

的目的。

俄国和英国侵略中国西藏的情况和手法尽管不尽相同，但是都无法轻易得手，在各种因素的作用下，他们在 1907 年的条约中达成了承认中国"宗主权"、双方都不占领中国西藏的原则。既有损害中国主权的一面，即擅自将"主权"篡改为"宗主权"问题，也有列强相互妥协暂时减缓侵略步伐的一面。清朝政府也是在这种列强的强取豪夺的夹缝中，维护权益，求得生存。

2. 美国的"门户开放"政策与对中国在藏主权的确认

19 世纪末 20 世纪初期，当西方列强瓜分中国狂潮掀起之后，中国的广大边疆和东南沿海地区几乎都成为列强的势力范围，一方面使中华民族面临空前未有的存亡危机，另一方面也使新崛起的列强比如美国在华缺乏开拓的空间。在这样的背景下，美国提出了著名的"门户开放"政策。这一政策的提出与一位著名的外交官、汉学家和藏学家有关，此人即是柔克义（William Woodville Rockhill, 1854 - 1914 年）。他曾花费较大精力掌握了汉语和藏语、蒙古语。1885 年，担任美国驻华公使馆一等秘书。曾经两度到中国青藏地区旅行考察。1888 年底，柔克义雇用了一辆驴拉轿车，装扮成普通中国人，途径太原、西安、兰州等地，于 1889 年 2 月 6 日，抵达西宁府，准备进入藏区。为了避开西宁办事大臣及其属下的阻拦，他剃光须发装扮成和尚，获得了参拜塔尔寺的通行许可。从塔尔寺返回西宁后，他又前往赛柯寺（Serkor gon ba，大通广慧寺）。在那里，他遇到了北京的故交布喇嘛（Bu Lama）。布喇嘛向柔克义推荐了一位来自拉萨的年轻僧人作为向导。随后，他前往丹噶尔（Tangar，湟源）采购进藏所需的物资、牲畜。1889 年 3 月下旬，踏上了丹噶尔 - 阔阔淖尔（青海湖）的进藏之路。3 月 22 日，他们从鲁沙尔出发，4 月 4 日到达都兰。4 月 8 日，由都兰前往香日德。由于所带财物有限，无法支付前往拉萨的费用，他决定改道黄河源路线。4 月 24 日，柔克义带着部分随行人员沿香日德河前往托素湖（Tossu nor，今东给措那湖）。在托素湖边，他遥望阿尼玛卿山，随后向西行进探查了阿里克湖，抵达巴隆（Baron）。5 月 5 日，柔克义离开巴隆，前往结古多（Jyakundo，今玉树结古镇）。在财物耗尽的情况下，不得不经由德格、打箭炉（康定）沿长江水道返回上海。

1891 年底，柔克义开始了他的第二次旅程。这一次，他以前任美国驻华公使馆秘书的身份，获得了清朝政府总理各国事务衙门签发的护照，获准前往甘肃、青海、新疆、四川、云南等地游历。

1891 年 12 月，柔克义离开北京，经内蒙古卡尔冈（Kalgan，张家口）、归化城（呼和浩特）、鄂尔多斯，取道陕西、宁夏府，进入甘肃境内，于 1892 年 2 月初抵达西宁。随后，他取道阔阔淖尔（青海湖）南岸，先往巴颜戎（Bayan rong 化隆）、循化、贵德，考察了撒拉人（Salar）和穆斯林化的说藏语的卡力岗藏人（Kargan）生活的区域，又返回鲁沙尔，与他的向导和随从会合，翻越日月山即传统的汉藏分界线，从恰卜恰（Chabucha）进入共和盆地。随后，又沿着沙珠玉河（Hu yu yung）翻越曲卡山口进入察汗乌苏河河谷，直奔香日德。在此短暂地休整后，前往东给错那湖边进行科学测量。4 月 16 日，返回香日德，在此汇集了所有的人员、物资后，经宗扎萨克的营地，于 5 月 11 日抵达奈其郭勒（Naichi gol），从这里翻越奈其大板（Naichi daban）向可可西里进发。6 月 5 日，过可可西里，6 月 16 日逾东布里山（Dungbure，海螺山），6 月 18 日渡托克托买河（Toktomai），6 月 26 日翻越唐古拉山。7 月底，抵达腾格里诺尔（Tengri nor，纳木错湖）东北方向的聂荣措（Namru tso）湖南岸。这里已是西藏地界。柔克义一行遭到当地头人的阻拦，严禁他继续深入藏境。柔克义以持有清政府颁发的护照为由，要求头人护送他到昌都，他宣称"我本应去拉萨找安班（Amban，即驻藏大臣），只有他才有权决定我的行止"。经过一番交涉，藏族头人最终同意他前往昌都。在昌都，当地的藏族头人热情招待了柔克义及随行人员。后经察雅等地，于 10 月 2 日抵达打箭炉（康定）。随后，柔克义沿长江返回上海。

之后柔克义发表了《1891～1892 年蒙藏旅行日记》（William Woodville Rockhill，*Dairy of a Journey through Mongolia and Tibet in 1891 and 1892*，Washington：Smithonian Institution，1894）等论著。这些成就使他声名鹊起。他对于中国历史及藏族文化的深刻理解，为其日后赢得美国总统西奥多·罗斯福（Theodore Roosevelt）和国务卿海约翰（John Hay）的欣赏和信任创造了条件。

1905 年，柔克义出任美国驻华公使，十三世达赖喇嘛曾主动派人与这位会说藏语的美国公使联系。1908 年，柔克义与十三世达赖喇嘛在五台山会面，标志着美国与西藏地方的首次官方接触。

1904 年第二次英国侵藏战争爆发。英军长驱直入，兵临拉萨城下。7 月底，十三世达赖喇嘛未通知驻藏大臣，带领少数随从，匆匆离开拉萨。两个月后，经青海、甘肃等地，抵达外蒙古境内。11 月底，十三世达赖喇嘛一行抵达库伦，清廷命库伦办事大臣等迎护。留驻库伦期间，十三世达赖喇嘛向俄国探险家科兹洛夫询问，是否知道哪个西方国家的外交官懂得藏文。在得知柔克义这位驻华公使的大名之后，十三世达赖喇嘛主动给柔克义写了一封信，派了两名使者携带信函和礼品前往北京，拜访柔克义。1906 年春，清廷命十三世达赖喇嘛前往青海塔尔寺暂住，再取道青海返藏。十三世达赖喇嘛服从清廷安排，由库伦起程，于同年秋抵达塔尔寺。此时正值中英交涉藏事之际，英国方面不愿意达赖喇嘛返藏，张荫棠等官员也认为，西藏开埠通商事宜未定，达赖喇嘛此时回藏于整顿藏务不利。清廷遂命十三世达赖喇嘛留驻青海塔尔寺。在此期间，十三世达赖喇嘛多次通过张荫棠等奏请进京陛见，但清廷均以暂缓来京答复。1907 年 10 月，清廷允准十三世达赖喇嘛赴五台山休养。① 12 月底，十三世达赖喇嘛一行由塔尔寺出发前往五台山，于翌年 3 月抵达五台山。十三世达赖喇嘛驻锡五台山期间，日、美、俄、法、英等国使节、政要纷纷上山造访，以示"亲善"，力图对其施加影响。

得知达赖喇嘛驻锡五台山的消息，柔克义于 1908 年 6 月 13 日赶赴五台山。6 月 21 日，驻华公使柔克义在驻华公使馆成员托马斯·哈斯金斯（Thomas Haskins）的陪同下，与十三世达赖喇嘛见面。柔克义在五台山停留了近一周，有机会直接用藏语同十三世达赖喇嘛进行交谈。十三世达赖喇嘛通过柔克义向美国总统西奥多·罗斯福赠送了两件礼物：一幅西藏唐卡和一卷《八千颂波若波罗蜜多经》。6 月 30 日，柔克义以信函的形式将他与十三世达赖喇嘛的会见详情向罗斯福总统做了汇报：

> 总统先生，我体验了一次如此非凡而令人惊奇的经历，以至于我不禁立即给您写信汇报这次与达赖见面的情况……十三世达赖喇嘛要

① 理藩部档案，光绪三十三年（1907 年）五月十九日"达赖喇嘛遣徒请代奏准移居五台山休养致理藩部呈"；九月十五日"理藩部为达赖请赴五台山休养代奏请旨奏稿"。见中国第一历史档案馆、中国藏学研究中心合编《清末十三世达赖喇嘛档案史料选编》，中国藏学出版社，2002，第 120、122 页。

我与之保持通信联络，这一切简直令人难以置信。①

罗斯福总统重视柔克义的来信并回复道：

我认为这是我们这个时代最有趣、最非凡的经历之一……我在这里向你表示祝贺，祝贺你作为美利坚合众国的外交代表能够促成此事。我该如何对十三世达赖喇嘛赠送给我的经盒和唐卡表示答谢？我应该回馈他什么样的礼物？我为这位教主准备了一本我的著作。②

在柔克义作出答复前，罗斯福总统的第二封来信接踵而至。针对柔克义在第一封信中提出的关于美国应如何对待达赖喇嘛和英印政府的关系事宜，罗斯福在信中向柔克义授意，"鉴于英国政府的立场十分重要，准许柔克义与英国特使布雷西公爵就此进行会晤，并在两国最高级别官员磋商时声明英国的立场"。罗斯福认为，如果能促成达赖喇嘛与英国代表会见时摈弃前嫌，这将有助于这一问题的最终解决。罗斯福还告诉柔克义："在此事上，我们愿意助英国人一臂之力。如果你能够得到达赖喇嘛与北京的中国人之间交往的任何消息，请让我知道每一个细节。"但英国外交部对此心存戒备，罗斯福的建议不了了之。

1908年9月22日，十三世达赖喇嘛由五台山起程进京，28日安抵北京。军机大臣那桐等官员及青海东科尔呼图克图等驻京僧人赴火车站迎接。随后，十三世达赖喇嘛多次陛见慈禧太后、光绪皇帝；③并举行各种佛事活动，接见众多佛教信徒。在京期间，柔克义频繁造访十三世达赖喇嘛，积极联络感情。据《内厅侦查达赖报告》记载：

---

① Susan Meinheit, "A Gift of Dalai Lama: Tibetan Scroll Returned to Library", *Library of Congress Information Bulletin*, June 2000, Vol. 59, No. 6, p. 149.

② 《柔克义文件》（Rockhill Papers），1908年8月1日罗斯福致柔克义。转引自 Kenneth Wimmel, William Woodville Rockhill, *Scholar - Diplomat of the Tibetan Highlands*, Hardcover: Orchid Press, 2003。

③ 据档案记载，十三世达赖喇嘛三次陛见：九月二十日于仁寿殿陛见皇太后、光绪皇帝；十月初六，光绪皇帝于中南海紫光阁盛宴达赖喇嘛；十月初九日，达赖喇嘛于勤政殿陛见皇太后，呈送祝寿礼品。

九月初九日（1908年10月3日）美国公使柔克义遣华人韩姓给谢堪布与罗桑丹增送来梨、枣、黄油、奶子等物。

　　九月十三日（10月7日）午正十二时，有美国钦差柔克义一名，带翻译丁家立、参赞一员、武官四员，拜谒达赖，并送与达赖银碗、酒等物。即时辞出。

　　十月初九日（11月2日）午后二时余，美国公使柔克义来寺拜荣义堪布，未晤。

　　十一月二十五日（12月18日）一时余，美国公使遣华人赠送达赖瓷瓶、毡子等物，随时走去。二时余，美国公使柔克义、参赞丁家立来谒达赖，至三时余走。①

　　通过与十三世达赖喇嘛的密切交往，柔克义与十三世达赖喇嘛建立了紧密的私人关系，并获得其信任。柔克义这种特殊的"朋友兼顾问"的身份为其影响达赖喇嘛的政治取向提供了便利条件。可以说，柔克义对待十三世达赖喇嘛的态度，在很大程度上反映了这一时期美国在西藏事务上的立场。

　　在对待清廷与十三世达赖喇嘛的关系问题上，柔克义始终贯彻美国"门户开放"原则，即反对西藏分裂而危及中国领土完整，维持清廷对十三世达赖喇嘛的统辖关系。十三世达赖喇嘛此次晋京的主要诉求之一，是获得向中央直接奏事之权，不必通过驻藏大臣转奏。清廷的答复是"所有事务，依例报明驻藏大臣随时转奏"。② 当十三世达赖喇嘛为此向柔克义征求意见时，他表示对此无计可施，并建议达赖喇嘛服从清政府的安排。随后，柔克义将上述情况汇报给罗斯福总统。

　　柔克义作为美国驻华公使，在清政府和达赖喇嘛之间，更关注的是保持清王朝领土的完整。他认为，将西藏保留在清王朝治下更符合美国利益。尽管柔克义与十三世达赖喇嘛之间保持着良好的私人关系，但柔克义

---

① 中国第一历史档案馆、中国藏学研究中心合编《清末十三世达赖喇嘛档案史料选编》，中国藏学出版社，2002，第289、290、304、321页。

② 宫中杂档，光绪三十四年（1908年）十月初十"谕内阁加封达赖喇嘛诚顺赞化西天大善自在佛"。见《元以来西藏地方与中央政府关系档案史料汇编》（4），中国藏学出版社，1994，第1487页。

不愿接受任何旨在进一步肢解清帝国领土的行为。所以，他鼓励并劝说游移不定的十三世达赖喇嘛接受对清王朝的"臣属"（vassal）地位。1908 年12 月 21 日，十三世达赖喇嘛离开北京，起程返藏。

在十三世达赖喇嘛返藏的同时，清廷为整顿藏事、恢复在藏权威，派千名川军入藏。1909 年 12 月 29 日，十三世达赖喇嘛回到拉萨。1910 年 2 月 12 日，川军前锋马队进入拉萨。当晚，回到拉萨不足两个月的十三世达赖喇嘛再次离开拉萨，出走印度。随后两年多时间，十三世达赖喇嘛一直留居印度。在此期间，十三世达赖喇嘛与柔克义仍然保持着书信联系。1911 年 5 月 14 日，十三世达赖喇嘛致信柔克义：

> 信中欣闻您为西藏的福祉所作的努力。西藏与美国的关系依旧和睦。因此，我请求阁下继续一如既往地促进这种共同利益。西藏政府渴望获悉关于您的消息。请继续像从前那样将阁下的消息告知我们。

> 大吉岭吉日 1911 年 5 月 14 日铁猪年①

这是目前所见的文献中，柔克义与十三世达赖喇嘛之间最后一次书信联系。

在对待列强侵略西藏的问题上，美国秉持"门户开放"原则，在西藏问题上的基本立场是承认中国对西藏享有"宗主权"，力图西藏保留在清朝政府治下，反对英国、俄国独占西藏的企图。

1903 年，英国制定了"应该排除其他列强，使西藏保持孤立状态"的目标。为制造侵略舆论，英印总督寇松于 1903 年提出了"中国在西藏的宗主权（suzerainty）乃是一种法律上的虚构"的理论，旨在扩大对西藏的侵略，将西藏从中国分裂出去。这一理论，显然与美国的西藏地位政策相抵牾。因此，美国政府对此表示明确的异议。1904 年 6 月，美国国务院训令其驻英大使约瑟夫·H. 仇特（Joseph H. Choate）提醒英国政府，"英国过去在与中国政府谈判订立烟台条约、缅甸条约和藏印条约的谈判过程中

---

① Karl E. Meyer, Shareen Blair Brysac, *Tournament of Shadows：The Great Game and the Race for Empire in Central Asia*, New York：Counterpoint Press, 1999, p. 422.

曾 3 次承认中国对西藏享有主权（sovereignty），而且中国也从未放弃过他们的统治权（sovereign right）"。仇特还答复寇松，美国不能同意寇松关于西藏地位的新界定，英国"对中国在西藏享有宗主权的驳斥是毫无根据的"。这是美国政府第一次就西藏问题表明观点。这一申明显然是为了坚持其对华"门户开放"政策，阻止英国独霸西藏。美国此时已开始关注西藏，这一申明可视为"美国西藏政策的滥觞"①。时任国务卿助理、对华政策高级顾问的柔克义显然在其中发挥了一定的作用。

1908 年，十三世达赖喇嘛晋京期间，就如何处理西藏与清朝政府的关系向柔克义征求意见时，柔克义劝说达赖喇嘛寻求与中国保持和平，并化解与英印的矛盾。这说明，此时美国政府的立场是维持清朝政府对西藏的统辖，同时稳定与英印政府的关系。

柔克义认为，"在过去的 150 年间，西藏享有的自治的实质与程度，西藏人是非常满意的。而且，西藏人从未提出过从中国独立出去的要求，也并不想丧失从中国所获得的援助和领导，也未对清朝 1793 年在西藏的改革表示不满，这些改革符合西藏的利益和藏人的风俗"。②

1912 年，袁世凯政府计划派军进藏，并着手恢复中央政府与西藏地方的关系。英国政府立即出面干涉。对此，美国驻华公使馆指出："美国对西藏不感兴趣。根据英中条约，认为中国不能进入西藏是没有理由的。"这反映出美国对于英国在西藏事务上干涉中国内政的做法持有异议。鉴于美国的上述立场，1918 年 9 月，中英重开"西藏问题"谈判之际，中国驻英公使施肇基曾提出，请美国仲裁参与解决"西藏问题"的想法，但遭到英国驻华公使朱尔典（John Jordan）的拒绝。③ 直到 20 世纪 30 年代中期，美国的中国问题专家拉铁摩尔（Owen Lattimore）仍在重申美国的"门户开放"政策："美国的原则是中国的完整……西藏、蒙古和新疆都是中国

① 胡岩：《美国对中国西藏政策的历史演变》，《中共中央党校学报》2002 年第 1 期，第 108 页。

② William Woodville Rockhill，*The Dalai Lamas of Lhasa and their Relations with the Manchu Emperors of China 1644 – 1908*，T'oung Pao，Vol. XI，1910，p. 90.

③ 朱尔典指出，中国政府可能乐于将西藏问题交由美国仲裁，但这样做将会把英国对华政策置于美国人的掌握之中。因此，他反对美国参与仲裁。英国印度事务部档案 LPP&SP10，1918 年 9 月 13 日，p. 714。

的一部分。"①

柔克义在美国近代卷入西藏事务的过程中扮演了重要角色。他的双重身份对美国早期政策的形成产生了重要影响。一方面，作为藏学家，柔克义对西藏的实地考察为美国民众打开了认识西藏的窗口。尤为重要的是，其著述中关于西藏地位的阐述代表了美国只承认中国对西藏拥有"宗主权"的非官方立场。另一方面，作为驻华公使，在同十三世达赖喇嘛的交往过程中，柔克义代表美国政府始终贯彻其积极倡导的"门户开放"原则：尽管这在客观上有助于维护中国领土完整，尽管它服务于美国国家利益之"门户开放"政策，客观上对确认西藏是清朝和民国中国组成部分，维护中国的领土完整起到积极的作用。同时也在一定程度上约束了当时存在的"西藏独立"活动。这一政策一直持续到 1947 年以后开始发生变化。也就是说，清朝末年和民国时期，美国一直坚持是中国一部分的原则立场。

俄国和英国在中国西藏的权益争夺中达成妥协，承认中国在西藏的"宗主权"，以及美国的"门户开放"政策把维护中国主权和领土完整作为条件，在一定程度上约束了帝国主义瓜分中国狂潮的掀起。但是，本质上都是列强侵略中国的一个组成部分，而软弱的中国把维护国家主权的希望寄托在列强博弈过程中的相互平衡上，被事实证明是完全靠不住的：俄国不仅将中国在西藏的"主权"改为"宗主权"上向英国让步，而且还对英国策划"西姆拉会议"并提出分裂中国西藏地方的做法予以妥协，核心是它从英国那里获得了其他的利益让渡。最后，两个列强真面目暴露：俄国策动分裂中国外蒙古，英国则筹划分裂中国西藏，双方达成某种默契。美国的"门户开放"政策主要也是为新崛起的自己获得在华利益服务的，在20 世纪 40 年代末期国际形势和中国政治局面发生改变之际，美国也曾经改变了过去的政策，转而成为国际上最大的支持"西藏独立"活动的国家和制造"西藏问题"的总后台。

晚期清朝实力的衰落固然是软弱政策的重要因素，而统治者自身错误的对内对外政策更使中国的边疆和民族地区局势雪上加霜。十三世达赖喇

---

① 〔日〕矶野富士子：《蒋介石的美国顾问——欧文·拉铁摩尔回忆录》，吴心伯译，复旦大学出版社，1996，第 198 页。

嘛在对待外国势力态度的前后变化，甚至出现疏离与中央政府和内地关系，有多方面因素，这包括俄国、英国等帝国主义列强的拉拢，也有他个人在内地出现中央政权更迭之际幻想扩大自主权，乃至自立的因素，同时也有晚晴朝廷错误决策，以及个别驻藏大臣错误处理与达赖喇嘛关系的因素。但是，作为西藏地方政教首领的十三世达赖喇嘛试图依靠俄国、英国等外国势力的支持实现独立的幻想，却被铁的事实证明是不可能实现的。除了国内上下，以及西藏地方各种因素制约之外，就是俄国和英国本身尽管支持西藏地方上层搞"西藏独立"活动，就从未真心期望他实现独立的梦想。由于俄国人阿旺·德尔智的唆使和撮合，十三世达赖喇嘛尽管宣称执行清朝法律不接受外国人进入西藏，却一直没有阻断与俄国的联系。这也使十三世达赖喇嘛一度幻想会支持他搞"西藏独立"，但是，"沙皇俄国却认为一旦西藏脱离中国之后，它不可能单独控制西藏，反而会给英国在那里为所欲为提供方便。这将损害它谋求世界霸权的利益，终而拒绝支持'西藏独立'"①。英国用表面支持搞"西藏独立"，暗地里搞非法的"麦克马洪线"来割占中国领土，以及后来亲英军官策动政变试图推翻十三世达赖喇嘛统治。尽管在清末民初中国历史最复杂和困难时期，"西藏独立"活动从一开始就是一场不可能实现的黄粱梦，它后来破灭是必然的。

---

① 王远大：《近代俄国与中国西藏》，生活·读书·新知三联书店，1993，第321页。

第二十二章　江孜血战

一　19世纪以来英国与西藏关系简述

（一）英国在西藏的阴谋

清宣宗道光二十年（1840年），英国通过发动鸦片战争打开了中国的大门。为了控制中国最为富庶的长江流域，以及与俄国在中亚地区展开争夺，挖空心思的英国侵略者，利用其所控制的印度接近中国西藏的便利条件，把西藏地方作为征服目标，并试图以此为跳板扩大在中国的势力范围。

英国、俄国和西方其他列强对软弱的清朝采取蚕食鲸吞的策略，在武力挺进清朝腹地的同时，更在边疆地区大肆开展殖民侵略活动。纷至沓来的西方殖民者，打着"传教""旅行""考察"或者"通商"等旗号，进行刺探情报、建立基地、笼络人心等活动。由于清朝政府采取闭关措施，形形色色的阴谋都很难顺利得逞。但是，在鸦片战争失败以后，情况发生了很大变化，在英帝国主义武力淫威下屈服的清朝政府，逐渐失去了曾经有过的天朝威严，不得不接受英国殖民者提出的苛刻条件，不仅赔款和割让香港给英国，还被迫接受开放广州、福州、厦门、宁波和上海作为通商口岸。

咸丰八年（1858年），英国在第二次鸦片战争之后，迫使清朝政府签订《中英天津条约》，其第九款规定："英国民人准听持照前往内地各处游历、通商，执照由领事官发给，由地方官盖印。"[1] 法国也于同年通过签订

---

[1] 王铁崖编《中外旧约章汇编》第1册，生活·读书·新知三联书店，1962，第97页。

条约获得同等权利。接着，英法两国的军官、医生和传教士纷纷提出入藏请求。这些举动引起西藏地方僧俗官民的一致反对。咸丰十一年（1861年）九月，他们通过驻藏大臣庆麟上奏皇帝："英法两国之人奉旨驰赴西藏游历传教等因，自应遵奉照办。但西藏地方，素称瘠苦，且来游之人，所传之教，皆与地土不合，佛教不合，是以僧俗大众闻之，不胜震惊。惟有恳请据情转奏大皇帝，俯念西藏只知道遵守佛教，由来已久，更兼地面褊小，又与内地不同，即饬令英国、法国、美国并天主教，不必来藏游历传教，亦不必由西藏经过。如伊等心中不愿，仍要前来，小的人等，只得会合同教部落，帮同竭力阻止，非势穷力尽，不致弃佛教之宗源，失众生之素志。"① 西藏地方从维护宗教信仰的角度，向朝廷提出了反对西方殖民者前来西藏游历传教的请求，和当时内地的情形一样，清朝政府惧怕洋人，而普通百姓则绝无惧色，他们誓言要用性命来保护佛教不受侵害。

光绪二年（1876年）九月十三日，英国借口其使馆随员马嘉理（A. R. Margary）在云南被杀事件，强迫清朝政府签订《烟台条约》，该条约内附一款，文称："现因英国酌议，约在明年派员由中国京师启行，前往遍历甘肃、青海一带地方，或由内地四川等处入藏，以抵印度，为探访路程之意，所有应发护照，并知会各处地方大吏暨驻藏大臣公文，届时当由总理衙门察酌情形，妥为办给。"② 该条约较前者明确提出了前往青海、甘肃和四川藏区，以及经过西藏前往印度的要求。清朝政府在英国等西方列强的压力下，不断扩大西方传教士和其他人士进入中国的范围，西藏更成为最主要的目标之一。但是，西藏地方百姓反对包括英国在内的西方殖民者进入西藏的斗争，却丝毫没有减弱，这与清朝政府的软弱政策形成鲜明的对照，也给西藏地方局势埋下诸多隐患。

（二）19 世纪上半叶清对西藏经略政策变化分析

乾隆皇帝时期，中国封建社会的最后一个太平盛世"康乾之治"进入顶峰，随后走向衰退。19 世纪上半叶，清朝经略西藏政策的变化，是随着清朝由盛转衰，以及在遭受帝国主义殖民侵略后，开始殖民化进程的大背

---

① 《西藏地方历史资料选辑》，生活·读书·新知三联书店，1963，第 146 页。
② 王铁崖编《中外旧约章程汇编》第 1 册，生活·读书·新知三联书店，第 350 页。

356

景而变化的。走向衰落的大清帝国，开始低调和被动地处理包括西藏问题在内的边疆问题。首先在对待英国侵略喜马拉雅山诸山国的问题上，清朝政府采取了不作为的措施，边患意识不强导致日后英国在中国西南边疆，特别是西藏问题上给中国制造很大的麻烦。清仁宗嘉庆六年（1801 年）十月，朝廷接到驻藏大臣英善、福宁奏折，"接据哲孟雄（即锡金）来禀：当即筹度檄谕缘由一折，内称廓尔喀喇特纳巴都尔与噶箕等不和，借披楞（英国）之兵，与廓尔喀打仗"。认为这些是他们内部事务，置之不问，只是严厉训令他们"各守地方、和睦邻封"，而且对"廓尔喀境内构衅缘由，总不必过问"。次年十月壬戌，嘉庆帝谕军机大臣，称英善奏"风闻披楞之兵，已将廓尔喀部落侵夺六处，恐该国王势穷，仰仗天朝威力，或投奔唐古特境内"。结果处理的意见是："此等蛮触相争，竟可不必过问。倘乞兵相救，英善等惟当请旨遵办。若情急来投，断不可遽令入境。"① 如此忽视西藏边疆危机和错误处理在英国入侵喜马拉雅山诸属国时面对的问题，给以后西藏边疆危机埋下祸根。

此一时期，西藏地方内部也相继出现一些新的问题，诸如僧俗官员腐败、官员之间相互拆台，以及一些寺院贵族横行不法等，而朝廷对驻藏大臣功绩的评价缺少公正合理的尺度，许多驻藏大臣不能善终其治藏任期，遭到贬褫。此外，驻藏大臣对西藏的经济情况缺乏细致和准确地掌握，对西藏的军事，特别是涉及日益严峻的南部地区边疆防守问题，也缺乏有效的应对之策。

在这样的条件下，驻藏大臣琦善提出了改革西藏地方政治的 28 条，内容涉及西藏政治、经济、军事和宗教等主要方面，该章程重申了驻藏大臣办理西藏事务地位与达赖喇嘛、班禅额尔德尼平等的基本原则，并针对西藏地方僧俗官员升迁任用，以及摄政滥用权力等问题，提出了对策，在一些方面进一步完善了乾隆朝颁布的《钦定藏内善后二十九条章程》。但是，诚如后来的驻藏大臣联豫所指出的那样，"自琦善以兵权财政，尽付番官，驻藏大臣属下，仅粮台游击以下文武数员，制兵则久成防次，习气甚深，由藏招募者多亲附藏人。设有缓急，借不足恃"②。也就是

① 张其勤原稿，吴丰培增辑《清代藏事辑要》，西藏人民出版社，1983，第 362～363 页。
② 《清实录》宣统元年十一月戊申条。

说，该项改革章程放弃了驻藏大臣对财权和兵权的掌握，直接影响到西藏地方的稳定。

二　英国武装入侵西藏

（一）英国第一次侵藏战争和《中英藏印条约》

19 世纪下半叶，西方帝国主义列强加快了侵略中国的步伐，为了攫取最大的利益，英国殖民者在多次"探险"和"游历"被西藏地方拒绝之后，改变措施，试图通过武力迫使西藏地方屈服。光绪十一年（1885 年）英国人马科蕾（C. Macaulag Colman Macaulay）考察团入藏遭到拒绝，英国即派遣装备有数门大炮的一千名士兵，进驻大吉岭。面对英国的武力威胁，西藏地方召开会议，全体僧俗代表发布《抗英卫教守土神圣誓言》，要旨就是调动一切可以调动的力量，落实征兵、筹集武器、搞好军需和战备物资运输，以守卫边疆。于是，西藏地方开始在邻近哲孟雄（锡金）边境的日纳宗北隆吐山修筑工事派兵防守。噶厦规劝哲孟雄王土朵郎思到西藏春丕地方居住，对英国入侵哲孟雄极为不满的哲孟雄王举家迁徙到西藏境内，引起英国殖民者的仇恨。光绪十二年十一月二十九日（1886 年 12 月 24 日），英国驻华公使华尔身（J. Walshas）和中国政府提出交涉，要求中国政府下令西藏地方停止在隆吐山修筑炮台、阻止通商的活动。[1] 在此后的交涉中，英国逐渐施加压力，甚至不惜以武力相威胁。

此时，在清朝廷和西藏地方广大百姓之间出现了严重的分歧：西藏地方噶厦和广大百姓上下一心，"按以往历次会议之甘结，即使西藏男丁尽死，妇女亦愿坚决抵御到底，矢志不移"[2]。西藏地方的严正立场和坚定态度，得到驻藏大臣文硕的有力支持，他一方面上书醇亲王，提出筹饷、筹兵和筹将的建议，另一方面命令边将多尔济仁增做好战斗准备。[3] 而在英帝国主义淫威下屈服的清朝政府，则无法承受英国方面的压力，下令让西

---

① 《文硕奏牍》卷二，第 1 页。

② 中国社会科学院民族研究所、西藏自治区档案馆编《藏文史料译文集》，1985，第 208 页。

③ 《文硕奏牍》卷五，第 11 ~ 12 页。

藏军民撤出隆吐山哨卡。在文硕依然反对撤卡时，朝廷免除其驻藏大臣职务，让升泰前往替代。清朝政府在英方的强大压力下，同意了英方的要求，当清政府提请延缓日期，待等升泰到藏后办理好撤卡事宜，英国政府并不同意。于是，清朝软弱退让的政策，依然没有博得英方的同情和理解。

光绪十四年（1888 年）3 月 20 日，在纳尔（Nail）的指挥下，英军从隆吐山下扎鲁隘口向藏军阵地发动进攻。驻守山头的二百余名士兵，在多尔济仁增的指挥下，用十分简陋的火绳枪、大刀长矛、弓箭等武器，顽强抵抗，击败了来犯的敌人，初战告捷。战后，文硕提醒掌办商上事务的第穆呼图克图，英军失败的原因有二：一是轻敌；二是英军以印度、哲孟雄兵作为炮灰进行试探。他告诫藏军必须加强戒备，迎接敌人更猛烈的进攻。[①] 果然未出所料，不久英军调动大批重型武器，猛烈轰击藏军阵地。在装备悬殊、寡不敌众的条件下，藏军败退至捻纳。英军占领隆吐、纳塘等地。英国侵略军在占领了隆吐山之后，继续向前推进至纳塘。藏军转移到亚东，准备反击。5 月 21 日，孟加拉省副省督抵达纳塘视察英军，藏军获悉这个情报后，于当夜袭击了纳塘的英军营地。此次偷袭获得成功，消灭了许多敌人，还差点捉住孟加拉省副省督。[②]

9 月 24 日，英国再次发动猛烈的轰击，藏兵遭到重创，全线溃散。英军占领则利拉、亚东、朗热等地。初步目的达到后，担心冬季到来大雪封山的英军在清朝同意谈判后，开始撤兵。与此同时，英军也占领了整个哲孟雄，诱使哲王返回其境内并加以囚禁，为进一步入侵西藏搭好了又一平台。

光绪十六年（1890 年）3 月 17 日，清朝政府以驻藏帮办大臣升泰为全权大臣，与印度总督兰斯顿（L. Lansdoune）缔结《中英会议藏印条约》（Convention between Great Britain and China Relation to Sikkim and Tibet, 1890）八款，规定，自不丹支莫挈山起，至廓尔喀边界止，划分藏、哲界；哲孟雄归英国保护，其内政、外交皆由英国主持；藏印通商交涉游牧

---

① 《文硕奏牍》卷六，第 24 页。

② A. K. J. Singh, *Himalayan Triangle, A Historical Survey of British India's Relations with Tibet, Sikkim and Bhutan 1767 – 1950*, British Library, 1988, p. 217.

三款俟后再行商议。8 月 27 日中英两国在伦敦互换批准文书。① 就这样，原来属于清朝藩属国的哲孟雄被英国入侵者纳入其势力范围。该条约关于藏哲边界分水岭的模糊提法，以及通商、游牧、交涉问题的随后再议，给英国侵略者随后扩大对西藏的侵略提供了借口和法理依据。

（二）《中英续订藏印条约》

根据《中英会议藏印条约》的规定，中英双方还就通商、游历和游牧等问题进行会商。光绪十七年（1891 年）1 月，英国方面任命保尔（A. W. Paul）为谈判委员。同年 2 月，驻藏大臣升泰委任黄绍勋为中方谈判委员，开始就上述三个方面的问题展开谈判。经过反复交涉，光绪十九年（1893 年）12 月 5 日，清朝新任驻藏大臣奎焕和签字委员何长荣、税务司政赫政与英国特派政务司保尔在印度大吉岭签订《中英藏印续约》九条、续三条，双方约定：其一，在亚东开关通商，并租赁住房栈所，听任英国诸色商民前往贸易，印度随意派员驻寓亚东，查看英商贸易事宜；遇到商业纠纷，由中国边界官和英印驻哲孟雄办事大员面商解决。其二，印度文件递送驻藏办事大臣处，应由印度驻哲孟雄职员交中国边务委员，通过驿站火速呈递；西藏文件递送印度，亦由中国边务委员交付印度驻哲孟雄职员，火速递送。其三，亚东开关一年后，凡藏人仍在哲孟雄游牧者，应照英国在哲孟雄随时立定游牧章程办理。② 清朝在失去哲孟雄这个喜马拉雅山屏障之后，也满足了英国长期以来梦寐以求的通商要求，地处西南边疆重地的西藏地方，从此进入一个多事之秋。

（三）19 世纪后半叶清朝在西藏问题上对英政策的变化

道光中期以后，走过鼎盛的清王朝逐渐进入衰落时期，政治黑暗，吏治腐败，各种社会矛盾和问题不断凸显。面对以英国为首的西方列强的入侵，既无充足的实力，也缺少了勇敢面对的勇气。在处理西藏地方事务上，清朝政府决策上的严重错误明显增多。首先朝廷采取错误的措施，把

---

① 王铁崖编《中外旧约章汇编》第 1 册，生活·读书·新知三联书店，1962，第 551～552 页。

② 王铁崖编《中外旧约章汇编》第 1 册，生活·读书·新知三联书店，1959，第 551～552、566～568 页。

一些罪臣派往西藏担任驻藏大臣，使这一重要职责蒙受耻辱。而这些遭到贬斥的大臣所采取的措施是否正确，以及履行职责是否尽心，从上任之时起就存在疑问。除了少数几任驻藏大臣之外，大多数驻藏大臣均非熟悉边事、干练有为之士，他们对英、俄等帝国主义在侵略西藏的企图缺乏足够的认识，在洋人面前卑躬屈膝，一副奴才嘴脸，自然也缺乏相应的防御对策，遇事措置失当者所在多有。同时，对西藏地方百姓缺乏应有的关心和爱护，这和早期诸多功绩伟烈、守土爱民的驻藏大臣形成鲜明的对照。

从整体来看，清朝在经过英国和其他帝国主义武装打击之后，失去了应有的尊严和斗志。在西藏问题上一直采取消极和退守的政策，既没有能力和英国、俄国等帝国主义列强对抗，又担心西藏人民起来反抗殖民者的侵略。这就为西方列强进一步入侵西藏提供了可乘之机。

三　江孜保卫战

（一）英国第二次侵藏战争

光绪二十年（1894 年）亚东开设关口，通过西藏地方的中印贸易正式开始。但是，这种贸易并没有像殖民者所期望的那样得以顺利进展。光绪二十四年（1898 年），寇松（Lord Curzon）继任印度总督，改变了英印政府原有的一些做法，采取“前进政策”，认为清朝政府不能约束西藏地方百姓的行为，而西藏百姓则坚决抵制印藏之间的商业贸易，并侵占锡金（哲孟雄）东北边境领土，捣毁界碑等，为其绕过清朝政府直接同西藏地方交往张目。光绪二十四年（1898 年）10 月 26 日，英印政府向英国印度事务部提出与西藏“单独往来”和达赖喇嘛“直接交往”的报告，12 月 8 日得到印度事务部大臣汉弥尔顿（Geoge Hamilton）的批准，同意他们所采取的和西藏人建立直接交往的措施。[①] 此后，寇松通过派遣不丹驻大吉岭的代表乌金噶其（Ugyen Kazi），多次致书十三世达赖喇嘛，要求和西藏直接进行谈判，目的是将中国在西藏的主权架空，造成西藏成为“独立国”的局面，最后达到吞并西藏的目的。但是，达赖喇嘛尊重清朝政府的

---

① 《英国议会关于西藏文书》第 1920 帙，第 102～193、111～112 页。

规定，不与外国直接发生通信联系，每次都将其信件原封不动地退还。与此同时，作为英国在中亚争夺的头号敌人的俄国势力却在西藏有所发展，光绪二十六年（1900 年）、光绪二十七年（1901 年）在达赖喇嘛身边作为侍读的俄国布里亚特僧人阿旺·德尔智，却作为西藏达赖喇嘛的特使两次前往彼得堡。"1902 年，英国同日本结成联盟，准备了日本对俄国的战争。"① 在这种背景下，英印政府的一些官员就提出了出兵西藏，武力占领西藏春丕河谷的问题。

清光绪二十八年八月二十一日（1902 年 6 月 26 日），百余名英军在惠德的带领下闯入西藏甲岗地方，限定当地藏族官民在 24 小时内撤出，接着占领甲岗，并在这里建立营帐。中国政府接到西藏地方的报告，立即对英方提出抗议。于是双方重新就边界问题展开谈判。而就在这时，也就是光绪二十八年（1902 年）8 月，中外舆论界披露了《中俄关于西藏密约》，它在英国，特别是英国印度事务部引起强烈的反应。8 月 20 日，寇松就提出，要明确知照中国政府："我们不能容忍另一个欧洲大国插足（西藏），任何打算把那里的中国的利益让渡给俄国的企图，都势必导致英印军队理解对拉萨的占领。"② 同时，英国与俄国之间就"西藏问题"展开交涉。

为了不给俄国干涉英国在西藏侵略活动提供口实，英国政府便在光绪二十九年（1903 年）6 月向清朝政府提出在西藏岗巴就边界问题举行会谈。由于英国原本缺乏诚意，只是为入侵西藏寻找借口，会谈自然没有结果。而武装入侵的具体方案却在这个时候正式形成。当日俄战争爆发后，英国人唯一担心的俄国介入的问题似乎已经不复存在，因为俄国无暇顾及其在西藏的利益。于是，英国就出兵入侵西藏地方，发动了第二次侵藏战争。

（二）骨鲁屠杀

光绪二十九年（1903 年）12 月 11 日，英军翻越则利拉山，13 日占领仁进岗宗，14 日把势力伸展到春丕地区。入侵西藏的英军队伍由两部分人组成：一部分是以荣赫鹏为首的"西藏边境委员会"或"西藏使团"，负

---

① 列宁：《论单独讲和》，《列宁全集》第 23 卷，人民出版社，1958，第 126 页。
② 《寇松书信文件集》第 5 集第 67 号电。

责外交使命；另一部分是由麦克唐纳率领的武装人员，作为使团的军事后盾。21日英军攻占帕里。当时的清朝政府和西藏地方政府对英国武装入侵的目的认识不清，他们还期望通过谈判来解决纠纷。直到英军占领帕里后，驻藏大臣裕纲派来的谈判委员李福林、拉萨三大寺的代表和前藏代本等赶到这里，对英军提出抗议，要求他们退回亚东。光绪三十年（1904年）1月12日，双方进行谈判，但是没有结果。

3月28日，麦克唐纳从春丕返回吐纳时，又带来"十磅大炮三尊，七磅大炮一尊，第三十二队工兵四连，第八廓尔喀兵三连半，以及野战病院工程队等"①。连同原先在吐纳的军队，英军共计百余名，印军1200多名。

3月31日，英军在做好充分的军事准备时，向藏军的阵地曲眉仙廓进发。西藏方面再次提出和谈要求，荣赫鹏在和谈的同时，采取了卑鄙的手段，一方面和藏军指挥莱丁赛代本谈判，另一方面安排英军包围藏军。在一切就绪后，他提议双方都熄灭火枪，而当藏军都熄灭火绳后，英军用大炮和机关枪猛烈轰击被围困在城垣中的藏军，尽管他们进行了顽强的反抗，但是本来装备落后的藏军此时已经失去任何抵抗的能力，近千名西藏军民就这样惨遭英军肆行杀害，从而造成了西藏近代历史上的血腥大屠杀惨案。② 当时世界上最强大的英帝国，就这样惨无人道地杀害了藏军近千人。荣赫鹏是这样描述这一场景的：

> 就在这一瞬间，藏人几乎要冲破我方单薄的阵线，俘获我使节与军官。但那一瞬间一闪而过。数秒钟后，我方来复枪和大炮就对藏人实施了最致命的密集性摧毁。拉萨将军本人在战斗刚刚开始便被杀死，几分钟之内，整个战斗便告以结束。死去的藏人遍布平原，我军未接到直接命令便自动停火，但实际上每人只射击了13枪。③

---

① Sir Francis Younghusband, *India and Tibet*, Hong Kong, Oxford University Press, Oxford New York Melbourne, 1985, p. 173.

② 荣赫鹏：《印度与西藏》，孙熙初汉译本《英国侵略西藏史》，西藏社会科学院资料情报研究所1983年第148页；李苏·晋美旺秋等：《西藏人民抗英斗争史料》，《西藏文史资料选辑》第7辑，1985。

③ Sir Francis Younghusband, *India and Tibet*, Hong Kong, Oxford University Press, Oxford New York Melbourne, 1985, p. 178.

英国学者兰姆书中如是说：

> 英军与藏方发生了首次武装冲突。在这次战斗中，有700多人丧生，毋宁说这是一次对藏人的大屠杀，而这次大屠杀竟然发生在藏人同意交出武器之后！反对寇松西藏政策的英国政府这回发现了宝贵的攻击寇松之材料。进一步冲突后，藏人微弱的火力令英军死亡人数不足10人。①

（三）江孜战役

得寸进尺的英国侵略者，踩着西藏人民的鲜血继续向拉萨推进。经历了腥风血雨洗礼的西藏军民，并没有被敌人的残忍和恐怖手法所吓倒，他们前赴后继，要以更大的牺牲来保卫自己的家园。

光绪三十年（1904年）4月，英军进抵江孜，先用大炮轰击那雪寺，藏军在伤亡百余人后，被迫撤退。在杂昌谷地进行激烈阻击战之后，退守江孜。4月11日，进入江孜的英军相继占领江错白地、江洛村。13日，英军占领江孜宗政府所在地，即江孜炮台。英军在此大肆掠夺，抢去了100吨粮食、若干牛羊肉干和数吨火药，并摧毁了宗政府。随后，他们便驻扎在宗政府附近的江洛林卡，将"包括它在河岸边的田庄与外部建筑改造成一个防御堡垒……军队在空地上扎营，把佛堂改成食堂"②。

为了不致引起俄国的不满，英国政府给荣赫鹏使团指令，只允许他们抵达江孜。但是，这条指令对于决心攻入拉萨的英印总督，以及使团的头目、殖民主义狂人荣赫鹏来说，并没有什么约束力可言。他们既然能够轻松进入江孜，自然不甘心未到拉萨而无功返回。表面上他们也同意和清朝政府及西藏地方政府进行谈判，实际上却一心专注扩大战果，实现攻占拉萨的既定目标。

光绪三十年（1904年）5月，驻守江孜的英军发现在江孜东47公里

---

① Alastair Lamb, *British India and Tibet*, *1766 – 1910*, Routledge and Kegan Paul Ltd, 1986, p. 238.

② L. Austine Waddell, *Lhasa and Its Mysteries*, *with A Record of the Expedition of 1903 – 1904*, third edition, London, 1906, p. 205.

的噶热拉山有两千藏军在集结，便由布兰德（Brander）上校率领 400 名英军前往作战。5 月 5 日，一支由 800 人组成的藏兵从日喀则直奔江孜，突袭敌人大本营，给敌人以沉重打击。英军官瓦代尔描述藏军此次突袭：

> 那天夜里，或更确切说是凌晨……我们突然被西藏人古怪的战斗呐喊惊醒。他们几百个声音嘶哑的西藏人，在我们的矮墙外几码的地方，突然尖声大叫……事情发生的太突然，因此过了几分钟我们的卫兵才进入阵地开始还击。[①]

此次突袭险些令荣赫鹏丧命。与此同时，守卫在噶热拉阵地的藏兵，也与布兰德所部英军展开激战，迫使英军撤回江孜。藏军利用熟悉地形的有利条件，不断对英军发动突然袭击。5 月 26 日，英军集中兵力向东边帕拉村藏军阵地发动进攻。经过 11 个小时的激战后，英军最后占领了帕拉，但也付出了惨重代价。战斗中，藏军无比英勇，英侵略军军官瓦代尔写道：

> 西藏人在这次战斗中所表现的坚决、机智和英勇，对我们这些亲眼目睹他们袭击我们营地的人来说，不足为怪。说西藏人不能打仗，这种荒谬的错觉应该彻底打消了。他们的英勇举世无双。[②]

6 月，荣赫鹏、麦克唐纳等率领大部队从春丕前往江孜解围。在途中，与乃宁寺的藏军和该寺的僧人发生激战。守卫这里的前藏代本米林巴和民兵首领顿热瓦率领的昌都民兵、僧人等数百人和敌人浴血奋战，最后寺院围墙被英军大炮轰开，许多僧人和民兵英勇牺牲。

在攻克了乃宁寺之后，荣赫鹏等人的增援部队抵达江孜，与原来驻守这里的英军及 3800 名运输部队等会合，形成有 11500 多人的强大队伍。从而对包围江孜宗城堡的西藏军民构成极大的威胁。在炮火掩护下的英军首

---

① L. Austine Waddell, *Lhasa and Its Mysteries*, *With A Record of the Expedition of 1903 - 1904*, third edition, London, 1906, pp. 247 - 248.

② L. Austine Waddell, *Lhasa and Its Mysteries*, *With A Record of the Expedition of 1903 - 1904*, third edition, London, 1906, p. 259.

先攻占了紫金寺，随后通过紫金寺、江洛村和帕拉村三个方向围击江孜宗政府。此时，西藏地方政府派出了代理噶伦宇妥、噶伦喇嘛堪仲洛桑赤烈及拉萨三大寺的代表前来江孜进行和谈。无心和谈的荣赫鹏等再次玩弄把戏，让守卫在江孜宗的西藏军民拆毁炮台，举旗投降。这自然是西藏方面无法接受的，和谈无果而终。

光绪三十年（1904 年）7 月 5 日，英军向江孜宗政府发动猛烈轰击。接着从三个方面向城堡中心挺进。固守宗城的西藏军民，为了捍卫尊严、保护自己的家乡，和敌人展开顽强的搏斗，坚守炮台的五六千名藏军，用简陋的武器多次打退敌人的进攻。最后，城垣被敌人的大炮炸开一个缺口，西藏军民被迫撤退到八角曲登地方。① 江孜血战，西藏军民付出了沉重的代价，但是，他们英勇悲壮的事迹在西藏近代历史上留下可歌可泣的一页。

（四）所谓的《拉萨条约》

江孜失守后，英军两千人的队伍在麦克唐纳的率领下，径直向拉萨推进。除了在噶热拉山遭遇到千名藏军的抵抗之外，一路上几乎轻松行进，迅速来到靠近拉萨的曲水地方。由于驻藏大臣有泰不仅不设法防御入侵的英军，反而期望通过英军来迫使西藏地方回到和谈桌旁，接受英方提出的一些条件。令人发指的是，在西藏军民在前线与敌人殊死作战时，驻藏大臣有泰竟在拉萨寻欢纳妾，醉生梦死。而西藏地方政府在英军逼近拉萨时，依然幻想通过谈判来阻止英军进入拉萨，抗英活动处在西藏僧俗军民自发抵抗的状态。

光绪三十年（1904 年）8 月 3 日英军进入拉萨，次日，身为驻藏大臣的有泰居然毫无廉耻地拜会荣赫鹏，并送上牛羊、米面犒劳英军。与此相反，西藏僧俗百姓却表现出鲜明反英立场，拒绝向侵略者出售食物和燃料，暗杀英军哨兵，甚至发生色拉寺僧人行刺英军军官的事件，他们以不同的方式表达对入侵者的仇恨。

英国派兵入侵西藏就是企图将西藏纳入其殖民范围之内，成为其对中亚和整个中国进行殖民活动的跳板，并从西藏攫取巨大的经济利益。早在

---

① 李苏·晋美旺秋等：《西藏人民抗英斗争史料》，《西藏文史资料选辑》第 7 辑，1985。

光绪三十年（1904 年）6 月 26 日，英印政府已经草拟了条约，强迫西藏地方政府接受。在英军即将到达拉萨的 7 月 27 日，十三世达赖喇嘛离开西藏，前往青海方向，临走前指定甘丹赤巴（噶尔丹墀巴）洛桑坚错为代理摄政。[①] 英军试图强迫达赖喇嘛接受条约的愿望一时无法实现，他们便通过驻藏大臣有泰、廓尔喀驻拉萨的代表巴哈杜尔（J. Bahadur）等，给西藏地方政府施加压力，说服他们接受条约。在反复威逼利诱之后，西藏地方政府被迫同意了荣赫鹏的条件。9 月 7 日，在英军大炮的威慑下，西藏代理摄政甘丹赤巴、噶伦和三大寺代表在布达拉宫签订了条约，这就是《拉萨条约》。[②]

《拉萨条约》10 款，附款 1 条，主要内容包括：遵循光绪十六年（1890 年）条约规定，确认藏哲边界有效；增设江孜、噶大克为商埠，英国派员进驻商埠，负责与西藏地方交涉；西藏赔偿英国军费 50 万英镑，合 750 万卢比，每年交 10 万，75 年还清，英军驻扎春丕，直到赔款 3 年偿还，及通商事宜妥善解决后撤出；西藏拆除江孜、拉萨等地炮台；西藏的矿产权益等不得插手，其他国家也不得派员入藏等。荣赫鹏还欲让有泰签字画押，有泰居然准备照办，幸而文案何光燮劝阻，有泰请示朝廷，得到的批复是"切勿画押"。[③] 9 月 23 日英军撤离拉萨。

《拉萨条约》公布后，德国、美国、法国、意大利等均通过其驻京公使馆，向中国和英国提出异议。[④] 英国后来将赔款数额从 750 万卢比改为 25 万卢比，75 年还清改为 3 年还清等，并在 11 月 11 日批准该条约。清朝政府则在全国舆论的强大压力和其他帝国主义列强的支持下，命令有泰拒绝在条约上签字。接着派遣唐绍仪、张荫棠、梁士诒等与英印政府谈判，修改《拉萨条约》。

唐绍仪于光绪三十年（1904 年）10 月 11 日在赴前夕，进京请示机宜，清朝廷做出四点指示：首先，改《英藏条约》为《英清条约》；其次，

---

① 李苏·晋美旺秋等：《西藏人民抗英斗争史料》，《西藏文史资料选辑》第 7 辑，1985。

② 《拉萨条约》见《英国议会西藏文书》第 5240 帙，第 1～3 页；1910 年《光绪三十年七月二十八日收驻藏办事大臣有泰致外交部请带奏电》，国家第一档案馆，宫电档第 101 卷。

③ 《光绪三十年七月二十九日发驻藏大臣有泰电》，国家第一档案馆，宫电档第 101 卷。

④ Alastair Lamb, *British India and Tibet, 1766 – 1910*, Routledge and Kegan Paul Ltd, 1986, p. 249.

凡是涉及中国主权大事，须要格外留神，不能有损失；最后，新订条约，不能有反对俄国的口实等。

唐绍仪带领张荫棠、梁士诒等于光绪三十一年（1905年）2月抵达印度加尔各答，与英国专使费利夏（Fraser, S. M.）商谈《拉萨条约》的修订问题。初次会谈，傲慢的英国使者就促令中国使者签字画押，唐绍仪反问其"约尚未议，何能遽签?"英使答以驻华英国公使萨道义告知他们，中国并无修改条约的意思，"今欲将约作废，则无可再议"①。唐绍仪申明立场，首先，既然英国要与中国议约，则中国自然有权对条约提出修改。其次，之所以中国和英国要就西藏问题进行商讨，是因为西藏之主权在中国，《拉萨条约》既然已经伤害到中国的主权问题，英国应该给予明白解释。唐绍仪的有力争辩，迫使英使费利夏做出让步，同意唐绍仪提出修改意见。唐绍仪对《拉萨条约》做了较大幅度地删改，特别是将危害中国主权的第九条全部删除。这一举动引起英国使者的不满，认为如此修改，无异于废除了原来的《拉萨条约》。双方发生激烈的争论，核心就是所谓"中藏"关系。英国专使认为，英国进入西藏只是为了防止俄国。而中国一向不能担负起"主国"义务，只算是西藏的"上国"，中国和西藏的关系如同昔日之与朝鲜、越南、琉球和缅甸的关系。英国正是有鉴于此，才与西藏订立《拉萨条约》。唐绍仪则坚持中国是西藏之主国的原则，并列举历代达赖喇嘛和班禅之受册封、西藏官员之补缺、请旨简政、藏兵由驻藏大臣操练等为证据，驳斥英国专使的谬论，以及《拉萨条约》的非法性。双方会谈不欢而散。② 光绪三十一年（1905年夏），印督寇松（Lord Curzon）和会谈专使费利夏离开加尔各答去避暑，唐绍仪在请示外交部后，决定停止谈判，准备回国。

不久，英国政府大选结束，主张在西藏问题上采取前进政策的工党失败，而主张采取和平策略的自由党赢得胜利，在西藏推行侵略方针的印督寇松被免除职务，由唵士尔（Ampthil，庵士尔）继任。中国和英国决定在北京再次举行会谈，英方代表是萨道义（Sir Ernest Satow），中方代表依然是唐绍仪。由于英国在中国在西藏主权问题上做了一定的让步，而中国在

① 陆兴祺编《西藏交涉纪要》上编，1931，第81~83页。
② 何藻翔：《藏语》，上海广智书局本，1910，第19~20页。

英国与西藏地方通商方面做了让步，而达成一致。光绪三十二年（1906
年）4月27日，中英双方在北京签订《中英续订印藏条约》①，内容包括
英国许诺不占领或兼并西藏地方，不干涉西藏一切政治；《拉萨条约》内
英国享有的在西藏电线、铁路、矿务等方面的权利，除中国能独享外，一
切外国不得享受；光绪十六年（1890年）、十九年（1893年）中英所订两
次《藏印条约》，其所载各款与本约无违背者，概应切实施行。同时又把
《拉萨条约》作为附约加以承认。

当时，英国政府内部在侵略西藏问题存在缓进派和急进派之分；在英
属印度政府内部也有不同看法，印督寇松持急进立场，想借日俄战争中俄
国战败之机，独吞中国西藏地方，而费利夏和英国驻印陆军统帅吉青纳
（Kitchener，Horatio，Herbert，1850－1916）则主张缓进。双方甚至存在激
烈的矛盾。英国与俄国的矛盾，英国内部在侵藏策略上的矛盾等，给中国
政府在艰难条件下维护主权提供了一丝希望。唐绍仪等官员良好的外交素
质，促成了这个任务的完成。但是，无论如何这是近代中国十分悲哀的一
段历史，把自己的命运掌握在别人手里，就是任何出色的外交家也难以改
变局面。时人张荫棠就指出了该条约的根本问题，英俄相互牵制，为修改
和订立条约起到某种作用，"中英新订藏约，虽有不占土地、不干预内政
之语，非有实力以自盾其后，万不足恃"②。也就是说，外交的真正支撑点
是实力。

---

① 王铁崖编《中外旧约章汇编》第2册，生活·读书·新知三联书店，1959，第345～346
页。
② 《元以来西藏地方与中央政府关系档案史料汇编》（4），中国藏学出版社，1994，第1556
页。

第二十三章　西藏政务改革
(1903～1911 年)

一　西藏局势的逆转

(一)　驻藏大臣与达赖喇嘛间的个人恩怨

乾隆皇帝颁布《钦定藏内善后二十九条章程》对驻藏大臣和达赖喇嘛、班禅额尔德尼的政治地位和权限作了明确的规定，保证了他们各司其职，为管理好西藏地方发挥各自的作用，驻藏大臣和达赖喇嘛的关系一直是融洽和睦的。但是，在清朝由盛转衰之后，社会的各种矛盾呈现表面化和激烈的趋势。在西藏地方上层也出现类似的情形。最突出的问题，是清朝统治者软弱无能的外交政策和西藏地方广大百姓自发维护主权行动之间引发的矛盾，鸦片战争中受到处分的琦善被任命为驻藏大臣开了一个很不好的先例，此后，清朝政府经常会把一些罪臣以处罚的方式贬任驻藏大臣，像林则徐那样被发配到边疆的、为民请命的所谓"罪臣"毕竟是少数，这就给西南边疆稳定和社会发展带来了许多消极影响。他们对达赖喇嘛和西藏地方百姓缺乏正确的态度，民族歧视的意识毕现于行色。这和乾隆皇帝时期选任卓越干练之人担任驻藏大臣形成鲜明的对照。

驻藏大臣和达赖喇嘛之间发生矛盾并引发冲突，在有泰担任驻藏大臣和十三世达赖喇嘛执政时期。从个人品格而言，有泰是一个民族歧视意识浓厚、洋奴思想根深蒂固的昏庸官僚。而十三世达赖喇嘛则是一个工于心计、有志于改变西藏地方局面的强权人物。在英国殖民者武装侵略西藏地方，清朝政府一味求和退让，而西藏百姓有心反抗却无力御敌的情况下，

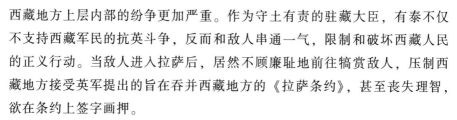

西藏地方上层内部的纷争更加严重。作为守土有责的驻藏大臣，有泰不仅不支持西藏军民的抗英斗争，反而和敌人串通一气，限制和破坏西藏人民的正义行动。当敌人进入拉萨后，居然不顾廉耻地前往犒赏敌人，压制西藏地方接受英军提出的旨在吞并西藏地方的《拉萨条约》，甚至丧失理智，欲在条约上签字画押。

可是，当达赖喇嘛或者出于惧怕成为英军俘虏，或者为了拒绝在英军强加的条约上签字而逃离拉萨后，有泰不仅没有担负起自己应有的责任，而是把全部的罪过推给达赖喇嘛和西藏地方政府，指责西藏地方政府在骨鲁、江孜与英军接战"专以败退为能"，战争之所以失败"达赖实为藩魁，背旨丧师，拂谏违众，乃至事机逼迫远飏，弃土地而不顾，致使外人借口，据之有词"。他建议"将达赖喇嘛名号暂行褫革，以肃藩服而谢邻封。并请旨饬令班禅额尔德尼暂来前招主持黄教，并办交涉事务"①。清光绪三十年（1904 年）七月壬辰（8 月 26 日），清朝政府偏听有泰一面之词，采取了错误的决定，革除达赖喇嘛名号，命令班禅额尔德尼前来替代其职。②这种做法激化了达赖喇嘛和驻藏大臣之间的矛盾，同时也加深了西藏地方统治集团内部达赖喇嘛和班禅额尔德尼两大系统之间的矛盾，对后来西藏地方历史的发展产生了十分消极的影响。清朝政府的错误决策，严重破坏了其在西藏百姓中的形象，给清朝中央和西藏地方关系的发展增加了许多不可预测的变数。

（二）英国、俄国在西藏的角逐与妥协

英国在西藏的武装侵略活动很少顾及软弱的清朝政府，但是却一直关注着在这一地区与其争锋的俄国人的反应。光绪二十一年（1895 年）中日甲午战争之后，在战争中失败的清朝政府逐渐和俄国联合起来，以反对日本；而英国则和日本结成同盟，甚至把吞并西藏地方作为瓜分中国的一个组成部分，光绪二十七年（1901 年）英国和日本订立条约，英国承认日本经营高丽（朝鲜）之权利，日本承认英国经营西藏之权利。英国武装入侵

---

① 中国第一历史档案馆藏清理藩部，638 卷，第 3 号文件；《清季筹藏奏牍·有泰奏牍》卷十四，中国藏学出版社，1994。

② 《清德宗实录》卷五三三。

西藏就是在这种背景下出现的。但是，俄国绝不允许英国在中亚地区肆意扩张势力，危害到其自身的利益。当英国第一次入侵西藏时，俄国就通过使者告知西藏地方，如果"遇有急难，将函驰付俄境，即可电达，助兵应援"。① 接着，俄国派遣布里亚特喇嘛阿旺·德尔智前往西藏，以学经为名了解西藏地方的政治动向，包括英国在西藏的阴谋活动，此人后来成为达赖喇嘛本人的侍读经师，他多次往来俄国彼得堡和拉萨两地，穿针引线，传递情报。光绪二十六年（1900 年）达赖喇嘛还派遣了一个使团前往彼得堡，受到沙皇尼古拉二世的接见，次年，使者返回时，带着一批军火，以及沙皇赠送给达赖喇嘛的一套主教服装。光绪二十九年（1903 年）英国第二次侵藏时，英方提出的重要理由就是俄国试图吞并西藏。俄方和英方在伦敦曾举行过有关西藏问题的谈判，俄国驻英国大使本肯多夫（Benckendorff）向英国外交大臣蓝斯顿转达了俄国政府的立场：俄国没有和中国西藏或其他各方订立有关西藏的条约，也没有派任何代表去西藏，但是，如果西藏发生重大变乱，俄国政府将不能置之不管。即使如此，俄国仍不会干预西藏事务，俄国视西藏为中华帝国的一部分，并注意中国领土的完整。② 英军入藏后，俄方进一步和英方进行交涉，但是由于俄国正忙于和日本之间的战争准备，英国便利用可乘之机出兵西藏，进入拉萨。《拉萨条约》公布后，俄国曾再次向英国施加压力，作为妥协，英国答应修改条约的有关款项。

可是，当英军进入拉萨，逃离西藏的达赖喇嘛来到蒙古地区，并试图寻求俄国的保护时，在日俄战争中失败的俄国已经丧失了与英国争夺西藏的热情，他们拒绝了达赖喇嘛提出的保护其返回西藏的请求。为了拉拢俄国共同对付德国，英国准备和俄国进行谈判并达成妥协。德、法、俄等国对英国侵略中国行径纷纷进行指责，连印度民族议会也不断表示反对英国武装侵略西藏③，为了缓和来自国际上的压力，英国也想改变一下策略。光绪三十一年（1905 年）英国自由党上台，主张英俄和解的格雷（Edward Grey，1862－1933 年）担任外交大臣，从而改变了英国在西藏所

① 《鹿传霖奏牍》卷三，第 1 页。
② 《西藏地方历史资料选辑》，第 223 页，《英国蓝皮书》1920 帙，第 187 页。
③ 列昂节夫：《外国在西藏的扩张》，莫斯科，1956，第 105 页。

采取的激进政策，于是出现了和中国谈判，签订《续订藏印条约》（北京条约），双方在中亚的势力范围进一步加以明确。

关于西藏地方，英国和俄国在光绪三十三年（1907 年）八月也达成了一个协议，其内容包括，其一，两国承认中国的宗主权（Suzerainty），俄国承认英国在西藏对于维护西藏对外关系的现状，具有特殊利益；其二，两国相约尊重西藏领土完整，并不干涉其内政；除通过中国政府外，两国不得与西藏直接交涉；双方不得派代表去拉萨；其三，两国都不为自己或其他国民在西藏谋求或者取得铁路、公路、电报及矿山的让与权或者其他权利；西藏的税收的任何部分，无论为实物或者现金，均不得抵押或让与英国或俄国或两国的国民。关于这一条约出笼的背景，张荫棠在呈报朝廷的奏折中已有分析，文中说："至今年八月，英俄又订协约，貌似和平，实则英要求俄承认其藏约，英以波斯权利让俄，俄以西藏、阿富汗权利让英。"[1] 还是列强交易的产物。

英国和俄国在没有征得中国政府同意的情况下，就中国的西藏问题达成协议没有任何法律依据，"宗主权"一说，是俄国迁就英国在西藏的侵略利益而做出的让步，这种做法严重损害了中国的主权完整。另外，由于帝国主义势力之间的争夺，也在客观上限制了英国吞并中国西藏地方的图谋。在该条约内，英国和俄国都承认中国政府在西藏的宗主权，让英国殖民者制造"西藏独立"的阴谋落空。

二　张荫棠的藏政改革

（一）张荫棠出任查办藏事大臣

张荫棠（1866～1937 年），字朝弼，号憩伯、少卿，广东新会双水人。清光绪朝举人，捐官为内阁中书，光绪二十二年（1896 年）任驻美使馆三等参赞，次年改任驻旧金山总领事，旋调任驻西班牙代办。戊戌变法前，与张元济创办通艺学堂，且与维新派领袖康有为、梁启超和支持改革的户

---

① 《元以来西藏地方与中央政府关系档案史料汇编》（4），中国藏学出版社，1994，第 1556 页。

部侍郎张荫桓等有来往。戊戌变法失败后，因涉嫌参与维新派"逆党"而被罢职。赋闲多年后，1895年特赦得"宽免"，任直隶补用道。

面对英、俄等帝国主义势力在西藏地方不断加强的侵略攻势，以及西藏地方内部出现的各种问题，清朝政府试图通过改革来扭转危局。光绪三十二年（1906年）四月，朝廷命直隶特用道张荫棠以五品京堂候补，前往西藏查办事件。随唐绍仪参与同英方谈判《拉萨条约》的修改问题，达成《中英续订藏印条约》，维护了清廷对西藏的主权。同年十月，命驻藏办事大臣有泰来京当差。以帮办大臣为办事大臣，赏候补五品京堂张荫棠副都统衔，作为驻藏帮办大臣。① 张荫棠是第一个担任驻藏大臣的汉族官员，他谙熟洋务，对边疆问题具有强烈的忧患意识和改革思想，清朝在西藏边疆问题面临困难的特殊条件下起用张荫棠，既体现了对他所寄予的厚望，同时也展示出解决边疆危机的决心。

（二）查办吏治与改革政务

张荫棠对边疆问题有自己独特的看法，即安边重在整顿吏治。他在光绪三十二年（1906年）十一月十八日"致外部电请代表参藏中吏治积弊请旨革除惩办"函件中，核心问题就是建议整顿西藏吏治，他认为"安边之要，首在察吏，必大吏廉洁，率属办事，乃能刚正而服远人。今藏中吏治之污，弊孔百出，无怪为藏众轻视，而敌国生心"②。他列举的主要问题包括，首先，历任驻藏大臣所带员弁，大多是被议降革之人，通过钻营开复，侥幸得往西藏效力，不思建立功业，多谋鱼肉西藏百姓。作为驻藏大臣的有泰，所作所为尤其令人发指，荣赫鹏入侵西藏，本来应该前往交涉，却"自言无权，受制商上，不肯支应拂马等情，以告无罪，媚外而乞怜"。结果让荣赫鹏觉得可笑，"载入蓝皮书，即以为中国在藏无主权确证"。当西藏军民抗英斗争失败，他丧心病狂认为是"釜底抽薪"，还希望通过英国军队开进拉萨"为我压服藏众"，如此等等，足见官僚之无能无耻至极致。其次，从驻藏大臣到文武大员无不以边防报销为唯一目的，虚报开销是其惯用手法，"英军驻拉萨两月，伙食均自备，其犒赏牛羊薪草

---

① 《清德宗实录》卷五三三光绪三十二年十月癸未（12月5日）。
② 《张荫棠奏牍》卷二。

等项，约费千五六百两，借端报销至四万"。"又闻乍雅兵变围署，及噶布伦因赔款赴京，所费亦不过六七百两，报销至两万。洋务局员皆驻藏大臣文案肩差，岁提边防项下经费一万两。委任私人，朋比分肥。"① 再次，卖官鬻爵，导致吏治败坏，贪污公行。照章奏补一个噶伦获银一万二千两，挑选一个代本甲本等官，可以获得二三千两到数百两不等。驻藏大臣因此被达赖喇嘛贬低为"熬茶大臣"，官员上行下效，风气为之污浊不堪。此外，官员挪用粮台、军饷，导致台汛职能丧失，士兵无心守边。西藏地方噶伦彭销旺垫等同样大肆贪污，勒索百姓，严重威胁到人心安定。② 可见，解决吏治问题是解决其他一切问题的关键。

张荫棠首先奏报朝廷将刘文通、松寿等官员革职查办，同时将桑耶寺借神言敛财的箭头寺四品护法曲吉罗桑四朗、桑耶寺护法曲吉罗桑彭错，请旨革职查办。同月接到光绪皇帝圣旨，著照奏折办理。③ 起到杀一儆百的作用。

光绪三十三年（1907 年），清朝颁布《善后问题二十四条》，要点有，其一，噶伦及以下各级文武官员，要洗心革面，痛改前非，竭力尽忠朝廷，爱惜百姓，违法者，必受严惩。其二，统计全藏文武官员数目，如何分地而治，官员每年租俸出息多少，各地喇嘛寺地若干，僧众人数多少等。其三，处理好对英印政府开放的三个商埠的相关事宜，使三年后能按期收回春丕。其四，朝廷念西藏百姓与内地血脉一线，如同胞兄弟，西藏地方属于中国领土，但是居于俄国、英国两大国之间，不可偏袒两者中的任何一方，也不可听从英、俄反间，背叛朝廷，谋求独立。其五，从英军入侵拉萨事件中汲取教训，要大力加强军备，所谓"知旧兵不可用，不能不改练洋操也；知旧枪不可用，不可不改制快炮也；粮饷不厚，不能得士卒之死力也；侦探不密，不能知敌军之内情；地图不精，营垒不能占形势也；测量不准，枪炮不能命中也"④。通过练兵来增强西藏地方的自卫能

① 吴丰培辑《清代藏事奏牍·张荫棠驻藏奏稿》，中国藏学出版社，1994，第 1319～1320 页。
② 《清季筹藏奏牍》第 3 册《张荫棠奏牍》卷二，第 17 页。
③ 《清季筹藏奏牍》第 3 册《张荫棠奏牍》卷三，第 26 页。
④ 张荫棠：《传谕藏众善后问题二十四条》，吴丰培编辑《清代藏事奏牍》，中国藏学出版社，1994，第 1334～1336 页。

力。而要练新军，则必先筹饷。招募训练常备兵，改变平时缺乏训练，战时无力御敌的状况。其六，取消官员扰民的乌拉差役，改由商业化的乌拉公司，按价付酬，以苏民困。其七，应该大兴教育，以开民智，教导西藏百姓学习藏文汉文，努力实现人人能识字读书。其八，移风易俗，建立保障制度。提倡卫生的生活习惯，救助老弱，设立卫生局、医院和收养院，实行一夫一妻制等。同时，废除西藏旧有的严酷刑法，参照《大清律例》，酌定宽厚简易的刑法，分别设立初、中、高三级审判所，公平刑狱。①

张荫棠在西藏进行了大刀阔斧的改革，其核心内容首先在行政管理体制上的改革，即撤销驻藏大臣和帮办大臣，改设西藏行部大臣，委重臣以掌其事，"所有达赖、班禅等均归节制，以重事权而定主国名义"②。下设左右参赞、左右参议等，分别负责内政外交各局事务。对达赖喇嘛、班禅额尔德尼，加以封号，优予赏赐，使其专理宗教事务。行部内设财政、督练、交涉、盐茶、路矿、农工商、学务、巡警、裁判九个局，领噶伦、代本等分任职事，并遵照章程办事。另一个重要内容就是在西藏驻扎训练有素的汉兵，并教练西藏士兵，由朝廷发给先进的大炮和洋枪，提高其守卫能力。张荫棠上奏朝廷，命令外交部及各省不要再发放游历西藏的护照。

张荫棠是一个文人，未动一兵一卒，却能以一身正气厉行改革，确实有非凡才具。有学者认为他治藏的目标包括，改善西藏的经济环境；开拓西藏的文化教育；武装藏民的自卫能力；彻底消除汉、藏畛域③，所采取的手法可以称作清朝的旧政新策，即用清新的手法贯彻温宗尧提出的"乘英俄各自防范之际，急起直追整理西藏之内政，恢复在藏主权，与其分精力以防英俄，不如并精力治理西藏"④。而且提出治藏的方法：一不必遽改藏地为行省，而不可不以治行省之道治之；二不必强藏之俗同汉民，而不可不以汉民之心爱之。⑤

① 《清季筹藏奏牍》第 3 册《张荫棠奏牍》卷二，第 38～48 页。
② 吴丰培辑《清代藏事奏牍》，中国藏学出版社，1994，第 1397～1398 页。
③ 冯明珠：《中英西藏交涉与川藏边情》，中国藏学出版社，2007，第 183 页。
④ 宣统二年《藏务补编》下，第 2 册，宣统二年六月十二日温宗尧奏折。
⑤ 宣统二年《藏务补编》下，第 2 册，宣统二年六月十二日温宗尧奏折。

三　联豫和赵尔丰的改革

（一）联豫在西藏的改革

光绪三十一年（1905年）3月，清政府任命联豫为驻藏帮办大臣。翌年，抵拉萨（已擢升为驻藏大臣）。他从川藏线入藏，一路调查，深感沿途所经藏族地区学堂不兴，教育落后，他曾感慨道："夫学堂不兴，则万事无以立其基，即使兵强财富，足以自守，亦终无以善其后，遑论其他。"[①]于是，建议朝廷在西藏设立初级小学堂两所，分两个班，学制六年，初高等各三年。成绩好的学生可送四川的中学。清廷批准他的奏请，但将学制改为初等五年，高等四年。联豫奉命后，即将拉萨"相国祠"旧址改设拉萨初级小学堂，辟空地为操场，在讲堂、休息室还陈列图书、仪器。因不受藏人子弟欢迎，只收汉族学生30名。[②]光绪三十三年（1907年）联豫就在西藏开办白话报等事提出改革意见，他认为藏中人士禁锢已深，"欲事开通难求速效，因思渐开民智，莫善于白话报。与其开导以唇舌，实难家喻而户晓，不如启发俗语，自可默化于无形"[③]。因此，在西藏开设一个白话报馆，出版一份藏文报纸。同时，设立藏文传习所和汉文传习所各一所，培养藏族子弟学汉文，汉族子弟学藏文，培养翻译人才。此外，开设施医馆，以济疾苦；派员探察西藏矿藏，为经济发展做准备。[④]为巩固国防，联豫光绪三十四年（1908年）在扎什城演武厅创办陆军小学堂，从四川武备将弁两学堂调来14名学生当教习。入学者，有从驻藏川军和驻藏大臣衙门卫队中挑选的20多名兵弁，有从直属达木、三十九族选派来的10人，有藏族10人，还有廓尔喀要求送来的4人，一同入堂学习。这所陆军小学堂为速成科，学制一年，学生毕业后充当联豫在西藏所训练的新军队长、排长等。联豫办学从拉萨开始，逐渐推广到靖西、工布、达

---

① 《联豫驻藏奏稿》，吴丰培编《联豫驻藏奏稿》，西藏人民出版社，1979，第196~197页。
② 《联豫驻藏奏稿》卷三，吴丰培编《联豫驻藏奏稿》，西藏人民出版社，1979。
③ 《联豫驻藏奏稿》卷一，吴丰培编《联豫驻藏奏稿》，西藏人民出版社，1979，第36页。
④ 《第一历史档案馆民事档》，《元以来西藏地方与中央政府关系档案史料汇编》（4），第1543~1544页。

木、山南等处。由于他的努力，到宣统元年（1909 年），在西藏共设立 16 所学堂。① 随着学堂的增加，经费紧张，经请示清政府同意，从宣统二年（1910 年）起，每年由国库拨银 1 万两作为教育经费，直到清政府被推翻。

（二）赵尔丰康藏改土归流

赵尔丰，字季和，汉军正蓝旗人。光绪十一年（1885 年），驻藏大臣凤全被害于巴塘，锡良以赵尔丰为建昌道，会提督马维骐前往征讨。平息巴塘动乱。接着尔丰建言筹边，锡良上奏朝廷，光绪帝加赵尔丰侍郎，担任川滇边务大臣。光绪三十四年（1908 年），朝廷以赵尔丰兄长赵尔巽总督四川，改授赵尔丰为驻藏大臣，仍兼边务，专理藏事。赵尔丰以经营全藏，宜以殖民为主，考虑到自己恩信未孚，藏人对他怀有猜疑之心，所以奏请朝廷，驻藏大臣职位照旧由联豫担任，他本人负责巡视边藏。"先以巴塘为根据，寓迁民于兵垦，渐及藏地。"② 他又与赵尔巽联合上奏朝廷，设立安康道，改打箭炉为康定府，设河口县、里化同知，稻成县、贡噶岭县丞，巴安府三坝设通判，定乡县，盐井县。朝廷命赵尔丰出关，藏人闻之，聚兵三崖以阻。赵尔丰至打箭炉，正遇到德格土司争袭构乱，乃请旨往办，多次打败赠科、麻木等部落，追至卡纳沙漠地，诸部均投降。赵尔丰分其地为五区，设登科府德化、白玉两州，石渠、普同两县，置边北道。德格地方面积辽阔，包括春科、高日两土司，遂与灵葱土司之郎吉岭等地并改归流。

宣统元年（1909 年），清朝试图化解西藏地方对赵尔丰进藏的顾虑，遂采纳赵尔巽的建议，将经营西藏的任务交给联豫，由温宗尧作为帮办大臣，改尔丰专任边务，驻巴塘，为藏声援，划察木多、乍丫归边其管辖。当时，川军协统锺颖率新军 3000 入藏，被困察木多（昌都）。赵尔丰闻报，迅速往援，将锺颖军救出，并驱剿类伍齐、硕般多、洛隆宗、边坝各部落，三十九族、波密、八宿等部也相继归附。此时，江卡藏兵突然抄略边军后路，进攻巴塘，被赵尔丰分兵击败，赵尔丰乘势收江卡、贡觉、桑昂、杂瑜四部落，翻越丹达山直抵江达。

① 《宣统政纪》卷一三。
② 《清史稿》列传二百五十六"赵尔丰"。

宣统二年（1910 年），达赖喇嘛闻川军将至，逃入英属印度。赵尔丰请乘胜一举平藏，革教易俗，朝廷没有准许。赵尔丰上疏力争，他认为：我国幅员辽阔，"强邻环伺，属地多有侵占。自革达赖喇嘛，阿旺郎结叛逆，不惟藏人摇动，即外人觊觎之心亦因而愈炽。今我兵虽已入藏，然阿旺郎结已入英手，英人必挟以图藏。若再姑容，将成大患。臣因一面由巴塘进兵攻破南墩，一面由察木多进兵贡觉、桑昂、曲宗，我兵所到，番人亲附，即洛隆宗、硕板多等亦皆远来输诚，备陈藏中苛虐情形，坚恳内属。臣初意务在保境息民，并无开疆拓土之念。唯桑昂、曲宗属地杂瑜与倮侉野番接壤，时有英人潜伏。倮侉之南，为阿撒密，西为波密。英人若得杂瑜，即可直接波密，由工布入藏，与印度联成一片。则波密不可不收入版图，其势至迫。请及此将边兵所到之地，概收归边。并函商联豫以乌苏里江（即黑河）以东隶边，以西属藏"①。清朝担心遭到当时对西藏怀有野心的英国、俄国等的反对，而驻藏大臣联豫也不同意划分西藏东部地区归川边，未能实施。但是边军占领的江达以内各地，赵尔丰已逐渐改流，纳入川边辖区。

在赵尔丰巡视各地，经贡觉、乍丫、江卡三部落时，当地官民请求征讨以掠夺为业的三崖（三岩）部落。赵尔丰派知府傅嵩峣率兵五路进攻，苦战两月，尽克上中下三崖全境，设官治之。宣统三年（1911 年），赵尔丰把目标指向了被西藏占据的瞻对，他调署四川总督，推荐傅嵩峣以道员代理边务大臣，和他一起巡视川边，绕道北路，先至孔撒、麻书，设甘孜委员，灵葱、白利、倬倭、东科、单东、鱼科各土司缴印改流，接受色达及上罗科等部归附，瞻对藏民纷纷归附。赵尔丰对当地部落酋长说："瞻对原系川属，朝廷前以赏藏，设官征粮。光绪二十年，瞻人叛藏，则藏已失瞻；川兵取瞻，则瞻为川有。乃藏人久占不归，迄今又十余年矣，厚敛横征，民不堪命。应将瞻对仍献朝廷，以表恭顺。"② 藏族官员畏惧赵尔丰，都献上户籍，瞻对百姓则欢呼出迎，瞻对地方也实现改土归流。赵尔丰还应驻藏大臣联豫之请，派凤山由巴塘率边兵两千往与联豫参赞罗长釜军共克波密，并取白马岗。赵尔丰至打箭炉，收明正土司地及鱼通、冷

---

① 《清史稿》列传二百五十六"赵尔丰"。
② 《清史稿》列传二百五十六"赵尔丰"。

边、沈边、咱里等土司印，皆改土归流。赵尔丰在川边的改土归流取得了巨大的成就，史书称："计（赵）尔丰所收边地，东西三千余里，南北四千余里，设治者三十余区。"① 确实给清朝末年萎靡的边疆经营带来一股生气，也使川边地区政治面貌发生巨大的变化，并对西藏地方产生一定的影响。但是，对于赵尔丰的高压政策，特别是滥杀无辜的政策应该予以否定。

四　西藏政务改革的影响与意义

（一）西藏政务改革的主旨

张荫棠的改革包括兴学、练兵、整顿实业和统筹经费等内容，用张荫棠的话来说，西藏地处英国和俄国两大势力之间，形势严峻，汉藏、前后藏、廓尔喀和不丹等，要精诚团结，否则必然遭受列强奴役。"如今欲求救亡之法，只有兴学、练兵两事最紧要，农工商矿为致富根本，练兵为御外辱根本，均非广开学堂，切实考究，不能开通智识，增长才艺。尔藏民系大清国皇帝百姓，尤须练习中文，通晓汉语，然后考求西国文字技艺，因西国各种技艺中国皆有已译成之书也。"② 目的就是使政教分离及达赖旧有教权不加分割，收回治权。将西藏地方政府解散。新政改革要加强清朝在西藏治理上的主权，改革以前"驻藏大臣久成守府，藏政概不干预，平日欲撤一营官而无权"③。张荫棠到西藏以后，整顿噶伦等官员违法，最终目的就是为清朝收回"放失之政权"。逐渐增强藏民族国家意识，皆以与朝廷对抗为非。为了改良风俗，开启民智，张荫棠组织刊发了《藏俗改良》和《训俗浅言》两书，供西藏百姓学习文化知识，"将藏俗污点切实晓谕改良，徐导以孔孟三纲五常之正理，爱国合群尚公尚武之新义"。④

---

① 《清史稿》列传二百五十六"赵尔丰"。
② 《清季筹藏奏牍》第1辑《张荫棠奏牍》卷三，第44～45页。
③ 张荫棠：《致外部电请迅速整顿藏政收回政权》，吴丰培编辑《清代藏事奏牍》（下册），中国藏学出版社，1994，第1304页。
④ 张荫棠：《复奏西藏情形并善后事宜折》，吴丰培编辑《清代藏事奏牍》（下册），第1395页。

张荫棠针对当时驻藏大臣驻藏不理事，且无兵力以资镇抚，被英国人讥笑清朝在西藏无主权。而且当时汉藏之间出现一些纠纷，而达赖喇嘛和班禅之间也不断发生矛盾，提出了自己的全盘考虑计划，"为今之计，自以破除汉番畛域，固结人心为第一要义，以收回政权、兴学、练兵为入手办法"①。

当时，对张荫棠的改革，清朝官员也有认为他办事"操切"者，他为自己解释说，他在西藏遇事力持收回政权，西藏地方日久也能看到他实心为西藏百姓办事，并无自私自利的念头，并不存在操切的问题。事实倒是"番民皆言棠太宽，而汉官反讥棠太猛"②。

张荫棠的政治改革参照了英国在印度推行的总督制度，"查英人治印，因其教俗，以土王治印民，而印督驾驭其上；以印民充兵役，而英官督率训练之，一切胥形帖服。中国之治西藏，当如英之治印度"③。改设行部大臣，即仿照英国的印度总督，其他措施之实行，也多参照英国在印度所推行的措施。

张荫棠的改革，把收回治权、兴学、练兵等作为重要内容，是为了加强朝廷在西藏地方的管理，维护国家主权，提高西藏百姓素质，加强边防安全。此外，他还采取了一系列措施，增强西藏地方的经济实力和自我发展能力，诸如建立通信邮政系统、铸造货币、开掘矿产、发展药材和羊毛皮货加工业、种植茶叶等，他在这里提出了一个很重要的观点，"在我绝不存在利西藏土地财产之见，助以经费，代理农工商矿诸务，以西藏之财办西藏之事，但求西藏多筹一文，我国即可少补助一文"④。也就是说，不能从经济学角度，而是战略高度来看待西藏的地位。这在时局艰难的 20 世纪初期，是难能可贵的一种识见，改革无疑给西藏带来一股清新的气息和广阔的发展前景。

---

① 《元以来西藏地方与中央政府关系档案史料汇编》（4），中国藏学出版社，1994，第 1557 页。
② 《清季筹藏奏牍》第 1 辑《张荫棠奏牍》卷三，第 27～30 页。
③ 《元以来西藏地方与中央政府关系档案史料汇编》（4），中国藏学出版社，1994，第 1557 页。
④ 《元以来西藏地方与中央政府关系档案史料汇编》（4），中国藏学出版社，1994，第 1557 页。

（二）政务改革对清和西藏上层关系的影响

张荫棠的改革，应该说在西藏地方上层遇到一定的阻力，但是他认为收回在西藏的治权，势在必行，"盖政权不收回，藏事实无从经理，亦难杜强邻口实"①。

宣统元年（1909年）三月十四日，驻藏大臣联豫密奏筹办西藏一切事宜折，就开辟商埠、添练新兵、兴办学堂、开垦荒地、开采矿山，以及震慑西藏地方等陈明见解。接着，在宣统二年（1910年）二月二十二日，鉴于"西藏外逼强邻，内多奸宄，一日无兵即一日受侮，一处无兵即一处梗化"的状况，调动川军入藏守边，驻扎要害关隘。② 同年十一月十一日，联豫又奏裁撤驻藏帮办大臣，理由是内地一些地方，如云南、福建、湖北、广东等地只设总督，裁撤巡抚，而西藏规模较简，驻藏大臣两员，政见一有参差，治理即多窒碍。取消帮办大臣以后，添设参赞一员，以前藏参赞作为驻藏左参赞，秉承办事大臣筹划全藏一切要政；以后藏参赞作为驻藏右参赞，秉承办事大臣总监督三埠商，均由驻藏大臣推荐人选，请旨简放。③

张荫棠、联豫在西藏的改革自然引起西藏上层僧俗贵族集团的诸多不满，而赵尔丰在川边与武力解决问题相伴随的改土归流，则更导致他们的极度恐慌。十三世达赖在塔尔寺期间，就曾经致书章嘉呼图克图称："赵（尔丰）军官兵等在康区破坏寺庙，屠杀喇嘛，造成百姓流离失所，此等事至今在昌都地区仍陆续发生。驻藏大臣张（荫棠）联（豫）固执己见，夸大其词，蒙蔽圣上，连续上书要求从四川组建一千余人的军队。为不使这种特意在藏汉之间制造隔阂之事发生，我和司伦以及'民众大会'等曾上书详细说明情况。……他们过去一贯欺骗皇上，现在仍然捏造谎言。"④

① 《清季筹藏奏牍》第1辑，《张荫棠奏牍》。

② 《元以来西藏地方与中央政府关系档案史料汇编》（4），中国藏学出版社，1994，第1574页。

③ 《元以来西藏地方与中央政府关系档案史料汇编》（4），中国藏学出版社，1994，第1578页。

④ 西藏自治区政协文史资料研究委员会编《西藏文史资料选辑》（十三），《十三世达赖喇嘛年谱》，民族出版社，1991；查尔斯·贝尔：《十三世达赖喇嘛传》（Bell, C. Portrait of the Dalai Lama, London, 1946），冯其友等译，西藏学参考丛书之七，西藏社会科学院西藏学汉文文献编辑室编印本，1985，第67页。

可见达赖对康藏局势的关注和不安。

宣统元年（1909 年）藏历 4 月 15 日，十三世达赖喇嘛从塔尔寺起程返藏，于藏历 8 月 3 日到达藏北那曲。这时，从四川入藏的清军，由锺颖率领，正经过昌都向拉萨疾进，沿途损坏寺庙、迫害藏族百姓。清廷又宣布任命赵尔丰为驻藏大臣兼川滇边防大臣，统一对康藏地区的管辖；不久，更酝酿建立西康省，以巩固改土归流的施政成果。川军入藏和赵尔丰任驻藏大臣两事，不仅使十三世达赖产生了更大的疑虑，也导致清廷与西藏上层之间的关系发展到尖锐对立的地步。许多藏族人士担心，一旦赵尔丰入藏，卫藏地方极可能同康区一样，也要实行改土归流；这就意味着不仅要剥夺贵族、寺庙的权力，还要剥夺达赖喇嘛的统治权力。对此，十三世达赖除令伦钦夏扎班觉多吉调集藏军、民兵在康区设防，拦阻川军入藏外，在那曲至拉萨途中，即数次派员去江孜与英国商务委员联系，托英人代达赖向北京拍发致英、俄各国驻华公使电，请各国政府向清廷提出抗议，要求清廷撤退入藏川军；致清廷电，抗议清廷欺压藏胞，不守信义。十三世达赖抵达拉萨以北三日程之澎波达龙寺时，又派员携其亲笔信经印度赴北京呈交英国驻华公使，说"对英印政府实有依依之情，今本人已抵拉萨附近，对于中国军队在藏种种不法行为，闻悉之余，深为忧虑，异日如有必要时，深盼英公使尽力为之声援"[1]。改革遇到来自十三世达赖喇嘛和西藏上层贵族集团方面的巨大阻力。

从另一个视野看，"张荫棠试图通过新政，强化中央政府的权威和增强当地人的国家认同，凝聚人心，抵御外侮，增强中国的国际竞争力。但是，受到单一民族国家理念的影响，特别是对'民权（民主）'思想采取排斥态度，使他未能充分关注当地的文化传统和利益诉求，因而未能实现预期目的"[2]。因此，改革也是在新形势下的新探索，意义深远。

（三）清军驻藏斗争

清朝在西藏地方改革的重要内容之一就是加强军备，维护西藏地方的安全。为此，驻藏大臣联豫建议赵尔丰驻扎巴塘，计划将昌都划归其管

---

① 《英国议会西藏文书》1910 年第 5420 帙，第 188 页。
② 扎洛：《清末民族国家建设与张荫棠西藏新政》，《民族研究》2011 年第 3 期。

辖。同时，清朝调四川知府锺颖统兵前往西藏。入藏川兵在宣统元年
（1909 年）六月二十六日，路线也已确定：昌都以东，计划取道德格，绕
过江卡，以免横生事端；昌都以西，取道类乌齐进入三十九族地区，再由
三十九族入藏界至拉萨。① 八月，联豫向西藏发布告示，告知西藏僧俗百
姓："川军现已启程，不日出关，经由东路前往拉萨，著尔等选派委员及
早差派川军所需马匹、驮畜、粮秣、豌豆等，公允买卖，彼等自会付足脚
价，百姓不仅无损于毫厘，尚能获利。因虑路途遥远之百姓不辨善恶，散
布流言，扰乱人心，滋生事端，使治下不安，故特颁示文告，以安
人心。"②

　　但是，西藏地方出现了一些新的变化，逃避英军威胁的达赖喇嘛辗转
来到蒙古，试图通过德尔智的关系，获得俄国的支持，帮助他返回西藏。
这一愿望最终落空，日俄战争失败使俄国无力顾及在西藏的利益，因而接
下来签订的英俄协议，俄国做了进一步的妥协，承认了英国在西藏的利
益，以换取英国在波斯和阿富汗地区对俄国的让步。不得要领的达赖喇
嘛，转归内地，并觐见光绪皇帝和慈禧太后，当时有两件事情让达赖喇嘛
颇为不满：一是他提出不通过驻藏大臣直接向朝廷奏事遭到拒绝；一是朝
廷采纳张荫棠的建议，没有按照顺治皇帝接见五世达赖喇嘛时的礼节接待
十三世达赖喇嘛，而是让其行跪拜大礼。尽管朝廷赏赐达赖喇嘛金册，封
其"诚顺赞化西天大善自在佛"名号，每年赏赐 1 万两白银。仍然没有赢
得达赖喇嘛的真诚归心。也就在达赖喇嘛滞留北京期间，慈禧太后和光绪
皇帝相继去世，让他真切地感到了清朝走向衰亡的气息。此间，他与英国
驻华使节建立联系，逐渐转变仇英亲俄立场。③

　　当西藏地方政务改革危及其自身利益时，达赖喇嘛也在寻求对策，以
巩固自己的地位，朝着谋求"西藏独立"的方向发展。西藏部分上层贵族
煽动百姓的仇汉情绪，达赖喇嘛复致书于代理商上，起用前已革之噶布伦

---

① 四川省民族研究所编《清末川滇边务档案史料》，中华书局，1989，第 386～387 页。
② 《元以来西藏地方与中央政府关系档案史料汇编》（4），中国藏学出版社，1994，第 1583
　　页。
③ 《清德宗实录》卷五九六光绪三十四年九月丁未；《宣统政纪》卷二光绪三十四年十一月
　　壬辰；牙含章编著《达赖喇嘛传》，人民出版社，1984，第 215～218 页。

边觉多吉、彭错顿柱及喇嘛济汝白桑三人帮同办事。① 特别是当朝廷准备派川兵千人进藏时，达赖喇嘛的抵触情绪更为强烈，他们联合上书，"谓无论是何汉兵，决意拦阻，不得入藏"②。并且在接近川边地区训练藏军，准备武装抗拒川军进藏。西藏地方政府也对居住在西藏的汉族商人进行迫害，甚至与英国方面加强联系，危及清朝在西藏的主权。③

　　驻藏大臣联豫和十三世达赖喇嘛之间的矛盾日趋激化，达赖喇嘛返回西藏行至那曲时，曾经通过设在江孜的英国电信局向英、法、俄、日等国公使拍发电报，痛诉赵尔丰在藏东压迫喇嘛教的种种行动，指责赵尔丰、联豫等人不以真情上达朝廷，反而要求朝廷派兵进入西藏，请求各国政府给清朝施加压力，迫使清朝停止进兵西藏行动。"达赖由西宁塔尔寺取道青海之柴达木回藏，驻藏大臣联豫率属吏迎于札什城之东郊，达赖不理，目若无见，联豫愤甚，即言达赖私运俄国军械，亲赴布达拉检查未获，复派员往黑河查验达赖之行李，翻箱倒箧，搜检殆遍，未获枪械，而各物被检验军队乘间携去者颇多。"④ 达赖喇嘛为了报复驻藏大臣联豫的所作所为，便下令停止对驻藏大臣的粮草、柴薪和人役供应，双方的矛盾到了白热化程度。

---

① 《大清宣统政纪》卷三四记载了此三人被革职事。
② 《大清宣统政纪》卷二五。
③ 《元以来西藏地方与中央政府关系档案史料汇编》（4），中国藏学出版社，1994，第1584～1585页。
④ 朱绣：《西藏六十年大事记》，京报社，1925，第21页。

第二十四章 英印策动"西藏独立"

一 英印策动"西藏独立"阴谋的出笼

(一)光绪三十一年(1905年)胁迫班禅独立

在西藏近代历史上,帝国主义势力的插手和武装侵略是西藏地区局势改变的重要因素之一,而英印政府的策动和破坏,则是"西藏独立"阴谋出笼的根本原因。光绪三十一年(1905年),英国驻江孜商务委员鄂康诺(Oconor, C)率领士兵50余名来到日喀则,声言即将来印度的英国皇太子欲会见班禅。班禅按照规定,将此事告知驻藏大臣有泰,有泰复函班禅"今英员诱使赴印,其心叵测,于大局实有关碍",告诫他"必须据理婉辞,免启衅端"。① 同时又咨文正在印度商谈藏印商务的张荫棠,命他设法阻止。由于地理上的因素,英国与西藏地方的接触大多通过班禅所管辖的后藏地区。张荫棠在光绪三十三年(1907年)的奏折中谈道:"查英人纪载,侦探西藏者十数辈,皆从后藏而入,言蒙班禅优待,可见外人窥伺后藏,处心积虑已数十年。"②

英国方面的意图原在于利用对英方尚属友善的班禅来取代抗英联俄的达赖喇嘛,但是,后来事情的发展完全出乎人们的预料,被认为和英国有密切接触的班禅并没有追随英国人的指挥棒,而仇英至深的达赖喇嘛却在西藏发生变乱时,投向了英国人的怀抱。

---

① 《西藏奏议·川藏奏底》卷二,吴彦勤校,上海古籍出版社,2012。
② 《元以来西藏地方与中央政府关系档案史料汇编》(4),中国藏学出版社,1994,第1557页。

（二）宣统二年（1910 年）达赖外逃并发表声明

宣统元年（1909 年）十月三十日，在外边漂泊了数年的达赖喇嘛返回拉萨，并在十一月九日举行了回宫仪式。代理摄政噶丹赤巴罗桑坚赞交还大印，由达赖喇嘛重新掌握地方政权。此时的达赖喇嘛已经对清朝产生了离心倾向，他不仅对清朝政府没有满足他直接上奏藏事的请求，以及让他对皇帝行跪拜礼心怀不满，而且对赵尔丰在川边的改土归流深怀疑惧，特别是当赵尔丰被任命为驻藏大臣，兼任川滇边务大臣时，他紧迫的感觉和仇恨情绪更难以抑制。在这样的情况下，他一方面派人联络驻扎江孜的英国商务委员，寻求外力支持，另一方面也积极备战，准备武力抵制川军进藏。

宣统二年（1910 年）二月初八日，川军进抵江达（太昭），工布地方的藏兵烧毁驻藏大臣囤积在这里的粮草，并和川军展开对抗，很快以失败告终。此时达赖喇嘛感觉到情况紧急，遂主动与驻藏大臣协商。二月初九日，达赖喇嘛请尼泊尔驻藏代表出面斡旋，邀请驻藏帮办大臣温宗尧前往布达拉宫商谈。达赖喇嘛方面答应：撤回各处阻止川军入藏的藏军；对朝廷的封赏奏谢；仍尊重驻藏大臣联豫，恢复一切日常供应。驻藏大臣也答应：川军到藏，自必申明纪律，维护社会秩序，不得骚扰地方；达赖喇嘛的固有教权不加侵害；和平处理诸项事宜，绝不杀害喇嘛。①

宣统二年（1910 年）二月十二日，川军进入拉萨，当时正值拉萨大昭寺举行一年一度的祈愿大法会（默朗钦莫），有两万僧人参与盛会。驻藏大臣联豫派卫队欢迎川军入藏，卫队在返回途中开枪，打死一名巡警，大昭寺的济仲大喇嘛在琉璃桥中弹身亡，卫队还向布达拉宫开枪，造成极大的混乱和恐慌。《十三世达赖喇嘛传》记载，汉军殴打负责祈愿大法会的总管彭康台吉、仔卓尼嘉样坚赞，还将他们带入汉军营帐，并向大昭寺和布达拉宫开枪射击，导致拉萨城中大乱。鉴于情况危急，达赖喇嘛将噶丹赤巴策墨林呼图克图召到布达拉宫，任命他为摄政，代理政教事务，然后回到罗布林卡收拾行装，出逃拉萨。途中，在甲桑拉让寺稍事休息，即从曲水渡过雅鲁藏布江。而驻藏大臣联豫得知达赖喇嘛出逃后，立即派百余

---

① 朱绣：《西藏六十年大事记》，京报社，1925，第 21～22 页。

骑兵追击，当他们赶到曲水江边时，达赖喇嘛已经上了渡船，达赖喇嘛命令亲侍达桑占东率领十余名藏兵抵抗追兵，保障了达赖喇嘛安全逃脱。达赖喇嘛经过白地、浪卡子到了羊卓雍湖的桑顶寺，在这里藏匿三日，继续南下，过当拉山进住英国驻亚东商务委员麦克唐纳的住宅，通过他们的帮助，前往印度。①

　　十三世达赖喇嘛由仇英亲俄转而求助英国，并且在川军入藏，驻藏大臣卫队开枪制造紧张气氛的情况下逃往印度，这对英印政府来说，无疑是天大的好事。英印政府得到西藏地方内部发生变乱的消息，便通知麦克唐纳，在达赖喇嘛请求避难时给予帮助。而达赖喇嘛一行来到亚东后，立即向英国驻亚东商务委员麦克唐纳请求保护，并受到优礼。驻扎在这里的清朝税务官员受命前往探视达赖喇嘛一行，并劝阻他们留在西藏。当他们得知驻藏大臣所派的追兵离开帕里宗时，达赖喇嘛等在麦克唐纳的安排下立即起程前往印度。临行前，达赖喇嘛交给麦克唐纳一份声明，叙述其出走缘由与经过，由麦克唐纳翻译为英文后，发送给在西姆拉的英印外交公署。②

　　清朝政府在达赖喇嘛出逃后，罗列其各项"罪状"，认为其"反复狡诈，自外性成，实属上负国恩，下辜众望，不足为各呼图克图之领袖"，遂宣布革去十三世达赖喇嘛的名号，"嗣后无论逃往何处，及是否回藏，均视与齐民无异"③。并要求驻藏大臣另觅灵童代替。跟随达赖喇嘛出逃的官员也全部革职。④ 但是，这一决定引起藏蒙各族，以及中外佛教界的一片反对。清朝被迫部分地调整在藏政策，同意驻藏帮办大臣温宗尧的辞职报告，温宗尧也上书朝廷建言："今日中国治藏，须分别表里，善为操纵，不必遽改为行省，而当以法行省之道治之，不必强同于汉民，而当

① 查尔斯·贝尔：《十三世达赖喇嘛传》（Bell, C. *Portrait of the Dalai Lama*, London, 1946），冯其友等译，西藏学参考丛书之七，西藏社会科学院西藏学汉文文献编辑室编印本，1985，第72页。

② 麦克唐纳（Macdonald, D）：《旅藏二十年》（*Twenty Years in Tibet*, London, 1932），孙梅生、黄次书译，孙守义等校，商务印书馆，1936，第54~55页。

③ 《大清宣统政纪》卷三十。

④ 联豫为奉旨革除名号致达赖喇嘛札（宣统二年正月二十八日），《元以来西藏地方与中央政府关系档案史料汇编》（4），第1611~1612页。

以爱汉民之心爱之,宣威布德,较蒙古诸藩为易。"① 也就是说,让清朝政府打消将西藏改为和内地一样的行省建制,对西藏百姓和内地百姓一视同仁,仍旧选择呼图克图负责管理事宜。作为一项具体表示,朝廷调赵尔丰为四川总督,停止进藏。同时派人前往印度与达赖喇嘛商谈,劝其回藏。由于达赖喇嘛坚持要恢复名号,撤退进藏川军,双方未能达成协议。

但是,由于联豫依然担任驻藏大臣职务,并大力推行他的改革方案,清朝在西藏的政策不可能出现较大的改观。联豫在达赖喇嘛出逃印度,并被革除名号后,一方面改革西藏的政治管理体制,用朱绣的话来说,就是"藏事粗平,政府议定乘达赖更迭之时机,决取政教分离主义,以后凡西藏一切教务,由达赖专司其事,所有全藏之商务、外交,在西藏省制未设之以前,悉由驻藏大臣秉承政府命令,相机处治,达赖不得越权干涉,并将关于西藏政教分离之条件,由外交部照会驻京各公使,嗣后事无钜细,非经驻藏大臣禀商政府许可,概无效力,如再有达赖私人与外人缔结条约情事,中国政府一律不能承认"②。在政治体制上,按照原先的设计,在驻藏大臣下面,设立左右参赞各一人,并任命罗长裿为左参赞,钱锡宝为右参赞。"藏以西拟设驻曲水委员一员,藏以北拟设驻哈拉乌苏委员一员,藏以南拟设驻江达委员一员,驻山南委员一员,藏以东拟设驻硕般多委员一员,三十九族地方拟设委员一员,管理刑名词讼,清查赋税数目。至于振兴学务工艺、招来商贾、经营屯垦、调查矿山盐场,皆责成委员切实筹办。"③ 另一方面,联豫又仿照有泰前例,在达赖喇嘛出逃期间,强令班禅暂时取代达赖喇嘛的位置,当班禅来到拉萨时,他意识到自己所处位置的艰难,所以,他并没有接受驻藏大臣让其主政的建议,在处理了一些紧急要务之后,就返回扎什伦布寺。应该说班禅接受命令前往拉萨业已引起了前藏地方上层的不满,从而成为后来达赖喇嘛与班禅两大活佛转世系统发生矛盾的缘由之一。

---

① 温宗尧奏折,朱绣:《西藏六十年大事记》,1925,第26页;牙含章编著《达赖喇嘛传》,人民出版社,1984,第231~232页。

② 朱绣:《西藏六十年大事记》,京报社,1925,第24~25页。

③ 《大清宣统政纪》卷三四。

（三）英国支持"西藏独立"的策略

十三世达赖喇嘛进入印度境内后，在噶伦堡暂住几日，即由英印政府驻锡金政务官贝尔（Charlls Bell）接往大吉岭安住。宣统二年（1910年）3月14日，达赖喇嘛在贝尔的陪同下前往加尔各答，会晤印度总督明托（Minto，L）。根据贝尔的记载，在这次会晤中，达赖喇嘛把光绪十四年（1888年）和三十年（1904年）英国两次入侵中国西藏地方的责任归咎于清朝，希望英国方面能够出兵帮助他击败进入西藏的清朝军队，然后他愿意遵照有关条约和英国方面直接交涉。明托总督对达赖喇嘛表示，英国方面很愿意和西藏缔结条约，其他事项则需等到请示英国政府后再做答复。[1]达赖喇嘛在大吉岭住了一段时间后，不丹国王把他自己在噶伦堡的别墅让给达赖喇嘛居住。他在这里和英国人开始一段密切的交往时期。为了表示对"西藏独立"活动的支持，英国在宣统二年（1910年）6月，派遣步兵两纵队和工兵，携带大炮四门开往印藏边境的朗塘地区，并于当月19日照会清朝外务部，中国政府驻扎多数陆军于西藏，印度政府及其邻藏各部落，势必出而对抗，英国政府亦考虑驻藏商务委员卫队将被袭击，决计增兵入藏保卫，已由印度派兵出驻朗塘地方，专为保护英国在藏商民，非至极端危迫之时，绝不逾越境界，挑衅汉军，倘若十三世达赖回藏，藏境发生变乱，而致英国商民生命财产陷入危险境遇，驻扎朗塘英军，则需入藏以当保护之任。[2]而英国方面在达赖喇嘛出走印度后，也不断派遣秘密使者前往西藏，试图"使西藏脱离中国，达到自由独立的目的"[3]。英国显然要抓住这个机会，为制造"西藏独立"大做文章。

（四）驻藏清军内讧与内渡

宣统三年（1911年）9月，在内地爆发"辛亥革命"后，驻藏川军乘

---

① 贝尔（Bell. C）：《西藏的过去与现在》（*Tibet*，*Past and Present*，Oxford，1924），宫廷璋译，竺可桢、向达校《西藏史》，商务印书馆，1934，第104~105页。

② 陈策：《蒙事随笔》，上海商务印书馆，1934，再版，第78页。杨公素：《所谓"西藏独立"活动的由来及剖析》，《中国藏学》1989年第1期。

③ 麦克唐纳：《旅藏二十年》，孙梅生、黄次书译，孙守义等校，商务印书馆，1936，第57页；牙含章编著《达赖喇嘛传》，人民出版社，1984，第237~238页。

机响应,"右参赞钱锡宝见乱军均系锺之旧部,乃请联豫将锺颖由札什城释回,维持现状。于是,锺颖借招抚乱军之名,报复私仇,暗杀罗长裿于工布南山道上,法科参事范金、书记李维新相继被杀,最后更残杀知府何光燮父子。时内地革命大作,锺颖遂组织勤王军,以联豫为元帅,向商上勒索饷银十万两,牛马五千匹,定期回川。商上见汉兵势盛,不敢抗议,即交银六万两,夫马如之,联豫受银之后,按兵不动,而汉兵得饷过多,大肆淫赌,转瞬用尽,随即掳掠妇女,抢劫商贾,而大招周围之房屋,亦被川军焚毁殆尽矣"①。1912 年(民国元年)3 月,"川兵以色拉寺富裕,乃驱兵围攻三日未克,寺僧数千人猛出逆袭,川兵大败,寺僧乘势攻陷札什城,焚其官署街市,并毁城垣,时商上以川军杀戮过甚,招募士兵万余,以谢国梁为统领,日与锺颖酣战,并用达赖名义,通告全藏之营官喇嘛,攻击各地汉军"。② 也就是说,在汉军内部,既有拥护帝制者和拥护共和者之间的武装火并,也有像谢国梁这样站在噶厦政府一边,与锺颖所部川军所展开的激烈战斗。

在一片混乱之中,驻守在亚东等地的川军也发生哗变,士兵向军官追讨饷银,相互冲突并劫掠百姓的事情时有发生。他们在穷苦潦倒之际,纷纷把随身携带的枪支弹药卖给西藏当地的百姓,取道印度返回内地,和家人团聚。后来在江孜地方,川军和藏军经过激烈战斗后,也通过协商达成协议,川军交出枪械得到口粮和返回家乡的路费,取道印度内渡。

(五)达赖"告民众书"的出笼

"辛亥革命"爆发后,英国立即把这一消息告诉给驻锡于大吉岭的十三世达赖喇嘛,既为他出谋划策,又在军事装备上给予实质性支持。十三世达赖喇嘛也立即派遣达桑占东返回西藏,组织各地军民开展"反汉"暴动。当进藏川军内部乱作一团,并大肆抢劫引起民愤,十三世达赖喇嘛通过西藏噶厦发布了"告民众书":"内地各省人民,刻已推翻君王,建立新国。嗣是以往,凡汉人递到西藏之公文政令,概勿遵从,身著蓝色服

---

① 朱绣:《西藏六十年大事记》,京报社,1925,第25~26页。
② 朱绣:《西藏六十年大事记》,京报社,1925,第26页。

者，即新国派来之官吏，尔等不得供应，惟乌拉仍当照旧供给。汉兵既不能保护我藏民，其将以何方法巩固一己之地位，愿我藏人熟思之。至西藏各寨营官，刻已召集，歃血同盟，共图进行，汉人官吏军队进藏，为总揽我政权耳，夫汉人不能依据旧约，抚我藏民，是其信用既以大失，犹复恣为强夺，蹂躏主权，坐令我臣民上下，辗转流离，逃窜四方，苛残恶毒，于斯为极！推其用意，盖使我藏人永远不见天日矣，孰使之，皆汉人入藏使之也，自示以后，凡我营官头目人等，务宜发愤有为，苟其地居有汉人，固当驱除净尽，即其地未居汉人，亦必严为防守，总期西藏全境汉人绝迹，是为至要。"① 达赖喇嘛的这一告示，主要包括两个方面的内容，即断绝和内地的往来；驱逐西藏所有的汉人。这个告示从始至终宣扬民族仇视的思想和观念，即使是在当时的情况下也是十分有害的。应该说，十三世达赖喇嘛极具煽动性的告示，得到遭受伤害的上层贵族和众多西藏百姓的响应，因此之故，达桑占东的西藏民军才能够在很短的时间里迅速组织起来，并和溃散于拉萨、日喀则和江孜等城中的川军形成激烈对抗之势。

但是，充斥于这一告示之中的狭隘和极端的民族仇恨情绪，却并未得到西藏全体僧俗百姓的认同。驻藏大臣联豫就在危难时刻一度得到班禅和哲蚌寺的保护。英国人贝尔记载说："班禅之政府暗与中国人勾结，不援助其拉萨同胞，几至被兵力强迫，西藏最大之哲蚌寺，僧侣数达万余，云亦倾向中国，及数大僧被杀后，仍未完全忠心助其'信仰之主'，盖寺中大多数僧侣来自中国边界，不肯与庇护其家之人为敌故也。丹吉林寺（即前藏王第穆呼图克图之寺）之首领，当达赖揽权时，被捕入狱致死，其寺中财产悉被查封，故公然为中国人而战。"② 他们不仅不支持十三世达赖喇嘛仇视汉族，割断和内地联系的做法，而且表示出鲜明的反对立场。普通的汉藏百姓才是这个文告的最大受害者，因此，"所谓'达赖文告'，正是起着一个把西藏局势搞乱，把藏族人民反抗清朝统治阶级的斗争，引向民族仇杀和分裂我国西藏的邪路上去的作用"③。而把这个宣言说成是独立宣

---

① 达赖"告民众书"，朱绣：《西藏六十年大事记》，京报社，1925，第27～28页。
② 贝尔：《西藏的过去与现在》，宫廷璋译，竺可桢、向达校《西藏史》，商务印书馆，1934，第112页。
③ 周伟洲主编《英国、俄国与中国西藏》，中国藏学出版社，2000，第354页。

言的说法，也是十分荒谬的，既不符合事实，更偏离基本常识，只能说是别有用心。①

二　维护主权的艰难努力

（一）达赖喇嘛返回西藏

十三世达赖喇嘛方面利用在藏川军的内讧和思乡心切、粮秣缺乏的特殊条件，在军事上不能消灭他们的情况下，采取协商方式，让他们放下武器、获得银两，得以返回故乡，很快解除了守卫江孜和日喀则的川军的武装。在此情况下，十三世达赖喇嘛在 1912 年（民国元年）藏历五月十日，从噶伦堡起程返藏，英国官兵为他们举行了隆重的欢送仪式。十三世达赖喇嘛经过亚东至帕里，在经过热隆寺时，班禅专门从扎什伦布寺赶来欢迎。十三世达赖喇嘛因为不满班禅的作为而冷遇了班禅，汉文史籍记载：十三世达赖喇嘛返回西藏，"班禅迎于江孜，达赖恶其助汉，罚银四万两，班禅向英官麦冬梁（即麦克唐纳——引者注）处借债呈交，从此嫌隙愈深矣"②。达赖喇嘛的首席大臣伦钦夏扎在给麦克唐纳的信函中，也表达了达赖喇嘛方面不满班禅的几点缘由，诸如：达赖喇嘛出逃后，班禅应邀前往拉萨代替其位置，形同篡夺；班禅身边的亲信有倾向汉人心理；班禅方面在 1904 年荣赫鹏侵藏时没有帮助前藏政府；自 1904 年以来，班禅方面拖欠噶厦政府税银数十万卢比。班禅也曾经试图希望麦克唐纳帮助自己解决噶厦强加的无法承受的税收问题，但是他无能为力，后来班禅只能在达赖和噶厦的逼迫下走上逃亡之路。③

达赖喇嘛来到桑顶寺时，接到联豫和锺颖要求谈判的信函，他派遣伦钦强金巴、色拉寺擦娃池巴、仔卓尼丹增坚赞等三人为代表，前往拉萨。双方的谈判是在川军被围困和粮饷匮乏的情况下进行的，而廓尔喀驻藏官员噶卜典担任调停人。双方达成四项协议：川军枪弹交廓人手封藏，没有

---

① 杨公素：《所谓"西藏独立"活动的由来》，中国藏学出版社，1990，第 64 页。
② 朱绣：《西藏六十年大事记》，京报社，1925，第 27 页。
③ 麦克唐纳：《旅藏二十年》，孙梅生、黄次书译，孙守义等校，商务印书馆，1936，第 161、262~263 页。

汉、廓、藏三方会集不能擅自取出；陆军全行退伍，由印度回国，其钦差、粮台、夷情各官，仍照旧驻藏；钦差准留枪 30 支，统领准留枪 60 支；汉兵出关后，所有前次兵变损失财产房屋，须照实议赔。八月十六日交付枪械，九月一日驻藏汉军大多离开拉萨经过印度返回内地。停战协议签订后，达赖喇嘛于八月二十九日从桑顶寺起程，并从尼阿索地方渡船越过雅鲁藏布江到达塞曲科羊子寺。待拉萨完全平息下来后，他在十二月六日前往拉萨，十二月二十六日举行隆重的返城仪式。①

回到拉萨后，达赖喇嘛首先惩办那些支持过驻藏大臣的寺庙和僧众，丹吉林寺即被没收。同时，封授有功人员，卫藏民军总司令达桑占东被提升为扎萨，并将被色拉寺拉萨杀死的亲汉派噶伦擦绒的庄园和仆人赏赐给达桑占东。摄政策墨林诺门罕也给予呼图克图封号和庄园。摄政强佐获得堪穷职位，色拉寺拉基带领僧兵抗击川军有功，担任达木八旗总管。② 与此同时，达赖喇嘛和噶厦政府，也就西藏应与谁为友，是否扩军以及如何筹饷，司法制度怎样改革等重大问题，征求各方面的意见，根据英国人贝尔的记载，"西藏之官吏僧侣人民中，有左袒中国党，自无容讳，盖自然之亲近，及两国联合之久，有以致之耳"。"在农民中，吾等亦时时闻其盼望中国复来。……西藏虽倾向自主，尚不欲其在政治上联合已久之中国完全分离。"③ 这便是当时西藏情况的一个侧面反映。

（二）川军再度进藏与恢复达赖名号

"辛亥革命"爆发后，由赵尔丰苦心经营的改土归流成果也随之付诸东流。达赖喇嘛在鼓动西藏地方民众驱除汉人的同时，也号召川边藏族宣布独立，不久，"川边各地果纷起而响应之，于是赵尔丰、傅嵩炑等多年经营扶植之势力，遂以一朝瓦解，而理塘攻陷，知县被杀，盐井降附，汉兵逃散之报，纷纷传于北京矣。其时川边全境未被藏番攻陷者，南路仅有炉定（即咱里、沈边、冷边三土司地方所改）、康定（即明正土司地方及打箭炉所改）、巴安（即巴塘土司地方所改）三县；北路仅有道孚（即麻

---

① 牙含章编著《达赖喇嘛传》，人民出版社，1984，第 245 页。

② 牙含章编著《达赖喇嘛传》，人民出版社，1984，第 245～246 页。

③ 贝尔：《西藏的过去和现在》，宫廷璋译，竺可桢、向达校《西藏史》，商务印书馆，1934，第 192、130～131 页。

书、孔撒土司地方所改)、瞻化(即瞻对土司地方所改)、炉霍(即东科土司地方所改)、甘孜、德格、邓柯(即登科)、石渠、昌都(即察木多)八县而已"①。整个藏区局势为之一变。

新建立的中华民国政府,在解决边疆民族地区问题上提出了一个新的理论,即"五族共和",希望在这一新的旗号下,消除地方割据,实现包括西藏在内的全国的大统一。面对西藏地方政府上层一部分当权者驱除汉人、勾结英国的做法,当时的民国大总统袁世凯,在民国元年(1912年)六月十四日命令四川督军尹昌衡率领川军入康,平息叛乱。八月十一日,中央向汇丰银行借款40万元作为军费,分发给驻藏长官锺颖与经略使尹昌衡,并命令尹昌衡督师从速前进。闻知这一消息,前藏秩序为之大乱,达赖喇嘛十分惊慌,立刻求助于英国方面。②事实上,袁世凯领导的民国政府在出兵西藏之初就顾虑到英国方面的干预,当时就由外交总长陆徵祥面告英使,说明川军入藏只为平乱,"至希英国严守中立"。而支持"西藏独立"热情正高的英国政府,当然不可能保持中立。川军刚进入西康地区,英国驻华公使就提出"抗议",并陈明英国在西藏问题上的立场:中国不得干涉西藏之内政,并不得于西藏改设行省;不得派无限制之军队驻扎西藏各地;英国现已认定中国对西藏有宗主权,应要求中国改订新约;希望中国保护英国在印藏之间的通信安全;如果中国不承认上述条件,则英国政府绝不承认中华民国之新共和政府。接着,还进一步威胁说,"如果民国政府定欲征藏,继续派遣西军前进,则英政府匪特对于中华民国不予承认,且当以实力助藏独立"③。北洋政府对英国方面的照会予以驳斥,同时申明中国的立场。但是,内心惧怕洋人的袁世凯政府,虽然声称"承认中华民国是另一问题,不能与西藏问题并为一谈",却还是迫切希望包括英国在内的西方列强,能够承认他的政府之合法,并在向西藏进兵问题上有所顾虑。

这一时期,进入西康的川军和滇军业已在澜沧江会师,做好了挺进西藏的军事准备。面对英国不断增加的外交压力,北洋政府还是退缩下来,

---

① 谢彬:《西藏问题》,上海商务印书馆,1930,第68~69页。
② 朱绣:《西藏六十年大事记》,京报社,1925,第30页。
③ 朱绣:《西藏六十年大事记》,京报社,1925,第33~34页。

下令川军停止入藏。"其时陆军总长段祺瑞，于临时参议院秘密会中，说明今后对于西藏方针曰：不主用兵，避免英国交涉，专与达赖喇嘛交涉，怀柔藏人，使之脱离英国关系"，"同时国务总理赵秉钧，并在临时参议院秘密会中，声明政府对藏政策曰：恢复达赖喇嘛之名号，以安全藏人心，派人赴藏，宣谕共和大义，顺藏人之所欲，不施一切新制，凡在前清时代与英缔结之约，继续遵行云云"①。民国元年（1912 年）十月二十八日，明令恢复达赖喇嘛名号。应该说，北洋政府采取恢复达赖喇嘛名号的做法是值得肯定的，但是在英帝国主义的压力之下出现的，既反映出北洋政府在解决西藏问题上的软弱态度，也体现出英国方面在西藏怀抱着更大的阴谋，这就使西藏地方局势的发展存在许多不安定因素。

（三）中英西藏问题交涉与西姆拉会议

在中华民国政府改变对藏政策以后，即在民国二年（1913 年）四月，任命陆兴祺为驻藏长官，取海路前往拉萨。作为一种表示，达赖喇嘛派人经过新疆总督袁大化，向北洋政府提出了恢复关系的五项条件：西藏政府保有与华人同一权利；中央政府每年补助西藏 500 万元；西藏有权许可他国开掘矿山，并遵守与英国所订条约；西藏可以自由训练军队，而中央驻藏军队人数不得超过 1500 名；西藏官制由中央政府制定，由西藏人担任。受命前来打箭炉的达赖喇嘛代表也谈到了四个方面的条件：藏民与汉满蒙回四民族一律待遇；藏民自由保守其宗教；西藏领土仍在中国政权之下；有教育及谙汉语之藏人可以为汉官，而北京中央政府亦得任命汉官赴藏；达赖喇嘛每年津贴仍照常发给。尽管这里存在着许多非分的要求，但是有一点是明确的，即达赖喇嘛方面承认西藏是中国领土的一部分。

对于达赖喇嘛领导的噶厦政府和中华民国政府的接触，以及中华民国政府派人进藏，英国政府采取了竭力破坏的策略。贝尔的话很明确地表达了当时英国人的态度，他认为：英国不应该承认中国在西藏的主权，必要时应该施加压力，不许中国官员经过锡金进入西藏履行职责，促成西藏成为中、俄和英印政府之间的缓冲国的事实，至少使西藏脱离中国的五族联

---

① 谢彬：《西藏问题》，上海商务印书馆，1934，第 70～71 页。

盟，而与英国结盟或者自行独立。[①] 然而，在软弱的北洋政府和天真地幻想得到英国真诚帮助的西藏地方政府之间，英国总能游刃有余地左右局势的发展。

在川、滇军队进藏平乱时，英国除了向中华民国施加压力之外，也在西藏地方上层加紧活动，形成相互勾结的局面。英国首先和西藏地方在暗地里进行交易，试图支持"西藏独立"，在英国殖民者的利诱面前，西藏地方政府也做起了"独立"梦。西藏地方政府经过商议后确定：驱逐境内汉人，由内地来藏之汉人，限半年以内一律离藏，为西藏之土著者，限一年之内离藏；30 年以内藏地不许驻扎汉兵；民国派兵进藏，藏人不能阻止时，请英人出面阻止，并以特别权利报答英人。英国方面同样提出了几点原则：西藏独立后，一切军械由英国接济；西藏承认英国派员来藏，监督财政军事，以作英国扶持西藏独立之报酬；英国向西藏贷款 300 万镑，其抵押品由英国指定；民国军队行抵西藏，英国担负抵御之责；西藏宣布独立后，英国首先承认，并介绍其他各国承认；西藏执行开放政策，准许英国人自由行动。[②]

因此，由英国发起的所谓中、英、藏三方会议就在印度的西姆拉地方召开了，这就是中国外交史和西藏地方历史上颇为有名的"西姆拉会议"。

在会议尚未召开之前，英国驻锡金政务官贝尔即与西藏地方代表伦钦夏扎会晤，并授意其搜集所有中藏交涉资料，以为其"西藏独立"提供所谓依据，同时掌握西藏即将要求归还的各州县的相关情况。民国二年（1913 年）十月十三日，会议在西姆拉举行，英国代表为印度政府外务大臣麦克马洪（McMahon, O. H），中国事务顾问为前驻华领事罗斯（Rose, A），西藏事务顾问为驻锡金行政官贝尔；中国代表是西藏宣抚使陈贻范、副宣抚使王海平；西藏代表为伦钦夏扎，助理人员有台吉车门巴、堪穷丹巴达仁、四品官达多等。

会议开始后，在英国方面的授意下，西藏代表提出了以下几点要求：西藏独立，其疆域包括青海、理塘、巴塘等处及打箭炉；中国不得派员驻

---

① 贝尔：《西藏的过去和现在》，宫廷璋译，竺可桢、向达校《西藏史》，商务印书馆，1934，第 221～232 页。

② 朱绣：《西藏六十年大事记》，京报社，1925，第 42～43 页。

藏，所有勒索瞻对税款及藏人所受损失，一律缴还赔偿；前定藏印通商章程由英藏修改，中国不得过问，中蒙各处庙宇均由达赖喇嘛委派喇嘛主持等。北洋政府所派代表对藏方所提各点提出严正立场。最后双方争执的焦点集中到西藏主权归属和划分西藏与周边诸省区的界限问题上。西藏代表提出，以西藏为独立国，划新疆南方昆仑山脉阿尔腾塔格以南，青海全区，甘肃、四川西部及四川打箭炉、云南北部西部阿墩子等地，归西藏版图。北洋政府代表认为，西藏为中国领土的一部分，中央驻藏大臣可以随带 2500 人卫队进藏，西藏外交、军政受中央节制，归还因为亲汉而受迫害的西藏官员之财产，中央不将西藏改设行省。

在北洋政府代表和西藏代表争论相持不下的时候，扮演"中间人"的英国人站出来，拿出一个所谓的"折中方案"，把整个藏区划分为"外藏""内藏"，把金沙江以西地区称为"外藏"，以东地区称为"内藏"，"外藏"脱离中国而独立，"内藏"归汉藏共管。最后在民国三年（1914 年）四月二十七日形成一个条约草案，主要内容包括，西藏分为"外藏""内藏"两区，前者接近印度，包括拉萨、日喀则、昌都；后者接近中国，包括巴塘、理塘、打箭炉及西藏东部一大部分地区；承认中国对于全藏的宗主权，但是中国不得改西藏为中国行省；英国不得并吞西藏的任何部分；承认"外藏"自治，中国允不干涉其内政，让藏人自理；"内藏"则拉萨之西藏中央政府仍保留其已有之权，其中包括管理大多数寺院、任命各地方长官，但中国得派军队、官吏，或者殖民于其处，不受禁止；中国仍派大臣驻拉萨，护卫军队限 300 人，英国驻藏诸商务委员，其护卫队不得超过拉萨中国护卫人数之 3/4，江孜英国委员可以来拉萨解决在江孜不能解决之事。①

面对条约，陈贻范感到难以接受，英国方面以如不画押将导致谈判破裂，英国将与西藏直接谈判，中国方面的所有权益将自动丧失相威胁。软弱无能的陈贻范屈从了英国的威胁，在草案上签字。这一消息传到国内，全国一片讨伐声，责骂陈贻范为误国庸臣，在此情况下，袁世凯电命陈贻范不得在正式条约上签字，同时照会英国公使，中方不承认这一条约。民

---

① 贝尔：《西藏的过去与现在》，宫廷璋译，竺可桢、向达校《西藏史》，商务印书馆，1934，第 139～141 页。

国三年（1914 年）7 月 3 日，英国与西藏地方政府在该条约上签字，并且
宣布条约中有关中国之特权利益自然不存在，英国政府并当竭力援助西
藏，抵抗中国对西藏之"侵略"。① 由于这个条约没有作为主权国家的中国
政府的签字，事实上是一个无效的条约。

（四）节外生枝的"麦克马洪线"

在西姆拉会议期间，英国政府不仅通过《西姆拉条约》获得对西藏的
操纵，而且暗地里和西藏地方代表签署了所谓《英藏通商章程》和划定藏
印边界，从西藏地方攫取更大的利益。这一章程在 1914 年 7 月 3 日签订，
内容主要是扩大英国商埠地界范围和英国商务委员的职权，以及英国商人
在西藏的活动空间；加强印度同英国设立在西藏商埠之间的邮电通信联
系，方便了英国商人和职员在两地之间的往来；规定西藏出产的商货及手
工业成品，无论优劣，均不得租给外人承办，使英国独自享有控制西藏对
外贸易的权利。同时，该章程取消了光绪三十四年（1908 年）章程中有关
英国势力在西藏存在年限及权利的限制，也取消了中国中央政府在办理西
藏通商事宜中的主导权。这是一个损害中国主权和根本利益的条约。

不仅如此，英国政府还以支持"西藏独立"及对抗民国中央政府作为
条件，由麦克马洪诱骗西藏代表伦钦夏扎私自达成协议，将中国西藏地方
9 万平方公里的土地划给英属印度范围。事实上，英国对西藏东南部的领
土垂涎已久。

英国对喜马拉雅山地部族的渗透由来已久。在阿萨姆地区，英印政府
承袭阿洪王朝②向珞巴族等部落交纳布沙（Posa）③ 地租的做法。当阿萨姆
地区经济出现迅猛发展势头时，实力雄厚的资本家开始要求其政府放弃
"不干涉政策"，向北扩张。其中不少投机者业已前往珞巴族居住地区盗伐
森林，但也遭到珞巴族的强烈反对。英国政府于 1873 年制定《孟加拉东
部边境章程》（*The Bengal Eastern Frontier Regulation of* 1873），提出一条称
为"内线"（Inner Line）的边界线，规定：所有英国臣民以及外国居民，

---

① 厦扎司伦、赤门噶伦编纂《1914 年西姆拉会议情况及材料汇编》，第 72 页。
② 指缅甸旧王朝。
③ 又作波萨、布萨等，指山地部落（如珞巴人）向平原地区收税的权利。

在没有通行证或许可证的情况下不得向北越过"内线"。而"外线"（Outer Line）则是指在"内线"以北几英里的"山脚沿线"（the line of the foot of the hills）。对于"内线"和"外线"之间的中间地带（即中国珞巴族居住区），英国既不收税，也不设立行政机构。印督明托和印度事务大臣莫利均不愿在阿萨姆地区采取积极行动，也不愿向北越过"外线"①。

1905 年，年轻而野心勃勃的诺埃尔·威廉逊（Noel Williamson）接替退休的尼德哈姆，担任助理政治官，他坚决反对英印政府执行的不干涉政策，希望通过深入探索山地部族地区而改变局面。② 1907 年 12 月至 1908 年 1 月，威廉逊溯洛希特河（Lohit River）而上，到距离我国西藏日马（即察隅）35 公里的地方进行考察，执行所谓兰斯洛特计划，返回后提交报告建议：英国向米什米方向扩张，在当地建立警岗，将该地区纳入英国统辖范围之内；发展萨地亚与米什米人的贸易，开通向西藏东北的商路。③

1908 年 3 月，威廉逊再次越过"外线"，进入珞巴族居住区，抵达帕西加特（Pasighat），后又向西南行至列杜姆（Ledum），再至西永河（Singyong River）对岸的迪季木尔（Dijmur）。此次探险历时一年，1909 年 2 月因患急性肺炎而返回印度。1909 年 3 月，威廉逊再次来到珞巴族居住的卡邦村（Kebang）。1909 年末至 1910 年初，他穿越米什米人居住区行至日马；1910 年 1 月，再度来到察隅河谷，抵达瓦弄。

英人威廉逊在中国边界频繁的活动引起了川滇边务大臣赵尔丰的注意，他令管带程凤翔进占桑昂曲宗④，一方面配合北路川军入藏，另一方面设法阻止英国蚕食中国领土。1909 年 11 月 29 日程凤翔接到命令后，自札宜出发，1910 年元旦进入桑昂曲宗，2 月 11 日抵达桑昂。得知英人在杂

① Frederic A. Greenhut Ⅱ, *The Tibetan Frontiers Question*, *from Curzon to the Colombo Conference*: *An Unresolved Factor in Indo - Sinic Relations*, New Delhi: S. Chand & Company Ltd., 1982, p. 26. 所谓"内线"（Inner Line）和"外线"（Outer Line），参见 Alastair Lamb, *The McMahon Line*, A Study in the Relations between India China and Tibet, 1904 - 1914, Volume Ⅱ: Hardinge, *McMahon and the Simla Conference*, London: Routledge & Kegan Paul, 1966, pp. 312 - 314。

② Alastair Lamb, *The McMahon Line*, Volume Ⅱ, p. 326.

③ Mehra Parshotam, *The McMahon Line and after*: A Study of the Triangular Contest on India's North-eastern Frontier Between Britain, China and Tibet, 1904 - 1947, London: MacMillan, 1974, p. 91.

④ 吴丰培编《赵尔丰川边奏牍》，四川民族出版社，1984，第 236 页。

瑜活动,赵尔丰即命程凤翔派兵南下杂瑜。程凤翔抵达杂瑜后,雷厉风行地推行改革,采取了充实边防、设置界碑等措施,以巩固边防。①

得知赵尔丰属部在杂瑜的经营措施,兰斯洛特·海尔立刻报告印督明托,并建议英国政府,最好的办法是宣布所有米什米人为英国臣民,并逆洛希特河而上,占领直至瓦弄(Walong)的领土。② 接受这种观点的印督明托在 1910 年 10 月建议印度事务部,认为解决阿萨姆问题的最佳办法是通过"越过外线"向西藏方向推进,从而"获得缓冲区"③。但不久他便退休,而由参与过制定 1907 年英俄协议的哈定(Lord Hardinge)继任印督,越线计划被搁置。④

威廉逊却不顾上级的反对,"在没有获得任何正式批文的情况下,无所畏惧,一意孤行"⑤。1911 年 1 月初,威廉逊和格雷戈森医生(Dr. Gregorson)一行出发⑥。他们沿着洛希特河,目的是"尽可能准确地查证中国人究竟在日马附近做了些什么"⑦。2 月 4 日,他们抵达曼尼克莱(Menilkrai),在此附近,威廉逊发现了赵尔丰派人所立界碑。3 月 22 日,他们抵达卡邦村(Kebang),越过底杭河(Dihang,又译作底项、迪杭、

① 吴丰培编《赵尔丰川边奏牍》,四川民族出版社,1984,第 494 页。Alastair Lamb, *Tibet, China & India 1914 – 1950* 一书注释 885 也记载:奥卡拉汉保存着这些标志做成的复制本,其中有一个用汉语和藏语写成的告示,大致内容是:"中华民国川滇察隅南界,特使 Chiang Fong Chi & ……察隅县长"(South Boundary of Chuan Tien Tsa Yü of the Chinese Republic established by Special Commissioner Chiang Fong Chi & … [the] …. Magistrate of Tsa Yü… [Zayul]),这充分证明杂瑜处于中国西藏地方政权管辖之下。

② Alastair Lamb, *The McMahon Line*, Volume Ⅱ, p. 326. 吕昭义:《英帝国与中国西南边疆(1911~1947)》,中国藏学出版社,2001,第 87 页。

③ Alastair Lamb, *The McMahon Line*, Volume Ⅱ, p. 336.

④ Alastair Lamb, *The McMahon Line*, Volume Ⅱ, pp. 337 – 340.

⑤ Alastair Lamb, *The McMahon Line*, Volume Ⅱ, p. 340.

⑥ 威廉逊此行包括威廉逊、医生格雷戈森、1 名武装巡警、苦力管理拉尔·巴哈都尔、卫队若干人、35 名尼泊尔脚夫、4 名米里人。Alastair Lamb, *The McMahon Line*, Volume Ⅱ, p. 344.

⑦ PEF 1910/13, Williamson's Diary, *January and February* 1911. 转引自 Alastair Lamb, *The McMahon Line*, Volume Ⅱ, p. 341. 有关威廉逊此行的目的,Alastair Lamb 在上述书中提到:"调查西藏与阿萨姆之间、从日马到萨地亚的路线是他的此行阿波尔的主要目的之一"(Alastair Lamb, *The McMahon Line*, Volume Ⅱ, p. 343);此外,"探究西藏在此地统治的范围,中国是否在该地区取得了任何进展"也是他的目的之一;最后,他"希望各部族将他的出现理解为大英帝国权力的象征,并希望这些部族最终能归于英国保护之下"(Alastair Lamb, *The McMahon Line*, Volume Ⅱ, p. 344)。

迪汉、德亨河等），来到阿波尔人居住地西辛（Sissin），在此一些脚夫生病了。威廉逊当即决定由一位米里人（Miri，又译作米日、米瑞等）带着写给英国驻帕西加特官员的信，将其中三位病情严重的尼泊尔脚夫送回到帕西加特（Pasighat），而格雷戈森医生继续和其他病人留在西辛，他本人则继续前往空辛村（Komsing）。然而就在此时，威廉逊一行被当地阿波尔人所杀①。

威廉逊死后，英国打算充分利用这一"偶然事件"，一劳永逸地解决汉藏、印藏之间的边界问题，确立一条新的边界线，也即所谓的"新外线"，而这条"新外线"正是麦克马洪线的前期策划，或麦克马洪线的前身。"外线"（Outer Line）是指在"内线"以北几英里的"山脚沿线"（the line of the foot of the hills）。尽管内线（Inner Line）并不是国际边界线，但却起到国际边界线的诸多作用，英国人一般将其视为印度领土的有效边界。② 而英人视为真正的国际边界（international boundary），又称为外线"Outer Line"，在某些地区（如德让，Darrang）则容易被"内线"所混淆。③ 兰姆认为，外线的划定并非基于阿萨姆人和山地部族之间的民族划分。许多山地部族长期或季节性地迁徙到外线以南生活。外线不过是遵循着山脚沿线的便利地理情况划定，它就像"自山谷而起的一面墙"（like a wall from the valley）。④

1910 年 10 月，印度总督明托向印度事务部提出，解决阿萨姆问题最好的办法是"通过向外线扩张而获得一个缓冲区"，即划定一条"新外线"（the new Outer Line）。根据 1914 年非法的麦克马洪线可知，这条"外线"类似于麦克马洪线，可以称为非法的麦克马洪线的前期策划。兰姆认为，"老内线（the Old Inner Line）仍然标志着英国的行政边界。老外线（the old Outer Line）则继续象征着英国政治官员在此地游历的有效边界。而最终，新的北部边界（指新外线）则在中国绝不允许外来势力落脚的地方划

① Alastair Lamb, *The McMahon Line*, Volume Ⅱ, pp. 344 – 345. 对于威廉逊一行被杀原因，参见梁俊艳《英国对藏政策的调整与"麦克马洪线"的前期策划——以 1911 年威廉逊事件为中心》（《中国边疆史地研究》2011 年第 4 期）。

② Alastair Lamb, *The McMahon Line*, Volume Ⅱ, p. 313.

③ Alastair Lamb, *The McMahon Line*, Volume Ⅱ, p. 313.

④ Alastair Lamb, *The McMahon Line*, Volume Ⅱ, p. 315.

定了一处无主之地"。① 这在一定程度上揭示了所谓的老内线、老外线、新外线，不过是英印当局玩弄的文字游戏，是为自己划定的一种"灵活变通"的界限，也是为自己渗透、侵略别国领土寻找借口，和麦克马洪线一样，我国从未在任何时候承认过这些非法的边界线。

亨利·麦克马洪爵士对阿波尔远征队出发前的考察活动更是多次耳提面命。他曾告知鲍威尔（Bower）：

> 要在印度和西藏之间划定一条恰当的边界；但是，在没有向英印政府汇报的情况下，不得划定任何边界；除非西藏和中国的领土既定边界与上述提到的边界线基本相符，而遵循如此显著的地理特征对于划定一条令人满意的、清晰明确的战略性边界至关重要。②

麦克马洪还补充道：

> 如果在考察过程中遇到中国官员或军队，应当尽力与之维持友好关系。然而，如果是在中藏既定边界一边的部族领地上遇到中国官员和军队，英方应请其撤离至中藏既定边界内，如果有必要，则可以使用武力迫使其撤离。③

而哈定也一再提到"我们认为这条线（即指'新外线'）必须是我们的主要目标，我们应将阿萨姆已有的'外线'大力向前推进"。④

当 1913～1914 年英国执行"前进"政策，策动旨在分裂中国的"西姆拉会议"时，麦克马洪与伦钦厦札在秘密换文中抛出所谓的"麦克马洪线"，绝非一蹴而就，而是英印政府对我国珞瑜、察隅地区充分而大量的考察之后，经过英印政府的主要负责人哈定、贝尔、麦克马洪等人精心策

---

① Alastair Lamb, *The McMahon Line*, Volume Ⅱ, p. 349.

② Dorothy Woodman, *Himalayan Frontiers：A Political Review of British*, *Chinese*, *Indian and Russian Rivalries*, London：Barrie and Rockliff, the Cresset Press, p. 145.

③ Dorothy Woodman, *Himalayan Frontiers：A Political Review of British*, *Chinese*, *Indian and Russian Rivalries*, London：Barrie and Rockliff, the Cresset Press, p. 145.

④ Dorothy Woodman, *Himalayan Frontiers：A Political Review of British*, *Chinese*, *Indian and Russian Rivalries*, London：Barrie and Rockliff, the Cresset Press, p. 146.

划、细密准备而提出的。英印政府以威廉逊之死为借口，采取强硬的"前进"政策，趁我国发生辛亥革命、中央政府无暇顾及之机，派军深入我国山地部族地区，强行测量，设岗驻军，令英印在该地的存在成为既成事实，且强行划定一条非法的"新外线"，用具体的行动为非法的"麦克马洪线"之出笼做好铺垫。

辛亥革命爆发到民国刚建立的 1911～1912 年，英印政府以英国人威廉逊（Noel Williamson）被珞巴人所杀为借口，大举武装进攻西藏东南部地区，并积极在门隅、珞隅和察隅等地区搜集情报，勘测考察。1913 年贝利（F. M. Bailey）中校再次进入这一地区勘测，直接为西姆拉会议攫取中国领土做准备。西姆拉会议期间，由麦克马洪、贝尔等精心筹划的"麦克马洪线"并没有行诸文字，不仅中华民国政府代表不知道，就是西藏地方政府代表也没有预料到。因此，当贝尔向西藏代表提出划分双方边界时，西藏代表夏扎表示，本次赴会并未接受这个使命。可是，英国方面详细罗列英国支持西藏反对中国的诸多"功劳"，同时威胁西藏地方代表，如果不能满足这一条件，西藏要获得英国的继续帮助，以达到脱离中国而走向独立的目的是不可能的，甚至英国还会和民国政府联合起来对付西藏方面。夏扎和同来的拉萨三大寺代表商议后，有了初步的意见，就是牺牲领土来换取英国对"西藏独立"活动的支持，于是便派人返回拉萨就有关划界问题请示西藏地方政府。西藏地方上层采纳了夏扎等人意见，司伦雪康在给夏扎的信函中表达了这一观点，内称："……本来这次（划界，将）政府、世家、寺院的土地、百姓收入丧失给外人，政府所受损失及长远危害甚巨，但如使西藏衷心依靠之大英政府有所不悦，是不合适的。希望强调提出要求，今后能使西藏获得独立，并使康区的汉军官兵全部撤回汉地。只要能做到这些，则在一奉到（英方）通知后，即可派人划界及将西藏政府的收入和土地、百姓移交给大英政府人员。"① 1914 年 3 月 24～25 日，英国代表麦克马洪和西藏代表夏扎通过秘密书信往来确认了所谓的藏印边界划分，这就是"麦克马洪线"。

"麦克马洪线"的实质就是把英印和西藏的边界向西藏境内推进了大

---

① 西藏噶厦"外交局"档案，傅师仲译，见杨公素《所谓"西藏独立"活动的由来》，中国藏学出版社，1990，第72页。

约 60 英里，把边界从战略上暴露的山麓提升到阿萨姆的喜马拉雅山山顶。[①] 也就是西起达旺以北北纬 27 度 45 分与不丹相邻的地方开始，向东然后向东北延伸，经过西巴霞曲河上游、加玉河转向东南，在雅鲁藏布江下游向北，经过丹巴江流域向南向东，越过察隅河、独龙江，到高黎贡山脉的伊索拉希山口为止。作为对"西藏独立"活动的支持，英国方面在西藏代表即将返回时，英国将 5000 支枪、50 万发子弹的"礼品"赠给西藏地方。由于这个条约是非法的和见不得人的，因此，未敢示人，直到 1938 年，日本侵华战争正烈，中华民族面临生死存亡的关键时刻，在英国外交次长卡罗（O. Caroe）的策划下，将该条约塞入经过篡改的 1929 年版《艾奇逊条约集》第 14 卷。[②] 于此可见殖民者用心之险恶和手法之卑劣。

这一事实清楚地表明，英国殖民者利用西藏地方和民国中央政府之间的矛盾以攫取非法利益的阴险本质。英国方面以许诺支持"西藏独立"换取西藏地方上层私自割让领土，并与民国中央政府对抗，相互残杀。同时又施加外交压力迫使民国政府放弃在西藏的完全主权，后一阴谋因为全国人民的强烈反对而没有得逞。但是，由于昏庸无能的西藏地方上层的荒唐决策，使中国的 9 万多平方公里的土地被英印政府所占据，至今仍然是中印双方相互争论的一个焦点问题。

三 19、20 世纪之交的西藏政策

（一）清朝约束达赖措施的评议

清朝政府对十三世达赖喇嘛在西藏地方前后两次出现动乱之际逃离拉萨的行为，采取了类似的处理方式，也就是由劝导、扣留未果，到公布罪状到革除名号，最后又恢复名号的过程。清朝革除十三世达赖喇嘛名号的用意，在赵尔丰的奏折中有所表示，即以正其背叛之罪；以绝藏中观望之心；免使他国人引以为重。[③] 但是，非但没有达到预期的效果，反而引起

---

① 马克斯维尔：《印度对华战争》，陆仁汉译，世界知识出版社，1981，第 47 页。
② 柳陞祺：《1929 年版"艾奇逊条约集"第十四卷何以有两种不同版本——兼评西姆拉会议（1913～1914）》，《中国藏学》1990 年第 1 期。
③ 《元以来西藏地方与中央政府关系档案史料汇编》（4），第 1611 页。

人们对朝廷政策的反对及对达赖喇嘛的同情与支持。应该说这里有很多教训可以总结：首先，清朝自身的衰落导致对作为边疆的西藏地区控制能力的降低，加强与西藏地方的沟通、保持西藏地方上层，特别是达赖喇嘛和朝廷的精诚团结十分重要，而清朝政府并未在这个时候采取相应的措施加以弥补，导致双方的隔膜加深。其次，这一时期的清朝政府在管理西藏地方事务中，忽视了驻藏大臣发挥的特殊而至关重要的作用，在人员选择上，除了极少数优秀者外，大多是遭到贬斥的罪臣。这些人在朝廷没有良好的信誉，在西藏即为戴罪立功，非但无所作为，反而贪赃枉法，贻误边疆军政大事。这也是清朝晚期不能高度重视边疆危机的一个鲜明事例。再次，从历史上看，用行政命令的方式来解决宗教问题有很大的局限性，特别是废立像达赖喇嘛这样的宗教领袖更应慎重对待。时在盛世的康熙皇帝时期，废立六世达赖喇嘛尚且发生失误，何况是业已衰落的清朝晚期。可以说，两度废止达赖喇嘛名号从开始就是错误的，最后的自我纠正，只算是减少了更大错误，却并没有挽回损失。此外，清朝晚期对达赖喇嘛和班禅额尔德尼关系的处理也存在失误，应该说达赖喇嘛和班禅之间出现分歧和矛盾是帝国主义势力插手西藏的产物，也是西藏农奴制走向衰亡时期各种矛盾纷纷暴露出来的一种表现，但是也与清朝政府扩大两大活佛之间的不和与矛盾的错误政策有关。可以肯定地说，达赖喇嘛和班禅额尔德尼之间的合作与和睦有利于西藏地方的团结和稳定，试图利用两者之间的矛盾，甚至加剧两者之间的矛盾来达到控制西藏地方的错误做法，不仅不能奏效，而且必然导致西藏地方局势的失控。同时，还为帝国主义势力插手西藏事务提供了可乘之机。

（二）英国政府与英印当局在对西藏问题上的不同态度

英国在西藏地方的殖民活动，从本质上说，是英国在中国进行殖民活动的一个组成部分，也是西方殖民主义势力在世界范围争夺势力的一个反映。英国在西藏的殖民活动主要通过设立在印度的殖民总督来负责和英印政府来执行。英国政府和英属印度政府当局在西藏进行政治侵略和经济掠夺的根本目的是一致的。但是，两者之间在具体态度和措施上也存在一定的分歧。在英国政府内部，保守党和工党之间对待西藏问题也存在某些差别。甚至在英印政府和一些殖民狂人之间，也会在西藏的措施上发生较大的分歧。例如，像荣赫鹏、麦克马洪等人和英印政府之间都出现过不小的分歧。荣赫鹏的武装侵略在英国国内遭到强烈谴责就是很好的例证。而麦克马洪胁迫西藏地方代表划定印藏边界的行为，也曾遭到印度总督哈定（Hardings）的质疑，他在 1914 年 7 月 23 日写给印度事务部大臣的备忘录中说道："我们认为，考虑到印度东北边境问题不是西姆拉会议职责的一部分，亨利·麦克马洪爵士就这方面提出的观点和建议，只能被看作是他个人的行为，并未得到印度政府的批准。"[①]。一般而言，少数殖民狂人大多采取更加直接和贪婪的手法，在政治上支持西藏独立，试图将西藏纳入英国的直接统治之下，或者掠夺西藏的土地、物产和财富。而英印政府则更是英国侵略西藏的关键环节，他们的政策相对前者要稍微保守一点，但是同样主张扩大英国在西藏的影响，从英藏贸易中获得丰厚利益，支持"西藏独立"阴谋，破坏中国的主权和西南边疆的领土完整。而英国政府则为了顾及英国与中国、俄国的关系，以及国际影响所以采取了较为谨慎的措施。他们不希望英印政府在西藏过分激烈的侵略扩张损害到英国的整体利益。在英国政府内部不同党派之间，在涉及西藏事务方面也有差异，英国的自由党就主张采取缓进政策，而工党则采取了急进政策。

（三）辛亥革命中内地各省宣告独立与"西藏独立"之区别

辛亥革命爆发后，全国各地纷纷宣告独立，这时的西藏地方也出现了一种独立倾向。这种独立是在新旧政权变革之际出现的，有时代的共性特征，又和内地的独立运动存在本质的不同。内地各省的独立运动只针对清朝的封建统治，正如中华民国临时大总统孙中山在《宣言书》中所说的："国家之本在于人民，合汉、满、蒙、回、藏诸地为一国，则合汉、满、蒙、回、藏诸族为一人，是曰民族之统一。武汉首义，十数省先后独立——所谓独立，对于清廷为脱离，对于各省为联合。蒙古、西藏，意亦同此。行动既一，决无歧趋，枢机成于中央，斯经纬周于四至，是曰领土之统一。"[②] 袁世凯继任临时大总统时，也在大总统令中重申："现在民族

---

① 《印度事务部档案》L/PS/18/B201，第 17 卷，第 685 页，《印度政府致克鲁侯爵》，1914 年 7 月 22 日，1914 年，第 90 号。

② 《临时大总统宣言书》，中华民国元年元旦，《孙中山选集》上卷，人民出版社，1956。

共和，凡蒙、藏、回疆各地方，同为我中华民族领土，则蒙、藏、回疆各民族，即同为我中华民族国民。"① 应该说，该宣言对当时的"独立"有明确的界定，而西藏的独立运动由于帝国主义势力插手，以及地处边疆和藏族聚居等情况，独立运动变成了制造民族分裂、破坏中国领土完整的行动。这就使达赖喇嘛与驻藏大臣的矛盾、西藏地方与中央政府之间对外政策上的矛盾、藏族和汉族的矛盾，以及新旧政权更替引发的矛盾等交织在一起，加之英印政府对西藏独立活动的大力支持，对中国中央政府和西藏地方政府之间关系的竭力破坏，促成了以十三世达赖喇嘛为代表的西藏地方上层进行反清独立活动性质的改变。于是，就出现了西藏的"独立"和内地的"独立"形似而实不同的状况。

（四）北洋政府在西藏问题上态度变化分析

鉴于西藏地方面临的复杂局势，北洋政府试图改变策略以挽救西南边疆地区的危机。民国元年（1912 年）七月，北洋政府设立蒙藏事务局（民国三年五月改为蒙藏院），任命蒙古喀喇沁王爷贡桑诺尔布为总裁。达赖喇嘛写信给贡桑诺尔布说明自己出走缘由。八月，民国政府新任大总统袁世凯任命锺颖为驻藏办事长官，命联豫回京"面询一切"。十月二十八日袁世凯发布命令，恢复十三世达赖喇嘛名号，并复封其"诚顺赞化西天大善自在佛"。同时也加封班禅额尔德尼"致忠禅化"名号。② 但是由于英印政府的怂恿和支持，西藏噶厦政府一方面与北洋政府保持密切联系，同时又宣称，他们只承认驻藏大臣，而不承认办事长官，要锺颖离开西藏。于是双方发生武装冲突，锺颖因为人少而被迫交出枪械，取道印度回京。民国二年（1913 年）四月二日，袁世凯下令免除锺颖的职务，改由陆兴祺护理驻藏办事长官。由于噶厦政府和英印政府的百般阻挠，陆兴祺尽管担任这一职务 10 余年，却一直在印度履行职责，并未进藏。

北洋政府在理论上提出了"五族共和"来解决边疆和民族问题，应该说是一个历史性的进步。尽管它有一定的局限性，而且在实际执行中会大

---

① 《东方杂志》第八卷第十号、第八卷第十二号。

② 蒙藏局奉发袁世凯恢复达赖喇嘛封号令给锺颖与达赖喇嘛咨行及照会，《元以来西藏地方与中央政府关系档案史料汇编》(6)，第 2354 页。

打折扣，但毕竟鲜明地提出了尊重边疆民族权利，促使各族联合的口号。在具体实践中，北洋政府也采取了一系列措施维护中国西藏的领土完整和中国的主权。民国二年（1913年），袁世凯设立参众两院，均有西藏"前藏""后藏"议员。这一年五月十五日由北洋政府"西藏选举事务所"公布的名单来看，达赖喇嘛当选参议员有顿柱罗布等5名，候补参议员有白马仁钦等5名。班禅方面当选参议员江赞桑布等5名，候补参议员为阿旺曲札等5名。① 它说明，北洋政府在极为艰难的历史变革时期，维护了对西藏的主权。但是，北洋政府和清朝政府一样，十分畏惧西方列强，他们有能力出兵西藏平息变乱，却没有勇气抵制来自英国方面施加的巨大压力。当英国方面明确支持西藏独立活动，并援助以武器时，北洋政府解决西藏问题的决心发生动摇，最终出现西姆拉会议上的被动局面。

---

① 蒙藏院档案：《西藏地方是中国不可分割的一部分》（史料选辑），西藏人民出版社，1986，第460~461页。

第二十五章　派代表入藏与应对新策

一　民国政府打破僵局

（一）李仲莲、朱绣入藏

西姆拉会议之后，西藏与民国中央政府的关系面临新的考验。西藏噶厦政府在英国的支持下试图背离民国中央政府，走上"西藏独立"道路。当时西藏地方和中央政府的直接联系被阻隔，主要渠道则是清代以来达赖喇嘛设立在内地的三个僧职，即北京的雍和宫堪布、山西五台山堪布和承德布达拉宫（普陀宗乘庙）堪布。西藏和其相邻的康区处在内战状态，由于袁世凯称帝，内地爆发护法战争，1917 年（民国六年）9 月，西藏地方政府利用这一时机，借口彭日升杀死两名藏兵，派藏军进攻驻守昌都的川军。1918 年（民国七年）1 月，藏军夺取类乌齐。2 月 29 日攻占恩达，接着占领德格、邓柯、石渠、白玉、宁静等县。4 月 3 日包围昌都。4 月 16 日彭日升缴械投降。后由英国副领事台克满（Eric Teichman）从中调停，边军分统刘赞廷和噶厦噶伦降巴登达会晤，于 1918 年（民国七年）10 月 17 日达成有 13 项内容的"停战协定"，川军驻守甘孜，藏军驻守德格。[①] 英国人除了试图重提"西姆拉条约"之外，就是竭力阻止北洋政府和西藏地方之间恢复政治联系。为了粉碎英国帝国主义割断西藏与祖国内地之间联系、初步促成"西藏独立"的阴谋，民国政府则一直寻求与十三世达赖

---

① 《川边镇守使陈遐龄咨呈》（1918 年 11 月 1 日），民国政府蒙藏院档案，第 1045 卷。

喇嘛进行沟通的渠道。

民国八年（1919 年）北洋政府通过甘肃督军张广建派遣朱绣、李仲莲和红教喇嘛古浪仓等人，由青海前往西藏。朱绣一行在八月到达拉萨，在拉萨逗留 8 个月后，于民国九年（1920 年）四月起程返回。在朱绣等人在拉萨期间，川藏停战协定到期，达赖喇嘛、班禅、拉萨三大寺、噶伦和各地代表开会商讨后，确定继续维护停战协定，如果有纷争，"静候中英藏三方面特派全权代表，在拉萨或察木多（昌都）会议解决"。在朱绣一行离开拉萨之际，达赖喇嘛为其饯行，席间说明心迹："余亲英非出本心，因钦差逼迫过甚，不得已为之。此次贵代表等来藏，余甚感激，惟望大总统从速特派全权代表，解决悬案，余誓心内向，同谋五族幸福。至西姆拉会议草案，亦可修改云云。"[①] 虽然不能说此时的十三世达赖喇嘛的话存在心存两端的问题，但却可以肯定他也并非诚心听任英国人的摆布，断绝和民国中央政府的联系。

（二）英国武装藏军

根据所谓"西姆拉条约"及英国胁迫西藏地方接受的"麦克马洪线"划分，西藏地方以巨大的牺牲换取英国对"西藏独立"的支持，而这种支持首先是军事上帮助噶厦扩建藏军。在英国人的帮助下，噶厦设立了马基康（藏军司令部），达赖喇嘛任命为保护自己立下汗马功劳的擦绒（达桑占东）为藏军马基（总司令），台吉车门巴为马基穷瓦（副总司令）。藏军扩建的计划是把 3000 人的队伍发展到常备的 1 万人队伍。"拟分五百人为一代本，每代本下辖四如本、十甲本、五十居本。"[②] 为了培养军官，英印政府在江孜专门开办了一所军官训练学校，完全采用英印军队训练方式。急于强军的十三世达赖喇嘛对此寄予厚望，他还派仲巴扎萨、多仁台吉等高级官员前往受训。每次受训的官兵为 50 人，由英印商务委员公署卫队英印指挥官负责训练事宜。原来计划组建 30 个代本（即团）的兵力，按照藏文字母命名，后因经费困难，只完成了 12 个代本。为了解决武器弹

---

① 朱绣：《西藏六十年大事记》，京报社，1925，第 58 页。
② 贝尔：《西藏的过去和现在》，宫廷璋译，竺可桢、向达校《西藏史》，商务印书馆，1934，第 142~143 页。

药，1914 年噶厦在扎什城设立机器厂，原计划制造武器，后来未能如愿，改为造币厂和造纸厂，武器全部由英国提供。

达赖喇嘛扩充藏军的计划与英国人贝尔的唆使有关。1920 年 10 月，贝尔从印度出发前往拉萨，此次同行前往拉萨的还包括印度医疗部（Indian Medical Service）的陆军中校肯尼迪（Lieutenant - Colonel R. S. Kennedy）。贝尔的目标是要同十三世达赖喇嘛及其大臣建立起尽可能友好的关系，他还要尽力发现甘肃使团在西藏究竟做了什么。[①] 1920 年 11 月 17 日，贝尔代表团抵达拉萨。多次拜会达赖喇嘛及四个噶伦，开展各种活动。

为了鼓动藏军和川军扩大冲突，贝尔建议达赖喇嘛将现有的 5000 人队伍扩大为 15000 人的军队。通过增加税收的方式来获得军费。他还提出了一些具体办法：允许西藏每年从印度输入一部分军需用品；帮助西藏训练军队，备办军需；帮助西藏雇用采矿师，开发矿藏；在江孜设立一所英国学校，教育西藏贵族子弟，并在将来迁往拉萨。[②] 其目的就是鼓动西藏地方和内地打内战，并为英印政府控制西藏地方经济、军事和政治服务。他的主张引起了拉萨三大寺僧人的强烈反对，幸而有达赖喇嘛的保护，才在 1921 年 9 月得以安全离开拉萨。

英国学者兰姆对贝尔使团来藏的影响评价颇高，他认为，贝尔使团的行为中潜伏着让西藏生活各个方面发生巨大变化的可能性。[③] 提供武器和军事指导的协议，即便是贝尔所言最小规模上的，也足以在西藏内部产生一支受过现代化训练的军队，而这将很可能将军队自身变成一股政治力量对抗寺庙的保守主义。[④] 尽管贝尔入藏后，英国在藏的侵略势力得到进一步的扩展，对西藏社会产生了极大的影响，但是，正如兰姆所言，贝尔代表团并没有有效地改变西藏的地位。[⑤]

---

① Alastair Lamb, *Tibet, China & India* 1914 - 1950, *A History of Imperial Diplomacy*, Hertingfordbury, 1989.

② 贝尔：《西藏的过去与现在》，宫廷璋译，竺可桢、向达校《西藏史》，商务印书馆，1934，第 161 ~ 170 页。

③ Alastair Lamb, *Tibet, China and India*, p. 122.

④ 李铁铮（Li Tieh-tseng）：《西藏的历史地位》（*The Historical Status of Tibet*），纽约，1956，第 277 页。

⑤ Alastair Lamb, *Tibet, China and India*, p. 121.

（三） 达赖喇嘛"新政"与班禅出走

十三世达赖喇嘛在清末民初遭遇危机时再度逃亡印度，在那里即受到英印政府的唆使及对其独立活动予以支持的许诺，遂生起谋求独立，并挽救行将灭亡的封建农奴制的幻想。在接受英国人给予军事支持、扩建藏军的同时，达赖喇嘛也开始对西藏地方的政治和宗教制度进行改革。在行政体制上，达赖喇嘛做了较大的改革，他在噶厦政府众噶伦之上新设立一个司伦，秉承达赖喇嘛的意志，负责噶厦日常工作，而第一任司伦就是参加"西姆拉会议"的西藏首席代表夏扎。同时创建了许多新的机构，诸如，1916 年在拉萨创办的医学历算研究所（曼仔康），命哲蚌寺名医钦绕诺布负责；1923 年建立的警察局（坡立斯），命索旺勒登为代本，孜仲钦绕贡桑为帮办；1925 年创办邮政局（扎康），委派孜仲扎巴曲加、雪仲喜娃二人为邮政总管（扎基）；同年还成立了电报局，由从英国留学归来的雪仲吉卜和印度留学归来的孜仲曲丹丹达二人担任局长。[①] 此外，还成立了银行（欧康），相继由彭康、擦绒噶伦和桑颇扎萨担任行长一职，改革货币制度，发行新币。与此同时，十三世达赖喇嘛加大人才培养力度，为发展西藏地方实业做好充分准备。1915 年噶厦政府由孜本龙夏带队送仁岗、门冲、吉卜、刚卡四名学生前往英国，分别学习电机、电报、采矿和军事。1920 年，他们学成返回西藏，创办了拉萨电报局、机器厂（后改为水电厂），并在拉萨北山试图开采矿山。[②] 除了在拉萨铺设电线和发电厂建设略成绩外，采矿因为挖出蛤蟆而遭到僧人的反对被终止。达赖喇嘛"新政"是为了挽救面临衰亡的西藏政教合一的封建农奴制的努力，它的目的和手段决定它不可能是彻底和根本性的改革，"新政"的意义并不在于它给西藏的经济和社会发展带来巨大的推动作用，而在于它为封闭的和被宗教铁幕笼罩着的西藏社会带来一股清新的气息。但是，当接受了英国教育的少壮派军人威胁到政教合一政权的稳定时，达赖喇嘛便宁愿放弃改革计划。

达赖喇嘛"新政"措施许多都要依靠经济来支撑，为了解决经费问

---

① 《十三世达赖喇嘛传》，牙含章编著《达赖喇嘛传》，人民出版社，1984，第 257～262 页。

② 贝尔：《西藏的过去与现在》，宫廷璋译，竺可桢、向达校《西藏史》，商务印书馆，1934，第 176～177 页；牙含章编著《达赖喇嘛传》，人民出版社，1984，第 258～259 页。

题，达赖喇嘛接受贝尔等的建议，向全西藏地方个阶层增加税收。除了前藏地方管辖的僧俗官民之外，达赖喇嘛也把目光盯到后藏的班禅辖区。按照雍正、乾隆以来的历史惯例，班禅掌管的扎什伦布寺及后藏属地并不归噶厦政府管辖，自然也不必向噶厦交税和承担任何义务。在军费无着落的情况下，达赖喇嘛试图改变历史定制，向班禅辖区征税。这种做法与达赖喇嘛和班禅之间关系日益恶化有关，同时也与达赖喇嘛加强个人专权有关，也就是让班禅服从达赖喇嘛的管束。

在接到达赖喇嘛领导的噶厦政府摊派的军粮税款数目后，班禅方面派出了驻拉萨办事处的仲钦（秘书长）噶绕巴、德来康萨，副官长多丹巴等为代表与噶厦沟通，当他们见到噶厦负责此事的官员时，发现情况发生了很大的变化，会谈变成了龙厦和丹巴达杰两人对班禅方面代表的审问，接着他们被噶厦方面关入监狱，在这样一个危急时刻，班禅被迫于 1923 年 12 月 26 日（藏历 11 月 18 日）寒冬夜，留下给扎什伦布寺僧俗全体官员、达赖喇嘛两封信后，开始艰难的逃亡和在内地的漂泊生涯。

（四）蒙藏会员会和平解决西藏问题的十条办法和十一条原则

民国十八年（1929 年）九月十二日拟具"解决西藏之具体办法十条"①，内容包括，第一，西藏与中央之关系恢复如前；第二，达赖、班禅应加入中国国民党，并负责筹划西藏党务之进行；第三，达赖、班禅加入本党后得为政府委员；第四，外交、军事、政治均归中央办理；第五，中央予西藏以充分自治权；第六，班禅回藏由达赖派员欢迎，中央护送；第七，达赖、班禅在西藏之政教权限一切如前；第八，中央以达赖、班禅为西藏政教之首领；第九，班禅归藏时，拟派国防军随同入藏，以资保护；第十，达赖在京设立办公处，经费由政府发给。通过这 10 条办法，新成立的国民政府试图解决当时西藏和中央政府关系，以及西藏内部达赖喇嘛和班禅额尔德尼两大活佛之间存在的一系列重大问题。让达赖、班禅加入国民党是新增设的项目，显然不具有现实可能性。"中央予西藏以充分自治权"也属新开列内容，其他各项则主要依照清朝管理西藏的各项制度而制定。

---

① 《解决西藏之具体办法》（1929 年 9 月 12 日），中国第二历史档案馆藏蒙藏委员会档案。

国民党中央政治会议第二百二十次会议修订通过的蒙藏委员会拟订的《关于解决西藏问题的十一条原则》①，也是解决西藏问题、治理西藏方面的重要文件，内容包括，第一，中藏应该恢复原来密切之关系；第二，西藏不得与中国以外之各国发生政治关系；第三，西藏与他国旧订之约，得提请国民政府处理；第四，达赖应欢迎班禅回藏；第五，达赖应将占领西康各县完全交还国民政府；第六，希望外交及军政重大事项，应由国民政府负责办理；第七，国民政府承认西藏有完全自治权；第八，达赖、班禅在西藏政教上之权利，概仍其旧；第九，国民政府派专员常川驻藏，达赖、班禅应负保护全责，并予以种种便利；第十，西藏得派专员常川驻京，并由国民政府酌给办公费；第十一，此次尼藏交涉，概由国民政府秉公办理。这一文件，更全面和具体地提出了解决西藏问题，特别是中央与西藏关系问题的基本原则。

二 刘曼卿前往西藏

（一）刘曼卿其人

刘曼卿，藏名雍金，清光绪三十二年（1906年）生于西藏拉萨，父亲刘华轩，曾任驻藏大臣秘书，后任九世班禅秘书，母亲系拉萨藏族。1911年辛亥革命爆发，入藏川军和藏军激战，拉萨大乱。刘曼卿随父母迁居印度。1918年家人取道海路回到北京，她被送到北平市立第一小学读书。毕业后入通州（今北京通县）女子师范学校学习，其间遵父命成亲，不久因性格志向不合而分居，重新安心学业。毕业后入道济医院做护士，目的是能通过治病服务于西藏百姓。国民政府成立以后，努力加强与西藏地方的关系，西藏地方也做出一些积极的回应。1928年冬，十三世达赖喇嘛派其驻山西五台山堪布罗桑巴桑谒见国民政府主席蒋介石，邀请谙熟藏语的刘曼卿担任翻译。蒋介石对刘曼卿熟悉汉藏两语，以及落落大方的仪态颇为

---

① 国民党中央政治会议第二百二十次会议修订通过的蒙藏委员会拟定的《关于解决西藏问题的十一条原则》，中国第二历史档案馆藏蒙藏委员会档案。

赞赏，遂任命其为国民政府文官处一等书记官。① 在这里工作一段时间后，刘曼卿决定发挥自己所长，为国家分担忧愁，向文官处提出建议，要求前往西藏。

（二）刘曼卿受命前往西藏

从当时大的背景来看，国民政府建立，如何把中央政府的各项政策切实传达到西藏地方，以及充分了解西藏地方的实际情况，显得十分必要与迫切，毕竟自朱绣、李仲莲等入藏以来，中央再也没有派员进入西藏，同西藏地方发生直接的交流。面对当时日益复杂的国际形势，英国帝国主义不断侵略破坏活动，以及西藏与内地联系阻断，相互隔膜的状况，直接派员进藏势在必行。而刘曼卿本人具有独特的条件，熟悉藏语汉语，自幼生长在拉萨，熟悉那里的情况，与西藏有天然的联系，本人又熟悉医术，可以在艰险旅途中自救和救济他人。同时，也熟悉国民政府的政策，更重要的是她有报效国家的满腔热血和不怕艰险的勇气。用她自己的话来说，就是既可报效政府知遇之恩，又可为故乡西藏做点有益的贡献。

国民政府批准了刘曼卿前往康藏进行实地调查的报告，授命其以文官处书记员身份入藏，了解达赖喇嘛的政治态度，并由文官处二等书记官孔党江称以西藏调查员身份随同前往。1928 年 7 月 15 日，刘曼卿一行离开南京取川藏道前往拉萨。

刘曼卿等人的旅行十分艰难，充满了危险。除了交通条件很差造成的诸多不便之外，还遭遇到土匪抢劫，以及沿途藏军的盘问和拦截，备受艰辛。与此同时，他们也有幸得到像刘文辉这样的开明高官和沿途汉藏百姓的帮助和周济。1930 年 2 月 1 日，当他们到达拉萨时，受到噶厦政府的接待。刘曼卿托接待她的夏苏（虾素）转交赠送给达赖喇嘛的礼品，达赖喇嘛也回赠以其在拉萨每月的食宿费。英国方面一直从中活动，阻碍刘曼卿晋见达赖喇嘛。刘曼卿则采取迂回的策略，利用自己熟悉拉萨并谙练藏语的条件，与西藏各阶层联络感情，宣传民国政府"五族共和"的大政方针，赢得了越来越多的理解。

十三世达赖喇嘛在 3 月 28 日接见了刘曼卿，并为其摩顶祝福。刘曼卿

谈到了内地的局势，此次赴藏的使命，以及民国政府"五族共和"政策的内容，转达了中央对达赖喇嘛的问候和对西藏的关心，中央政府加强与西藏地方关系的设想。达赖喇嘛表示要经过研究之后才能给予明确答复。5月25日，达赖喇嘛再次邀请刘曼卿前来他所驻锡的罗布林卡，表达了他"不背中央"的心迹，关于同英国关系，他说："英人对吾确有诱惑之念，但吾知主权不可失，性质习惯两不容，故彼来均虚与周旋，未尝与以分厘权利。"① 当时康藏武装冲突尚在进行，达赖喇嘛说："至于西康事件，请转告政府，勿遣暴厉军人重苦人民，可派一清廉文官接收。吾随时可以撤回防军，都是中国领土，何分尔我"，"兄弟阋于墙，甚为不值"。他表示："中国只须内部巩固，康藏问题不难定于樽俎。"② 达赖喇嘛还希望中央能够给西藏地方提供纺织和制革机械和派遣技术工人。从达赖喇嘛的谈话中可以看出，经历了此前亲英的少壮派试图夺取他的政教大权的风波之后，他对亲英的前途也表现出一定的担忧，更能清醒一点认识到加强和民国中央政府关系的重要性，回到一个中国的原则上。至于和中央政府建立怎样的隶属关系，以及康藏边界如何划分，仍旧存在不少分歧。

（三） 中央解决西藏问题的八点意见与达赖喇嘛的答复

刘曼卿在拉萨期间，同达赖喇嘛和噶厦政府最实质性的交流，涉及她所带去的民国政府就如何解决西藏问题所提的八个问题：第一，西藏与中央政府关系应如何恢复？第二，中央对于西藏统治权应如何行使？第三，西藏地方自治权如何规定？第四，达赖喇嘛、班禅额尔德尼加入国民党问题；第五，达赖喇嘛、班禅额尔德尼在西藏政教上地位与权限一律照旧？第六，班禅额尔德尼回藏，达赖喇嘛如何欢迎？中央如何护送？第七，达赖喇嘛是否在京设立办公处以便随时接洽？其经费可由中央拨给。第八，西藏对于中央有无其他希望？

对于上述问题，达赖喇嘛方面一一予以答复，关于第一个问题，噶厦表示，"中央能将中藏施主关系照前至诚有信之待遇，而西藏以前原系至

---

① 刘曼卿：《康藏轺征》（《国民政府女密使赴藏纪实》），民族出版社，1998，第113页。

② 刘曼卿：《康藏轺征》（《国民政府女密使赴藏纪实》），民族出版社，1998，第112~113页。

诚相见，现在更要竭力拥护中央"。第二个问题噶厦没有明确答复，认为可通过商讨立约加以解决。第三个问题，涉及西藏的辖区范围，噶厦主张一切应照旧办理，"若原系西藏地方，刻下未在西藏治下者，自应仍归西藏范围，久后必安"。第四个问题噶厦以达赖喇嘛年事已高，不能前往内地委婉拒绝，"至班禅现住内地，除札什伦布庙宇教务外，素无其他教务可管，自应就近加入国民党，但素无解决藏事之发言权"。即大大降低了班禅在西藏原有的政教地位。在第五个问题的答复中，噶厦同样否认班禅的政教权力，宣称"西藏政教，向归西藏政府掌管，班禅早在后藏有一庙宇。至札什伦布系第一世达赖所修建，后一辈达赖到拉萨时，无人掌其庙宇，特选班禅掌管札什伦布，并赠予班禅。后由五辈达赖因屡次师徒关系，将札什伦布给予班禅，若照以前旧规办理，西藏人民无不悦服"。关于班禅返回西藏问题，噶厦方面断然拒绝，而且还罗列了九世班禅及其左右近侍的几大"罪状"：班禅左右人等制造前后名目，意在分离西藏，不遵守藏政府法令，以下犯上，思想和行为均属恶劣；1904 年英国人进入拉萨，班禅曾前往印度与英国人密谋；1910～1911 年班禅与驻藏大臣联豫设法谋夺达赖喇嘛政教大权；照旧例班禅应为西藏政府出 1/4 军粮，不但不交，还舍扎什伦布寺而内逃，并与库仑共产党暗中有联系。因此，"至班禅左右人等，时常挑拨，现在未声明逃奔理由之前，西藏碍难欢迎"。对于在内地设立办公处问题，噶厦表示，"先设办公处于南京、北平、西康三处，以后若有加添，再当陈请"①。最后，西藏地方希望民国中央能提供军械，以保卫地方安全。

从上述表态来看，达赖方面没有否定民国政府在西藏的主权，并表示了保持和中央政府加强联系的态度。但是，我们也应该看到其立场有后退迹象，即他们没有正面回答民国政府在西藏地方行使管理权的问题，除了辖区范围要求和军械要求之外，没有明确表示接受民国中央政府管辖及加强和中央关系的实质性措施问题。在对待班禅问题上则采取了极端强硬的态度，改变历史定制，剥夺班禅在西藏地区政教事务中的权力，明显表现出独断专行的倾向。促成达赖喇嘛和噶厦政府立场后退的原因是多方面的，但是，最核心的一条是英国在背后的阻梗，以及当时国民政府遭遇日

---

① 牙含章编著《达赖喇嘛传》，人民出版社，1984，第 277～280 页。

益严峻的形势，此时的噶厦政府还抱有观望态度。一方面康藏冲突正在进行，双方的隔阂依然存在，英国方面还在背后支持；另一方面日本在东亚积极寻求扩张机会，日本僧人河口慧海、寺本婉雅等在西藏学习佛经的同时，也从事间谍活动，竭力拉拢达赖喇嘛密切同日本的关系。这些都影响到十三世达赖喇嘛和西藏噶厦对国民政府的态度。

民国早期派往西藏的代表，以及后来赴藏办理各项事务的大员，他们都在沟通中央与西藏地方、内地与西藏人民感情中发挥着重要的作用，成为分隔时期两地文化的沟通桥梁。著名藏学家图齐（G. Tucci）在他的《意大利与东方》中说道："在这个世界上，分裂的力量远比团结的力量更积极和更加持久，人们更容易否定而不是肯定，总是沉浸在自己的想法里而不愿倾听别人的意见。因此，对数百年来那些促使两大文明——欧洲文明与亚洲文明相互接近的人和事铭记不忘，是合情合理。这两个文明相邻且相互联系，使得一方的活动影响到另一方的历史。"① 不同文明之间如此，中国不同地区、不同民族文化之间，汉藏之间何尝不是如此？在艰难时期在汉藏之间穿梭、架设桥梁的人永远值得人们纪念。

三　从解决西藏问题的两份文件分析民国中央的西藏政策

国民政府建立以后，采取积极措施试图解决错综复杂的西藏问题，1929 年（民国十八年）九月十二日和 1930 年三月二十六日，先后颁布《解决西藏之具体办法十条》和《关于解决西藏问题的十一条原则》，比较系统地提出了国民政府对待西藏的政策。

这两份文件的内容有相同处，也有细微差别，在前一份文件中提出了达赖喇嘛和班禅两大活佛加入国民党，并成为国民政府委员的问题，在后者中予以取消。同时适当赋予西藏地方更大的管理权，即将"外交、军事、政治均归中央办理"修改为"希望外交及军政重大事项，应由国民政府负责办理"；将"中央予西藏以充分自治权"，修改为"国民政府承认西

---

① 图齐：《意大利与东方》，新拉莫西奥，意大利亚非研究院，罗马，2005（米兰，1949，第 1 版），第 13 ~ 14 页；弗朗切斯科·赛弗热：《意大利藏学研究的历史与现状》，班玛更珠译，邓锐龄校，《中国藏学》2012 年第 2 期，第 233 页。

藏有完全自治权"等。后者又根据当时发生的尼藏纠纷，以及康藏纷争等，增加了涉外问题的政策部分，即"西藏不得与中国以外之各国发生政治关系"，"西藏与他国旧订之约，得提请国民政府处理"，"此次尼藏交涉，概由国民政府秉公办理"等，对于川藏纠纷，提出"达赖应将占领西康各县完全交还国民政府"的意见。还根据达赖喇嘛和噶厦政府对待班禅返藏问题的态度，增加了"达赖应欢迎班禅回藏"的条目。同时，新增加"国民政府派专员常川驻藏，达赖、班禅应负保护全责，并予以种种便利"的内容。其他事项一仍其旧。

从这种变化，我们可以看到，虽然两份文件相隔还不到一年时间，除了后者比前者更具体和务实之外，很突出的一点是，国民政府在内政方面许诺赋予西藏地方更大的自治权，而在外交方面却给予高度的重视，也就是突出了维护国家主权的内容。这与当时英国方面重新积极插手西藏事务，并利用尼藏纠纷和川藏纠纷支持西藏搞独立有密切的关系。而这一时期日本侵华野心日益昭著，中华民族危机正在加强，抓住西藏主权这个根本问题，也确实是当时西藏政策最核心的内容。

第二十六章　蒙藏委员会的艰难经营

蒙藏委员会是国民政府时期管理西藏和蒙古等地边疆和民族事务的中央机构，上承清代理藩院和北洋政府时期的蒙藏院旧制，下启中华人民共和国民族事务委员会之新，归行政院管辖，在中国内外纷争叠加的多事之秋，有限地发挥了治理边疆的功能。

一　建立和完善治藏机构

（一）中央管理西藏事务机构的设置

中华民国成立后，废除了清朝管理边疆和民族事务的理藩院，1912 年 4 月成立由内务部管辖的蒙藏工作处办理相关事务，5 月 9 日，任命锺颖为"西藏办事长官"。7 月更名为"蒙藏事务局"，属国务院；1914 年升格为"蒙藏院"，直属北洋政府总统府。① 1929 年国民政府根据《中华民国政府组织法》设立"蒙藏委员会"，管理蒙古（含今蒙古国）地方、西藏地方等蒙藏民族聚居区的行政、宗教及其他各项事务，归行政院管辖。从这一机构的设置和归属来看，民国继承了元以来历代中央政府重视西藏、重视蒙藏边疆地区的政策，直接由中央政府来管理这些地区的各项事务。考虑到藏传佛教，特别是格鲁派在西藏居于主导地位，在蒙古地区普遍信仰并具有广泛影响的情况，将两地事务纳入统一机构管理，也是一大特色。

---

① 《临时大总统袁世凯令》，《东方杂志》第八卷第十二号。

（二）在西藏设立办事机构与官员

由于清末民初整个中国局势动荡，以及各省纷纷独立于清王朝，在民国的统一旗号下又相对自主的情况较为普遍。西藏地方不仅出现类似情形，而且因为英国的插手更出现独立倾向。在这样的背景下，西藏的经营出现重重困难，软弱的中央政府始终未能彻底解决所面对的问题和挑战，却也始终没有放弃责任和努力。

民国在西藏首先设立的职官是"护理西藏办事长官"，职责是保护在印华侨的利益，联络达赖、班禅，沟通内地与西藏之间的消息，推动局势好转。1912年9月2日，陆兴祺等印度华侨致电袁世凯等，请求中国中央政府派领事驻印度，以保护印度华侨利益。同年11月20日，前亚东关监督马师周致电袁世凯，内称："大总统钧鉴：……陆君少年留学印度，于藏印情形，至为熟识。藏事素著热心，向来驻藏官员，多所借重。刻藏务紧急，变态万端，消息（诚）贵灵通，委托尤须慎重。可否暂委陆君担任斯事。代垫邮电各费。与或有机援，能运动联络达赖、班禅等事，准其电请钧示照遵，开销各项呈报财政部请领。达赖等知陆君为政府委任之人，当必愈加信用。消息易通，感情益洽。或能转移达赖背向之心。（于）西藏危局，大有裨益。"①1913年6月1日陆兴祺被任命为护理西藏办事长官。1913年10月5日，陆兴祺向袁世凯总统和国务院推荐其秘书李嘉鼐赴西姆拉参加西姆拉会议。1914年4月2日，陆兴祺被任命为西藏办事长官。但西藏地方政府拒绝他进入西藏。1913年5月18日袁世凯致电陆氏，请其转交达赖喇嘛，内称联豫与锺颖皆已被召回，现派陆兴祺为西藏办事长官，请达赖喇嘛派员护送其进入西藏未果。陆兴祺在印度被英国殖民当局限令不得接触藏人。1913年9月4日，内阁致电陆兴祺，称驻藏办事长官诸职责将被暂停，却从未向外公布。1916年3月2日至1922年，陆兴祺的秘书李嘉鼐代行办事长官职权。他本人继续做帮助原来清朝驻西藏的官兵从西藏返回中国内地的工作。1925年2月25日，九世班禅到达北京，陆兴祺从加尔各答到北京看望，并告知班禅有关西藏的消息。8月28日，北京临时政府执政段祺瑞，特派陆兴祺为国民代表会议西藏议员临时选举监督。1929年末，经陆兴祺及其天益号的安排，

---

① 吴丰培辑《民元藏事电稿》，西藏人民出版社，1983，第102页。

九世班禅系统的家庭中的约 40 名青少年从西藏出发，陆续经大吉岭和加尔各答到中国内地学习。1930 年 7 月，十三世达赖喇嘛派驻中央的代表棍却仲尼途经印度加尔各答时，住在陆兴祺在加尔各答的家里。1930 年 8 月 2 日，陆兴祺奉中央来电，带棍却仲尼去了中国领事馆。①

黄慕松专使行署。黄慕松（1883～1937 年），1933 年 4 月，金树仁在新疆塔城通电下野，盛世才继任之后，受国民政府委派，以军事委员会参谋部次长身份入新宣慰。1933 年冬，十三世达赖喇嘛土登嘉措在布达拉宫圆寂后，国民政府在南京举行两千余人参加的追悼大会的同时。决定利用致祭达赖喇嘛之机，派遣黄慕松前往拉萨，联络感情、加强中央政府与西藏地方的联系。在黄慕松前往拉萨致祭，并完成册封十三世达赖喇嘛时，与西藏地方政府主要官员交涉，确定留下专职人员负责中央政府与西藏地方之间的沟通和联系事宜。黄慕松在回京前夕，"拟留刘总参议朴忱驻拉萨办事，诸君如有所见，希告彼转呈中央请示，本使当从中帮助"②。于是，黄慕松在拉萨留下专使行署总参议刘朴忱、参议蒋致余等，从而为进一步了解西藏情况，沟通地方与中央的联系建立了常设渠道。③ 这是黄慕松入藏解决中央与西藏地方关系方面取得的最大成功。

蒙藏委员会驻藏办事处。黄慕松留在拉萨的总参议刘朴忱后来因病去世，蒋致余则在 1938 年夏天离开拉萨，只剩下交通部无线电台台长张威白一人履行职责。蒙藏委员会遂委任他为咨议，维系了民国中央与西藏地方之间的联系。1936 年 8 月，吴忠信改任蒙藏委员会委员长。1938 年 12 月 28 日，国民政府发布命令，特派吴忠信会同西藏地方摄政热振呼图克图主持十四世达赖喇嘛丹增嘉措坐床事宜。

离开西藏之际，吴忠信曾经与热振交涉在拉萨设立驻藏办事长官公署，被热振以担心造成误会、英国的压力、需要僧俗大会讨论等理由婉拒。不得已而求其次，国民政府行政院认为既设立长官公署不行，则以设

---

① 陆兴祺所编《西藏交涉纪要》（台北，蒙藏委员会，1954 年，4，103fol. 26x19）；房建昌：《英国秘密档案中记载的民国初年护理西藏办事长官陆兴祺——兼论印度华侨在维护中央对西藏的主权中所起的重要作用》，《西北民族学院学报》2002 年第 4 期。

② 中国第二历史档案馆、中国藏学研究中心合编《黄慕松吴忠信赵守钰戴传贤奉使办理藏事报告书》，中国藏学出版社，1993，第 47 页。

③ 中国第二历史档案馆、中国藏学研究中心合编《黄慕松吴忠信赵守钰戴传贤奉使办理藏事报告书》，中国藏学出版社，1993，第 131 页。

立办事处相商。吴忠信等"几经考虑，为免蹈覆辙计，遂对藏取通知方式而不取洽商方式，以免其表示拒绝意见，反成僵局。（1940 年 3 月）二十五日上午，即发表随行入藏之本会藏事处处长孔庆宗为驻藏办事出处长，驻藏咨议张威白为副处长，并限于四月一日筹备成立，同时分函热振及噶厦查照。另一方面，又将中央设立蒙藏委员会驻藏办事处之意义，嘱员分别告知热振及噶厦"①。驻藏办事处经过国民政府批准后正式成立了。② 从而为加强中央与西藏地方的联系开通了重要的渠道。

中央政府驻藏职官③

职衔	姓名	在藏时间
西藏办事长官	锺 颖	1912 年 5 月至 1913 年 1 月
护理西藏办事长官	陆兴祺	1913 年 4 月至 1920 年 9 月
驻藏办事长官	陆兴祺	1920 年 9 月至 1930 年
专使行署留藏负责人	刘朴忱	1934 年 11 月至 1935 年 1 月
专使行署留藏负责人	蒋致余	1935 年 1 月至 1938 年 7 月
蒙藏委员会驻藏咨议	张威白	1938 年 8 月至 1940 年 3 月
蒙藏委员会驻藏办事处处长	孔庆宗	1940 年 4 月至 1943 年 10 月
蒙藏委员会驻藏办事处处长	沈宗濂	1943 年 10 月至 1947 年 7 月
蒙藏委员会驻藏办事处处长	陈锡璋	1947 年 7 月至 1949 年 7 月
蒙藏委员会驻藏办事处处长	熊耀文	未到职 1948 年

西藏地方噶厦驻京办事处

职衔	姓名	在京时间
总代表	贡觉仲尼	1930 至 1936 年 4 月
总代表	阿旺坚赞	1939 年 11 月至 1945 年
处长	贡觉仲尼	1931 年 2 月至 1936 年 4 月
处长	阿旺桑丹	1936 年 4 月至 1939 年 10 月
处长	格敦恪典	1939 年 10 月至 1940 年 9 月

① 中国第二历史档案馆、中国藏学研究中心合编《黄慕松吴忠信赵守钰戴传贤奉使办理藏事报告书》，中国藏学出版社，1993，154～155 页。

② 《国民政府为蒙藏委员会会驻藏办事处成立准予备案指令》（1940 年 4 月 6 日），中国藏学研究中心、中国第二历史档案馆合编《十三世达赖圆寂致祭和十四世达赖转世坐床档案选编》，中国藏学出版社，1991，326～327 页。

③ 列表参阅牙含章编著《达赖喇嘛传》（人民出版社，1984）《班禅额尔德尼传》（西藏人民出版社，1987）；多杰才旦主编，邓锐龄副主编《元以来西藏地方与中央政府关系研究》（中国藏学出版社，2005）；喜饶尼玛《民国时期中央政府驻藏职官刍议》（载《近代藏事研究》，上海书店出版社，2000），维基百科"中华民国治藏历史"等。

续表

职衔	姓名	在京时间
代理处长	伦珠	1940 年 9 月至 1942 年 1 月
处长	罗桑扎西	1942 年 1 月至 1945 年 5 月
处长	土丹参烈	1945 年 5 月至 1946 年 5 月
处长	土丹桑布	1946 年 5 月至 1949 年

班禅驻京办事处

职衔	姓名	在京时间
处长	罗桑坚赞	1929 年 1 月至 1938 年
代理处长	石明珠	1939 年
处长	罗有仁	1940 年至 1942 年 5 月
处长	詹东·计晋美	1942 年 5 月至 1949 年 5 月
处长	孙格巴顿	1949 年 5 月至 ?

二　履行管理职责

（一）了解西藏真实情况与切实做好联络工作

黄慕松入藏致祭、册封十三世达赖喇嘛期间，非常留心于实地调查，了解西藏和藏区各方面的真实情况。当时，"藏方虽来电表示欢迎，惟对于入藏道路，以遵海道由印入藏为请，而以由川入藏地方贫苦、办差无力为辞"[1]。黄慕松认为，民国六年（1917 年）、民国十九年（1930 年）先后发生过康藏冲突，这些都发生在康区。"我调查实情、宣达中央德意起见，决定由川入藏。"[2] 同时，派专署参议蒋致余、秘书王良坤，以及参议巫明远等前后从南京出发，通过印度入藏，调查情况，并筹备行署、接洽册封日期等准备。他本人与副官王维崧、高长柱，总参议刘朴忱，参议林

---

[1]　中国第二历史档案馆、中国藏学研究中心合编《黄慕松吴忠信赵守钰戴传贤奉使办理藏事报告书》，中国藏学出版社，1993，第 8 页。

[2]　中国第二历史档案馆、中国藏学研究中心合编《黄慕松吴忠信赵守钰戴传贤奉使办理藏事报告书》，中国藏学出版社，1993，第 8 页。

东海、陈敬修，医官王兆奎，秘书李国霖，以及两名摄影师等取道成都入藏。① 黄慕松入藏虽然政治任务艰巨，但是在藏区调查方面却不遗余力，他在给洪涤尘的《西藏史地大纲》一书作序时言："余奉枢命，使藏致祭，舍空用陆，志在考察，凡所经历，接近政教领袖，士绅居民，冀于藏中民族、历史、地理、社会、政教、风俗、物产、经济，博访周咨，历时一载。"② 黄慕松完成西藏使命后，曾公开发表过一本图片集《藏游概述》，收录了一些珍贵的西藏风貌照片。

清晰准确掌握西藏政情社情与民意。黄慕松在西藏和四川藏区的调查不是简单的描述，而是有的放矢，有着明确的经世致用的目的，在此基础上时常会有真知灼见显现于字里行间。比如，他认为"西藏地方政府人员自民国以来，分为新派、旧派及现政府三派，换言之即亲汉、亲英与保持西藏人办藏事独立派，亲汉派为三大寺喇嘛、僧官及年久任事久者，亲英派为留学英国或印度，与英国在大吉岭所办英文学校学生，以及民元川军哗变时受害之官吏最深者，现政府派为随达赖奔走最久，鉴察汉、亲英终非善计，不肯让权与外人者"③。并仔细分析其立场态度及形成原因。西藏地方上层从幻想对于英国的期望和依靠，转而为对英国经济侵略的忌惮，也在黄慕松的笔下展现出来。首席噶伦泽墨就当面对黄慕松表示："英国国势强大，通藏交通便利，一日藏英有事，英军两周内兵力可抵拉萨，即使中央帮忙，增援部队，但交通阻滞，至快非三个月不能到拉萨。"④ 这也是民国政府所面临的最现实和尖锐的问题，国弱无以安边疆。

黄慕松、吴忠信等对西藏百姓生活痛苦的现状均有关注，认为这一局面的造成既与内地和西藏关系紧张，特别是康藏战争有关，又与西藏地方贵族的盘剥压榨有关。黄慕松记载，"西藏人年来受印货倾销，当局滥印不兑现之纸币，使国民经济日见窘迫。且英货来藏只要现金，或易藏产之

① 中国第二历史档案馆、中国藏学研究中心合编《黄慕松吴忠信赵守钰戴传贤奉使办理藏事报告书》，中国藏学出版社，1993，第8~9页。

② 洪涤尘：《西藏史地大纲》，正中书局，1947。

③ 中国第二历史档案馆、中国藏学研究中心合编《黄慕松吴忠信赵守钰戴传贤奉使办理藏事报告书》，中国藏学出版社，1993，第68页。

④ 中国第二历史档案馆、中国藏学研究中心合编《黄慕松吴忠信赵守钰戴传贤奉使办理藏事报告书》，中国藏学出版社，1993，第112页。

麝香、皮毛等货，不要纸票，民众更形困苦"①。吴忠信在《奉使入藏主持第十四达赖喇嘛坐床典礼报告》中将西藏社会之特质概括为宗教至上、阶级森严、贵族专政和民生困苦几点，在后者中指出："西藏因地处高寒，农产稀少，人民生活本极困难，而西藏当局压迫剥削更无所不用其极，使藏民生活坠入人间地狱，其苦乃不可言。西藏当局视人民直如奴隶牛马，随意役使，随意蹂躏，不稍怜惜。政府征用人民及其牛马，照例不付代价，即伙食马乾亦须由人民自备，而差徭纷繁几无宁日，人民受扰之剧可以想见。政府复可一纸命令无代价的征收人民之财产，或将此种财产赏给寺庙或贵族中之有功者。总之，在西藏境内，人民已失去其生存与自由之保障，其生活之痛苦实非言语所可形容也。"②

对于西藏地方藏传佛教，黄慕松也有自己的独到见解，他认为"自昔佛教由印传入西藏，有道高僧实较今日为多，人民信仰亦较深刻。降及现代，在官吏方面认为非信仰佛教不能入宦途，因此投机者甚多。……喇嘛中有能力者派为官吏，因此平民愿入喇嘛多如猬集，一则有入官途希望，且一生生机以有寺院供给，可保无虞，故现在佛教已成做官与解决生计之最捷途径。至于主持教务者，对国家社会毫无积极救世渡人之表现，工作仅注重于先辈说法与形式之研究，教化众生不过口头表示，而对数百万信佛人民陷于自私自利之中，而不讲利己利人之佛教真谛，良为叹息"③。应该说抓住了政教合一体制全面衰落时期藏传佛教的本质。

采取切实措施，化解疑虑并增进理解沟通。黄慕松依据当时西藏地方达赖喇嘛集政教大权于一身的情形，认为"抵藏之士，若不表示尊重佛教，断难邀藏方官民之相信"。"见于英人过去在三大寺熬茶每一喇嘛仅发洋一元之旧例，为达成中藏和好，而使中央无西陲之忧，决定从优厚起见，拟每一喇嘛发洋二元，乃邀请噶厦派员会同三大寺及大小昭寺之堪

---

① 中国第二历史档案馆、中国藏学研究中心合编《黄慕松吴忠信赵守钰戴传贤奉使办理藏事报告书》，中国藏学出版社，1993，第111页。

② 中国第二历史档案馆、中国藏学研究中心合编《黄慕松吴忠信赵守钰戴传贤奉使办理藏事报告书》，中国藏学出版社，1993，第159页。

③ 中国第二历史档案馆、中国藏学研究中心合编《黄慕松吴忠信赵守钰戴传贤奉使办理藏事报告书》，中国藏学出版社，1993，第83页。

布，会商发钱日期及熬茶办法。"① 同时，为了让三大寺僧人内心如一，黄慕松决定设立基金，在不动本金的条件下让每一位喇嘛每年可以获得五个西藏章噶的利息收入。他还提出"西藏只要有佛教一日，而中央维护佛教之心当存一日"的见解。② 借鉴清朝利用拉萨每年正月十五传大召以"宣布德政"、赢得人心的经验，黄慕松同样采取建立基金使之成为定制的办法得以解决，"规定传大召费藏银六百九十一秤，每年所得利息，足可资每年所有被传召喇嘛熬茶之用"③。而且这一款项由噶厦政府与大昭寺堪布负责保管，传大召期间宣布中央德意，发挥笼络僧众人心、倾心内向的作用。黄慕松在做好联络上层感情、交流观点的同时，也很重视做在藏回汉百姓，以及拉萨下层的工作。民国初年驱除川军事件发生后，很多居住在拉萨的汉人被迫离开，但仍然有三四百户汉族、回族家庭留在拉萨，并且设立有一所学校，80 名学生。黄慕松除了勉励他们好好学习之外，还捐赠经费予以支持。此外，拉萨被英国人贝尔称作有三多，即喇嘛多、乞丐多、流浪狗多。黄慕松认为，拉萨乞丐多的最大原因是西藏地方的苛捐杂税造成的。"为表示中央对僧俗人民一体待遇起见，乃派遣员按名发赈，计数约有 2000 余名。"④ 这样的做法由于抓住了大多数，当然也就抓住了根本，在一定程度上赢得了民心，起到培植根基的作用。

消除盲目崇拜英国心理，增强对国民政府的信心。清末民初内地的变局和乱局，让西藏地方上层一部分人产生寻找俄国、英国这些列强作为靠山的幻想，随着俄国十月革命的爆发，以及英国积极推进侵藏政策，崇拜英国的气氛一度颇为浓厚，英国方面也在不断做工作，着力宣扬自身的强大，在心理上征服西藏地方上层，特别是亲英势力。民国时期，只要中央政府加强与西藏地方的联系，必然有英国派人入藏破坏捣乱的对应事件发生。黄慕松汇报中记载"我政府特派松入藏之命令发表后，英政府多方搜

① 中国第二历史档案馆、中国藏学研究中心合编《黄慕松吴忠信赵守钰戴传贤奉使办理藏事报告书》，中国藏学出版社，1993，第 28～29 页。

② 中国第二历史档案馆、中国藏学研究中心合编《黄慕松吴忠信赵守钰戴传贤奉使办理藏事报告书》，中国藏学出版社，1993，第 28～29 页。

③ 中国第二历史档案馆、中国藏学研究中心合编《黄慕松吴忠信赵守钰戴传贤奉使办理藏事报告书》，中国藏学出版社，1993，第 29 页。

④ 中国第二历史档案馆、中国藏学研究中心合编《黄慕松吴忠信赵守钰戴传贤奉使办理藏事报告书》，中国藏学出版社，1993，第 9 页。

索我国派员入藏之用意。英印政府以哲孟雄政治官威廉逊派其助手染若巴都（Bai bahadur）赴藏，代表政治主任致贺热振代理法王职，并索1931年及1932年购置枪械之印币十万卢比欠款"①。试图扭转西藏地方上层的崇英心理，增强对中央政府的信赖，也是黄慕松想要做的工作之一。黄慕松在与西藏地方热振摄政等上层"每次均述及内地'匪患'渐次肃清，建设事业业已开始，国势日强一日，并及英人在印度受甘地不抵抗反对结果，每年印度政府收入大减，现在伦敦失业已有数百万人各情形。彼等甚为感动，尤以姬觉（基巧）总堪布、彭康公为甚"②。针对西藏地方政府将中央与西藏地方的关系称为"汉藏关系"，将中央政府称为"汉政府"的做法，黄慕松也予以纠正，"中央非汉政府之谓，实吾等大家之政府也。西藏同胞自可前往中央参政，外交部、军政部、交通部以及其他各院、部、会，均可选任学识相当之西藏同胞服务，其详细办法，西藏可派员赴京与各院、部、会商榷"③。试图纠正西藏地方政府长期存在的错误用语。

吴忠信入藏主持十四世达赖喇嘛坐床事宜，行前在香港、上海、重庆、成都等地采买了"三百余驮"的物品，"除少数钟表外，大抵系杭绸、库缎、湘绣、康茶及景泰蓝、闽漆器、瓷器等类，多为国货。到藏后即普遍馈赠，上自达赖下至僧俗六品官吏三百余人，均有赠送。其数量之多，亦为前所未有"。其中送给达赖喇嘛的礼品最多。④

做上层的工作依然是吴忠信此行的重点，他完成册封热振摄政和授予噶伦勋章的工作，还积极做曾随九世班禅、后来据称担任北平伪组织蒙藏委员会委员长的安钦活佛的工作，劝说他放弃亲日伪立场，拥护民国中央政府。向西藏各大寺庙放布施也是一个方面的内容，吴忠信取道缅甸、印度入藏，进藏后所经寺庙即予布施，"及抵拉萨，先在三大寺布施一次，每人藏银三两，后又于藏历新年时，乘传招（即传大召）机会，所有前藏

① 中国第二历史档案馆、中国藏学研究中心合编《黄慕松吴忠信赵守钰戴传贤奉使办理藏事报告书》，中国藏学出版社，1993，第110页。
② 中国第二历史档案馆、中国藏学研究中心合编《黄慕松吴忠信赵守钰戴传贤奉使办理藏事报告书》，中国藏学出版社，1993，第30页。
③ 中国第二历史档案馆、中国藏学研究中心合编《黄慕松吴忠信赵守钰戴传贤奉使办理藏事报告书》，中国藏学出版社，1993，第41页。
④ 中国第二历史档案馆、中国藏学研究中心合编《黄慕松吴忠信赵守钰戴传贤奉使办理藏事报告书》，中国藏学出版社，1993，第142页。

喇嘛均集中在大昭寺，又布施一次，每人藏银七两五钱。至于后藏之札什伦布寺，亦派顾问奚伦代表前往布施，以免向隅。"① 很好地做了藏传佛教界的工作。见于西藏地方医疗条件简陋，群众多求神问药，或者请喇嘛念经祛病的状况，吴忠信入藏，专门"聘有留德医学博士单问枢同往，并购带大量药品。抵藏后，即施诊施药，每日来就诊者，户为之穿，活人无数"。② 这些辅助措施并用，比较好地化解了隔阂，在一定程度上增进了了解与感情。吴忠信也不失时机地广泛接触僧俗各界人士，"多方说明中央对于边疆之德意，及汉藏一家，西藏必须倚赖中央始可存在之理"③，试图发挥收拾人心的作用。

十分有意思的是，在查看灵童及与其父母交流后，吴忠信对十四世达赖喇嘛和家人留下了深刻印象。他写道："灵儿能通汉语，对汉人十分亲切。谈十余分钟，偕其在亭前共摄一影，并赠以礼品数事，彼极为喜悦。嗣又往访其父母，彼等皆久习汉化，内向之情尤为殷挚。"④

（二）着力加强中央与西藏地方的关系

黄慕松入藏除了完成册封和致祭十三世达赖喇嘛之外，最大任务便是改善和加强中央政府与西藏地方政府的关系。当时，国民政府确定双方商谈的基本前提有两条："一西藏当然为中华民国领土之一部分；二西藏服从中央。"考虑到"国家领域广大，西藏情形不同，中央对内自必因地制宜，适应西藏之民意"。对于西藏现存的政教制度的原则包括，"一共同尊崇佛教，予以维护及发扬；二保持西藏原有政治之制度，可许西藏自治，于西藏自治权限范围内之行政，中央可勿干预；其在对外，则必共同一致；凡关于全国一致性质之国家行政，应归中央政府掌理。如：（一）外交应归中央主持；（二）国防应归中央筹划；（三）交通应归中央设施；

---

① 中国第二历史档案馆、中国藏学研究中心合编《黄慕松吴忠信赵守钰戴传贤奉使办理藏事报告书》，中国藏学出版社，1993，第143页。
② 中国第二历史档案馆、中国藏学研究中心合编《黄慕松吴忠信赵守钰戴传贤奉使办理藏事报告书》，中国藏学出版社，1993，第143页。
③ 中国第二历史档案馆、中国藏学研究中心合编《黄慕松吴忠信赵守钰戴传贤奉使办理藏事报告书》，中国藏学出版社，1993，第143~144页。
④ 中国第二历史档案馆、中国藏学研究中心合编《黄慕松吴忠信赵守钰戴传贤奉使办理藏事报告书》，中国藏学出版社，1993，第149页。

（四）西藏重要官吏，经西藏自治政府选定后，应呈请经中央分别加以任命。"① 同时强调，"中央既许西藏自治，则为完整国家之领土主权计，自应派大员常川驻藏，代表中央，一面执行国家行政，一面指导地方自治"②。提出方案，试图解决当时最棘手同时也是最重要的问题。

由于英帝国主义势力的插手和清末民初的政局变化，以及一个时期西藏地方与中央政府关系的疏离，西藏地方当权者试图保持这种现状。双方的交涉颇为曲折复杂，根据黄慕松的记载，以及后人的整理，其中涉及八个较为重要的问题：

第一款西藏与中央关系应如何恢复？答：中央能将中、藏施主关系照前至诚有信之待遇，而西藏以前原系至诚相见，现在更要竭力拥护中央。

第二款中央对于西藏统治权应如何行使？答：西藏政教谋根本安定之法，商洽立约后，必更稳定。

第三款西藏地方自治权如何规定，范围如何？答：从此中、藏施主诚意谋西藏安全。其范围自应照旧。若原系西藏地方，刻下未在西藏治权之下者，自应归西藏范围，久后必妥。

第四款达赖、班禅加入中国国民党。答：达赖喇嘛现已年高，加之政教事务甚繁，又因三大寺及上下巨巴僧俗官员未经同意之前，不能来京。至班禅现住内地，除扎什伦布庙宇教务外，素无其他政务可管，自应就近加入国民党，但素无解决藏事之发言权。

第五款达赖、班禅在西藏政教上地位与权限，一律照旧抑或另有规定？答：西藏政教向归西藏政府掌治，班禅早在后藏有一庙宇，至扎什伦布，系第一辈达赖所建修，后一辈达赖到拉萨时，无人掌其庙宇时，选班禅掌管扎什伦布，并赠号班禅。后由五辈达赖因屡次师徒关系，将扎什伦布给予班禅。若照以前旧规办理，西藏人民无不悦服。

第六款班禅回藏，达赖如何欢迎，中央如何护送？答：班禅作用人等，造前后藏名目，意在分离。素不遵守藏政府法令，往往以下犯上，思想行为均系恶化。甲辰年（1904年），英人到拉萨时，班禅前往印度与英

① 中国第二历史档案馆、中国藏学研究中心合编《黄慕松吴忠信赵守钰戴传贤奉使办理藏事报告书》，中国藏学出版社，1993，第41页。

② 中国第二历史档案馆、中国藏学研究中心合编《黄慕松吴忠信赵守钰戴传贤奉使办理藏事报告书》，中国藏学出版社，1993，第42页。

人密谋，不得结果，仍回扎什伦布。己酉年（1909年），班禅同联钦使设法谋夺达赖政教各权，后由三大寺僧及全藏人民反对，不得已仍回扎什伦布。又向章班禅应出军粮1/4，不但任意不交，还做不法行为。彼时若照西藏法律，着实解决，焉有现在之事？因思前辈达赖与班禅师徒关系甚深，竭力忍让，彼等不但不悔悟，还拥班禅舍扎什伦布而逃。当时具函请其回藏，并未容纳。因与库伦"共党"有谋，虽往库伦，因库伦佛圆寂，方到内地。而此间将扎什伦布庙宇，业经派员妥为保护。至左右班禅人等，时常挑拨，现在未声明逃奔理由之前，西藏碍难欢迎。

第七款达赖是否在京设立办公处，以便接洽？至于经费，可由中央拨给。答：先设办公处于南京、北平、西康三处，以后若有加添之处，再当陈请。

第八款西藏对于中央有无其他希望？答：为防侵略守土之故，目前只希望中央接济军械，以后谋地方安全，如有所需，再当陈请。①

根据西藏地方以上的回答，可以看出西藏地方上层试图敷衍中央政府提出的问题，目的仍在于维持西藏地方的现状。经过黄慕松一行的耐心工作，双方也取得了一些共识。黄慕松在总结藏活动所获得成果中提到的有四点："（甲）各方感情联络甚好，尤其以僧官喇嘛等感情为甚。（乙）亲英派分子及当局各噶伦等，对职（黄慕松）解释五族共同建国之真谛及本党继续总理博爱平等自由等遗教，尤为感奋，因之而解除过去疑虑不少。（丙）确认中央维护佛教较英国利用佛教相差万倍。（丁）承认西藏为中国领土之一部，并愿中央帮忙西藏建设一切事宜。"②在艰难条件下维护主权和领土完整才是第一要务，治权的切实行使仍有许多工作要做。

（三）管理西藏地方宗教事务

1. 颁布法律法规

国民政府为加强对藏传佛教，特别是对活佛转世的管理，1936年2月10日制定、1938年9月24日修正公布的《喇嘛转世办法》；1942年的

---

① 石清阳：《藏事纪要》，张羽新、张双志主编《民国藏事史料汇编》第16册，学苑出版社，2006，第314~315页。

② 中国第二历史档案馆、中国藏学研究中心合编《黄慕松吴忠信赵守钰戴传贤奉使办理藏事报告书》，中国藏学出版社，1993，第112~113页。

《征认班禅呼毕勒罕办法》等。

1938 年 9 月 24 日，蒙藏委员会颁布《喇嘛转世办法》，共 13 条。其中"第二条达赖喇嘛、班禅额尔德尼、哲布尊丹巴呼图克图，及各处向来转世之呼图克图、诺门汗、班第达、堪布绰尔济、呼毕勒罕、喇嘛等圆寂后，均准寻认呼毕勒罕，其向不转世之寻常喇嘛圆寂后，均不准寻认呼毕勒罕。第三条达赖喇嘛、班禅额尔德尼、哲布尊丹巴呼图克图，及各处向来转世之呼图克图、诺门汗、班第达、堪布、绰尔济、呼毕勒罕、喇嘛等圆寂后，应报由该管地方最高行政机关转报蒙藏委员会备案，由其高级徒众寻找具有灵异之同年龄幼童二人，以为各该喇嘛之呼毕勒罕候补人，报由该管地方最高行政机关转报蒙藏委员会查核，分别掣签。第四条前条寻认之呼毕勒罕候补人，其在蒙古、新疆、青海、西康境内者，由蒙藏委员会令行该会驻平办事处处长与北平喇嘛寺庙整理委员会主任委员，会同北平雍和宫扎萨克喇嘛缮写名签，入于雍和宫供奉之金本巴瓶内，公同掣定；其在西藏境内者，由蒙藏委员会咨行驻藏办事长官，会同达赖喇嘛缮写名签，入于拉萨大招供奉之金本巴瓶内，公同掣定。前项掣签时，如达赖喇嘛未经转世，应由驻藏办事长官会同班禅额尔德尼，或护理达赖喇嘛印务人员行之，关于掣签之仪注，依照向来惯例办理之"①。

1942 年 3 月 26 日，行政院制定《征认班禅呼毕勒罕办法》三条：一是班禅转世灵童由班禅徒属寻访；二是班禅呼毕勒罕候选人，准由西藏宗教首领就班禅徒属所报灵童中负责认定三名；三是呼毕勒罕候选人三名决定后，由西藏政府呈报中央派员在拉萨大招举行掣签，决定一名为呼毕勒罕。② 简单地说，就是遵照宗教仪轨、清代历史上的定制和中央政府批准的几项原则。

1934 年 1 月 8 日，蒙藏委员会公布达赖、班禅代表来京展觐办法，共 7 条。规定达赖喇嘛、班禅额尔德尼应每年轮派代表一人来京报告西藏政情；展觐代表应于每年指定日期携带委任档及衔名履历向蒙藏委员会报到；明确规定由蒙藏委员会委员长、副委员长引导谒总理陵、行政院院

---

① 中国藏学研究中心、中国第二历史档案馆合编《民国治藏行政法规》，五洲传播出版社，1999，54～56 页。

② 中国藏学研究中心、中国第二历史档案馆合编《九世班禅圆寂致祭和十世班禅转世坐床档案选编》，中国藏学出版社，1994，第 214～215 页。

长、晋谒国民政府主席、向中央报告边政情形、中央宣布施政方针等展觐日期和程式等。①

1936 年 2 月 10 日，蒙藏委员会颁布喇嘛奖惩办法，共 25 条。对受奖或受罚喇嘛应具备之条件及晋升等级等都做了具体规定。②

此外，还对寺庙登记、喇嘛登记、喇嘛任用，乃至登记证书格式等都规定详细办法，以便遵照执行。

2. 主持认定十四世达赖喇嘛、十世班禅额尔德尼与册封摄政

1933 年 12 月 17 日，十三世达赖喇嘛在拉萨圆寂。12 月 20 日，司伦、噶厦电告西藏驻京代表向中央政府呈报，电文曰："达赖佛座于藏历亥月三十日下午七时半圆寂，藏中事务暂由司伦及噶厦负责处理，希安供职，并呈报中央，详情容后另电知照。"12 月 21 日，国民政府追赠达赖喇嘛"护国弘化普慈圆觉大师"封号，并发文称"一切褒崇典礼，务极优隆，著由行政院饬主管部会同议定，呈候施行，以昭党国怀远旌贤之至意"。又特派参谋本部次长黄慕松为致祭达赖喇嘛专使，负责册封、致祭活动。黄幕松抵达拉萨后，受到隆重迎接，噶厦四噶伦齐往拜谒。

1938 年 12 月 12 日，在访获十三世达赖转世灵童后，西藏摄政热振呼图克图致电中央："三灵儿迎到后，举行掣签典礼之际，为昭大信、悦遐迩计，中央应当派员参加。"12 月 28 日，国民政府发布命令："特派蒙藏委员会委员长吴忠信会同热振呼图克图主持第十四辈达赖喇嘛转世事宜。"③

1940 年 1 月 15 日，吴忠信一行抵达拉萨。1 月 26 日，热振呈请对达赖转世灵童拉木登珠免于金瓶掣签，吴忠信向中央转报核准，同时于罗布林卡察看了灵童。1 月 31 日，行政院长蒋中正向国民政府呈请发布明令准拉木登珠继任十四达赖喇嘛。2 月 5 日，国民政府发布命名："青海灵童拉木登珠，慧性甚深，灵异特著，查系第十三辈达赖喇嘛转世，应即免于抽

---

① 中国藏学研究中心、中国第二历史档案馆合编《民国治藏行政法规》，五洲传播出版社，1999，第 81～82 页。

② 中国藏学研究中心、中国第二历史档案馆合编《民国治藏行政法规》，五洲传播出版社，1999，第 67～72 页。

③ 中国第二历史档案馆、中国藏学研究中心合编《黄慕松吴忠信赵守钰戴传贤奉使办理藏事报告书》，中国藏学出版社，1993，第 135 页。

签，特准继任为第十四辈达赖喇嘛"，并拨给 40 万元作为坐床典礼经费。①
国民政府的命令中，行政院、蒙藏委员会、西藏驻渝办事处和热振摄政、
噶伦等相互之间来往的多次电报中，据粗略统计，38 处都是使用"主持"
二字。如 1940 年 3 月 6 日，噶伦彭康致函蒋中正称："此次承钧座垂注，
特派吴委员长莅藏，在布达拉宫主持第十四辈达赖喇嘛坐床典礼，极为圆
满。……今后我中央军事、政治等等，在钧座领导之下，定如春潮澎湃，
日渐进步。在西藏方面，必能拥护到底。"②此处清晰地使用了"主持"
一词。

1937 年 12 月 1 日，班禅喇嘛在青海玉树圆寂。其在遗嘱中谈道："余
生平所发宏图，为拥护中央，宣扬佛化，促成五族团结，共保国运昌盛。
近十五年来遍游内地、深蒙中央优遇，得见中国确对佛教尊崇，对藏族平
等，余心甚慰，余念益坚。……最后望吾藏官民僧俗，本中央五族建国精
神，努力中藏和好，札萨喇嘛及各堪布，尤宜善继余志，以促实现。"③

1937 年 12 月 23 日，国民政府发布命令，追赠班禅"护国宣化广慧圆
觉大师"封号，并特派考试院院长戴传贤前往甘孜致祭。1949 年 6 月 2
日，国民政府代总统李宗仁颁布准予宫保慈丹继任第十世班禅额尔德尼的
命令。④ 8 月 10 日，国民政府特派蒙藏委员会委员长关吉玉为专使主持十
世班禅坐床典礼，并颁赐金印及礼品。⑤ 坐床大典后，十世班禅额尔德尼
致电李宗仁代总统致谢，电文曰："班禅世受国恩，倍蒙优渥，此次蒙钧
座颁布明令，特准继承九辈法统。即承特派关专使吉玉、马副使步芳莅
青主持坐床典礼，复荷礼连旺加，赐颁厚祝。拜领之余，良深铭感。遵
已于八月十日在塔尔寺举行坐床典礼。今后只有一本历辈班禅倾诚中央，

---

① 中国藏学研究中心、中国第二历史档案馆合编《十三世达赖圆寂致祭和十四世达赖转世
坐床档案选编》，中国藏学出版社，1991，第 289 页。
② 中国藏学研究中心、中国第二历史档案馆合编《十三世达赖圆寂致祭和十四世达赖转世
坐床档案选编》，中国藏学出版社，1991，第 319 页。
③ 《班禅遗嘱》，《西藏地方是中国不可分割的一部分》（史料选辑），西藏人民出版社，
1985，第 507 页。
④ 中国藏学研究中心、中国第二历史档案馆合编《九世班禅圆寂致祭和十世班禅转世坐床
档案选编》，中国藏学出版社，1994，第 379～380 页。
⑤ 中国藏学研究中心、中国第二历史档案馆合编《九世班禅圆寂致祭和十世班禅转世坐床
档案选编》，中国藏学出版社，1994，第 381 页。

庇护众生之一贯意志，竭尽天职，努力以赴，以期仰答优崇无上之德意。"①

（四）筹划西藏经济社会发展

国民政府在解决中央政府与西藏地方政府的关系过程中，遇到重重困难，其中不少内容与西藏地方严峻的发展现状有关。因此，中央政府也提到西藏的经济社会发展问题，主要包括交通、教育和经贸。

1935 年 7 月国民政府行政院通过了由财政、交通、实业和教育四部会同蒙藏委员会一起制定的《西藏建设初步发展计划》。该计划的原始文本应该是根据九世班禅方面提出的西藏发展一揽子计划提出的，当时九世班禅回藏问题正在热议之中，班禅方面也提出了"修筑道路、设置邮电及举办学校各项"，都十分重要。但是，国民政府一则感觉经费匮乏，一则也担心刺激西藏地方政府，所以做了部分调整，涉及的项目主要有四个方面：

一是公路：鉴于川藏线自然条件复杂而被放弃，青藏线纳入计划之中，路线为：西宁—湟源—哈城—恰不（布）恰—沙玉珠—切吉—大河坝—拉尼巴尔—特门库珠—阿拉克撒—必留儿—古尔昂—娘磋族—苦苦赛尔桥—泡河老（以上青海境）—马捏—旁吾—拉萨（以上西藏境）。当时"青海省军政当局为实行兵工政策计，正在修筑西宁至玉树公路。其西宁至大河坝，计五站，月 400 里，已经竣工；并在恰布恰、大河坝两处修筑营房，屯驻军队，以资护路。拟请行政院令饬青省当局，将大河坝至玉树之苦苦赛尔桥一段，加紧进行"。至于从玉树到拉萨一段，准备做勘测设计工作。②

二是电台：青康卫藏地区地面辽阔，交通不便。国民政府计划在康定、甘孜、巴安、德格和拉萨五处设立电台，考虑到班禅返回西藏的进展，准备在扎什伦布寺增设五百瓦特电机一架。

三是邮政：当时西藏公文使用驿站，私函则用专差，只有拉萨到江孜

---

① 中国藏学研究中心、中国第二历史档案馆合编《九世班禅圆寂致祭和十世班禅转世坐床档案选编》，中国藏学出版社，1994，第 381 页。

② 中国藏学研究中心、中国第二历史档案馆合编《民国时期西藏及藏区经济开发建设档案选编》，中国藏学出版社，2005，第 393 ~ 394 页。

有邮政业务。国民政府计划将拉萨邮局归并国家邮政总局管辖办理，同时自甘孜到昌都之间增设邮线，以便与西藏驿站衔接。[①]

四是教育：西藏当时除了布达拉学校（孜洛扎）即僧官学校、紫冈（孜康）即俗官学校二所，及在藏的汉、回人民所办清真寺小学一所外，没有其他学校。国民政府计划在班禅回藏后，在后藏扎什伦布与其他合适地点设立五所小学。"课程及编制，不必尽与内地相同，应参酌西藏宗教及社会情形，另订教学之标准，循序渐进，灌输本党主义及科学知识，并特别注重国文国语。一俟办有成效，再行设法推广。"[②]

这些措施都是抓住了西藏当时所面临的主要问题。说明在十分困难的条件下，通过扎实的调研、实事求是的分析，毕竟在错综复杂的问题中抓住了主要矛盾，并认识到解决问题的途径。

加强西藏与内地之间的经贸联系在第二次世界大战后被视为当务之急的议题。内地与西藏之间的政治联系与经济联系、文化联系息息相关。历史时期内地到西藏的茶马贸易由来已久，发挥了多方面的作用与影响。清末民初以来受政治关系的影响，经济联系也受到影响，特别是康藏战事不断，严重影响到通过川藏线与内地的经济往来。同时随着英国的不断施加政治影响，英印与西藏的贸易却在不断加强，英国通过贸易关系在西藏上层培植亲英势力，"由于《英藏通商章程》之优惠地位，故能操纵自如，并借以干预藏事。我欲挽回藏局，除外交方面，应相机与英交涉，由中央政府另订新约外，亟须以经济配合政治，齐驱并进，以谋补救"[③]。抗战胜利后，情况的变化为相关措施的出台提供了有利条件，"抗战期间海运封锁，藏官经营印藏驿运情形（获利）情形，此乃战时现象。胜利后，海运畅通，印藏驿运顿失主要对象，故又骤感恐惶，纷纷另谋出路"。因此提出，"今后加强西藏与中央经济连系之根本办法，端在繁荣西藏与内地土

---

① 中国藏学研究中心、中国第二历史档案馆合编《民国时期西藏及藏区经济开发建设档案选编》，中国藏学出版社，2005，第394~395页。

② 中国藏学研究中心、中国第二历史档案馆合编《民国时期西藏及藏区经济开发建设档案选编》，中国藏学出版社，2005，第395页。

③ 中国藏学研究中心、中国第二历史档案馆合编《民国时期西藏及藏区经济开发建设档案选编》，中国藏学出版社，2005，第15页。

产之运输，尤应着眼于边茶与羊毛之互运"①。所采取的措施包括，由经济部命令四川、云南茶商，如中国茶叶公司、云南佛海茶叶公司等，增加边茶生产，允许康藏商贾自由购运，免除苛捐杂税，减轻藏族百姓负担，同时减低运费；由财政部拨出专款，大量收购西藏羊毛，并得以砖茶换购羊毛，分别储藏自印、藏各地，转运国内外销售；在拉萨、噶伦堡、康定、玉树、丽江等处设立中央银行分行及办事处，发行法币及办理放款、汇兑等业务。② 应该说，通过经济贸易来促进政治关系的改善和加强，也是一条有效的途径。但是，这里主要强调的是与西藏地方官员上层之间经济联系，把他们的利益与内地关联起来，对于做好上层的工作也不失为一个突破口。

（五）提供对策建议

对于长期与中央政府关系不正常的西藏地方，深入了解始终是做出正确决策的关键环节。中央政府派往西藏的官员，都有实地调研的任务，同时也有建言献策的责任。黄慕松的建议包括两个方案，即缓进办法和激进办法。缓进办法包括六方面内容："（一）选派干练人员驻藏办事，负连络、传达及交换中央与西藏意见等之责任。（二）罗致藏方有为青年来京求学，或服务中央。（三）由中央与西藏合组建设委员会，筹划开发交通事业，在短期内应注意完成拉萨玉树间、拉萨康定间、拉萨成都间与青海间之航空连络，其他汽车公路循序推进。（四）奖助两方之通商与贸易等，以运输上保护种种权利，使经济利权不被英人侵略。（五）在拉萨筹办一种汉藏合印定期刊物，以沟通感情，传递消息，介绍内地文化与中央施政方针。（六）其他有关中藏利益之事，如防军之设计，屯垦之实施等，以为将来对藏更进一步之准备。"③ 也就是说，缓进政策包括在藏设立机构加强中央与西藏地方政治沟通，吸纳西藏优秀青年到内地学习或就职，发展

① 中国藏学研究中心、中国第二历史档案馆合编《民国时期西藏及藏区经济开发建设档案选编》，中国藏学出版社，2005，第15页。

② 中国藏学研究中心、中国第二历史档案馆合编《民国时期西藏及藏区经济开发建设档案选编》，中国藏学出版社，2005，第15～16页。

③ 中国第二历史档案馆、中国藏学研究中心合编《黄慕松吴忠信赵守钰戴传贤奉使办理藏事报告书》，中国藏学出版社，1993，第113页。

内地与西藏交通，发展内地与西藏贸易并增进经济联系，加强文化联系，以及驻军与实施军屯等，涉及方方面面。

黄慕松提出的激进方案分两步走："第一步，使川省整个统一，过剩之兵移入西康，为实施以兵代工及移民殖边之实施先声，借以杜止康藏发生纠纷。第二步，谋西藏对中央诚意的服从，即在建立对外联合战线之共同利害上，在邀请藏人有权力者参加中央政权之平等原则上，在以相当力量扶助藏人应对急难，解除痛苦，在争回已失利权之互助精神上，建立中央与西藏地方如兄如弟、如手足之亲爱关系，即可能范围内准许藏人自治，由中央遴派大员指导之。"① 该方案可以被理解为两点内容，一是在康区实行军屯和移民实边以阻止康藏再度起冲突；一是在维护国家统一的基础上在西藏实施自治。

吴忠信的筹藏办法中，在重视对西藏地方宗教上层和拉萨三大寺工作的同时，也提出了因地制宜的文化政策。吴忠信提到在宗教方面，须由熬茶、布施等佛事，竭力联络三大寺及各寺院。"西藏政教、语文及风俗习惯，与内地不同，故应付之法，亦应因其性习而施之。大抵初在勿触其忌，勿启其疑，施之以恩，示之以信，晓之以利害，而后在维护其政教之原则下，徐导其协作，进而使其服从。"②

三 治藏政策的评价

（一）《中国之命运》与各宗族同属中华民族的理论

由陶希圣撰写、蒋介石署名出版的《中国之命运》第一章论述"中华民族的成长与发展"，对中华民族的理论做了阐述，认为"就民族成长的历史来说：我们中华民族是多数宗族融和而成的。融和于中华民族的宗族，历代都有增加，但融和的动力是文化而不是武力，融和的方法是同化

---

① 中国第二历史档案馆、中国藏学研究中心合编《黄慕松吴忠信赵守钰戴传贤奉使办理藏事报告书》，中国藏学出版社，1993，第113~114页。

② 中国藏学研究中心、中国第一历史档案馆、中国第二历史档案馆西藏自治区档案馆、四川档案馆合编《元以来西藏地方与中央政府关系档案史料汇编》（7），中国藏学出版社，1994，第2775页。

而不是征服。在三千年前，我们黄河、长江、黑龙江、珠江诸流域，有多数宗族分布于其间"。即中华民族是由众多的民族（宗族）通过文化交流不断融合形成的，其形成时间在秦汉时期，"中国南方的领域，南至于南海，东至于吴越，西南至于交趾。由于生活的互赖，与文化的交流，各地的多数宗族，到此早已融和为一个中华大民族了"①。

"在中国领域之内，各宗族的习俗，各区域的生活，互有不同。然而合各民族的习俗，以构成中国的民族文化，合各区域的生活，以构成中国的民族生存，为中国历史上显明的事实。这个显明的事实，基于地理的环境，基于经济的组织，基于国防的需要，基于历史上命运的共同，而并不是全出于政治的要求。

"以地理的环境而论，中国的山脉河流，自成完整的系统。试由西向东，加以鸟瞰：由亚洲屋脊之帕米尔高原，北路沿天山阿尔泰山脉以至于东三省，中路沿昆仑山脉以至于东南平原，南路沿喜马拉雅山，以至于中南半岛。在三大山脉之间，有黑龙江、黄河、淮河、长江、珠江诸流域。中华民族的生存发展，即在这几个流域之间，没有一个区域可以割裂，可以隔离，故亦没有一个区域可以自成一个独立的局面。

"以经济的组织而论，在上述的完整山河系统之下，各个区域各有其特殊的资源与特有的土壤，所以各区域的生活，或为狩猎，或事游牧，或进于农工，或宜于矿冶，或专于鱼盐；其分工基于自然的条件，其交易出于生活的必需。故远在铁路轮船发明使用之前，彼此之间，商业往来，即至为繁密。此经济共同生活，亦即为政治统一以至于民族融和的基础。

"以国防的需要而论，上述的完整山河系统，如有一个区域受异族的占据，则全民族全国家，即失其自卫上天然的屏障。河淮江汉之间，无一处可以作巩固的边防，所以台湾、澎湖、东北四省、内外蒙古、新疆、西藏，无一处不是保卫民族生存的要塞。这些地方的割裂，即为中国国防的撤除。更由立国的资源来说，东北的煤铁与农产，西北的马匹与羊毛，东南的钢铁，西南的钨锡，无一种不是保卫民族生存的要素。这些资源的丧失，亦即为国基的毁损。

"至于各宗族历史上共同的命运之造成，则由于我们中国固有的德性，

---

① 蒋介石：《中国之命运》（增订版），上海，正中书局，1944。

足以维系各宗族内向的感情，足以感化各宗族固有的特性。……即如蒙古，由周代的猃狁，秦汉的匈奴，已开内附与同化之端。自此以后，突厥之在初唐，契丹之在晚唐与两宋，蒙古之在明清，皆迭有内附与同化的历史。新疆则春秋时代，秦国称霸西戎，继之以汉代之通西域，唐代之定天山，而成之以元清两代的开拓。这两个区域，归化中国的期间，皆绵亘至二千余年之久。西藏则自吐蕃改宗佛教，内向隋唐以来，元代则隶于宣政院，清代则隶于理藩院，其向化亦超过一千三百年以上。"① 讲到中国疆域内各宗族（民族）之间的地理自然地理、经济联系，以及国防上的相互依存关系，讲到各宗族自古以来不断融合为中华民族的历史进程，特别提到西藏地区"向化"有一千三百多年的历史，等等。比较清晰地说明了中华民族不断形成和发展的历史，也就是各民族共建中国，共同组成中华民族的历史。"我们中华民族是多数宗族融和而成的。这多数的宗族，本是一个种族和一个体系的分支……他们各依其地理环境的差异，而有不同的文化。由于文化的不同，而启族姓的分别。然而五千年来，他们彼此之间，随接触机会之多，与迁徙往复之繁，乃不断相与融和而成为一个民族。"② 这对于团结中国各民族，凝聚各地区、各民族的心力具有重要理论价值和现实意义。对于蒋介石使用"宗族"，而没有使用民族的异议，其实蒋介石1942年8月27日在西宁对汉、满、蒙、回、藏各士绅、活佛、阿訇、王公、百千户演讲时已经做了说明："我们中华民族乃是联合我们汉、满、蒙、回、藏五个宗族组成一个整体的总名词。我们说我们是五个宗族而不说五个民族，就是说我们都是构成中华民族的分子，像兄弟合成家庭一样……我们集许多家族而成宗族，更由宗族合成为整个中华民族。国父孙先生说'结合四万万人为一个坚固的民族'，所以我们只有一个中华民族，而其中各单位最确当的名称，实在应称为宗族。"③

蒋介石的观点被认为是"民族一元论"，或者否定了孙中山的"五族共和"，实际上不管蒋介石的动机如何，各民族的客观存在是无法否定的，同时也要注意到，蒋介石用带有浓厚血缘色彩的"宗族"来表述民族有些

---

① 蒋介石：《中国之命运》（增订版），上海，正中书局，1944，第 3～4 页。

② 蒋介石：《中国之命运》（增订版），上海，正中书局，1944，第 2 页。

③ 蒋介石：《整个中华民族共同的责任》，秦孝仪主编《"总统"蒋公思想言论总集》卷十九，台北，中国国民党中央委员会党史委员会，1984，第 216 页。

牵强，何况历史上汉族与兄弟民族的血缘关系只是诸多关系中的一个，但是从另一方面来看蒋介石只是将"民族"改为"宗族"，其中也包括汉族，故此不能完全说是民族歧视，在其上的则是中华民族，该理论有团结各族之心，防止民族独立与外来干涉之意。应该批判地、辩证地分析。

学术界也有清晰的回应。《边政公论》的发刊词称，中国各民族"都为大中华民族之一支系，在初本出一源，历史所纪，彰彰可考，中间复经过几千年来的往来接触，使其混合熔铸，成为一个国族。只因历史相沿，畛域未尽泯除，每予敌人以分化挑拨的口实。当此国际风云日趋险恶的今日，应一本民族主义团结，国内各民族为一大中华民族的伟大方针，积极研求有效的团结办法，同时更应以学理上事实上的证明，益坚我国人团结的信念，而打破敌人分化挑拨的企图"①。增强民族凝聚力的政治意图是十分明显的，各族是中华民族的支系的观点也没有错，各族是中华民族的宗族之一不够准确，也没有大的错误。如果将这里的宗族改为民族，就完全正确了。

（二）边疆新情况与审视边疆的新视角

沈宗廉等在谈到西藏地方局势复杂情形时说："特别是中央政府更迭，当初被称为天子的'皇帝'，如今被寻常路人都可以当的'总统'替代了，这是大多数西藏人无法接受的。"② 法尊对西藏地方的认识是："他们也怀着一种内地能够统一的企望，他们现在有些人也知道内地之后，仍然归服中央比归服英人要好得多。第一，就是一家的观念，早就有的，用不着再去从新练习和构造。第二，内地无论如何改变，终是一个信佛教的国家，绝不会闹到全无佛法和全无信佛的人。第三，汉藏同是一种黄色的民族，语言方面有许多互相借用，不像英语那样生生格格。第四，蒙满民族的佛法，纯然是西藏的佛法，下至所诵的经文，都是整个的西藏字，并没有改动分毫。第五，蒙满青甘诸省的佛教建筑以及文化等，多半是西藏的佛教建筑及文化。第六，西藏三大寺的当权僧众和有大学问的僧众，蒙青等处的人很多，他们都有以内地为家乡的观念。"若是中国内地确实地能够统

---

① 《边政公论》发刊词，《边政公论》第一卷第一期，1941 年 8 月，第 1~3 页。
② 沈宗廉、柳陞祺：《西藏与西藏人》，柳晓青译，中国藏学出版社，2006，第 66 页。

一了，西藏确是可以不成问题的归为中央所有。"① 喜饶嘉措也说西藏边民固执旧习，"不能忘情于皇帝者，亦因满清专崇佛法一端，非他故也"②。

当时学术界纷纷成立研究边疆的民间组织，诸如禹贡学会、中国边疆学会、中国边疆学术研究会、中国边疆文化促进会、中国边疆建设协进会、边疆问题研究会等。一些政治人物也积极投身其中，起到推波助澜的作用，如戴季陶领导的新亚细亚学会派和张西曼领导的边疆学会派等。

边疆地区出现的新问题和前所未有的危机促使学者寻找应对之策。深入边疆地区进行实地调研使他们获得鲜活的资料，也逐步找到了解决问题的答案。与边疆稳固的清朝中前期相比，清末的边疆危机促成了民国学人学风的巨大转变，在深入边疆基层调研的基础上，开始换一个视角或者从多视角来看问题，对边疆地位、文化等的认识有了新的飞跃。一些学者重新认识边疆文化的价值，朱增鋆就发现了康区藏人不缠脚是一种文明，"自由结婚，西欧文明，不图潮流，远输边地"③。而外国人在中国边疆地区的渗透，以及做法让中国的边疆研究既感到危机，也有了态度的变化。1937~1938 年顾颉刚在甘肃、青海藏区调研发现："许多黄发碧眼的人们在那边混着，他们已住了十余年二十余年了，说的番话纯熟得同番民一样，而且他们男的穿了没面羊皮的番装，女的头上梳了数十条小辫，表示其道地的番化。到了番地里，挨家送礼，表示其亲善。听说他们又替番民照相，检出鼻子高些的，眼睛深些的，便说：'你本是他们同种，只因流落到中国来，才比文明差些了。'我又曾看见他们画的地图，把我们的行政区域改变了，他们要西藏地方扩张到怎样远，界限就画到那里去。""又听说这些侵略的先锋为了当地的夷民笃信诸葛孔明，又在捏造故事来装点自己，说耶稣是哥哥，孔明是弟弟，他们是一母所生的同胞了。"④ 1939年西康省主席刘文辉在西昌等地发现，"西人也有传教至夷巢里面去的，为夷人改善生活礼俗，并用英文字母将夷语译成文字，而夷人不特不仇视

① 法尊：《现代西藏》，武汉印书馆，1937；法尊：《我去过的西藏》，武汉印书馆，1937。
② 《参议员喜饶嘉错等在第一届国民参政会第二次大会关于注意佛教文化以增进汉藏感情提案》，张羽新、张双智编《民国藏事史料汇编》第 6 册，学苑出版社，2005，第 377 页。
③ 朱增鋆：《川边政屑》，赵心愚、秦和平、王川编《康区藏族社会珍稀资料辑要》（上），巴蜀书社，2006，第 159 页。
④ 顾颉刚：《中华民族是一个》，《顾颉刚全集·宝树园文存》卷四，中华书局，2011，第 104 页。

西人，而反尊重西人如父母一般，问其祖国，甚有说是英伦者，又说是伦敦者"①。从这里既可以看到重视边疆研究、加快中国边疆研究的紧迫性和重要性，同时也可以看到边疆研究也是一个争夺思想文化阵地、维护国家统一完整和民族团结的激烈战场。

吴文藻认为，边政学"可以使专门知识日益增进，举凡人口移动、民族接触、文化交流、社会变迁，皆可追本寻源，探求法则"；"可使边疆政策有所依据，边疆政治得以改进，而执行边政的人对于治理不同族不同文化的边民，亦有所借镜"。②不仅讲到了边疆研究的内容，也讲到边疆研究的经世致用的目的。

（三）治边政策逐渐清晰

"筹边政策"是以吴忠信兼主任的蒙藏政治训练班的一门课程。基本上承袭清朝的"理藩"政策，宣传蒋介石的"宗族主义"，可以概括为"宗教至上、上层第一、拉拢削弱、分化同化"十六个字。③这一评价固然有贬斥的意味，却从一个方面勾勒出了此时期国民政府的治藏政策。所谓拉拢削弱应该是指笼络班禅方面，削弱达赖方面，分化是否能做到尚难定论，关键是是否能很好驾驭这一手段，施政措施未能深入贯彻，同化便无从谈起。

1939年8月，国民政府渝字第四七〇号训令全国一律废除各族旧名，而以其生长所在地人呼之，如蒙古人、西藏人或贵州某县人等。训令指出："我国民族、文化、血统，混合已久，不能强为分析，历史记载，斑斑可考。后因辗转迁移，环境悬殊，交通隔绝，语言风习，遂生歧异。在专制时代，对于边疆同胞，视为附庸化外，实行其割裂封锁之政策。民国以来，国人复受敌方恶意宣传，在心理上已遗留本国内有若干不同民族之错误观念，于是相沿成习，往往仍妄用含有侮辱性质之蛮、番、夷、猺、猓、獞之称谓，加诸边疆同胞，在呼之者固易生藐视之心，而听之者尤易

---

① 刘文辉：《建设新西康十讲》，赵心愚、秦和平、王川编《康区藏族社会珍稀资料辑要》（下），巴蜀书社，2006，第612页。

② 吴文藻：《边政学发凡》，《边政公论》1942年第1卷。

③ 金绍先：《忆述国民党元老吴忠信》，全国政协文史资料委员会编《中华文史资料文库》第九卷：军政人物编，中国文史出版社，1996。

起憎恶之感，是无异于自行分散我整个之民族。殊与总理倡导民族主义之本旨相悖谬。国民政府前据蒙藏委员会委员格桑泽仁提议，曾通令禁用番蛮等称谓，加诸西藏人民，以矫正陋习，昭示平等。……若专为历史与科学研究便利起见，固不妨照广西省前例，将含有侮辱之名词，一律予以改订。而普通文告，及著作品宣传等，对于边疆同胞之称谓，似应以地域之区分，如内地人所称某某省县人等，如此则原籍蒙古地方者，可称为蒙古人……其他杂居于各省偏僻地方，文化差异之同胞，似亦不妨照内地分为‘城市人’‘乡村人’之习惯，称为某省某边地，或边县人民，以尽量减少分化民族之称谓。"① 即消除历史上对边疆地区各少数民族用词上的歧视性文字，按照地理籍贯而非族别称呼全体中国人。

在解决西藏发展问题时，国民政府清楚地意识到"欲图建设西藏，应以开发交通与振兴教育为先着"②，更抓住了根本。只可惜没有条件和能力加以实施。

当日本帝国主义势力发动全面侵华战争之际，西藏上下积极支持抗战则从一个侧面反映出中华民族的凝聚力，也体现了国民政府诸多政策的积极效果。1939 年 7 月 1 日，西藏摄政热振呼图克图致电蒋中正，表示支援抗战，电称："……颂我军得胜之经，诅倭寇立灭之咒，继续忏诵得最后之胜利。"③ 三大寺哲蚌寺大会致国民政府公呈表示："……现在需将敌人驱出境外，必须五族同心，为国事有钱者出钱，无钱者以血肉之躯来捍卫土地。是为迫切者，各级一心对付暴日，希望能将日本根本剿除……。我等三寺自前年卢沟桥事变起后，一年有余，为国家胜利而祈祷，昼夜恒未间断。"④ 1939 年 5 月，班禅大师行辕暨西藏僧俗民众又组织了以丁杰佛为团长、拉敏益西楚臣为副团长的 14 人代表团风餐露宿，赶赴前线，慰劳抗日将士。他们通电全国，表示："日军侵华，行将两载，赖我将士浴血抗战，扬国威于世界，最后胜利如在掌握，行见五千年文化之邦，重开自由

---

① 吴景贤：《抗战以来中国民族之团结》，《蒙藏月报》复刊第十三卷第四期，1941。

② 中国藏学研究中心、中国第二历史档案馆合编《民国时期西藏及藏区经济开发建设档案选编》，中国藏学出版社，2005，第 393 页。

③ 《申报》1939 年 6 月 15 日。

④ 《别蚌寺大会致国民政府公函》（1938 年 12 月 1 日），《西藏地方是中国不可分割的一部分》（史料选辑），西藏人民出版社，1985，第 494 页。

独立之花，本代表团谨代表班禅大师行辕全体人员暨西藏僧俗民众，星夜东来，谨向最高领袖及公等并全体将士献旗，面致慰劳，并献呈医药慰劳费九千元，聊表藏胞关念微忱，兹由本团全体同仁合摄献旗影片，连同锦旗暨医药慰劳费呈则由军事委员会分别转送，聊当本团同仁躬亲呈献，敬乞查纳。"① 这些也充分地说明无论什么东西、任何人也无法泯灭西藏人民的爱国热情。

（四）出现多位有责任意识和大局意识的官员

民国时期是西藏地方政治局势，以及周边环境比较复杂的一个时期，应对这种艰难而错综复杂的局势，既需要强盛的国力，中央政府英明正确的政策，也需要有敢于担当的官员以及他们强烈的责任心和应对复杂局势的能力。民国时期有几位处理西藏边政的官员可圈可点，人们比较熟悉的包括，贡觉仲尼（dkon mchog vbyung gnas，1883－1944年）、刘曼卿（藏名雍金，1906～1941年）、黄慕松。

贡觉仲尼是西藏拉萨人，少小在色拉寺学习。1923年8月，奉派担任驻京堪布和雍和宫扎萨克喇嘛。1929年8～9月先后赴山西、南京会见担任蒙藏委员会委员长的阎锡山、蒋介石，转达十三世达赖的三点声明和观点。12月，任国民政府的赴藏慰问专员，代表中央赴西藏会见十三世达赖等。1930年3月，被十三世达赖任命为西藏驻京总代表，筹备成立西藏驻京办事处。1931年，担任西藏驻京办事处第一任处长。同年5月，作为十三世达赖的代表参加了国民会议。以双重身份穿梭于中央政府和西藏地方政府之间，发挥了沟通桥梁和纽带作用，他还作为国民党党员多次参加全国代表大会，历任蒙藏委员会委员、常委，国民党中央执行委员会委员等。1936年4月，回到西藏，任布达拉宫大喇嘛，获授扎萨衔。② 1940年，西藏噶厦加快搞分裂活动，成立所谓的"外交局"，贡觉仲尼被任命为副局长。

---

① 《申报》1939年5月30日；喜饶尼玛：《论战时藏传佛教界僧人的抗日活动》，《抗日战争研究》2003年第2期。

② 喜饶尼玛：《民国政治舞台上的雍和宫堪布》，载喜饶尼玛《近代藏事研究》，上海书店出版社，2000；陈庆英：《解读西藏驻京堪布贡觉仲尼到京任职的几份档案》，《西藏大学学报》（汉文版）2007年第1期。

（五）蒙藏委员会治理西藏问题和局限性不少

民国时期的蒙藏委员会虽然付出巨大的努力，发挥了一定的作用。但是，由于国民政府自身的软弱性，它无法从根本上解决"西藏问题"，首先是无法抵御帝国主义势力的压力，在西藏充分行使治权；其次，与前者有关，缺少有效手段消除帝国主义支持下的民族分裂势力危害国家统一的"西藏独立"活动；此外，国民政府蒙藏委员会的工作迫于国民政府的实力和软弱的政策，也只限于做一些上层人士的工作，没有也无法开展改善西藏各族百姓生产生活的工作，更不可能改变西藏地方落后的封建农奴制度。

国民政府时期的治藏政策一直把恢复清朝在西藏的治权作为努力目标，因循有余，创新不足。同时，一些措施也多脱离实际，难以付诸实际并发挥作用。

护送九世班禅返回西藏经过十余年努力竟然无法实现，黄慕松、吴忠信等反复交涉，无法获得西藏地方的认可，关键是无法消除英帝国主义所施加的压力，在日本帝国主义扩大侵华战争的背景下，国民政府外交部告知蒙藏委员会："我方处此非常时期，既不宜与藏方兵戎相见，尤万不能对英引起重大纠纷。"[①] 最后仍旧是班禅抱憾圆寂而告终。

吴忠信在评述民国中央政府所制定的喇嘛管理办法时说道："民国以还，对于蒙藏各项问题之处理，悉依旧制。蒙藏委员会于民国二十五年厘定喇嘛转世办法，二十七年呈奉修正，对于达赖喇嘛等之转世手续，大体亦仍清代之旧。"[②] 说明民国的宗教管理政策，特别是活佛转世管理政策基本上沿袭了清朝的制度，遵循远大于创新。

民国时期十三世达赖喇嘛和九世班禅额尔德尼之间失和，班禅前往内地，双方下属相互指责，势同水火。黄慕松返回后担任蒙藏委员会委员长之职，积极推动中央与西藏地方政治关系的解决，但是困难重重。十三世

---

① 《外交部为英国干涉班禅仪仗队入藏并亦认为不宜入藏事致蒙藏委员会公函》，中国第二历史档案馆、中国藏学研究中心合编《九世班禅内地活动及返藏受阻档案选编》，中国藏学出版社，1992，第459页。

② 中国第二历史档案馆、中国藏学研究中心合编《黄慕松吴忠信赵守钰戴传贤奉使办理藏事报告书》，中国藏学出版社，1993，第133~134页。

达赖喇嘛圆寂后，班禅返回西藏的心情十分迫切，民国政府也试图以此为突破口推动西藏问题的解决。1935 年 5 月班禅一行从南京出发，次年秋天抵达青海玉树，因遭噶厦反对未能有所进展。"此时蒙藏委员会藏事处处长为班禅部属之罗桑坚赞，藏政府因反对班禅，甚至对蒙藏委员会亦表不满，且谓'现在蒙藏委员会藏事处，为班禅一派之藏事处，而非西藏之藏事处'，其上中央公文，亦多不经由蒙藏委员会者。此种情形，迄黄委员长卸职时期，均未改善。"① 蒙藏委员会缺乏驾驭西藏地方各方的能力，只能更多地依靠班禅方面的支持，这又招致达赖喇嘛方面的批评，既没有强大实力和影响力，也缺乏高超技巧和有效手段，始终无法找到解决难题的途径。

此外，从一些后人的回忆录来看，蒙藏委员会内部也存在诸多问题，比如吴忠信所用之人颇多亲戚朋友，有让该机构成为安排亲人就业的嫌疑等。

国民政府缺少强大的实力，缺少排除一切干扰、坚决捍卫国家主权和领土完整的勇气与决心，缺少赢得各族人民支持的政策，同时也缺乏处理复杂边疆问题的能力，这些才是蒙藏委员会很难顺利完成其根本使命的关键原因。

---

① 中国第二历史档案馆、中国藏学研究中心合编《黄慕松吴忠信赵守钰戴传贤奉使办理藏事报告书》，中国藏学出版社，1993，第 131 页。

第二十七章　康藏内战与国民政府
对藏政策

一　英国干涉和控制西藏内政的图谋

（一）尼泊尔侵藏及英人"调停"

国民政府改进对达赖喇嘛和西藏噶厦政府的措施收到初步的效果，达赖喇嘛也在同英国的交往中逐渐有所醒悟，虽然依然和英印政府保持多方面的联系，但是也意识到依靠英印政府支持实现所谓"西藏独立"只是一种幻想。于是，逐渐恢复和国民政府的关系，派遣贡觉仲尼（一作棍却仲尼）为西藏总代表，在首都南京设立西藏驻京办事处，表示服从中央政府的管辖。① 对此英印当局感到不安，随派驻锡金行政官贝尔前往挑拨离间，继则又唆使尼泊尔进兵西藏，制造事端，从而介入其中，实现控制西藏上层的目的。而达赖喇嘛改革西藏地方税务制度以增加军费的做法，恰在这时引起西藏和尼泊尔之间的商务纠纷。按照惯例，尼泊尔商人在西藏经商一般都不交纳任何捐税，民国十八年（1929 年）达赖喇嘛因为训练军队的需要，颇感财政上的困难，便下令侨居西藏的尼泊尔商人按照经商纳税的原则交纳商税，而尼泊尔商人则群起抵制，为了杀一儆百，西藏噶厦拘捕了一名尼泊尔商人，该人趁机逃跑并藏匿在尼泊尔驻藏办事处（噶巴丹公署），以求幸免。噶厦得知这一消息后即派兵将其拘捕并执行枪决，导致

---

① 《蒙藏委员会向委员长阎锡山报告贡觉仲尼等至南京接洽电》（1929 年 9 月 10 日），《国民政府蒙藏委员会档案》一四一。

双方纷争升级。英印政府认为这是一个大好时机，先对尼泊尔施加压力，尼泊尔国王慑于英国的淫威，便在这一年八月命令士兵放假三个月，然后武装入侵西藏。他"一面命令二十四苏色（如我国之县长）拓筑入藏之军用汽车道，宽约二丈，凿山工具，均由国王发给。十一月购买械弹粮秣，征发牲口，并向印度调回属于该国国籍之现役军人二万数千人。十二月即发动员令，由王太子巴布塞姆希亲自率领出征"①。

在尼泊尔武装侵略来临时，达赖喇嘛感到无力应付，因为当时藏军主要调往东部防备川军，藏尼边防线极度空虚。达赖喇嘛和噶厦政府立即向国民政府请求援助，国民政府并没有立即出兵援助，但是也在民国二十年（1931年）派遣蒙藏会员会参事巴文峻前往尼泊尔调查，巴文峻到尼泊尔后，一切似乎已经解决，事实上，达赖喇嘛在求助于国民政府未见有力支持时，转而求助于英印政府方面，这恰恰是英印政府所期望的事情，但是，尼泊尔侵藏，无非是借此以压迫日益内向的西藏地方政府，岂料弄巧成拙，"反促成达赖归向中国之心"。②

（二）英国支持达赖喇嘛重开"西姆拉会议"之议

在尼藏纠纷和川康矛盾不断升级，而民国中央政府不断加强和西藏地方之间的联系，也让他们觉得西藏局势难以把握。1928年，接替贝尔担任英印政府驻锡金政务官的威尔（J. L. R. Weir）不断提出访问拉萨的请求，十三世达赖喇嘛起初没有答应，1930年3月1日，还是满足了威尔的意愿。威尔出访西藏，有其深厚用意。他们担心进入老年、身体状况日差，而又集政教大权于一身的十三世达赖喇嘛一旦去世，他身边的两个亲信龙厦和公培拉将会被清除，权力则会旁落到擦绒手里。于是，他建议印度政府，必须准备一份贵重的礼物，即出售武器给西藏，以作为藏印友好的证据。③

"西姆拉会议"中关于内外藏的划分，依然是达赖喇嘛心中念念不忘的梦想。有英国方面依据先前的所谓"约定"，给予军备和武器上的支持，

---

① 洪涤尘：《西藏史地大纲》，上海，正中书局，1936。

② 陆兴祺编《西藏交涉纪要》下编，第99~101页。

③ 《印度事务部档案》V/PS/10/1088，1930年5月7日印度总督致印度事务大臣函。

抓住西康出现的某些事件，把势力深入到康区，从而给民国政府施加压力，迫使其重新商议，并承认"西姆拉条约"有关内外藏的划分和相关条款，也令西藏地方上层不惜冒险一搏。

二　康藏、青藏内战

（一）康藏、青藏武装冲突

康藏之间的纠纷由来已久，但是在英国蓄意筹划的"西姆拉会议"之后更加剧烈了，由于英国以支持"西藏独立"并制造所谓内、外藏划分，使康藏两地的关系极为紧张。1930年6月，甘孜白利寺内部出现矛盾，老土司将15户差民送给大金寺，大金寺欣然接受，白利寺方面不满其做法，大金寺即施以压力，派大军占领白利寺，并大肆烧杀，驻甘孜川军接到报告，前来震慑。藏军则趁机出兵东向，支持大金寺，形成两军对垒的局面。川军由于内讧，使藏军不仅进攻甘孜，而且还夺取瞻化（瞻对），并将瞻化县知事张次培及眷属等30余人押解至昌都。双方的冲突白热化。国民政府鉴于康区严峻的形势，在1931年四月派遣蒙藏委员会委员唐柯三前往甘孜协调解决。同时，通过达赖喇嘛驻京代表贡觉仲尼致电拉萨，请其命令藏军停战，以和平解决争端。达赖喇嘛表示已经下令停战，听候中央派员和平解决。事实上，却一直在拖延时间。直到1932年春天，达赖喇嘛所派代表琼让代本才与唐柯三会谈，拟订停战方案：第一，甘孜、瞻化暂由藏军200人驻守；道孚、炉霍各驻汉军200人，相互不得侵犯。第二，大金原属甘孜喇嘛寺，所有白利争执具归琼让秉公处理，不得虐待；所有被掳掠官兵一概遣还，所有优待费拨垫归还。[①] 这个协议承认了藏军对甘孜、瞻化的占领，以及大金寺对白利寺属户的侵夺，在当地引起不小的波动。

当时在康区内部，军阀内讧此起彼伏，西康领袖人物格桑泽仁乘川军战败之机，于1932年3月9日在巴安成立"西康建省委员会"并组织了"西康省防军"，提出"康人治康""驱逐川军"的口号，得到广泛响应，

---

① 　洪涤尘：《西藏史地大纲》，上海，正中书局，1936，第253～254页。

很快占领盐井、乡城等 10 余县。从而与西康军阀刘文辉发生激烈的冲突。① 由于蒙藏委员会所派专员唐柯三系回族，西北的马家军试图联合甘肃、青海和西康三地的回军，驱逐西康的藏族，另建立以回族为核心的西康政府的计划。可见，当时康区矛盾和利益冲突的复杂。

就在西康问题错综复杂的时候，英国驻锡金行政官威尔在 1931 年 8 月前来拉萨，唆使达赖喇嘛在与青海交界地区挑起武装冲突。达赖喇嘛派仲译钦莫（秘书长）欧细娃图丹贡丹来到玉树指挥对青海作战。藏军在青海同样利用了玉树苏尔莽地方噶丹寺和德塞召寺土地纠纷，达赖喇嘛派遣昌都总管与玉树驻军商量，未能达成一致。“藏方因战胜西康之余威，骄横不可一世，抽调重兵，率入玉树辖地，始则以拨户噶丹寺为名，继则向玉树驻军防地进攻，而战事遂爆发矣。”于是，藏军首领要求青海军从大小苏尔莽撤军，并欢迎藏军进入。原本双方约定通过商议来解决冲突，但是藏军却在 1932 年 3 月 24 日迫不及待地向大小苏尔莽发动攻击。面对 4000 人的队伍，只有 400 人守卫大小苏尔莽的青海马家军很快败下阵来，营长马占海战死。藏军接着占领囊谦，围攻玉树。马步芳立即集结大军应对，同时报告蒋介石请求拨款充实武器。1932 年 7 月，马步芳指挥大军进行反攻，藏军节节败退。青海军不仅收复了囊谦、大小苏尔莽，然后进入康区夺回了 1919 年被藏军占据的石渠、邓柯等县。此时，格桑泽仁和刘文辉的矛盾也已得到解决，使刘文辉能够派出一个旅的兵力进攻驻守在甘孜和瞻化的藏军，并收复德格等地，把藏军赶到金沙江以西地区。马步芳联合刘文辉电请蒋介石，提议青康两军乘胜挺进，收复昌都。此时，英国外交部驻华代办应歌兰（E. M. B. Ingram）照会国民政府，“现在川青军队要攻昌都，昌都属外藏，西姆拉条约第二条载有尊重外藏疆界完全之原则，今华军举动，实为对外藏的侵略行为”。“如果康藏纠纷不能和平解决，必发生严重之后果。”② 国民政府一面否认《西姆拉条约》的非法性，另一面也担心和英国发生直接冲突，便下令青康两军停止进攻，通过谈判和平解决争端。

---

① 洪涤尘：《西藏史地大纲》，上海，正中书局，1936，第 254~270 页。
② 《国民政府外交部报告英帝售给西藏军火制造康藏纠纷案交涉情形》（1932 年 10 月 18 日），《国民政府行政院档案》第 2 卷。

1932 年 10 月 8 日，刘文辉所派交涉专员邓骏、交涉委员郁文同达赖喇嘛所派交涉专员琼让、交涉委员吉卜在岗拖地方会谈，达成岗拖停战协定：汉军以金沙江上下游东岸为最前线，藏军以西岸为最前线；自十月八日起到二十八日止，双方作战部队各自撤退，其最前防线，汉军在白玉、邓柯、德格，藏军在仁蛋（达）、同普、武城境内，双方各处驻军不得超过 200 名；自停战撤兵之日起，双方交通恢复原状，商民往来自由。1933 年 6 月 15 日，青藏双方也达成协议，其要点包括，第一，噶丹寺堪布自行推举，达赖喇嘛委任，不干涉政治事务；青科、当头两司教权，准归作巴照旧管理，均不驻军。第二，条约签订后西藏方面先撤兵，十四日后青海方面撤兵，双方各守疆土，互不侵犯；青方归还藏方俘虏。第三，双方均须保护宗教寺院，保护青藏商民往来安全。① 康藏、青藏内战至此得到解决。

（二）康藏、青藏内战的起因分析

达赖喇嘛和西藏噶厦政府发动康藏、青藏战争，很重要的原因有这样几点：首先，达赖喇嘛试图通过藏军东犯来确认"内藏""外藏"划分，扩大辖区。其次，得到英国在武器上和外交上的支持，达赖喇嘛寄希望于英国装备上的优势，以及在外交上英国给国民政府的压力，所以有勇气公然挑起内战。再次，达赖喇嘛和噶厦政府在民国八年（1919 年）的东扩战争中取得了不小的收获，占领了康区众多属地，增强自信并使欲望膨胀起来。此外，藏军东犯也当时康区、青海等地军阀内讧有关。在康区刘文辉和康人格桑泽仁等严重分歧，青海军阀和康区军阀之间也存在利益冲突，给西藏地方内犯以可乘之机。但是，他们发动的对康区和青海地区的战争，尽管得到英印方面所给予的装备上的支持，却依然避免不了最后失败的命运。这次战争的失败，也让达赖喇嘛和噶厦政府更清醒地认识到通过武力方式来解决内部纠纷并非上策，而过分依靠英国方面的帮助也是徒劳无功的。

---

① 洪涤尘：《西藏史地大纲》，上海，正中书局，1936，第 270 ~ 272 页。

三 民国政府解决西藏问题的政策分析

（一）维护国家主权和领土完整

面对英国不断插手中国内部事务，支持"西藏独立"活动，国民政府通过多种方式来维护国家主权和领土完整。首先，在立法上，确定西藏是中国领土不可分割的一部分。中华民国成立之日，临时大总统孙中山、袁世凯先后在《宣言书》中申明西藏是中国领土不可分割的一部分，藏族是中华民族组成部分之一的根本立场。1912 年 3 月 11 日公布的《中华民国约法》总纲中规定："中华民国领土为二十二行省，内外蒙古、西藏、青海。"① 1931 年 6 月 1 日公布的《中华民国训政时期约法》也规定："中华民国领土为各省及蒙古、西藏。"其次，通过建立中央机构来实施管理职能。1927 年国民政府在南京成立后，对原来的蒙藏院（1912 年成立蒙藏事务局，1914 年改为蒙藏院）进行改革，成立蒙藏事务委员会，次年改隶行政院，设立委员长和副委员长及委员，下置总务、蒙事、藏事三个处。再次，通过驻藏高级官员，以及派遣使者前往西藏密切中央与西藏之间的政治关系。中华民国成立以后，即任命锺颖为驻藏办事长官，1913 年改任陆兴祺为驻藏办事长官。虽然受到英印方面和西藏地方限制，但是他们依然在艰难的条件下履行着自己的职责。1933 年，十三世达赖喇嘛圆寂，西藏噶厦政府按照定制呈报民国中央政府，国民政府追赠十三世达赖喇嘛"护国弘化广慈圆觉大师"，并派蒙藏委员会委员长黄慕松前往致祭。1938 年噶厦政府觅得达赖喇嘛转世灵童后并上报中央政府后。蒙藏委员会委员长吴忠信受命于 1940 年颁布命令，准予转世，拨给专款作为活动经费，并与摄政热振活佛共同主持十四世达赖喇嘛的坐床典礼。② 热振、达扎先后担任摄政都经过民国中央政府的批准和任命。1947 年，新公布的《中华民国宪法》中再度明确表

---

① 《中国宪法类编》下编，第 366～367 页。
② 中国藏学研究中心、中国第二历史档案馆合编《十三世达赖喇嘛圆寂致祭和十四世达赖喇嘛转世坐床档案选编》，中国藏学出版社，1991，第 74 页，第 315 页。

示："中华民国领土，依其固有之疆域，非经国民大会之决议，不得变更之。"①

（二）优渥班禅与协调达赖、班禅间的矛盾

民国政府对待西藏地方最高政教领袖的态度是鲜明的，那就是优渥内倾中央政府的班禅额尔德尼，礼待达赖喇嘛，积极协调达赖喇嘛和班禅额尔德尼之间的分歧与矛盾，促成西藏地方的团结统一。九世班禅和十三世达赖喇嘛相比，始终站在维护国家统一和维护民族团结的立场，从而得到全国人民拥戴和国民政府的特殊礼遇。同时，对于控制着西藏地方政教大权、立场摇摆的十三世达赖喇嘛，国民政府也极尽拉拢之能事，希望他能为实现国家的统一和领土完整多做有益的事情。国民政府在封赏班禅的时候，往往对达赖喇嘛也有加封，反之亦然。

达赖喇嘛和班禅之间的矛盾，一直是困扰西藏地方和国民政府的诸多问题之一。在班禅受达赖喇嘛和噶厦政府逼迫前来内地后，达赖喇嘛和班禅之间的矛盾公开化。这种冲突尽管有个人感情的色彩，但是实质上存在着利益上的根本矛盾。达赖喇嘛试图改变历史定制，剥夺班禅在西藏地方政治上和行政上的权力，实行个人专制。而班禅方面则要求恢复自己故有的地位与职权，返回自己的根本道场扎什伦布寺。由于当时民国政府并没有完全消除各地军阀割据的局面，实现全国的真正统一，对西藏地方的控制能力也十分有限，因此始终没有能够解决黄教两大活佛之间的纷争，促成班禅顺利返藏。

（三）拉萨三大寺的政治倾向

民国时期，尽管帝国主义势力的侵略和"西藏独立"活动十分猖獗，中央政府以及各方面的共同努力，最终遏止了各种破坏中国统一和领土完整的图谋，使"西藏独立"的梦想化为泡影。在这一艰难的历史进程中，包括西藏在内的全国各族人民坚定维护国家统一，反对任何分裂阴谋的态度，以及民国中央政府的积极努力无疑十分重要，同时以班禅为代表的西

---

① 中国藏学研究中心、中国第二历史档案馆合编《民国治藏行政法规》，五洲传播出版社，1999，第20～21页。

藏地方上层力量所发挥的巨大作用也极为特殊，此外，西藏宗教界的反帝爱国立场与行动也值得充分肯定。除了爱国立场坚定的扎什伦布寺，拉萨三大寺的喇嘛和普通僧众，大多也站在维护国家统一，反对外来侵略的立场。

首先，他们反对和民国中央政府断绝往来，在重大历史关头，僧众的爱国人士都站出来，支持发展和中央的关系。其次，他们反对英国殖民文化的侵入。在英印驻西藏商务代表黎吉生的鼓动下，西藏噶厦政府在1944年7月设立了一所英文学校，旨在培养殖民人才。西藏宗教界，以前摄政王热振·土登江白益西丹巴坚赞等为代表的部分上层秘密串联反对。三大寺及其他各寺庙也意识到英语学校的开办，势必冲击西藏的宗教活动，并成为佛教存在和发展的一种潜在危险。三大寺的堪布会同其他各寺管事，商量决定先进谏摄政王和噶厦，陈明开办英语学校对于政教的危害性，以及违背僧俗民众意愿的事实，请求立即撤销。"如果进谏不被接受，三大寺将组织众浪子喇嘛（亦称铁棒喇嘛），采取断然措施，捣毁英语学校。"① 西藏地方内部的爱国的和反对外国侵略的力量，也为维护民国政府在西藏实施主权，反对"西藏独立"起到了促进作用。

（四）班禅的爱国演说及其意义

九世班禅逃亡内地及在内地活动时期，正是内地军阀混战十分激烈的时期，他一到内地就呼吁国内各军阀势力停止内战，保护百姓生命安全。班禅在许多场合发表过演讲，内容包括宗教、政治和历史等，其中就西藏历史和西藏与祖国内地关系史的演讲具有特殊意义。

1931年5月10日，班禅应邀在南京新亚细亚学会第三次会员大会上作"西藏是中国领土"的演讲②，阐明自从唐朝以来西藏和祖国内地密切关系，说明西藏是中国领土为无可争辩的事实。同时，他谈了两点个人认识：其一，西藏是中国领土，如遭受帝国主义侵略，无异于门户被拆，不

---

① 拉鲁·次旺多吉、嘎雪·曲吉尼玛：《拉萨英语学校破产记》，《西藏文史资料选辑》第一辑，西藏人民出版社，1981。

② 《西藏是中国的领土》，刘家驹编译《班禅大师全集》，班禅堪布会议厅印，1943。

免唇亡齿寒。其二，怎样才可以使蒙藏与中国内地团结为一个整体民族，值得认真研究。他本人希望全国从上到下齐心协力，实现上述两个目标。1931 年"九一八事变"发生后，九世班禅积极呼吁全国各族团结起来，共同反对日本帝国主义的侵略，他还身体力行，利用自己的崇高威望和广大蒙古族百姓的信仰，亲自到蒙古地方宣传政府的主张，号召大家拒绝日本帝国主义的利诱，同心御敌，表现出一个爱国高僧的高尚品格。应该说，对于凝聚藏族人民爱国内向之心，以及信仰藏传佛教的藏蒙各族人民的抗日报国之心，发挥了巨大的推动作用。

（五）用"高度自治"应对"西藏独立"

民国时期采取了一系列措施以维护国家统一、主权完整，并竭力恢复中央在藏治权，包括派遣代表往来两地加强沟通，笼络西藏地方上层求得摆脱困局，也制定了各方面的施政措施，但是最终都无法从根本上解决问题，核心是以英国为首的外国列强的支持和破坏无法从根本上消除。不能驱除英帝国主义势力出西藏，不能铲除在帝国主义势力培植和扶持下成长起来的上层分裂势力，其他方面的努力成效只能是有限的。英国正是抓住了民国政府的这一弱点，不断地挑战底线，而西藏地方分裂势力也正是看到有列强支持才有恃无恐，在沟通中向中央政府漫天要价，目的依然是保持隔离的现状，甚至走上自主之路。

国民政府为了解决复杂的西藏问题，也在实践中提出了一些理论和对策。"五族共和"要求中国境内大小各族民族法律上、政治上平等，同时，国民政府方面在完全尊重藏传佛教信仰的同时，也强调政教分离的原则。

1941 年 8 月 13 日由美国总统罗斯福与英国首相丘吉尔在大西洋北部纽芬兰阿金夏海湾的奥古斯塔号军舰上联合签署了《大西洋宪章》，14 日正式公布。其中提到"尊重所有民族选择他们愿意生活于其下的政府形式之权利；他们希望看到曾经被武力剥夺其主权及自治权的民族，重新获得主权与自治"的原则。据此，蒋介石也提出了"寻求外蒙古和西藏民族问题的解决之道是国民革命最伟大的任务，是我们所奉行的民族主义原则的试金石，我们应该准备承担寻求解决之道的责任"。"为了世界的和平与安全，为了我们自己国家的团结和重建，我们必须遵照《大西洋宪章》的精神和民族自主原则，处理世界民族问题。"① 接着 1943 年蒋介石发表的《中国之命运》，强调中国是一个中华民族之下的各族系宗族，试图规避"民族自决"问题。1945 年 10 月蒋介石在与迫于苏联压力并与之做秘密交易的前提下同意外蒙古全民投票，结果是赞成独立。1946 年初国民政府宣布承认。这对西藏、新疆等地方产生了多米诺效应。西藏地方上层也蠢蠢欲动，英国人黎吉生还专门比较外蒙古和西藏的情况，积极鼓吹和推动西藏独立。但是，他们发现国民政府并未同意。② 蒋介石宣布允许西藏实行"高度自治"，成立"西藏特别自治区"来加以应对。

1945 年 8 月，国民政府召开蒙藏地方高度自治方案会议拟定《西藏地方高度自治方案草案》包括原则和办法两方面：

甲　原则

（1）在国家领土主权完整之前提下中央允许西藏地方高度自治。

（2）西藏地方自治政府必须遵行中央建国原则，凡地方一切设施不得与之抵触。

（3）西藏地方自治政府之权限应予明确规定。

（4）西藏地方自治以旧有之区域范围。

乙　办法

（5）西藏地方除国防、外交权属中央外，其余均由地方自治政府负责办理，中央予以经费及技术上之协助。

（6）西藏原有军队视实际需要，由中央整编为国防军或保安警察队之编练、配备、经费及指挥、调遣等事项，由地方自治政府负责，国防建设及国防军之编练、配备及指挥、调遣等事项由中央统筹办理。

（7）西藏过去与外国订立之一切条约完全无效，如有订约必要，由中央与该订约国重行商定新约。

（8）西藏地方各级政治机构之形成（如噶厦及宗）暂仍其旧，各级官吏比照内地，简任职者呈由中央任命，简任职者呈请中央备查，其薪俸由中央支给之。

---

① IOR，L/PS/12/4194，Ext. 4789/1945，Pres. Chiang Addresses Supreme，Ntional Defence Council，Central News，Aug. 25，1945.

② 蒋介石的民族政策数年间有反复和变化。徐百永：《国民政府西藏政策的实践与检讨（1927～1949）》，社会科学文献出版社，2013，第 171～176 页。

（9）充实西藏原有之人民大会为西藏地方议会（除政府及寺庙代表外，各宗应有代表）人民大会得选举国民大会代表出席国民大会，其名额另定之。

（10）中央派遣驻藏办事长官正副各一人，办理国防、外交及行政上之联络，暨经费或技术上之补助等事宜。

（11）西藏地方人民居住内地任何地方或内地各处人民居住西藏地方均享有与当地人民相同之一切权利义务，不得别为违反民族平等原则之待遇。

（12）内地及西藏地方人民之往返旅行及贸易运输等事应绝对自由。

（13）中央尊重西藏人民之愿望，对其信仰习俗概予维护。

（14）西藏宗教首领如达赖、班禅及各大呼图克图等之转世事宜应报请中央依照旧例办理。

（15）康藏划界由中央召集关系各方以会议方式解决之。

（16）中央扶助西藏文化、经济、交通、卫生等事业之发展，办法另定之。①

1945年9月，国民政府制定了《战后蒙藏政治设施方案》：

（1）在青、康等省的藏族土司、千百户等区域，尽速推行以改土归流为核心的省政改革。

（2）允许西藏地方高度自治，称为西藏特别自治区。

（3）西藏特别自治区克自制宪法，但不得违反国宪及三民主义。

（4）中央在西藏特别自治区设立常驻办事长官公署，代表中央，一面执行国家行政（如外交等事），一面辅导地方自治。

（5）西藏特别自治区之各级政府组织法，由中央颁布施行。

（6）西藏特别自治区之地方自治事宜，由该自治政府因地制宜，自行办理，中央仅立于辅导地位。

（7）应将西藏特别自治区划分为若干国防军区，由中央酌派国防军驻扎。

（8）中央对于西藏特别自治区之宗教发展，取绝对放任主义，唯宗教与政治应以分治为原则，宗教领袖及各寺院，不得干涉政治及司法。

---

① 《国民政府蒙藏地方高度自治案会议拟定西藏地方高度自治方案草案》（1945年8月），《国民政府蒙藏委员会档案》一四一/2558。

（9）西藏特别自治区与西康省之界限，应由中央派员会同两方勘定。①

这些政策好不好，西藏地方噶伦拉鲁的看法可见一斑。他说，当时的西藏"如列于现代国家中，则不惟不自量力，且除别具用心之国家外，将无人承认"。"盖藏人既无武力可资防御侵略，又无外交人才，且穷极边荒，财政之拮据更非他人所能想象，高度自治，中央既为负担艰巨责任，而又不干涉内政，诚为藏胞所衷心要求者。"②

但是，西藏地方政府却并不领情。同样根据拉鲁的分析，有这样几个方面的因素：第一，清末驻藏大臣对西藏贵族的屠戮导致他们不敢欢迎中央势力入藏；第二，西藏为"封建之典型制度"，与中央民主政治"不能相容"，有恐惧中央心理。第三，西藏地方执政者大多为三四十岁的中年人，"皆以为西藏独立已卅余年，今又何必与中央合并"，且只记得川军横行及达赖被迫出逃仇恨，与中央关联不深。第四，英人中间作祟。第五，"中央扶植西藏之真义，无人传达"，沟通不够，大员至藏通过翻译交流不够清晰明了，"故迄今藏人明了高度自治者当以余（拉鲁）为第一人也"。③

西藏地方认为有英国等的支持，以及内地国共两党对立而无法全力顾及的局势，所以便回绝了国民政府的高度自治方案，告诉中央政府："一为西藏系盛行佛法之地，请中央对西藏原有政教各权准照旧由西藏达赖佛管理；二为请中央划定康藏界务；三为西藏地方如有外国欲加侵略之事发生，请中央帮助。"④

显然，国民政府的怀柔和退缩政策无法达到维护国家统一和完整的目的，而有了英国这些外力插手支持的西藏地方当政者决心在"西藏独立"的路上继续走下去。也正因为如此，解决西藏问题的途径也更加清晰：这就是必须坚决驱除帝国主义势力，必须坚决遏制和铲除西藏地方的分裂势力，只有这样才能真正维护国家统一、从根本上解决近代以来一直困扰着人们的西藏问题。

① 《战后蒙藏政治设施方案》，民国三十四年（1945年）九月八日，《外交部档案》，档案号：172－1/0001/019/48，国史馆藏。
② 蒙藏委员会编译室编辑《蒙藏委员会驻藏办事处档案选编》第10册，台北蒙藏委员会，2006，第375～379页。
③ 蒙藏委员会编译室编辑《蒙藏委员会驻藏办事处档案选编》第10册，台北蒙藏委员会，2006，第375～379页。
④ 《蒙藏委员会1947年重大措施报告（藏事部分)》（1948年2月)，《蒙藏委员会档案》一四一/109。

第二十八章 遏止"西藏独立"逆流

　　1888 年英国发动第一次武装入侵西藏的战争，把侵略的魔掌从西南地区伸向古老中国的西藏地方。但是，西藏地方的僧俗官民用坚定抵抗的态度回应了这些强大的侵略者。1890 年 3 月 17 日，升泰与英印政府总督兰斯顿在加尔各答正式签订了《中英会议藏印条约》，清政府承认哲孟雄归英国保护；划定西藏地方与英属哲孟雄的边界；有关双方游牧、通商等事宜容后再议等。《中英会议藏印条约》签订后，中英双方根据其中关于通商、游牧权利及文移往来三项内容要"俟后再商另订"的规定，就这三个问题继续进行交涉。经过三年多的交涉形成《中英会议藏印条约》12 款，主要内容包括，①在西藏亚东开关通商，"听任英国诸色商民前往贸易"，英印政府可派员在此驻扎查看贸易。②自亚东开关之日起，五年内藏印贸易互免关税。③亚东开关一年后，西藏人在哲孟雄游牧应照英国所立章程办理等。① 1903 年英国第二次武装入侵西藏后，迫使西藏地方官员签订《拉萨条约》，深知该条约无效的英国入侵者，竭力促成与清朝中央政府就其在西藏的侵略利益进行谈判。《中英续订藏印条约》是 1906 年（光绪三十二年）4 月 27 日清朝与英国在北京签订的有关西藏事务的条约，为此前《中英会议藏印条约》的修改条约。

　　1913 年藏历 1 月 8 日，从印度返回，从反英转向亲英的十三世达赖喇嘛发布《关于西藏全体僧俗民众今后取舍条例》（即《水牛年文告》），提

---

① 见《光绪条约》第 33 卷，第 5～7 页；英文本见《海关中外条约》第 1 卷，第 516～519 页。

出驱除驻藏川军，阻断西藏与内地之间的联系。1913 年 1 月，达赖喇嘛的侍读德尔智"代表"西藏在《蒙藏协定》上签了字。该协定声称西藏地方与外蒙互相承认为"独立国家"，中外为之震惊。达赖喇嘛得知此事后，即公开表示"未尝授德尔智以与蒙古订立任何条约之权"。①

1913 年 7 月 15 日，黄兴在南京就任讨袁军总司令。赣、皖、粤、川诸省纷纷宣布独立，"二次革命"爆发。1913 年 10 月至 1914 年 7 月在英国殖民者的策动和主导下，在印度的西姆拉（今喜马偕尔邦境内）召开了包括有中国中央政府的代表、西藏宣抚使陈贻范，中国西藏地方政府的代表、十三世达赖特使伦钦夏札，英国政府代表、英印殖民政府外交政务秘书 H. 麦克马洪参加的会议，即西姆拉会议，旨在分裂中国、策划"西藏独立"。麦克马洪在会议期间提出划分"内藏""外藏"和中国内地与西藏之间的界线问题，即所谓"中藏边境事宜"。麦克马洪还私下把西起不丹边境，向东延伸，在中印东段边境地区，把历来属于中国、面积达 9 万平方公里的地区划归英属印度，此即麦克马洪线。

在英国的策动和大力支持下，在西藏地方上层出现了一股独立势力，他们的活动严重影响到中国的统一和完整，近代中国历史上，中国人民在反对帝国主义、封建主义和官僚资本主义的同时，另一项重要任务就是反对民族分裂主义。民国政府的外交政策，特别是面对列强的侵略整体上来看是软弱的，但也为维护国家主权和领土完整做了一些有益的工作，比如在西藏地方一直试图遏制"西藏独立"的逆流。

一　民国中央政府的多项举措

（一）政治手段

通过官方声明、委派官员和代表、安排西藏地方代表参加国民会议、任命册封地方政教首领等方式，宣示中央政府在藏主权。正如人们熟知的，1912 年 1 月 1 日，孙中山在南京就任中华民国临时大总统的就职宣言中就强调，西藏是中国的一部分、藏族是中华五族之一。袁世凯在总统令

---

① 贝尔：《达赖喇嘛传》，伦敦，1946，英文版，第 345 ~ 346 页。

中宣布"凡蒙藏回疆各地方,同为我中华民国领土,则蒙藏回疆各民族即同为我中华民国国民",五色旗是中华民国初期使用的国旗,旗面为按顺序是红、黄、蓝、白、黑五色横长方条,表示汉满蒙回藏五族共和。同年10月,下令恢复达赖喇嘛封号,加封班禅名号。1913年4月2日,民国政府正式任命陆兴祺为护理驻藏办事长官。1928年,国民政府在南京成立,重申西藏地方为中国的领土。达赖喇嘛通过贡觉仲尼向中央表示:"达赖不亲英人,不背中央,愿迎班禅回藏。"1931年5月,中央政府召开"国民会议",达赖喇嘛表示"承认中藏一家,恢复旧制"。11月,国民党第四次全国代表大会在南京召开,贡觉仲尼、阿旺坚赞出席了会议。1930年国民政府派文官处书记官刘曼卿两度与达赖喇嘛两次会面,黄慕松、吴忠信等入藏履行职责,都是管理西藏地方、行使主权的政治手段之一。

1913年3月6日,中华民国国会在北京成立,并制定了《西藏第一届国会议员选举施行法》。其第一条规定,西藏第一届选举参议院及众议院议员得于政府所在地行之;第二条规定,西藏之选举监督以蒙藏事务局总裁行之;第三条规定,选举细则由选举监督之。5月15日,中华民国国会公布了西藏第一届国会议员当选人名单,当选参议院议员:前藏地区为顿珠罗布、札西土噶、王赓、厦札噶布伦、孙毓筠;候补议员:白马认钦、于宝轩、孙江东、刘文通、李安陆;后藏地区有江赞桑布、傅谐、阿旺益西、龚焕辰、程亮;候补议员:王泽、阿旺曲札、汪有龄、胡钧、高路鼎。

1924年,达赖喇嘛派贡觉仲尼赴京充任西藏驻京总代表,并派代表参加了中央的国会参众两院会议。1925年,临时执政段祺瑞召开善后会议。1月27日,九世班禅额尔德尼对此次会议的与会代表致函,希望与会各方认定:"本此次大会乃国家之公事,非一人、一家、一党派、一地方之私事,各本公心,通盘计划,利民富国。"善后会议中十三世达赖喇嘛、九世班禅额尔德尼及中央驻藏办事长官陆兴祺被定为善后会议会员。会议召开时,其三人分别派出自己的代表顿珠旺结、罗桑坚赞、朱清华等出席会议。1925年8月3日,国宪起草委员会成立,西藏地方代表贡觉仲尼、班禅堪布会议厅代表王乐阶,应段祺瑞之聘参加了国宪起草委员会。

1929年6月17日,国民党在南京召开三届二中全会,做出关于蒙藏之决议案,共六条:"一、举行蒙藏会议……西藏由达赖、班禅喇嘛及西藏人民各推出代表若干人，同来中央参加会议；二、……派员分赴蒙古、西藏，宣达中央扶植蒙藏民族之政策与决心，慰问并调查蒙藏人民之疾苦；三、于首都设立蒙藏学校，由蒙藏各地选送优秀青年应试入学；四、关于蒙古、西藏经济与文化之振兴，应以实行发展教育为入手办法；五、蒙藏委员会根据施政纲领及实施程式积极筹画实施；六、加紧对于蒙藏之宣传，阐明蒙藏民族为整个的中华民族之一部，说明蒙藏民族所处地位之危险，帝国主义者侵略阴谋之恶毒，说明蒙藏各地教育、经济之设施与交通、实业之建设，应由中央政府协助其地方政府进行，惟军事、外交及国家行政必须统一于中央……"

1930年国民政府召开了蒙藏会议，驻藏办事长官陆兴祺奉令致函达赖喇嘛和噶厦派员参加。噶厦表示："汉番历来一家……西藏为我五族之一，唇齿相依、荣辱相与，断无离异之理。"达赖在复信中表示："遵即特派雍和宫札萨克及驻京堪布卓尼禄藏娃，并加派商上卓尼尔阿旺坚赞、纳仔营官仔仲顷批土丹二人由藏前往会同办理，该员等不日就道……"

1931年5月5日，九世班禅额尔德尼前往南京参加国民会议，在会上致简短祝词。5月10日，班禅额尔德尼在南京新亚细亚学会第三次会员大会上发表了题为《西藏是中国的领土》的讲演，其中指出："一、西藏是中国的领土，如被帝国主义者侵略，可无异于自己的门户被人拆毁，以免有唇亡齿寒之忧；二、如何使蒙藏与中国团结成整个的民族？要做到这两点须先下许多功夫，上自中央政府，下至全国国民，一致努力。"

当年的国民政府国民会议，西藏所派代表，前藏是贡觉仲尼、曲批图丹等6人，后藏代表是罗桑楚臣、罗桑坚赞等4人。此外，尚有楚臣尼玛等8人列席了会议。第九世班禅额尔德尼不仅亲自参加了这次会议、还向大会致颂词："秉承总理遗教，召集国民会议，周询群豪，协谋国是，订立约法，永固邦基。"11月，中国国民党在南京召开第四次全国代表大会。西藏地方参加会议的有罗桑坚赞、贡觉仲尼、刘曼卿、阿旺坚赞、格桑次仁等。贡觉仲尼和罗桑坚赞在这次会议上当选为中央执行委员。后来，中国国民党召开的第五次全国代表大会，亦有西藏代表参加。

1932年1月21日，西藏地方驻京代表贡觉仲尼、阿旺坚赞等还联名具呈国民政府、行政院及蒙藏委员会，转达十三世达赖喇嘛关于产生西藏代表办法的意见。呈称："在国难期中，应集中全国人民之意见，使之成为整体。西藏代表之产生，应由当地人民自由选举，使西藏人民爱国意见得以充分表现。此为西藏地方之权力，亦是对于国家之义务。"4 月 7 日，行政院召开国难会议。出席会议的西藏地方代表是贡觉仲尼、罗桑坚赞、刘家驹、刘曼卿。

1938 年 3 月，国民党临时全国代表大会通过了组织国民参政会案。该地的组织条例第三条乙项规定："西藏地方代表名额为两人；其候选人之推荐依同条例第二、三、四各条之规定，应由该会就具有中国国籍之男子或女子，年满三十岁，并会在西藏地方公私机关或团体服务，著有信望或熟谙各该地方政治社会情形，信望久著之人员中按照定额加倍提出。"条例第十二条规定，"现任官吏不得为参政员"。

1938 年 6 月 16 日，国民政府公布了第一届参政会参政员名单，西藏地方代表喜饶嘉措、丁杰当选。7 月 6 日，第一届国民参政会正式召开，会议通过了拥护国民政府实施抗战建国纲领案。喜饶嘉措等向一届二次大会递交了《关于团结边民意志，以增强抗日力量》的提案。1940 年第二届国民参政会西藏代表为洛桑札喜、丁杰；1942 年第三届国民参政会西藏代表为洛桑札喜、丁杰、喜饶嘉措；1945 年国民参政会西藏代表为罗桑札喜、阿旺坚赞、拉敏益西楚臣。[①] 1943 年，国民党召开六中全会，热振还被选为国民党中央候补执行委员。

1946 年 11 月 15 日，国民政府召开制宪国民大会。西藏地方政府和班禅堪布厅派代表参加会议。西藏地方代表共 10 人。他们是：图丹桑批、索朗旺堆、土丹桑布、策旺顿珠、土丹参烈、土丹策丹、图登生格、绛巴阿旺、益西达吉、多吉欧珠等；班禅堪布会议厅的代表是滇增坚赞、计晋美、拉敏益西楚臣、蔡仁团柱、何巴敦、宋之枢等。西藏地方代表图丹桑批被选为主席团成员。11 月 28 日，蒋中正夫妇在官邸宴请全体西藏代表。当时在京的达赖喇嘛之兄嘉乐顿珠、姊祁吉惠、姊丈多吉尼玛以及吴忠信、蒋经国等应邀作陪。[②]

1947 年，新公布的《中华民国宪法》对国民大会也有明确表述，"西

---

① 中国藏学研究中心、中国第一历史档案馆、中国第二历史档案馆、西藏自治区档案馆、四川省档案馆合编《元以来西藏地方与中央政府关系档案汇编》（7），中国藏学出版社，1994，第 2975 页。

② 喜饶尼玛：《民国时期出席全国性政治会议的西藏代表》，《中国藏学》1989 年第 2 期。

藏选出代表，其名额以法律定之"。并规定在全国立法委员、监察委员中也包括有西藏地区的名额。①

1948年3月29日，中华民国行宪国民大会召开。西藏地方政府派定代表13人出席会议，包括土丹桑布、土丹策丹、绛巴阿旺、丹巴彭措、丹增唐恪、绛巴札喜、来喜嘉措、琐朗旺堆、班觉陈列、贡布策林、恪登班巴、凯卓坦丹、生格达结。班禅堪布会议厅派定代表11人：滇增坚赞、拉敏益西楚臣、计晋美、宋之枢、洛桑喜饶、罗图丹、高洛桑、罗桑、明慈仁、丹巴、计罗秀英。西藏地方代表土丹桑布当选为大会主席团成员。这次会议，西藏地方有立法委员3名：土丹桑布、绛巴阿旺、丹增当却；监察委员3名：土丹策丹、绛巴扎喜、丹巴彭错；班禅堪布会议厅有立法委员5名：计晋美、蔡仁团柱、图丹尼麻、罗桑坚赞、纳汪金巴；监察委员3名：拉敏益西楚臣、计宇结、何巴敦。罗桑坚赞还被总统府聘为国策顾问委员会委员。

蒋介石还为了摆脱在西藏问题上英国不断插手，西藏地方独立活动猖獗的局面，还提出了在西藏地方经济能自给自足的条件下，许诺在西藏实现地方高度自治。1945年5月5日召开的中国国民党六大决定"赋予西藏高度的自治权"。8月24日蒋介石在最高国务会议上再次强调："至于西藏的政治地位，国民党第六届大会决定给其很高的自治地位，以增进其政治地位和提高藏族人民的生活水平。我郑重地宣告，如果西藏人民希望在这个时候自治管理西藏地区，我们中央政府将真挚地依照传统，使其高度自治。如果在将来，他们（西藏人）实现了经济上自给自足，我们中央政府将帮助他们实现这些高度自治。"②

（二）法律手段

通过立法行使强化中国政府在藏主权，也是民国时期遏制分裂势力的一种有效手段。1912年3月，孙中山主持制定并公布了具有临时宪法性质的《中华民国临时约法》（1912年3月11日），其中明文规定："中华民

---

① 中国藏学研究中心、中国第二历史档案馆合编《民国治藏行政法规》，五洲传播出版社，1999，第20~21页。
② L/PS/F6996/186/101945August25，Ambassador telegram to foreign office.

国领土，为二十二行省、内外蒙古、西藏、青海。"① 规定民国政府的参议院的议员，西藏也与各省、内外蒙古一样，选派 5 名代表参加，代表选派方法由地方自定。1914 年 5 月 1 日颁布的《中华民国约法》第一章第三条规定："中华民国之领土，依从前帝国所有之疆域。"1923 年 10 月 10 日公布的《中华民国宪法》规定"中华民国永远为统一民主国"，"中华民国国土，依其固有之疆域。国土及其区划，非以法律，不得变更之"。"内外蒙古、西藏、青海，因地方人民之公意，得划分为省、县两级，使用本章各规定。"② 通过法律确定了中国的领土不可分割。

（三）军事手段

清朝末年，十三世达赖喇嘛在英国的支持下，下令驱逐汉军，发生混战，西康的土司、头人纷纷暴动，乘机取消改土归流。袁世凯命四川督军尹昌衡率兵进入康藏平息战乱，一路顺利，迅速平定康藏叛乱。川滇两路军队已会师澜沧江，准备直取拉萨。但是袁世凯渴望得到帝国主义的承认和对他做皇帝的支持，便屈服了英国的压力，下令停止尹昌衡的军事行动。③

第二次世界大战期间，日本占领南京，国民政府迁都重庆，盟军援华物资需要通过西藏运往西南地区，修筑康印公路被提到紧迫议事日程。蒙藏委员会驻藏办事处处长孔庆宗致函噶厦："奉行政院长蒋令，中央现已与英国商妥修筑康印公路。路线自西昌起，经盐源、永宁、中甸、德钦、盐井、察隅入印度，与阿萨密省铁道终点之塞的亚站相接。已派定袁梦鸿君为勘察队长，率队前往勘测，已出发在途。仰速通知藏方饬属保护，予以便利。"④ 可是，噶厦不仅予以拒绝，还在次年 7 月 6 日成立所谓"外交

---

① 中国藏学研究中心、中国第二历史档案馆合编《民国治藏行政法规》，五洲传播出版社，1999，第 15 页。

② 中国藏学研究中心、中国第二历史档案馆合编《民国治藏行政法规》，五洲传播出版社，1999，第 16～17 页。

③ 《东方杂志》第九卷第十号，《英藏交涉始末记》。

④ 《孔庆宗为修筑中印公路饬属保护勘测队事致噶厦函》〔民国史三十年（1941）七月十四日〕，中国藏学研究中心、中国第一历史档案馆、中国第二历史档案馆、西藏自治区档案馆、四川省档案馆合编《元以来西藏地方与中央政府关系档案史料汇编》（7），中国藏学出版社，1994，第 2838 页。

局"，"视中央为外国，示西藏为独立国"。并要求蒙藏委员会驻藏办事处与该机构洽谈一切事宜。① 在交涉无果的情况下，孔庆宗等建议："一派飞机赴昌都一带侦察，借词习飞山地，通知藏方不得开枪，以免自卫投弹；同时令青、康、滇军越境，为地方性之煽动。一密令青、康、滇军以地方冲突形式一举攻占昌都，扼守待命，以留中央转圜余地。"② 蒋介石告诉西藏地方，"中央绝对尊重西藏宗教，信任西藏政府，爱护西藏同胞。但西藏必须服从中央命令，如发现西藏有勾结日本情事，当视同日本，立派飞机轰炸"③。虽然有恐吓的因素在内，却也受到来自英国方面的干涉。尽管如此还是在一定程度上遏制了西藏地方分裂势力铤而走险的冒进活动。

8 月 5 日，蒙藏委员会向西藏噶厦转达了行政院训令："对藏方为处理地方涉外事务而设置机构应遵守的原则：（甲）有关国家利益问题，即政治问题，必须秉承中央意旨处理；（乙）中央与西藏一切往还接洽方式，仍应照旧，不得经由上述外务机构。"并电令驻藏办事处"仍照旧例接洽，不得与'外交局'发生任何联系"。1943 年，西藏召开民众大会，对此事受中央政府意见，收回原议，表示"西藏应与中央保持感情，不应与中央西藏办事处断绝关系"。并责成西藏驻京办事处总代表阿旺坚赞等向国民政府主席面呈此意。④

（四）外交手段

民国时期处理涉藏外交始终是被动和软弱的，但是，诸多的外交努力也在一定程度上为维护国家统一和领土完整发挥了作用。1912 年 8 月 17

① 《孔庆宗为报西藏设立外交局事致蒙藏委员会电》〔民国三十一年（1942 年）7 月 6 日〕，中国藏学研究中心、中国第一历史档案馆、中国第二历史档案馆、西藏自治区档案馆、四川省档案馆合编《元以来西藏地方与中央政府关系档案史料汇编》（7），中国藏学出版社，1994，第 2841～2842 页。
② 中国藏学研究中心、中国第一历史档案馆、中国第二历史档案馆、西藏自治区档案馆、四川省档案馆合编《元以来西藏地方与中央政府关系档案史料汇编》（7），中国藏学出版社，1994，第 2847～2848 页。
③ 《蒙藏委员会秘书周昆田致孔庆宗电》（1943 年 5 月 13 日），《西藏地方历史资料选辑》，第 351 页。
④ 蒙藏委员会档案：《西藏地方是中国不可分割的一部分》（史料选辑），西藏人民出版社，1986，第 533 页。

日，英国正式向民国政府递交有五点声明的《备忘录》："一、英政府不允中国政府干涉西藏内政。二、反对华官在藏擅夺行政权，并不承认中国视西藏与内地各省平等。三、英国不欲允准在西藏境内存留无限华兵。四、以上各节先行立约，英方将承认之意施于民国。五、中藏经过印度之交通，应暂时视为断绝。这无异于剥夺中国在藏的主权。"

北京政府即予以逐条反驳：一、中国不允许其他一切外国干涉西藏的领土权和内政。二、中国在西藏各紧要之处派遣军队是正当的。三、现在还没有缔结新条约的必要。四、中国并未阻碍印度与西藏地方的交通。五、英国是否承认中华民国和西藏问题不是一回事。① 虽说如此，依然还是命令川滇西进军队"切不可冒昧轻进，致酿交涉，摇动大局"。

1939 年吴忠信在"对藏政策之检讨"中所涉及的内容包括对内和对外两个方面，其中对外方面主要谈到应对英国的侵略企图。他认为英国的侵藏方略包括六点：一是诱胁藏人阻止中央势力入藏，或者直接出面劝阻；二是控制西藏与内地之交通，疏远汉藏之关系；三是通过扩大印藏贸易而垄断西藏经济；四是觊觎藏南领土，康南、察隅、工布、波密、裸巴（珞巴），均在其视野之中；五是暗布英人在藏之势力，劝诱西藏青年至英留学等是其手段；六是参与中央与西藏谈判悬案之会议，以便取得较大之权利，并阻挠西藏切实服从中央。② 应该说对英国在藏的活动及阴谋有着十分清醒的认识。

吴忠信也提出了在西藏问题上应对英国的政治策略有四点：一是运用各种适宜方略，使藏人与中央诚意协作，一致对付英人，而阻止其事实上之侵略，拒绝其无端之干预；二是根据条约，认西藏行政区划及与中央关系上之调整为内政范围之事，应直接与西藏商决，努力避免英人参加；三是所有藏英间民元以来订结之明密各条约或类似条约性质之文件，应报告中央研究后再定应对方式；四是英人在藏于条约所得之权利，有损我领土主权或藏人生存攸关者，应视我国国力、国际事变及印度情势为何逐渐收

---

① 《东方杂志》第八号第九卷，《中国大事记》。

② 中国藏学研究中心、中国第一历史档案馆、中国第二历史档案馆西藏自治区档案馆、四川档案馆合编《元以来西藏地方与中央政府关系档案史料汇编》（7），中国藏学出版社，1994，第 2772 页。

回之。① 这些应对措施核心是如何在加强中央与西藏地方关系的基础上，让西藏地方服从中央，否则一切都只是设想。

吴忠信在谈到未来筹办西藏事务的对策时，主要涉及是应对英国的侵略活动，但是他的观点是："在外交方面，应力避与英人发生摩擦，而与尼泊尔、不丹等善意联络；在政治上扶持热振，使亲汉派渐握有实权，加强中央与西藏之联系，同时联络亲英、自立两派，减少对我之反感，并进而为我所用。"② 可以看出，该建议的对外政策十分软弱。

1943 年秋，英国外交大臣罗伯特·安东尼·艾登（Robert Anthony Eden, 1897–1977 年）以私人名义发出一份致当时中国外交部部长宋子文的机密备忘录，主要是 1943 年 5 月英国外交部、印度事务部和印度政府的负责人伦敦会议的观点：①英国有义务支持西藏"维护其实际上的自治"；②但英国不必在当前向西藏提供任何有效的物质支持，当其与中国结盟而共同进行一场更重要的战争——抗日战争时，这样做不合时宜；③此事势必会受到美国态度的影响，而美国的态度我们还不清楚；④我们不能给中国提供明显的借口，使其利用来反对我们重新控制缅甸、马来亚和其他地区。因此，英国政府认为最好的办法是现在既不承认也不否认中国对西藏的宗主权。如果中国要求承认西藏是其整体的一部分，则可以按以下原则予以答复：①绝不无条件承认中国的宗主权；②指出西藏已经在实际上自治了 30 年并保持了这种自治；③明确申明英王陛下政府与印度政府除了希望保持同西藏的睦邻关系外，绝无任何野心；④重申我们的一贯态度是愿意在中国尊重西藏自治的前提下承认中国的宗主权；⑤申明以上依然是我们的态度。③

1943 年 5 月 20 日在华盛顿举行的太平洋会议期间，丘吉尔居然说道：

---

① 中国藏学研究中心、中国第一历史档案馆、中国第二历史档案馆西藏自治区档案馆、四川档案馆合编《元以来西藏地方与中央政府关系档案史料汇编》（7），中国藏学出版社，1994，第 2773~2774 页。

② 中国藏学研究中心、中国第一历史档案馆、中国第二历史档案馆西藏自治区档案馆、四川档案馆合编《元以来西藏地方与中央政府关系档案史料汇编》（7），中国藏学出版社，1994，第 2775 页。

③ 英国东方与印度事务部资料档案馆，L/P&S/12/4194，《西藏，5 月 18 日印度事务部讨论会要点》；胡岩：《中华民国时期中英之间关于西藏问题的交涉》，《中共中央党校学报》1999 年第 1 期。

"近闻中国有集中队伍准备进攻西藏之说,使该独立国家大为恐慌,希望中国政府能保证不致有不幸事件发生。"宋子文立即指出,"西藏并非首相所谓独立国家,中英间历次所订条约,皆承认西藏为中国主权所有"①。英国对中国西藏政策的变本加厉既是其西藏殖民活动的继续,同时也与英国政府对蒋介石支持印度民族解放运动的讲话有关。1942 年 2 月 21 日到访印度的蒋介石和夫人宋美龄广播了英文《告印度人民书》,呼吁中印人民团结起来争取反法西斯的最后胜利,呼吁英国尽快赋予印度国民政治上的实权,引起了英国首相丘吉尔的不满。蒋介石自己也说,"英国打算用这种手段来牵制中国,并对中国在印度问题上所采取的态度进行报复"②。对于丘吉尔的做法,蒋介石也十分愤怒,他在回复宋子文的电报中说道:"丘吉尔称西藏为独立国家,将我领土与主权完全抹煞,侮辱实甚。不料英国竟有如此言动,殊为联合国共同之羞辱,应向罗(斯福)总统问其对于丘(吉尔)言作何感想及如何处置。西藏为中国领土,藏事为中国内政,今丘相如此出言,无异于干涉中国内政,是即首先破坏大西洋宪章,中国对此不能视为普通常事,必坚决反对并难忽视。"③ 蒋介石坚定的态度和明确的立场,对于维护中国对西藏的主权,回击英国改变这一现状的图谋起到重要作用。

美国政府也并不认可英国的错误做法。1943 年,美国国务院就告诉英国驻美大使:"美国政府深知中国政府一贯坚持其对于西藏拥有宗主权,以及中国宪法将西藏列入中华民国版图等事实。本政府对于上述事实从未提出过任何异议。"美国政府中的某些决策者认为:"中国政府的感情对于这个国家(指美国)和对与整个战争努力相连的联合国家(即同盟国)具有重要意义。"在西藏问题上,最好避免不必要的或无意中而得罪中国。

对于国民政府调兵恐吓西藏地方独立势力的做法,英国驻华大使薛穆(Horace Seymour)根据西藏地方政府的报告称,1943 年"四月三日有中国骑兵七百名抵达青海结古以南之某地,又步兵二百名到达离昌都约三日行

---

① 《宋子文致蒋介石报告太平洋会议与丘吉尔争辩西藏问题电》(1943 年 5 月 21 日),吴景平编《宋子文驻美时期电报选(1940～1943)》,复旦大学出版社,2008,第 188 页。

② 《顾维钧回忆录》第五册,中华书局,1987,第 235 页。

③ 《蒋介石致宋子文告以丘吉尔干涉中国内政必坚决反对电》(1943 年 5 月 22 日),吴景平编《宋子文驻美时期电报选(1940～1943)》,复旦大学出版社,2008,第 191 页。

程之某处，中国军队现在结古集中，已有三千步队由西宁开至青海南边，西藏当局深感不安"。英国认为中国的举动不甚相宜，并想将了解的情况告诉西藏噶厦。国民政府外交部官员告以："一国之内部队之调遣，实与另一国无关。至于一国之中央与地方接洽事件，无论其友国如何友好，亦无友国代为转达之必要。"蒋介石的批示也特别指出："西藏为中国领土，我国内政决不受任何国家预问。英国如为希望增进中英友义（谊），则勿再干涉我西藏之事。"① 这可是难得坚定鲜明的对外态度。

英国虽然始终不肯放弃分裂我国西藏的政策，但也一直不敢公开承认西藏独立。1947年印度独立后，英国已经失去了侵略和分裂我国西藏的直接利益驱动。②

20世纪40年代中后期，在国际国内形势不断发展变化的情况下，西藏地方出现了一系列试图搞民族分裂的事件，包括泛亚洲会议邀请西藏地方代表与悬挂西藏"军旗"事件、热振被害事件、"西藏商务代表团"出访美国英国事件，以及"驱汉事件"等，是西藏地方上层当权的分裂势力策动的，但是其背后都有英国人的身影和暗中操纵。国民政府通过外交努力，基本上都达到了遏制分裂活动的目的。以泛亚洲会议事件为例，"英印对我西藏阴谋分化无所不用其极，其悬挂地图，竟将西藏置于中国疆界以外，实属荒谬绝伦，又西藏非独立国家，未得我政府之同意，何能派代表参加该会，且其代表三人坐于各国代表团团长座位，显以独立国家代表自居。英印煽动西藏独立之阴谋，更昭然若揭"③。通过交涉努力，不仅卸下西藏地方的旗子和将西藏独立中国之外的地图，同时把西藏代表作为中国代表团的成员参加会议，粉碎了西藏地方分裂分子和反华势力策动的一个又一个阴谋。

---

① 《外交部为英国干涉中国军队调动事呈文及蒋介石批示》〔民国三十二年（1943年）五月十日〕，中国藏学研究中心、中国第一历史档案馆、中国第二历史档案馆、西藏自治区档案馆、四川省档案馆合编《元以来西藏地方与中央政府关系档案史料汇编》（7），中国藏学出版社，1994，第2838页。

② 胡岩：《中华民国时期中英之间关于西藏问题的交涉》，《中共中央党校学报》1999年第1期。

③ 《中央通讯社关于泛亚会议上公然更改我国西藏地图制造分裂活动事之报道》〔民国三十六年（1947年）4月1日〕，中国藏学研究中心、中国第一历史档案馆、中国第二历史档案馆、西藏自治区档案馆、四川省档案馆合编《元以来西藏地方与中央政府关系档案史料汇编》（7），中国藏学出版社，1994，第2866页。

（五）宗教文化手段

民国时期的西藏地方，特别是具有重要政治和社会影响的拉萨三大寺僧侣阶层，既珍惜长期以来内地与西藏之间紧密的宗教文化联系，又对历代中央政府扶持藏传佛教，特别是清代以来扶持格鲁派的政策感同身受，同时也对近代以来英国的侵略活动记忆犹新，对西方宗教的传入颇多疑惧。他们中的大多数在很多情况下，坚持维护与中央政府之间的紧密关系，反对搞"西藏独立"。民国政府积极利用这一点，不断加强同宗教界的联系，除了册封达赖喇嘛、班禅额尔德尼和摄政之外，所有代表团进藏，都积极做寺院僧尼和西藏宗教界的工作，宣布中央政府扶持佛教的政策，向僧尼发放布施，巩固宗教界与内地的联系与友谊，通过他们来影响西藏地方的政治态度，以促成西藏地方与中央政府关系的改善。与此同时，强调中华民族是一个，强调汉藏文化之间的密切联系，鼓励内地僧人或有志于学习边疆文化者赴藏游学。1934年还颁布《蒙藏委员会派遣与补助内地僧侣赴藏游学规则》12条。条件是："内地僧侣以思想纯正、国文流畅、学行优良而又身体强健、具有忍苦耐劳之精神者"，"公费僧之往返旅费及游学期内之生活费"由蒙藏委员会提供，"游学期限，公费僧以五年为限，其有成绩优异、研究佛学精通、部门尚未卒业，经本会特予核准者，得延长之；自费僧一次补助以一年为限，但经本会驻藏办事处于每年终了考查成绩优良，呈报本会核准者，得继续补助之，最多不得过五次"[1]。这些措施吸引和鼓励了热衷藏传佛教和藏族文化的年轻人，特别是僧人入藏学习，促进了民间的文化交流。重庆开办的汉藏教理院、青海的藏文研究社等，在介绍研究藏传佛教、沟通汉藏文化交流中都发挥了重要作用。国民政府意识到藏传佛教寺院在西藏所发挥的重要作用，还试图改进这一传统的教育制度，让寺院发挥服务社会的功能，并适应时代需要，使之焕发新的活力。1940年国民政府蒙藏委员会和教育部颁布《改进边疆寺庙教育暂行办法》，其中提道："边疆各地喇嘛庙或清真寺，应视地方需要及该寺庙经济能力办左（下）列事项：一、附设民众教育馆或阅书报

---

[1] 中国藏学研究中心、中国第二历史档案馆合编《民国治藏行政法规》，五洲传播出版社，1999，第101～102页。

室；二、附设小学民众学校或各种补习学校；三、举行通俗讲演，并在讲经后作精神讲话及识字运动；四、举办壁报；五、装设无线电收音机；六、其他切合社会需要之教育。"①

民国时期也重视利用藏文媒体传播思想和文化，并推进汉藏民族文化交流。1913年创立的《藏文白话报》（1915年改名为《藏文报》）成为重要的平台之一，积极倡导五族共和，维护国家统一，关注西藏民生，鼓励兴办实业，普及文化教育，促进民族文化交流。第16号和第17号通过形象地方式宣传五族共和，"兄弟五人同卧一处，地颇危险，其长兄先醒，其次亦醒，其三半醒，其四未醒，其五渐醒。长者恐弟等之及难，急振铃以觉其醒。家若此，家必昌；国若此，国必强"②。"图中五人，汉满蒙回藏之民族也，携手结成团体，组织中华民国也，彼此联合，互相融洽，五族人民立地球，五色国旗耀世界，快哉、快哉。"③同时也积极鼓动蒙回藏等族派遣子弟到内地学习，形成互动互学的局面。藏汉文佛经和文献的翻译、汉藏对照词典的编撰等均得以开展。民族文化交流的开展和深入，增进了两地人民之间的联系，也为反对分裂打下扎实的社会和民意基础。

二 全国各族各界反对"西藏独立"

全国各族人民是维护国家主权、领土完整的最坚定群体。西姆拉会议条约草约传出后，全国掀起抗议浪潮，要求废除草约、惩治陈贻范，连袁世凯也没有胆量同意这个草约。民国时期，学术界、民间力量积极投身到包括西藏、青海、四川、甘肃藏区在内的大调查之中，目的仍在于维护国家统一和民族地区的稳定发展。无论是诸如英国等外国列强，还是西藏地方的分裂势力，他们面对的主要阻力看起来是民国中央政府，但是实质上是全中国各族人民的意志。

民国派往西藏的代表，不少人都提到过西藏地方维护国家统一的力量（称作亲汉派或亲中央派等）。甚至西藏地方的分裂势力，也意识到这种维护国家统一力量的存在。1944 年 9 月 16 日,英印政府锡金政治长官古德,助手黎吉生、谢里夫(G. Sherriff)少校,与西藏"外交局"的索康、翻译强俄巴(Chang ngo pa)等人会谈。英国试图改变既有的承认中国在藏"宗主权"的政策,西藏地方的分裂势力更竭力推动独立活动。索康即在这次会议上说道:"大多数受过教育的西藏人希望西藏独立,并且认为伦钦夏扎在 1914 年的提议正是西藏人民所期望的。没有受过教育的人们,却认为中国皇帝仍有权控制西藏,这些不同观念在很多的西藏官员中存在。"[①] 这就从一个侧面说明了,在上层官员那里存在着一股搞"西藏独立"的势力,但是大部分普通百姓,反对西藏独立,正是他们的反对,让这些分裂势力无法肆无忌惮,最终也很难达到目的。

三　西藏地方上层爱国势力的反独活动

在达赖喇嘛把对驻藏大臣联豫等人的不满上升为对朝廷西藏政策的不满,对俄国依赖期望逐渐幻灭之际,曾为不共戴天之敌的英国的拉拢终于发挥了作用,十三世达赖喇嘛转向了,他幻想依靠英国的支持获得西藏地方"自治"的权力,中央与西藏地方之间的关系急转直下,"西藏独立"的逆流也就在此时沉渣泛起。但是,这股逆流在西藏地方上层也遇到重重阻力。

九世班禅反对搞"西藏独立"。与达赖喇嘛政治地位平等的格鲁派另一位大活佛九世班禅额尔德尼和他的扎什伦布寺就坚决反对"西藏独立"。1931 年 5 月 10 日,他在南京新亚细亚学会第三次会员大会上发表演讲,题目是《西藏是中国的领土》,强调"征诸历史与地理上之关系,西藏欲舍中国而谋自主,实不可能;反之,中国失去西藏,亦犹车之失辅"。因此,必须团结起来,坚决反对搞"西藏独立"。九世班禅在临终遗嘱中说:"余生平所发宏图,为拥护中央,宣扬佛化,促成五族团结,共保国运昌隆。"[②]

热振摄政反对"西藏独立"活动。热振活佛－图旦绛白益西丹巴坚

---

① L/PS/12/4194,Ext4710,1944.

② 刘家驹编译《班禅大师全集》,班禅堪布会议厅印,1943。

赞（1912~1947年）也曾经期望保持西藏地方自治的状态，但是，经过探索之后明确反对搞"西藏独立"活动。1938年他向中央政府报告："寻得灵童三名，并请派员入藏制定。"后来与吴忠信一起主持十四世达赖喇嘛坐床事宜，被中央政府授予一枚"摄政经师热振阿齐图慧云呼图克图"金印。国民党五届六中全会上，热振活佛当选为国民党中央候补委员。热振活佛反对亲英势力和分裂势力搞"西藏独立"活动，受到忌惮和迫害，1947年5月7日身亡。但是，他的爱国立场和行动同样对分裂势力是一个遏制和牵掣。

拉萨三大寺和其他重要寺院上层的反对。在政教合一的政治体制之下，拉萨三大寺对西藏地方政治具有重大的影响，他们为了维护国家的统一，为了维护藏传佛教的发展，也为了维护其自身利益，反对英国殖民侵略、反对外来宗教侵蚀，坚持维护西藏地方与中央政府的传统关系。柏尔在其《西藏之过去与现在》一书中说："西藏之官吏僧侣人民中，有左袒中国党，自无容讳……在农民中，吾等亦时时闻其盼望中国复来。……西藏虽倾向自主，尚不欲其在政治上联合已久之中国完全分离。"① 1919~1920年甘肃督军张广建所派代表李仲莲等至西藏，他得到的信息是："西藏内部本系新旧两派，旧派居十分之七，新派只居十之二三。旧派以藏王（司伦）及总堪布、三大寺为最有势力，多数尚有思念故国之意。"② 在民国西藏地方的历次政治事件中，拉萨三大寺及僧侣界大多站在维护西藏地方与中央政府关系的一边，反对搞"西藏独立"。

四　西藏地方当政上层的曲折摸索

（一）十三世达赖喇嘛心路与探索

十三世达赖喇嘛藏历第十五饶迥（1876年）火鼠年五月五日降生在达布（今西藏林芝），被八世班禅丹白旺秋、摄政达擦呼图克图、三大寺高僧等认为是前世达赖喇嘛的转世，通过驻藏大臣松桂上奏光绪皇帝。次

---

① 〔英〕柏尔：《西藏之过去与现在》，宫廷璋译，商务印书馆，1930。
② 《照抄李、朱二员呈稿》（1920年9月9日），《北洋政府蒙藏院档案》一零四五/390。

年，皇帝颁布谕旨："贡嘎仁钦之子罗布藏塔布开甲木错，即作为达赖喇嘛之称毕勒罕，毋庸掣瓶。"① 按惯例，驻藏大臣松桂在拉萨东郊的蔡贡塘捧读圣谕，灵童向东方行三跪九叩礼。皇帝准许下年举行达赖坐床大典，并用黄色马鞍，封其父贡嘎仁庆为公爵。1895 年，光绪皇帝在请求十三世达赖喇嘛亲政的奏折上批示"朕乃普天下之主，符合众生父母之心愿，为边远西方全体众生之利乐，授权尔金刚持达赖喇嘛为政教之主"②。可以看出，达赖喇嘛转世灵童的选择、认定、坐床，以及获得政教权力，都要经过皇帝的批准。十三世达赖喇嘛应该很清楚，在其早年也基本上能够履行朝廷所赋予的权力，与驻藏大臣一起维护地方安宁与稳定，还始终坚持着抗击英国侵略的立场。

但是，20 世纪初的剧烈变革之际，十三世达赖喇嘛的态度发生了变化，他认为软弱的清朝不足恃，开始寻求外力支持。当英国第二次入侵之际，俄国人阿旺·德尔智唆使十三世达赖喇嘛投奔俄国，这一做法在西藏上层内部引起激烈讨论，根据阿旺·德尔智的报告："达赖喇嘛出走无疑受到德尔智影响，并对多数谋士（的反对）进行了抵制。确切地说，在就达赖喇嘛去俄国问题召开的会议上，明显分成对立的两派：达赖喇嘛本人相信只有前往俄国才有利，而他周围的多数人，包括有影响的年长堪布均表示反对，他们认为，在目前情势下俄国不可能给予西藏切实帮助。这一派甚至还郑重讨论了将西藏问题提交欧洲列强或者海牙法庭的问题。在这一讨论中德尔智处于特殊地位，他认为达赖喇嘛去俄国可维持其首屈一指的影响力并可摆脱危境。而在这里他不得不同西藏强势的一派做斗争，他们把一切挫折都归咎于德尔智的主意和影响，他是显然不受欢迎的蒙古人，他毫不掩饰仇视汉人，随同达赖喇嘛返回西藏要冒生命危险。"③ 从这些记载可以看出，达赖喇嘛完全听信了德尔智的劝告，也完全相信俄国会给他以竭力的支持，所以他才力排众议，决定投奔俄国。

---

① 《清实录·宣统政纪》卷五二，光绪三年六月戊子（1877 年 7 月 14 日）。
② 《光绪皇帝为十三世达赖喇嘛亲政奏折之朱批》（藏历木羊年，光绪二十一年，1895 年），《十三世达赖喇嘛传》上卷，第 255~256 页，扎西旺都编，王玉平译《西藏历史档案公文选·水晶明鉴》，中国藏学出版社，2006，第 360 页。
③ E. A. 别洛夫、О. И. 斯维亚、捷茨卡娅、Т. Л. 绍米扬编《俄国与西藏》第 39 号文件，陈春华译文，见《中国藏学》2013 年第 3 期，第 57 页。

达赖喇嘛派往俄国的使者携带着他写给俄国沙皇尼古拉二世的信函，"伟大国君尼古拉·亚历山德罗维奇：值此新年之际，我，达赖喇嘛谨向陛下表示衷心祝贺，并敬祈相信我衷心爱戴和忠诚；请接受我的薄礼：哈达一方、佛像一座、经书数卷、西藏金沙五包（每包五两）和各色绸缎十五匹。伟大国君，往日慈悲为怀护佑西藏，今后请勿丢下恭顺的西藏不管。达赖喇嘛。木蛇年十月二十七日于喀尔喀"①。达赖喇嘛似乎一腔热情，但是，从俄国档案资料显示来看，德尔智在劝说十三世达赖喇嘛投奔俄国的时候，并没有得到俄国政府肯定的答复，所以才出现到了喀尔喀才由德尔智向沙皇政府请示的情况。达赖喇嘛的信函是由俄国外交大臣拉姆兹多夫于 1906 年 2 月 10 日转报沙皇的，后者在奏折中写道："达赖喇嘛使者堪布阿旺·德尔智已抵达这里，向我请求觐见皇帝陛下，呈递西藏最高教主亲笔信、哈达和佛像。我在呈上阿旺·德尔智向我递交的书面请求时，冒昧请准御令，皇帝陛下能否接见上述使者，或者令我接受礼品转呈圣鉴。至于达赖喇嘛所说请外国列强共同保护西藏之想法，因无任何实际根据，看来不会引起关注，故应予拒绝，目前向西藏派俄国考察队的草案如同前者亦应予拒绝。陛下若赞同此等意见，我可向阿旺·德尔智作相应解释。拉姆兹多夫。"② 十分清楚，十三世达赖喇嘛不仅被他所信任的德尔智给愚弄了，而他依赖列强改变西藏地方地位的想法也第一次重重地碰在冰冷的墙上。

贝尔在他的《十三世达赖喇嘛传》中写道："他（十三世达赖喇嘛）还向俄国沙皇提出请求，沙皇以友好的方式作了回答，但其不承担义务的复信，是通过英国政府传递、由我面交达赖喇嘛的。因此，我去谒见他，并转交了复信。他对沙皇通过英国而未直接答复感到诧异，好大一阵，他一句话也说不出来。我第一次看到达赖喇嘛感到羞愧，而且是羞愧满面。"③

① E. A. 别洛夫、O. И. 斯维亚、捷茨卡娅、T. Л. 绍米扬编《俄国与西藏》第 39 号文件，陈春华译文，见《中国藏学》2013 年第 3 期，第 60 页。

② E. A. 别洛夫、O. И. 斯维亚、捷茨卡娅、T. Л. 绍米扬编《俄国与西藏》第 39 号文件，陈春华译文，见《中国藏学》2013 年第 3 期，第 59 页。

③ 查尔斯·贝尔：《十三世达赖喇嘛传》，冯其友、何盛秋、刘仁杰、尹建新、段稚荃、莫兆鹏合译，葛冠宇校，西藏社会科学院西藏学汉文文献编辑室编印，1985，第 105 页。

驻藏大臣有泰与十三世达赖喇嘛有矛盾，他的擅自出走应为失职。有泰即可上奏朝廷"弹劾"其平日跋扈妄为，临事潜逃无踪，请褫革达赖喇嘛的名号。虽然后来得以恢复，但是他与驻藏大臣的矛盾并没有缓解，而他与清朝中央朝廷的间隙也在不断加大。他与联豫之间的冲突，以及再度被革除名号，又再度恢复是具体表现。

这些矛盾从另一个侧面促使达赖喇嘛幻想寻找列强支持，英国这个他曾经誓死抗击，并把他赶出西藏的敌人还是进入了他的视线。清末进藏川军纪律涣散，沿途开枪，杀死一名巡警和济仲大喇嘛，还向布达拉宫开枪乱击，达赖喇嘛恐危及自身，即携其左右逃往印度，投奔英人怀抱。十三世达赖喇嘛是1751年清朝建立噶厦、授权达赖喇嘛和驻藏大臣办理地方事务以来，唯一一位热衷行政权力并长久执政的达赖喇嘛，他有坚强的意志和灵活的手腕，同时也很善变。贝尔对十三世达赖喇嘛的转变有一段描写，谈到在第一次世界大战1914年爆发后，十三世达赖喇嘛尽管自己地位不稳，还是立即提供了一千名西藏士兵参加英国一方作战，由于没有枪支用来武装，"但还是有许多西藏人加入了医疗和救护部队"，"达赖喇嘛还命令全西藏的大寺院，都得为英国军队的胜利举行特别祈祷"。贝尔接着写道："这是一个了不起的转变，英国远征军队侵入西藏，占领拉萨时，不少西藏人在战斗中阵亡，此事距现在才仅仅过去了十年，西藏却派其为数有限的部队参加英国一方作战，并为英军部队的胜利尽力做一些其他事情。一个民族的感情转变得这么快，这么彻底，确实是少有的。"① 贝尔所描述的是此时变化了的十三世达赖喇嘛，而将其等同整个西藏民族未必准确。可以看出，贝尔内心未必欣赏十三世达赖喇嘛如此变化的行为。

"西姆拉会议"的举行固然是英国一手策划的，而十三世达赖喇嘛态度的转变也是重要条件。按照英国人贝尔的说法，"达赖所欲定之条款如下：一、西藏自理内政；二、自理外交，遇重要之事，则咨询英国；三、中国大臣或其他中国官吏及中国军队不得驻扎西藏，但许中国商人往来贸易；四、所谓西藏包括雅龙（即瞻对）、德格、巴塘、理塘以至于打箭炉

---

① 查尔斯·贝尔：《十三世达赖喇嘛传》，冯其友、何盛秋、刘仁杰、尹建新、段稚荃、莫兆鹏合译，葛冠宇校，西藏社会科学院西藏学汉文文献编辑室编印，1985，第200～201页。

一带地方"①。这显然是"西藏独立"的立场。但是在经历反复挫折之后，他也终于清醒过来。国民政府恢复名号、积极笼络有作用，而主要促成他改变的还是英国的所作所为和铁的事实。最典型的一是英国人操纵"西姆拉会议"及其非法的"西姆拉条约"；二是1923年亲英军官推翻十三世达赖喇嘛的武装暴动。前者英国打着支持"西藏独立"的旗号，搞内外藏划分，暗地里算计着中国西藏地方的9万多平方公里土地（即搞"麦克马洪线"划分）。后者显示，英国企图支持擦绒达桑占堆以取代噶厦并要挟达赖喇嘛，迫使西藏地方就范。

清醒起来的达赖喇嘛对英国逐渐采取疏远的态度，贝尔感到了冷落，而前往西藏的刘曼卿则听到了达赖喇嘛的肺腑之声："汝之好意吾早领之，吾不敢背中央前已言之……吾所最希求者即中国之真正和平统一……至于西康事件，请转告政府，勿遣暴厉军人，重苦吾民，可派一清廉文官接收。吾随时可以撤回防军，都是中国领土，何分尔我。""英国人对吾确有诱惑之念，但吾知主权不可失。性质习惯不两容，故彼来均虚与周旋，未尝与以分厘权利。中国只须内部巩固，康藏问题，不难定于樽俎。"② 晚年的达赖喇嘛重新回到了正确的立场，这对于遏制西藏地方的独立活动，必定产生一定的影响。

（二）西藏地方各种势力的角力与转身

达桑占堆亲英失势对西藏地方政局的影响。擦绒因在对抗驻藏川军，护卫达赖喇嘛的过程中立下大功，被提拔为藏军司令。1923年藏历11月，西藏官员会议讨论扩军增饷和军官的俸禄等问题，擦绒以没有让军队代表参加而极为不满。擦绒与少壮军官们还酝酿发动军事政变，以推行英国式的政治制度。当时还发生了几名少壮军官闯入大昭寺西藏僧俗官员会议会场的事件，导致藏军与三大寺喇嘛的对峙。达赖喇嘛洞察了亲英派的阴谋，贬惩了参加秘密组织的亲英派少壮军官，免去了擦绒的藏军总司令职务。在一定程度上遏制了亲英势力的膨胀。

---

① 柏尔（贝尔）：《西藏之过去与现在》（西藏史），宫廷璋译，商务印书馆，1930，第137～139页。

② 刘曼卿：《康藏轺征》（《国民政府女密使赴藏纪实》），民族出版社，1998，第112～113页。

龙夏从亲英到中立到亲中央的转化。龙夏·多吉次杰（1881～1940年），1914年，曾护送首批四名西藏贵族子弟到英国留学，回来当政后试图在西藏进行改良，1933年秘密组织"求幸福者同盟"。1934年遭到保守势力的拔管、挖眼、没收财产等处罚。审判团还指控他是"共产党分子""亲苏分子"，"想在西藏搞十月革命"，"想要毁灭宗教"等。1930年刘曼卿入藏受命给两个人带着信函，一是十三世达赖喇嘛，二是龙夏。她在与龙夏道别时，龙夏说道："吾之最后请托，此其时矣，祈告中央，藏政府非不欲奉行三民主义，然以人民之顽固，幸勿操急，徒致纷扰。以云外交，藏人决以中央之行动为行动，断不至单独有所表示。再者，内地军备，闻远不及列强，请加意准备，使内足以镇变护边，外足以御侮持平为要。"还建议刘曼卿继续为西藏努力，对中原重要人士也多宣传，请他们多关心注意西藏边事。[1] 应该说都是一些肺腑之言。1940年，主持十四世达赖喇嘛坐床事宜的吴忠信通过朱少逸转告龙夏："先生虽在西藏政治上失败，然在吾人视之，此种失败正极光荣。数十年后，藏人终将了解先生为改进藏政而牺牲的精神，此乃先生流芳百世之大事业也，幸勿以事之成败及身为罪犯而自暴自弃。"龙夏则建议中央要行动："从前张钦差荫棠来藏，曾设立农务局、建设局、茶盐局等机关，至今藏人犹蒙其利。故至少委座（指吴忠信）应创立计划，交藏政府照办。西藏无疑为中国领土之一，中国如欲保存领土，则解决藏事在今日不容再缓，否则十数年后藏局不可收拾矣。"[2] 立场明确，观点清晰，龙夏是到过英国并在那里待过数年的人，担任过噶厦要职，他的观点很能说明问题。

五　国际社会不支持"西藏独立"

新崛起并成为世界超级大国的美国反对搞"西藏独立"。柔克义等为美国制定的"门户开放"政策首先强调的是尊重中国的领土完整。到20世纪40年代"西藏独立"活动猖獗时，英印政府试图努力通过英国政府

---

[1]　刘曼卿：《康藏轺征》（《国民政府女密使赴藏纪实》），民族出版社，1998，第116页。

[2]　《吴忠信入藏日记》，《奉使办理藏事报告书》，第289～290页；朱少逸：《拉萨见闻记》，商务印书馆，1947，第92～94页。

改变对藏政策。他们也曾把《艾登备忘录》的内容通过英国驻美大使通报给美国，但是遭到美国的反对。美国在这个问题的立场是："中国政府长期以来宣称对西藏具有宗主权，中国的宪法将西藏列入组成中华民国领土的地区，而本政府从未对此提出过疑问。"① 1943 年 5 月，美国政府又重申对西藏的立场："就美国政府方面来说，它一直牢记这样的事实，即中国政府长期以来一直声明对西藏的宗主权，中国的宪法将西藏列入中华民国领土范围内。本政府对此未提出疑问。美国政府相信，此时就西藏的地位问题进行任何详细的讨论都是没有益处的。"②

英印政府一直使用西藏在中国"宗主权"的概念，到 1943 年推出《艾登备忘录》试图改变这种状况，否定对中国"宗主权"的承认，搞所谓"西藏自治"，1943 年 4 月 10 日，英国外交部甚至向英国政府提交了一份名为《西藏与中国的宗主权问题》的建议，建议英国政府"为了对西藏要求彻底独立的主张给予有效的支持，我们应当放弃从前承认的中国的宗主权"。因为"它妨碍了我们同西藏直接签订条约的自由"。③ 但是，英国外交部自己最终在给印度事务部的函中也反对支持西藏自治和参加联合国大会，因为"西藏在他们（中国）的势力范围内。中国从未放松这种口气，反而近年来正在逐步加强对付西藏的力量。中国可能付诸更直接的军事行动。并且在议会的章程里特别强调西藏是中华民国的领土。如此，中国将之归纳入法律政策内是非常危险的，随时可能引起国际上的争论"④。就是推行在西藏积极进取政策的英印政府，在其出台的《艾登备忘录》中也强调指出，英国认为自从 1911 年以来，"西藏从此享受了事实上的独立地位，但英国也表明他们今后将把西藏作为中国宗主权下自治邦来对待"，"并打算今后以此为基础同西藏交往"⑤。

---

① *United States of America*，*Department of State. Foreign Relations of the United States*，Diplomatic Papers 1942，China，Washington，1956，p. 626.

② *United States of America*，*Department of State. Foreign Relations of the United States*，Diplomatic Papers 1943，China，Washington，1957，pp. 626 – 630. 《英国外交部档案》，371、35756，1943 年 5 月 15 日，美国国务院，英国驻华盛顿大使提交的外交备忘录。

③ FO375/35755，Tibetan the question of Chinese suzerainty，dated 10 April，1943.

④ L/PS/5730/44，Ext38，under secretary of state for foreign office to India office.

⑤ 张永攀：《〈艾登备忘录〉与二战末期英国对藏政策》，《中国边疆史地研究》2003 年第 3 期。

　　在外国帝国主义势力入侵以后,特别是辛亥革命爆发,帝国主义分裂中国的阴谋日益加强以后,在西藏地方逐渐形成一股试图分裂祖国,谋求独立的逆流。这股逆流随着当时国际、国内形势的发展变化,特别是以英国为首的外国帝国主义势力插入的情况发生变化,在内地中央政权更迭之际达到高潮。辛亥革命爆发之后形成第一个高潮,产生了"西姆拉会议"和"麦克马洪线"划分,此后发生的许多重大事件,都与这次会议及相关协定有关。20世纪40年代,国民党政府即将垮台,新中国即将诞生的重大历史转变时期,在西藏地方由少部分上层贵族掀起了第二次独立活动的高潮。首先,噶厦中的分裂主义分子迫使倾向民国政府的热振活佛下台,扶持亲英印的达扎活佛担任摄政,接着采取了一系列分裂祖国的措施,1942年夏成立所谓"外交局",并通知英国、尼泊尔驻拉萨代表和国民政府蒙藏委员会驻藏办事处,要求通过各方通过"外交局"办理相关事务。国民政府严令其撤销,在全国人民的反对声中,噶厦的"外交局"闹剧草草收场。1947年3月,在印度召开的"泛亚洲会议"上,在英美等帝国主义势力授意下,试图把藏军的"雪山狮子旗"悬挂在亚洲地图上的阴谋同样流产。同年10月噶厦组织一个所谓的"商务考察团",前往美、英等国,为西藏分裂活动进行游说,由于中国政府的严正交涉,他们并没有达到其罪恶目的,没有哪个国家承认"西藏独立"。至于1949年7月8日的"驱汉事件"①,最终同样没有摆脱失败的命运。② 在这一系列事件中,英国人黎吉生在其中扮演了十分不光彩的角色,积极策划、支持西藏地方上层搞"西藏独立"甚至鼓动西藏地方仿照外蒙古之例,走向独立③,可是当印度摆脱英国的殖民统治、获得独立以后,摇身一变,成为印度驻西藏代表的黎吉生马上原形毕露,要求西藏噶厦继续履行各项不平等条约,让印度继续享受殖民利益、侵占中国西藏的土地,甚至还再度以支持搞"西

---

① 黎吉生显然卷入了这起事件,起到挑拨甚至策划的作用。谭·戈伦夫:《现代西藏的诞生》,伍昆明、王宝云译,中国藏学出版社,1990,第114~115页。

② 杨公素:《中国反对外国侵略干涉西藏地方斗争史》,中国藏学出版社,2001,第223~233页。

③ 张永攀:《英帝国与中国西藏(1937~1947)》,中国社会科学出版社,2007,第157~159页。

藏独立"为诱饵，欺骗噶厦就范。① 没有强大的国力和强有力的中央政府，很难维护西藏边疆的统一完整，而离开中央政府的强大支持，西藏地方也很难立足或者免除外来欺辱。

民国时期，英国在西藏实施的侵略活动不仅是制造"西藏独立"，还有实质性的领土掠夺。根据蒙藏委员会所撰写的《英人侵略康藏概要》(1947 年 8 月 15 日) 归纳，包括两方面十个要点：侵略西藏之提郎宗、门达旺、白马岗等地，一、1938 年，英派大批人员至提郎宗附近，实地调查测量道路，架设桥梁。二、1942 年，英派兵 50 名进驻提郎宗以西之斜香买地方，建筑营房，并筑瞭望台，严密检查行人；又于兵营附近开辟菜园、畜牛羊，士兵每日平地务农，似欲建筑大规模之兵营或机场。三、1944 年，英国再派军官率兵至门达旺调查测量，并在达旺寺布施后，即将提郎宗之行政权抢夺，另由英方委派乡约，号令人民不准向提郎宗纳税，声称得藏政府许可，藏方交涉无效。并煽惑门达旺、白马宗等地人民不受藏政府管辖，更以免差役请赋敛相号召，久之，一部分人民颇受麻痹。四、1945 年，英人已将不丹塔司工至门达旺之公路修成。同年 10 月，英正式迫使西藏承认割让门达旺、白马岗。五、1946 年 10 月，英军 2000 人分驻提郎宗门达旺、白马岗等地。同年 11 月派一架侦察机侦查阿萨密至门达旺及桑昂等地航线。侵略西康瓦龙，西藏察隅、桑昂等地，一、1943 年 10 月，英修筑萨地亚至瓦龙公路，已完成通车。二、1944 年 10 月，英军 40 人在察隅建筑营房，修筑道路。三、1946 年 4 月，英加紧修筑瓦龙至察隅公路。同年 11 月，在察隅建筑一个机场，已完成并拟在桑昂另修筑一个机场。四、1946 年，英国派兵分驻瓦龙、察隅、桑昂等地。五、1947 年 4 月，20 余名英人在波密、工布等区域以采集标本为名，作实地考察。② 英国的这一系列侵略活动，都为印度后来非法占领"麦克马洪线"以南地区打下基础。

英国是"西藏问题"的主要制造者，也是"西藏独立"的始作俑者，

① 杨公素：《中国反对外国侵略干涉西藏地方斗争史》，中国藏学出版社，2001，第 227 ~ 228 页。

② 中国藏学研究中心、中国第一历史档案馆、中国第二历史档案馆、西藏自治区档案馆、四川省档案馆合编《元以来西藏地方与中央政府关系档案史料汇编》(7)，中国藏学出版社，1994，第 3183 ~ 3184 页。

并以支持"西藏独立"为名,从西藏掠夺了大批的资源,特别是侵占了中国西藏地方的大批土地。尽管把推动西藏地方脱离中国,搞成一个"自治"地区可以在中印之间形成一个缓冲地带,中国无论是将来强大或者分裂,甚至被日本人占领,都不会危及英印政府的利益。英国还可以利用"西藏问题"给中国政府施加压力,但是,鼓动西藏独立也会有许多负面影响,"一、如果印度获得独立,我们(英国)将不能够为西藏提供进一步的援助,因此,现在就怂恿西藏人与中国作对是愚蠢的做法;二、取消对中国宗主权的承认可能会促使中国提前向西藏发动进攻;三、与中国人作对将会非常为难和尴尬的,特别是在目前我们几乎不能对付日本时却宣布我们不承认中国对西藏享有宗主权,这就更加蠢笨了;四、中国人对西藏享有宗主权的历史根深蒂固,即使西藏人现在拒不承认这一点,他们也极有可能准备这样做。"① 此外,还有丘吉尔在太平洋会议上刚说过没有人会对中国的宗主权进行争论,如果英国政府出尔反尔,将证明正是英国人在制造新的困难;英国在西藏问题上的立场将与他们对于印度的立场互相矛盾,等等。② 有如此之多的顾虑和掣肘,英国自然无法公然放弃固有立场,公开支持西藏地方上层一些分裂分子搞所谓的自治自主。最终,民国时期"西藏独立"的逆流还是被遏制住了,他们的阴谋没有得逞。因此,"从民国以来到解放西藏前的约三十九年间,西藏地方并没有独立,达赖十三世也从来没有宣布过自己要成立一个什么西藏国,因而也没有任何一个外国承认过西藏是独立国家,无论从国际法和国际关系上或者中国国内法方面都找不出西藏是独立的任何依据"③。这种没有根据的民国"西藏独立"说或者"事实独立"说可以休矣。

---

① 《印度事务部就承认中国对西藏宗主权问题致阿什利·克拉克函》,1943 年 5 月 13 日;陈谦平:《1943 年中英关于西藏问题的交涉》,《历史研究》1996 年第 4 期。

② 吕昭义:《英帝国与中国西南边疆(1911~1947)》,中国藏学出版社,2001,第 455~456页。

③ 杨公素:《中国反对外国侵略干涉西藏地方斗争史》,中国藏学出版社,1992,第 246 页。

余 论 和平解放——西藏治理的
新纪元

一 解放西藏的决策

（一） 从西北军到西南军

1949 年，随着中国人民解放军在辽沈、平津和淮海三大战役中连连取得胜利，全国的形势一派大好。在西南地区，四川、贵州、云南、西康几省相继解放，西藏很快成为下一个目标。而在当时的西藏地方，一方面是极少数分裂主义势力，积极与英国、美国相勾结，试图把西藏地方分裂出去。另一方面则是以班禅为首的西藏爱国力量，以及青海、甘肃、四川、西康等省藏族上层人士，他们反对西藏地方上层勾结帝国主义势力分裂祖国的活动，期盼中国人民解放军早日解放西藏。根据当时西藏国际国内环境和西藏地方的形势，《人民日报》，先后发表《决不容许外国侵略者吞并中国的领土——西藏》和《中国人民一定要解放西藏》的社论[1]，表达了中国共产党人的鲜明立场。

解放西藏的大政方针已定，如何解放西藏，中央逐渐明确了策略，最早是确定由西南军来担任解放西藏任务，1949 年 10 月 13 日，毛泽东在《关于西南、西北作战部署》中明确："经营云贵川康及西藏"的任务由西南局担当。不久，毛泽东鉴于西北地区已经全部解放，而青藏道路平坦，班禅等又在青海，遂在 11 月 23 日致电彭德怀，"应责成西北军担负主要的

---

[1]　新华社 1949 年 9 月 2 日电；《人民日报》1949 年 9 月 7 日社论。

责任，西南局则担任第二位的责任"。同时确定两路进发，相互配合的原则，"解决西藏问题不出兵是不可能的，出兵当然不只是西北一路，还要有西南一路。故西南局在川康平定后，则应着手经营西藏"①。接到中央的命令，彭德怀派人调查沿途的道路、气候和物产，觉得取道青藏线、新藏线进藏问题太大，12月30日，他建议由川藏线进藏为宜。1950年1月2日，正在苏联访问的毛泽东致电中央和西南、西北两局，鉴于"由青海及新疆向西藏进军既有很大困难，则向西藏进军及经营西藏的任务应确定由西南局担负"②。于是，入藏路线和任务落实了下来。

（二）十八军受命进藏

西南局根据党中央、毛泽东的指示，研究确定："以二野十八军担任入藏任务，以张国华为统一领导的核心。"1950年1月15日，西南军政委员会司令员刘伯承、政治委员邓小平在重庆接见十八军主要领导干部，下达进军西藏的任务，同时，根据中央指示，成立以张国华为书记的中共西藏工作委员会。接着发布《进军西藏工作指示》《解放西藏进军政治动员令》等③，做好思想、组织和军事各方面的准备。

大军进藏，交通运输是十分关键的一个环节，为此西南局专门成立了以昌炳桂为司令员、脊光义为政委的职员司令部，后来鉴于这一工作极为重要，直接由张国华担任司令员兼政委，修筑公路，运输战备物资。他们遵照朱德司令员的指示，采取了许多十分有用的措施，诸如：购牛运粮，随军前进，运输完成后杀牛食肉，一举多得；贸易公司也随军前进，用丝绸、金银、砖茶和藏族百姓喜欢的物品等换取肉食和粮食；发动群众，种粮种菜，解决吃饭问题等。④

与此同时，西北军区彭德怀司令员下令一军修筑西宁到黄河沿的公路，并组建600人的骑兵支队，从青海西宁出发前往玉树。命令驻新疆的

---

① 《人民日报》1949年11月24日。

② 中国藏学研究中心编《和平解放西藏五十周年纪念文集》，中国藏学出版社，2001，第29~30页。

③ 阴法唐：《解放西藏：祖国大陆统一的最后一页》，载《为和平解放西藏而战——昌都战役回忆录》，四川民族出版社，2000，第21~24页。

④ 《朱德关于进藏部队补给问题给贺龙的信》（1950年2月），《和平解放西藏》，西藏人民出版社，1995，第57~58页。

二军组建骑兵连由和田进藏，同时派军修建新疆至西藏的公路。这样，就形成了以十八军为主，青海、新疆各路为辅，多面推进的军事态势。

（三）政治解决优先原则的分析

解放军进藏是确定无疑的，在这一重大军事行动中，政治因素却占据相当突出的位置。早在 1950 年 1 月 15 日接见十八军领导干部时，作为西南军政委员会司令员和政委的刘伯承、邓小平就明确指出，"西藏有军事问题，需一定数量之力量，但军事与政治相比，政治是主要的。从历史上看，对西藏多次单靠用兵未解决问题。而解决问题者多靠政治。政策问题极为重要"。同时强调了"政治重于军事，补给重于战斗"的指导思想。[①] 18 日，朱德总司令在政务院召开的西藏问题座谈会上指出：根据中央七届二中全会有关争取以不流血方式解决问题的精神，"西藏最好采取政治解决的办法，不得已才用兵，要向西藏的王公、贵族、喇嘛们说明我们的政策"[②]。

中央希望通过政治解决来实现解放西藏的目的，是由多种因素促成的：一方面，中央根据全国许多地方出现的和平解放的成功事例，业已确定了争取以不流血方式解决问题的重要原则。另一方面，也与西藏地方的客观实际有密切的关系，即西藏地方实行政教合一的封建农奴制度，普遍信奉佛教；由于帝国主义势力的侵略和挑拨，西藏上层统治集团采取了非爱国主义的措施；由于民族压迫政策造成事实上存在的汉藏民族之间隔阂，不宜再通过巨大的军事伤亡而加剧。和平解放有助于减少百姓疾苦，消除民族隔阂，促进民族团结，加之西藏地方地形、气候、粮食等对于进军作战都有制约，政治解决是为上策。为此，西南局在 1950 年 5 月 11 日拟订了四项和谈条件：第一，驱逐英美帝国主义势力出西藏，西藏人民回到中华人民共和国祖国的大家庭来。第二，实行西藏民族区域自治。第三，西藏现行各种制度暂维原状。有关西藏改革问题将来根据西藏人民的意志协商解决。第四，实行宗教自由，保护寺庙，尊重西藏人民的宗教信

---

① 吴忠：《打开西藏和平解放大门的一战——昌都战役》，载《为和平解放西藏而战——昌都战役回忆录》，四川民族出版社，2000，第 44～45 页。

② 阴法唐：《解放西藏：祖国大陆统一的最后一页》，载《为和平解放西藏而战——昌都战役回忆录》，四川民族出版社，2000，第 28 页。

仰和风俗习惯。后来增加达赖喇嘛之地位和职权不变，各级官员照常供职，以及中国人民解放军进入西藏，巩固国防等，形成十项条件。并积极派人前往西藏与达赖喇嘛和噶厦政府联系，希望他们派代表到北京进行谈判，以和平解放西藏。

二　昌都战役

（一）格达事件

为了实现和平解放西藏的目标，中国共产党和中国人民解放军做了大量的和细致的宣传、沟通工作。通过中央人民广播电台、新华社、人民日报社评论表明中央人民政府和平解放西藏的立场和态度，通过有影响的藏族上层爱国人士和达赖喇嘛及噶厦政府的特殊联系促成和平谈判的实现，做西藏前线官兵的思想教育工作，促使其转变立场，等等。但是，西藏地方政府依然没有从根本上改变态度，而是故意拖延时间，积极备战，并加快了"西藏独立"的步伐。

1950 年 5 月 5 日，曾经在红军时期担任过博巴苏维埃副主席，当时在担任西南军政委员会会员、西康人民政府副主席的格达·洛桑丹增活佛请求前往西藏劝和。5 月 9 日，青海人民政府副主席喜饶嘉措大师在西安发表谈话，呼吁达赖喇嘛派代表和中央谈判，和平解放西藏问题。7 月 10 日，格达活佛从甘孜起程，沿途宣讲中央的有关政策和人民解放军尊重藏族宗教与风俗习惯的事实，为各地头人和活佛解疑释难。7 月 24 日，他到达昌都，并会见了噶厦昌都总管拉鲁，当他准备前往拉萨时，却遭到噶厦政府的拒绝，并且不允许他返回甘孜，实际被囚禁起来。尽管他多方交涉，给在拉萨的西藏噶厦上层友人写信等，希望他们接受和谈，解决西藏问题。中央和西南局都为营救格达活佛做了许多工作，噶厦依然没有放人，最后在 8 月 22 日竟将格达活佛迫害致死。[①] 10 月，青海省派出的劝和团在那曲被扣留，团长当才活佛（达赖大哥）、夏日仓活佛、先灵活佛被

---

① 阴法唐：《解放西藏：祖国大陆统一的最后一页》，载《为和平解放西藏而战——昌都战役回忆录》，四川民族出版社，2000，第 30～31 页。

接往拉萨，而迟玉锐夫妇被押解到山南泽当囚禁。与此同时，他们分裂祖国，制造"西藏独立"的活动却更加猖獗了，于是，和平谈判的大门被关闭，战争便不可避免。

（二）昌都战役

西南军区在 1950 年 8 月 26 日下达《西南军区昌都战役的基本命令》①：以十八军一部在青海骑兵支队的配合下迂回至昌都以西，在恩达地方切断藏军退路；主力部队从北、东、南三个方面向昌都齐头并进，在昌都歼灭藏军主力。

昌都是藏东重镇，地处西藏与青海、四川和云南之间的交通咽喉，战略地位十分重要。噶厦政府在这里设立有"总管"（多麦基巧），由噶厦的一位噶伦来担任，藏军总共 16 个代本的兵力，有一半就驻扎在昌都地区，加上当地的民军，大约有 7000 人，并试图凭借金沙江天险，阻挡解放军西进步伐。

1950 年 9 月，十八军军长张国华、副政委王其梅、参谋长李觉和政治部主任刘振国等在甘孜研究具体作战方案和有关政策，根据藏军主力集中北线的状况，十八军确定把主攻目标放在北线，并分左、中、右三路推进，在南线也布置兵力，从巴塘出发，取邦达、八宿，切断藏军南返昌都的退路，也就是采取正面进攻和战役大迂回相结合的策略。② 同时，发动当地土司和百姓支持军备物资的运输，为战斗做好了一切准备。1950 年 10 月 6 日，昌都战役打响。解放军十八军各部立即从邓柯、德格、巴塘渡过金沙江，并与由玉树南下的青海骑兵支队会合。由云南西进的十四军一二六团、一二五团之一部不断推进，攻占盐井等，分散了藏军的注意力。在五十三师的一五七团渡江后，藏军第九代本德格·格桑旺堆派人商谈，并宣布起义，引导解放军进入宁静（芒康）。南北两线军同步推进，最后于10 月 24 日解放昌都。

---

① 《西南军区昌都战役的基本命令》（1950 年 8 月 26 日），《西藏和平解放》，西藏人民出版社，1995，第 87～88 页。

② 吴忠：《打开西藏和平解放大门的一战——昌都战役》，载《为和平解放西藏而战——昌都战役回忆录》，四川民族出版社，2000，第 74～75 页。

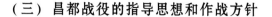

（三）昌都战役的指导思想和作战方针

昌都战役是解放西藏十分关键的一次战役，也是一次特殊的战役，"就一般军事概念，单以交战双方投入的兵力、兵器的激烈程度等方面衡量，这是一次规模不大、比较一般的战役。但是，这是我军首次在高原地区进行的大规模军事行动，战役从准备到实施的持续时间之长，作战地区之广，地形之复杂和作战行动之艰难，都是前所少见的，特别是它所达成的军事和政治目的，更使它在我国革命史上留下熠熠生辉的一页"①。

昌都战役是一场军事仗，同时也是一场政治仗，直接为西藏和平解放创造了有利条件。作战之初，十八军确定了具体的作战方案，采取正面进攻与战役大迂回相结合的战术。根据藏军的分布情况，把基本战役布置成南北两个作战集团，并以北线为主力战场。北线集团由五十二师和军直炮兵营、工兵营、五十四师炮兵连，以及已于7月下旬自西宁进驻玉树的青海骑兵支队组成，统一由五十二师指挥。内分左、中、右三路：右路为一五四团及青海骑兵支队，担任战役迂回任务。战役发起后，一五四团于邓柯渡江，紧随骑兵支队南下，佯作欲经黑河进军拉萨。待过囊谦后，即迅速向类乌齐、恩达推进，切断藏军西逃退路，并阻歼丁青藏军东援。中路为五十二师师直及一五五团、一五六团、军直炮兵营。继一五四团于邓柯渡江，经郭堆、生达南下，直取昌都。左路为军直侦察营、工兵营并配属五十四师炮兵连，担任正面钳制任务，配合中、右两路军围歼藏军，并防止其南逃。南线集团由五十三师一五七团和云南十四军四十二师一二六团、一二五团三营组成，分左、右两路，分别由四十二师和五十三师指挥。右路五十三师一五七团由巴安西南渡江，歼灭宁静藏军，直出邦达、八宿，切断昌都藏军西南退路后；左路四十二师一部，由滇康边的德钦、贡山出动，歼灭门工、碧土、盐井藏军，而后向西北方向佯攻，配合北线集团作战。② 昌都战役，由于有正确的指导思想和作战方针，参战解放军

---

① 吴忠：《打开西藏和平解放大门的一战——昌都战役》，载《为和平解放西藏而战——昌都战役回忆录》，四川民族出版社，2000，第93～94页。

② 吴忠：《打开西藏和平解放大门的一战——昌都战役》，载《为和平解放西藏而战——昌都战役回忆录》，四川民族出版社，2000，第74～75页。

战士的英勇顽强，以及藏族和其他各族人民群众的积极支持，取得了最后的胜利，并为西藏和平解放奠定了基础。

三 《关于和平解放西藏办法的协议》

（一）西藏代表团进京谈判

昌都战役后，达赖喇嘛和噶厦的主要官员逃往亚东，留下两个司曹洛桑扎西、鲁康娃和噶伦拉鲁·次旺多吉等作为看守政府。起初，他们派遣了两个代表团一个前往印度，一个前往昌都，目的还是谋求"西藏独立"。此时，十八军紧紧抓住有利时机，发出和平谈判的邀请。而在昌都的噶伦阿沛·阿旺晋美也连续两次写信给达赖喇嘛，建议承认西藏是中国领土的一部分，并派代表同中央政府进行和谈。于是，噶厦政府才派出了以阿沛·阿旺晋美为团长的代表团，成员还包括土登列门、桑颇·单增顿珠，以及随员金中·坚赞彭措等12人。他们从昌都前往北京。而另外两名代表凯墨·索安旺堆、土丹旦达和藏文翻译尧西·彭措扎西（达赖的姐夫）、英文翻译桑都仁青等，取道印度经过水路前往北京。他们携带着噶厦政府拟订的"五项和谈条件"。①

阿沛·阿旺晋美一行4月9日到达康定，受到西康省人民政府主席廖志高的热情欢迎。4月16日，他们来到重庆，在这里受到邓小平等西南局、西南军政委员会和西南军区首长的接见。邓小平会见阿沛·阿旺晋美时谈到，争取达赖喇嘛回到西藏是上策，而求得抵制解放军的藏军撤回是中策。同时向他讲解了中央人民政府争取和平解放西藏的十大政策等。4月22日，阿沛·阿旺晋美一行到达北京。26日，取道印度的和谈代表也到京。次日，班禅到京。周恩来总理分别宴请班禅和以阿沛·阿旺晋美为首的西藏和谈代表团，希望他们团结合作。4月29日谈判开始，中央人民政府方面参加谈判的有全权代表李维汉（首席代表）、张经武、孙志远，后张国华参与其中。西藏地方参加谈判的代表有全权代表阿沛·阿旺晋

---

① 《西藏地方政府关于和谈的五项条件》，《西藏和平解放》，西藏人民出版社，1995，第250~251页。

美（首席代表）、凯墨·索安旺堆、土丹旦达、土登列门、桑颇·单增顿珠。

（二）《关于和平解放西藏办法的协议》形成与签订

中央人民政府和西藏地方政府的和平谈判是以西南局制定的十大政策为基础的。双方逐条进行讨论，解释疑义，消除分歧，寻找共识。1951 年 3 月 26 日，西藏和谈代表团团长阿沛·阿旺晋美就准备接受中央和谈条件向达赖喇嘛做了报告。① 在同中央代表的会谈中，双方在两个问题上出现过较大争议：一个是解放军进藏问题。开始西藏地方代表表示反对解放军进驻西藏。李维汉部长说明，解放军进军西藏是中央的既定方针，西藏是中国领土的一部分，全中国都必须解放，解放军进藏是为了巩固国防，维护包括藏族人民在内的全国各族人民的利益。5 月 7 日，经过反复谈判后，解决了这个问题，确定解放军进军西藏、和平解放西藏的原则。双方争论较大的另一个问题是班禅问题。西藏地方代表不同意将这一问题列入议事日程，宣称他们没有受命讨论班禅问题。中央首席代表李维汉指出，30 年来，班禅没有勾结帝国主义，没有出卖国家，并积极拥护中央人民政府，不解决班禅问题，其他协议就很难成立。为此双方僵持了一个星期。5 月 19 日，中央代表说明，讲对班禅的固有地位和职权应予维持，是指九世班禅和十三世达赖喇嘛彼此和好时期的地位和职权。这样，西藏代表同意这一提法，双方达成一致。阿沛·阿旺晋美在消除分歧，给西藏地方政府做说服和解释工作中发挥了十分重要的作用。② 5 月 23 日，双方在中南海勤政殿举行签字仪式，达成《中央人民政府和西藏地方政府关于和平解放西藏办法的协议》。协议签订后，阿沛·阿旺晋美、土登列门等仍随军由昌都返回拉萨。凯墨·索安旺堆、土丹旦达、桑颇·单增顿珠等经过中国香港、印度和锡金返回拉萨。张经武带着毛主席给达赖喇嘛的亲笔信与十八军联络部长乐于泓等，与凯墨等同行至藏。

---

① 《阿沛·阿旺晋美关于接受我和谈条件向达赖喇嘛的报告》，《西藏和平解放》，西藏人民出版社，1995，第 186 页。

② 乐于泓：《回忆投身西藏和平解放事业的历程》，载《为和平解放西藏而战——昌都战役回忆录》，四川民族出版社，2000，第 610 页。

（三）《关于和平解放西藏办法的协议》的主要内容分析

《中央人民政府和西藏地方政府关于和平解放西藏办法的协议》共有十七条①，其主要内容包括，（1）驱逐帝国主义势力出西藏，使西藏回到中华人民共和国祖国大家庭。（2）西藏地方政府积极协助人民解放军进入西藏，巩固国防，西藏军队逐步改编为人民解放军。（3）在中央政府统一领导下，西藏实行民族区域自治。（4）对西藏的现行政治制度，中央不予变更。达赖喇嘛的故有地位及职权，中央不予变更。（5）有关西藏的各项改革事宜，中央不加强迫。西藏地方政府应自动进行改革，人民提出改革要求时，得采取与西藏领导人员协商的办法解决之。（6）实现西藏民族内部的团结统一，主要是达赖和班禅两方面之间的团结。（7）实行宗教信仰自由，尊重西藏人民的宗教信仰和风俗习惯。保护喇嘛寺庙的收入，中央不予变更。（8）依据西藏的实际情况，逐步发展西藏的农牧工业和文化教育事业。这些内容涵盖了当时西藏根本问题的各个方面，第（1）条和第（2）条是基础原则，只要在驱逐帝国主义势力出西藏，以及人民解放军进藏后，才能使西藏历史开辟新的纪元。第（3）第（4）和第（5）条是中央对西藏政治体制与制度勾画的蓝图，其中第（3）条是根本目标，即西藏实行民族区域制度，第（4）和第（5）条是近期工作原则，即维护现状。第（7）和第（8）条是中央政府的宗教和经济文化政策，通过这些方面，为西藏的稳定和发展明确了方向和工作重心。

（四）协议签订后的激烈较量

达赖喇嘛在亚东时期依然心存犹豫，当时他身边的核心人物中对达赖的去向出现严重分歧：主张达赖喇嘛出走的人有索康·旺青格勒、夏格巴·旺秋德丹、帕拉、朗色林、洛桑三旦（达赖三哥）；主张达赖返回拉萨的有噶伦扎西林巴·钦饶旺秋、仲译钦莫（秘书长），大喇嘛土登洛桑、群培土丹等。双方争论相持不下，后来求神占卜，结果是达赖喇嘛回拉萨

---

① 《中央人民政府和西藏地方政府关于和平解放西藏办法的协议》（1951 年 5 月 23 日），《人民日报》1951 年 5 月 28 日；乐于泓：《回忆投身西藏和平解放事业的历程》，载《为和平解放西藏而战——昌都战役回忆录》，四川民族出版社，2000，第 609~610 页。

是吉祥，才解决了这个一争端。① 张经武在亚东会见了达赖喇嘛并转交了
毛主席给达赖的亲笔信。希望噶厦回电中央政府，对协议的签订表态，达
赖喇嘛等表示回拉萨看到由阿沛·阿旺晋美带往拉萨的协议正本，并经噶
厦商讨后再表态。

张经武一行到拉萨后，积极开展和西藏上层联络感情的工作，同时向
西藏地方上层赠送《十七条协议》、宣传解释中央的民族宗教政策。他们
的工作也遇到一些阻力，首先是来自两位司曹即洛桑扎西和鲁康娃的阻
力。他们反对解放军进藏，认为解放军进藏驻防存在问题，甚至宣称阿
沛·阿旺晋美并未受权谈判军事问题。其他上层也担心解放军进藏人数太
多，粮食问题无法解决，怀疑中央和共产党的宗教政策，以及成立军政委
员会会危及达赖喇嘛和噶厦的职权等。面对这些问题，中央代表和西藏工
作委员会抓住关键环节，认真做好统战工作。特别是通过张经武代表毛主
席给达赖喇嘛赠送礼品，来争取达赖喇嘛早日致电中央对协议表态问题；
达赖喇嘛和噶厦发送庆祝国庆电文问题；由张经武代表中央向寺院发放布
施问题；解决进藏部队的粮食供应问题，以及班禅返回西藏问题。② 西藏
地方僧俗官员大会，也就《十七条协议》的内容逐项研究，激烈争论。

为了解决十分紧迫的进藏部队的食粮问题，西藏工委和军党委从三个
方面着手：第一，江孜、日喀则、错那宗等地均有粮食，可以动用，部队
立即分散，就地解决；第二，大力组织牦牛运输，从西康日夜加紧运粮；第
三，抓紧督促噶厦筹措一部分济急，解放军按照市价用银圆购买。③ 中央根
据进藏部队面临的具体困难，特别指出：在西藏要靠两个基本政策：第一
条是精打细算，生产自给，以此影响群众，这是最根本的环节。第二条是同
印度和内地打通贸易关系，使西藏人民生活不因解放军进藏而有所下降。

西藏上层少数分裂主义分子，一直试图破坏《十七条协议》的贯彻执
行，鲁康娃和洛桑扎西等人，拒绝给解放军卖粮食，并积极鼓动拉萨三大

---

① 乐于泓：《回忆投身西藏和平解放事业的历程》，载《为和平解放西藏而战——昌都战役
回忆录》，四川民族出版社，2000，第 620 页。

② 乐于泓：《回忆投身西藏和平解放事业的历程》，载《为和平解放西藏而战——昌都战役
回忆录》，四川民族出版社，2000，第 617～618 页。

③ 乐于泓：《回忆投身西藏和平解放事业的历程》，载《为和平解放西藏而战——昌都战役
回忆录》，四川民族出版社，2000，第 623 页。

寺的僧人和部分百姓，组织所谓"人民议会"，向西藏工委提出请愿书。最后甚至鼓动他们发动武装行动，威胁到阿沛·阿旺晋美等拥护协议的西藏上层人士人身安全，以及工委领导的安全。在张经武代表的坚决要求下，西藏地方政府于4月27日宣布撤销了鲁康娃和洛桑扎西的司曹职务。5月1日达赖喇嘛发布公告宣布解散所谓的"人民议会"①，使紧张的局势暂时平静下来。

4月28日，班禅额尔德尼和班禅堪布会议厅全体人员抵达拉萨。经过中央人民政府代表依据《十七条协议》的有关规定，在噶厦和班禅堪布会议厅之间的充分调解，就恢复班禅固有的地位和职权等问题达成一致。4月29日，班禅前往布达拉宫拜会了达赖喇嘛，两大活佛系统之间长期以来的纷争得以解决，从而实现了西藏内部的和解。

根据当时西藏上层对贯彻《十七条协议》反映强烈的情况，中央指示西藏工委，要采用一切努力和适当办法，争取达赖及其上层集团的大多数，孤立少数坏分子，达到不流血地在多年内逐步改革西藏经济政治的目的。"目前还没有全部执行协议的基础，既无物质基础，也无群众基础，也无上层基础。勉强执行，害多利少。因此，我们可以做一些让步，目前暂不改编藏军，也不成立军政委员会。"如果西藏地方政府觉得拉萨小学不适宜办，也可以收场停办。② 中央抓住稳定这个根本问题，逐渐实现了西藏局势的平稳过渡。

（五）西藏和平解放的意义

西藏和平解放是一个伟大的历史性事件，具有十分重大的意义。第一，它结束了帝国主义势力侵略西藏，侵吞中国西藏地方领土的历史。第二，粉碎了西藏地方上层少数分裂主义分子，勾结外国势力试图制造"西藏独立"的梦想，为巩固西南边疆奠定坚实的基础。第三，结束了辛亥革命以来西藏地方和内地中央政府相互隔膜，缺乏紧密联系的历史，使西藏人民回到新中国大家庭之中。第四，和平解放西藏有利于减少平民百姓的牺牲，消

① 乐于泓：《回忆投身西藏和平解放事业的历程》，载《为和平解放西藏而战——昌都战役回忆录》，四川民族出版社，2000，第631页。
② 乐于泓：《回忆投身西藏和平解放事业的历程》，载《为和平解放西藏而战——昌都战役回忆录》，四川民族出版社，2000，第631页。

除民族隔阂。第五，西藏和平解放，标志着大陆地区的完全解放，全国大规模军事行动告一段落。西藏的和平解放也为藏民族摆脱贫穷落后面貌，走向发展和繁荣开辟了广阔的前景，为实现中华民族的大团结铺平了道路。

1959 年在平息农奴主反动势力发动的武装叛乱之后，中央政府废除业已极端腐朽落后的政教合一封建农奴制，在西藏实行民主改革，实现了西藏地方社会制度的巨大跨越。百万农奴翻身得解放，社会生产力得到解放，各族人民当家做主，西藏的人权事业获得空前的进步。1965 年成立西藏自治区，在国家统一领导下，设立了各级自治机关，行使自治权力。中央政府在西藏实行"慎重稳进"的方针，克服了一个又一个困难，迎来西藏各项事业的顺利发展。党和中央政府实行民族平等、团结、互助、共同发展和共同繁荣的政策，大力发展西藏地区经济文化事业、大力培养藏族和其他少数民族干部、积极发展西藏地区的科教文卫等事业、通过地方立法形式推广使用和藏语文、尊重民族风俗习惯、尊重和保护藏族和西藏各少数的民族宗教信仰自由，各项事业取得了举世瞩目的成就。

改革开放以来中央政府先后召开五次中央西藏工作会议，研究西藏的发展和稳定问题，中央关怀、全国支持、西藏各族人民勤奋努力，让西藏地方社会进入前所未有的良性发展阶段。2010 年元月中央第五次西藏工作会议提出，要使西藏成为重要的国家安全屏障、重要的生态安全屏障、重要的战略资源储备基地、重要的高原特色农产品基地、重要的中华民族特色文化保护地、重要的世界旅游目的地。西藏地方党和政府根据党的第十八次代表大会精神，提出要努力实现建设富裕西藏、和谐西藏、幸福西藏、法治西藏、文明西藏、美丽西藏的宏伟目标，西藏地方的治理必将迎来一个难得的历史机遇和值得期许的时代。

结　语

　　历代中原王朝或中央政府治理西藏地方，既有丰富的经验，也有不少失败的教训，很值得认真总结，只有站在维护整个中华民族根本利益和超越历代统治者集团利益的高度来观察，才会有许多不同以往的认识和感受。

　　（1）中国是一个多民族国家，中国的历史是由中国境内的各民族共同缔造的，各民族形成和发展的历史都是中国历史的组成部分。藏族及其先民在开发、建设西藏地区的历史上发挥着十分突出的作用；也在吸收、融合其他民族，以及学习借鉴其他民族文化中实现自身的不断发展。西藏地方自唐朝以来一直是历代中原王朝，以及中央王朝关注的边疆重点地区之一，西藏地区出现的各类重大事件对中国西南地区，乃至全国的形势产生了较大的影响，其历史地位可以和西北的新疆和北方的蒙古地区相比拟。对这些事件的应对和处理，逐渐形成一套治理边疆的政策和理论。在这些复杂局面的应对、政策的出台和难题的解决过程中，历史上许多官吏建立了卓越的功绩，表现出杰出的才能。历史上的边疆治理有正面的经验可以借鉴，也有反面的教训需要吸取，而历史上的许多理论、政策、制度，乃至重大事件，以及形成这些事件的众多因素至今依然发挥作用，影响到今天中国西南边疆和西藏地区发展态势，很值得深入研究，去其糟粕，取其精华。

　　（2）在唐蕃交往和元以来历代中央政府处理西藏边事、实施边政和边吏施治过程中，秉承着一个不变的宗旨便是"大一统"思想。中国自秦始皇统一六国，建立专制主义中央集权制，统一货币、统一度量衡、统一车轨、统一文字，先秦时代普遍存在的统一渴望变成了现实，普遍存在于先秦诸子之中的大一统的思想经过长期的积累、丰富逐渐完善。大一统既是儒家政治思想的核心理念，也是历代封建统治者的政治共识。唐朝应吐蕃之请嫁公主给吐蕃赞普，密切了双方的关系，在唐朝也试图用甥舅人伦关系处理对吐蕃交往，也就是在政治将吐蕃纳入唐朝属国的范畴，事实上吐蕃也在某种程度上默认了这一地位，只是在吐蕃鼎盛时期提出要求，唐朝调整了这一关系，确定双方的兄弟式的平等关系。元朝西藏纳入中央王朝直接行政管辖之下后，大一统思想不仅在西藏地方宗教领袖八思巴那里形成高超的政治和宗教理论，将蒙古王统和佛教中的转轮王关联起来，而且在民间产生了关于汉、藏、蒙古、门巴等为一母所生兄弟衍生而来的说法，这种观念在大一统的清朝得到进一步继承和发扬。

（3）历史上西藏边疆地区出现的重大事件主要可以划分为三个时期：第一是唐朝时期。唐朝与吐蕃是唐代中国境内两个对等的政权，双方之间存在着十分紧密又错综复杂的政治、经济、军事和文化关系，对于唐王朝而言，吐蕃在青海、西域和西南的军事掠夺，以及强盛时期对唐朝京城长安的威胁，一直是唐朝必须应对的大事，密切交流和争夺的结果是双方"社稷如一""叶和一家"的长庆会盟。第二是元明清时期。元朝西藏地方纳入中央王朝的直接行政管辖之下以来直到晚清，在中央王朝的行政架构、统一政策和有效管理之下，西藏地方出现的内部政治和军事动乱，是中央政府面临的主要挑战。第三是清末民国时期。在中国封建社会极盛而衰之际，恰逢西方帝国主义列强大规模掠夺殖民地之时。由于帝国主义列强的武装入侵和蚕食鲸吞，中华民族面临空前未有的巨大危机，英国、俄国等帝国主义势力侵占西藏地方领土、侵害中国主权、掠夺资源，以及在帝国主义扶持下西藏地方上层分裂势力的"西藏独立"活动，为这一时期西藏地区面临的最大挑战。应对和解决这些问题，化解帝国主义势力干涉的压力，消解分裂势力的冲击，联合全国各族人民维护国家统一和民族团结一直是该时期软弱的中央政府努力的目标。

（4）历代王朝围绕西藏地方出现的重大危机事件，在继承前代治边经验的基础上，采取了多方面措施，创造性地建立了一些行政体制、管理制度，甚至上升为思想和理论。首先是用兵。军事手段是解决武装冲突无可避免和最为有效的方式。唐朝与吐蕃之间的交锋有不少是军事冲突，但是在与吐蕃军事对抗中，强大的唐朝并没有依靠自己强大军力和财力解除来自吐蕃的威胁。客观原因是唐朝的军队不适应高原作战，也不适应吐蕃领导下的高原各部劫掠式游动的作战方式。强盛的唐朝自身存在的很多问题同样困扰着军事能量的发挥，兵将不知，将帅不和等都影响到战争的结局。相反，吐蕃"国法严整，上下齐力"，议事自下而上，奖励军功，装备落后却能屡建奇功。双方的经验都是治理西藏地区的宝贵财富。元朝经营西藏依然是通过派精兵万人入藏开启的，后来又在西藏地方出现"止贡之变"后，派王子率兵平息；退休本钦贡噶桑布为乱，朝廷再度派桑哥率7万蒙古大军进藏平息。对于康区出现的动乱，元朝一直派军征讨，未稍宽容。清朝时期，派兵驱除准噶尔军扰藏、平定珠尔默特那木扎勒之乱，以及驱除廓尔喀入侵西藏，都不惜动用重兵。每一次出兵就给西藏带来一个较长时期的安宁，同时也为西藏地方各项管理体制改革，各项制度的调整做好铺垫。强大的军事后盾是西藏治理最坚强的支撑。其次是施恩于地方上层政教领袖，赢得归心。唐朝时期采取唐蕃联姻的方式，应吐蕃之请先后嫁文成公主、金城公主给吐蕃赞普，建立起密切的"甥舅"关系，为双方的政治、经济和文化交流产生深刻的影响，也为两地百姓带来长久的友谊和一个时段的安宁。唐太宗还册封松赞干布为"西海郡王"，高宗时晋封"宾王"。元朝时期封授萨迦派政教首领八思巴及其继承者为"国师""帝师"，并赏赐大批金银财物支持该派发展壮大。明朝册封西藏地方为"三大法王""五王"；清朝和民国册封格鲁派首领达赖喇嘛、班禅额尔德尼、摄政等，并厚赏优礼，通过他们的宗教影响来实现治理目标。再次是及时建立行政管理体制与制度，并不断加强法治化建设。元明清三代在新朝建立之后，或者在西藏用兵平息地方动乱之际，均采取措施变革地方的行政体制与制度，元朝将诸王分封改为郡县吐蕃地方，建政立制，括户置驿；清朝采取噶伦主政制、郡王制和噶厦管理体制等，都是根据西藏地方管理中出现的突出问题采取的应对之策。而且通过《西藏善后章程十三条》和《钦定藏内善后二十九条章程》等的出台实现了西藏的法治化和规范化管理。复次是加强文化与宗教的化导作用。唐朝时期两公主出家吐蕃都带去大量的佛经和儒家经典，后来吐蕃还通过金城公主请《毛诗》《礼记》《左传》《文选》等，孔子、老子在吐蕃都具有影响。宋代在西北地区藏区设立儒学教育吐蕃贵族子弟，清朝时期，更让关公崇拜流行西藏和其他藏区，晚清西藏"新政"，大力推动儒家文化和现代教育。西藏与内地汉族及其他兄弟民族佛教文化交流更为深入和紧密。这些对于中华民族共同文化的形成产生了深远的影响。最后是分而治之的策略。元朝重用萨迦派的政策起到很好的作用，但也出现了萨迦派一些高僧自我膨胀，甚至贪赃枉法的情况，明朝则根据西藏和其他藏区出现的新情况，不再独尊一派，而是多封众建，分而治之。清朝在册封达赖喇嘛的同时，既为了格鲁派自身的发展，也为了分而治之，册封了班禅额尔德尼，在授权达赖喇嘛和驻藏大臣管理前藏的同时，也将后藏部分地区的政教权力授予班禅额尔德尼，比较有效地维护了地方的安定和宗教的正常发展。重大事件产生之际，也是变革西藏地方政治体制，解决稳定顽疾的关键时机，边疆政策处理得当，西藏持续安宁可期，处理失当则动荡随之。

（5）在西藏的危机应对和边疆治理中，出现了许多有所作为、敢于担当的官吏，这其中既包括来自王朝中央的钦差大臣、封疆大员，也包括出自西藏地方、身负重责的安边高官大吏，他们或者高屋建瓴、出谋划策，如大蒙古国时期的阔端、萨班，元代的国师八思巴、宣政院使桑哥；或者带兵戡乱，搏杀疆场，如蒙元时代的多尔达、桑哥、铁木儿不花，清朝的年羹尧、岳钟琪、福康安；或者建政立制，安定地方，如元代桑哥，清代年羹尧、福康安等；或者舍生赴义、除逆，如傅清、拉布敦；或者不为强敌，捍卫主权的，如文硕、张荫棠等；或者繁荣地方民族文化，着力改善民生，如八思巴、绛曲坚赞、颇罗鼐；或者爱民惜民，免除百姓赋税与疾苦，如清代的驻藏大臣和琳、松筠等；或者穿梭两地，为沟通西藏与内地、地方与中央之间的关系做出卓著贡献，如唐朝的刘元鼎，明朝的许允德、克新、宗泐、智光等，民国时期的朱绣、李仲莲、古浪仓、贡觉仲尼、刘曼卿、黄慕松、吴忠信等。他们的恪尽职守、竭诚付出，促成了边疆治理的顺利落实和完善，也为后代积累智慧和经验。西藏距离中央王朝腹心地区距离遥远，历史时期地处边疆、交通不便、条件艰苦、宗教民族特点浓厚、社情复杂，如何处置应对突发事件和常态性的问题，需要官员具有良好的素养、出色的驾驭能力，更需要有解决难题的责任感、敢于担当的使命感和不怕牺牲的献身精神。

（6）中原和西藏地方、中央政府和西藏地方政府之间的良性互动对中央政策的完善，西藏治理的实现具有极为重要的影响。唐朝时期，吐蕃奴

501

隶主统治者一则为了扩大王朝疆土、掠夺财富不断向唐朝发动武装战争，而且时常会违背承诺破坏双方达成的和平盟约，一则吐蕃统治者无法通过正常的贸易渠道获取必需的生产生活用品，以及所渴求的奢侈品，满足各部首领的贪欲，而不断地诉诸武力。在双方既结姻亲之好、亲密活动的同时，又不断互为仇雠、兵戎相见。继之相互指责，争论正理。随后相互关注对方的诉求和观点，甚至接纳、认可一些合理的要求，反省自身存在问题，比如一向指责吐蕃背信弃义的唐朝，自身也曾经出现过问题，根据《旧唐书》吐蕃的记载，唐玄宗开元二十四年（公元736年）"时吐蕃与汉树栅为界，置守捉使。（崔）希逸谓吐蕃将乞力徐曰：'两国和好，何须守捉，妨人耕种。请皆罢之，以成一家岂不善也？'乞力徐报曰：'常侍忠厚，必是诚言。但恐朝廷未必皆相信任。万一有人交构，掩吾不备，后悔无益也。'希逸固请之，遂发使与乞力徐杀白狗为盟，各去守备。于是吐蕃畜牧被野。"次年，崔希逸侍官孙诲入朝奏事，为了取悦皇帝，建议趁吐蕃不备掩杀之。玄宗皇帝正生气吐蕃攻灭勃律，便采纳孙诲的意见，派太监赵惠琮和孙诲到凉州（河西节度使驻所）。两人矫传皇帝圣旨，要崔希逸发兵掩袭吐蕃。身不由己的崔希逸只好听命，在青海（今青海湖）大败吐蕃，杀伤无数。为人老实厚道的崔希逸自念失信于吐蕃，内怀愧恨，未几而卒。吐蕃方面除了从中原学习佛教经典文化之外，更不遗余力地学习中原政治制度，特别是儒家经典文化，这种碰撞、交流逐渐扩展了双方文化和观念上的共识，化解了隔阂与敌视。元朝以后，在维护国家大一统的前提下，历代中央政府与西藏地方政教首领之间坦诚、积极地互动，1247年阔端与萨迦班智达凉州会谈是一种互动，忽必烈皇帝与八思巴的互动更为典型，既有温情的交流，也有观点的交锋。清朝顺治帝与五世达赖喇嘛会晤，乾隆皇帝接见前来祝寿的六世班禅，等等，都包含着互动的内容。乾隆皇帝在驱除廓尔喀之后颁布《钦定藏内善后二十九条章程》，更是在深入调研、充分协商的基础形成的，对八世达赖喇嘛和西藏地方政教上层意见的吸收，以及得到他们的诚心拥护和支持是该章程符合实际并得以顺利贯彻执行的重要保证。接下来，让西藏地方达赖喇嘛、班禅额尔德尼免除西藏百姓多年积欠的赋税，赈济贫困，发展生产等重要措施，都是在征求西藏地方意见，并通过发挥地方政教首领的主观能动性来实现的，百姓感恩皇帝，也感恩达赖喇嘛、班禅额尔德尼，阻力也大为减少。相反的例证也有不少，珠尔默特那木扎勒叛乱固然与其禀赋暴戾乖张有关，同时也与驻藏大臣纪山等的失察，乃至纵容有联系。而清朝末年执行软弱的妥协政策已经给边疆危机带来灾难性后果，又与作为西藏地方政教首领的十三世达赖喇嘛缺乏沟通，处处掣肘、事事对立，加上外力入侵等，终于导致西藏地方危机的发生。历史经验告诉我们，在维护国家大一统的前提下，中央与西藏地方关系互动良好，西藏地方安定，治理成效显著，相反则出现波折乃至动荡。

（7）西藏历代边疆治理有一些不同于其他地区的特点和规律，这些特点与规律同西藏地方的自然环境、历史发展、民族性格、宗教文化等紧密相关。西藏是一个地理上相对封闭、藏族人口聚居、藏传佛教流行的边疆地区，在佛教尚未普遍流行的吐蕃时代，剽悍的民风和勇敢善战的作风成为吐蕃王朝军事扩张的重要条件之一；藏传佛教形成，特别是政教合一制出现后，高僧活佛的管理和宗教政策成为影响地方问题的关键环节之一，藏族百姓普遍信佛，具有鲜明地域特色的藏传佛教深刻地影响到人们的衣食住行、风俗习惯和观念思维，民族文化心理始终是影响西藏地方稳定，以及中央政府边疆治理的重要因素；由于高原广袤，交通复杂，在一定程度上严重影响西藏与内地往来的同时，也影响到中央王朝在藏驻军和用兵，物资供应和军需转运始终是困扰经略的关键问题；西藏是一个远离王朝腹心的边疆地区，驻扎军队既是边防安全的根本保证，也是维护地方稳定的关键环节之一，驻军花费成本较高、代价较大，但是是否驻军几乎成为体现西藏是否稳定的晴雨表。

（8）历代王朝在应对边疆地区的各类内外重大事件中，逐渐形成了一整套的政策和制度，并上升为治理边疆的理论。在保障国家"大一统"的前提之下，历代王朝对边疆地区因地制宜、因俗而制，采取了灵活变通的政策，从儒家文化的传统观念出发，强调"华夷一家""和而不同"，尊重差异，包容不同。治理边疆强调"羁縻"和"因俗而治"，在边疆民族聚居地区建立不同于内地的行政体制与制度，帝王的理想境界是做"天下共主""天可汗""子育万民"。强调德治，攻心为上。强调恩威并重，怀德徕远，"畏威与怀德较，则怀德为上"。蒙藏地区治理中，根据格鲁派普遍流行的状况，提出"兴黄教之所以安众蒙古"的观点，创造性地采用金瓶掣签解决达赖喇嘛、班禅额尔德尼等大活佛的转世问题，并将最终的批准权掌握在中央政府手中。在西藏与其他藏区稳定的关系问题上，根据康区复杂的自然环境、暴乱多发的历史特点、剽悍的民风民俗，以及多省交界不易管理等因素，提出"治藏必先安康"等论断。

（9）西藏地区的边疆治理有经验可以借鉴，也有教训，值得总结。西藏地区自然地理条件独特、民族文化区域特色鲜明、宗教色彩浓厚、边防位置极为重要，准确把握不易，良好驾驭更难。总结经验，王朝实力强盛、统治者英明、政策措施适宜、用人得当，都是应对边疆复杂局势，妥善处理突发危机事件的关键因素。深入实际的调查，对西藏地区特殊性的深刻准确把握，充分征询地方政教首领和百姓的意见，是制定好的政策、措施，以及解决各种复杂问题的重要条件。中央政府与西藏地方的良性互动，是制定符合实际的政策制度，以及顺利落实并发挥积极效果的重要途径。西藏地方政教首领往往具有双重身份，在地方是朝廷任命的高级官员，为王朝统一和总体利益服务，而在朝廷他又是来自地方、熟悉情况并反应地方意见建议的权威人士。对于中央政府的政策有赞同的，也有保留的一面，他们敢于讲真话，反应实际问题，提出切合实际的对策就显得十分重要，八思巴就是这样一个人物。他敢于直言，所提意见未必都是皇帝认可的，但是不仅大部分被采纳，而且为王朝的统一、西藏地方的安定起到了积极的促进作用。朝廷钦命的官员是怎样的人，以怎样的态度发挥作用，直接关系到王朝在地方的形象，关系到政令能否准确传达，以及准确向上反映地方真实问题和意见。在清朝对西藏的管理中，驻藏大臣是一个极为重要的角色，达赖喇嘛、班禅额尔德尼、摄政等地方政教首领，不能直接向朝廷奏事，皇帝圣旨，朝廷的命令只能通过驻藏大臣下达，驻藏大臣的良莠，以及是否有出色的才能，是否认真履行责任，敢于担当、有所作为就显得极端重要。

西藏地方的治理存在不少问题，诸如重视上层政教首领有余，关注下层百姓不足；重视地方政治和安全局势较多，关注经济、社会民生嫌少；重视因循守成情况普遍，而积极主动创新欠缺；重视宗教功能突出，发挥世俗作用较弱，更无意从根本上动摇业已腐朽的政教合一的封建农奴制度。由于王朝从妄自尊大到自我封闭，缺乏世界眼光，既无实力也无良策应对列强巧取豪夺；对西方列强意味软弱退让丧失基本国格，无法维护主权并赢得全国民众支持，也在西藏地方政教首领那里失去尊严；对于西藏地方没有决心、意志和能力实施充分治权，单纯的笼络上层策略难以取得实质性效果；一些驻藏大臣如联豫等虽有担当之心，却无宽阔胸襟和力挽狂澜的能力，还与十三世达赖喇嘛矛盾纠葛不断。而此前的驻藏大臣如有泰更是缺乏最基本的是非原则，不仅贪腐无能，还欺压西藏地方而取媚于英国侵略者，已经到了利令智昏的境地。驻藏大臣无能且无权，必然导致西藏地方局势的急转直下，离心离德，被讥称为"熬茶大臣"。晚清一些驻藏大臣和官员贪腐，则进一步损害了他们在西藏僧俗官民中的形象，他们未能向朝廷反映西藏的真实情况，私底下西藏地方把清朝皇帝称为"装谎言的口袋"。① 像张荫棠这样清廉正直、清醒而有见地有能力的大员还是太少。直到民国时期，吴忠信办理主持十四世达赖喇嘛事宜后，面对某些质疑，也只能做无奈的辩解，"我的任务只是主持坐床，我拒绝了英国领事在坐床大典时平起平坐的无理要求，因而英国人完全没有参与达赖的坐床典礼。杜绝了他们干涉中国内政的借口。我又设置了驻藏办事处，至少恢复了中断三十年的驻藏大臣的精神，这就很圆满了。如果还要对班禅回藏和办事处职权问题斤斤计较，岂不是自讨没趣"。② 也比较客观地反映了他此行的主要成就和局限，非不为也，是不能也。入藏川军未能遵守良好纪律，同样导致了诸多问题，英国人贝尔的记载虽有偏见，但有些事实却显示出入藏官兵未能尊重当地宗教与风俗的问题，"达赖喇嘛及其噶伦们也常对我讲，中国军官撕毁108卷的西藏佛经（应指大藏经——引者注），并用羊皮纸的经书为其士兵垫靴底。西藏人对此一渎圣之举，极为愤慨，甚至比杀戮僧侣更加深恶痛绝"③。

　　近代以来，帝国主义势力的入侵严重威胁到中华民族的生存与发展，威胁到国家的统一和主权完整。伴随着帝国主义势力入侵而产生的"西藏独立"逆流，同样危害着国家的统一和民族团结，驱除帝国主义势力，铲除民族分裂势力，一直是西藏地方治理中的核心任务和主要问题。此外，

①　查尔斯·贝尔：《十三世达赖喇嘛传》，冯其友、何盛秋、刘仁杰、尹建新、段稚荃、莫兆鹏合译，葛冠宇校，西藏社会科学院西藏学汉文文献编辑室编印，1985，第107页。
②　金绍先：《忆述国民党元老吴忠信》，全国政协文史资料委员会编《中华文史资料文库》第九卷：军政人物编，中国文史出版社，1996。
③　查尔斯·贝尔：《十三世达赖喇嘛传》，冯其友、何盛秋、刘仁杰、尹建新、段稚荃、莫兆鹏合译，葛冠宇校，西藏社会科学院西藏学汉文文献编辑室编印，1985，第67页。

清末以来，西藏封建农奴制走向全面衰落，严重影响到西藏地方社会的发展进步，同时也影响到地方的稳定和边疆治理，废除封建农奴制，解放百万农奴，解放生产力、调整生产关系，推动社会制度的根本性变革，也是实现西藏文明进步的必由之路，更是中央政府西藏治理中的题中应有之义。这些任务最后落在了中国共产党人领导的人民军队和站起来的中国人民身上，新中国的建立、西藏的和平解放，以及民主改革，解决了西藏百余年来无法解决的难题，真正揭开了西藏历史崭新的一页。

西藏历代的边事边政与边吏人名地名索引

（以现代汉语拼音音序排列）

507

C

D

H

J

L

R

西藏历代边事边政与边吏大事记

(根据《西藏历史文化大事年表》增补、删改而成)

公元 617 年隋恭帝义宁元年

囊日伦赞之子松赞干布诞生在拉萨河上游墨竹工卡的强巴敏居宫。

627 年唐太宗贞观元年

唐朝设置陇右道，治所鄯州。

630 年唐太宗贞观四年

囊日伦赞被弑，松赞干布即位。

633 年唐太宗贞观七年

松赞干布平定反叛的苏毗等部，在拉萨建立吐蕃王朝。派吞弥·桑布扎等人去西域、印度学习文字学，返回后费时数年，创制现行藏文。

634 年唐太宗贞观八年

唐朝分路出兵，征讨吐谷浑。唐朝与吐蕃互相遣使通问，赠送礼品。

635 年唐太宗贞观九年

松赞干布派使者到尼泊尔迎娶赤尊公主为妃，在拉萨玛波日山上兴建宫堡居住。

636 年唐太宗贞观十年

唐朝封吐谷浑王诺曷钵为河源郡王。松赞干布派使者向唐朝求娶公主，唐太宗不允。松赞干布以吐谷浑从中作梗，出兵击吐谷浑，攻破白兰等羌人部落，进逼松州。唐朝出兵击退吐蕃后，吐蕃再次遣使求婚。

639 年唐太宗贞观十三年

唐太宗以宗室女文成公主嫁松赞干布，以宗室女弘化公主嫁吐谷浑王诺曷钵。

641 年唐太宗贞观十五年

文成公主由吐蕃大臣噶尔·东赞域宋（禄东赞）等迎请到拉萨。汉族工匠修建拉萨小昭寺，供奉文成公主带到吐蕃的觉卧佛像。赤尊公主在文成公主协助下修建拉萨大昭寺。松赞干布派遣贵族子弟到唐朝都城长安入太学学习。松赞干布初定吐蕃军事、行政制度，划分四茹和千户所，设官管理，推行藏文，订立法律。

646 年唐太宗贞观二十年

唐太宗亲征高丽后回到长安，松赞干布派噶尔·东赞域宋到长安献表文祝贺唐太宗战争胜利，并献金鹅。

648 年唐太宗贞观二十二年

唐太宗派王玄策等人出使印度，王玄策等被那伏帝阿罗那顺派兵抢掠，还至吐蕃，松赞干布派兵帮助王玄策等入印度，平定其乱事，俘那伏帝阿罗那顺至长安。王玄策等在芒域刻碑记其事。

649 年唐太宗贞观二十三年

唐高宗即位，封松赞干布为驸马都尉、西海郡王。进封宾王，刻其石像，列唐太宗昭陵玄阙之下。吐蕃使者请求提供蚕种，并派造酒、碾、磨、纸、墨的工匠，获准。

650 年唐高宗永徽元年

松赞干布在拉萨北面的澎域色莫岗病逝。唐高宗派将军鲜于匡济为使者，持节携诏书入吐蕃吊祭。松赞干布之子贡日贡赞早卒，孙芒松芒赞年幼即位，噶尔·东赞域宋为大论，掌国政。

663 年唐高宗龙朔三年

吐谷浑大臣素和贵投降吐蕃，噶尔·东赞域宋率兵攻破吐谷浑，吐谷浑亡。噶尔·东赞域宋参照唐朝制度，修订和完善吐蕃行政、军事制度、赋税登记和征发制度。

667 年唐高宗乾封二年

噶尔·东赞域宋去世。

670 年唐高宗咸亨元年

噶尔·东赞域宋子噶尔·钦陵任大论，掌管军政，率兵攻占唐朝西域安西 4 镇。唐朝派大将薛仁贵率 10 万大军进攻吐蕃，护送吐谷浑王返故地，钦陵集中 20 万兵马，在青海湖以南大非川大败唐军。

678 年唐高宗仪凤三年

唐朝以中书令李敬玄率兵 18 万与吐蕃战于青海，唐军再次战败。

680 年唐高宗永隆元年

文成公主在吐蕃去世，唐朝派使者入蕃吊祭。

699 年唐武后圣历二年

吐蕃王臣发生争权斗争，赞普都松芒布杰消灭噶尔家族势力，论钦陵兵败自杀，其弟赞婆率部众投唐。

704 年唐武后久视四年

赞普都松芒布杰亲征云南，死于军中。赤德祖赞即位，由其祖母赤玛类掌政。

710 年唐中宗景龙四年唐睿宗景云元年

唐中宗养女金城公主出嫁吐蕃，唐中宗率百官送金城公主至始平，改始平县名为金城县。

713 年唐玄宗开元元年

唐朝以河西九曲之地为金城公主汤沐邑，赐予吐蕃。

714 年唐玄宗开元二年

唐朝设置陇右节度使，驻鄯州，掌河西、陇右军事，防吐蕃。

722 年唐玄宗开元十年

吐蕃攻占小勃律，假道勃律攻取唐朝安西 4 镇。

731 年唐玄宗开元十九年

吐蕃使者以金城公主奏书向唐朝请求《毛诗》《春秋》《礼记》等书，唐朝如请赐予。唐蕃在赤岭互市。

739 年唐玄宗开元二十七年

金城公主在吐蕃去世。

752 年唐玄宗天宝十一年

南诏王阁逻凤受唐朝进攻，降附吐蕃，吐蕃册封其为"赞普钟（弟）"。

755 年唐玄宗天宝十四年

赤德祖赞去世，其子赤松德赞少年继位。"安史之乱"爆发，吐蕃趁唐朝调兵平叛，西部军事力量空虚，逐渐占据唐朝的河西、陇右地区。

763 年唐代宗广德元年

十月吐蕃军在唐朝叛将的引导下，一度占领长安，立金城公主的侄子李承宏为帝。

779 年唐代宗大历十四年

桑耶寺建成，吐蕃举行盛大庆祝活动；建立译场，翻译佛教经典成藏文；出现吐蕃最早的正规僧人"七试人"。

781 年唐德宗建中二年

被困多年的唐朝沙州守军投降，吐蕃占领沙州（今敦煌）。

782 年唐德宗建中三年

赤松德赞命汉地僧人摩诃衍那与印度僧人噶玛拉锡拉在桑耶寺辩论"顿悟"与"渐悟"的是非，汉僧失败，赞普下令禁止汉僧的禅宗顿门派传播。

798 年唐德宗贞元十四年至约 810 年唐宪宗元和五年

赤德松赞委任高僧为钵阐布，位在众大臣之上，掌管国政。

814 年唐宪宗元和九年至 821 年唐穆宗长庆元年

吐蕃使臣抵长安，与唐朝大臣等举行会盟，立誓和好。

822 年唐穆宗长庆二年

唐朝使臣刘元鼎抵拉萨，与吐蕃大臣等举行会盟。次年，吐蕃将唐蕃会盟的盟文刻石立碑，立于拉萨大昭寺门前。

828 年唐文宗大和二年

赤祖德赞下令以七户平民的税赋供养一名僧人，并严厉惩罚对僧人不恭敬的人，引起平民的不满。

840 年唐文宗开成五年

吐蕃统治集团发生内争，在大臣韦·达纳坚等人的指控下，王妃贝吉昂楚自杀，钵阐布章喀·贝吉云丹被处死。

843 年唐武宗会昌三年

在反佛大臣韦·达纳坚等人鼓动下，赞普达磨（朗达玛）下令灭佛，封闭和拆毁寺院、佛像，强迫僧人还俗，杀害反抗的高级僧人，烧毁经书文物。

846 年唐武宗会昌六年

赞普朗达玛被僧人拉隆·贝吉多吉暗杀。两个儿子云丹和微松在各自的支持者的拥戴下争夺王位，双方长期混战，吐蕃国内大乱。唐朝逐渐收回河西、陇右各地。

851 年唐宣宗大中五年

沙州张议潮聚众驱逐吐蕃驻军，以瓜、沙、伊、肃等 11 州图籍归唐，唐朝封张议潮为归义军节度使。

869 年唐懿宗咸通十年

吐蕃地方贵族和平民发动臣下反上之乱。

877 年唐僖宗乾符四年

吐蕃各反叛势力攻占山南雅隆河谷，在琼结掘毁赞普王陵，赞普王室后裔四处逃亡，吐蕃王朝灭亡。

895 年唐昭宗乾宁二年

赞普朗达玛的曾孙吉德尼玛衮率众逃到阿里，其后裔在阿里和拉达克建立古格王朝、拉达克王朝。

911 年后梁太祖乾化元年

喇钦·贡巴饶赛在青海丹斗寺以当年从西藏逃来青海的佛教僧人藏·饶赛、约·格迥、玛·释迦牟尼等人为师受出家戒和比丘戒。

978 年宋太宗太平兴国三年

卢梅·喜饶楚臣等人在桑耶、噶迥寺授徒传法，佛教在西藏地区再度传播。被认为是藏传佛教后弘期开始之年。

1008 年宋真宗大中祥符元年

河州商人从西域带回吐蕃赞普后裔欺南陵温，被当地吐蕃各部拥戴为首领，称"唃厮啰"。

1015 年宋真宗大中祥符八年

宗喀（宗哥）僧人李立遵及部落首领等尊"唃厮啰"为赞普，移居宗哥城。

1055 年宋仁宗至和二年

仲敦巴集合阿底峡的弟子们在聂塘举行阿底峡周年共祭法会，并为阿底峡塑像建塔。约在此年素尔波且·释迦迥乃兴建邬巴隆寺，宁玛派开始形成。

1057 年宋仁宗嘉祐二年

仲敦巴率阿底峡门徒到热振地方兴建热振寺，噶当派开始形成。

1065 年宋英宗治平二年

唃厮啰去世，其子董毡袭位，宋朝封他为检校太保。

1073 年宋神宗熙宁六年

款（昆）·官却杰波在仲曲河边兴建萨迦寺，萨迦派开始形成。

1082 年宋神宗元丰五年

宋朝以董毡派兵助宋攻西夏有功，加封他为武威郡王。

1099 年宋哲宗元符二年

宋朝趁唃厮啰政权出现内争，派兵攻取河湟地区。

1109 年宋徽宗大观三年

达波拉杰拜米拉日巴为师，由此开始形成噶举派。

1121 年宋徽宗宣和三年

达波拉杰修建岗波寺，由此传出达波噶举支派。

1131 年宋高宗绍兴元年

金朝灭亡北宋后派兵西进，攻占河湟地区。

1136 年宋高宗绍兴六年

西夏派兵攻取湟水流域，占领西宁等地。

1147 年宋高宗绍兴十七年

都松钦巴·却吉扎巴在康区兴建噶玛丹萨替寺，由此开始传出噶玛噶举派。

1158 年宋高宗绍兴二十八年

帕木竹巴兴建丹萨替寺，由此传出帕竹噶举。

1175 年宋孝宗淳熙二年

贡塘喇嘛尚在拉萨东北兴建蔡寺，后来又在其附近建贡塘寺，由此传出蔡巴噶举派。

1180 年宋孝宗淳熙七年

达垅塘巴扎西贝在拉萨北面兴建达垅寺，由此传出达垅噶举派。

1189 年宋孝宗淳熙十六年

都松钦巴在堆龙河谷西面兴建楚布寺，成为噶玛噶举派的主寺。

1206 年宋宁宗开禧二年

雅桑巴·却吉门朗建雅桑寺，由此发展出雅桑噶举。

1221 年宋宁宗嘉定十四年

蔡巴噶举派僧人藏巴东库哇从西夏去蒙古，会见成吉思汗，这是藏传佛教的僧人最早与蒙古首领接触。

1239 年宋理宗嘉熙三年

蒙古皇子阔端派部将多达（多答）率兵入藏。

1240 年宋理宗嘉熙四年

蒙古军到达西藏，在热振、杰拉康击败西藏僧俗的武装反抗，使全藏震动。以止贡寺京俄扎巴迥乃为首的各派首领纷纷归顺蒙古军。

1244 年宋理宗淳祐四年

萨迦班智达·贡噶坚赞接到阔端的邀请诏书，于年底动身前往凉州。

1246 年宋理宗淳祐六年蒙古定宗元年

萨迦班智达·贡噶坚赞携其侄八思巴·洛追坚赞、恰那多吉抵达凉州。

1247 年宋理宗淳祐七年蒙古定宗二年

萨迦班智达在凉州与阔端举行会见，双方议定西藏归附蒙古的各种事宜。萨迦班智达致函西藏各地僧俗首领，劝说他们缴纳贡赋、呈报户籍，降附蒙古汗国。

1251 年宋理宗淳祐十一年蒙古宪宗元年

萨迦班智达在凉州去世，八思巴继任为萨迦派教主。

1252 年宋理宗淳祐十二年蒙古宪宗二年

蒙哥在西藏地方开始清查户口，并设立万户。

1253 年宋理宗宝祐元年蒙古宪宗三年

忽必烈奉命率兵穿越甘青川藏区南征云南大理，在驻兵六盘山时，派人去凉州召请八思巴会见。

1254 年宋理宗宝祐二年蒙古宪宗四年

忽必烈奉命从大理军中北返，会晤噶玛拔希和从康区折回的八思巴。后噶玛拔希应召成为蒙哥汗及阿里不哥的上师。八思巴随忽必烈到开平府。

1257 年宋理宗宝祐五年蒙古宪宗七年

八思巴到山西五台山巡礼，并写诗赞颂。

1258 年宋理宗宝祐六年蒙古宪宗八年

忽必烈奉蒙哥汗之命，在开平召集释道辩论《老子化胡经》真伪，八思巴作为佛教重要首领参加，获胜。

1260 年宋理宗景定元年元世祖中统元年

忽必烈即即蒙古大汗位，封八思巴为国师。噶玛拔希因有支持阿里不哥与忽必烈争位的嫌疑而被监禁。

1264 年宋理宗景定五年元世祖至元元年

设立总制院，管理全国佛教事务，以八思巴领总制院事。答失蛮往西藏建立驿站。

1265 年宋度宗咸淳元年元世祖至元二年

八思巴等返抵萨迦。八思巴主持建立西藏行政体制，划分卫藏 13 万户，以萨迦本钦总领。

1266 年宋度宗咸淳二年元世祖至元三年

八思巴仿照蒙古帐殿制度，设立 13 种私人职官。

1268 年宋度宗咸淳四年元世祖至元五年

朝廷派阿滚、弥林与乌斯藏军民万户释迦桑布调查西藏地区百姓户口，并确定应驿、纳税制度。八思巴命本钦释迦桑布征集卫藏 13 万户人力兴建萨迦大殿（萨迦南殿）。

1269 年宋度宗咸淳五年元世祖至元六年

八思巴抵大都，献所制蒙古新字。元朝将河州从巩昌总帅府划归吐蕃宣慰司。奥鲁赤受封为西平王，出镇吐蕃。

1270 年宋度宗咸淳六年元世祖至元七年

忽必烈封八思巴为大元帝师，赐玉印。

1271 年宋度宗咸淳七年元世祖至元八年

忽必烈建国号大元。

1274 年宋度宗咸淳十年元世祖至元十一年

八思巴从临洮动身回萨迦。元朝命八思巴异母弟仁钦坚赞为帝师。

1275 年宋恭帝德祐元年元世祖至元十二年

元军渡长江攻南宋，八思巴在回藏途中上表向忽必烈祝贺元朝统一海内。忽必烈命安息王忙兀剌、诸王只必帖木儿、驸马长吉，分遣所部蒙古军从西平王奥鲁赤征吐蕃。八思巴返抵萨迦，为真金太子著《彰所知论》。

1277 年元世祖至元十四年

由真金太子代表忽必烈任施主，八思巴召集卫藏僧俗 10 万人在曲弥举行大法会。

1280 年元世祖至元十七年

八思巴在萨迦圆寂。桑哥率元朝军队入藏攻破甲若宗，处死本钦贡噶桑布。

1281 年元世祖至元十八年

八思巴的侄子达玛巴拉继任萨迦教主。因萨迦家族内争，忽必烈下令流放八思巴的侄子达尼钦波桑波贝到江南居住。

1285 年元世祖至元二十二年

忽必烈命达玛巴拉等藏汉高僧在大都勘校藏、汉文佛教典籍，编制《至元法宝勘同总录》。

1287 年元世祖至元二十四年

止贡派与萨迦派发生武装冲突。桑哥以尚书右丞相兼任总制院使。朝廷派和肃、乌努汗至吐蕃，第二次清查户口，调整大小驿站。

1288 年元世祖至元二十五年

元朝改总制院为宣政院，掌管全国佛教及藏族地区行政事务。

1290 年元世祖至元二十七年

忽必烈派镇西武靖王搠思监率兵入藏，与萨迦本钦阿迦伦合兵攻破止贡，烧毁止贡寺大殿。

1295 年元成宗元贞元年

止贡之变被平息。元成宗命胆巴国师住持大都大护国仁王寺。

1298 年元成宗大德二年

元成宗准许达尼钦波贝返回萨迦，命其繁衍后裔。

1299 年元成宗大德三年

镇西武靖王帖木儿不花在西藏巡查。

1322 年元英宗至治二年

任命绛曲坚赞任帕竹万户长。

1325 年元泰定帝泰定二年

元朝平定朵甘思参卜郎部落之乱，在朵甘思设置吐蕃等路宣慰使司都元帅府。改在河州的吐蕃宣慰使司都元帅府为吐蕃等处宣慰使司都元帅府。

1326 年元泰定帝泰定三年

以帝师兄索南桑布领西番三道宣慰司事。

1329 年元文宗天历二年

西藏地方帕木竹巴万户与雅桑万户展开争夺。

1344 年元顺帝至正四年

帕木竹巴万户与萨迦对抗。

1345 年元顺帝至正五年

宣政院派员到西藏建立新驿站，稳定阿里地方局势，并清查户口与赋税。

1346 年元顺帝至正六年至 1347 年元顺帝至正七年

萨迦内讧，家族分为 4 大拉章。

1349 年元顺帝至正九年

帕木竹巴万户控制西藏局势。

1354 年元顺帝至正十四年

绛曲坚赞攻占萨迦，建政于乃东。

1357 年元顺帝至正十七年

应绛曲坚赞之请，元朝封其为大司徒，并赐印信。宗喀巴·洛桑扎巴在青海湟中诞生。

1365 年元顺帝至正二十五年

大司徒绛曲坚赞的侄子释迦坚赞继任帕竹第悉。

1368 年元顺帝至正二十八年

元朝灭亡，明朝建立。

1372 年明太祖洪武五年

萨迦派摄帝师喃加巴藏卜、国公南喀丹巴等到南京朝见明太祖，明朝封喃加巴藏卜为炽盛佛宝国师，授乌斯藏政教首领 60 人官职，设乌斯藏、朵甘卫指挥使司。

1373 年明太祖洪武六年

明朝封帕竹政权的第悉释迦坚赞为灌顶国师。

1374 年明太祖洪武七年

帕竹第悉释迦坚赞的侄子扎巴绛曲以丹萨替寺的京俄兼任帕竹第悉。

1406 年明成祖永乐四年

明成祖封帕竹第悉扎巴坚赞为灌顶国师阐化王，并赐玉印、白金等。噶玛巴·得银协巴应明成祖召请，随太监侯显等人经青海、甘肃、陕西、河南、安徽，年底时乘船抵达南京。明成祖宴请于华盖殿。

1407 年明成祖永乐五年

明成祖封馆觉地方政教首领宗巴斡即南哥巴藏卜为灌顶国师护教王，封灵藏地方政教首领著思巴儿监藏为灌顶国师赞善王，均赐金印、诰命等。明成祖命阐化王、护教王、赞善王等重设驿站。噶玛巴·得银协巴受命在南京灵谷寺为明太祖夫妇念经荐福。

1408 年明成祖永乐六年

明成祖派人召请宗喀巴进京，宗喀巴派弟子释迦也失代表自己进京朝见。

1409 年明成祖永乐七年

由阐化王扎巴坚赞任施主，宗喀巴在拉萨大昭寺举行有数万僧俗参加的祈愿大法会，会后宗喀巴在拉萨东北建甘丹寺，标志格鲁派正式形成。

1410 年明成祖永乐八年

明成祖以太监侯显从西藏带回的藏文大藏经为底本，在南京刻印藏文大藏经，并分赠噶玛巴·得银协巴、宗喀巴、大慈法王等人。

1413 年明成祖永乐十一年

萨迦派首领贡噶扎西坚赞到南京朝见，明成祖封其为大乘法王。明成祖还封萨迦派首领南喀勒巴为辅教王，封止贡派首领领真巴儿吉监藏为阐教王。

1416 年明成祖永乐十四年

宗喀巴的弟子嘉央曲杰建哲蚌寺。

1418 年明成祖永乐十六年

江孜地方首领热丹贡桑帕巴建造巨幅缎制佛像，并在克珠杰等的协助下兴建江孜白居寺。

1419 年明成祖永乐十七年

释迦也失在拉萨北郊建色拉寺。

1434 年明宣宗宣德九年

明宣宗封释迦也失为大慈法王。

1440 年明英宗正统五年

明朝封帕竹第悉扎巴迥乃继任阐化王。

1444 年明英宗正统九年

宗喀巴的弟子喜饶桑波创建昌都强巴林寺。

1446 年明英宗正统十一年

且萨桑结坚赞向明朝请求"借袭"阐化王，得到明英宗批准。

1447 年明英宗正统十二年

根敦珠巴在琼结巴·班觉桑布资助下在日喀则建扎什伦布寺。

1469 年明宪宗成化五年

明宪宗遣使入藏封贡噶勒巴为阐化王。

1480 年明宪宗成化十六年

仁蚌巴·顿月多吉利用帕竹家族内争，进兵乃东，掌握帕竹政权的实权。

1490 年明孝宗弘治三年

噶玛噶举红帽系四世活佛却吉扎巴出任丹萨替寺京俄，代理帕竹政权政务，仁蚌巴·措杰多吉以丹萨替寺京俄的代表的身份在乃东掌管行政事务。

1498 年明孝宗弘治十一年

仁蚌巴·顿月多吉下令禁止格鲁派拉萨 3 大寺僧人参加拉萨正月祈愿大法会，长达 19 年。

1509 年明武宗正德四年

根敦嘉措在山南建曲科杰寺。

1512 年明武宗正德七年

明朝封阿旺扎西扎巴为阐化王。

1515 年明武宗正德十年

从本年开始，以帕竹第悉阿旺扎西扎巴为首的前藏地方首领和以仁蚌巴为首的后藏地方首领发生多年混战。

1517 年明武宗正德十二年

帕竹第悉阿旺扎西扎巴的支持者在江孜、南木林击败仁蚌巴的军队，格鲁派恢复拉萨正月祈愿大法会。根敦嘉措任哲蚌寺住持，从此历辈达赖喇嘛都要担任哲蚌寺住持。

1518 年明武宗正德十三年

根敦嘉措主持拉萨正月祈愿大法会。阐化王扎西扎巴将其在哲蚌寺的一座别墅赠给根敦嘉措作为住所，更名为甘丹颇章。

1525 年明世宗嘉靖四年

根敦嘉措兼任色拉寺住持，此后历辈达赖喇嘛照例担任色拉寺住持。

1557 年明世宗嘉靖三十六年

辛厦巴·次旦多吉联合江孜、拉堆绛等地方势力击败仁蚌巴。

1568 年明穆宗隆庆二年

云南丽江纳西族木氏土司占领巴塘、理塘一带，以巴塘为中心，建立得荣、盐井等宗，派官管理。

1578 年明神宗万历六年

哲蚌寺住持索南嘉措应邀抵达青海湖南岸，会见蒙古土默特部首领俺答汗，俺答汗赠给索南嘉措"圣识一切瓦齐尔达喇达赖喇嘛"名号，始有"达赖喇嘛"名号。因明朝官员邀请到甘州，向明朝上奏，受到封赏。

1579 年明神宗万历七年

索南嘉措按照明朝的要求劝说俺答汗率部众返回土默特，并派弟子东科尔活佛随俺答汗去蒙古，自己动身回藏。

1583 年明神宗万历十一年

索南嘉措行抵昌都时得到俺答汗去世的消息，应土默特部的邀请前往土默特。路过青海时在宗喀巴纪念塔旁边建弥勒殿，使塔尔寺初具规模。

1588 年明神宗万历十六年

明朝因土默特部顺义王奢力克的请求，派人到土默特，封索南嘉措为"朵儿只唱"，并召请他进京朝见。索南嘉措动身进京，途中在卡欧吐密地方圆寂。

1592 年明神宗万历二十年

格鲁派和蒙古土默特部王公认定俺答汗的一个曾孙为索南嘉措的转世，即四世达赖喇嘛·云丹嘉措。

1611 年明神宗万历三十九年

辛厦巴·丹松旺波之子噶玛彭措南杰继任后藏地区的第巴，史称第悉藏巴。

1614 年明神宗万历四十二年

云丹嘉措因僧众请求，担任哲蚌寺住持，同时兼任色拉寺住持。

1616 年明神宗万历四十四年

明朝派人进藏，在拉萨封云丹嘉措为"普持金刚佛"，并邀请他进京朝见。

1617 年明神宗万历四十五年

第悉藏巴的军队在拉萨大败支持格鲁派的第巴吉雪巴和蒙古的联军，哲蚌寺和色拉寺的数千僧人被杀，第悉藏巴下令禁止寻找达赖喇嘛·云丹嘉措的转世灵童。

1618 年明神宗万历四十六年

第悉藏巴·噶玛彭措南杰进兵雅隆，控制前后藏大部分地区，号称"藏堆杰波"，即"藏巴汗"。

1621 年明熹宗天启元年

第悉藏巴被迫同意归还哲蚌寺和色拉寺被没收的庄园和属民，并准许达赖喇嘛转世。

1622 年明熹宗天启二年

出身于山南琼结家族的罗桑阿旺嘉措被认定为五世达赖喇嘛。

1635 年明思宗崇祯八年

占据青海的蒙古喀尔喀部却图汗派其子阿尔斯兰领兵进藏支持第悉藏巴和噶玛噶举派反对格鲁派，阿尔斯兰进藏后转变计划，派兵攻打第悉藏巴。

1637 年明思宗崇祯十年

信奉格鲁派的卫拉特蒙古和硕特部首领固始汗因格鲁派的请求，率兵从新疆南下青海，一举攻灭却图汗。固始汗带领少数随从到拉萨会见五世达赖喇嘛·罗桑阿旺嘉措和四世班禅，双方互赠名号，五世达赖喇嘛赠给固始汗的名号为"丹增却吉杰波"（持教法王）。

1639 年明思宗崇祯十二年

固始汗进兵康区，攻灭敌视格鲁派的白利土司，并将云南丽江木土司的势力逐出理塘、巴塘。西藏各地方势力首领联合派戴青曲杰为代表到沈阳去与清朝建立关系。

1642 年明思宗崇祯十五年

固始汗在格鲁派的配合下率兵进藏，攻破桑珠孜（今日喀则），俘获并处死第悉藏巴束。蒙古和硕特部与格鲁派联合建立甘丹颇章政权。

1643 年明思宗崇祯十六年

因受第悉藏巴的支持者和噶尔巴家族发动反对固始汗和格鲁派的战乱的牵连，十世噶玛巴黑帽系活佛却英多吉被迫逃往云南丽江。

1644 年清世祖顺治元年

西藏使者戴青曲杰等返回拉萨，带来清朝皇帝的书信和礼品。清军入关。固始汗、五世达赖喇嘛、四世班禅等遣使到北京祝贺清朝顺治皇帝登上中原的皇位。

1645 年清世祖顺治二年

五世达赖喇嘛决定动工兴建布达拉宫，并举行奠基仪式。

1647 年清世祖顺治四年

蒙藏联军进攻不丹，先胜后败，约和而还。

1652 年清世祖顺治九年

五世达赖喇嘛从拉萨起程进京朝见，年底到达北京。

1653 年清世祖顺治十年

五世达赖喇嘛离京返藏，行至岱海（岱嘎、代噶）时，顺治皇帝遣使册封五世达赖喇嘛名号，赐金册、金印。派使臣入藏册封固始汗为"遵行文义敏慧固始汗"，赐金册、金印。

1659 年清世祖顺治十六年

十世噶玛巴黑帽系活佛却英多吉从云南丽江派人到北京，向清朝皇帝进贡。

1660 年清世祖顺治十七年

顺治皇帝派使者到云南，赐给却英多吉敕书和印章。

1679 年清圣祖康熙十八年

西藏与拉达克发生战争。桑结嘉措制定《十二法》。

1681 年清圣祖康熙二十年

蒙藏军在拉达克取得战争胜利。

1682 年清圣祖康熙二十一年

五世达赖喇嘛·罗桑阿旺嘉措在布达拉宫圆寂，第巴桑结嘉措隐匿消息，并以五世达赖喇嘛的名义处理政教事务。

1686 年清圣祖康熙二十五年

第巴桑结嘉措派人秘密认定仓央嘉措为五世达赖喇嘛的转世，安置在措那宗居住。

1690 年清圣祖康熙二十九年

第巴桑结嘉措主持建成布达拉宫的红宫部分。

1694 年清圣祖康熙三十三年

康熙皇帝封第巴桑结嘉措为"掌瓦赤喇怛喇达赖喇嘛教弘宣佛法王"，并赐金印。第巴桑结嘉措在康熙皇帝的责问下，在布达拉宫内为五世达赖喇嘛兴建灵塔，于次年举行开光仪式。

1697 年清圣祖康熙三十六年

第巴桑结嘉措向康熙皇帝奏报寻访五世达赖喇嘛的转世灵童的情形，经康熙皇帝同意后，在布达拉宫坐床。康熙皇帝派二世章嘉活佛到拉萨看视转世灵童坐床，即六世达赖喇嘛·仓央嘉措。

1704 年清圣祖康熙四十三年

康熙皇帝派侍卫拉锡等到青海，探访黄河河源。

1705 年清圣祖康熙四十四年

第巴桑结嘉措与蒙古和硕特部汗王拉藏汗发生冲突，第巴桑结嘉措兵败被杀。

1706 年清圣祖康熙四十五年

六世达赖喇嘛·仓央嘉措被拉藏汗废黜，解送北京，行至青海湖边时去世。拉藏汗立阿旺意希嘉措为达赖喇嘛，拉萨 3 大寺部分僧人和青海蒙古一些首领不予承认。

1709 年清圣祖康熙四十八年

康熙皇帝派遣侍郎赫寿前往拉萨，办理西藏事务。

1713 年清圣祖康熙五十二年

康熙皇帝封五世班禅·洛桑意希为"班禅额尔德尼"，并赐诏书、金印。

1717 年清圣祖康熙五十六年

卫拉特蒙古准噶尔部首领策妄阿拉布坦与拉藏汗联姻，借送女之名偷袭西藏，击杀拉藏汗，废黜拉藏汗所立的达赖喇嘛·阿旺意希嘉措。康济鼐、颇罗鼐等人在阿里、后藏起兵，阿尔布巴等人在工布起兵，反抗准噶尔军。

1718 年清圣祖康熙五十七年

康熙皇帝命额伦特率兵数千入藏驱逐准噶尔军，行至藏北那曲，与准噶尔军交战，全军覆没。

1720 年清圣祖康熙五十九年

康熙皇帝派皇十四子胤禵到青海塔尔寺，封青海蒙古首领承认的格桑嘉措为达赖喇嘛，即七世达赖喇嘛·格桑嘉措。清军在青海蒙古各部的配合下，由都统延信率兵进军西藏，护送格桑嘉措到拉萨坐床。

1721 年清圣祖康熙六十年

清军抵拉萨，康熙皇帝封康济鼐为贝子，与阿尔布巴、隆布鼐共同掌管西藏政务。青海蒙古亲王罗卜藏丹津发动反清之乱。

1724 年清世宗雍正二年

清朝在平定罗卜藏丹津反清之乱后，制定《青海善后事宜十三条》和《禁约青海十二事》，正式设立"钦差办理青海蒙古番子事务大臣"，即西宁办事大臣。雍正皇帝赐给七世达赖喇嘛金册、金印，封颇罗鼐、扎尔鼐为台吉，封七世达赖喇嘛之父为公爵。

1726 年清世宗雍正四年

清朝派员在青海湖南岸召集青海蒙藏各部首领会盟祭海，清查蒙藏各部人口，划分青海蒙古为 29 旗，各旗设扎萨克管理，藏族部落设置千户、百户管理。又命都统鄂齐、四川提督周瑛、云南提督郝玉麟等划分四川、云南、西藏地界，宁静山以东属四川，宁静山以西属西藏，宁静山以南中甸、迪庆等地属云南。

1727 年清世宗雍正五年

西藏统治集团内部发生内争，阿尔布巴、隆布鼐、扎尔鼐合伙杀害康济鼐，颇罗鼐逃到后藏，前后藏发生战乱。清朝派大臣驻藏办事。

1728 年清世宗雍正六年

颇罗鼐战胜阿尔布巴等，清军到拉萨后，处死阿尔布巴等，命颇罗鼐掌管西藏政务。雍正皇帝下令将七世达赖喇嘛迁移到康区噶达地方，并建泰宁寺供其居住。

1734 年清世宗雍正十二年

雍正皇帝派果亲王允礼和章嘉活佛·若必多吉到泰宁寺看望七世达赖喇嘛。

1735 年清世宗雍正十三年

雍正皇帝命副都统福寿和章嘉活佛若必多吉等护送七世达赖喇嘛返回拉萨。清朝撤销西宁、洮州、河州、甘州等茶马司。

1740 年清高宗乾隆五年

乾隆皇帝封颇罗鼐为郡王。

1744 年清高宗乾隆九年

乾隆皇帝命章嘉活佛·若必多吉主持，将雍正皇帝即位前的住所雍和宫改建为藏传佛教寺院，并命七世达赖喇嘛从西藏派遣僧人到雍和宫担任扎仓堪布。

1747 年清高宗乾隆十二年

颇罗鼐去世，其子珠尔墨特那木扎勒承袭郡王爵位。

1750 年清高宗乾隆十五年

拉萨发生珠尔墨特那木扎勒之乱，驻藏大臣傅清、拉布敦杀珠尔墨特那木扎勒，珠尔墨特那木扎勒亲信党羽杀害驻藏大臣。清廷在北京和拉萨分别建"双忠祠"，派官员春秋致祭。

1751 年清高宗乾隆十六年

乾隆皇帝制定《藏内善后十三条章程》，命七世达赖喇嘛掌管西藏政教。其下设立 4 名噶伦，办理行政事务，组成噶厦，由达赖喇嘛和驻藏大臣共同领导。

1752 年清高宗乾隆十七年

七世达赖喇嘛新设布达拉宫译仓，作为办理达赖喇嘛文书往来的机构。

1754 年清高宗乾隆十九年

七世达赖喇嘛设立布达拉宫僧官学校。建罗布林卡的格桑颇章。

1757 年清高宗乾隆二十二年

七世达赖喇嘛去世，乾隆皇帝命第穆活佛·德勒嘉措出任摄政，派章嘉活佛·若必多吉入藏主持办理认定七世达赖喇嘛的转世灵童等事务。

1759 年清高宗乾隆二十四年

乾隆皇帝赐给第穆活佛·德勒嘉措封诰及银印。

1779 年清高宗乾隆四十四年

六世班禅到热河朝见乾隆皇帝，祝贺乾隆皇帝 70 寿辰。

1780 年清高宗乾隆四十五年

六世班禅在北京因痘症圆寂。

1788 年清高宗乾隆五十三年

廓尔喀军侵扰后藏。

1791 年清高宗乾隆五十六年

廓尔喀军再次侵扰后藏，抢掠扎什伦布寺。

1792 年清高宗乾隆五十七年

清朝增派福康安率领大军入藏反击廓尔喀军，乾隆皇帝派人入藏管理铸造西藏钱币。在拉萨磨盘山建关帝庙。

1793 年清高宗乾隆五十八年

清军攻入廓尔喀，廓尔喀投降议和。清朝制定《钦定藏内善后二十九条章程》。

1830 年清宣宗道光十年

按照驻藏大臣传达的旨意，噶厦派人清查西藏各地的差税负担，编写成《铁虎清册》。

1835 年清宣宗道光十五年

波密头人抗拒交纳差税，噶厦派兵镇压。

1841 年清宣宗道光二十一年

森巴军进犯阿里，西藏出兵反击。

1862 年清穆宗同治元年

哲蚌寺为法会布施分配发生骚乱，摄政热振活佛逃往内地，夏扎·旺曲杰波出任摄政。

1888 年清德宗光绪十四年

英帝国主义者侵略帕里地区，西藏军民首次抗英战争。

1904 年清德宗光绪三十年藏历第十五饶迥木龙年

英军侵略西藏，西藏军民在江孜英勇抵抗，失败。十三世达赖喇嘛逃离拉萨去外蒙古库伦，英军进入拉萨，强迫订立《拉萨条约》，共 10 条。

1906 年清德宗光绪三十二年

十三世达赖喇嘛从外蒙古回藏，行至青海塔尔寺奉旨停止，等候进京。中英在北京订立《中英关于西藏的第二次条约》，共 8 条。以 1904 年《拉萨条约》为"附约"。清朝任命赵尔丰为川滇边务大臣，在康定、巴塘等地实行"改土归流"。

1907 年清德宗光绪三十三年

清朝派张荫棠进藏"查办藏事"，推行多项改良措施。

1908 年清德宗光绪三十四年

十三世达赖喇嘛进京朝见光绪帝及慈禧太后。

1910 年清宣统帝宣统二年

清朝所派川军抵拉萨，十三世达赖喇嘛出逃印度。

1911 年清宣统帝宣统三年

在藏川军与西藏军民冲突，拉萨形势混乱。

1912 年民国元年

清朝灭亡，中华民国建立。川军交出武器，经印度由海道返回。十三世达赖喇嘛年底返回拉萨。

1913 年民国二年

在英国压力下，中、英、西藏派代表在西姆拉召开会议。历时 8 个月，会谈破裂，未达成协议。

1919 年民国八年

北洋政府派朱绣等入藏，会见十三世达赖喇嘛。

1923 年民国十二年

九世班禅从日喀则出走，次年抵甘肃安西。再经兰州、西安到北京，后来又到东北、内蒙古等地传法。

1928 年民国十七年

国民党在南京成立国民政府，设立蒙藏委员会。班禅驻京办事处成立。

1933 年民国二十二年

十三世达赖喇嘛圆寂。

1934 年民国二十三年

热振活佛出任摄政，国民政府特派专使黄慕松进藏致祭十三世达赖喇嘛，设立蒙藏委员会驻拉萨办事处。

1936 年民国二十五年

红军长征途中二、四方面军经过甘孜，成立博巴自治政府。

1937 年民国二十六年

九世班禅于进藏途中，在青海玉树圆寂。

1939 民国二十八年

在青海寻访的十三世达赖喇嘛的转世灵童抵达拉萨。西康省成立。

1940 年民国二十九年

十四世达赖喇嘛在布达拉宫坐床，国民政府特派蒙藏委员会委员长吴忠信为专使入藏主持。摄政热振活佛辞职，达扎活佛继任摄政。

1944 年民国三十三年

英印政府以武力强占达旺地区。

1947 年民国三十六年

原摄政热振活佛被噶厦逮捕，死于狱中。

1949 年民国三十八年

中华人民共和国成立。十世班禅在青海塔尔寺坐床。

1950 年 10 月

人民解放军进行昌都战役歼灭阻挡西藏解放的藏军主力。西康省藏族自治区成立。

1951 年

中央人民政府代表团与西藏地方政府代表团经过谈判，在北京签订《中央人民政府和西藏地方政府关于和平解放西藏办法的协议》（即《十七条协议》）。西藏地方政府召开僧俗官员会议，决定拥护《关于和平解放西藏办法的协议》，人民解放军进驻拉萨，十四世达赖喇嘛致电毛泽东主席，表示拥护关于和平解放西藏办法的协议，西藏和平解放。

附　录

一　清朝治理西藏地方的方略与制度

清朝未立国以前就与藏传佛教发生了密切的联系，努尔哈赤、皇太极均对来自西藏、活跃在蒙古地区的喇嘛高僧予以优礼，兴建寺庙供其安禅，布施供养让其弘法，同时对他们在蒙古地区所获得的崇信加以利用，起到安定社会、赢得民心的作用。早在崇祯十二年（1639年），"大清国宽温仁圣皇帝（清太宗）致书图白忒汗：自古释氏所制经典，宜于流布，朕不欲其泯灭不传，故特遣使，延致高僧，宣扬法教。尔图白忒之主，振兴三宝，是所乐闻。倘即敦遣前来，朕心嘉悦，至所以延请之意，俱令所遣额尔德尼达尔汉格隆、察汉格隆……使臣口述"。同时致书五世达赖喇嘛（即掌佛法大喇嘛，1617～1682年）"朕不忍古来经典泯灭不传，故特遣使延致高僧，宣扬佛教，利益众生，惟尔意所愿耳。其所以延请之意，俱令使臣口述"①。明崇祯十五年（1642年）五世达赖喇嘛、四世班禅额尔德尼（1570～1662年）的使臣伊拉古克三呼图克图来盛京（辽宁沈阳）会晤皇太极。次年使者返回时，皇太极派人随同前往，并分别致书达赖、班禅，重申弘扬佛教之意。②顺治八年（1652年），五世达赖喇嘛应邀率领三千官员和侍从等前往北京会晤顺治皇帝，次年返回行抵岱噶（代噶、岱海，今内蒙古凉城县境内）地方，清朝派使者授其"西天大善自在

---

① 《清太宗实录》卷四九。
② 王先谦：《东华录》崇德八年。

佛所领天下释教普通瓦赤喇怛喇达赖喇嘛"名号，并授金册金印。同时，封授管理西藏地方军政事务的和硕特蒙古汗王图鲁拜琥（1582～1655年）"遵行文义敏慧固始汗"，逐步确立了对西藏地方的统治和管理。清朝对西藏地方的治理是在不断探索和不断发展中趋向完善的，是一个动态的过程，有许多经验可以借鉴。

（一）明确管理地方的指导思想

清朝在管理边疆地区过程中，特别是在管理西藏地方事务中，逐渐明确了一些管理原则，形成了一套管理理念和思想，主要包括以下几点。

1. 因俗而治

历代中央王朝或者中原政权，在对边疆地区实施行政管辖的过程中，逐渐形成一种占主流的观念，即采取因俗而治，也就是因地制宜，根据当地自然地理、历史发展、宗教文化、风俗习惯等特点，制定有别于内地，具有地域特色的管理政策和制度。顺治二年（1645年）强调对新疆地区采取"一切政治，悉因其俗"的方针。① 乾隆皇帝时遵循历史和祖训，倡导"从俗从宜"。② 被清代学者总结为"修其教，不易其俗；齐其政，不易其宜"③。因此，清朝在保证国家统一，政令畅通的前提下，在西藏地方采取了与西北、北方和东北边疆地区类似，又不同于内地的驻藏大臣制度，在中央则设理藩院统一管理这些地区的事务，西藏得以保存诸多区域与民族特点。

2. 振兴黄教

清朝初年经营的重点尚在蒙古地区，针对蒙古地区信奉藏传佛教格鲁派（黄教），而格鲁派又广泛而深刻地影响着这一地区的政治、经济、文化和生活的情况，把重视从黄教入手来实现对蒙古地区的行政治理，作为一种有效途径。用乾隆皇帝的话来说，就是"兴黄教，即所以安众蒙古，所系非小，故不可不保护之"④。而清朝建立之时，也恰恰是和硕特蒙古帮助格鲁派打败藏巴汗和噶玛噶举派势力，成为在西藏地方占据统治地位的

---

① 《清世祖实录》卷五一。

② 《清高宗实录》卷一〇一七。

③ 祁韵士：《皇朝藩部要略》序。

④ 乾隆皇帝：《喇嘛说》。

教派之时，在固始汗的支持下，各路不断扩大影响和控制能力，在西藏地方处于压倒性优势地位。只有重视发挥黄教的作用，才能安定人心，维护地区稳定。

3. 扶持与分治

顺治十年四月丁巳（1653 年 5 月 18 日），清朝遣礼部尚书觉罗郎球、理藩院侍郎席达礼等前往岱噶，封赠朝觐顺治帝后踏上返程的五世达赖喇嘛金册、金印，文用满、汉、藏①，正式明确达赖喇嘛的宗教地位。康熙五十二年正月戊申（1713 年 2 月 24 日）又"谕理藩院：'班禅胡土克图，为人安静，熟谙经典，勤修贡职，初终不倦，甚属可嘉。著照封达赖喇嘛之例，给以印册，封为班禅额尔德尼'"②。明确提升班禅额尔德尼的宗教地位，使其与达赖喇嘛平等。清朝最初的用意是在达赖喇嘛年幼、西藏地方多事之秋，有人能够驾驭局势，安定地方社会，并使业已具有崇高宗教影响的班禅额尔德尼，拥有政治权力，担任这一角色；在达赖喇嘛成年后，也能在后藏地区主持政教事务，与主持前藏地区事务的达赖喇嘛相互扶持，遥相呼应，最大限度地保障地方的稳定。后来，随着西藏地方局势的复杂化，这一举措也有"众建而分其力"③的功能，在清朝中后期尤其突出。

4. 恩威并举

对于西藏地方上层政教首领，包括达赖喇嘛、班禅额尔德尼和摄政等，清朝中央政府一方面授权管理他们地方政教事务，给予崇高的礼遇和优抚，授名号、优恩宠、予特权，赏赐大批金银、丝绸、茶叶和珍贵礼品。另一方面也严格要求，从不姑息放纵，把宗教上的尊崇和行政上的管理约束结合起来，让看似矛盾的一对统一起来，并通过章程制度给予明确，使其有所遵循，按章办事。清朝初年对六世达赖喇嘛·仓央嘉措的处置，清朝末年对十三世达赖喇嘛两度剥夺名号，都属此列。乾隆五十六年（1791 年），廓尔喀人讨要赎地银两，再度大举入侵后藏，廓尔喀兵洗劫扎什伦布寺，把抢掠的金银财宝通过聂拉木运出境外。皇帝颁赐给班禅额尔

---

① 《清世祖实录》卷七四；五世达赖喇嘛阿旺洛桑嘉措：《五世达赖喇嘛传》上册，陈庆英、马林、马连龙译，中国藏学出版社，2006，第 252 页。
② 《清圣祖实录》卷二五三。
③ 昭梿：《啸亭杂录》卷三。

德尼的金册也在其中，福康安当面告知班禅额尔德尼，"以大皇帝恩赏金册，自当奉为世宝，今尔等不能保守，本有应得重罪"，因鉴于七世班禅（bstan-pavi nyi-ma，1782－1853 年）年幼而没有处分。① 这让西藏地方政教首领在著有政绩时有所激励，处置失当时有所警示，保持积极的精神状态来处理西藏地方政教大事，恪尽职守。

（二）建立和完善地方行政管理体制

1. 分别册封政教首领

明崇祯十一年（1638 年），住牧于今新疆的和硕特蒙古首领图鲁拜琥伪装成香客至拉萨，会见五世达赖喇嘛和四世班禅额尔德尼，五世达赖为他举行了隆重的法会，还授予他"固始·丹增却吉嘉波"的称号，意为"国师·持教法王"（蒙语称"固始·诺门汗"）。清崇德六年（1641 年）固始汗突袭西藏，并于次年攻占日喀则，灭藏巴汗政权。顺治二年（1645 年），固始汗赠四世班禅额尔德尼·罗桑却吉坚赞"班禅博克多"尊号。

顺治十年（1653 年），清朝在册封五世达赖喇嘛宗教名号的同时，也派人封赠固始汗"遵行文义敏慧固始汗"。蒙古汗王与西藏地方地方格鲁派宗教领袖之间互赠封号习以为常，而清朝分别封赠西藏地方宗教首领和军政首领，则具有非同一般的意义：它是朝廷对地方政教领袖的单方面封赏；分别授予他们政、教权力。既说明清廷对地方政教权力的安排，也是西藏地方接受清朝中央管理的证明。

2. 噶伦主政

固始汗和五世达赖喇嘛在时，由于形成了既定的管理模式，西藏地方相对安定。固始汗去世后，五世达赖喇嘛扩大其行政权力，并任命第巴桑结嘉措（sangs rgyas rgya mtsho，1653－1705 年）掌管行政事务，逐渐与和硕特蒙古汗王发生冲突，最后兵戎相见，还导致准噶尔蒙古入藏为乱。先是桑结嘉措被拉藏汗（？～1717 年）诱杀；康熙五十六年（1717 年），拉藏汗也被准噶尔部策妄阿拉布坦杀害。康熙六十年（1721 年），朝廷鉴于

---

① 《福康安等奏回师路过后藏七世班禅欢忭请安并称对将来新定章程惟当实力奉行折》，乾隆五十七年（1792 年）十月初七日，《元以来西藏地方与中央政府关系档案资料汇编》（3），中国藏学出版社，1994，第 769～770 页。

在驱除准噶尔蒙古兵的过程中，"空布（工布）地方之第巴阿尔布巴首先
效顺，同大兵前进取藏；阿里地方之第巴康济鼐与准噶尔为仇，截夺准噶
尔之人，又截准噶尔兵回路；第巴隆布奈（隆布鼐）亲身归服"等情，请
皇帝定夺是否授以封号。得旨，第巴阿尔布巴、第巴康济鼐授为贝子，第
巴隆布奈著授为辅国公。① 三人共同掌握地方政权。雍正三年（1725 年）
十一月议政大臣等议复"康济鼐、阿尔布巴既封为贝子，管理西藏事务，
请令康济鼐总理，阿尔布巴协理，颁给敕谕，晓谕唐古特人等，尽令遵奉
二人约束，庶免扰乱之患"②。这里提到主持地方事务的噶伦只有两位，而
且将原来排名第一的阿尔布巴换成了康济鼐。藏文档案中提道："贝子康
济鼐暨阿尔布巴、公隆布鼐、札萨头等台吉颇罗鼐、札尔鼐等五人，原无
噶伦职衔，然因竭力效劳，地位高，为区别于别人，特简授贝子康济鼐为
总理，噶伦阿尔布巴为协理，著二人掌办藏事。"③ 七世达赖喇嘛曾上奏皇
帝，请朝廷派官员指导西藏地方事务。雍正四年（1726 年）正月皇帝谕令
达赖喇嘛："尔喇嘛奏请之前，朕以藏务重要，噶伦中不可无总理之人，
故特颁敕谕，著贝子康济鼐为总理，阿尔布巴为协理，与众噶伦同心办
事。……康济鼐等办理藏务，与朕所派官员无异，且藏、卫等地与川、滇
交界，每年遣使往来不绝，即可探知诸事。日后若需遣官办理之事，即可
派员前往。"④ 或者是由于阿尔布巴对自己地位变化的不满，或者是因为康
济鼐独断专行，双方发生矛盾，最后导致双方发生剧烈的冲突。七世达赖
喇嘛的父亲索南达杰（索诺木达尔扎）也参与其中，他既是阿尔布巴的母
舅，又纳噶伦隆布鼐之女为妾，于是他们联合起来，在雍正五年（1727
年）将首席噶伦康济鼐在大昭寺杀害。噶伦主政制面临一次重大危机。

---

① 《谕授阿尔布巴康济鼐为贝子隆布奈为辅国公》，康熙六十年（1721 年）三月二十八日，
《元以来西藏地方与中央政府关系档案资料汇编》（2），中国藏学出版社，1994，第336 ~
337 页。

② 《清世祖实录》卷三八。

③ 《谕达赖喇嘛赏赐土地及委任噶伦》，《西藏档案馆藏藏文档案》，雍正三年（1725 年）十
一月，《元以来西藏地方与中央政府关系档案资料汇编》（2），中国藏学出版社，1994，
第365 ~ 366 页。

④ 《敕谕七世达赖喇嘛复其请派官员指导事务以康济鼐等办理藏务与中央官员无异》，雍正
四年（1726 年）正月二十五日，《元以来西藏地方与中央政府关系档案资料汇编》（2），
中国藏学出版社，1994，第369 ~ 370 页。

3. 郡王主政

颇罗鼐（Po lha nas，琐南多结，1689－1747 年），曾担任首席噶伦康济鼐的助手，被朝廷授以台吉，与其他四位噶伦共同掌办西藏地方事务。康济鼐被杀后，颇罗鼐在率领后藏和阿里地区武装进行抵抗之外，上奏朝廷认为："达赖喇嘛、索诺木达尔扎（索南达杰）、贝子阿尔布巴、公隆布鼐、扎萨克台吉扎尔鼐等五人，互为至亲谅皇上必有所闻。癸卯年（1723年），该五人率领卫、工布地方众人，于喇木齐（小昭寺）佛前誓曰：除达赖喇嘛外，不跟随其余喇嘛、诺颜及任何人等语。视其誓词，似有抵制大皇帝之势。""伊等极恨铭记圣主旨意、勤勉办事之康济鼐，遂于六月十八日，以贝子阿尔布巴、公隆布鼐、台吉扎尔鼐、达赖喇嘛近侍数人及阿尔布巴之婿阿尔布罗卜藏等为首，率兵五百突至，杀害康济鼐本身、二妻、弟并唐古特、蒙古八十余名。以达赖喇嘛近侍八人为首，潜遣兵五百，欲杀台吉颇罗鼐，觉之，拒战获胜，尽戮其人。"最后，颇罗鼐认为："以臣之意，该达赖喇嘛无论住任何处，于众生无益，惟圣主鉴之。阿尔布巴、隆布鼐、扎尔鼐等，对感激圣主仁恩、矢志报效之康济鼐及扎萨克台吉颇罗鼐心怀不满，伊等背逆圣主，杀害康济鼐等罪，应即正法。"[①] 而达赖喇嘛派出的使者阿旺罗卜藏所说的情况完全不同，不仅提到康济鼐不感激皇上圣恩，不尊敬达赖喇嘛，还擅自侵吞公物，"他家喂马、造饭、挑水、烧火一日用至三百人，图伯忒（西藏）人等甚被苦累"。宣称康济鼐还与准噶尔、罗卜藏丹津等有瓜连，并且有谋害众噶伦之心，所以才被杀死。[②]

在清朝派大军进入西藏之时，颇罗鼐率领的阿里和后藏军队取得了重大胜利，将阿尔布巴、隆布鼐和扎尔鼐等全部拿获，经过吏部尚书查郎阿、驻藏副都统马喇、大学士僧格等审讯，或者凌迟处死，或者处以斩首，于雍正六年九月三十日，"传集藏地碟巴（第巴）、喇嘛以及商贾人

---

① 《颇罗鼐陈报阿尔布巴等杀害康济鼐奏书》，雍正五年（1727 年）七月，《元以来西藏地方与中央政府关系档案资料汇编》（2），中国藏学出版社，1994，第 381～382 页。
② 《岳锺琪等奏报询据达赖喇嘛听差阿旺罗卜藏关于康济鼐被杀情由并请示准否允其进京折》，雍正五年（1727 年）八月二十二日，《元以来西藏地方与中央政府关系档案资料汇编》（2），中国藏学出版社，1994，第 384～386 页。

民，宣布皇上天威，历数各凶罪状，分别重轻，悉正典刑"①。

雍正六年（1728 年）十二月底，朝廷让颇罗鼐推荐两名噶伦，朝廷原想本让颇罗鼐管理后藏，这两位新噶伦管理前藏，但是觉得局势初定，怕新噶伦难以驾驭，而颇罗鼐"办理噶隆事务，为人心服，查前藏、后藏相离不远，事可兼办……暂令颇罗鼐统管前藏、后藏"。同时，朝廷封颇罗鼐为贝子。② 这一兼办的局面就一直持续下去。乾隆四年（1739 年）十二月十三日，皇帝颁布谕旨："西藏贝勒颇罗鼐遵奉谕旨，敬信黄教，振兴经典，练兵防卡，甚属黾勉，著加恩晋封为郡王。"③ 颇罗鼐去世后，朝廷开恩让他的第二子珠尔默特那木扎勒继承郡王名号，继续总理西藏地方事务，直到其发生叛乱被驻藏大臣傅清、拉布敦诛杀，朝廷又废除了这一制度。当初在珠尔默特那木扎勒发生暴乱的危急时刻，驻藏大臣和达赖喇嘛都曾临时让噶伦公班智达（班第达）担负掌管西藏地方全权职责，乱后他也有心获得郡王封号，经朝廷反复开导教育，年轻的班智达明白一人独当西藏地方大权，难以周全，以前车之鉴，封王对个人家庭未必是好事，欣然遵从了朝廷的安排，继续担任噶伦。西藏地方行政管理体制再次发生改变。

4. 达赖喇嘛和驻藏大臣掌控下的噶厦

在康济鼐被众噶伦杀害事件中，颇罗鼐认定达赖喇嘛和他的父亲索诺木达尔扎（索南达杰）参与其事，并请求朝廷严肃处理。但是，朝廷在授予颇罗鼐总理西藏地方事务大权的同时，不仅没有处理达赖喇嘛父子，还在雍正七年（1729 年）六月初四日达赖喇嘛之父奏表进贡之后，封其为辅国公。文称："索诺母（木）达尔扎乃达赖喇嘛之父，指教达赖喇嘛学习经典，保护达赖喇嘛，勤劳多年，西藏之事毫不干预，甚属可嘉。著封为辅国公。"④ 文中强调其不干预西藏事务，更多的用意是希望其不要干预西藏地方政教事务。朝廷也力求让颇罗鼐与达赖喇嘛保持和睦的关系，共同

---

① 《查郎阿奏遵旨鞫审阿尔布巴等人并分别治罪折》，雍正六年（1728 年）九月三十日；《周瑛奏报阿尔布巴等悉正典刑并赏颇罗鼐银两折》，雍正六年（1728 年）十月初一日，《元以来西藏地方与中央政府关系档案资料汇编》（2），中国藏学出版社，1994，第423～425 页。

② 《清世宗实录》卷七六。

③ 《清高宗实录》卷一〇六。

④ 《清世宗实录》卷八二。

担负安定地方的责任。应该说基本达到了目的，但是双方的矛盾也一直存在。甚至出现颇罗鼐请客时有达赖喇嘛方面的人窥探，被捉后供认："曾偷郡王常用箭一枝，及大小便处秽土，作镇压符咒诅郡王等等。郡王大疑，谓从前达赖喇嘛之父谋杀台吉康济鼐，原有宿仇，此人明系达赖喇嘛指使。达赖喇嘛闻知，致信与郡王辩明并无其事。郡王不依，欲穷究根底。"虽然经过钦差大臣反复说和，双方依然没有化解疑忌，达赖喇嘛大为不满，声称："有此疑忌，我这布达拉寺就难坐了。"① 足见分歧之大。

珠尔默特那木扎勒暴乱事件发生后，乾隆皇帝决意废除郡王制度，确立在西藏地方建立政制的原则，即"嗣后必须达赖喇嘛得以主持，钦差大臣有所操纵，而噶隆（噶伦）不致擅权"②。并广泛征求地方各界意见，最终于乾隆十六年（1751 年）建立起由达赖喇嘛和驻藏大臣领导的噶厦，设立四位噶伦，其中增加了一名僧人噶伦。经过清初的多次政治体制变更，终于找到一种适合当时社会发展实际的政治体制，这一政教合一的封建农奴制行政体制，历经三百年走到尽头，最终在 1959 年的民主改革时被废除。

（三）明确行政管辖范围

1. 西藏与邻近各省划界

清朝时期，西藏地方不断提出扩大辖区的要求，但是均遭到朝廷的拒绝。康熙五十三年（1714 年）七月，拉藏汗奏请将打箭炉归其管辖，康熙皇帝谕曰："朕思打箭炉原系本朝地方，我朝之人实处其地，于拉藏汗大有裨益，我朝之人若行撤回，茶市亦停，大无益于伊等。"③ 雍正二年（1724 年），西藏地方通过章嘉呼图克图为七世达赖喇嘛请于朝廷，"以巴塘、理塘之地还前藏，以其为达赖降生地"。雍正没有答应他们的要求，只许诺每年赐给达赖喇嘛方面五千两银子。乾隆皇帝即位之初，章嘉呼图

① 《庆复等奏报颇罗鼐与达赖喇嘛失和情形折》，乾隆十一年（1746 年）十二月初九日，《元以来西藏地方与中央政府关系档案资料汇编》（2），中国藏学出版社，1994，第 492 页；《清高宗实录》卷二八〇。

② 《策楞奏办理藏内善后章程正在酌定务使大权归达赖喇嘛同驻藏大臣专主及恳请陛见折》，乾隆十六年（1751 年）二月二十一日，《元以来西藏地方与中央政府关系档案资料汇编》（2），中国藏学出版社，1994，第 539～540 页。

③ 张其勤：《清代藏事辑要》（一），西藏人民出版社，1983，第 64 页。

克图再度奏请将理塘、巴塘、佳塘（即结塘，云南中甸，今香格里拉县）赏给达赖喇嘛管辖，大学士查郎阿认为：若照请求处置，"如此一来，则以后内地差役，必致呼应不灵。且官兵撤后，倘有番夷叵测，声息不能即通。而打箭炉、松潘以外，沿途无不阻梗，恐非所以柔远之道。……理塘等地方，仍属内地，可以联太昭之声势，杜远人的觊觎"。云南总督庆复也说："滇省所属中甸与川省理塘、巴塘、佳塘（疑有误，此即中甸）等处情势相同。从前未归内地时颇多不便，归滇以后，设弁管辖，迄今宁谧。"① 虽然后来相邻省份长期与西藏地方在辖区问题上存在纠葛，但是此次划界对区域稳定所发挥的积极作用却是十分巨大的。

2. 西藏地方多重政权并存分管

清朝时期，在西藏地方除了达赖喇嘛领导下的噶厦管辖前藏等地、班禅额尔德尼管辖的后藏地方，驻藏大臣直接管辖的三十九族地区之外，还有萨迦法王管辖区、昌都强巴林活佛及察雅（乍丫）等活佛管辖区、林芝波密王管辖区、山南拉加里王（在今曲松县）、止贡法王管辖区等。② 他们在各自管辖区享有较大的自治权，却都归清朝中央政府管辖，接受驻藏大臣约束。

（四）制定并完善管理法规制度

清朝治理西藏地方，每遇发生重大事件均作为调整或完善地方管理体制与制度的机会，采取具有较强针对性的措施，着眼于从根本上解决问题，认真调查、深入研究、不断完善、充分协商，最后达成共识，作为钦定章程贯彻执行。其核心是不断增强中央王朝对地方的掌控能力，扩大维护地方稳定的社会基础，消除危害地方的最大隐患。

1. 《钦定藏内十三条章程》

该章程在乾隆十六年（1751 年）由策楞等制定，主要针对噶伦内讧、郡王暴乱危害地方稳定问题，朝廷试图加以解决的重点是，颇罗鼐以来"一切旧例废弛，已属权在下而不在上"的问题。③ 乾隆皇帝特别谕令军机

---

① 牙含章编著《达赖喇嘛传》，人民出版社，1984，第 47 页。

② 《西藏自治区概况》，西藏人民出版社，1984，第 320~331 页。

③ 《策楞等奏拟定善后章程折》，乾隆十六年（1751 年）三月初四日，《元以来西藏地方与中央政府关系档案资料汇编》(2)，中国藏学出版社，1994，第 544~545 页。

大臣，"噶隆（噶伦）事务于事权极有关系，必须驻藏大臣管理，呼应方灵。即如珠尔默特那木扎勒一言而塘汛断绝，班第达（班智达）一言而塘汛复通，信息往来，惟藏王之言是听，而驻藏大臣毫无把握，如此即驻兵万人，何济于事？"① 通过该章程的贯彻执行，极大地约束了噶伦的权力，提高了达赖喇嘛和驻藏大臣在办理西藏地方事务中的主导地位，并确定由驻藏大臣掌管达木蒙古军队。

2. 《钦定藏内善后二十九条章程》

乾隆五十三年（1788 年）廓尔喀第一次发动武装侵藏战争后，和珅等曾遵旨拟定了"藏地善后事宜十九条"。② 尚未落实廓尔喀第二次入侵西藏，福康安受命率大军驱除入侵者，遵照乾隆皇帝的谕旨，经过详慎周密的调查研究、上下反复、左右协商，形成了著名的《钦定藏内善后二十九条章程》，于乾隆五十八年（1793 年）颁布。

该章程最核心的内容是加强驻藏大臣对西藏地方各项权力的掌控。其第十条称："驻藏大臣督办藏内事务，应与达赖喇嘛、班禅额尔德尼平等，共同协商处理政事，所有噶伦以下的首脑及办事人员以至活佛，皆是隶属关系，无论大小都得服从驻藏大臣。""札什伦布寺的一切事务，在班禅额尔德尼年幼时，由索本堪布（gsol-dpon-mkhan-po）负责处理，但为求得公平合理，应将一切特殊事务，事先呈报驻藏大臣，以便驻藏大臣出巡到该地时加以处理。"③ 由于驻藏大臣担负传达皇帝谕旨下达，以及达赖喇嘛、班禅额尔德尼等地方下情上传转奏职责，并负责西藏地方的军事、外交等事务，掌管达赖喇嘛、班禅额尔德尼商上财政稽考大权等，事实上形成了驻藏大臣全面掌控地方大权的局面。创立金瓶掣签管理活佛转世，建立正规军队巩固国防，地方官员选择、财税、涉外管理等，各项制度趋于完善。

3. 《酌拟唐古特裁禁二十八条章程》

道光二十四年（1844 年），驻藏大臣琦善在参奏摄政二世策墨林呼图

---

① 《清高宗实录》卷三七七。

② 《和珅等遵旨议复藏地善后事宜十九条折》，乾隆五十四年（1789 年）六月二十七日，《元以来西藏地方与中央政府关系档案资料汇编》（2），中国藏学出版社，1994，第 641～654 页。

③ 牙含章编著《达赖喇嘛传》，人民出版社，1984，第 66 页。

克图阿旺降白楚臣贪腐不法案件的同时，制定《酌拟唐古特裁禁二十八条章程》①，对于该章程学术界已有专门探讨。② 该章程的制定与前两个章程有所不同，是因摄政专权贪腐而引起的，主要是明确并限定摄政的职权，诸如"代办之人（摄政）非达赖喇嘛可比"，"其掌办之呼图克图（摄政），（驻藏）大臣照旧案仍用札行，不准联络交接，以肃政体"。明确"达赖喇嘛年至十八岁，应请仿照八旗世职之例，由驻藏大臣具奏请旨即行任事，其掌办之人立予撤退"。另一项重要内容是明确西藏地方僧俗官员选用资格、升迁办法和权限。该章程放弃对商上财政的稽查，以及放弃训练藏兵及驻藏大臣定期巡察哈喇乌苏等，则颇受诟病。

（五）吏治是管理的核心

清朝扶持黄教，十分礼重达赖喇嘛、班禅额尔德尼，与此同时也十分重视对他们的培养、教育和管理。这既有助于他们的健康成长与有效履行权力，更主要的是使地方的稳定和有序发展获得保障。物质财富奖励和崇高名号的封赐，以及警告、剥夺名号，时刻警醒地方当政者，勿忘大局是非。朝廷对于驻藏大臣、摄政及下属的噶伦、代本等，均有严格的管理制度。

1. 管理驻藏大臣

对于担当重要使命的驻藏大臣，清朝也有严格的管理制度，既有奖励也有惩处。傅清、拉布敦面对珠尔默特那木扎勒叛乱在即，情况危急时刻，挺身而出，矫诏处死逆贼。他们两人也被珠尔默特那木扎勒手下杀害。乾隆十六年（1751 年）三月，"兹据达赖喇嘛奏请，为傅清、拉布敦二臣修祠供像，应即将冲萨康（原驻藏大臣衙门）作为二臣祠宇"。安住喇嘛、立碑纪念。将没收充公的颇罗鼐住宅作为驻藏大臣新的办公场所。③

---

① 《琦善等奏酌拟裁禁商上积弊章程二十八条折》，道光二十日年（1844 年）九月二十六日，《元以来西藏地方与中央政府关系档案资料汇编》（2），中国藏学出版社，1994，第928～935 页。

② 邓锐龄：《关于琦善在驻藏大臣任上改订藏事章程问题》，《民族研究》1985 年第 4 期；周伟洲：《驻藏大臣琦善改订西藏章程考》，《中国边疆史地研究》2009 年第 1 期。

③ 《策楞等奏复驻藏大臣原房改建祠宇供祠傅清等及请颁碑文折》，乾隆十六年（1751 年）三月初二日，《元以来西藏地方与中央政府关系档案资料汇编》（2），中国藏学出版社，1994，第541～542 页。

在一个佛教文化氛围十分浓厚的地区担任驻藏大臣，对于一些本身就信奉佛教的人来说，还面临一种新的考验，就是在与达赖喇嘛、班禅额尔德尼交往中如何处理好信仰与履行职权之间的关系。乾隆皇帝严格要求大臣处理好这两者的关系。乾隆五十九年（1794 年）八月谕军机大臣等："据成德来京奏称：'和琳办事甚妥。且见达赖喇嘛不行叩拜，达赖喇嘛惟命是听'等语。和琳如此举动，深为得体。……见派松筠赴藏办事，伊系蒙古，素遵黄教，倘不知自重，恐将来办事仍虞掣肘，著传谕松筠，抵藏后接见达赖喇嘛等，不可叩拜。即使遵奉黄教，俟年满回京之后，再行礼拜，亦无不可。"① 既有原则，也讲人情。

对于那些在藏助纣为虐、造成严重后果的驻藏大臣，清朝则严刑处罚，绝不姑息。驻藏大臣"纪山前岁驻藏，怯懦无能，事事顺从珠尔默特那木札尔（扎勒），任其恣意妄行，与之盟誓，以致逆谋益肆。此番西藏之事，纪山实为罪首，是以交刑部治罪，业照部议应斩监候秋后处决。……纪山本应即肆市曹，仍念其先代阵亡，姑从宽赐其自尽"②。后来发生廓尔喀两次入侵西藏事件，受命入藏的带兵将军和驻藏大臣"鄂辉、雅满泰、浮习浑因办理藏务不善，业将伊等枷号治罪。……浮习浑糊涂不堪，竟欲将全藏与贼，其罪实重，理应正法，因念其祖父旧劳宽免，但不便赏给差使行走，浮习浑著发往黑龙江，交该将军委以苦差，效力赎罪。……朕于臣工功罪，一秉至公，惟视其人之自取"③。说明清朝对失职酿成重大事件的驻藏大臣的处罚，尽管考虑了各种客观因素，乃至照顾特殊因素，依然是十分严厉的。

2. 管理郡王、摄政

郡王颇罗鼐执政时期，虽然有专断之嫌，但是在服从朝廷、安定地方、守卫边防、发展经济等方面均有政绩，朝廷多有奖掖。其子珠尔默特那木扎勒继承王位不久，便出现种种反常迹象，朝廷在加强驻藏大臣力量的同时，也不断告诫珠尔默特那木扎勒，注意其言行。听说其兄弟不和，皇帝专门降下谕旨："若因兄弟稍有不和即借端生事，是将尔父一生忠诚

---

① 张其勤：《清代藏事辑要》（一），西藏人民出版社，1983，第 360 页。
② 《谕内阁赐纪山自尽》，乾隆十六年（1751 年）三月二十八日，《元以来西藏地方与中央政府关系档案资料汇编》（2），中国藏学出版社，1994，第 547 页。
③ 张其勤：《清代藏事辑要》（一），西藏人民出版社，1983，第 359 页。

奋勉之处俱淹没矣。尔可度量事理轻重而行。"① 应该说皇帝用心良苦，不听告诫的珠尔默特那木扎勒终于以叛乱酿成杀身之祸。

对于代理达赖喇嘛政教职务的摄政，不仅任命大权在朝廷掌握，其选择和行使权力都要接受驻藏大臣的监督。道光二十四年（1844 年），驻藏大臣琦善与摄政阿旺降白楚臣失和，并向道光皇帝参奏摄政专擅和贪腐问题。清宣宗即谕军机大臣，命驻藏大臣琦善会同班禅额尔德尼查办，认定"该喇嘛不知感恩图报，胆敢心存傲慢，藐视达赖喇嘛，动辄贪婪，扰害藏内人民"②。"诏令将历得职衔名号全行褫革，追缴剥黄，名下徒众全行撤出，庙内查封，发往黑龙江安置。所有财产，查抄变价，培修藏属各庙宇。旋命释回，交地方严加管束。"③ 严防地方政教首领贪赃枉法、狂妄自大。

3. 管理噶伦和代本

清朝初年由于出现阿尔布巴等噶伦之乱，朝廷一直采取措施解决噶伦擅权问题。在珠尔默特那木扎勒叛乱发生后，乾隆皇帝不仅改变西藏地方行政管理体制，建立噶厦、让达赖喇嘛和驻藏大臣掌管地方大权，而且还设立摄政代行达赖喇嘛政教职权，杜绝了噶伦扰乱政纲的体制基础。乾隆二十二年三月壬子二十一日（1757 年 5 月 8 日），"谕军机大臣等：兹达赖喇嘛圆寂，览噶隆（噶伦）等请将第穆呼图克图为首之奏，止称请掌办喇嘛等事务，所奏殊属含混。噶隆等颇有擅办喇嘛事务之心，日久恐不免妄擅权柄，是以朕赏第穆呼图克图诺门汗之号，俾令如达赖喇嘛在日，一体掌办喇嘛事务。除明降谕旨外，再谕伍弥泰、萨喇善务宜留心，遇有一切事务，俱照达赖喇嘛在时之例，与第穆呼图克图商办，毋令噶隆等擅权滋事"④。

噶伦的选用也是一个问题，按照乾隆皇帝的意思，用人必须唯贤。"噶布伦系承办藏务之人，必须论起才干能否办事方可拔补，岂得专取世族及家赀丰裕者滥行补用？若不论其贤否，而辄以世家富户充补，是犹内地世族、盐商、大贾俱可擢用显秩，有是理乎？前已节次降旨，遇有噶布

---

① 《清高宗实录》卷三五四。

② 《清宣宗实录》卷四一○。

③ 《清史稿》列传三一二藩部八西藏。

④ 张其勤：《清代藏事辑要》（一），西藏人民出版社，1983，第 187 页。同见《清高宗实录》卷五三五乾隆二十二年（1759 年）三月壬子。

伦缺出，令驻藏大臣与达赖喇嘛秉公拣选奏请补放，惟视其才具之优长，不在世族家道之贫富，方为公当。"①但是，当他从噶伦丹津班珠尔那里了解到，噶伦"每年并无得项，惟商上给与糌粑、酥油等项，亦无定额。其噶布伦内有官爵职衔者，向由理藩院发给银两、俸缎"的情况时，乾隆皇帝指出："噶布伦等既在藏办事，岂无用度？其有官爵职衔者，每年只藉商上酌给糌粑、酥油。该噶布伦等或借称用度不敷，借端婪索，皆所不免。立法未为允协。"让福康安与达赖喇嘛商量一下，仿照新疆的办法，在商上空闲地亩之内酌量拨给所收粮食，分配给若干定额供养噶伦生活，使其办公有资，贪污无借口。②既坚持原则，又考虑了他们的基本需求，很好地驾驭了噶伦。在《钦定藏内善后二十九条章程》颁布后，噶伦、代本等都要经过驻藏大臣和达赖喇嘛选择，然后报请朝廷批准，管理更加严格，基本上解决了噶伦滋事等问题。

（六）管理宗教是重点

1. 管理活佛转世

活佛转世是藏传佛教独有的一种现象，活佛被认为是人和神佛之间的沟通者和中介，对活佛礼敬有加，甚至有所谓事活佛如事佛，或者胜似事佛之说。同时，由于格鲁派掌握西藏地方政教大权，掌控活佛转世常常被西藏地方僧俗贵族作为获取权力、财富、社会地位的最佳途径。这样也给地方的稳定造成巨大的隐患，特别是在两次廓尔喀入侵西藏期间，噶玛噶举派、萨迦派，甚至格鲁派活佛都介入其中，贪恋财富，忘记职责，乃至违反法律。僧俗贵族相互勾结，操纵活佛转世，在影响政治稳定的同时，也严重败坏了藏传佛教的声誉。有鉴于此，乾隆皇帝专门撰写了《喇嘛说》一文，历数活佛转世中存在的种种流弊，最后决定采用金瓶掣签来解决包括达赖喇嘛和班禅额尔德尼等大活佛的转世问题。在征讨廓尔喀入侵者凯旋时，福康安"行抵前藏，将善后章程大意告知达赖喇嘛，察看达赖喇嘛感戴出于至诚，一切惟命是听，断不敢稍行格碍。"乾隆皇帝十分高兴，明确表示："朕节次所示条款内，如严禁达赖喇嘛左右近侍、亲族噶

---

① 《清高宗实录》卷一四一七。

② 《清高宗实录》卷一四一七。

布伦等干与滋事，并发去金奔巴瓶签掣呼毕勒罕各款，皆系保护黄教，去彼世袭嘱托私弊，达赖喇嘛自当一一遵奉。此系极好机会，皆赖上天所赐，福康安等当趁此将藏中积习涤除，一切事权俱归驻藏大臣管理，俾经久无弊，永靖边隅，方为妥善。"①

2. 严管寺院僧人跨区域活动

《钦定藏内十三条章程》没有管理寺院和活佛活动的相关规定。在廓尔喀入侵西藏期间发生了许多活佛高僧参与违法活动的情况，《钦定藏内善后二十九条章程》除了确定金瓶掣签制度之外，还明确规定："以后各寺喇嘛如有不领护照而私行外出者，一经查出，即惩办该管堪布及札萨等主脑人员。""以后青海蒙古王公前来应请西藏活佛，须由西宁大臣行文驻藏大臣，由驻藏大臣发给同行护照，并行文西宁大臣，以便查考。到外方朝佛之活佛，亦得领取护照，始得通行。如私行前往，一经查出，即惩罚该管堪布及主脑人员。"② 就是要求堪布和寺院管理者担负起管理僧众行止的责任，否则将受惩处。

3. 严厉打击僧人违法行为

清朝对违法僧人的处罚十分严厉。在廓尔喀第二次侵藏期间，萨迦寺活佛曾经给廓尔喀军事首领递哈达，乾隆皇帝曾命福康安到藏后勒令萨迦派改宗格鲁派，后来鉴于萨迦活佛积极采办糌粑，支持清军驱逐入侵廓尔喀，并自出运费，积极运送军需到济咙（吉隆）、聂拉木等地前线有功，才收回成命，从而使萨迦寺传承得以保全。羊八井寺噶玛噶举派红帽系活佛沙马尔巴因为勾结入侵者，畏罪自杀后也被悬挂尸骨于前、后藏，昌都（察木多）一带交通要道，让僧众百姓受到警示教育③，并让该寺从噶玛噶举派改宗格鲁派，终止活佛转世。护法喇嘛借口神谕不让抵抗，战后被剥黄正法。有力遏制了活佛高僧目无法律的乱象。

（七）驻军是地方安定边疆稳固的保障

1. 清朝早期军队由地方噶伦掌管

雍正三年（1725 年）十二月，四川总兵官周瑛奏请朝廷，鉴于西藏地

---

① 《清高宗实录》卷一四一七。
② 牙含章编著《达赖喇嘛传》，人民出版社，1984，第 69～70 页。
③ 张其勤：《清代藏事辑要》（一），西藏人民出版社，1983，第 302～304 页。

方辽阔，提出将西藏的军事由各位噶伦分别负责："既有正副之分，应请专汛之责，俾贝子等分别领汛防，不时亲身巡察，庶于地方有益。如贝子康济鼐后藏之人，其人忠实而勇敢……颁给印信，令其管理后藏。阿里连接阳八景（羊八井）、达木、腾革罗尔一带地方，防御谆噶尔（准噶尔）要隘，以扎萨克台吉叵罗奈（颇罗鼐）副之。……至贝子阿尔布巴，乃工布之人，深为谙练，甚属忠勤，各处番人最所敬服。……颁给印信，令其管理工布、达布及巴尔喀木等处，即可与附内之巴塘、得尔革（德格）、霍耳（霍尔）一带相互倚重矣。公隆布奈（隆布鼐）正系西藏之人，老成持重，深感皇恩……令其管理西藏及哈喇乌苏，并臣等新招抚之余树（玉树）、纳克树（那曲）等处，至木鲁乌苏止，仍以扎萨克台吉札尔奈（鼐）佐之。如此则各有地方之责任，凡遇冬春寒冷草枯之时，俱在西藏协和办理噶隆（噶伦）事务，至夏秋草茂之时，轮流赴汛巡查防范，则西藏自可永保无虞矣。"① 雍正五年（1727 年）颇罗鼐奏书中也提到，"遂定以贝子康济鼐为全军统帅；达克布、工布二部落兵，加以卫地方数军，以贝子阿尔布巴及台吉扎尔鼐为将领；藏地兵，加之卫地数军，以公隆布鼐、台吉颇罗鼐二人为将领"②。各守一方，共掌地方军事大权。

达木蒙古军队是由原来驻扎这一带的蒙古军队和拉藏汗被杀后流落失散的蒙古部落组成的，按照周瑛的建议由西藏地方的首席噶伦康济鼐来掌管。周瑛在奏折中提道："如西藏地方原系唐古特人民聚会之区，先年拉藏汗领其部属蒙古住坐其地。拉藏汗被害，而其部属蒙古尚留千余口，为康济鼐收管。此外，尚有各处蒙古来归康济鼐者。即达赖喇嘛之父索诺木达尔扎名下，亦有投奔依附者。此等蒙古住坐西藏，似属无益，而每月悉于达赖喇嘛库中支给口粮，以资养赡。夫以唐古特输纳之粮，供此蒙古闲散之人，情理似未允协，恐终究不能相安。"因此，请皇帝比准，"谕达赖喇嘛及贝子、噶隆等，务将藏地所住蒙古人等尽行查出，量颁恩赏，如有愿归原处住牧者，听其自往，如有仍与藏属地方住牧者，将达赖喇嘛商上

① 《周瑛奏请升赏管理西藏官员并恳随钦差入藏料理事宜折》，雍正三年（1725 年）十二月二十一日，《元以来西藏地方与中央政府关系档案资料汇编》（2），中国藏学出版社，1994，第 368 页。

② 《颇罗鼐陈报阿尔布巴等杀害康济鼐奏书》，雍正五年（1727 年）七月，《元以来西藏地方与中央政府关系档案资料汇编》（2），中国藏学出版社，1994，第 381～382 页。

孳生牛羊骡马之内，按其人口，酌定数目给与，迁移于达木（西藏当雄）一带地方住牧，令达六卡都拉尔台吉等彝目钤管，仍听康济鼐调遣，如此则此蒙古不致于滋事矣"①。这样一来，既解决了流散蒙古军的生计问题，又增强了维护西藏地方稳定的武装力量，可谓一举多得。

2. 西藏军队归驻藏大臣指挥

清朝在西藏驻兵最初主要是为了防备准噶尔大军骚扰，保护地方安定而设。几次西藏出现大的动乱，清朝都要派兵进藏，在处理各项善后事宜之后，又往往撤兵。主要还是考虑到西藏物资匮乏、军需运输困难，用乾隆皇帝的话来说："现今藏地无事，兵丁多集，则米谷钱粮一切费用等项，虽给自内地，而唐古特人等不免解送之劳。朕意量其足以防守藏地，留兵数百名，余者尽行撤回。"最后只留下五百名川兵驻扎西藏，三年一更换。② 兵营的地址选择在大昭寺与色拉寺之间扎什塘地方，这里原来有第巴曾经建筑的房子，重新扩建后供驻军使用。军需供应始终是影响在西藏驻兵的关键因素。此外，西藏地方首领忠实于朝廷之际，对朝廷在藏驻军往往持积极欢迎态度，而怀有异志时则往往持消极抵触立场。例如，乾隆二年（1737 年）在朝廷担心增加西藏地方负担准备撤兵时，"贝勒颇罗鼐等深以内地之兵在藏驻扎，于伊等有益"③。与之相反，其子珠尔默特那木扎勒继承郡王职位不久，即向朝廷提出撤出驻藏官兵请求，乾隆皇帝"以兵数原属无多，若不准其所请，转启伊疑忌之心，是以即依所请行，著纪山前往驻扎"④。郡王最后以暴乱被杀告终。

在应对珠尔默特那木扎勒暴乱过程中，是否加强驻军就是一个议题，四川总督策楞就提出恢复西藏驻兵原额的建议，认为西藏只有五百兵丁，"不特当有事之际不足资其调遣，即平常无事之时亦恐无以重体统而联声

---

① 《周瑛奏请升赏管理西藏官员并恳随钦差入藏料理事宜折》，雍正三年（1725 年）十二月二十一日，《元以来西藏地方与中央政府关系档案资料汇编》（2），中国藏学出版社，1994，第 367 页。

② 《清世祖实录》卷一二九。

③ 《清高宗实录》卷五二乾隆二年（1737 年）闰九月初一日。

④ 《诏告珠尔默特那木扎勒罪状优抚被害大臣之故并示西藏善后方略》，乾隆十五年（1750 年）十一月十六日，《元以来西藏地方与中央政府关系档案资料汇编》（2），中国藏学出版社，1994，第 523～524 页。

势。……虽甫经议裁，但设兵驻防有益于藏地之事为大，人多米贵之事小"①。暴乱事件发生后，乾隆皇帝谕令军机大臣，"西藏经此番举动，正措置转关一大机会，若办理得当，则可保永远宁谧，如其稍有渗漏，则数十年后又滋事端。……将来不但西藏应留兵驻守，即打箭炉（四川康定）为西藏咽喉，亦应添驻重兵"②。在《藏内善后十三条章程》中明确提出将达木蒙古重新组建，8名头目均授固山达名号，属下选8人担任佐领，再选8人授以骁骑校，均给以顶戴，递相管束，俱归驻藏大臣统辖。每佐领各派10名，共八80名，驻拉萨以备差遣，并护卫达赖喇嘛。其食用口粮照旧例由达赖喇嘛仓上供应。一切调拨，均依驻藏大臣印信文书遵行。③

乾隆五十六年（1791年）廓尔喀（今尼泊尔）第二次入侵西藏被清朝大军击退后，清朝颁布《钦定藏内善后二十九条章程》，正式确定在西藏建立有三千人的正规军队：前后藏各驻扎一千名，江孜驻扎五百名，定日驻扎五百名，每五百名兵员委任一名代本，前藏代本即由驻拉萨游击统辖，日喀则、江孜、定日各地代本，由日喀则都司统辖。这些兵员统为达赖喇嘛和班禅额尔德尼的警卫。④ 从此西藏有了一支定额的正规军队，主要职责是保卫达赖喇嘛及其所在的拉萨和班禅额尔德尼及其所在的日喀则，以及江孜和定日等关隘边境地区。通过防御准噶尔部蒙古军入藏为乱，防范西藏地方内部叛乱势力滋事，最后到防范外敌入侵，清朝在西藏地方逐步建立其一支维护地区稳定、边防安全的武装力量，并发挥出了自身的功能。

清朝的治藏方略和制度有许多成功的地方，有些至今仍有借鉴意义，但也有不少失败的教训。国家的强盛是基础，清晰的治理思想、有效的管理体制、出色的决策机制、高超的驾驭能力、强有力的执行力、善于抓住历史机遇、敢于解决尖锐问题等，可以为边防稳固、边疆地区稳定提供充分的制度保障。清朝中晚期后，王朝自身衰弱、地方封建农奴制走向没落，外敌入侵加剧，内部矛盾丛生，让琦善的改革与前代相比，尽管有些

① 《清高宗实录》卷三五六。

② 《清高宗实录》卷三七七。

③ 《驻藏大臣颁布善后章程十三条晓谕全藏告示》，乾隆十六年（1751年），《元以来西藏地方与中央政府关系档案资料汇编》（2），中国藏学出版社，1994，第555页。

④ 牙含章编著《达赖喇嘛传》，人民出版社，1984，第64页。

地方可圈可点，但可以看到它缺少的不仅是高超的智慧和明晰的思路，更缺少贯彻的力量。纵然出现像文硕、张荫棠等有作为的驻藏大臣，也很难校正错谬百出的王朝治边政策，自然也无法遏阻西藏地方内外交困、江河日下的局势。

原载《社会科学战线》2013 年第 7 期

二　清朝西藏治理中的若干问题

清朝对西藏地方的治理有其成功的一面，也有值得反思的一面。成功的地方在于，清朝用有限的政治、军事和经济等资源，实现了对西藏地方的有效管辖，保证了地方政治局势的基本稳定和经济社会的平稳发展，并在中前期有效应对了来自内部的准噶尔扰乱西藏、外部的廓尔喀入侵西藏的军事压力。而清朝治藏政策的教训也是多方面的，首先是过度崇奉格鲁派的宗教政策，导致了脱离社会生产生活的僧侣阶层的急剧增加，使西藏的人口出现长期迟缓增长的状况，从而也影响到正常的社会秩序。其次，政教合一制度的建立严重钳制了西藏地方社会发展进步的动力，使农奴生活在物质和精神双重压制之下，严格的等级制度和严酷的刑罚，剥夺了农奴的基本人权和尊严，让整个社会丧失创造的活力和机会。此外，在清朝的西藏治理中还存在一些其他问题。

（一）管理体制问题

第一是决策与执行体制。清朝对西藏的大政方针是由朝廷议政王大臣和军机大臣等商议，最后由皇帝来决定的。皇帝的英明、朝廷重臣的重视和驻藏大臣的尽职，对制定正确而可行的治藏政策，并使之切实得到贯彻落实至关重要。君臣协商，上下同心，实现了西藏地方的大举稳定。顺治、康熙、雍正、乾隆时期，西藏地方内外矛盾交织，政治局势十分复杂，却比较好地应对了各种挑战，顺利实现了政局的转换与过渡，并制定出一整套行之有效的章程和制度。

1653 年（顺治十年），清朝正式授予前来朝觐并即将返回西藏的五世达赖喇嘛·阿旺罗桑嘉措（Ngag-dbang-blo-bzang-rgya-mtsho，1617－1682

年）"西天大善自在佛所领天下释教普通瓦赤喇怛喇达赖喇嘛"名号，并赐金印、金册，承认他在西藏宗教上的合法地位。同年册封控制青藏高原地区的卫拉特蒙古和硕特部首领固始汗（图鲁拜琥，又译顾实汗，"国师"音译，1582～1655年）"遵行文义敏慧固始汗"，确认其在西藏的政治地位。后来准噶尔势力武装扰乱西藏，西藏地方的第巴桑结嘉措（sang rgyas rgyal mtsho，1653－1705年）与和硕特部蒙古汗王拉藏汗（Lha bzang，1656？－1717年）先后拥立仓央嘉措（tshang-dbyangs rgya-mtsho，1683－1706年）、伊西嘉措（ye shes rgya mtsho），双方展开激烈的武装冲突，严重威胁到地方的安定，最后桑结嘉措被拉藏汗所杀。1709年（清康熙四十八年），康熙皇帝以"青海众台吉等与拉藏不睦，西藏事务不便令拉藏独理"，遂派遣侍郎赫寿前往喇萨，办理西藏事务。[①] 是为清代派遣大臣驻藏办理政务之始。1713年（康熙五十二年），清朝政府又正式封五世班禅·罗桑益西（blo bzang ye shes，1663－1737年）"班禅额尔德尼"名号，并授予金印、金册，正式确定了班禅和达赖喇嘛的同等地位，既在于保护格鲁派不受世俗贵族操纵，又在于分其势以相互制约。1720年（康熙五十九年），清朝派军驱除准噶尔军之后，废除了第司（第悉、第巴）职务，设立四噶伦，因康济鼐（Khang-chen-nas，索南结布，？－1727）军功最大被封为"贝子"、首席噶伦，兼管后藏和阿里地方事务。阿尔布巴、隆布鼐、札尔鼐任噶伦，协助办事。

雍正皇帝掌政时间不长，却在西藏治理方面颇多建树。1723年（雍正元年）清朝派年羹尧等平定青海蒙古首领罗卜藏丹津叛乱，直接控制青海，并收抚康地与七十九族游牧部落，1726年（雍正四年），清朝分别将昌都、罗隆宗（今西藏洛隆）、察哇岗（今西藏左贡）、坐尔刚（今左贡）、桑噶吹宗（今察隅）、衮卓（今贡觉）等地划归西藏管理；将巴塘、理塘、打箭炉、德格等地划归四川管辖；将中甸、阿墩子（今德钦）、维西划归云南管辖。同年，四川、云南、西藏三方派员会勘地界，在金沙江以西的宁静山山头竖立界碑，确定了川藏、滇藏界线。即以宁静山为界划分康、卫、青海界。又将康地分为东、西两部：东部分属于四

---

① 《清圣祖实录》卷二三六康熙四十八年正月己亥（1709年3月8日）。

川、云南；西部并入卫藏赏给达赖喇嘛，称为西藏。[①] 由驻藏大臣直接管辖达木蒙古军队。1724年（雍正二年），清军派大军击败再度骚乱西藏的准噶尔军。1727年（雍正五年）正月，雍正皇帝派遣内阁学士僧格、副都统马喇驻喇萨（拉萨），"与达赖喇嘛、康济鼐、阿尔布巴等和衷办事"。[②] 建立驻藏大臣衙门，履行职责，驻藏大臣办理西藏事务的制度自此正式建立。1727年（雍正五年），噶伦阿尔布巴、隆布鼐、札尔鼐发动叛乱，将康济鼐残杀于大昭寺楼上。颇罗鼐协助朝廷平息叛乱，受封贝子，担任噶伦。

乾隆皇帝时期，西藏发生了许多重大事件，为应对这些事件也出台了多项重要措施，对西藏地方的稳定和发展产生了深刻的影响。1739年（乾隆四年）册封颇罗鼐（Po-lha-nas，1689－1747年）郡王（俗称藏王）。1749年郡王珠尔墨特那木扎勒谋叛被驻藏大臣傅清、拉布敦处死，两大臣也遇害。乾隆皇帝命策楞（？～1756年）率兵前往处理，制定并颁布《酌定西藏善后十三条章程》。该章程确定建立噶厦，"今噶隆（噶伦）业已照例补放，自应遵照旧例，遇有应办事件，俱赴公所会办"[③]。该章程提升了驻藏大臣的权力，首次确认了达赖喇嘛的政治权力，用清朝大臣奏折中的话来说，就是"俾达赖喇嘛得以主持，驻藏大臣有所操纵，并多立噶伦以分其势，庶权在上而不在下，自可期永远宁谧"[④]。噶厦驻地在拉萨大昭寺，长官为四位噶伦，秉承驻藏大臣、达赖喇嘛旨意办事。1792年廓尔喀第二次入侵西藏，乾隆皇帝派将军福康安、海兰察等率大军进藏，驱除入侵者，战后经过充分调研和协商，《钦定藏内善后二十九条章程》（1793年），确立了金瓶掣签选择达赖喇嘛、班禅额尔德尼等大活佛的转世灵童，进一步加强驻藏大臣在管理西藏地方行政、军事、外交和财政等各方面的地位，规范了西藏地方的各项法规和制度。可是，在乾隆之后的清朝诸帝，既因于整个国家势力的衰落，又限于个人驾驭和掌控地方能力，西藏

① 张其勤原稿，吴丰培增辑《清代藏事辑要》卷二，西藏人民出版社，1983，第185页。
② 《清世宗实录》卷五二雍正五年正月壬巳（1727年2月20日）。
③ 张其勤原稿，吴丰培增辑《清代藏事辑要》卷二，第179页。
④ 《策楞等奏遵旨察看并训导班智达情形折》，乾隆十六年（1751）二月初七日，中国藏学研究中心、中国第一历史档案馆、中国第二历史档案馆等合编《元以来西藏地方与中央政府关系档案资料汇编》（2），中国藏学出版社，1994，第534页。

决策便问题丛生。原来的决策优势转而成为一种劣势，促成了局势的急转直下。

第二是行政体制。清朝管理西藏的体制，早期对于西藏的管理行使一种政教分离的方式，五世达赖喇嘛只负责宗教事务，和硕特蒙古汗王固始汗管理军事行政。1751 年建立噶厦，从七世达赖喇嘛开始拥有政教职权，西藏地方由达赖喇嘛、班禅额尔德尼和驻藏大臣负责管理。1757 年出现了代理达赖喇嘛政教职权的摄政，并形成摄政掌政制度。1793 年《钦定藏内善后二十九条章程》颁布后，驻藏大臣的地位得到更大提升，这就在西藏地方出现了由驻藏大臣主导，驻藏大臣、达赖喇嘛和摄政多头并立的交错管理局面。驻藏大臣掌管西藏地方军事、财政、外交，并分别与达赖喇嘛、班禅额尔德尼一起掌管西藏地方行政事务，还担负着上令下达、下情上传的关键角色，事实上是在一段时期内是西藏地方最有权威的长官。摄政是在七世达赖喇嘛圆寂后设立的，清朝中央为防止众噶伦"擅权滋事"，遂命西藏地方从甘丹、哲蚌、色拉三大寺及四大林（丹结林、功德林、策满林、希德林）中推选学识渊博、声望卓越之大活佛为摄政候选人，由驻藏大臣奏请朝廷任命，皇帝视其出身及勋绩赏给呼图克图、诺门汗、禅师等名号，颁给金册、银印，在前一世达赖喇嘛圆寂后到下一世达赖喇嘛"亲政"（18 岁）前之间，代行达赖喇嘛政教职权。根据学者的初步统计，"从 1757 年七世达赖圆寂，乾隆帝命第穆诺门汗担任摄政开始，到 1951 年春最后一任摄政达扎下台为止，历时 195 年，清朝和民国政府先后共任命了十三位摄政，其中 2 人是代理摄政。十三世达赖喇嘛 1904 年出走外蒙、内地，1910 年逃亡印度时自行任命过两个摄政。这 195 年间，八世达赖从 1781 年至 1804 年亲政 24 年，九世达赖、十世达赖均未亲政；十一世达赖 1855 年亲政不满一年就在布达拉宫暴亡；十二世达赖 1873 年亲政不到两年，又于 1875 年 3 月 20 日在布达拉宫暴亡，十三世达赖从 1895 年到 1933 年亲政 38 年，是历代达赖喇嘛中亲政时间最长的一位。总计历代达赖喇嘛亲政的时间只有 65 年，摄政执政的时间长达 130 年，也就是说，在这 195 年里，有三分之二的时间都是由摄政掌管西藏地方政教事务"①。这清楚地表明，达赖喇嘛名义上掌握西藏地方政教大权，实际上远不及摄政掌政时

---

① 申新泰：《西藏摄政制度述评》，《西藏民族学院学报》2006 年第 6 期。

间长久。嘉庆十九年（1814年）瑚图礼奏明，驻藏大臣与达赖喇嘛平等，非与办事之呼图克图平等；琦善更明确驻藏大臣高于摄政，达赖喇嘛满18岁亲政，摄政必须交权，摄政不得推荐达赖喇嘛正副经师，都试图在约束摄政不断膨胀的权力。嘉庆十九年（1814年）理藩院和世泰奏：达赖喇嘛分别给蒙古王公和噶勒丹锡呼图信函，内称：以前达赖喇嘛与驻藏大臣相见，达赖喇嘛正坐，驻藏大臣旁坐，达赖坐垫高，驻藏大臣低，从丰绅开始与达赖喇嘛改旧例平坐，也会让廓尔喀等部落轻视达赖喇嘛。皇帝让瑚图礼查明，结果并非如此。让章嘉呼图克图核实藏文原信，发现达赖喇嘛并没有这个意思。皇帝不让声张，实际上明白是摄政自己或者他手下人做的。

　　在清朝中前期国力昌盛、皇帝英明的前提下，这些体制上存在的问题显得无关紧要，可是到了清中后期就有所不同。再加上外国帝国主义势力入侵并鼓噪"西藏独立"，西藏各种矛盾纷纷凸显出来：驻藏大臣与摄政的矛盾，如琦善与担任摄政的二世策墨林阿旺坚白楚臣嘉措活佛的矛盾；驻藏大臣与达赖喇嘛的矛盾，如联豫与十三世达赖喇嘛等的矛盾；摄政与达赖喇嘛的矛盾，如十三世达赖喇嘛与摄政第穆呼图克图的矛盾等，都频繁发生又相互交织，严重影响到西藏地方的稳定。在英国等外国势力的支持下，西藏地方与晚清中央政府也出现矛盾，一则是因为清朝根据《烟台条约》允许外国人入藏，而西藏地方坚决反对；二则是外国势力的拉拢利诱，以及十三世达赖喇嘛一度寻求外力支持，推动了他的离心倾向。到清朝末年，朝觐慈禧太后和光绪皇帝时，十三世达赖喇嘛因为不满驻藏大臣未能客观反映西藏地方实际情况，而提出直接向朝廷反映情况的请求。同时也对向皇帝磕头这个礼节心存抵触，这些都没有得到朝廷的批准。驻藏大臣转奏制度有强调驻藏大臣身份和权威的一面，在晚期也确实衍生出许多问题，特别是一些驻藏大臣任凭个人好恶，无法客观反映西藏真实情形的事情时有发生。到清末民初，十三世达赖喇嘛乘机不断扩大其在西藏地方的权力，非法褫夺班禅的权力，在一定程度上改变了西藏地方的管理体制。清朝西藏地方上层，尽管不同时期存在一定的差异，但是驻藏大臣、达赖喇嘛和摄政，都是影响政治局势的三股力量，他们互相牵制，又相互合作，后藏的班禅额尔德尼也一直与他们保持着密切的政教联系，这一管理体制在矛盾中存在了两百多年。

（二）财政问题

清代早期，财政不是问题。雍正皇帝曾言："糜费钱粮之处，不必介意。朕常戏言：舍千万钱粮除策妄（阿拉布坦）一大患，亦可偿价矣。凡一劳永逸之举，朕不惜费也。况户部库中，今岁可至五千万矣。朕元年户部只千五六百万数，复何忧也。"① 但是，这种情况经过乾隆皇帝建立"十全武功"之后，就开始改变。财政困难成为影响西藏地方稳定的大问题。中央对驻藏军队供应缺乏，也直接影响了对当地的治理。驻藏兵丁多来自四川等地，喜欢吃大米，而从尼泊尔买米成本较高；粮饷由四川省按年解送，转运十分不便，而且还常常遇到康区三暗（三岩）一带劫匪杀人越货，使之雪上加霜。1779 年（乾隆四十四年），三岩劫匪居然抢劫了皇上赏赐给达赖喇嘛的茶包，并伤毙护送人等，导致朝廷派兵进剿。② 驻军费用中使用查抄的资产。1845 年（道光二十五年）摄政策墨林噶勒丹锡图萨玛第巴克什因被控需索财物、侵占田庐、私拆民房、擅用轿伞、强据商产、隐匿逃人等罪，被查抄资产，将其中抄出的银两银器 75700余两、黄金金器折银 11000 余两，同时充为军饷；又将查出的米 287 石、青稞、豆麦 6949 石充为士兵粮饷。③ 此外，驻藏大臣和官员存在严重虚报军费开销的情况，如英军驻藏拉萨两日，伙食均自备，其犒赏牛羊柴薪等项，约费银一千五六百两。驻藏大臣有泰借端报销至 4 万两。还有，赔款六七百两，有泰报销 2 万两。④ 既危害了驻藏大臣的形象，也加重了驻军的粮饷困难。

对达赖喇嘛、班禅商上收支的稽查原是驻藏大臣的职责之一，清朝针对达赖喇嘛、班禅额尔德尼亲属兄弟贪污枉法情况，专门在《钦定藏内善后二十九条章程》第八条中规定：达赖喇嘛和班禅额尔德尼的收入及开支，驻藏大臣每年春秋两次进行审核。道光二十四年（1844 年）琦善

---

① 《岳锺琪奏准噶尔若侵藏预筹保护达赖喇嘛折》，雍正五年（1727 年）二月二十二日，中国第一历史档案馆藏宫中朱批奏折。

② 《清高宗实录》卷一〇九五乾隆四十四年十一月丙申（1779 年 12 月 23 日）。

③ 《琦善奏遵旨查封阿旺降白楚臣资产折》，道光二十五年（1845 年）二月初七日，一史馆藏宫中朱批奏折；《宣宗实录》卷四一六道光二十五年（1845 年）四月十二日，谕内阁著将查封阿旺降白楚臣之资产分别赏给前后藏寺庙官兵。

④ 《张荫棠奏牍》第三册，《张荫棠奏牍》卷二，第 17 页。

《酌拟裁禁商上积弊二十八条章程》予以放弃，对于西藏地方经济上的困
窘和混乱造成了一定的影响。

（三）用人问题

清朝在西藏地方的用人问题，主要涉及驻藏大臣的选择任用，以及对
西藏地方世俗贵族的任用。对于驻藏大臣的选择任用，清朝中前期和中后
期有一定的差异，前期总体上能够选用一些志在边关，建功立业的卓越之
士。但是，由于体制上"卫藏一切事务，自康熙、雍正年间，大率由达赖
喇嘛与噶布伦（噶伦）商同办理，不复关白驻藏大臣，相沿已非一日"。
造成在用人上，"向来大臣内才堪办事之人，多留京供职。其从前派往驻
藏办事，多系中材谨饬之员。该大臣等前往居住，不过迁延岁月，冀图班
满回京，是以藏中诸事，任听达赖喇嘛及噶布伦等率意径行，大臣等不但
不能照管，亦并不预闻，是藏驻大臣竟成虚设"①。"向来驻藏大臣往往以
在藏驻扎视为苦差，诸事因循，惟思年期届满，幸免无事，即可更换进
京。"② 这些都是发生廓尔喀入侵前西藏地方存在的突出问题。乾隆皇帝在
整饬藏内各项事务中，启用了一批优秀的人才，如和琳、松筠等担任驻藏
大臣，使西藏局面为之一新。但是，在清朝中晚期，中央对驻藏大臣的奖
惩，有很多不合理的地方，其中一点就是驻藏大臣违法枷号通衢，示众侮
辱，保泰、雅满泰、庆麟等均受到此类惩罚。其中庆麟受罚的原因是"庆
麟抵藏后，任意修饰房屋，诸事废弛。又将巴勒布呈进表文，听信索诺木
旺扎勒之言，隐匿不奏。是以前降谕旨，将庆麟在彼枷号三年。但枷号庆
麟之意，特为驻藏大臣官员示儆，非以垂戒唐古忒人也。打箭炉（今四川
康定）为入藏通衢，大臣官员，俱由该处经过，触目惊心，足昭炯戒。著
将庆麟解赴打箭炉，枷号三年，不必在藏办理"③。这使驻藏大臣在西藏地
方百姓心目中的形象大打折扣。驻藏大臣也是一个高危职位，根据笔者初
步统计，在 106 位驻藏大臣和帮办大臣中，就有 30 多位因为失职或者其他
过错，被革职、降职，另外还有多位驻藏大臣如纪山、巴忠等因罪被处死

---

① 佚名：《卫藏通志》卷九，见《西藏志卫藏通志》，西藏人民出版社，1982，第 315 页。
② 《清高宗实录》卷一三九三乾隆五十六年十二月丙寅（1792 年 1 月 19 日）。
③ 《清高宗实录》卷一三二三乾隆五十四年二月己酉（1789 年 3 月 18 日）。

或者畏罪投河自尽，占总人数 1/3 以上；有 10 余人死在西藏任上，有 6 人未到任死亡，还有 10 人因病解任，可见环境与高原疾病严重影响到驻藏大臣的健康和履行职责。资料显示，还有几位驻藏大臣，如隆福、徐锟等，年龄均超过 70 岁仍在任上。二是对西藏地方贵族的使用。西藏地方世俗贵族集团享有世袭的特权，乾隆皇帝曾经试图改革，但是遭到地方贵族集团的抵制而未成功。地方贵族集团在某种程度上掌控了当地的经济、政治，这对地方稳定产生负面作用。甚至出现 4 位达赖的非正常死亡，这显然和摄政制度、贵族争权夺利有密切关系。当十三世达赖喇嘛亲政后，他才那么坚定地要铲除摄政第穆呼图克图及其势力，出现恶性竞争的态势，与制度有关也与用人有关。

原载《史学集刊》2014 年第 1 期

主要参考文献

一 汉文文献与论著

（一）汉文文献

1. 〔朝鲜〕朴趾源：《热河日记》，上海书店出版社，1997。

2. （清）不著撰人：《番僧源流考》，吴丰培校订，西藏人民出版社，1982。

3. （清）黄沛翘：《西藏图考》，见《西招图略 西藏图考》合刊，西藏人民出版社，1982。

4. （清）李桓辑《国朝耆献类征初编》，明文书局，1985。

5. （清）祁韵士著，毛毅生编《皇朝藩部要略》，全国图书馆文献缩微复制中心，1993。

6. （清）松筠：《西招图略》，见《西招图略 西藏图考》合刊，西藏人民出版社，1982。

7. （清）魏源：《圣武记》，中华书局，1984。

8. （清）姚莹：《康輶纪行》，施培毅、徐寿凯点校本，黄山书社，1990。

9. （清）有泰著，吴丰培整理《有泰驻藏日记》，中国藏学出版社，1988。

10. （清）锺方：《驻藏须知》，全国图书馆文献缩微复制中心，1991。

11. （宋）乐史撰《太平寰宇记》，中华书局，2001。

12. （唐）李肇：《唐国史补》，上海古籍出版社，1979。

13. （清）顾祖禹：《读史方舆纪要》，中华书局，2005。

14. （宋）赵汝愚编《国朝诸臣奏议》，北京大学中古史中心点校（合校），上海古籍出版社，1999。

15.《白居易集》，顾学颉点校本，中华书局，1979。

16.《班禅赴印记略》，载《清代西藏史料丛刊》第一集，商务印书馆，1938。

17.《北史》，中华书局，1974。

18.《册府元龟》，江苏古籍出版社，2006。

19.《承德府志》卷首，乾隆皇帝语。

20. 吴丰培辑《川藏游踪汇编》，四川民族出版社，1985。

21.《大清宣统政纪》，清实录异本，凤凰出版社，2013。

22.《大正新修大藏经》，台湾新文丰出版公司，1985。

23. 王称撰《东都事略》，文海出版社，1979。

24. 吴丰培编《抚远大将军允禵奏稿》，全国图书馆文献缩微复制中心，1991。

25.《顾颉刚全集·宝树园文存》卷四，中华书局，2011。

26.《顾维钧回忆录》第五册，中华书局，1987。

27. 朱寿朋编纂《光绪朝东华录》，中华书局，1958。

28. 赵汝愚撰《国朝诸臣奏议》，文海出版社，1966。

29.《金川案金川六种合刊》，中国藏学出版社，1994。

30.《金史》，中华书局，1975。

31.《旧唐书》，中华书局，1975。

32. 吴丰培辑《联豫驻藏奏稿》，西藏人民出版社，1979。

33.《梁书》，中华书局，1992。

34. 沈括：《梦溪笔谈》，文物出版社，1976。

35. 陈子龙编《明经世文编》，中华书局影印本，1962。

36.《明史》，中华书局，1974。

37.《明实录》，台北"中央研究院"历史语言研究所，1961。

38.《年羹尧奏折专辑》雍正元年二月二十七日，《故宫文献特刊》第二辑。

39.（清）傅恒等纂《平定准噶尔方略》，全国图书馆文献缩微复制中心，1990。

40. 赵云田点校《乾隆朝内府抄本〈理藩院则例〉》，中国藏学出版社，2006。

41. 季垣垣点校《钦定巴勒布纪略》,中国藏学出版社,2006。

42. 清会典馆编,赵云田点校《钦定大清会典事例理藩院》,中国藏学出版社,2006。

43. 季垣垣点校《钦定廓尔喀纪略》,中国藏学出版社,2006。

44. 《钦定理藩部则例》,光绪年刻本。

45. 《清初五世达赖请准喇嘛档案史料选编》,中国藏学出版社,2000。

46. 张其勤原稿,吴丰培增辑《清代藏事辑要》,西藏人民出版社,1983。

47. 王先谦、朱寿朋撰《清东华录续录》,上海古籍出版社,2008。

48. 《清会典事例》,中华书局影印本,1991。

49. 《清季筹藏奏牍·有泰奏牍》,中国藏学出版社,1994。

50. 王彦威、王亮辑撰《清季外交史料》,文海出版社,1964。

51. 《清末川滇边务档案史料》(上、中、下),中华书局,1989。

52. 《清实录》,台北华文书局,1970。

53. 《清实录》,中华书局影印本,1986。

54. 《清实录藏族史料》,西藏人民出版社,1982。

55. 赵尔巽主编《清史稿》,中华书局,1977。

56. 彭定求等编《全唐诗》,中华书局,1979。

57. 董诰《全唐文》,中华书局,1983。

58. 《宋大诏令集》,中华书局,1997。

59. 徐松辑《宋会要辑稿》,中华书局,1997。

60. 《宋史》,中华书局,1977。

61. 《隋书》,中华书局,1973。

62. 宋敏求编《唐大诏令集》,台北鼎文书局,1972。

63. 王溥撰《唐会要》,上海古籍出版社,1991。

64. 《西藏地方历史资料选辑》,生活·读书·新知三联书店,1963。

65. 《西藏研究》编辑部编《西藏志卫藏通志》,西藏人民出版社,1982。

66. (清)方略馆编《西藏奏疏》卷一,中央民族学院出版社,1985。

67. 吴彦勤校《西藏奏议·川藏奏底》卷二,上海古籍出版社,2012。

68. 《西康纪事诗本事注》,《赵尔丰经历情况及其永世》,西藏人民出版社,1988。

69. 《新唐书》,中华书局,1975。

70. 李焘：《续资治通鉴长编》，中华书局，1979。

71. 段成式：《酉阳杂俎》，中华书局，1981。

72. 《周书》，中华书局，1971。

73. 司马光：《资治通鉴》，中华书局，1984。

74. 白居易：《白氏长庆集》，台北艺文印书馆，1981。

75. 北京大学历史系等编《西藏地方历史资料选辑》，生活·读书·新知三联书店，1963。

76. 陈箓：《蒙事随笔》，上海商务印书馆，1934。

77. 杜佑：《通典》，浙江古籍出版社，1988。

78. 法尊：《现代西藏》，武汉印书馆，1937。

79. 范学宗、王纯洁编《全唐文全唐诗吐蕃史料》，西藏人民出版社，1988。

80. 傅嵩炑：《西康建省记》乍丫察木多改流记、江卡贡觉桑昂杂瑜收回记，成都公记印刷公司，1912。

81. 故宫博物院编《文献丛编》第六辑，《年羹尧奏折·奏报抵署日期并谢蒙陛见折朱批》，北京图书馆出版社，2008。

82. 郭玉琴主编《蒙藏委员会驻藏办事处档案选编》（三），台北蒙藏委员会，2005。

83. 中国社会科学院考古研究所：《拉萨曲贡》，中国大百科全书出版社，1999。

84. 中国社会科学院考古研究所编《藏王陵》，文物出版社，2006。

85. 刘昫等撰《旧唐书》卷三太宗纪下，中华书局，1975。

86. 胡进杉译编《雍正朝西藏事务官中档满汉奏折汇编》，载台湾西藏研究会编《西藏研究论文集》（第四辑）。

87. 慧超原著，张毅笺注《慧超往五天竺国传》，中华书局，1994。

88. 季羡林等：《大唐西域记校注》，中华书局，1986。

89. 蒋中正：《中国之命运》，正中书局，1943。

90. 孔仲平：《谈苑》，《四库全书》第一〇三七册。

91. 李远：《青唐录》，见陶宗仪《说郛》。

92. 刘肃：《大唐新语》，中华书局，1984。

93. 刘家驹编著《班禅大师全集》，重庆班禅堪布会议厅1943年铅印本。

94. 刘曼卿：《康藏轺征》（《国民政府女密使赴藏纪实》），民族出版社，1998。

95. 刘赞廷：《三十年游藏记》卷十三，四川省民族研究所抄本。

96. 陆兴祺编《西藏交涉纪要》，台北蒙藏委员会，1954。

97. 祁韵士：《皇朝藩部要略》，文海出版社，1965。

98. 弃隶（足宿）赞：《请修好表》，《全唐文》卷九九。

99. 乾隆帝：《重修黄寺碑文》，碑存北京黄寺。

100. 乾隆帝：《喇嘛说》，乾隆五十七年（1792年）所立汉、满、蒙、藏四体文碑，今存北京雍和宫。

101. （清）董诰等奉敕编《全唐文及拾遗》，台北大化书局重编本。

102. 荣孟源：《中国国民党历次代表大会及中央全会资料》，光明日报出版社，1985。

103. 四川省民族研究所编《清末川滇边务档案史料》，中华书局，1989。

104. 宋濂：《宋文宪公全集》卷二。

105. 苏晋仁、萧錬子：《册府元龟吐蕃史料校证》，四川人民出版社，1981。

106. 台北"国史馆"藏国民政府时期"西藏档"。

107. 台北蒙藏委员会藏"驻藏办事处档"。

108. 台北南港"中央研究院"近代史研究所藏"西藏档"。

109. 王磐：《八思巴行状》，见《大正大藏经》卷四九。

110. 王铁崖编《中外旧约章汇编》，生活、读书、新知三联书店，1962。

111. 王先谦：《东华续录》，上海古籍出版社，2002。

112. 吴丰培编《清代藏事奏牍》上、下，中国藏学出版社，1994。

113. 吴丰培辑《景纹驻藏奏稿》，四川民族出版社，1986。

114. 吴丰培辑《联豫驻藏奏稿》，西藏人民出版社，1979。

115. 吴丰培辑《民元藏事电稿》，西藏人民出版社，1983。

116. 吴丰培辑《赵尔丰川边奏牍》，四川民族出版社，1984。

117. 吴丰培辑《清代西藏史料丛刊》第二集，《班禅赴印记略》，文海出版社有限公司，1981。

118. 吴景平编《宋子文驻美时期电报选（1940～1943）》，复旦大学出版社，2008。

119. 吴忠信：《西藏纪要》，边疆丛书，1942。

120. 西藏社会科学院等编《西藏地方是中国不可分割的一部分》（史料选辑），西藏人民出版社，1986。

121. 西藏社会科学院西藏学汉文文献编辑室编《使藏纪程·拉萨见闻记·西藏纪要》三种合刊，全国图书馆文献缩微复制中心，1991。

122. 谢彬：《西藏问题》，上海商务印书馆，1930。

123. 杨廉夫：《东维子文集》卷十《雪庐集序》。

124. 义净原著，王邦维校注《大唐西域求法高僧传校注》卷上，太州玄照法师，中华书局，1988。

125. 张维：《陇右金石录》，民国三十二年甘肃省文献征集委员会印本。

126. 张羽新、张双志主编《民国藏事史料汇编》，学苑出版社，2005。

127. 赵贞信：《封氏闻见记校注》，中华书局，1958。

128. 郑炳林：《敦煌碑铭赞辑录》，甘肃教育出版社，1992。

129. 中国藏学研究中心、中国第二历史档案馆合编《黄慕松吴忠信赵守钰戴传贤奉使办理藏事报告书》，中国藏学出版社，1993。

130. 中国藏学研究中心、中国第二历史档案馆合编《九世班禅内地活动及返藏受阻档案选编》，中国藏学出版社，1992。

131. 中国藏学研究中心、中国第二历史档案馆合编《康藏纠纷档案选编》，中国藏学出版社，2000。

132. 中国藏学研究中心、中国第二历史档案馆合编《十三世达赖喇嘛圆寂致祭和十四世达赖喇嘛转世坐床档案选编》，中国藏学出版社，1991。

133. 中国藏学研究中心、中国第二历史档案馆合编《元以来西藏地方与中央政府关系档案史料汇编》，中国藏学出版社，1994。

134. 中国藏学研究中心、中国第二历史档案馆合编《九世班禅圆寂致祭和十世班禅转世坐床档案选编》，中国藏学出版社，1994。

135. 中国藏学研究中心、中国第二历史档案馆合编《民国时期西藏及藏区经济开发建设档案选编》，中国藏学出版社，2005。

136. 中国藏学研究中心、中国第二历史档案馆合编《民国治藏行政法规》，五洲传播出版社，1999。

137. 中国第二历史档案馆藏"西藏及藏事档案"，《中国第二历史档案馆所存西藏和藏事档案汇编》，中国藏学出版社，2010。

138. 中国第一历史档案馆、中国藏学研究中心合编《六世班禅朝觐档案选编》，中国藏学出版社，1996。

139. 中国第一历史档案馆、中国藏学研究中心合编《清末十三世达赖喇嘛档案史料选编》，中国藏学出版社，2002。

140. 朱绣：《西藏六十年大事记》，京报社，1925。

141. 朱增鋆：《川边政屑》，赵心愚、秦和平、王川编《康区藏族社会珍稀资料辑要》，巴蜀书社，2006。

（二）汉文专著

1. 《藏学研究论丛》编委会编《藏学研究论丛》（吴丰培专辑），西藏人民出版社，1999。

2. 《藏族史论文集》编辑组编《藏族史论文集》，四川民族出版社，1988。

3. 《黄明信藏学文集：藏传佛教·因明·文献研究》，中国藏学出版社，2007。

4. 《拉萨市文物志》，拉萨市文物志办，1985。

5. 西藏军区政治部编，吴晨主编《世界屋脊风云录》，解放军文艺出版社，1991。

6. 《西藏研究》编辑部编《民元藏事电稿·藏乱始末见闻记四种》合刊本，西藏人民出版社，1983。

7. 《西藏研究》编辑部编《西藏志》《卫藏通志》合刊，西藏人民出版社，1982。

8. 安应民：《吐蕃史》，宁夏人民出版社，1989。

9. 巴桑旺堆：《关于吐蕃史研究中几个定论的质疑》，《西藏研究》1983年第4期。

10. 陈得芝：《蒙元史研究丛稿》，人民出版社，2005。

11. 陈荷夫编《中国宪法类编》下编，中国社会科学出版社，1980。

12. 陈家琎主编《西藏森巴战争》，中国藏学出版社，2000。

13. 陈健夫：《西藏问题》，上海商务印书馆，1935。

14. 陈楠：《藏史丛考》，民族出版社，1988。

15. 陈谦平：《1943年中英关于西藏问题的交涉》，《历史研究》1996年第4期。

16. 陈谦平：《抗战前后之中英西藏交涉》，生活·读书·新知三联书店，2003。

17. 陈庆英、端智嘉：《一份敦煌吐蕃驿递文书》，《社会科学》（甘肃）1981 年第 3 期。

18. 陈庆英：《陈庆英藏学论文集》（上、下），中国藏学出版社，2006。

19. 陈庆英：《蒙藏关系史大系·政治卷》，西藏人民出版社、外语教学与研究出版社，2002。

20. 陈庆英：《试论赞普王权和吐蕃官制》，《西藏民族学院学报》1982 年第 4 期。

21. 陈庆英：《雪域圣僧：帝师八思巴传》，中国藏学出版社，2002。

22. 陈庆英等编著《历辈达赖喇嘛生平形象历史》，中国藏学出版社，2006。

23. 陈小平：《唐蕃古道》，三秦出版社，1989。

24. 邓锐龄：《邓锐龄藏族史论文译文集》，中国藏学出版社，2004。

25. 邓锐龄：《元明两代中央与西藏地方的关系》，中国藏学出版社，1989。

26. 多杰才旦主编《元以来西藏地方与中央政府关系研究》，中国藏学出版社，2005。

27. 法尊法师编著《西藏民族政教史》，重庆北碚缙云山汉藏教理学院，1941。

28. 冯明珠：《中英西藏交涉与川藏边情（1774～1925）》，中国藏学出版社，2007。

29. 高鸿志：《英国与中国边疆危机，1637～1912》，黑龙江教育出版社，1998。

30. 洪涤尘：《西藏史地大纲》，正中书局，1936。

31. 黄奋生：《藏族史略》，民族出版社，1985。

32. 黄颢编著《在北京的藏族文物》，民族出版社，1993。

33. 霍巍：《吐蕃时代：考古新发现及其研究》，科学出版社，2012。

34. 霍巍：《西藏古代墓葬制度史》，四川人民出版社，1995。

35. 蒋致余：《三十年来藏事之回顾及其解决之途径》，1932。

36. 拉巴平措：《大慈法王释迦也失》，中国藏学出版社，2012。

37. 李光文、杨松、格勒主编《西藏昌都——历史·传统·现代化》，重庆出版社，2000。

38. 梁俊艳：《英国与中国西藏（1774～1904）》，兰州大学出版社，2012。

39. 廖祖桂、李永昌、李鹏年：《〈钦定藏内善后二十九条章程〉版本考略》，中国藏学出版社，2006。

40. 林冠群：《唐代吐蕃历史与文化论集》，中国藏学出版社，2007。

41. 林冠群：《唐代吐蕃史论集》，中国藏学出版社，2006。

42. 林冠群：《唐代吐蕃史研究》，联经出版公司，2011。

43. 林冠群：《吐蕃赞普赤松德赞研究》，台湾商务印书馆，1989。

44. 罗常培：《唐五代西北方音》，商务印书馆，2012。

45. 陆离：《吐蕃统治河陇西域时期制度研究：以敦煌新疆出土文献为中心》，中华书局，2011。

46. 吕秋文：《中英西藏交涉始末》，台湾商务印书馆，1974。

47. 吕一燃主编《中国近代边界史》，四川人民出版社，2007。

48. 吕昭义：《英属印度与中国西南边疆（1774～1911年）》，中国社会科学出版社，1996。

49. 吕昭义：《英帝国与中国西南边疆（1911～1947）》，中国藏学出版社，2001。

50. 马大正主编《中国边疆经略史》，中州古籍出版社，2000。

51. 秦永章：《日本涉藏史——近代日本与中国西藏》，中国藏学出版社，2005。

52. 仁庆扎西：《仁庆扎西西藏学研究文集》，天津古籍出版社，1989。

53. 任乃强：《任乃强民族研究文集》，民族出版社，1990。

54. 任乃强：《西康图经》，西藏社会科学学院整理本，西藏古籍出版社，2000。

55. 石青阳：《藏事纪要》，蒙藏委员会，1933。

56. 石硕：《吐蕃政教关系史》，四川人民出版社，2000。

57. 石硕：《西藏文明东向发展史》，四川人民出版社，1994。

58. 四川省档案馆编《近代康区档案资料选编》，四川大学出版社，1990。

59. 沈卫荣：《西藏历史和佛教的语文学研究》，上海古籍出版社，2010。

60. 孙子和：《民国十三年以来之中国国民党与西藏》，台湾蒙藏委员会印行，1985。

61. 土呷：《西藏昌都历史文化研究文集》，中国藏学出版社，2010。

62. 王川：《西藏昌都近代社会研究》，四川出版集团·四川人民出版社，2006。

63. 王贵、喜饶尼玛、唐家卫：《西藏历史地位辨》，民族出版社，2003。

64. 王森：《西藏佛教发展史略》，中国社会科学出版社，1987。

65. 王铁崖编《中外旧约章汇编》第1、2册，生活·读书·新知三联书店，1957、1959。

66. 王尧、陈践：《敦煌古藏文文献探索集》，上海古籍出版社，2008。

67. 王尧：《西藏文史考信集》，中国藏学出版社，1994。

68. 王远大：《近代俄国与中国西藏》，生活·读书·新知三联书店，1993。

69. 王忠：《松赞干布传》，上海人民出版社，1961。

70. 王忠：《新唐书吐蕃传笺证》，科学出版社，1958。

71. 王锺翰主编《中国民族史》（增订本），中国社会科学出版社，1994。

72. 魏明孔：《西北民族贸易研究——以茶马互市为中心》，中国藏学出版社，2003。

73. 翁独健：《中国民族关系史纲要》，中国社会科学出版社，2001。

74. 吴从众编《西藏封建农奴制研究论文选》，中国藏学出版社，1991。

75. 吴丰培、曾国庆：《清朝驻藏大臣制度的建立与沿革》，中国藏学出版社，1989。

76. 吴丰培、曾国庆：《清代驻藏大臣传略》，西藏人民出版社，1988。

77. 伍昆明：《早期传教士进藏活动史》，中国藏学出版社，1992。

78. 伍昆明主编《西藏近三百年政治史》，鹭江出版社，2006。

79. 喜饶尼玛：《近代藏事研究》，西藏人民出版社、上海书店出版社，2000。

80. 喜饶尼玛、苏发祥编著《蒙藏委员会档案中的西藏事务》，中央民族大学出版社，2006。

81. 谢彬：《西藏交涉略史》，中华书局，1932。

82. 宿白：《藏传佛教寺院考古》，文物出版社，1996。

83. 徐百永：《国民政府西藏政策的实践与检讨（1927～1949）》，社会科学文献出版社，2013。

84. 薛宗正：《吐蕃王国的兴衰》，民族出版社，1996。

85. 牙含章编著《达赖喇嘛传》，人民出版社，1984。

86. 牙含章编著《班禅额尔德尼传》，西藏人民出版社，1987。

87. 杨公素：《所谓"西藏独立"活动的由来》，中国藏学出版社，1990。

88. 杨公素：《中国反对外国侵略干涉西藏地方斗争史》，中国藏学出版社，1992。

89. 杨嘉铭：《清代西藏军事制度》，台北唐山出版社，1996。

90. 杨铭：《唐代吐蕃与西域诸族关系研究》，黑龙江教育出版社，2005。

91. 扎洛：《清代西藏与布鲁克巴》，中国社会科学出版社，2012。

92. 张永攀：《英帝国与中国西藏（1937～1947）》，中国社会科学出版社，2007。

93. 张羽新编著《清朝治藏典章研究》，中国藏学出版社，2002。

94. 张羽新：《清政府与喇嘛教》，西藏人民出版社，1988。

95. 张云：《漂泊中的佛爷——九世班禅内地活动的前前后后》，中国藏学出版社，2002。

96. 张云：《丝路文化·吐蕃卷》，浙江人民出版社，1995。

97. 张云：《唐代吐蕃史与西北民族史研究》，中国藏学出版社，2004。

98. 张云：《西藏历史问题研究》（增订本），中国藏学出版社，2008。

99. 张云：《元朝中央政府治藏制度研究》，黑龙江教育出版社，2003。

100. 张云：《元代吐蕃地方行政体制研究》，中国社会科学出版社，1998。

101. 郑度等：《中国的青藏高原》，科学出版社，1985。

102. 中国藏学研究中心编《和平解放西藏五十周年纪念文集》，中国藏学出版社，2001。

103. 周伟洲：《唐代吐蕃与近代西藏史论稿》，中国藏学出版社，2006。

104. 周伟洲：《英俄侵略我国西藏史略》，陕西人民出版社，1984。

105. 周伟洲：《藏史论考》，兰州大学出版社，2010。

106. 周伟洲主编《英国、俄国与中国西藏》，中国藏学出版社，2000。

107. 祝启源、喜饶尼玛：《中华民国时期中央政府与西藏地方的关系》，中国藏学出版社，1991。

108. 西藏自治区文物管理委员会编《拉萨文物志》，西藏人民出版社，1985。

（三）汉文论文

1. 《中央人民政府和西藏地方政府关于和平解放西藏办法的协议》（1951

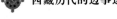

年 5 月 23 日），《人民日报》1951 年 5 月 28 日。

2. 《申报》1939 年 5 月 30 日。

3. 《朱德关于进藏部队补给问题给贺龙的信（1950 年 2 月）》，《和平解放西藏》，西藏人民出版社，1995。

4. 陈庆英：《西藏首次遣使清朝史实探讨》，《中国藏学》1998 年第 1 期。

5. 陈庆英：《解读西藏驻京堪布贡觉仲尼到京任职的几份档案》，《西藏大学学报》（汉文版）2007 年第 1 期。

6. 邓锐龄：《1789~1790 年鄂辉等西藏事宜章程》，《中国藏学》2008 年第 3 期。

7. 邓锐龄：《第一次廓藏战争（1788~1789）中的议和潜流》，《中国藏学》2007 年第 1 期。

8. 邓锐龄：《关于琦善在驻藏大臣任上改定藏事章程问题》，《民族研究》1985 年第 4 期。

9. 邓锐龄：《年羹尧在雍正朝初期治藏政策孕育过程中的作用》，《中国藏学》2002 年第 2 期。

10. 邓锐龄：《清初阐化王入贡请封始末及其意义》，《中国藏学》1998 年第 1 期。

11. 邓锐龄：《岳锺琪与西藏问题》，《中国藏学》2004 年第 3 期。

12. 房建昌：《英国秘密档案中记载的民国初年护理西藏办事长官陆兴祺——兼论印度华侨在维护中央对西藏的主权中所起的重要作用》，《西北民族学院学报》2002 年第 4 期。

13. 何宗英：《"皇朝柔远有深意　非为邀福礼僧伽"——从"金瓶掣签"看清朝对西藏的管理》，载《西藏研究》1989 年特刊。

14. 黄颢：《唐代汉藏文化交流》，中央民族学院藏族研究所编《藏学研究文集》，民族出版社，1985。

15. 黄颢：《吐蕃文化略述》，载《藏学研究论丛》第 3 辑，西藏人民出版社，1991。

16. 黄维忠：《清季筹藏新政评述》，《中国藏学》1995 年第 1 期。

17. 胡岩：《美国对中国西藏政策的历史演变》，《中共中央党校学报》2002 年第 1 期。

18. 胡岩：《中华民国时期中英之间关于西藏问题的交涉》，《中共中央党校学报》1999 年第 1 期。

19. 金绍先：《忆述国民党元老吴忠信》，全国政协文史资料委员会编《中华文史资料文库》第九卷：军政人物编，中国文史出版社，1996。

20. 乐于泓：《回忆投身西藏和平解放事业的历程》，载《为和平解放西藏而战——昌都战役回忆录》，四川民族出版社，2000。

21. 李方桂：《吐蕃大相禄东赞考》，《西藏研究》1985 年第 2 期。

22. 李鹏年：《西藏摄政阿旺降白楚臣被控案与裁禁商上积弊章程》，《中国藏学》1999 年第 4 期。

23. 林冠群：《朗达玛毁佛事迹考辨》，见林冠群《唐代吐蕃史论集》，中国藏学出版社，2006。

24. 林冠群：《论唐代吐蕃之对外扩张》，选自《唐代吐蕃史论集》，中国藏学出版社，2006。

25. 柳陞祺：《1929 年版"艾奇逊条约集"第十四卷何以有两种不同版本——兼评西姆拉会议（1913~1914）》，《中国藏学》1990 年第 1 期。

26. 罗布：《清初甘丹颇章政权权威象征体系的建构》，《中国藏学》2013 年第 1 期。

27. 洛桑群觉：《策墨林继任摄政王经过》，《西藏研究》1988 年第 2 期。

28. 洛桑群觉：《关于策墨林担任摄政的记载》，载《中央民族学院藏学研究论文集》第四集。

29. 马林：《从礼仪之争看驻藏大臣同达赖喇嘛及西藏地方政府摄政的关系》，《青海社会科学》1989 年第 6 期。

30. 申新泰：《西藏摄政制度述评》，《西藏民族学院学报》2006 年第 6 期。

31. 石硕：《民国时期西藏独立论质疑》，《中国藏学》1995 年第 1 期。

32. 石硕：《清朝前期治藏特点及相关问题》，《西藏研究》1996 年第 1 期。

33. 王川：《清代及民国时期西藏地方的丹达崇拜》，《中国边疆史地研究》2003 年第 1 期。

34. 王尧、陈践：《吐蕃兵制考略》，载《中国史研究》1986 年第 1 期。

35. 王尧、陈践：《吐蕃职官考信录》，《中国藏学》1989 年第 1 期。

36. 荣新江：《通颊考》，载《文史》第 33 期，中华书局，1990。

37. 吴景贤：《抗战以来中国民族之团结》，《蒙藏月报》复刊第十三卷第四期，1941。

38. 吴文藻：《边政学发凡》，《边政公论》1942 年第 1 卷。

39. 吴忠：《打开西藏和平解放大门的一战——昌都战役》，载《为和平解放西藏而战——昌都战役回忆录》，四川民族出版社，2000。

40. 喜饶尼玛：《西藏地方摄政官职研究》，《藏学研究》，中央民族学院出版社，1993。

41. 喜饶尼玛：《论战时藏传佛教界僧人的抗日活动》，《抗日战争研究》2003 年第 2 期。

42. 喜饶尼玛：《民国时期出席全国性政治会议的西藏代表》，《中国藏学》1989 年第 2 期。

43. 杨公素：《中国反对外国侵略干涉西藏地方斗争史》，中国藏学出版社，2001。

44. 杨铭：《通颊考》，《敦煌学辑刊》1987 年第 3 期。

45. 杨铭：《吐蕃"十将"（Tshan bcu）制补证》，《中国藏学》1996 年第 2 期。

46. 杨铭：《吐蕃时期河陇军政机构设置考》，《中亚学刊》第四辑，中华书局，1990。

47. 尹伟先：《唐蕃长庆会盟辨考三题》，《西北师大学报》（社会科学版）1992 年第 5 期。

48. 阴法唐：《解放西藏：祖国大陆统一的最后一页》，载《为和平解放西藏而战——昌都战役回忆录》，四川民族出版社，2000。

49. 扎洛：《清末民族国家建设与张荫棠西藏新政》，《民族研究》2011 年第 3 期。

50. 张永攀：《〈艾登备忘录〉与二战末期英国对藏政策》，《中国边疆史地研究》2003 年第 3 期。

51. 张云：《古代藏族"四氏族"、"六氏族"传说的形成及其文化内涵问题》，《翁独健先生百年诞辰纪念文集》，社会科学文献出版社，2006。

52. 张云：《唐代吐蕃统治西域的各项制度》，《新疆大学学报》1992 年第 4 期。

53. 周伟洲：《19 世纪前后西藏与拉达克的关系及其划界问题》，《中国藏学》1991 年第 1 期。

54. 周伟洲：《驻藏大臣琦善改订西藏章程考》，《中国边疆史地研究》

2009 年第 1 期。

（四）藏文文献论著汉译

1. 《西藏是中国的领土》，刘家驹编译《班禅大师全集》，班禅堪布会议厅印，1943。

2. 《藏文史料译文集》，汪玉明译，中国社会科学院民族所、西藏自治区历史档案馆 1985 年印。

3. 《清代蒙古高僧传译集咱雅班智达传》，全国图书馆文献缩微复制中心，1990。

4. 《十三世达赖喇嘛传》，见《第十三世达赖喇嘛年谱》，《西藏文史资料选辑》（十一），民族出版社，1989。

5. 《五部遗教》，四川民族出版社，1986。

6. 《西藏古代法典选编》，周润年、喜饶尼玛译注，索南班觉校，中央民族大学出版社，1994。

7. 《西藏历史档案荟萃》，文物出版社，1995。

8. 阿底峡：《柱间史——松赞干布遗训》，卢亚军译，甘肃人民出版社，1997。

9. 阿旺·贡嘎索南：《萨迦世系史》，民族出版社，1986，陈庆英、高禾福、周润年汉译本，西藏人民出版社，1989。

10. 巴卧·祖拉陈瓦原：《贤者喜宴——吐蕃史译注》，黄颢、周润年译注，中央民族大学出版社，2010。

11. 拔塞囊：《拔协增补本译注》，佟锦华、黄布凡译注，四川民族出版社，1990。

12. 布顿·仁钦竹：《布顿佛教史》藏文本，中国藏学出版社，1988；布顿·仁钦珠：《布顿佛教史》，蒲文成译，甘肃民族出版社，2007。

13. 布顿大师：《佛教史大宝藏论》（即《布敦佛教史》），郭和卿译，民族出版社，1986。

14. 蔡巴·贡嘎多吉：《红史》，民族出版社，1981；陈庆英、周润年汉译本，西藏人民出版社，1988。

15. 策仁旺杰（策楞旺扎勒）：《噶伦传》，周秋有译，西藏人民出版社，1986。

16. 查同杰布：《玛尔巴译师传》，张天锁、申新泰、文国根、张家秀译，西藏人民出版社，1989。

17. 达仓宗巴·班觉桑布：《汉藏史集》，陈庆英译，西藏人民出版社，1986。

18. 达仓宗巴·班觉桑布：《贤者喜乐瞻部洲明鉴》，陈庆英译，西藏人民出版社，1980。

19. 大司徒·绛曲坚赞：《朗氏宗谱》（或作《朗氏世系史》），西藏人民出版社，1989，赞拉·阿旺、佘万治译，陈庆英校《朗氏家族史》，西藏人民出版社，1989。

20. 丹津班珠尔：《多仁班智达传》，汤池安译，郑堆校，中国藏学出版社，1995。

21. 第穆·洛桑图丹晋麦嘉措：《八世达赖喇嘛传》，冯智译，中国藏学出版社，2006。

22. 第穆·图丹晋美嘉措：《九世达赖喇嘛传》，王维强译，中国藏学出版社，2006。

23. 第五世达赖喇嘛：《西藏王统记》，民族出版社，1981，郭和卿汉译本，民族出版社，1983。

24. 第悉·桑结嘉措：《格鲁派教法史黄琉璃宝鉴》，许德存译，陈庆英校，西藏人民出版社，2009。

25. 端智嘉：《吐蕃时期的行政区划与官僚制度》，佐戈·卡尔译，《西北民族大学学报》2005年第6期。

26. 东噶·洛桑赤列：《论西藏政教合一制度》，陈庆英译，中国藏学出版社，2001。

27. 多喀尔·策仁旺杰（次仁旺杰）：《噶伦传》，周秋有译，常凤玄校，西藏人民出版社，1986。

28. 多卡夏仲·策仁旺杰：《颇罗鼐传》，汤池安译，西藏人民出版社，1988、2002。

29. 格桑卓噶、洛桑坚赞、伊苏编译《铁虎清册》，中国藏学出版社，1991。

30. 根敦群培：《白史》，法尊法师译，中国藏学出版社，2012。

31. 贡噶罗珠：《萨迦世系史续编》，王玉平译，西藏人民出版社，2002。

32. 固始噶居巴·罗桑泽培：《蒙古佛教史》，陈庆英、乌力吉译注，天津古籍出版社，1990。

33. 黄布凡、马德：《敦煌藏文吐蕃史文献译注》，甘肃教育出版社，2000。

34. 嘉木央·久麦旺波：《六世班禅洛桑巴丹益希传》，许德存、卓永强译，祁顺来、李钟霖校，西藏人民出版社，1990。

35. 拉鲁·次旺多吉、嘎雪·曲吉尼玛：《拉萨英语学校破产记》，《西藏文史资料选辑》第一辑，西藏人民出版社，1981。

36. 李苏·晋美旺秋等：《西藏人民抗英斗争史料》，《西藏文史资料选辑》第七辑，1985。

37. 刘家驹编译《班禅大师全集》，班禅堪布会议厅印，1943。

38. 刘立千译《续藏史鉴》，华西大学华西边疆研究所出版，1945。

39. 奈乌（nevu）班智达：《奈巴教法史——古谭花鬘》，王尧、陈践译，《中国藏学》1990 年第 1 期。

40. 普布觉活佛洛桑楚臣强巴嘉措：《十二世达赖喇嘛传》，熊文彬译，中国藏学出版社，2006。

41. 恰白·次旦平措、诺章·吴坚、平措次仁等：《西藏通史松石宝串》，陈庆英、格桑益西、何宗英、许得存译，西藏社会科学院、《中国西藏》杂志社、西藏古籍出版社联合出版，1996，第 1 版；2004，第 2 版。

42. 恰白·次旦平措：《论工布地区第穆摩崖文字》，何宗英译，《中国藏学》1988 年第 3 期。

43. 恰白·次旦平措：《聂赤赞普是蕃人》，敏学译，《西藏研究》1987 年第 1 期。

44. 乳毕坚金：《米拉日巴的一生》，王沂暖译，商务印书馆，1955。

45. 萨迦·索南坚赞：《王统世系明鉴》，民族出版社，1981；刘立千汉译本，西藏人民出版，1987。

46. 萨迦·索南坚赞：《王统世系明鉴》，陈庆英、仁庆扎西译，辽宁人民出版社，1986。

47. 桑木丹·噶尔美：《赞普天神之子达磨及其后裔的王统世系述略》，《国外藏学研究译文集》第五辑，米松译，西藏人民出版社，1989。

48. 厦扎司伦、赤门噶伦编纂《1914 年西姆拉会议情况及材料汇编》，拉萨，西藏外事处。

49. 释迦仁钦德：《雅隆觉卧教法史》（《雅隆史》），藏文本，西藏人民出版社，1988；释迦仁钦德：《雅隆尊者教法史》，汤池安译，西藏人民出版社，1989。

50. 松巴·益希班觉：《松巴佛教史》，甘肃民族出版社，1992；蒲文成、才让汉译本，甘肃民族出版社，1994。

51. 松巴堪布、益西班觉：《如意宝树史》，蒲文成、才让译，甘肃民族出版社，1994。

52. 索南坚赞：《西藏王统纪》，刘立千译注，西藏人民出版社，1985。

53. 图官·洛桑却吉尼玛：《土观宗派源流》，刘立千译注，西藏人民出版社，1984。

54. 土观·洛桑却吉尼玛：《章嘉国师若必多吉传》，陈庆应、马连龙译，民族出版社，1988。

55. 托马斯（F. W. Thomas）：《新疆的吐蕃文书》（*Tibetan Literary Texts and Documents Concerning Chinese Turkestan* Ⅱ 1951）。

56. 王尧、陈践：《敦煌本吐蕃历史文书》（增订本），民族出版社，1992。

57. 王尧、陈践：《吐蕃简牍综录》，文物出版社，1986。

58. 王尧编著《吐蕃金石录》，文物出版社，1982。

59. 韦·赛囊：《〈韦协〉译注》，巴擦·巴桑旺堆译，西藏人民出版社，2012。

60. 五世达赖喇嘛阿旺·罗桑嘉措：《五世达赖喇嘛传》，陈庆英、马连龙、马林译，中国藏学出版社，1997。

61. 五世达赖喇嘛阿旺·洛桑嘉措：《五世达赖喇嘛自传》，藏文本，西藏人民出版社，1989。

62. 五世达赖喇嘛：《西藏王臣记》，郭和卿译，民族出版社，1983。

63. 五世达赖喇嘛：《西藏王臣记》，刘立千译注，民族出版社，2000。

64. 西藏自治区政协文史资料研究委员会编《西藏文史资料选辑》（十三），《十三世达赖喇嘛年谱》，民族出版社，1991。

65. 扎西旺都编《西藏历史档案公文选·水晶明鉴》，王玉平译，中国藏学出版社，2006。

66. 札巴孟兰洛卓：《奈巴教法史》，王尧、陈践译，《中国藏学》1990 年第 1 期。

67. 章嘉·若必多吉：《七世达赖喇嘛传》，蒲文成译，西藏人出版社，1989。

68. 直贡·丹增白玛坚参： 《直贡法嗣》，克珠群佩译，西藏人民出版社，1995。

69. 智观巴·贡却乎丹巴绕吉：《安多政教史》，吴均、毛继祖、马世林译，甘肃民族出版社，1989。

70. 中国社会科学院民族研究所、西藏自治区档案馆合编《西藏社会历史藏文档案资料译文集》，陆莲蒂、王玉平等译，中国藏学出版社，1997。

71. 中国社会科学院民族研究所、西藏自治区档案馆编《藏族史料译文集》，1987。

72. 宗喀巴：《菩提道次第广论》，法尊译，台湾密乘出版社，1981。

（五）外文文献与论著汉译

1. 〔德〕彼德·史卫国：《清代白利土司顿月多吉小传》，才旺南加译，《西藏民族学院学报》（哲学社会科学版）2001 年第 1 期。

2. 〔俄〕《俄国 19 世纪至 20 世纪初的对外政策》第 1 辑第 2 卷，莫斯科版，1961。

3. 〔俄〕《库罗帕特金日记（1902 年 11 月 17 日～1904 年 2 月 7 日）》，〔苏〕《红档》1922 年第 2 卷。

4. 〔俄〕E. A. 别洛夫、O. И. 斯维亚、捷茨卡娅、T. Л. 绍米扬编《俄国与西藏》第 39 号文件，陈春华译文见《中国藏学》2013 年第 3 期。

5. 〔俄〕波波夫：《俄国与西藏》，载（苏）《新东方》1927 年第 18 期，1928 年第 20、21 期合刊。

6. 〔俄〕杜布罗温：《尼古拉·米哈依络维奇·普尔热瓦尔斯基传略》，圣彼得堡，1890。

7. 〔俄〕谢缅尼科夫编《沙皇制度内幕（有关藏医巴德马耶夫的档案资料）》，列宁格勒，1925。

8. 〔法〕戴密微：《吐蕃僧诤记》，耿昇译，甘肃人民出版社，1984。

9. 〔法〕古伯察：《鞑靼西藏旅行记》，耿昇译，中国藏学出版社，1991。

10. 〔法〕麦克唐纳夫人：《关于 P. T. 1286，1287，1238，1047 和 1290 号

藏文卷子的解释》，耿昇汉译《吐蕃历史文书考释》，青海人民出版
社，1992。

11. 〔法〕史泰安：《西藏的文明》，耿昇译，中国藏学出版社，1999。

12. 〔美〕查尔斯巴克斯：《南诏国与唐代的西南边疆》，林超民译，云南
人民出版社，1988。

13. 〔美〕梅·戈尔斯坦：《喇嘛王国的覆灭》，杜永彬译，时事出版
社，1994。

14. 〔美〕柔克义译注《鲁布鲁克东行记》，何高济汉译，见《柏朗嘉宾蒙
古行纪 鲁布鲁克东行记》合集，中华书局，1985。

15. 〔美〕谭·戈伦夫：《现代西藏的诞生》，伍昆明、王宝玉译，中国藏
学出版社，1990。

16. 〔日〕佐藤长：《明代西藏八大教王考》（下），邓锐龄译，《西藏民族
学院学报》1988 年第 4 期。

17. 〔匈〕乌瑞：《KHROM（军镇）：公元七至九世纪吐蕃帝国的行政单
位》，荣新江译，载《西北史地》1986 年第 4 期。

18. 〔匈〕乌瑞：《释"khrom"：七—九世纪吐蕃帝国的行政单位》，沈卫荣
译，载《国外藏学研究译文集》（第一辑），西藏人民出版社，1985。

19. 〔意〕G.、M. 托斯卡诺：《魂牵雪域》，伍昆明、区易柄译，中国藏
学出版社，1998。

20. 〔意〕毕达克：《西藏摄政沙札－汪曲结布》，邓锐龄译，《中国藏学》
1990 年第 4 期。

21. 〔意〕伯戴克：《1728～1959：西藏的贵族和政府》，沈卫荣、宋黎明
译，邓锐龄校，中国藏学出版社，2008。

22. 〔意〕弗朗切斯科·赛弗热：《意大利藏学研究的历史与现状》，班玛
更珠译，邓锐龄校，《中国藏学》2012 年第 2 期。

23. 〔意〕马可·波罗：《马可·波罗游记》，冯承钧汉译，上海书店出版
社，1999。

24. 〔意〕图齐：《意大利与东方》，新拉莫西奥，意大利亚非研究院，罗
马，2005 年（米兰，1949 年第 1 版）。

25. 〔印〕马克斯维尔：《印度对华战争》，陆仁汉译，世界知识出版
社，1981。

26. 〔英〕A. 斯坦因：《斯坦因西域考古记》，向达译，中华书局，1936。

27. 〔英〕A. 麦克唐纳：《敦煌吐蕃历史文书考释》，耿昇译，王尧校，青海人民出版社，1991。

28. 〔英〕F. W. 托马斯：《东北藏古代民间文学》，李有义、王青山译，四川民族出版社，1986。

29. 〔英〕F. W. 托马斯：《敦煌西域古藏文社会历史文献》，刘忠、杨铭译，民族出版社，2003。

30. 〔英〕彼得·弗莱明：《刺刀指向拉萨》，向红笳、胡岩译，西藏人民出版社，1997。

31. 〔英〕查尔斯·贝尔：《西藏的过去与现在》，宫廷璋译，竺可桢、向达校《西藏史》，商务印书馆，1934。

32. 〔英〕查尔斯·贝尔：《十三世达赖喇嘛传》（Bell, C. *Portrait of the Dalai Lama*, London 1946.），冯其友等译，西藏学参考丛书之七，西藏社会科学院西藏学汉文文献编辑室编印本，1985。

33. 〔英〕查尔斯·贝尔：《西藏志》，董之学、傅勤家译，商务印书馆，1936。

34. 〔英〕查普曼（S. Chapman）：《圣城拉萨》，向红笳等译，中国藏学出版社，2004。

35. 〔英〕克莱门茨·A. 马克姆：《叩响雪域高原的门扉》，张皓等译，中国社会科学出版社、四川民族出版社，2000。

36. 〔英〕麦克唐纳：《旅藏二十年》，孙梅生、黄次书译，孙守义等校，商务印书馆，1936。

37. 〔英〕荣赫鹏：《印度与西藏》，孙熙初汉译本《英国侵略西藏史》，西藏社会科学院资料情报研究所，1983。

38. 〔英〕塞缪尔·特纳：《西藏扎什伦布寺访问记》，苏发祥、沈桂萍译，西藏人民出版社，2004。

39. 〔英〕托马斯：《新疆发现的吐蕃文书中记载的吐蕃军队》，王青山译，载《国外藏学研究译文集》（五），西藏人民出版社，1989。

40. 〔澳〕骆惠敏编《清末民初政情内幕——〈泰晤士报〉驻北京记者袁世凯政治顾问乔·厄·莫理循书信集》（下册），刘桂梁等译，知识出版社，1986。

41. 〔澳〕内维尔·马克思威尔:《印度对华战争》,生活·读书·新知三联书店,1971。

42. 〔俄〕崔比科夫:《佛教香客在圣地西藏》,王献军译,西藏人民出版社,1993。

43. 〔加〕谭·戈伦夫:《现代西藏的诞生》,伍昆明等译,中国藏学出版社,1990。

44. 〔美〕滕华睿:《建构现代中国的藏传佛教徒》,陈波译,中国藏学研究中心《藏事译丛》2007年4月内部刊印。

45. 〔美〕约翰·麦格雷格:《西藏探险》,向红茄译,西藏人民出版社,1997,第2版。

46. 〔日〕多田等观:《入藏纪行》,钟美珠译,中州古籍出版社,1987。

47. 〔日〕河口惠海:《西藏秘行》,孙沈清译,新疆人民出版社,1998。

48. 〔苏〕雷斯涅尔等主编《东方各国近代史》,丁则良等译,生活·读书·新知三联书店,1957。

49. 〔苏〕列昂节夫:《外国在西藏的扩张》,张方廉译,民族出版社,1960。

50. 〔亚美尼亚〕乞拉可思·刚扎克赛《海屯行记》、〔意大利〕鄂多立克《鄂多立克东游录》、〔波斯〕火者·盖耶速丁《沙哈鲁遣使中国记》,见《海屯行纪 鄂多立克东游录 沙哈鲁遣使中国记》合集,何高济汉译,中华书局,2002。

51. 〔意〕G. M. 托斯卡诺:《魂牵雪域》,伍昆明、区易柄译,中国藏学出版社,1998。

52. 〔意〕毕达克(又译作伯戴克):《西藏的贵族和政府(1728~1959)》,沈卫荣、宋黎明译,中国藏学出版社,1990。

53. 〔意〕伯戴克:《十八世纪前期的中原和西藏》,周秋有译,西藏人民出版社,1987。

54. 〔意〕杜齐:《西藏中世纪史》,李有义、邓锐龄译,中国社会科学院民族研究所印,1980。

55. 〔意〕依波利多·德西迪利:《德西迪利西藏纪行》,杨民译,西藏人民出版社,2004。

56. 〔印〕达斯:《拉萨及西藏中部旅行记》,陈观胜、李培茱译,中国藏学出版社，2004，第1版。

57.〔印〕高士：《中印关系中的西藏》，张永超译，西藏人民出版社，1987。

58.〔印〕萨拉特·钱德拉·达斯：《拉萨及西藏中部旅行记》，陈观胜、李培茱译，中国藏学出版社，2006，第2版。

59.〔印〕苏奇塔·高希：《中印关系中的西藏（1899～1914）》，张永超译，西藏人民出版社，1987。

60.〔英〕埃德蒙·坎德勒：《拉萨真面目》，尹建新、苏平译，西藏人民出版社，1989。

61.〔英〕杨国伦：《英国对华政策（1895～1902）》，刘存宽、张俊义译，中国社会科学出版社，1991。

62.〔英〕荣赫鹏：《英国侵略西藏史》，孙煦初译，商务印书馆，1934。

63. 贝凯、韩百诗译注《柏朗嘉宾蒙古行纪》，耿昇汉译，见《柏朗嘉宾蒙古行纪　鲁布鲁克东行记》合集，中华书局，1985。

64. 拉施特：《史集》，余大钧、周建奇汉译本，商务印书馆，1985汉译本第二卷。

65. 李铁铮：《西藏历史上的法律地位》，夏敏娟译，湖南人民出版社，1986。

66. 米尔咱·马黑麻·海达尔：《中亚蒙兀尔史：拉失德史》（第二编），新疆社会科学院民族研究所译，新疆人民出版社，1983。

67. 沈宗廉、柳陞祺：《西藏与西藏人》，柳晓青译，中国藏学出版社，2006。

68. 佚名：《世界境域志》，王治来译注，上海古籍出版社，2010。

二　藏文文献

1.《玛尼宝训》（ma ni bkav vbum），德格木刻版。

2.《十二世达赖喇嘛传——水晶明鉴》，木刻本。

3.《十一世达赖喇嘛传——天界乐声》。

4.《五世班禅洛桑益西自传·明晰品行月亮》。

5. gTer ston o rgyan gling pa: bkav thang sde lnga, Paro, 1976. Part V. Blon po

bkavi thang yig（大臣遗教），叶 12 下 ~ 13 上。

6. vGos lo tsav ba gzhon nu dpal，Deb gter sngon po.《青史》New Delhi. 1971. ka. f. 25a。

7. 阿底峡发掘:《柱间史》藏文本，甘肃民族出版社，1991。

8. 巴色朗（sbad-dsal-snang）:《巴协（sba-bzhed-zhabs-btags-ma-bzhaugs-so）》（藏文版），民族出版社，1982。

9. 巴卧·祖拉陈瓦:《贤者喜宴》藏文本，民族出版社，1986。

10. 达仓宗巴·班觉桑布（དཔལ་འབྱོར་བཟང་པོ）:《汉藏史集》（རྒྱ་བོད་ཡིག་ཚང་ཆེན་མོ）藏文本，四川民族出版社，1985。

11. 达隆·阿旺曲杰:《达隆教史》藏文本，西藏人民出版社，1991。

12. 弟吴贤者:《弟吴宗教源流》藏文本，西藏人民出版社，1987。

13. 根敦群培:《白史》藏文本，民族出版社，2004。

14. 娘·尼玛沃色:《娘氏宗教源流》藏文本，西藏人民出版社，1988。

15. 恰白·次旦平措:《恰白次旦平措选集》藏文本，中国藏学出版社，1993。

16. 萨迦·索南坚赞:《王统世系明鉴》藏文本，民族出版社，1981。

17. 释迦·仁钦德:《雅隆史》藏文本，西藏人民出版社，1988。

18. 图官·洛桑却吉尼玛:《宗教源流史》藏文本，甘肃民族出版社，1984。

19. 五世达赖喇嘛:《西藏王臣记》藏文本，民族出版社，1988。

三 外文文献与论著

（一）英文文献与论著

1. A. K. J. Singh, *Himalayan Triangle*: *A Historical Survey of British India's Relations with Tibet, Sikkim and Bhutan 1767 – 1950*, British Library, 1988.

2. Addis, J. M., *The India – China Border Question*, *Centre for International Affairs*, Harvard University, Cambridge, Massachusetts, 1963.

3. Addy, Premen, *Tibet on the Imperial Chessboard*: *the Making of British Policy toward Lhasa, 1899 – 1925*, Calcutta, 1984.

4. Agrawal, Ajay, B., *India, Tibet and China*: *The Role Nehru Played*,

Mumbai：N. A. Books International，2003.

5. Barpujari, H. K. , *Problem of the Hill Tribes：North – East Frontier, 1873 – 1962*, Assam, 1981.

6. *Bayonets to Lhasa, the First Full Account of the British Invasion of Tibet in 1904*, by Peter Fleming, Rupert Hart-Davis, Soho Square London, 1961.

7. Bell, Charles, *Portrait of a Dalai Lama, Life and Times of the Great Thirteenth*, London, 1946.

8. Bell, Charles, *the People of Tibet*, Delhi, Motolal Banarsudass, 1992.

9. Bell, Charles, *Tibet Past and Present*, Asian Educational Services, New Delhi, 1932.

10. Camman, S. , *Trade Through the Himalaya*, Princeton, 1951.

11. Clements R. Markham, *Narratives of the Mission of George Bogle to Tibet and of the Journey of Thomas Manning to Lhasa*, Manjusri Publishing House, New Delhi, 1971.

12. Das, T. , *British Expansion in Tibet*, Calcutta, 1929.

13. David Macdonald, *Twenty Years in Tibet*, India, Cosmo Publications, 1996.

14. Deepak, B. R. , *India and China, 1904 – 2004*, New Delhi, 2005.

15. Dixit, J. N. *India's Foreign Policy 1947 – 2003*, New Delhi：Picus Books, 2003.

16. Erik Haarh, *The Yar-luṅ Dynasty*, Kobenbavn 1969.

17. F. W. Thomas, *Tibetan Literary texts and Documents concerning Chinese Turkestan*, Ⅱ. London. 1955.

18. Francis Younghusband, *India and Tibet*, Hong Kong, Oxford University Press, Oxford New York Melbourne, 1985.

19. Francis Younghusband, *The light of experience—a review of some men and events of my time*, London, 1927.

20. Frederic, A. Greenhut Ⅱ, *The Tibetan Frontiers Question, from Curzon to the Colombo Conference：An Unresolved Factor in Indo – Sinic Relations*, New Delhi：S. Chand & Company Ltd. , 1982.

21. G. J. Alder, *British India's Northern Frontier, 1865—1895：A study in imperial policy*, Longmans, London, 1963.

22. G. Tucci，*Tibetan Painted Scrolls*，Roma，1949.

23. G. Tucci，*The Tombs of the Tibetan Kings.* Roma. 1950.

24. G. Uray，"*Notes on the Thousand-districts of the Tibetan Empire in the First Half of the Ninth Century* "，Acta Orient. Hung . Tomus ⅩⅩⅩⅥ. Fasc. 1 – 3，1982.

25. G. Uray，"KHROM：Administrative Units of the Tibetan Empire in the 7th – 9th Centuries"，*Tibetan Studies* in Honour of Hugh Richardson ed. by Michael Aris and Aung San Sua Kyi，Aris and Pillips LTD. Warminster England，1979.

26. Goldstein，Melvyn C.，*A History of Modern Tibet，1913 – 1951：the Demise of the Lamaist State*，University of California Press，London，1989.

27. Gould，B. J.，*Report on the Discovery，Recognition and Installation of the Fourteenth Dalai Lama*，New Delhi，1941.

28. Government of India，Minister of External Affairs，Report of the Officials of the Government of India and the People's Republic of China of the Boundary Qustion，1961.

29. Great Britain，Foreign Office Record，FO. 535，Correspondence. Respecting the Affairs of Tibet.

30. Great Britain，Parliamentary Paper，Papers Relating to Tibet，1904，Cd. 1920.

31. Grunfeld，A. Tom，*The making of Modern Tibet*，Oxford University Press，Delhi，1987.

32. Gupta，K.，*The Hidden History of the Sino – Indian Frontier*，Calcutta，1974.

33. Harrer，Heinrich，*Seven Years in Tibet*，Rupert Hart – Davis，London，1966.

34. Jetly，Nancy，*India – China Relations，1947 – 1977，A Study of Parliament's Role in the Making of Foreign policy*，New Jersy：Humanities Press，1979.

35. K. J. Singh，*Himalayan Triangle，A Historical Survey of British India's Relations with Tibet，Sikkim and Bhutan 1767 – 1950*，British Library，1988.

36. Karl E. Meyer，Shareen Blair Brysac，*Tournament of Shadows：The Great*

Game and the Race for Empire in Central Asia, New York: Counterpoint Press, 1999.

37. Kawaguchi, Ekai, *Three Years of Tibet*, London, 1909.

38. Kenneth Wimmel, William Woodville Rockhill, *Scholar – Diplomat of the Tibetan Highlands*, Hardcover: Orchid Press, 2003.

39. Korastovets, I. J, *Von Ginggis Khan zur Sowjetrepublik*, Berlin, 1926.

40. L. Austine Waddell, *Lhasa and Its Mysteries*, *With A Record of the Expedition of 1903 – 1904*, third edition, London, 1906.

41. Lamb, Alastair, *British and Chinese Central Asia*, *The Road to Lhasa*, *1767 – 1905*, Routledge and Kegan Paul, London, 1960.

42. Lamb, Alastair, *British India and Tibet*, *1766 – 1910*, London, 1986.

43. Lamb, Alastair, *the China – India Border*, London, 1964.

44. Lamb, Alastair, *the McMahon Line*, *a study in the relations between India*, *China and Tibet*, *1904 to 1914*, London, 1966.

45. Lamb, Alastair, *Tibet, China and India*, *a history of Imperial Diplomacy*, *1914 – 1950*, Hertfordshire, 1989.

46. Lee Wai – kou, *Tibet in World Politics*, New York, 1951.

47. Li Tieh-tseng, *the Historical Status of Tibet*, King's Crown Press, Columbia University, New York, 1956.

48. Li Tieh-tseng, *Tibet: Today and Yesterday*, New York, 1960.

49. Lin Hsiao-ting, *Tibet and Nationalist China's Frontier: Intrigues and Ethnopolitics*, *1928 – 1949*, the University of British Columbia, 2006.

50. Liu Xuecheng, *the Sino – Indian Border Dispute and Sino – Indian Relations*, Maryland: University Press of America, 1994.

51. Luciano Petech, *China and Tibet in the Early 18th Century*, Leiden, 1972.

52. M. N. Gulati, *Tibetan Wars through Sikkim*, *Bhutan and Nepal*, Manas Publications, 2003

53. Macdonald, D., *Twenty Years in Tibet*, London, 1932.

54. Macdonald, David, *Cultural Heritage of Tibet*, Light & Life Publishers, New Delhi, 1978.

55. MarGregor, J., *Tibet, a Chronicle of Exploration*, New York, 1970.

56. Markham, C. R. ed, *Narratives of the Mission of George Bogle to Tibet and of the Journey of Thomas Manning to Lhasa*, New Delhi, 1971.

57. Maxwell, N., *India's China War*, London, 1970.

58. Mckay, Alex, *the Hisitory of Tibet*, Volume Ⅲ, Routiedge Curzon, 2003.

59. Mckay, Alex, *Tibet and the British Raj: the Frontier Cadre, 1904 – 1947*, Curzon Press, London, 1997.

60. Mehra Parshotam, *The McMahon Line and after: A Study of the Triangular Contest on India's North-eastern Frontier Between Britain, China and Tibet, 1904 – 1947*, London : Macmillan, 1974, p. 91.

61. Mullick, B. N., *My years with Nehru, the Chinese Betrayal*, Allied Publishers, 1971.

62. O'Connor, *on the Frontier and Beyond: a Record of Thirty Years Service*, London, 1931.

63. Prem R. Uprety, *Nepal – Tibet Relations 1850 – 1930, Years of Hopes, Challenges and Frustrations*, published by Ratna Pustak Bhandar, Bhotahity, Kathmandu, 1998.

64. R. A. Stein, *Tibetan Civilization*, California, 1972.

65. Rahul, Ram, *the Government and Politics of Tibet*, Vikas Publications, New Delhi, 1978.

66. Richardson, H. E., *Tibetan and Its History*, Oxford University Press, London, 1962.

67. Sandberg, G., *The Exploration of Tibet, its History and Particulars from 1623 to 1904*, London, 1904.

68. Sandhu, Bhim, *Unresolved Conflict China and India*, New Delhi: Radiant Publishers, 1988.

69. Schuyler Cammann, *Trade through the Himalayas: the Early British Attempts to Open Tibet*, V. R., Westport, Conn. Greenwood Press, 1951.

70. Shakabpa, Tsepon W. D., *Tibet: a Political History*, New Haven & London, 1967.

71. Sherring, C. A., *Western Tibet and the British Borderland*, London, 1906.

72. Singh, Amar Kaur Jasbir, *Himalayan Triangle: a Historical Survey of British*

India's Relations with Tibet, Sikkim and Bhutan, 1765 – 1950, the British Library, London, 1988.

73. Smith, Warren W. *Tibetan Nation: a History of Tibetan Nationalism and Sino – Tibetan Relations*, Westview Press, 1996.

74. Susan Meinheit, "A Gift of Dalai Lama: Tibetan Scroll Returned to Library", Library of Congress Information Bulletin, June 2000, Vol. 59, No. 6.

75. Swinson, A., *Beyond the Frontier: the Biography of Colonel F. M. Bailey, Explorer and Secret Agent*, London, 1971.

76. Tada, Tokan, *the Thirteenth Dalai Lama*, Tokyo, 1965.

77. Teichman, Eric, *Travels of a Consular Officer in Eastern Tibet, together with a History of the Relations between China, Tibet and India*, Cambridge: at the University Press, 1922.

78. The British Library, India Office Library and Records.

79. Thomson, T., *Western Himalaya and Tibet*, New Delhi, 1987.

80. Turner, S., *An Account of an Embassy of the Court of Teshoo Lama in Tibet*, New Delhi, 1971.

81. UK Foreign Office Archive: FO 371/1608.

82. Walt Van Praag, M. C. Van., *the Status of Tibet, History, Right and Prospects in International Law*, Colorado, 1989.

83. William Woodville Rockhill, *The Dalai Lamas of Lhasa and their Relations with the Manchu Emperors of China 1644 – 1908*, T'oung Pao, vol. XI, 1910.

84. Williamson, Margaret D., *Memoirs of a Political Officer's Wife in Tibet, Sikkim and Bhutan*, Wisdom Publications, London, 1987.

85. Winnington, Alan, *Tibet: Record of Journey*, London, Lawrence & Wishart Ltd, 1957.

86. Woodman, *Himalayan Frontier*, New York, 1969.

87. Yamaguchi Zuiho, *Matrimonial Relationship between the T'u-fan and T'ang Dynasties*, Part I. Memoirs of Research Department of Toyo Bunko No. 27. 1969.

（二）日文文献与论著

1. 佐藤长：《古代チベット史研究》，京都：同朋舍，昭和 52 年

2. 佐藤长：《西藏历史地理研究》，東京，1978。

3. 佐藤长：《中世西藏史研究》，京都，1986。

4. 山口瑞凤：《吐蕃王国成立史研究》，東京：岩波书店，1983

5. 森安孝夫：《吐蕃の中央アジア进出》，《金泽大学文学部论集・史学科篇》4，1984

6. 河口慧海：《西藏旅行记》上下，東京，1904.

（三）俄文文献与论著

1. Международные Отношения в эпоху империализма. Документы из архвов царского и временного правителъства，1878 – 1917，серия 2 и 3，М – Л，1931 – 1940.

2. 谢缅尼科夫编《沙皇制度内幕（有关藏医巴德玛耶夫的档案资料）》，1925 年列宁格勒版。

3. 波波夫：《俄国与西藏》，载苏联《新东方》第 18 期。

4. 《库罗帕特金日记》1903 年 2 月 16（29）日，载苏联《红档》1922 年第 2 期。

后 记

　　《西藏历代边事边政与边吏》一书，是我承担的国家社会科学基金重大委托"西藏历史与现状综合研究项目"（"西藏工程"）课题的最终成果。十多年前，中国边疆史地研究中心原主任厉声研究员主持中国社会科学院重大科研课题《中国历代边事边政通论》，邀请我撰写"西藏部分"，他还提出了中肯的撰写要求并拟定了部分标题，我接受并按期完成了任务。该书迟迟没有出版，而我的研究却一直在持续和深入着，并有了更新的认识和构想。2012 年，我以"西藏历代边事边政与边吏研究"为题，申请了国家社会科学基金重大委托课题并获得立项。我对原提纲进行了进一步地梳理和细化，根据课题设计需要增加了更多的章节，完善了相关内容，试图从中国地方区域治理的角度系统探究历史上西藏地方所发生的重大事件，中原政权和中央王朝为解决和应对这些事件所采取的措施与制度，以及在这一过程中一些具有代表性的边吏的所作所为，并试图探寻历代中央政府对西藏地区治理的规律和特点。同时，还加强了课题体例上的完整性和专题研究性质。与原来的稿子相比，规模增加一倍多，并包含了一些新的研究心得。

　　本书出版之际，我要感谢厉声研究员当初的邀约，感谢中国社会科学院科研局和国家社会科学基金项目的支持，感谢审读拙稿的石硕教授，感谢社会科学文献出版社认真负责的责任编辑。最后，我还要感谢中国藏学研究中心历史研究所副研究员梁俊艳博士、助理研究员邱熠华博士、助理研究员严永山（班玛更珠）博士，他们在最后提交结项成果时，帮我认真核校了文稿。

张 云

2015 年 1 月 15 日

图书在版编目（CIP）数据

西藏历代的边事边政与边吏/张云著.—北京：社会科学文献出版社，
2015.11（2025.2 重印）
（西藏历史与现状综合研究项目）
ISBN 978 - 7 - 5097 - 7191 - 4

Ⅰ.①西…　Ⅱ.①张…　Ⅲ.①西藏 - 地方史 - 研究　Ⅳ.①K297.5

中国版本图书馆 CIP 数据核字（2015）第 042172 号

·西藏历史与现代综合研究项目·

西藏历代的边事边政与边吏

著　　者／张　云

出 版 人／冀祥德
项目统筹／宋月华　周志静
责任编辑／范明礼

出　　版／社会科学文献出版社·人文分社（010）59367215
　　　　　地址：北京市北三环中路甲 29 号院华龙大厦　邮编：100029
　　　　　网址：www.ssap.com.cn
发　　行／社会科学文献出版社（010）59367028
印　　装／三河市东方印刷有限公司

规　　格／开　本：787mm × 1092mm　1/16
　　　　　印　张：40.5　字　数：663 千字
版　　次／2015 年 11 月第 1 版　2025 年 2 月第 2 次印刷
书　　号／ISBN 978 - 7 - 5097 - 7191 - 4
定　　价／189.00 元

读者服务电话：4008918866